Gustav Philipp Körner

Das deutsche Element in den Vereinigten Staaten von Nordamerika

1818 - 1848

Gustav Philipp Körner

Das deutsche Element in den Vereinigten Staaten von Nordamerika
1818 - 1848

ISBN/EAN: 9783337320720

Hergestellt in Europa, USA, Kanada, Australien, Japan

Cover: Foto ©ninafisch / pixelio.de

Weitere Bücher finden Sie auf **www.hansebooks.com**

Das deutsche Element

in den

Vereinigten Staaten von Nordamerika,

1818—1848.

Von

Gustav Körner.

Cincinnati:
Verlag von A. E. Wilde & Co.
1880.

Seinem Freunde

Friedrich Kapp

gewidmet

vom Verfasser.

Belleville, Ill., Dec. 1879.

Vorwort.

Es scheint die Absicht Friedrich Kapp's gewesen zu sein, eine allgemeine Geschichte der deutschen Einwanderung in Amerika zu schreiben; bis jetzt aber hat er sich auf eine Geschichte der Deutschen im Staate New-York bis zum Anfange des neunzehnten Jahrhunderts beschränkt. Es ist dies ein Werk, welches sich andern Arbeiten dieses Herrn, die sich mit der Geschichte deutscher Männer und deutschen Wesens in Amerika beschäftigen, würdig zur Seite stellt. Auf sorgfältiges Studium der Quellen gegründet, ist es durchaus im wahren historischen Geiste gehalten, und was besonders hervorzuheben ist, in klarer und doch zugleich fesselnder Sprache geschrieben.

Seit dem Erscheinen dieses Buches (1867) hat Herr Kapp die Vereinigten Staaten bleibend verlassen, ist in andere Beziehungen getreten und hat einen reichen Wirkungskreis gefunden. Es läßt sich kaum erwarten, daß er dem schon auf sehr breiter Grundlage angelegten Werke eine Fortsetzung geben werde. Es wird also eine Monographie der früheren deutschen Einwanderung von New-York bleiben, andern Kräften wird es aufbewahrt sein, die Geschichte der Einwanderung der Deutschen auch in den übrigen Staaten zu unternehmen, und sie bis auf die neueste Zeit fortzuführen.

Der Verfasser des vorliegenden Buches hat durchaus nicht die Absicht, eine Geschichte der Einwanderung irgend einer Periode zu schreiben. Eine solche Absicht liegt sowohl seinem Geschmack, als seiner ganzen Gedankenrichtung fern. Es hat sein Werk freilich Bezug auf die Einwanderung, oder vielmehr, die Einwanderung dient ihm zur Grundlage. Der Zweck desselben aber ist es, zu zeigen, ob überhaupt, und wie stark und wie weithin die Einwanderung der Deutschen nach Amerika oder vielmehr nach den

Vereinigten Staaten, das Gemeinwesen der Union beeinflußt hat. Ich sage „Gemeinwesen", weil dieses Wort sowohl das politische als gesellschaftliche Wesen eines Staates auszudrücken geeignet ist.

Ich habe deshalb das Buch nicht eine Geschichte der deutschen Einwanderung genannt, sondern des deutschen Elements, und zwar nur innerhalb eines bestimmten Zeitabschnittes. Wir sind an Kürze der Titel gewöhnt. Die Periode, in welcher man die Titel zu einem kurzgefaßten Inhaltsverzeichnisse des ganzen Werkes zu machen pflegte, liegt längst hinter uns. In unserer Zeit muß es daher öfter vorkommen, daß der Titel den Inhalt nicht ganz deckt.

Der Völker sind sehr wenige, wenigstens der civilisirten Völker, die nicht mehr oder weniger aus gemischten Stämmen bestehen, oft aus nahe verwandten, oft aus sehr ungleichartigen. Diese Bestandtheile bezeichnet man häufig mit dem Wort „Elemente". — Es ist nun stets eine interessante Aufgabe für Denkende gewesen, den verschiedenen Einflüssen dieser verschiedenen Elemente auf den Charakter und die politische Stellung des ganzen Volkes nachzuspüren, und das Gewicht dieses Einflusses festzustellen und abzumessen. Für uns, die wir hier leben, ist eine solche Untersuchung nicht blos von objectivem Interesse, sondern von großer praktischer Wichtigkeit.

Eine klare und richtige Ansicht über die Stellung, welche die deutsche Bevölkerung wirklich erlangt hat, und die Wirkung, welche sie auf das vorhandene amerikanische Element ausübt, und wie letzteres wiederum das deutsche modificirt hat, kann nur von höchstem Vortheil sein. Wie diese Ansicht sich gestaltet, bildet sie eine fortwährende Grundlage für die Handlungsweise der hiesigen Deutschen, und es entspringt daraus die Nothwendigkeit, sich über diese Grundlage nicht zu täuschen.

Es ist vielleicht hier am Orte, die Leser mit der Persönlichkeit des Verfassers einigermaßen bekannt zu machen. Wenn man von vornherein weiß, welche Gelegenheit der Autor eines Buches hatte, sich mit dem Gegenstand desselben vertraut zu machen, wenn man dessen eigene Lebensstellung kennt, und so den Standpunkt klar sieht, von welchem aus er Dinge und Personen beurtheilt, mit einem Worte, wenn man weiß, mit wem man es zu thun hat, so kann man dessen Arbeit besser verstehen, kann ab- und zugeben, und ist Täuschungen oder Mißverständnissen viel weniger unterworfen.

Im Sommer des Jahres 1833 hier angekommen und nachdem der

Verfasser sich einen bleibenden Wohnsitz im Staate Illinois erwählt hatte, entschloß er sich sogleich das juristische Fach, welches er auf mehreren Hochschulen Deutschlands vier Jahr studirt, und in dem er in seiner Vaterstadt Frankfurt a. M., nach Aufnahme in den Advokatenstand, schon kurze Zeit praktisch gewirkt hatte, auch hier fortzusetzen. Neben weiterer Ausbildung in der englischen Sprache, mit der er indessen schon theoretisch vertraut war, wurde das Studium des Landes und seiner Bewohner, der Verfassung und der Kommentare darüber, des Civilrechts, namentlich des Civilrechts seines Staates, seine nächste und dringendste Aufgabe. Obgleich im 23sten Lebensjahre stehend, machte er noch einen Kursus auf einer amerikanischen Rechtsschule durch und begann die Rechtspraxis im Staate Illinois im Sommer 1835. — Zu jener Zeit war es in den westlichen Staaten für einen Advokaten kaum möglich, sich nicht mehr oder weniger an der Politik zu betheiligen, und der Verfasser, der schon in Europa regen Antheil am öffentlichen Leben genommen hatte, wurde bereits im Jahre 1842 in die Gesetzgebung gewählt. Im Jahre 1845 zuerst vom Gouverneur zu einem Mitglied des Appellationsgerichtes ernannt, um eine Vakanz auszufüllen, dann 1846 von der Gesetzgebung definitiv zu dieser Stelle erwählt, legte er das Amt im Jahre 1849 nieder, um sich ganz der Praxis zu widmen, wurde aber im Jahre 1852 auf vier Jahre zum stellvertretenden Gouverneur von Illinois gewählt, und war in dieser Eigenschaft Vorsitzer des Staatssenats. Später kam er in theilweise bedeutendere Stellungen sowohl unter der Bundesregierung als der des Staates.

Seine lebhafte Theilnahme an der Politik machte ihn zum Mitgliede mehrerer National- und Staats-Konventionen, in welchen letzteren er öfters den Vorsitz zu führen hatte. Die öffentlichen Debatten, namentlich während der Präsidentenwahlen brachten ihn wiederholt nach jedem Theil seines Staates, und oft über dessen Grenzen hinaus. Seine Verbindungen mit vielen deutschen und amerikanischen Zeitungen, für die er schriftstellerisch thätig war, ließen ihn Fühlung mit der öffentlichen Meinung behalten, so wie auch seine fortgesetzte juristische Thätigkeit ihn mit allen Schichten der Bevölkerung eng verknüpfte.

So wenig er sich auch immer eine scharfe Beobachtungsgabe zutrauen mag, so ist es doch wohl selbstverständlich, daß eine Lebensführung wie die angedeutete, ihm Gelegenheit genug verschafft haben muß, die wechselseitigen

Beziehungen der verschiedenen Volkselemente des Landes wahrzunehmen, die Ansichten, welche hüben und drüben über die gegenseitige Stellung dieser Elemente bestehen, kennen zu lernen, und sich ein Urtheil zu bilden, welches auf einige Berücksichtigung Anspruch machen dürfte.

Es ist hier ferner zu erklären, warum der Verfasser nur die drei Jahrzehnte, welche dem Jahre 1848 vorausgegangen sind, in den Bereich seiner Betrachtungen gezogen hat. Kapp's Geschichte schließt mit dem 18. Jahrhundert. Die Kriege aber, welche in Folge der Revolution von 1789 ganz Europa bis 1815 durchzogen und die namentlich den friedlichen Verkehr zur See fast gänzlich unmöglich machten, verhinderten eine Einwanderung von irgend welcher Bedeutung. Erst nach dem Frieden, und in Folge des gedrückten Zustandes des Handels und der Industrie, griffen die Unzufriedenen Europa's wieder zum Wanderstabe, neigten sich aber mehr den südamerikanischen Staaten, namentlich Brasilien zu. Es sind dem Verfasser im Laufe seiner Forschung allerdings einige Schriften begegnet, welche von Eingewanderten, namentlich Kaufleuten, die sich in den östlichen Seestädten und in New-Orleans niedergelassen hatten, zum Nutzen und Frommen europäischer Einwanderer publizirt worden sind, und die sich auf die ersten Jahrzehnte dieses Jahrhunderts beziehen. Sie bieten aber kein Material für dieses Buch und bezeugen gerade den geringen Umfang, den damals die Auswanderung angenommen hatte.

Mit dem Jahre 1848 zu schließen, hat seine Begründung in mehreren Ursachen. Weiter zu gehen wäre eine zu umfangreiche und mühevolle Aufgabe geworden, wie der Verfasser sie sich nicht auferlegen wollte. Ein Hauptgrund aber ist der: Seit dem Jahre 1848 haben in Folge der politischen Umwälzungen in Europa, so viele schriftstellerische Kräfte bedeutenden Ranges in den Vereinigten Staaten eine Zuflucht gesucht und gefunden, daß es der Geschichte der neueren Einwanderung nicht an begabten Darstellern fehlen wird.

Es mag wohl nicht ganz unpassend sein, dem Leser schon hier anzudeuten, in welcher Weise der Verfasser die Stellung des eingewanderten Deutschthums auffaßt, welchen Einfluß er für dasselbe in Anspruch nimmt, und welche Grenzen er ihm setzt. Der Leser wird zwar, wenn er geneigt ist, dem Verfasser durch das Buch zu folgen, Gelegenheit haben, dessen Ansicht über diesen Gegenstand hinreichend kennen zu lernen. Doch hilft es dem Verständniß bedeutend, wenn man gleich von vornherein den Standpunkt kennen lernt, von welchem ein Autor den Gegenstand seiner Schrift beurtheilt. Im großen Ganzen schließe auch ich mich dem Urtheil an, oder ich kann vielmehr sagen, daß ich vom ersten Augenblick meiner Einwanderung kein anderes gefaßt habe, welches Friedrich Kapp in seinem „Rückblick und Schluß" zur dritten Auflage seiner Geschichte der Deutschen im Staate New-York über die Rolle des deutschen Elements in den Vereinigten Staaten ausgesprochen hat. Die bedeutendste Stelle in diesem Rückblick lautet:

„Die beiden verwandten germanischen Stämme, der angelsächsische und der deutsche, treffen sich nach fünfzehnhundertjähriger Trennung wieder auf dem amerikanischen Kontinent zur gemeinsamen Arbeit, zur Erweiterung des Reiches der Freiheit. Der Deutsche giebt sein reiches Geistes- und Gemüthsleben zu den Kulturelementen, welche sich auf dem Boden der neuen Welt frei vermählen und stets höhere Bildung erzeugen.

„Noch gilt es auf dem großen Gebiete der Vereinigten Staaten den gemeinschaftlichen Kampf des Geistes gegen die Naturwüchsigkeit, den Kampf der Civilisation gegen die Rohheit. Es ist Platz für Alle, für jedes ehrliche Streben, für jeden denkenden Kopf, für jeden arbeitenden Arm, denn die allen gemeinsame Arbeit wird nicht dadurch erreicht, daß der Eine den Andern zur Seite schiebt oder gar verdrängt, sondern daß ein Jeder mit Aufbietung aller seiner Kräfte in Reih' und Glied kämpfend, das hohe Ziel anstrebt. Also nicht in der Absonderung von amerikanischen Bildungselementen liegt das Heil der deutschen Einwanderung, nicht in phantastischen Träumen von einem in Amerika zu gründenden deutschen Staat, einer deutschen Utopia, kann sie gedeihen, nicht abseits vom Wege, sondern mitten im Leben und Streben ihrer amerikanischen Mitbürger ist ihr eine erfolgreiche und Segen bringende Thätigkeit vorgezeichnet. Eine deutsche Nation in der amerikanischen kann sie nicht sein, aber den reichen Inhalt ihres Gemüthslebens, die Schätze ihrer Gedankenwelt kann sie im Kampfe für die politischen und allgemein menschlichen Interessen in die Wagschaale werfen, und ihr Einfluß wird um so tiefer gehen, ein um so größeres Feld der Betheiligung sich schaffen, je weniger tendenziös sie auftritt, je mehr sie aber zugleich an dem festhält, was Deutschland der Welt Schönes und Großes gegeben hat. Es hat also jeder Deutsche in seinem Kreise dafür zu sorgen, daß über den Mitteln nicht der Zweck, über der Wirklichkeit nicht das Ideal, über der Arbeit nicht der Genuß, und über dem Nützlichen nicht das Schöne verloren gehe; er hat darauf zu achten, daß im wirren Durcheinander so vieler großartigen Bewegungen sich der Mensch nicht selbst abhanden komme. Wenn sie ihre Stellung zum amerikanischen Wesen in dieser Weise versteht, so wird andererseits auch die deutsche Einwanderung die Vorzüge des Amerikaners auf sich wirken und sich von ihnen fördern lassen. Sie wird seiner rücksichtslosen Energie und Thatkraft nacheifern, sie wird sich seinen gesunden Materialismus, seine straffe Mannhaftigkeit, seine von der deutschen Rechthaberei und Kritelei so glänzend abstechende Unterordnung und politische Zucht zu eigen zu machen suchen.

„Sobald sich der deutsche und amerikanische Geist in diesem Sinne vermählen, hat das Aufgehen des Deutschthums im Amerikanerthum nichts Schmerzliches mehr, es wird sogar eine geistige Auferstehung."

Man hat Kapp häufig wegen seiner Meinung über das deutsche Element und dessen Beruf angefochten. Er ist nicht nur von bloßen Phrasenmachern, sondern auch von sehr achtungswerthen Männern lebhaft getadelt worden. Es ist vielleicht mehr der manchmal verletzende Ton, den er eingeschlagen, der Anstoß gegeben hat, als die Sache selbst. Herr Kapp kann nicht verlangen, daß man seine oft pessimistischen Ansichten über die Vereinigten Staaten allgemein theile, noch weniger aber, daß man dieselben rosigen Hoffnungen auf das neue Deutschland setze, welche ihn beseelen, und deren Erfüllung wir zwar von Herzen wünschen, ohne aber daran so fest zu glauben, wie er. Ihm ist dieser Glaube ein unendlicher Vortheil, denn er macht ihn stark und muthig am Aufbau und Ausbau des deutschen Staates mitzuwirken und seine anerkannten Fähigkeiten in dieser hohen Aufgabe zu verwerthen.

Allein auch hier haben tüchtige und selbstbewußte Männer ein hohes Ziel, eine ebenso große, wenn nicht noch größere Aufgabe vor sich, als Ebenbürtige in Deutschland. Hätte sich Kapp stets in der maßgebenden Weise, wie in den angeführten Worten, über das Deutsch-Amerikanerthum geäußert, so würde er zwar dem Tadel bloßer Phantasten nicht entgangen sein, doch auch nicht sich Vorwürfe von Seiten sehr schätzbarer Männer zugezogen haben. Letztere haben Herrn Kapp, wie es scheint, mißverstanden. Er hat keine geringe Meinung vom Einfluß des deutschen Elements, sondern wirklich eine hohe. Nur die Ueberschätzung greift er rücksichtslos an, und bekämpft namentlich die Idee der Absonderung von dem vorgefundenen Volksstamm, als für beide Theile verderblich.

Wie schon oben angedeutet, beurtheilt Herr Kapp den gegenwärtigen
Zustand Deutschlands zu günstig. — Deutschland ist zwar nicht mehr
der enge Käfig, wie vormals, in dem kein freier Flug denkbar war. Aus
dem Käfig ist ein kolossales Vogelhaus geworden, in dem sich die Bescheidenen so frei bewegen können, daß sie glauben, sie flögen in unbegrenzten
Räumen. Ein Adlerflug würde sich aber bald an den starken Drähten
stoßen, welche das große Gehäuse einschließen. Die Sicherheit, mit welcher
Herr Kapp in seinen Schriften auftritt, die Weite seines Gesichtskreises, die
politische Frische und doch zugleich staatsmännische Handlungsweise, die er
seit seiner Rückkehr nach Deutschland bekundet hat, dankt Herr Kapp nicht
bloß seiner ursprünglich kräftigen Westphalen-Natur, sondern weit mehr
noch seinem fast zwanzigjährigen Aufenthalt in den Vereinigten Staaten.

Die politische Atmosphäre hier ist reiner, man sieht unendlich viel
weiter durch eine solche verdünnte Luftschichte. Sie ist scharf, diese Luft,
und gefährlich. Die Freiheit hier ist so unbegrenzt, daß die Gesetze oft den
Schutz nicht leisten, den sie sollten. Der Einzelne muß viel öfter „auf sich
selber stehen," als es zu wünschen wäre. Aber es bilden sich starke Individualitäten, es kommt Kühnheit in alle Unternehmungen, Großartigkeit
in alle Pläne. Unser Göthe hat dieses Land schon vor einem halben Jahrhunderte mit seinem divinatorischen Blick klar erkannt und in wenigen
Worten unverkennbar gezeichnet. Sein Faust, im Begriffe aus der Welt
zu scheiden, träumt sich als höchstes Glück, ein frisch entdecktes Ur-Land
fruchtbar und bewohnbar zu machen. Er wünscht zu öffnen:

„— — — Räume vielen Millionen,
Nicht sicher zwar, doch thätig frei zu wohnen."

„Das ist der Weisheit letzter Schluß,
Nur der verdient sich Freiheit und das Leben,
Der täglich sie erobern muß.
Und so verbringt, umrungen von Gefahr,
Hier Kindheit, Mann und Greis sein tüchtig Jahr.
Solch ein Gewimmel möcht ich sehen,
Auf freiem Grund mit freiem Volke stehen."

Wer einmal hier auf freiem Boden in diesem Gewimmel ist, der schließe
ab mit seinem alten Vaterlande und suche sich, unbelästigt durch Rückerinnerungen, seinen Wirkungkreis so gut er kann. Die Liebe zu seiner

Sprache und Literatur soll er heilig halten, und seinen Kindern einzuflößen suchen. Was er Edles als von seinen Vätern überkommen in sich trägt, möge er nie verlieren Er erniedrige sich nie, sein Land zu verläugnen. Dies wäre Undank und Thorheit zugleich. Wenn er so, mit Aufrechthaltung und Verfechtung seiner deutschen Tugenden, seine politische Treue dem Lande seiner Wahl fest zuwendet, ehrt er sich selbst am besten und auch das Volk, dem er entstammt ist und dem auch hier immer noch sein Herz in unvergänglicher Liebe schlägt.

Belleville, im December 1879.

G. K.

Einleitung.

Man hat die deutsche Auswanderung des vorigen Jahrhunderts nach den nordamerikanischen von England gegründeten Kolonien nur zu häufig unterschätzt und sie als bloßes Material betrachtet, welches allerdings dem Lande durch Vermehrung der Einwohnerzahl und der dadurch gewonnenen Arbeitshülfe zu gute gekommen sei. Man nahm an, sie habe sich nur in die bestehende Bevölkerung eingeschoben und sich so mit ihr verschmolzen, daß von einer namentlich geistigen Einwirkung auf die Bildung des Volkscharakters keine Rede sein könne.

Man kam um so leichter zu dieser Ansicht, als sich unter den Eingewanderten allerdings eine überwiegende Anzahl der ärmeren und unterdrückten Bevölkerung befand, namentlich des sehr verarmten und heruntergekommenen Bauernstandes. Allein selbst diese armen und unterdrückten Handwerker und Bauern Deutschlands hatten verhältnißmäßig eine bessere Schulbildung genossen als die mit ihnen auf gleicher Stufe stehenden Klassen Englands oder Frankreichs. Die Reformation hatte Volksschulen geschaffen, und wenn auch der schreckliche Krieg, der Deutschland dreißig Jahre lang verwüstete, das Volk wieder theilweise in die alte Unbildung zurückgeworfen hatte, so waren doch im 18. Jahrhundert die Folgen dieser Verwüstung schon sehr verwischt, und namentlich in allen protestantischen Gegenden Deutschlands — und gerade aus diesen fand vorzugsweise die Auswanderung, die wir im Auge haben, statt — blühte die Dorfschule und die sonntägliche Kinderlehre, während in England und Frankreich vom Volksunterricht auf dem Lande im ganzen vorigen Jahrhundert kaum Spuren zu finden sind. Während man, um Canada und später auch Louisiana zu bevölkern, in Paris und andern französischen Städten die Gefängnisse und die Zufluchtsstätten gefallener Mädchen entleerte und deren Insassen zum Theil gefesselt in Schiffsladungen über den Ocean brachte, während England noch in Georgia eine Kolonie aus verurtheilten Verbrechern zu begründen suchte, zogen die deutschen Auswanderer, meist unter Anführung ihrer Prediger und Lehrer, geistliche Lieder singend, nach den Häfen Hollands, in dürftigem Aufzuge oft, und niedergebeugt von harter Arbeit und den

Gram des Abschieds in den Mienen, aber nicht geistig roh oder körperlich entnervt, sondern muthig und entschlossen, sich durch Fleiß und Beharrlichkeit ein festes Heim zu sichern. Die ersten deutschen Einwanderer Ende des 17. und Anfangs des 18. Jahrhunderts gehörten zu solchen protestantischen Secten, welche in Deutschland von den Regierungen nicht anerkannt waren, Mennoniten, Wiedertäufer und andere. Die späteren größeren Züge aber, namentlich die welche aus der Pfalz in Folge der zerstörenden Kriege Frankreichs kamen, bestanden zumeist aus Reformirten und Lutheranern. Unter ihnen befanden sich eine Menge von Geistlichen und Schullehrern, aber auch Kaufleute, geschickte Handwerker und vermögende Landwirthe. Kirchen und Schulen wurden fast noch eher gebaut als Häuser, Scheunen und Ställe. In dieser Hinsicht glichen sie den nach dem fernen Westen übergesiedelten Neu-Engländern heutigen Tages, die sogleich eine Kirche bauen, sobald sie einige Bretterhäuser in dem zu gründenden Städtchen errichtet haben. Zu ermitteln, wie stark die deutsche Einwanderung im 18. Jahrhundert nach den englischen Kolonien war, ist schwer. Weder hüben noch drüben stand damals die Statistik in der Blüthe. Doch ist nicht zu bezweifeln, daß sie sich wenigstens auf einmalhunderttausend Köpfe belief. Die verschiedenen Quellen schwanken zwischen einhundert- und zweihunderttausend, für die damals schwache Gesammt-Bevölkerung der Kolonien jedenfalls schon ein bedeutender und sehr merklicher Zuwachs, um so mehr, als diese Einwanderung, vorzüglich auf New-York und Pennsylvanien beschränkt blieb. Die Geistlichen und Lehrer aber blieben, und das darf man nicht vergessen, trotz der mangelhaften Vermittelungswege in stetiger Fühlung mit dem Heimathlande. Die Eingewanderten drängten beständig bei ihren Glaubensbrüdern jenseits des Meeres auf Unterstützung ihrer Kirchen und Schulen, und diese wiederum sandten Missionäre und Schullehrer zur Ausbreitung ihrer religiösen Ideen. In New-York, besonders aber in Pennsylvanien, entwickelte sich ein reges deutsches Leben, und äußerte sich namentlich in letzterem Staate in einem politischen Einfluß, der später nie wieder erreicht worden ist. Eine Reihe von bedeutenden Staatsmännern und Gelehrten Pennsylvaniens entsprangen dieser deutschen Auswanderung aus den ersten Jahrzehnten des vorigen Jahrhunderts. Die einfache Thatsache, daß kurz nach dem Unabhängigkeits-Kriege, die Einführung der deutschen Sprache als Gesetzes- und Gerichtssprache in Pennsylvanien nicht nur agitirt, sondern in der Gesetzgebung nur durch eine kleine Majorität verhindert wurde, zeigt, wie groß der Einfluß des Deutschthums gegen Ende des vorigen Jahrhunderts, wenigstens in dem zu jener Zeit bedeutendsten Staat der Union, gewesen sein muß. Wir erinnern hier nur an die Familie der Herkimer, (Herkheimer) (Siehe Kapp's Geschichte der deutschen Einwanderung in New-York), der Paul's, von denen einer in den dreißiger Jahren Gouverneur des

Staates war, an die **Hallecks** in New-York; an die **Mühlenbergs**, die **Wolfs**, die **Schneiders**, die **Schunks**, die **Reims**, **Rittners**, welche in Pennsylvanien in Civil- und Militär-Diensten die höchsten Stellen bekleideten, an die **Treutlins** und **Elberts** in Georgia, an **Wilhelm Wirt**, **Johann A. Quittmann** und zahlreiche Andere in den übrigen Theilen des Landes, alle theils geborne Deutsche, theils Nachkommen der deutschen Einwanderung des vorigen Jahrhunderts. Allein schon während des Freiheitskrieges der Kolonien mußte der Natur der Sache nach die Einwanderung abnehmen, und mußte die gegenseitige Verbindung zwischen den Deutschen hier und im alten Vaterlande große Störung erleiden. Die deutschen Fürsten, welche bisher nicht das Geringste für ihre ausgewanderten Landeskinder gethan hatten, erregten durch den Verkauf ihrer Söldlinge, welche bis zu dreißigtausend Mann die englischen Heere verstärkten, gegen die Deutschen hier ein ernstliches Vorurtheil, welches bei dem hier, wie in allen Ländern bestehenden Nativismus, weder durch die großen Verdienste solcher Deutschen, wie **Kalb** und **Steuben** um die Sache der Unabhängigkeit, noch auch durch die Tapferkeit und die Vaterlandsliebe der deutschen Revolutionssoldaten ganz vernichtet werden konnte.

Und kaum hatten die Vereinigten Staaten ihre neue Laufbahn als unabhängiges Volk begonnen, und konnten friedliche Verhältnisse zu einer Wiederaufnahme der Einwanderung einladen, so brachen die großen europäischen Kriege aus, welche fünfundzwanzig Jahre lang jede größere Auswanderung von dem Kontinente Europa's unmöglich machten. Erst kurz vor den zwanziger Jahren dieses Jahrhunderts konnte sich dieselbe erneuern.

Diese fast vierzig Jahre dauernde Unterbrechung mußte dem deutschen Elemente hier einen großen Theil seines Bodens rauben. Selbst in Pennsylvanien hatte es sich fast gänzlich mit der englisch-irischen Bevölkerung, wenigstens in den Städten, verschmolzen, nicht ohne indeß dem Gesammtcharakter einen starken Zug seines eigenen Selbst aufgedrückt zu haben. Es wäre indeß sehr ungerecht, die Vorarbeiten der früheren Einwanderung verkennen zu wollen. Sie hatten den deutschen Namen zu Ehren gebracht und für die Nachkommen ein günstiges Vorurtheil geschaffen. So hatten sich auch, namentlich im Staate New-York die dort besonders im Mohawkthale eingewanderten Pfälzer, einen sehr guten Ruf in Bezug auf Fleiß, Ehrlichkeit und Zuverlässigkeit erworben. Ein werther Freund, der sich mit der Geschichte der Deutschen in New-York sehr vertraut gemacht hat,*) drückt sich darüber folgendermaßen aus: „Diesen Pfälzern haben die Deutschen, welche nach 1820 in den Staat New-York

---

*) Dr. **Franz Brunk** in Buffalo.

einwanderten, viel zu verdanken. Noch im Jahre 1834, als ich in diesen Staat kam, konnte jeder neueingewanderte Deutsche, der sich in Geldverlegenheiten befand, ohne weitere Nachfrage Kredit erhalten. Im Jahr 1834 sprach noch so ziemlich die Bevölkerung von Schohary County (am Mohawk) deutsch, jetzt (1878) nur noch die alten Leute. Alle ihre Nachkömmlinge mit denen ich bekannt wurde, waren stolz auf ihre Abstammung und es war in der That zu jener Zeit eine bessere Empfehlung ein "Mohawk High Dutch" zu sein, als ein "Yankee".

So pietätsvoll man indeß gegen dieses frühere deutsche Element gesinnt sein mag, so ist es doch keinem Zweifel unterworfen, daß aus den eben angeführten Gründen der neu einströmenden Einwanderung der Deutschen die schwere Aufgabe zufiel, das zum Theil verloren gegangene Gebiet wieder zu erobern. — Zu schildern, wie weit dies während der 30 Jahre, welche dem Jahr 1848 vorausgingen, gelungen ist, soll die Aufgabe der nachfolgenden Blätter sein. In der ersten Periode fließen die Quellen nur sehr spärlich. Erst im letzten Jahrzehnt hat man angefangen, für die deutsche Einwanderung und deren Entwickelung ein populäres periodisches Organ zu gründen, den zu Cincinnati monatlich erscheinenden „Deutschen Pionier". In dieser schätzbaren Zeitschrift, welche sehr tüchtige Redacteure und Mitarbeiter zählte und noch zählt, ich nenne nur die Namen von H. A. Rattermann, Dr. Oswald Seidensticker, Dr. Gustav Brühl, Friedrich Münch, Karl Rümelin und Gen. J. A. Wagener, findet sich in der Form von einzelnen Ansiedelungsgeschichten, biographischer Mittheilungen, von Berichten über deutsche Vereine jeder Art, ein höchst werthvoller Stoff für den späteren Geschichtschreiber. Doch selbst hier erhalten wir nur spärliche Nachrichten über den ersten Theil des Zeitabschnittes, um den es sich hier handelt, wohl aus dem Grunde, weil die deutsche Presse erst Mitte der dreißiger Jahre zu einiger Bedeutung gelangte. Auch Franz Löher in seinem umfangreichen Werke „Die Geschichte und Zustände der Deutschen in Amerika" (Cincinnati, Eggers und Wulkop 1847; Leipzig, bei Köhler) äußert sich über die letzterwähnte Periode nur in einigen wenigen Worten.

Für die Jahre 1833—1848 haben uns mehrere Folgen deutscher Zeitungen zu Gebote gestanden, sowie eine Reihe von Veröffentlichungen, die in der Quellenangabe aufgeführt werden. Schriftliche und mündliche Mittheilungen habe ich bereitwillig von befähigten Männern erhalten. Eigene frühere Arbeiten auf dem hier behandelten Gebiete, sowie eine Menge von persönlichen Anschauungen kamen mir zu Statten. Man könnte fast sagen, daß mehr der Reichthum des Materials Schwierigkeiten machte, als der Mangel desselben. Ist das Nachfolgende, wie schon im Vorwort bemerkt, keine Geschichte der Einwanderung und der Ansiedlung der

Deutschen in dem behandelten Zeitabschnitt, sondern nur ein Beitrag zur Geschichte des deutschen Einflusses auf die vorgefundene Bevölkerung, so ist selbst dieses weniger eine chronologisch geordnete Darstellung des Gegenstandes, als eine Reihe von Lebensbildern bedeutender Deutschen. Die Laufbahn dieser Männer mußte natürlich über die Grenzen der drei Jahrzehnte, wenn sie dieselben überdauerte, fortgesetzt, und, wo es möglich war, ihr Vorleben in Europa ebenfalls geschildert werden. Wir glaubten durch diese Art der Darstellung mehr Interesse zu erregen, und doch den Zweck völlig zu erreichen. Das Buch hat eine Tendenz, wie ja jedes Buch, welches nicht rein wissenschaftliche Gegenstände behandelt, eine haben sollte. Sie ist die, dem deutschen Elemente gerecht zu werden, ohne anderen Bevölkerungsklassen zu nahe zu treten. Und hier ist vielleicht der Ort, etwas über das schon vorhin erwähnte Buch von Franz von Löher zu sagen. Kapp nennt es irgendwo eine Romanze oder romantische Geschichte, wir erinnern uns des Ausdruckes nicht genau. Wir halten diese Bezeichnung für zu weitgehend. Löher's Zweck war: die, wie er irrthümlich meinte, schlummernde Selbstachtung der Deutschen in Amerika aufzuwecken, sie ihres Werthes sich bewußter zu machen. Er hatte sich augenscheinlich in zu ausschließlich deutschen Kreisen während seines Aufenthalts hier bewegt und sich große Vorurtheile gegen die amerikanische Bevölkerung einflößen lassen. Wäre er mehr mit Deutschen zusammengekommen, welche das Land schon lange kannten, mit den Amerikanern in vertrauteren Verhältnissen gelebt hatten, ihn auch auf die Schwierigkeiten aufmerksam gemacht hätten, welche gerade den Deutschen hier selbst bei freundlichem Entgegenkommen der Eingeborenen, zu politischen Einflüssen zu gelangen, im Wege stehen, so würde er weniger die Schattenseite des amerikanischen Charakters hervorgehoben und ebenso würde er dem Deutschthum manchen Vorwurf erspart haben. Und während er auf der einen Seite dem Letztern so häufig ungerecht wird, vindicirt er auf der andern Seite demselben wieder Verdienste, die es nicht oder doch in weit geringerem Maaße hat, als Löher es behauptet. Es geht daher durch sein Buch, sowie auch durch seine späteren sonst so sehr schätzbaren Werke, ein Hauch von Chauvinismus, wir können keinen bezeichnenderen Ausdruck finden, der oft sehr unangenehm berührt. Natürlich ist hiermit nicht gemeint, Löher die glänzenden Eigenschaften abzusprechen, welche ihn auf dem Felde der Geschichte, besonders der Kulturgeschichte, und der Reisebeschreibungen zu einem der beliebtesten und ausgezeichnetsten Schriftsteller Deutschlands gemacht haben. Seine rasche und leichte Auffassung, seine gediegenen Kenntnisse, sein eiserner Fleiß, sein Forschungseifer, verbunden mit einer gefälligen Darstellungsweise, sind allgemein anerkannt. Man kann sich nur verwundern, wie nach so kurzem Aufenthalt in den Vereinigten Staaten es ihm gelungen ist, sich so umfassend zu belehren und in vieler Hinsicht ein so richtiges Urtheil zu fällen. Es wird immer ein schätzbares Buch bleiben, schon durch seine Hinweisungen auf Quellen, die er, so weit es ihm möglich war, ernsthaft studirt hat. Kein späterer Geschichtschreiber kann und darf es bei Seite liegen lassen, nur muß er es mit der Vorsicht benutzen, mit der man überhaupt Parteischriften zu behandeln pflegt.

Erstes Kapitel.

Pennsylvanien.

Die alten deutschen Pennsylvanier. — Deutsche Sprache und Zeitungen vor 1818. — Die deutsche Gesellschaft von Pennsylvanien. — Heinrich Bohlen — Andere Mitglieder der Gesellschaft. — Gesellschaftliches Leben. — Deutsche Landbauern. — Johann Georg Rapp. — Deutsche Literatur und Zeitungen anfangs der dreißiger Jahre. — Johann Georg Wesselhöft. — Alte und Neue Welt. — Wilhelm L. J. Kiderlen. — Deutscher Buchhandel in den Vereinigten Staaten. — Friedrich Kapp's Bemerkungen darüber. — Spätere Zeitungsliteratur in Philadelphia und Pennsylvanien überhaupt.

Es ist eine weitverbreitete Ansicht, daß die im letzten Jahrhundert nach Pennsylvanien eingewanderten Deutschen, trotz Beibehaltung ihrer pfälzischen Dialekt-Sprache mit englischen Wörtern und Biegungen verwachsen, in dem sie umgebenden amerikanisch-irischen Elemente aufgegangen seien. Nur ihre Namen, hie und da ihre Gesichtszüge und äußeres Benehmen glaubte man, zeichne sie von der übrigen Bevölkerung aus, dem Wesen nach seien sie Amerikaner geworden. Wir können diese Ansicht nicht unbedingt theilen. Abgesehen davon, daß das amerikanische Element allerwärts, nicht bloß in Pennsylvanien, wo es mit den sogenannten Pennsylvanisch-Deutschen zusammentraf, in Allem, was Fleiß, Beharrlichkeit, sorgfältigen Landbau, Obstbau, rationelle Viehzucht, Oekonomie überhaupt anbetrifft, sehr viel von den Deutschen annahm, so entgeht es dem aufmerksamen Beobachter nicht, daß heute noch in dem Pennsylvanier-Deutschen ein starker deutscher Kern steckt.

Jähigkeit, Beharrlichkeit, Sparsamkeit, Starrköpfigkeit, eine mit einer gewissen Naivität gepaarte und um so wirksamere Klugheit, ist ihnen noch heute eigen, soweit sich die Familien von Vermischung mit andern Racen möglichst rein erhalten haben. Im Vortheil nehmen in Handel und Wandel sind sie dem „Yankee" vollständig ebenbürtig, und dürften sie ihnen noch einige „Points" vorgeben können. Das deutsche Blut zeigt sich auch darin, daß die eingeborne deutsche Bevölkerung von Pennsylvanien, sich sehr bald, als die neue deutsche Einwanderung zahlreich wurde, derselben wieder anzuschließen, suchte. Wo sie vielfach mit Deutschen in Berührung kamen, verbesserten sie selbst ihre Sprache und nahmen an deutschen Angelegenheiten wieder lebhafteres Interesse.

Man hat oft darüber geklagt, daß die Amerikaner auf der Bühne sich über die Pennsylvanier-Deutschen lustig machten, sowie sie überhaupt der Gegenstand tausendfacher spaßhaften Anekdoten geworden seien. Dies ist nur natürlich, und lange nicht so schlimm gemeint, als es auf den ersten Augenblick scheint. Schonen sich denn die Amerikaner selbst? Ist nicht "Brother Jonathan" eine ebenso häufige Karrikatur wie "John Bull" oder "Dutch Fritz"? Wie haben die Franzosen die Elsäßer behandelt, namentlich auf der Bühne, und doch hatten sie vor ihrem zuverlässigen, mannhaften, beharrlichen Charakter die höchste Achtung. Die Vertrauensposten (wenn auch nicht gerade die höchsten in politischer Hinsicht) in ihren Banken, in ihren administrativen Bureaus, in ihren Eisenbahn-Gesellschaften, selbst in militärischen Zweigen und der Intendanz, waren vorzugsweise in den Händen der Elsäßer, dem mit dem Pennsylvanier-Deutschen so eng verzweigten Stamme. Und wie beklagen sie jetzt (freilich mit einiger Ostentation und Affektion) die verlorne Perle, Elsaß!

Schon in der Einleitung ist darauf hingewiesen worden, welche Reihe von Gouverneuren und Staatsmännern gerade das deutsche Element Pennsylvaniens geliefert hat.

Die Teutsch-Pennsylvanischen Zeitungen, in ihrem so eigenthümlichen humoristischen, oft sehr drastischen Styl, blieben übrigens ihren Mitbürgern anderer Abstammung Nichts schuldig, und namentlich kamen die Neu-Engländer am Schlechtesten dabei weg. Von einer Verläugnung ihrer Abkunft war bei ihnen, wenigstens auf dem Lande, nichts zu bemerken. Wir erinnern uns noch, wie in den dreißiger Jahren Heinrich A. Mühlenberg, ein Nachkömmling aus der berühmten deutschen Familie Mühlenberg, welche dem Lande bedeutende Gelehrte, tüchtige Generäle, beredte Kongreßmitglieder gegeben hatte, damals selbst Mitglied des Kongresses, bei einer Gelegenheit in die Worte ausbrach: „Meine deutschen Ahnen haben mich den Spruch gelehrt, thue recht, und fürchte selbst den Teufel nicht, und ich will diesem Spruch treu bleiben, mag meine Handlungsweise meiner Popularität schaden oder nicht." Mühlenberg wurde später unser Gesandter in Oesterreich, kam mit einer hohen Achtung für Deutschland zurück, wurde von der demokratischen Partei als Gouverneurs-Kandidat im Jahre 1844 aufgestellt, und würde mit ungeheurer Majorität gewählt worden sein, wäre er nicht kurz vor der Wahl, zur größten Betrübniß aller Parteien, plötzlich gestorben.

Gerade zu Anfang der Periode, mit welcher wir uns beschäftigen, war übrigens das Deutschthum in Pennsylvanien in einer Krisis. Wie schon oben bemerkt, hatte die Einwanderung aus Deutschland seit fast drei Jahrzehnten aufgehört. New-York fing an Philadelphia und Baltimore als Einwanderungshafen zu überflügeln. Zugleich lag Handel und Wandel durch den eingetretenen Bankerott der vielen Staatsbanken, und die überhaupt einige Jahre nach dem Kriege mit England eingetretene Stockung der heimischen Industrie, sowie des Handels im Allgemeinen, fast gänzlich darnieder.

Nach den sorgfältigsten Vergleichungen der verschiedenen Quellen, die alle mehr oder minder unzuverlässig sind, glauben wir die Zahl der am Ende des letzten Jahrhunderts in Pennsylvanien befindlichen Deutschen und solcher, die von Eingewanderten abstammen, auf etwa 120,000 anschlagen zu dürfen. Schon in der Mitte des vorigen Jahrhunderts schlug sie Franklin vor dem englischen Parlamente auf 60,000 an, setzte aber hinzu, daß er durchaus keine Gewißheit darüber habe. Andere Quellen geben 90,000, ja noch mehr an. Der treffliche Forscher, Dr. Oswald Seidensticker, schätzt sie Mitte des vorigen Jahrhunderts auf 75,000. (Siehe Anhang No. 1.)

Von den vielen deutsch-pennsylvanischen Zeitungen früherer Zeiten bestanden im Jahre 1818, soweit es möglich war dies zu ermitteln, etwa fünfundzwanzig, alle nur Wochenblätter. Tägliche Journale waren damals, selbst in der englischen Presse, eine Seltenheit, und soll ihre Zahl, noch in den zwanziger Jahren, erst etwa sechs betragen haben. — Alle diese deutsch-pennsylvanischen Blätter waren mehr oder weniger in der Dialekt-Sprache geschrieben, und wo man das Hochdeutsche kultivirte, sah man auf den ersten Blick, daß der Gedankengang englisch gewesen war, und daß man eine Uebersetzung vor sich hatte. Die Ungelenkigkeit der Sprache, die Einmischung längst aus dem Gebrauch gekommener hochdeutscher Worte, mit gelegentlicher Einschaltung von Dialekt-Sätzen, machten solche sogenannte hochdeutsche Blätter älterer Zeit noch zu einer viel lustigeren Lektüre als die ächten urwüchsigen pennsylvanier-deutschen Preßprodukte. Die meisten dieser Zeitungen erschienen in blühenden und reichen Landstädten, wie Reading, Allentown, Lancaster, Doylestown, Easton, Lebanon. Die gute deutsche Sprache wurde indessen in den schon damals bestehenden religiösen Gemeinden der Lutheraner, Reformirten, Herrnhuter, Mennoniten, durch Predigt und Kinderlehre, sowie durch mit den Kirchen verbundene Schulen, gepflegt. Pfarrer und Schullehrer waren trotz aller Hindernisse, die dem Verkehr mit den Vereinigten Staaten von 1776—1816 entgegenstanden, über das Meer gedrungen und hatten mit ihrem neuen Wissen die alten Gemeinden aufgefrischt. Ueberhaupt möge es hier bemerkt werden, daß die Aufrechthaltung und Erhaltung des deutschen Elements in den Vereinigten Staaten innerhalb der natürlichen Schranken vielfach den kirchlichen Gesellschaften zu verdanken ist; eine

Thatsache, die man nur allzuwenig berücksichtigt hat. Auch die katholische Kirche, trotz ihrer Neigung, sich, wo es ihr heilsam dünkt, allen Völkerstämmen zu assimiliren, hat mit Sorgfalt das Deutsche da gepflegt, wo sie es in größerer Anzahl vorfand. Im Laufe unserer Nachforschungen sind wir mehreren katholischen Geistlichen begegnet, welche sich in deutschen Kreisen durch ihre hohe Bildung, Leutseligkeit und warme Liebe zum alten Vaterlande, ebenso wie die vielen protestantischen Pfarrer und Schullehrer, sehr beliebt gemacht haben.*)

Wir dürfen voraussetzen, daß zur angegebenen Zeit und während der Jahre vor 1830 in den größeren Landstädten Pennsylvaniens und besonders in Pittsburg sich schon deutsche gesellige Kreise gebildet hatten. Eine genauere Forschung würde ergeben, daß es auch dort nicht an einer Anzahl gebildeter und strebsamer Deutschen gefehlt hat. In Philadelphia namentlich bestanden schon im ersten Jahrzehend dieses Jahrhunderts und in der That schon lange vorher von Deutschen geführte reiche und blühende Geschäfte, sowie eine „Deutsche Gesellschaft". Die Geschichte dieser Deutschen Gesellschaft ist, auf die besten Quellen gestützt, von dem verdienten historischen Schriftsteller Oswald Seidensticker so vortrefflich geschildert worden,†) daß man Diejenigen, welche sich für solche Darstellungen interessiren, nur darauf hinzuweisen braucht. Nur eine kurze Berührung des Gegenstandes sei hier gestattet.

Die Armuth so vieler Auswanderer des vorigen Jahrhunderts zwang einen großen Theil derselben, für ihre Ueberfahrt mit den Kapitänen oder Rhedern übertragbare Dienstverträge einzugehen, welche sie verpflichteten durch Arbeit in dem neuen Lande ihre Verbindlichkeiten für Ueberfahrt und Beköstigung abzutragen. Diese Verträge waren Zwangsverträge, insofern die verpflichtete Person, bei Nichterfüllung, nicht nur zu Schadenersatz sondern zu einer wirklichen Erfüllung, gerichtlich angehalten werden konnte. Derartige Verträge waren sowohl in England als in den englischen Kolonien nichts Neues, fanden aber blos auf Minderjährige Anwendung, welche durch Eltern oder Vormünder in die Lehre gebunden und dann selbst mit Gewalt in dem Banne ihrer Lehrherrn gehalten werden konnten.

Mißbräuchlich wurden aber in mehreren Kolonien und namentlich in Pennsylvanien Gesetze erlassen, nach welchen auch Einwanderer sich so

---

*) Ueber die pennsylvanisch-deutsche Presse früherer und neuerer Zeit siehe Schems deutsch-amerikanisches Konversations-Lexikon. Bd. 8, S. 568 und folgende, wo dieser Gegenstand sehr gut und ausführlich behandelt ist, und wo sich auf Seite 573 ein sehr interessanter Artikel über die pennsylvanisch-deutsche Mundart befindet.

†) Geschichte der Deutschen Gesellschaft von Pennsylvanien von Oswald Seidensticker. Philadelphia 1876.

binden konnten.*) Es wurde nun bei der Ankunft der Schiffe die Arbeit
der Angekommenen zu dem Preise verkauft, welcher die Schuld deckte,
wodurch Eltern oft von ihren Kindern getrennt und große Uebervortheilungen an Vielen ausgeübt wurden, indem man sie Verträge unterschreiben
ließ, die sie nicht verstanden. Auch hatten die Gesetze hierzulande noch
wenig gethan, um Ueberfüllung der Schiffe, Vernachlässigung der Passagiere und Betrügerei seitens der Kapitäne und Mannschaften zu verhindern.
Die deutschen Fürsten in der Heimath, welche ihre Landeskinder für baares
Geld in fremdem Interesse nach Amerika und Afrika verkauften, dachten
am wenigsten daran, schon an dem Einschiffungsorte für das Beste von
freiwillig auswandernden Passagieren zu sorgen; überdies war der Transport hauptsächlich in den Händen der Holländer, die sich seit langer Zeit
einen unrühmlichen Namen in der Auswanderungsgeschichte gemacht
hatten, durch Ueberfüllung ihrer Schiffe mit menschlicher Fracht, harte
Behandlung und schlechte Fürsorge für Nahrung und Gesundheit ihrer
Passagiere. — Grauenhafte Scenen hatten sich hinsichtlich dieser armen
Einwanderer in den Häfen Philadelphia's und Baltimore's abgespielt.
Die alte deutsche Presse hatte vergebens kräftig ihre Stimme zum Schutz
ihrer eingewanderten Landsleute erhoben.

Diesen schreienden Uebelständen abzuhelfen, war die Veranlassung zur
Gründung der Deutschen Gesellschaft. Am zweiten Christtag 1764, Nachmittags um 4 Uhr, versammelten sich 65 deutsche Männer im Lutherischen
Schulhause in der Cherry Straße; Ludwig Weiß, ein deutscher
Rechtsgelehrter, hielt eine Ansprache, sie nahmen eine Verfassung an und
erwählten ihre Beamten. „Die Regeln, welche die Gesellschaft in dieser
konstituirenden Versammlung zur Richtschnur ihres Handelns aufstellte,"
berichtet Herr Seidensticker, „haben im Laufe der Zeit allerdings manche
Abänderungen erlitten; neue Verhältnisse schufen neue Aufgaben und
diesen mußte wiederum dies äußere Gerüst entsprechen, aber trotz aller
Zusätze und Anpassungen, die von Zeit zu Zeit nöthig wurden, ist der
Zuschnitt der Deutschen Gesellschaft im Wesentlichen derselbe geblieben,
wie er sich in den ältesten Regeln darstellt".

Der Eingang der Verfassungs-Urkunde, die wir bedauern nicht in
ihrem ganzen Inhalt einrücken zu können und dessen naive Ausdrucksweise
und altväterliche Einfachheit uns, wie Seidensticker sagt, in die längst vergangenen Zeiten unserer lieben Vorgänger versetzen, lautet folgendermaßen:

---

*) Nach dem englischen gemeinen Rechte können keine Personen, die das gesetzliche
Alter haben, zu einer Ausführung ihrer übernommenen kontraktlichen Pflichten gerichtlich gezwungen, sondern nur für den Schaden, der aus dem Kontraktbruch entstanden
sein mag, pekuniär verbindlich gehalten werden.

"In nomine Domini nostri Jesu Christi. Amen.

„Wir, Seiner Königlichen Majestät von Großbritanien Teutsche Unterthanen in Pennsylvanien, sind bei Gelegenheit der Mitleidenswürdigen Umstände vieler unserer Landsleute, die in den letzten Schiffen von Europa in dem Hafen von Philadelphia angekommen sind, bewogen worden, auf Mittel zu denken, um diesen Fremdlingen einige Erleichterung zu verschaffen, und haben mit unserem Vorsprechen und einem geringen Beitrage in Gelde manchen Neukommern ihre Noth etwas erträglich gemacht.

„Dieß hat uns zum Schluß gebracht, so wie wir zusammen gekommen sind, eine Gesellschaft zur Hülfe und Beistand der armen Fremdlinge Teutscher Nation in Pennsylvanien zu errichten, und einige Regeln festzusetzen, wie dieselbe Gesellschaft von Zeit zu Zeit sich vermehren und ihre Gutthätigkeit weiter und weiter ausbreiten möge".

Es ist zu bemerken, daß die Ausdrucksweise dieser Einleitung sowie der ganzen aus 19 Paragraphen bestehenden Urkunde weder in Rechtschreibung noch Styl, der in der Mitte des vorigen Jahrhunderts in Deutschland üblichen Sprache irgend nachsteht, dieselbe im Gegentheil, namentlich im Vergleich mit dem dort üblichen Kanzleistyl, weit übertrifft. Auch wollen diese Gründer der Deutschen Gesellschaft keine englische oder amerikanische Unterthanen Seiner Großbrittanischen Majestät sein, sondern Teutsche.

Eine der ersten Errungenschaften dieser Gesellschaft war die Verbesserung der bestehenden Verordnungen über den Transport der Einwanderer. Durch ein am 18. Mai 1765 erlassenes Gesetz der Legislatur von Pennsylvanien wurde bestimmt, daß den Passagieren mehr Raum gegeben werde und jedes Schiff einen Arzt und die nöthigen Arzneien mit sich führen müsse. Die Zahl der Räucherungen und Waschungen der Schiffsräume wurde vorgeschrieben, den Betrügereien der Proviantmeister möglichst vorgebeugt. Den durch frühere Gesetze vom Staate ernannten Beamten, welche die Schiffe bei ihrer Ankunft zu besichtigen hatten, wurden beeidigte Dolmetscher zur Seite gestellt, welche die Passagiere mit dem Inhalt der zu ihren Gunsten erlassenen Gesetze bekannt zu machen hatten, und welche zu gleicher Zeit über die Inspektoren, denen man öfter vorgeworfen hatte, daß sie mit den Schiffskapitänen und Rhedern unter einer Decke steckten, eine heilsame Kontrolle ausüben konnten. Das Gesetz enthielt noch andere zweckmäßige Bestimmungen.

Auf Betreiben der Gesellschaft, deren Präsident von 1764 bis 1781 ein reicher deutscher Kaufmann, Johann Heinrich Keppele, war, erhielt die Gesellschaft am 20. September des letztgenannten Jahres eine Inkorporationsakte, von F. A. Mühlenberg als Sprecher unterzeichnet; in derselben war der ursprüngliche Wirkungskreis bedeutend erweitert, und wurde namentlich der Gesellschaft erlaubt, ihre Einkünfte nicht nur zum Beistand der Einwanderer zu verwenden, sondern auch zur Errichtung und Erhaltung von Schulen, einer oder mehrerer Bibliotheken, zu besserer Erziehung und Unterweisung von Kindern und Jünglingen deutscher Geburt und Abstammung, zur Erbauung, Ausbesserung und zum

Unterhalt von Schulanstalten und der zu obigen Zwecken nöthigen Häusern, sowie zur Besoldung von Schullehrern.*)

Zwischen 1781 und 1818 waren Oberst **Ludwig Farmer**, General **Peter Mühlenberg**, sowie Fr. A. **Mühlenberg**, alle Männer des Revolutionskrieges, Präsidenten des Vereins, der allein in den Jahren 1791—1800 einen Zuwachs von 253 neuen Mitgliedern erhielt.

Da, wie schon früher bemerkt, seit dem französischen Revolutionskriege bis 1818 die deutsche Einwanderung fast gänzlich aufgehört hatte und die Gesellschaft für ihre ursprünglichen Zwecke, den Einwanderern Schutz zu gewähren, und die Aermeren bei ihrer Ankunft zu unterstützen, kein rechtes Feld mehr fand, so ist es erklärlich, daß, trotz der erfreulichen Finanzlage, eine allgemeine Gleichgültigkeit eintrat und neue Mitglieder nur spärlich hinzukamen. Da die Mehrzahl der Gesellschaft um diese Zeit, 1818, aus hier geborenen Deutschen bestand, welchen die englische Sprache namentlich in öffentlichen Verhandlungen mundgerechter war, konnte sogar der Beschluß durchgehen, die Protokolle und Debatten in englischer Sprache zu führen. Diese letztere Maaßnahme bestand mit gelegentlichen Unterbrechungen noch bis in das Jahr 1859, trotzdem daß die deutsche Bevölkerung in Philadelphia schon im Jahre 1848 auf fünfzigtausend Seelen geschätzt wurde. Erst im Jahre 1847 nahm, durch einen neu entstandenen Verein zum Besten der Einwanderer, darauf aufmerksam geworden, die Gesellschaft, außer der Unterstützung deutscher Armen, sich wieder lebhafter der eigentlichen Einwanderung an. Sie errichtete eine Agentur zum Rechtsschutz, zur Hülfe für Eingewanderte und zur Vermittelung zwischen Dienstsuchenden und Arbeitgebern.

Schon im Jahre 1806 ward eine Halle erbaut, im Jahre 1821 wurde das Gebäude durch zwei vorspringende Seitenflügel bedeutend vergrößert und die Bibliothek beständig vermehrt. Das weitere Aufblühen dieser Gesellschaft zu schildern, welche jetzt an tausend Mitglieder zählt, jährlich mehrere tausend Dollars an Bedürftige gibt, im Jahre 1866 ein stattliches Gebäude errichtet hat, deren Bibliothek wohl an 18,000 Bände zählt, liegt außerhalb der Grenzen dieser Besprechung.

In den Jahren 1818—1848 finden wir als Präsidenten der „Deutschen Gesellschaft" die Herren J. **Wampole** (1818—1833), **Ludwig Krumbhaar** (1833—1836), **Samuel Keemle** (1836—1842) und **Friedrich Erringer** (1812—1844). Unter den höheren Beamten finden wir viele der angesehensten Kaufleute und Geschäftsmänner von Philadelphia, wie J. L. **Lowber**, J. N. **Harmes**, **David Seeger**, **Heinrich Duhring**, **Tobias Bühler**, **Heinrich**

---

*) Siehe Seidensticker's Geschichte der Deutschen Gesellschaft. Seite 53.

Tilpe, Gottfried Freytag, Karl Schaff und Heinrich Bohlen. Der Letztgenannte erregt ganz besonderes Interesse, und es ist nur zu bedauern, daß die Quellen zu einer umfassenden Darstellung seines Lebens nicht reichlicher fließen.

Sein Vater war Bohl-Bohlen, der Begründer des berühmten Handlungshauses B. und J. Bohlen. — Es ist nicht unwahrscheinlich, daß Bohl-Bohlen derselbe ist, der eine zeitlang in dem liebebedürftigen Herzen der Rahel Levin einen beneidenswerthen Platz eingenommen hat. Heinrich wurde im Oktober 1810 in Bremen geboren. Seine Eltern waren wohl in Philadelphia ansässig, brachten aber nach der Regel deutscher Kaufleute unserer Seestädte einen großen Theil ihrer Zeit in Deutschland zu, wo auch, wenigstens theilweise, Heinrich seine Erziehung erhielt. Er soll in Deutschland eine Kriegsschule besucht haben, jedenfalls hatte er auf Lafayette's Empfehlung die Stelle eines Adjutanten in General Gerard's Stabe im Jahre 1831 und machte die Belagerung von Antwerpen mit. Im Jahre 1833 finden wir ihn in Philadelphia. Er heirathete die älteste Tochter von J. J. Borie, eines sehr reichen Großhändlers in Weinen und Liqueuren, französischer Abkunft, der später einmal durch die Freundschaft und seltsame Laune von General Grant auf einige Wochen Minister des Seewesens wurde. Bohlen übernahm das väterliche Geschäft unter der Firma Henry Bohlen und Compagnie, und führte es mit Glück fort. Seine Neigung zum Militär hatte ihn aber nicht verlassen. Er nahm an der Errichtung von Miliz-Kompagnien ein lebhaftes Interesse, und nachdem unter der Führerschaft von E. L. Koßeritz sich in Philadelphia im Jahre 1836 eine freiwillige Kompagnie, die „Washington Garde", gebildet hatte, errichtete Bohlen eine zweite Kompagnie. Seine Mittel erlaubten es ihm, die Kompagnie vortrefflich auszurüsten und sie mit einem starken Musikcorps zu versehen. Beim Ausbruch des Krieges mit Mexiko trieb es ihn unwiderstehlich in die Armee. Mit dem ausgezeichneten General Worth befreundet, diente er in dessen Stab, nahm an den Schlachten von Cerro Gordo, Contreras, Chapultepec und Molinas del Rey Theil, und zog mit General Scott in die Hauptstadt Mexiko ein. Nach abgeschlossenem Frieden kehrte er wieder „ruhig" in sein Geschäft zurück.

So stark ausgesprochen war seine Leidenschaft für „Krieg und Kriegsgeschrei," daß er beim Ausbruch des Krimkrieges, während dessen er gerade mit seiner Familie in Europa zum Besuch war, sich eine Stellung in der französischen Armee verschaffte und die dortigen Schlachten sowohl als auch die Belagerung von Sebastopol mitmachte. Zu seiner noch in Europa befindlichen Familie zurückgekehrt, schiffte sich Bohlen nach den Vereinigten Staaten ein, sobald er die Nachricht vom Ausbruch des Bürgerkrieges erhalten hatte (April 1861) und stellte der Union seine Dienste und sein Leben zur Verfügung.

Er organisirte alsbald in Philadelphia ein deutsches Regiment (75. Pennsylvanische Freiwilligen) und deckte alle vorläufigen Ausrüstungs- und Rekrutirungskosten mit seiner gewohnten Freigebigkeit aus seinen eigenen Mitteln. Sein Regiment stieß zur Potomac-Armee und er erhielt das Kommando der dritten Brigade in General Blenker's Division. Im April 1862 wurde er zum Brigade-General der freiwilligen Truppen ernannt.

Im Frühjahr hatte General Fremont den Befehl über das Berg-Departement von Virginien erhalten und die Division Blenker wurde von der Potomac-Armee abkommandirt und trat ihren Zug unter den größten Mühseligkeiten und schlecht mit Lebensmitteln versehen, durch grundlose Wege über die Gebirge nach dem Shenandoah-Thale in West-Virginien an. — Nach der Vereinigung mit Fremont's Streitkräften, kam es zur blutigen Schlacht von Croß-Keys (8. Juni 1862), in welcher Fremont versuchte, den Konföderirten den Rückzug das Thal hinauf abzuschneiden. Blenker, sowohl wie Bohlen, zeichneten sich durch ihre Tapferkeit aus, und stellten die schon verlorene Schlacht wieder her, welche gleichwohl unentschieden blieb und zu keinem günstigen Resultat führte.

Bohlen's Division wurde wieder zur Potomac-Armee zurückkommandirt und unter den Befehl von General Franz Sigel gestellt. Es folgte nun eine Reihe von Gefechten, mit dem Kampfe bei Cedar Creek beginnend, welche der zweiten Schlacht bei Bull Run (28. August 1862) vorausgingen und in einem dieser Gefechten am Rappahannok (22. August 1862) fiel General Bohlen, der bis jetzt in all den vielen Schlachten und Treffen, die er mitgemacht hatte, verschont geblieben war, von einer Kugel tödtlich in die Brust getroffen, als er die Seinigen zum Angriff führte.

In dem großen, mächtige Länderstrecken umfassenden Kriege, der zu Land und zur See ausgefochten wurde, in welchem während einer Reihe von Jahren Millionen sich gegenüberstanden und das Blut von Hunderttausenden geflossen ist, schlagen die Wogen der Zeit rasch über die Namen selbst der Besten hinweg, die ihre Liebe zum Vaterlande durch ihren Tod besiegelt haben. Aber der Name Bohlen sollte dem Andenken seiner Stammesgenossen nicht untergehen. Durch seine Lage und Geschäftsbeziehungen in amerikanische Kreise gezogen, der Sprache des Landes ebenso mächtig wie der deutschen, lag ihm die Versuchung nahe, sich, wie so mancher Andere, fernzuhalten von dem Deutschthum, welches, der Natur der Sache nach, namentlich während Bohlen's jüngere Jahre so manches Abstoßende und Unerfreuliche für ihn haben mußte. Aber sein ächt deutscher Sinn trieb ihn zu seinen Landsleuten, er nahm an allen deutschen

Bestrebungen Theil und scheute sich nicht mit allen Klassen in Berührung zu kommen, ohne dabei seiner Stellung etwas zu vergeben.

Von 1843—1846 war er Vice-Präsident der „Deutschen Gesellschaft".*) Sein Verlust wurde nicht nur in seiner Heimath, Philadelphia, sondern in weiteren Kreisen und wohin sein Name gedrungen war, tief und aufrichtig beklagt.

Es mag hier noch erwähnt werden, daß viele Mitglieder der deutschen Gesellschaft zu verschiedenen Zeiten sowohl in die Gesetzgebung, als zu andern bedeutenderen Staats- und Stadtämtern gewählt worden sind. Von weiteren Vereinen in Philadelphia oder an anderen Orten Pennsylvaniens in früheren Jahren, fehlt uns Kunde. Daß ein gesellschaftliches deutsches Leben, wo sich viele Deutsche zusammengefunden, bestand, läßt sich gleichwohl vermuthen. In Philadelphia selbst lebten viele reiche und wohlhabende deutsche Kaufleute, Fabrikanten und Handwerker. Unter andern legte Wilhelm J. Horstmann, der schon vor 1824 eingewandert war, später unter Mitwirkung seines Sohnes Wilhelm J. Horstmann eine große Fabrik für Borten-Wirkerei und Posamentir-Arbeit aller Art an, die noch jetzt die größte der Art in den Vereinigten Staaten ist. Heinrich Dühring, aus Mecklenburg-Schwerin, Gottfried Freytag, aus Bremen, Friedrich Klein, aus Sachsen, Ludwig Krumbhaar, aus Leipzig, Julius Leupold, Karl Bezin, aus Osnabrück, (Sekretär der deutschen Gesellschaft 1818, 1821—1823). Friedrich Lennig und Georg Rosengarten, legten großartige chemische Fabriken an, und gaben der einheimischen Industrie auf diesem Gebiete einen mächtigen Impuls. Joseph Ripkow, (bereits 1827 Mitglied der deutschen Gesellschaft) schuf die Textil-Industrie von Monajunk, aber minder glücklich als die Vorgenannten, vermochte er weder durch eisernen Fleiß, noch vorsichtige Leitung das Unheil störender Konjekturen abzuwenden; die von ihm errichteten Fabriken bereichern als "Patterson's Works" seine Nachfolger.

Bei einer solchen Entfaltung des deutschen Elements in diesen schon so frühen Zeiten kann es, wie schon bemerkt, an gesellschaftlichem Leben nicht gefehlt haben. Freilich wird in Reiseberichten von damals öfter die Klage über die Exclusivität der höheren Klassen der Deutschen laut, doch wenn man bedenkt, wie wenig gebildet die Mehrzahl der Einwanderer in den zwanziger Jahren war, und daß auch unter den Gebildeten viele abentheuerliche Persönlichkeiten mit unterliefen, so kann man für eine gewisse Zurückhaltung und Ausschließlichkeit der besser gestellten früheren Einwohner eine Entschuldigung, wenn auch nicht Rechtfertigung finden. — Bei den Herrnhuter- und Mennoniten-Gemeinden auf dem Lande, wie in

---

*) Siehe Lebensskizze von Bohlen, „Geschichte der Deutschen Gesellschaft," S. 269.

Nazareth und Bethlehem sollen Deutsche jedoch stets mit großer Gastlichkeit aufgenommen worden sein.

In einem Lande, welches so unendlichen Raum zum Anbau bot, während die Bevölkerung im Verhältniß noch so unbedeutend war, kann man es wohl natürlich finden, wenn der Ackerbau nur obenhin betrieben wurde. Man beutete das Land aus, in der Gewißheit weiter westlich zu jeder Zeit einen frischen Boden um geringen Preis erwerben zu können. Es war nicht schwer auch für den Trägen für sich und seine Familie so viel zu erzielen, als zum nöthigsten Unterhalt gehörte. Die viele freie Zeit füllten Jagd, Fischerei und andere ähnliche männliche Unterhaltungen aus. Die Eingewanderten der früheren Jahrhunderte mochten wohl nicht ganz des Gefühls einer Heimath entbehren, allein es war nicht stark genug sie an den Ort der ersten Wahl oder der Geburt zu fesseln, wenn sich günstigere Aussichten in der Ferne boten. Der stärkere Trieb an der Heimath zu hängen, der den Deutschen eigen ist, war schon der Grund, daß die in New York, New Jersey, ganz besonders in Pennsylvanien eingewanderten Deutschen früherer Zeit sich festere Wohnsitze gründeten, ihre Güter besser und vernünftiger bebauten, für Stallungen und Scheunen besser sorgten, als ihre amerikanischen und namentlich schottisch-irischen Nachbarn. Ihr Beispiel mußte doch Nachahmung finden, und so ist es außer Zweifel und von allen Seiten anerkannt, daß schon seit den frühesten Zeiten die deutschen Landbebauer viel zum Emporblühen des Landes beigetragen haben. Auf dem Feld der Landwirthschaft so wie auf dem der einfachen Industrie, hat aber wohl kaum irgend eine deutsche Ansiedlung mehr geleistet und ein besseres Beispiel gegeben, als die von Johann Georg Rapp, Weber und Bauer, geboren im Oberamt Maulbronn, Württemberg 1770,*) begründete Niederlassung in Pennsylvanien. Rapp's letzte siebenundzwanzig Lebensjahre fallen in den Rahmen der hier behandelten Periode. Von der trockenen Orthodoxie seiner Zeit nicht befriedigt, verwarf er alle Ceremonien und Sakramente, und stiftete eine Gemeinde nach Art der ersten Christlichen, wie er sie zu verstehen glaubte. Eine unmittelbare Verbindung mit Gott und Vertiefung in den göttlichen Willen durch Christus, stellte er als das einzige Heilmittel dar. Dem Prinzen Bernhard von Sachsen-Weimar, der ihn in Neu-Harmonie, seiner zweiten Niederlassung in Indiana besuchte, sagte er: „Nach der Lehre Christus müssen wir uns als eine einzige Familie betrachten, wo jeder nach seinen Kräften und Fähigkeiten ohne allen Eigennutz blos zum Wohl des Ganzen und seiner Mitbrüder arbeitet." Indem er aber seine Gemeinde nie anwachsen ließ, (sie überstieg wohl nie mehr als 800 Mitglieder) das Heirathen verbot, Träge, Unge-

---

*) In mehreren Schriften findet sich sein Geburtsjahr als 1757 angegeben.

horsame und Untaugliche ausstieß, die dann ihren eingezahlten Beitrag zurückerhielten, sowie für ihre Arbeit entschädigt wurden, stellte er sich selbst das Zeugniß aus, wie unhaltbar und unausführlich sein ganzer Plan war. Auf einen Staat angewendet, in welchem nicht einem einzelnen Mann, der für einen erleuchteten Propheten gilt, das Recht zustehen kann, unangefochten die Mitglieder des Staates in Gruppen zu theilen, jedem seine Arbeit vorzuschreiben, die Mißbeliebigen auszustoßen und seine Arbeit abzuschätzen, wurde sein oben ausgesprochener Grundsatz einfach absurd. Seine Gemeinde war nur denkbar innerhalb eines größeren Staates in dem die Unzufriedenen und Ausgestoßenen sich wieder verlieren konnten.

Nachdem Rapp und mehrere Freunde schon vorher in 1803 nach Pennsylvanien gereist waren, und eine Strecke, meist Waldland, in der Nähe von Pittsburg angekauft hatten, (6000 Morgen), siedelte er mit der aus etwa dreihundert Mitgliedern bestehenden Gemeinde im Jahre 1804 nach seiner neuen Heimath über. Unter unsäglichen Mühsalen machten diese ehrenhaften Bauern aus einer Wildniß eine fruchtbare Gemarkung, in deren Mitte das Städtchen Harmonie und mehrere kleine Dörfchen prangten. Sie legten Weinberge an, veredelten das Obst, sowie das Vieh, namentlich die Schafe, erfanden und vervollkommten Maschinen, legten Webereien, Färbereien, Gerbereien, Brennereien und Mühlen an, hatten ihre Kaufhäuser und Geschäftsführer, und erfreuten sich des größten Kredits und der Bewunderung ihrer Musterwirthschaft von allen Seiten (Löhr Geschichte der Deutschen in Amerika). Was Rapp bestimmte, diese schöne Niederlassung für einen eigentlich geringen Preis im Jahre 1815 zu verkaufen, und nach dem damals als fernen Westen geltenden Staat Indiana zu ziehen, ist nie klar geworden. Vielleicht handelte er in Folge einer Vision. Das Land (30,000 Acker Waldland) lag zwar in einer fruchtbaren Gegend, wo namentlich Mais herrlich gedieh, aber in den Flußniederungen des Wabash, Ueberschwemmungen unterworfen, und deshalb auch sehr ungesund. Er soll sich mit dem Gedanken getragen haben, große Baumwollpflanzungen dort anzulegen, bedachte aber wohl nicht daß Indiana ein freier Staat war, und dieser Bau von Weißen nicht wohl betrieben werden könnte. Es gelang ihm glücklicher Weise im Jahre 1824, sein Neu-Harmonie an einen andern Schwärmer, den berühmten Robert Dale Owen, zu verkaufen, der aber nicht so viel Methode in seiner Ueberspanntheit hatte, als unser kernhafter schwäbischer Bauer. Rapp wurde in seinen Unternehmungen sehr von seinem Sohn Friedrich Rapp unterstützt, der ein größeres Organisations-Talent als sein Vater hatte, auch mit den Amerikanern sich bald in ein gutes Verständniß setzte und in Indiana mehrere hohe Staatsämter bekleidete. Rapp zog nach Pennsylvanien zurück und gründete dort am Ohio in 1825 eine neue Niederlassung Oekonomie (Economy) genannt. In einer herrlichen Lage auf dem grünen Hügel des Ohio schuf er ein Paradies. Es ist eine wahre Musterwirthschaft. Alles wird mit den besten Maschinen betrieben, und zu den vielen schon genannten Industrien, die in seiner ersten Niederlassung schon blühten, sind Baumwollen- und Seiden-Spinnereien hinzugefügt worden. Schulen und Kunstsammlungen fehlen ebenfalls nicht. Wie reich die bei dem Tode Rapps (1847) schon kleiner gewordene Kolonie ist, läßt sich nur annäherungsweise abschätzen. Man hat von zwanzig Millionen gesprochen, doch glaub ich dies für eine Uebertreibung halten zu müssen. Man hat hier namentlich von deutscher Seite Rapp oft sehr unterschätzt, ihn für einen listigen verschlagenen Betrüger gehalten, ohne stichhaltige Beweise beizubringen. Was sehr für ihn spricht, ist, daß alle Diejenigen, welche ihn besuchten, ihn in seinem Wirken sahen, nur mit der höchsten Achtung von ihm sprachen. So der berühmte amerikanische Forscher **Schoolkraft**, der schottische Reisende **Melish** und der Engländer **Cumming**, so **Franz Löher**, so der **Prinz von Weimar**, lauter Männer, welche von seiner religiösen Seite eher abgestoßen wurden und gewiß nicht ohne Vorurtheil an ihn herantraten.

Astor und Rapp, zwei deutsche Bauernjungen, deren Wiegen nur wenige Stunden von einander gestanden haben, wurden hier zu namhafte Männer aus eigener Kraft, und verdienen unsere Achtung in hohem Maße. — Talent und Genie sind Zufallsgüter, aber wie schon unser Lessing sagt: „Fleiß ist die einzige Eigenschaft deren der Mensch sich rühmen darf". Und es war dieser unermüdliche Fleiß, dessen Ausübung stets Opfer verlangt, der täglich, stündlich zum Kampf treibt, gegen die angeborene Neigung zur Trägheit, der diesen beiden Männern die großen Erfolge sicherte, die sie errungen haben, und welche den deutschen Namen im fernen Lande zu Ehren brachten.

Von der pennsylvanischen Presse haben wir schon gesprochen. In Philadelphia erschienen bis zum Jahre 1830 nur zwei deutsche Blätter, und selbst diese waren nur im Vergleich mit den Landblättern von einiger Bedeutung. Es waren der „**Deutsche Courier**"*) und der „**Wöchentliche Philadelphia Telegraph**".†) Die amerikanische Presse selbst stand damals noch auf Kindesbeinen, da nur in den größten Städten des Ostens tägliche Zeitungen erschienen. Deutsche Druckereien bestanden schon fast seit hundert Jahren in Pennsylvanien, und finden wir schon vor 1830 eine deutsche Buchhandlung und Buchdruckerei in Philadelphia; die von **Ritter**. Befaßte sich auch diese Handlung hauptsächlich mit dem Verlag und Betrieb von Bibeln, geistlichen Werken, Postillen und Schulbüchern, so ersieht man doch auch

---

*) Herausgegeben von J. Ritter, 1825–1829.
†) Herausgegeben von Herz, Ziegler und Billmeyer, 1830.

gelegentlich aus den Anzeigen neu angekommener Bücher aus den Zeitungen, daß medicinische, technische und selbst die vorzüglichsten unserer deutschen Klassiker bei Ritter zu haben waren.

Einen neuen Aufschwung nahm aber die deutsche Presse in den Vereinigten Staaten durch die Veröffentlichung der „Alten und Neuen Welt" in Philadelphia, herausgegeben von J. G. Wesselhöft.

Johann Georg Wesselhöft entstammte einer im Norden Deutschlands und in Thüringen weit verzweigten Familie, welche viele bedeutende Männer hervorgebracht hat. In Meyendorf im Amt Hagen, Hannover, unweit von Bremen, betrieb sein Vater ein Handelsgeschäft mit Bäckerei verbunden, war aber durch die kriegerischen Ereignisse und die Bedrängnisse der französisch-westphälischen Herrschaft in seinen Vermögensverhältnissen zurückgekommen, so daß der am 30. Juni 1805 geborene Georg eine harte Jugend durchzumachen hatte. Der Vater war ein patriotischer Ehrenmann, der das Beste wollte, aber leicht aufbrauste, und in seinen Zornesausbrüchen den Seinigen das Leben oft sehr verbitterte. Schon in der frühesten Jugend mußte Georg bei allen Geschäften helfen, und sein Unterricht, den er theils bei dem Prediger des Ortes, theils in der Elementarschule genoß, war unterbrochen und mangelhaft. Eine gute Büchersammlung im elterlichen Hause wurde indeß von dem wißbegierigen Knaben sehr fleißig benutzt, und Gedichte von Gellert, Bürger, Schiller wurden von ihm auswendig gelernt und mit Glück deklamirt. In den spätern Knabenjahren genoß er eine Zeitlang den Unterricht eines Hauslehrers. Gellert's Gedichten, Oden und Briefen schrieb er, nächst den Ermahnungen seiner wackern Eltern, das Rechtlichkeitsgefühl zu, welches ihn sein Lebelang nicht verlassen hat.*) Ueberhaupt fehlte es an regsamem geistigen Leben im Vaterhause nicht. Viele Besuche von Freunden und Verwandten, gelegentliche Ausflüge, abendliche Vorlesungen, musikalische Unterhaltungen, waren erheiternde Lichtblicke in seiner sonst oft getrübten Jugend.

Wesselhöft's Wunsch war, Pfarrer zu werden, und nach Allem, was mir über ihn durch Andere und meine eigene Beobachtung bekannt geworden ist, hätte er diesen Beruf würdig erfüllt und sein Lebensglück darin gefunden. Aber die Mittel des Vaters reichten zu einer gelehrten Erziehung nicht aus, und so wurde dann beschlossen, daß er nach zurückgelegtem fünfzehnten Jahre, zu seinen beiden Onkels Fromann und Wesselhöft, die zu Jena die bekannte Fromann'sche Buchhandlung und Buchdruckerei führten, geschickt werden solle, um dort die Buchdruckerei zu erlernen. Es geschah, und in Jena brachte er nun, obgleich unter Verwandten, die ihn im Ganzen sehr freundlich behandelten, fünf Jahre (1819—1824) lang eine sehr harte Lehrzeit zu, während welcher er, der

---

*) Selbstbiographie, Manuskript Seite 31.

mit eisernem Fleiße seinem Geschäfte nachging, wohl schon den Grund
einer Kränklichkeit legte, welche ihn durch das Leben begleitete, und ihn
selten eines ungetrübten Genusses theilhaftig werden ließ. Ueberhaupt
mußte in der Regel die Jugend damaliger Zeit sich der strengsten Zucht
unterwerfen, und man legte ihr oft harte Pflichten auf, ohne an entsprechende Rechte viel zu denken.

Obgleich auch in Jena ein regelmäßiger Unterricht nicht stattfand, so
brachte es indeß schon sein Geschäft mit sich, ihn an Kenntnissen zu bereichern. Fromann verlegte nur wissenschaftliche Werke in der deutschen und
den alten Sprachen, die unser Wesselhöft zu setzen hatte. Außerdem
konnte es ihm in der Universitätsstadt nicht an bildendem Umgange fehlen.
Drei seiner Vettern, Eduard, Wilhelm und Robert Wesselhöft studirten
daselbst und wurden seine Freunde. Das Haus des Buchhändlers Fromann selbst war ein gastliches, in welchem die Gelehrten und Schöngeister
der Universität gern verkehrten. Wie bekannt, ging auch Göthe dort
fleißig aus und ein, und Mina Herzlieb, die bekannte Alters-Liebe
des Dichters, war eine Adoptivtochter des Hauses. Er wurde dort mit
dem Altmeister selbst bekannt, sowie mit den Professoren Gries, Oken,
Luden, Fries, auch mit Johanna Schopenhauer und an-
deren Berühmtheiten jener Zeit. Oft war er „stiller Zuhörer der geistreichen Unterhaltungen dieser gebildetsten Männer und Frauen".*) Auch
die reizende Gegend übte ihren Einfluß auf ihn aus und erregte seine
poetisch-angelegte Natur.

Im Jahre 1824 wurde er förmlich aus der Lehre freigegeben unter sehr
ansprechenden Feierlichkeiten und ergriff nun nach guter deutscher Sitte
den Wanderstab, um sich in seinem Geschäfte zu vervollkommnen.

Wir können ihn leider auf diesen sehr interessanten Fahrten nicht
begleiten. Wir beschränken uns zu berichten, daß er zuerst in der bekannten Andraeischen Buchhandlung zu Frankfurt am Main fast drei
Jahre lang arbeitete, sich in allen Zweigen der Typographie eine tüchtige
Ausbildung erwarb, später in London und Brüssel sich in den ersten typo-
graphischen Instituten auch in den Hülfszweigen der Buchdruckerkunst ver-
vollkommnete, in Paris in allen einschlagenden Fächern sich umschaute,
und dann, so vorbereitet, und von seinen Prinzipalen mit den besten Zeugnissen versehen, nachdem er noch eine ausgedehnte Reise durch die Schweiz
und Süddeutschland gemacht hatte, in Magdeburg (wo er seinen Vetter,
Robert Wesselhöft, wegen sogenannter demagogischer Umtriebe,
als Festungsgefangenen wiedersah,) als Geschäftsführer und Factor der
großen Hänel'schen Buch- und Noten-Druckerei, Schriftgießerei,
Stereotypie, Stempelschneiderei u. s. w. eintrat. Dieser Arbeit aber, war er

---

*) Selbstbiographie, Manuskript Seite 35.

seiner schwankenden Gesundheit wegen, nicht gewachsen, auch war sie im Verhältniß zu wenig lohnend. Er gab demnach nach siebzehn Monaten seine Stellung wieder auf und suchte sich nun in Hannover selbst ein Geschäft zu gründen. Dort jedoch standen allerwärts alte Privilegien neuen Etablissements entgegen, und so gelang ihm dieser Plan nicht, obgleich er mehrere anstrengende Versuche dazu machte.

Trotz des großen Fleißes, den er überall seiner Arbeit widmete, trieb ihn seine Wißbegierde in all den bedeutenden Städten, in denen er lebte, zu einer eingehenden Erforschung alles Interessanten und Merkwürdigen, und seine Tagebücher verrathen eine intime Kenntniß aller berühmten Lokalitäten, aller Kunstsammlungen, oder Theater, sowie deren Umgebungen. Für landschaftliche Reize hatte er ein besonders empfängliches Auge. Ebenso gelang es ihm mit bedeutenden Männern Bekanntschaften und Freundschaften anzuknüpfen, deren mehrere durch das Leben dauerten. Unter vielen erwähnen wir nur Heinrich Zschocke, den er durch dessen Sohn kennen lernte, welchen er öfter und längere Zeit besuchte und mit dem er bis zu dessen Tode (1848) in fleißiger Korrespondenz blieb.

Die Schwierigkeit einer Geschäftsgründung in der Heimath, die hereinbrechende Reaktion (1832), denn, wie alle Wesselhöfts, so war auch Johann Georg durchaus freisinnig, die frohe Kunde, die durch Schriften wie die von Duden von der andern Seite des Meeres allerwärts über Amerika verbreitet wurde, auch wohl der Umstand, daß sein Freund und Vetter Dr. Wilhelm Wesselhöft, der sich erst nach der Schweiz, dann nach den Vereinigten Staaten vor den Verfolgungen der Mainzer Untersuchungs-Kommission geflüchtet hatte, bereits schon seit Jahren sich in Pennsylvanien niedergelassen hatte, bestimmten ihn zur Auswanderung. Seine beiden Eltern waren schon, während er in Frankfurt lebte, gestorben. Er vermählte sich nun mit Johanna Monses, der Tochter eines Seemannes, einem sehr liebenswürdigen, verständigen und braven Mädchen, mit welcher er schon seit mehreren Jahren verlobt war, und führte seinen Plan der Uebersiedelung so rasch wie möglich aus. Ihn begleiteten ein Bruder und der bekannte Major Fehrentheil, früher zweiter Kommandant von Erfurt, der wegen demagogischer Umtriebe zu Magdeburg auf der Festung gesessen hatte, aber kurz, ehe Wesselhöft abreiste, von dort entflohen war.

Nach einer theilweise sehr stürmischen Ueberfahrt von 52 Tagen, landete er am 31. Oktober 1832 in New York und reiste von dort zu Dr. Wilhelm Wesselhöft nach Bath, in Pennsylvanien. Hier hielt er sich eine zeitlang in der Nachbarschaft (Nazareth) auf, und dort wurde ihm sein einziger Sohn, Wilhelm, geboren. Ehe er sich aber bleibend niederließ, wollte er Land und Leute besser kennen lernen. Er besuchte Philadelphia, Baltimore, New York und Boston, wo er Karl Follenius,

Dr. Beck und Franz Lieber, welch' letzterer damals in Cambridge Lehrer der neueren Sprachen war, kennen lernte, sowie den berühmten Professor der alten Sprachen, Felton, und den Schriftsteller Georg Tidnor. Hier traf er auch zum erstenmale Franz Joseph Grund, der schon damals eine nicht unbedeutende Rolle spielte, und gerade eine Abhandlung über Astronomie in Boston drucken ließ, welche Wesselhöft ihm setzte. Schließlich ließ sich Wesselhöft in Philadelphia (1833) nieder, wie er selbst sagt, „weil er diese Stadt als den Central= punkt deutschen Lebens betrachtete, von welchem aus durch sein und gleich= gesinnter Männer Wirken auf ein neues verjüngtes Leben in der deutschen Bevölkerung hingearbeitet werden sollte".*) Er kaufte die dort bestehende Ritter'sche Druckerei, und verband damit eine Buchhandlung, welche sich von Jahr zu Jahr vergrößerte und allen Bedürfnissen des deutschen Publikums genügend entsprach. Offenbar muß schon ein großer Theil dieses Publikums den gebildeten Ständen angehört haben. Schon im Jahre 1834 finden wir außer werthvollen technischen Werken, Grammatiken, Wörterbüchern und namentlich Schriften über Homöopathie, Bücher wie Rotteck's Weltgeschichte, Franklin's Leben und Schriften, Jean Paul's, Schiller's, Göthe's, Körner's sämmtliche Werke, Luden's deutsche Geschichte, Herder's und Lessing's dramatische Werke, Jung Stilling's Werke, Ischocke's Stunden der Andacht, Bredow's allgemeine Welt= geschichte u. s. w., in den deutschen Zeitungen von Philadelphia angezeigt. Mit dieser Druckerei und Buchhandlung verband Wesselhöft auch bald ein Adreß= und Nachweisungsbureau und ließ mit dem 1. Januar 1834 die „Alte und Neue Welt" erscheinen, ein Blatt, welches in der Geschichte der Deutschen dieses Landes Epoche gemacht hat und bis zum Jahre 1843 unter mehreren Redaktionen, E. L. Walz, Samuel Ludvigh und Scheele de Viere von ihm herausgegeben und auch theilweise geschrieben wurde. Wir werden in der Folge, wenn wir die deutsche Literatur der in Frage stehenden Periode besprechen, noch auf dieses Journal zurückzukommen haben.

Von nun an widmete er die besten Jahre seines Mannesalters der Pflege dieser Zeitung und der Ausbreitung seines buchhändlerischen Geschäfts. Zweige des letzteren wurden schon in den dreißiger Jahren in New York (Wilhelm Radde), später zu Cincinnati, Baltimore und New Orleans errichtet. Einen großen Theil seiner Zeit brachte er auf Reisen zu, nicht blos in den östlichen, sondern auch in den westlichen und südlichen Staaten und besuchte namentlich die deutschen Ansiedlungen in allen Theilen der Vereinigten Staaten zu wiederholten Malen. Eine ausgebreitete Bekanntschaft und eine praktische Erkenntniß der deutschen

---

*) Autobiographie. Manuskript Seite 219.

Zustände war eine Folge seiner häufigen Ausflüge, deren Beschreibung seiner Zeitung ein ganz besonderes Interesse verlieh. — Aber er wirkte auch nach anderen Richtungen hin. Alle deutschen Vereine, zu Wohlthätigkeits- oder zu literarischen und geselligen Zwecken, fanden in ihm einen warmen Unterstützer. Namentlich beschäftigte ihn der Plan großer deutscher Ansiedlungen im Westen, und der Philadelphier Ansiedlungsverein, der zuletzt in der Gründung der deutschen Kolonie Herrmann, im Staate Missouri und dessen Umgegend gipfelt, zählte ihn unter seine Gründer. Sein ganzes Bestreben war, die Deutschen zu einigen, sie an die Erhaltung ihrer Muttersprache zu mahnen, sie politisch geachtet und stark zu machen.

Es ist nicht zu leugnen, daß er mit vielen Gleichgesinnten mehr seinen Gefühlen als dem berechnenden Verstande folgte, daß er sich öfters unerreichbare Ziele steckte. Namentlich gilt dies für die ersteren Jahre seines Hierseins. Es entstand bald in der deutschen Bevölkerung eine gewisse Spaltung über die Frage, in wie weit der Deutsche sich zu isoliren habe, oder ob er überhaupt eine getrennte Stellung von der übrigen Bevölkerung einnehmen solle. In New York sowohl als in dem Westen erhoben sich in der Presse und außerhalb derselben Stimmen, welche alle Pläne von rein deutschen Ansiedlungen als unpraktisch und dem Princip nach als unrichtig verwarfen. Philadelphia blieb dagegen viele Jahre der Herd von mehr ausschließlich deutschen Bestrebungen.

Wesselhöft war nicht von Vorurtheilen frei. Er schlug den deutschen Charakter zu hoch, den amerikanischen zu niedrig an, wohl darum weil er den letzteren in den ersten Jahren zu wenig kannte. Die ihm angeborne Milde, seine Mäßigung in der Beurtheilung von Personen und Dingen, sein strenges Gefühl für Rechtlichkeit verhinderten indeß, daß sein Auftreten, so bestimmt es oft war, je Anstoß gab. Da es auf der andern Seite allerdings nicht an Solchen fehlte, welche entweder aus Eitelkeit und Großmannssucht, oder weil ihnen, und dies ist zumeist der Fall gewesen, eine nachhaltige in Europa gewonnene Bildung mangelte, ein unbedingtes Aufgeben ihrer nationalen Individualität für das Beste hielten, und ihre Abstammung sogar manchmal zu verleugnen suchten, so waren Männer von Wesselhöft's Schlage ein wohlthätiges Gegengewicht und übten einen sehr zu schätzenden Einfluß auf das deutsche Leben aus. Später haben sich seine Ansichten etwas modificirt, obgleich er bis an's Ende ein guter wackerer Deutscher geblieben ist.

Er hatte in Philadelphia bedeutende Männer kennen gelernt, wie die Reims, Mühlenbergs, war bei Van Buren eingeführt worden, und hatte mehrmals Unterredungen und Briefwechsel mit dem Präsidenten Tyler. Er legte dem Letzteren den Plan vor, ein General-Konsulat für ganz Deutschland zu errichten, welches den besonderen Zweck haben sollte, die Einwanderung zu reguliren, und die Einwanderer selbst über das Land und dessen Verhältnisse zu belehren. Der Präsident billigte den Plan, aber, wie er zugleich bemerkte, nur der Kongreß könnte eine solche Stelle schaffen. Ob man sich an den Letzteren überhaupt jemals gewendet, ist sehr zweifelhaft. Auch hätten wohl die deutschen Regierungen ein solches Konsulat kaum günstig aufgenommen. Im Jahr 1838 hatte Wesselhöft das Unglück, seine Frau zu verlieren. Im Jahre 1840 verließ sein Neffe Dr. We s s e l h ö f t, Allentown, in Pennsylvanien, an welcher Hochschule der Homöopathie er Professor gewesen war, und ging nach Boston, wohin ihm auch Robert, der im Jahre 1840, nachdem er durch Amnestie seine Freiheit erhalten hatte, nach Amerika gekommen war, alsbald folgte. Robert begründete nachher die in den Vereinigten Staaten zu großer Berühmtheit gelangte Wasserheilanstalt in Brattle- boro, im Staate Vermont.

Die finanzielle Krisis, die mit dem Jahre 1838 in den Vereinigten Staaten ausgebrochen war und bis in das Jahr 1844 hinein dauerte, wirkte auf das Philadelphier Geschäft ganz besonders nachtheilig ein. Wessel- höft's sehr geschwächte Gesundheit hatte ihn auch verhindert, demselben ununterbrochen selbst vorzustehen, und so theilte er mit Tausenden in Amerika das Loos, sein Geschäft in Philadelphia aufgeben zu müssen. Ein Bruder hatte in Verbindung mit einem Herrn F r a n t z e n schon seit mehrere Jahren ein Geschäft in St. Louis. Eine Schwester war in Herrmann verheirathet und seine Tochter lebte daselbst. So zog es ihn mit allen Banden der Verwandtschaft nach St. Louis. Die Erstgenannten errichteten nun eine Buchhandlung in St. Louis, Ende 1843, und unser Wesselhöft wurde Geschäftsführer, und sein Sohn Wilhelm, damals erst zwölf Jahre alt, war ihm im Geschäft behülflich. Diese Buchhandlung verbunden mit einer Schreibmaterialien-Handlung, wurde bis zum Jahre 1853 betrieben. Fortwährende Kränklichkeit, sowie die Abneigung seines Sohnes Wilhelm, der sich aufs Land sehnte, gegen das Geschäft, veranlaßten das Aufgeben desselben, gerade als es im blühendsten Zustande war. Auch in St. Louis finden wir Wesselhöft in seiner alten Thätigkeit, für alle bildenden Bestrebungen der Deutschen zu wirken. Er war erster Präsident der im Jahre 1845 gegründeten Gesellschaft Polyhymnia, deren musikali- scher Direktor Herr W. R o b y n war. Ebenso war er einer der Gründer der deutschen Gesellschaft zur Unterstützung der Eingewanderten.

Von den Geschäften zurückgezogen, in der Hoffnung auch, seine Gesund- heit herzustellen, und von dem Wunsche beseelt, das alte Vaterland, an dem sein Herz stets so innig gehangen hatte, wiederzusehen, reiste er im Herbst des Jahres 1854 nach Deutschland. Trotz schwerer Krankheitsanfälle, welche ihm oft hindernd in den Weg traten, besuchte er nicht nur seine vielen Freunde und Verwandte in Nord- und Süddeutschland, sondern er machte auch noch interessante neue Bekanntschaften und brachte mehrere Wochen in der Schweiz zu, wo er von der Wittwe und den Söhnen des inzwischen verstorbenen H e i n r i ch Z s ch o ck e mit offenen Armen aufgenommen wurde. Im Herbste 1856 nach den Vereinigten Staaten zurückgekehrt, brachte er fast stets leidend seine beiden letzten Lebensjahre, theils bei seiner Schwester in Herrmann, theils bei seiner Tochter Johanna in Mascoutah, nahe bei Belleville, Illinois, zu. Am 24. Januar 1859 machte der Tod seinem langen körperlichen Leiden ein Ende. Auf dem Friedhofe des Städtchens Herrmann, an dessen Gründung er den lebhaftesten Antheil genommen, dessen Gedeihen ihm stets sehr am Herzen lag, wo viele seiner nächsten Verwandten und seine besten Freunde sich niedergelassen, und welches bei seinem Hinscheiden eine blühende mit Weinbergen bekränzte und von Obstgärten umschattete Stadt war, ruht, was von ihm sterblich war. Sein Sohn Wilhelm, ein sehr gebildeter Mann, welcher dem Verfasser die letzten Lebensmomente seines Vaters mittheilte, schließt seinen einfach rührenden Bericht mit den folgenden Worten: „Die ganze Bevölkerung Herrmanns nahm Theil an der Bestattung. Kein Denkmal schmückt seine Gruft. Sein Andenken lebt nur noch im Herzen seiner Kinder und in der Erinnerung noch lebender Verwandten und alter Freunde. Die Masse des Deutschthums in Amerika kennt nicht mehr den Namen des Mannes, dessen ganzes Ziel und Streben der Hebung des deutschen Elements gewidmet war, doch:

„Wer den Besten seiner Zeit genug
Gethan, der hat gelebt für alle Zeiten."

Wir machen diese Worte seines Sohnes zu den unsrigen, nur glauben wir, daß das Andenken an seinen Vater in noch viel größeren Kreisen lebt, als er glaubt. Der Geschichtsschreiber der deutschen Einwanderung in der betreffenden Periode wird ihm auf vielen Wegen begegnen und seine Spuren stets mit Liebe und Interesse verfolgen.

Das Erscheinen der „Alten und Neuen Welt" am 4. Januar 1834, kann als der Anfang einer neuen Zeit für die Deutschen in den Vereinigten Staaten bezeichnet werden. Das Blatt, in Royal Format, schon im zweiten Jahre in groß Royal Format, war auf gutem weißen Papier, mit vielfachen und geschmackvollen Lettern gedruckt, und enthielt mehr Lesestoff in seiner Wochennummer, als die zur selben Zeit in Deutschland erscheinenden Tageblätter, die „Augsburger Allgemeine Zeitung" etwa ausgenommen, in einer Woche enthielten.

In der Regel war die erste Außenseite solchen Artikeln gewidmet, die man jetzt in's Feuilleton setzt, kleinen Novellen neuerer deutscher oder französischer Schriftsteller, biographischen Notizen, natur- und kulturhistorischen Aufsätzen, Gedichten, worunter recht viele der deutsch-amerikanischen Muse entsprungene, bei welchen meist der gute Wille und die edle

Gesinnung die Poesie entschuldigen mußten. Die Auswahl war nicht immer, doch meistens recht gut getroffen. Die zweite Seite enthielt gewöhnlich Berichte über europäische Angelegenheiten, so vollständig wie sie eben damals zu haben waren, und Zusammenstellungen aus den größeren englischen Zeitungen in den Seestädten, welche schon europäische Korrespondenten hatten. Mehrere Jahre hindurch hatte die „Alte und Neue Welt" einen eigenen Korrespondenten in Frankfurt am Main, dessen Artikel über europäische, namentlich deutsche Politik, einen sehr richtigen Blick zeigten, nichts Wichtiges unberührt ließen, und in knapper Fassung das Dargestellte eindringlich machten; ferner Berichte und Besprechungen der einheimischen Politik, sowie der wichtigsten öffentlichen Aktenstücke, wie Botschaften des Präsidenten, des Gouverneurs von Pennsylvanien, Auszüge aus den Debatten des Kongresses und Reden hervorragender öffentlicher Männer. Es war das besondere Bestreben dieses Blattes, sowie mehrerer anderer, die bald darauf in andern Staaten an das Licht traten, die neue Einwanderung mit der Geschichte des Landes, namentlich der politischen, vertraut zu machen und zu erhalten. Die dritte Seite enthielt allgemeine Notizen aus allen Theilen des Landes, und namentlich über die täglichen Vorkommnisse der Stadt Philadelphia und Umgegend; inländische Korrespondenzen und einige Spalten Anzeigen, denen die letzte Seite vollständig gewidmet war.

In der heimischen Politik fühlte sich der Herausgeber sowohl wie seine ersten Redakteure, selbst nicht fest genug, um mit entschiedenem Urtheil aufzutreten. Sie suchten erst sorgfältig ihren Weg. Schon von vornherein zeigte sich mehr Hinneigung zur demokratischen Partei als zur Opposition, oder wie sie sich seit Kurzem damals genannt hatte, Whigpartei. Später, man kann vielleicht sagen, von 1838 an, stand sie immer fester zur Demokratie, ohne darum ein bloßes Parteiorgan zu sein. Sie suchte Verbreitung, schon aus finanziellen Rücksichten, ihre Haupttendenz war aber das Deutschthum zu stärken und zu verbreiten, und schon aus diesem Grunde vermied sie es, die Deutschen in politischer Hinsicht streng spalten zu wollen. Wie der geist- und kenntnißvolle Wilhelm Weber, Redakteur des in St. Louis erschienenen „Anzeiger des Westens", schon im Jahre 1836 von der „Alten und Neuen Welt" bemerkt, enthielt sie werthvolle deutsche Nachrichten, und gab eine gute Auswahl deutscher Belletristik. „Sie unterstützt in Amerika," fährt Weber fort, „ohne großen Unterschied Alles, was deutsch heißt, und darf sich als Patronin vieler deutscher Unternehmungen betrachten." In diesem Bestreben, ohne großen Unterschied, alles was deutsch hieß, zu unterstützen, ging sie oft zu weit. Namentlich schwärmte sie, wenigstens in den ersten Jahren, für deutsche Staatenbildungen, und wurde darin sowohl von dem obengenannten „Anzeiger des Westens", als auch namentlich der „New-Yorker Staatszeitung", von letzterer besonders lebhaft, bekämpft. In dem Bestreben, die Deutschen mit Selbstgefühl zu erfüllen, sie zur Erhöhung ihres Einflusses fester zusammen zu binden, geschah es zum öftern, daß sie den andern Volksstämmen nicht ganz gerecht wurde, und die Schattenseiten der letzteren, mehr als die Lichtseiten hervorhob. Freilich, in einer Großstadt wie Philadelphia, in welcher die gebildeten, namentlich die kaufmännischen Klassen, so viel Versuchung fanden, und ihr zum öftern nicht widerstanden, sich mit den entsprechenden amerikanischen Kreisen zu identificiren, und ihre eigene Nationalität zu verwischen, ließ sich viel zur Entschuldigung eines etwas einseitig auftretenden Deutschthums sagen.

Die Redaktion der Zeitung selbst war nüchtern. Ein genialer Hauch durchwehte sie nicht. Aber sie war stets würdig in ihrer Haltung, freisinnig in Politik und namentlich in Religion. Vielleicht, daß sie sich zu oft in religiöse Debatten verwickelte, besonders als sie eine Zeit lang von Samuel Ludvigh, einem Deutsch-Ungarn, besser bekannt unter dem Namen „Fackel-Ludvigh", redigirt wurde. Von allen Rohheiten in der Presse hielt sie sich stets fern, und im Ganzen war ihre Sprache gewählt und gut. Korrespondenzen von geistvollen Männern des Ostens und Westens brachten von Zeit zu Zeit einen lebendigeren Wellenschlag in ihre Spalten. Der Homöopathie, der Wasserheilkunde, für welche Heilmethode der Herausgeber sehr eingenommen war, widmete sie besondere Sorgfalt, vielleicht mehr als vielen Lesern wünschenswerth war. Alles in Allem genommen, war sie durch die Milde der Beurtheilung selbst ihrer Gegner, ihre Mäßigung in der Politik, ihre Führung, die den so verschiedenen Bildungsstufen ihres Publikums gleich gerecht wurde, gerade das Organ, wie es die damaligen Zeitumstände erforderten, und gab ihr dies eine räumliche Ausbreitung in allen Theilen der Vereinigten Staaten, wie sie keine andere Zeitung des von uns ins Auge gefaßten Zeitabschnitts je erreichte. In den Städten des Ostens und Südens, in den weit auswärts liegenden Ansiedlungen des Nordwestens, war sie lange Jahre der stets willkommene Wochengast, und ihr Einfluß auf Gesinnung und Gesittung des deutschen Elementes kann kaum überschätzt werden. Für die Geschichte der Deutschen in den Jahren 1834—1848 ist sie eine ausgiebige, ja unentbehrliche Quelle.

Mit dieser Zeitung wurde alsbald eine deutsche Buchhandlung verknüpft. Was Friedrich Kapp in einem, sonst recht interessanten, und in seiner bekannten lebhaften und eindringenden Sprache in der Januar-Nummer der „Deutschen Rundschau" von 1878 geschriebenen Artikel über den deutschen Buchhandel in Amerika gesagt hat, ist nur zum Theil richtig, soweit es sich auf die Periode vor 1830 bezieht, findet aber keine Anwendung auf die späteren Jahre bis 1848. Er bezieht sich darin auf eine offenbar humoristisch gehaltene Mittheilung von Wilhelm

Rabbe vom Jahre 1877. Herr Rabbe mag wohl verzeihlicher Weise Manches vergessen haben, was vor mehr als vierzig Jahren geschehen ist. Es mag sein, daß er in das Innere Pennsylvaniens (Reading) nur die alten (übrigens gar nicht zu verachtenden) Volksbücher, wie die „heilige Genofeva," den „Eulenspiegel," die „vier Haimonskinder" verkaufen konnte, und daß auch seine Herausgabe ausgewählter deutscher Klassiker, die er in den dreißiger Jahren veranstaltete, kein finanzieller Erfolg war. Eine solche „Auswahl" von Klassikern hat immer etwas Bedenkliches. Diejenigen, welche derartige Werke allenfalls kaufen würden, ziehen bei weitem vollständige Ausgaben vor. Aus demselben Grunde schlug eine ähnliche Unternehmung fehl, welche S. Wagner schon im Jahre 1834 zu Lancaster, Pennsylvanien, veranstaltete, nämlich eine Bibliothek deutscher Literatur. Sie sollte in Lieferungen erscheinen, und die erste Lieferung enthielt die ersten fünf Abtheilungen der Italienischen Briefe von Göthe! Wie viele Liebhaber hätten sich wohl im Jahre 1834 für eine so beginnende Sammlung deutscher Werke in Deutschland selbst interessirt, zumal wenn dieselbe in einer kleinen Landstadt erschienen wäre? Auch ist wohl zu beachten, daß fast keine gebildete deutsche Familie je ausgewandert ist, ohne eine kleine gewählte Bibliothek mitzubringen, worunter sich zumeist die Hauptwerke wenigstens unserer Klassiker befanden.

Im Westen waren schon seit dem Anfang der dreißiger Jahre Bibliotheken von mehreren Hundert Bänden bei manchen Eingewanderten zu finden. Es ist bereits früher bemerkt worden, welche bedeutende Werke deutscher Schriftsteller schon im Jahre 1834 in Philadelphia auf dem Lager waren. Wir fügen noch einige hinzu, um den klaren Beweis zu liefern, daß das „Leben von Johannes Bükler, genannt Schinderhannes" oder „des bairischen Hiesels", nicht die einzige Lektüre des Deutschthums zu jener Zeit war, wie der Rundschau-Artikel wohl glauben machen könnte. Heine's Reisebilder, Börne's Pariser Briefe, Heine's Salon, Thümmel's sämmtliche Werke, Schiller's Briefwechsel mit Göthe, Göthe's Briefwechsel mit einem Kinde, alles sehr theure Bücher in der Original-Ausgabe, denn Nachdruck gab es zur Zeit noch nicht; Spaziergänge eines Wiener Poeten, Brokhaus' Konversationslexikon, Grimms Kinder- und Hausmährchen, Shakespeare von Schlegel und Tiek, Johann Schoppenhauers sämmtliche Werke, Tiek's, August und Friedrich Schlegel's, Wilhelm Müller's, Seume's, Voß', Oehlenschläger's sämmtliche Werke, Okens Naturgeschichte u. s. w. In späteren Jahren (1841) war der Verfasser erstaunt, in den Buchhandlungen in Philadelphia nicht allein obige Bücher, sondern eine Menge zum Theil sehr kostbare illustrirte Werke zu finden, sowie auch große Sammlungen ausgezeichneter Münchener Lithographieen, meist Darstellungen der Meisterwerke des Königl. Museums zu München. Auch an guten Kupferstichen fehlte es nicht. Herr Wesselhöft hatte zum Verkauf (1841) über zwanzig Originalgemälde, unter denen sich Stücke von Hannibal Carrachi, Palamedes, Gerhard Dow, Van der Velde, Berghem Wouverman, Adrian van Ostade, Peters, Tischbein und Brower befanden.

Das Buchhändlergeschäft mußte kein unvortheilhaftes sein, denn schon im Jahre 1836 entstand eine zweite Buchhandlung, die der Herren Kiderlen und Stollmeyer, denen man weder Erfahrung noch praktischen Sinn absprechen konnte. Namentlich war der Erstgenannte ein Mann von seltener Begabung.

Wilhelm L. J. Kiderlen war 1813 zu Ulm geboren, und nachdem er seine Gymnasialstudien vollendet, erlernte er gründlich das Buchhändlergeschäft. In der Schweiz wurde er mit einem andern Ulmer, Herrn Konrad Friedrich Stollmeyer bekannt. Die beiden jungen Leute entschlossen sich zur Auswanderung nach Amerika und gründeten 1836 in Philadelphia eine Buchhandlung, die etwa fünf Jahre bestand. Kiderlen nahm an allen deutschen Bestrebungen den lebhaftesten Antheil, war einer der Mitbegründer der deutschen Ansiedlungsgesellschaft, widmete sich aber später ausschließlich literarischen Arbeiten. Er verfaßte eine Geographie und Geschichte der Vereinigten Staaten (1838). Bei der schroffen Trennung der Parteien in Demokraten und Whigs, letztere auch wegen ihrer Unterstützung der Vereinigten Staaten Bank die Bankpartei genannt, welche Trennung sich zuerst mit voller Macht bei der Präsidentenwahl von 1836 zeigte, ergriff Kiderlen die letztere Partei. Die große Mehrheit der Deutschen allerwärts stand zur demokratischen Partei, und schon dieser Umstand erregte gegen ihn bedeutende Vorurtheile. Seine Neigung zu Witz und Sarkasmus, seine schneidende Polemik in den Zeitungen, die nur zu häufig auf Persönlichkeiten hinauslief, erweiterte den Kreis seiner Feinde. Als es der Whigpartei auf kurze Zeit im Jahre 1840 gelungen war, durch die Wahl von Harrison in den Besitz der Gewalt zu gelangen, ernannte der Nachfolger des alsbald verstorbenen Präsidenten Harrison, John Tyler, Herrn Kiderlen zum Konsul in Stuttgart. Aber die Anstellung erregte eine solche Indignation von Seiten des deutschen Elements in Philadelphia, daß Tyler sich gezwungen sah, die Nomination zurückzuziehen. Ob dies gerade die passendste Gelegenheit war, die Stärke des deutschen Elements geltend zu machen, ist sehr fraglich, denn in Bezug auf Ehrenhaftigkeit war an Herrn Kiderlen's Charakter nichts auszusetzen. In den Jahren 1846—1848 redigirte er die „Stadtpost" entschieden im Sinne der Whigpartei, welche für Schutzoll und heimische Industrie auftrat. — Auch in der Redaktion dieser Zeitung ließ er seiner scharfen Polemik freien Lauf, und eroberte sich diesmal unter der Whigregierung von Taylor und Filmore den Konsulatsposten in Zürich. Nach seiner Rückkehr von dort siedelte er nach Cincinnati über, wo er eine wohlhabende Amerikanerin heirathete und den „Deutschen Republikaner" redigirte, kehrte aber nach einigen Jahren nach Philadelphia zurück und erhielt dort das Konsulat für Würtemberg und Bayern, welche Stelle er bis zur Errichtung des deutschen Reichs bekleidete. Nach längerer Krankheit starb er am 22. Juli 1877. Kiderlen's Kompagnon, K. F. Stollmeyer, der jetzt als Besitzer eines Asphaltlagers und einer Kokusnußanpflanzung in Trinidad in sehr günstigen Verhältnissen lebt, verlegte in Philadelphia auf eigenes Risiko eine Anzahl von Schriften, unter denen eine englische Uebersetzung von Rotteck's Weltgeschichte und ein gegen die Sklaverei gerichteter Freiheitskalender für 1841 besonders hervorzuheben sind.

Im Jahre 1844 ging die Wesselhöft'sche Buchhandlung in die Hände von L. L. Rademacher über. Im Jahre 1848 begründete aber E. Schäfer eine neue Buchhandlung, die zu dem großen Geschäft von Schäfer und Koradi erblüht ist. Schon am Anfange der vierziger Jahre errichtete der erst im Jahre 1878 verstorbene Friedrich Wilhelm Thomas eine Buchhandlung in Philadelphia und machte sich besonders verdient durch die Herausgabe deutscher Klassiker, die er im Jahre 1845 begann. Es war dieses keine Auswahl oder Blumenlese, sondern die Werke wurden vollständig gegeben. Mit jedem Jahr vermehrte sich der Absatz und es entwickelte sich daraus ein bedeutender, im Verhältniß zur Einwanderung sich steigernder Verlag.

Während in den Jahren 1820—30 die Zahl der eingewanderten Deutschen überhaupt nur etwa 20,000 betrug, belief sie sich schon in den Jahren von 1831—1840 auf 150,000 und von 1840—1850 auf 435,000. Vielleicht ist es nicht ohne Interesse, mannigfachen Vorurtheilen gegenüber, welche jetzt noch in Deutschland gegen die Intelligenz der Deutsch-Amerikaner vielfach bestehen, über unsere Periode hinausgreifend, zu bemerken, daß der Verkauf der Jubiläums-Ausgabe von Humboldt's Kosmos, die 1869, glänzend ausgestattet, im Verlag von Thomas erschien, bedeutender war, wenn wir anders den Berichten der Zeitungen trauen dürfen, **als der Gesammtverlauf der Cotta'schen Ausgabe des Kosmos in ganz Deutschland.**

Die deutsche Presse in Philadelphia und Pennsylvanien überhaupt, hatte während der dreißiger Jahre, auf die es hier ankommt, mannigfache Schicksale. Die sogenannten pennsylvanisch-deutschen Blätter früherer Jahre, von denen der „Readinger Adler", die älteste aller noch existirender deutsch-amerikanischer Zeitungen, das bestgeschriebene und gediegenste war, zu deren Korrespondenten damals selbst Kongreßmitglieder und Gesetzgeber des Staates gehörten, die „Harrisburger Morgenröthe", „Pennsylvanische Beobachter", „Lebanoner Morgenstern", „Unabhängiger Republikaner" (Allentown), „Stimme des Volks" (Orwigsburg), „Bauernfreund" (Summytown), „Berks County Adler", „Lebanon Demokrat",

„Freiheitswächter" (Norristown), „Vaterlandswächter" (Harrisburgh), „Bucks County Banner und Volksfreund" blühten mehr oder weniger, je nachdem die Parteien, deren Sache sie mit größerem Eifer als Geschick, und mehr mit dem Dreschflegel als mit der Toledo Klinge verfochten, siegten oder unterlagen.

Schon im Jahre 1831 hatte Herr Wilhelm Schmöle, dem wir auf unserem Wege noch öfters begegnen werden, im reizenden Wyoming Thale den "Susquehanna Democrat" gekauft und alsbald mit einer deutschen Zeitung, der „Allgemeinen Staatszeitung" verbunden, welche letztere in einem sehr verständlichen und guten Deutsch geschrieben war, ohne im Geringsten über die Fassungskraft der Landbewohner hinauszugehen. Diese Zeitung hatte den erwünschten politischen Erfolg, indem zum ersten Male der demokratische Kandidat in dem Kongreßbezirk, wozu Wilkesbarre gehörte, der vereinigten Whig- und Freimaurer-Partei gegenüber, gewählt wurde.

Schon in dieser Zeitung besprach Schmöle den Plan einer allgemeinen deutschen Konvention zur Wahrung der Interessen der Deutschen.

Von dem „Telegraphen" und dem „Courier", beide in Philadelphia erscheinend, ist schon die Rede gewesen. Neben und nach der „Alten und Neuen Welt", erschien dort „Das Literarische Unterhaltungsblatt" von Kiberlen und Stollmeier, „Die Demokratische Union", später „Philadelphia Demokrat", gegründet 1837, erworben von L. A. Wollenweber 1838, dreimal wöchentlich, von 1842 an täglich; „Der Beobachter und tägliche Neuigkeitsbote am Delaware", herausgegeben von A. Sage und redigirt von Richtscheidt 1836; „Die Deutsche Nationalzeitung", 1837—1839, herausgegeben von Stollmeier, und „Die Abendpost", täglich, herausgegeben von Botticher 1839. Im Jahre 1840 gab Thomas eine musikalische Monatsschrift heraus, unter dem Titel "Popular airs of Germany", mit deutschem und englischem Texte, nebst Klavierbegleitung; dieselbe erhielt sich aber nur sechs Monate lang, während eine deutsche Musikalienhandlung schon im Jahre 1834 eröffnet wurde und den besten Fortgang nahm. Im Jahre 1842 gründete Thomas eine deutsche tägliche Zeitung, „Allgemeiner Anzeiger der Deutschen", die aber im Jahre 1843 wieder einging. Eine andere von ihm 1844 in's Leben gerufene Zeitschrift war die „Minerva", besonders gegen den Nativismus gerichtet, der damals sein Haupt wieder sehr drohend erhoben hatte. Sie kämpfte mannhaft für die Vertheidigung der Rechte der Adoptivbürger. Der große demokratische Sieg in der Präsidentenwahl im Jahr 1844 machte dem Nativismus auf viele Jahre hin ein klägliches, der „Minerva" aber, deren Mission vollendet war, ein ruhmvolles Ende.

Im Jahre 1848 wurde die „Freie Presse" von Herrn Thomas

gegründet. Diese, sowie der „Demokrat", sind jetzt noch die Hauptorgane der Deutschen in der Stadt der Bruderliebe.

Von mehreren anderen Versuchen, Zeitungen in's Leben zu rufen, lohnt es sich nicht zu sprechen, weil sie fast alle nach kurzer Existenz fehlschlugen.

In Pittsburg erschien schon im Jahr 1826 ein deutsches Wochenblatt, der „Stern des Westens", eine politische Zeitung, welche die Kandidatur von Andrew Jackson gegen John Quincy Adams unterstützte, nach dem Sieg Jackson's aber, im Jahr 1829, wieder einging. Im Jahr 1833 erschien der „Beobachter", der später sich mit dem „Adler des Westens" verschmolz, welcher von Schmidt und Backofen 1835 herausgegeben wurde. Nach Eingehen des Beobachters (1840) gab Backofen den „Stadt- und Landboten", später 1843 den „Pittsburg Courier" heraus. Im Jahr 1836 wurde der „Freiheitsfreund", der noch existirt, von Chambersburg, Pennsylvanien, nach Pittsburg verlegt. Dieser „Freiheitsfreund" erschien schon im Jahr 1834 in ersterer Stadt und wurde von Victor Scriba lange Zeit hindurch redigirt. Scriba war ein sehr fähiger Redakteur, der sich viele Verdienste um das Deutschthum erworben hat. Alle diese Pittsburger Zeitungen bestrebten sich mit mehr oder weniger Glück, ein gutes Deutsch zu schreiben, bekämpften sich aber auf dem politischen Felde mit vieler Bitterkeit.

Schon im Jahre 1838 hatte Herr Backofen eine nicht unansehnliche Buchhandlung etablirt. Die verschiedenen deutschen Kirchengemeinden hatten nicht nur ihre Kirchen und Schulen, sondern auch deutsche religiöse Zeitschriften. Während im Jahr 1820 Pittsburg wenig mehr als 7000 Einwohner hatte, zählte es im Jahr 1850 nahe an 50,000. Zu jener Zeit mochte wohl die deutsche Bevölkerung ungefähr ein Viertel der Gesammtbevölkerung betragen. Unter den ältesten Ansiedlern Pittsburg's finden wir viele gebildete Deutsche. Bereits im Jahre 1807 fand der englische Reisende, F. Cumming, hier eine Musikgesellschaft, deren Präsident Friedrich Amelung aus Osnabrück war. Ein anderer Deutscher, Gabler, wird als ein vorzüglicher Violinist geschildert. C. Volz, welcher im Jahre 1812 hierherkam, hatte schon in 1820 ein ausgedehntes Geschäft und, wie Emil Klauprecht*) versichert, hielt er ein offenes Haus für alle gebildeten Deutschen, die das Ohio-Thal bereisten. Lenau auf seinem Wege nach dem Staat Ohio, in welchem er sich bekanntlich in einer ungesunden Niederung, die von jedem Verkehr abgeschnitten war, eine Strecke Landes kaufte, und natürlich nach kurzer Zeit, enttäuscht und gemüthskrank, dem Lande seiner geträumten Ideale Valet

---

*) „Deutsche Chronik in der Geschichte des Ohio Thales" von Emil Klauprecht, Cincinnati, Hof und Jacobi, 1854.

sagte, soll bei Volz die gastfreundlichste Aufnahme gefunden haben. Der Sohn von Volz wurde später zweimal zum Mayor von Pittsburg gewählt.

Zu derselben Zeit finden wir dort den früheren preußischen Major Karl von Bonnhorst und Herrn Passevant, einen Kaufmann aus Frankfurt. Letzterer ging auf's Land in die Nähe der Rapp'schen Kolonie und legte dort ein Städtchen aus, seiner Frau zu Ehren Zelinopolis getauft. Passevant gehörte zu einer der angesehendsten Familien Frankfurt's und war ein sehr gebildeter, nur etwas zu idealistisch angelegter Mann. Einer seiner Söhne wurde Prediger, der in Pittsburg ein Spital und Waisenhaus für Mädchen, sowie in Zelinopel ein Waisenhaus für Knaben gegründet hat. Von Bonnhorst war ebenfalls höchst gebildet und namentlich ein großer Liebhaber von Musik, komponirte selbst und war ein ausgezeichneter Violinspieler. Auch er war gastfrei und gesellig. Er übernahm später die Stelle eines Friedensrichters, starb aber schon 1838.

Diese älteren Ansiedler bekamen in den dreißiger Jahren noch bedeutenden Zuwachs; wir nennen hier nur die Namen von Pfarrer Kämmerer, Dr. Sachs, Eduard Hendrich, Braun und die schon genannten J. G. Backofen und Victor Scriba.

Von Pittsburg ging dann auch der Gedanke aus, oder ward wenigstens dort zur That, das Deutschthum in den Vereinigten Staaten zu einer sich selbstbewußten Macht zu krystallisiren. Eine Versammlung deutscher Abgeordneten aus allen Theilen der Union war, wie schon oben bemerkt, von Dr. Schmöle angeregt worden, wurde aber im Frühjahr 1837 zuerst in der „Ohio Staatszeitung", dann im „Volksblatt" von Cincinnati, in der „Allgemeinen Zeitung" von New-York, in der „Alten und Neuen Welt" in Philadelphia und dem „Anzeiger des Westens" in St. Louis, lebhafter besprochen. Die Gegenstände, die in einzelnen Blättern als zur Besprechung vorgeschlagen wurden, waren: den Kongreß anzugehen, den Preis der öffentlichen Ländereien für wirkliche Ansiedler herabzusetzen, ebenso die Zeit zum Bürgerwerden zu verkürzen. Zur Erreichung dieser Ziele wurde empfohlen, die deutschen Vereine des Landes miteinander in Verbindung zu setzen. Auch die Zweckmäßigkeit deutscher Ansiedlungen sollte besprochen und die Errichtung einer deutschen Universität ebenfalls in Berathschlagung gezogen werden.

Zweites Kapitel.

Pennsylvanien. — (Fortsetzung.)

Vorschlag zu einer deutschen Konvention zur Errichtung eines Lehrerseminars. — Zusammentritt derselben zu Pittsburg am 18. Oktober 1837. — Verhandlungen derselben. — Ankauf eines Platzes für dasselbe. — Adresse der Schulkommission. — Zweite Konvention am 18. Oktober 1838. — Extrasitzung derselben am 17. August 1839. — Freibrief für das Seminar 1840. — Gründung der Real- und Musterschule zu Philippsburg. — Mißerfolg des Seminars und Gründe desselben. — Allgemeine Wirkung dieser Agitation auf das Deutschthum. — Franz Joseph Grund.

Am 3. Juni 1837 erging von Pittsburg aus eine Einladung an alle Deutschen der Vereinigten Staaten zu einer Abgeordnetenversammlung (Konvention), die am 18. Juli 1837 in jener Stadt abgehalten werden sollte. Deutsche Vereine, welchen Namen sie auch führen mochten, wurden aufgefordert, Abgeordnete zu schicken, und die weiteste Gastfreundschaft der Pittsburger Deutschen in Aussicht gestellt.

Dem vielfach ausgesprochenen Wunsch, diese Versammlung auf einen späteren Zeitpunkt festzusetzen, kamen die Pittsburger Bürger bereitwillig nach, und von einem von ihnen ernannten Korrespondenzausschuß wurde ein Rundschreiben erlassen, in welchem der 18. Oktober (Jahrestag der Schlacht bei Leipzig) zur Eröffnung der Konvention anberaumt wurde. Der Zweck derselben wurde in diesem Schreiben etwas näher bezeichnet. „Es handelt sich darum," heißt es, „die deutsche Sprache, Sitten und Wissenschaft vor drohender Verkrüppelung zu retten, dieselbe in ihrer Kraft, Reinheit und Schönheit zu bewahren, die reichen Schätze der Literatur des alten Vaterlandes hierher zu verpflanzen, die Rechte und Pflichten der zu Millionen anwachsenden deutschen Bewohner dieses Landes zu ermitteln und zu wahren, und den Charakter der deutschen Bevölkerung durch eine umfassendere und sorgfältigere Erziehung auf die Stufe zu bringen, die einem freien Volke geziemt." Zu gleicher Zeit verwahrt sich die Adresse gegen die Ansicht, als sollte der Versuch gemacht werden, die Deutschen von ihren englisch sprechenden Mitbürgern zu trennen. „Wir wünschen", sagt das Rundschreiben, „eine solche Isolirung nicht. Wir protestiren feierlich gegen jede derartige Absicht, und halten dies nicht nur für unthunlich, sondern auch für gefährlich. Aber soviel muß gethan werden, daß der Deutsche den Werth seines eigenen Wissens erkennen, daß er frei und selbstständig urtheilen, denken und handeln lerne, und sich dadurch der bisherigen Vormundschaft politischer Parteigänger und habgieriger Aemterjäger entziehe." In erhabener und warmer Sprache rief der Ausschuß zu einer zahlreichen Beschickung auf:

„Das Gelingen unserer Sache hängt nun von der rührigen und geschickten Mitwirkung der deutschen Presse und dem werkthätigen Handeln der Deutschen ab. Wählet daher, ihr Nachkommen des alten Heldenvolkes, vor dessen Kraft die weltbeherrschende Roma stürzte, dessen kühnem Muthe das stolze Frankenvolk sich beugte, die talentvollsten, die redlichsten und achtungswürdigsten Männer, ohne Unterschied der Partei, des Standes oder Glaubens, wählt sie aus Eurer Mitte, und die Saat die Ihr säet, wird Euch edle und reichliche Früchte tragen."

Dieses Rundschreiben war von dem Präsidenten und Sekretär des Korrespondenz-Kommittees, Nicolaus Vögtly und Eduard Fendrich unterschrieben und vom 20. Juli 1837 datirt. Es fand nun eine lebhafte Agitation in den verschiedenen deutschen Zeitungen über diese Konvention, ihren Zweck und ihre Opportunität statt. In den verschiedenen Vereinen, welche sich zur Absendung von Delegaten entschlossen, kam es zu ernsthaften Debatten. Von allen Seiten wurde die Aufgabe, welche sich die Versammlung setzen sollte, entwickelt. Wie es natürlich war, liefen die Ansichten über die der Konvention zu stellenden Aufgaben, weit auseinander. Während man in New-York und im Westen, namentlich in Missouri und Illinois, sich auf erreichbare Gegenstände zu beschränken wünschte, ging man in Pennsylvanien auf eine sehr starke und einflußreiche ältere Bevölkerung gestützt, weit über die Grenzen des Möglichen hinaus. Von einem sehr angesehenen Deutschen in Philadelphia wurde in der „Alten und Neuen Welt" als Aufgabe der Zusammenkunft nicht nur die Aufrechthaltung und Beförderung der deutschen Sprache in Schule und Kirche, Aufmunterung der deutschen Presse, Errichtung deutscher Volksschulen, Erlangung eines Antheils des allgemeinen Schulfonds für deutsche Schulen, Gründung guter Schullehrer-Seminare, bezeichnet, sondern auch Anerkennung der deutschen Sprache bei den Gesetzgebungen derjenigen Staaten, in welchen die deutschen Bürger in der Mehrzahl seien, wie in Pennsylvanien, oder mehr als ein Drittel der ganzen Bevölkerung, wie in Ohio, Illinois, Missouri, ebenso Einführung der deutschen Sprache in allen Gerichtsbezirken, in welchen die Deutschen eine Mehrheit bildeten. Die letztere Forderung beruhte zum Theil auf einer sehr bedeutenden Ueberschätzung der Zahl der Deutschen. Im Jahre 1837 betrug die Zahl der Deutschen in den obengenannten westlichen Staaten nicht das Zehntel der Gesammtbevölkerung, während die Deutschen in Pennsylvanien, deren Voreltern Hunderte von Jahren vorher eingewandert waren, doch nur zum kleinen Theil in dem Sinne der Pittsburger Konvention als Deutsche betrachtet werden konnten.

Am 18. October 1837 trat die Konvention der Abgeordneten zusammen. Sie bestand nur aus 39 Mitgliedern, gewählt zum Theil von zu diesem Zweck zusammenberufenen Volksversammlungen, zum andern Theil von schon bestehenden Vereinen ernannt. Viele Abgeordnete hatten sich entschuldigt. Wenn man bedenkt, wie ungenügend zu damaliger Zeit die Verkehrswege waren, (von Philadelphia, obgleich ein Drittel des Weges schon per Eisenbahn gemacht werden konnte, brauchte man bis Pittsburg drei volle Tage, von New-York noch zwei Tage mehr, aus dem Innern von Ohio und Indiana, mit Benutzung von Kanälen und Dampfschifffahrt 6 bis 8 Tage, und von St. Louis mittelst Dampfboot bei günstigem Wasserstand 8 bis 10 Tage,) wie viele Kosten das Reisen damals verursachte, so kann man es leicht erklärlich finden, daß Viele weder die Zeit noch die Mittel finden konnten, um als Abgeordnete zu erscheinen. Zum Vorsitzer der Konvention wurde Franz Joseph Grund gewählt. Unter den Sekretären befanden sich die Herren Fendrich und Dr. Schmöle. Aus dem Staate New York waren nur drei Abgeordnete anwesend, worunter Herr G. A. Neumann, Redakteur der „Staatszeitung", aus Virginien einer, aus Maryland zwei, aus Ohio zehn, für Missouri und Illinois einer, alle übrigen aus verschiedenen Gegenden Pennsylvaniens. Die am weitbekanntesten Namen der Delegaten waren die des Präsidenten Grund, des Herrn Karl Speyrer, aus Beaver County, Pennsylvanien, und Neumann, aus New-York, Wilhelm Weber, aus St. Louis, W. L. J. Kiderlen und W. Schmöle, aus Philadelphia, Victor Scriba, aus Pittsburg, Peter Kaufmann, aus Canton, Ohio, und Wilhelm Steinmeier, aus Cleveland, Ohio. Unter denen, die später in den Vereinigten Staaten zu großer Auszeichnung gelangten und ihren Namen verewigt haben, befand sich auch Johann August Röbling, aus der sogenannten Mühlhauser Ansiedlung in Butler County, Pennsylvanien.

Die Versammlung tagte bis zum 25. Oktober. Es zeigte sich in derselben eine überraschend gute Kenntniß der parlamentarischen Regeln und eine meisterhafte Handhabung der Ordnung. Die einzelnen Gegenstände der Berathung wurden verschiedenen Kommittees zur Begutachtung überwiesen. Es gab Ausschüsse für die Einwanderungsfrage und den Rechtsschutz der Einwanderer, für die Rechtsverhältnisse deutscher Adoptivbürger, für Erhaltung und Verbreitung der deutschen Sprache, für die Aufrechthaltung deutscher Sitten und Gebräuche, besonders mit Rücksicht auf die Pflege der Musik, den Waffenübungen, gesellschaftlicher Feste, für die Bearbeitung der deutsch-englischen Schulfrage und Errichtung von Normal-Schulen.

Diese Ausschüsse versammelten sich schon früh Morgens, und ebenso spät am Abend und arbeiteten mit großem Fleiße. In der Versammlung selbst machte sich bei vielen der Mitglieder eine bedeutende Begabung der Rede kund. Im Ganzen wurden die Debatten mit Ruhe und Mäßigung geführt. Nur einmal platzten die Geister lebhaft auf einander, und für eine kurze Zeit gab man sich der Befürchtung hin, eine Auflösung ohne alle Resultate zu sehen.

Wie schon früher bemerkt, gingen manche Vorschläge zu weit und schienen auf eine schroffe Absonderung des Deutschthums von der übrigen Bevölkerung zu zielen. In der Hitze der Opposition, die namentlich von den New Yorker Abgeordneten ausging, wurde die rasche Verschmelzung des deutschen Elements mit dem amerikanischen zu stark betont. Es fielen schneidige Worte. Indeß gelang es bald der vermittelnden Rede von Schmöle, der das ganze Vertrauen der Versammlung besaß, die Verhandlungen wieder in ruhigem Fluß zu bringen. Die Liebenswürdigkeit der vielen gebildeten Männer Pittsburgs, die freundlichen Gelage, welche den Abgeordneten von Zeit zu Zeit von den gastfreundlichen Bürgern gegeben wurden, trugen viel dazu bei, daß die Mitglieder sich wieder näher gebracht wurden und gegenseitig besser verstanden.

Es lag in der Natur der Sache, daß diese Versammlung mehr eine vorberathende als beschließende sein konnte. Es wurde demnach kein eigentliches Programm festgestellt. Vier permanente Ausschüsse wurden ernannt. Ein Central-Ausschuß für Oberleitung der Geschäfte, ein Korrespondenz-Ausschuß, um alle von den einzelnen Ausschüssen als zweckmäßig erachteten Bekanntmachungen und Drucksachen ins Publikum zu bringen; ein Schul-Kommittee, um Verbesserungen im deutschen Schulwesen zu verwirklichen und ein Schullehrer-Seminar ins Leben zu rufen; ein Wohlfahrts-Ausschuß, um über das materielle Wohl der eingeborenen und eingewanderten Deutschen zu wachen. Als eigentlicher Zweck der Konvention wurde festgestellt:

„Förderung des Wohles der Deutschen in den Ver. Staaten.

„1) Durch Wirkung auf Bildung der Deutschen, durch Gründung neuer Schulen und Verbesserung der bestehenden Errichtung eines oder mehrerer Lehrer-Seminare. Abfassung, Druck und Verbreitung guter Schulbücher; durch Errichtung von deutschen Bildungs- und Kunstvereinen in allen Counties und Städten, Verbreitung deutscher Literatur, Belehrung der Deutschen über die Landesverhältnisse durch Zeitschriften, Flugblätter und Kalender.

„2) Förderung des materiellen Wohles durch Gründung von Wittwen- und Waisen-Anstalten, durch Errichtung von Bureaus, welche den Eingewanderten die nöthige Belehrung und Auskunft zu geben und den Arbeitsuchenden passende Stellungen zu verschaffen hätten.

„3) Verbesserung der rechtlichen und geselligen Verhältnisse der Deutschen in den Vereinigten Staaten."

Beschlüsse, welche den oben aufgestellten Berathungsgegenständen entsprachen, wurden gefaßt, namentlich der Schul-Kommission eine umfassende Vollmacht gegeben, um Gelder zu sammeln zum Zwecke eines zu errichtenden Schullehrer-Seminars und zur Abfassung einer Adresse an die Deutschen, um diese Angelegenheit ihrem besonderen Interesse zu empfehlen.

Die Beschlüsse hinsichtlich der rechtlichen und geselligen Verhältnisse der Deutschen sprachen die Ansicht aus, daß die bestehenden Naturalisationsgesetze zufriedenstellend seien und empfahlen allen Eingewanderten, sich so bald als möglich das Bürgerrecht zu erwerben. Anderseits solle auch Alles geschehen, um den Mißbrauch der Einwanderungs- und Einbürgerungsgesetze zu verhüten. Die Ueberschiffung gemeiner Verbrecher von Europa aus, müsse verhindert werden und die Deutschen sollen die Behörden in den Seestädten darin unterstützen; daß dagegen politische Flüchtlinge nicht zur Verbrecher-Klasse gerechnet werden dürften. Die Konvention sprach sich entschieden gegen eine nachtheilige Aenderung der Naturalisationsgesetze aus, und trat mit Schärfe der "Native-American Partei" und ihren Bestrebungen entgegen. "Es ist," sagte die Konvention, "die Pflicht der Deutschen, sowie aller freisinnigen Bürger in den Vereinigten Staaten, bei der Wahl öffentlicher Beamten keinem Kandidaten ihre Stimme zu geben, der den bestehenden Einwanderungs- und Einbürgerungsgesetzen feindlich gegenüber steht."

Ueber den offiziellen Gebrauch der deutschen Sprache wurde ein Vorschlag des Herrn Speyrer, der zu unbedingt war, um praktische Anwendung zu finden, nach langen Debatten in folgender verbesserten Fassung angenommen:

"In allen Staaten, Counties und Townships (Unterabtheilungen von Counties), wo es Bedürfniß und ausführbar ist und mit dem Wohle der respektiven Staaten sowohl als mit dem Wohle der Union, die zu erhalten unser höchstes politisches Princip ist, vereinigt werden kann, soll auf gerichtliches Verfahren in der deutschen neben der englischen Sprache, Anstellung von Beamten, die beider Sprachen mächtig sind, und auf Veröffentlichung aller bestehenden und noch zu erlassenden Gesetze in deutscher Sprache gewirkt werden, und die Convention soll dies mit allen ihr zu Gebote stehenden Mitteln unterstützen." (Siehe Anhang No. 2.)

Für eine zweite Konvention wurde der 18. Oktober 1838 bestimmt, und bezüglich der Zahl und Wahl der zukünftigen Abgeordneten geeignete Verfügungen getroffen. Ueber die für das Seminar zu kollektirende Gelder wurden Bestimmungen erlassen, und die verschiedenen eingesetzten Kommitteen aufgefordert, an die nächste Konvention ihre Berichte zu erstatten. Einem Beschluß der Versammlung gemäß, erließen noch von Pittsburg aus der Präsident Grund und Sekretär Schmöle eine Adresse an die gesammte deutsch-amerikanische Presse, in welcher dieselbe aufgefordert wurde, das Bestreben der Konvention zu unterstützen und überhaupt auf jede Weise ihre Blätter zu Organen der Bildung und politischen Belehrung zu machen. Eine allgemeine Adresse an alle Deutschen der Vereinigten Staaten sollte ebenfalls erlassen werden. Die baldige Abreise des Herrn Grund nach Europa, sowie die mehrwöchentliche Krankheit von Wilhelm Weber, welche beide besonders mit der Abfassung dieser Adresse betraut worden waren, verhinderten diesen Erlaß.

Die Protokolle der Versammlung wurden erst sehr spät, im Mai 1838, in den Druck gegeben, nachdem schon in unserem rasch lebenden Volke der Eindruck, den die Konvention gemacht hatte, durch neue Ereignisse verwischt worden war. Die Konvention hatte zur Zeit allerwärts die Aufmerksamkeit nicht nur der Deutschen, sondern auch der Amerikaner, auf sich gezogen. Die in englischer Sprache in Pittsburg erscheinenden Blätter gaben genauen Bericht über jede Sitzung und publicirten auch die Protokolle. Amerikanische Zeitungen an andern Orten sprachen sich theils mit großer Anerkennung über die ganze Bewegung aus, theils zeigten sie eine gewisse Zurückhaltung und ein Gefühl der Befürchtung, welches man ihnen nicht ganz verdenken konnte.

Eine eindringliche Adresse an die deutsche Bevölkerung, klar die Ziele der Konvention vorlegend, und eine zeitige Verbreitung der Protokolle würde jedenfalls eine lebhaftere Betheiligung an der Errichtung des Lehrer-Seminars, vorläufig des einzig angezeigten greifbaren Gegenstandes deutscher Bestrebungen, zur Folge gehabt haben.

Die Schul-Kommission entwickelte unter dem Vorsitz des Herrn Steinmeier von Cleveland eine große Thätigkeit. Mit Uebereinstimmung des Central-Kommittees war in dem romantisch gelegenen Philippsburg, nicht weit von Rapp's Ansiedlung, ein schönes großes Landhaus angekauft worden, welches von dem bekannten Müller, in Deutschland Proli, hier Graf Leon genannten religiösen Betrüger, erbaut worden war. Dieser Graf Leon, in Verbindung mit einigen von ihm berückten reichen Frankfurter Familien, hatten sich mit Rapp's Kolonie verbunden. Es gelang Proli, sich eine eigene Partei unter den Rappisten zu begründen, durch die er allmählig die Herrschaft über die ganze Gemeinde zu gewinnen gedachte. Es kam zu einem Bruch. Ein kleiner Theil der Gemeinde zog ab, nach reichlicher Entschädigung. Leon baute sich eine palastähnliche Villa zu Philippsburg, sah sich aber bald genöthigt sein Eigenthum zu verkaufen. Seine ferneren Schicksale haben sich unsrer Nachforschung entzogen. Nach Löher soll er mit seinen ihm Treugebliebenen nach dem Red River in Louisiana gezogen sein, wo ihn in Natchitoches (1832) die Cholera ereilte und seinen Entwürfen ein Ende machte.

Einige Tausend Dollars waren schon zusammen gebracht und das große Gebäude, welches zu einem Hotel benutzt worden war, mit dazu gehörigem Park für die überaus geringe Summe von 3000 Dollars angekauft worden.

Im April 1838 erließ die Schulkommission eine Adresse an die Bürger der Vereinigten Staaten und Deutschlands. In dieser Adresse wurde der Ankauf der Gebäulichkeiten in Philippsburg angezeigt, zu einer lebhaften Unterstützung für Errichtung eines Lehrer-Seminars aufgefordert, und die Grundsätze angedeutet, nach welchen das Institut geleitet werden sollte. Jeder konfessionelle Religionsunterricht sei auszuschließen; doch solle nach der festen Ueberzeugung, daß die Religion in ihrer Reinheit und Lauterkeit, nicht entstellt durch Trug und Wahn, das Herz des Menschen veredelt und den Willen auf das Schöne und Gute richtet, daß sie das Glück so vieler Tausende begründet, gewissenhafte Sorge getragen werden, daß den Zöglingen der deutschen Lehranstalt der Weg geöffnet werde, sich mit religiösen Kenntnissen zu bereichern, und sich eine feste Glaubensmeinung zu bilden, um dereinst Wahrheit und Licht unter ihren Mitbürgern verbreiten zu können. Zur ferneren Erklärung des Zweckes der Anstalt heißt es in der Adresse:

„Damit das Edle und Große des deutschen Charakters auch in diesem Vaterlande nicht untergehe, damit die Sprache unserer Väter auch hier in ihrer Schönheit anerkannt werde und fortbestehe als Sprache eines Volkes, das in der Geschichte so ruhmvoll dasteht, und bei dem die Wissenschaft fast den höchsten Gipfel erreicht hat, dazu soll zugleich die Bildungsanstalt für Lehrer deutscher Jugend beitragen. Doch damit unsere Jünglinge nicht Fremde bleiben in dem Lande, dem sie jetzt angehören, damit sie im Stande sind, ihre Pflichten zu erkennen, und ihre Rechte selbst zu vertheidigen, soll zugleich dahin gesehen werden, daß sie vollkommen vertraut werden mit der Sprache und den Sitten des jetzigen Vaterlandes; kurz ihre Lehrer sollen so ausgerüstet werden, daß sie die ihnen dereinst anvertraute Jugend in allem dem zu unterrichten vermögen, was man mit Recht von einem Bürger der Vereinigten Staaten fordern darf".

Sich auch an die Deutschen jenseits des Meeres in tiefgefühlter und beredter Weise wendend, und sie zur Unterstützung des Unternehmens auffordernd, schließt die Adresse mit folgenden Worten:

„Trennen uns auch Länder und Meere, laßt dennoch uns, vereint im Geiste, arbeiten, um Großes und Gutes zu stiften, um den deutschen Namen zu verherrlichen. In unsere Nachkommen laßt uns einen Geist pflanzen, der sie schützt vor eigenem Falle und fremdem Unrecht, der die Tugenden der Väter treu bewahrt und dem freien Vaterlande mit Ehren dient. Groß ist das Werk, schön wird der Lohn sein!"

Dem Beschlusse der ersten Konvention gemäß fand am 18. Oktober 1838 eine zweite Versammlung deutscher Abgeordneten in Pittsburg statt. Herr Peter Kaufmann, von Stark County, Ohio, wurde zum Präsidenten, Dr. Herrmann Groß, zum Vice-Präsidenten und Eduard Mühl, zum Sekretär erwählt. Es handelte sich hier vor allem um die Geldfrage. Der Ankauf des Eigenthums in Philippsburg wurde gebilligt, und Anstalten getroffen die Einsammlung von Beiträgen zu befördern und zu beschleunigen. Die Sitzung dauerte vier Tage und wie das Cirkular der Konvention besagte „zeichnete sich durch Eintracht, Würde und den thätigsten Eifer für die gute Sache aus." Es wurde nach Maßgabe der bereits erlangten Zeichnungen für Geldbeiträge, die gewisse Hoffnung ausgesprochen, das Unternehmen zu Stande kommen und gedeihen zu sehen.

Am 24. März 1839 erließ das Central-Kommittee der Konvention, bestehend aus dem Präsidenten Kaufmann, Vice-Präsidenten Fendrich, und dem Sekretär Groß, ein allgemeines Rundschreiben an die Deutschen in den Vereinigten Staaten. Sie rief denselben in das Gedächtniß zurück, wie einstimmig die erste Konvention sich auf den Plan der Gründung eines Lehrer-Seminars als eines Grundpfeilers der Erhaltung und Erstarkung des deutschen Volksthums in den Vereinigten Staaten vereinigt, wie großen Anklang allerwärts das Unternehmen gefunden, wie die zweite Konvention trotz der Geldkrisis und anderer mannichfacher Hemmnisse das Werk fortgesetzt habe, und machte dann geltend, daß in jüngster Zeit die Aussichten für Herbeischaffung der nöthigen Geldmittel sich verbessert hätten, namentlich durch die Unterstützung von Seiten einer beträchtlichen Anzahl der ersten Staatsmänner des Landes. Sie machte auf die Bestimmung der Deutschen in der Weltgeschichte aufmerksam, wies auf die Tüchtigkeit des Volksstammes hin und auf die Nothwendigkeit hier zu Lande unser Licht nicht unter den Scheffel zu stellen.

Diese Adresse war sehr umfangreich und erschöpfend, und berief eine Extra-Sitzung der Konvention auf den ersten August des Jahres, welche dann auch stattfand. Die Versammlung bestand nur aus 28 Abgeordneten, worunter wir von den früheren wieder mehrere finden, und als neue unter anderen die Herren Wesselhöft von Philadelphia, Dr. Harz von Ohio, und Freytag von Baltimore. Die Direktoren für das Seminar wurden erwählt. Als allgemeine Bestimmung für die Führung desselben wurde beschlossen, daß alle Vorlesungen in deutscher Sprache zu halten seien, die englische Sprache aber in solcher Vollkommenheit gelehrt werde, daß ein Zögling nur dann bei seiner Entlassung ein Zeugniß der Reife erhalten solle, wenn er fähig sei, in beiden Sprachen gleich gut zu unterrichten; ferner, daß die Seminaristen mit den verschiedenen religiösen Systemen bekannt gemacht werden sollten, ohne daß irgend eines begünstigt werde, und daß auf diese synoptische Darstellung der theoretischen Systeme hin, Unterricht in der christlichen Sittenlehre ertheilt werden solle.

Wer sich verbindlich macht, dem Lehrfach wenigstens vier bis fünf Jahre obliegen zu wollen, erhält freien Unterricht, muß aber für Erfüllung dieser Pflicht bei seinem Eintritt Bürgschaft leisten. Es wurde ferner ein ständiger Ausschuß ernannt für Sammlung statistischer Nachrichten, welche für die deutsche Ansiedlung im hiesigen Lande von Interesse wären, und ebenfalls ein Ausschuß eingesetzt, um bei der Bundesregierung die Errich-

tung einer amerikanischen Gesandtschaft bei den konstitutionellen
Staaten Deutschlands als einer Gesammtheit zu befürworten. Ueber
die Wahlen für spätere Konventionen, welche alle zwei Jahre stattfinden
sollten, sowie über die Geschäftsordnung wurden weitere zweckmäßige
Bestimmungen getroffen, und zehntausend Exemplare der Verhandlungen
dieser Konvention wurden gedruckt und vertheilt.

Im Jahre 1840 wurde das Lehrerseminar durch die Gesetzgebung des
Staates Pennsylvanien inkorporirt, „als eine Anstalt zur Bildung fähiger
Lehrer, um in der englischen und deutschen Sprache zu unterrichten, und
zur Beförderung der gemeinschaftlichen Interessen der Deutschen in den
Vereinigten Staaten, besonders in Rücksicht auf Erziehung." Das Eigenthum war gänzlich mit dreitausend Dollars abbezahlt worden, und die
vierte und letzte Konvention trat am 9. August 1841 in Phillipsburg
zusammen.

In dieser Versammlung wurde beschlossen, das Lehrerseminar am
1. Dezember 1841 zu eröffnen, und damit eine Real- und Musterschule zu
verbinden. Für letztere wurde zugleich ein Lehrer, Herr Winter,
angestellt, und eine Anzeige erlassen zur Bewerbung um zwei Lehrerstellen
im Seminar. Ein Direktorium wurde eingesetzt, alle Kollektionslisten
einberufen, und die fernere Kollektion dem Schatzmeister der Korporation
überlassen.

Die Real- und Musterschule nahm guten Fortgang, doch für das
Lehrerseminar meldeten sich zu wenig Zöglinge, und war auch das
eingegangene Kapital viel zu schwach, um eine solche Anstalt gehörig
auszustatten. Die Gründe des Mißerfolges sind natürlich leicht zu
begreifen. An und für sich war mit Ausnahme der schon längst ansässigen
eingebornen deutschen Bevölkerung, wie sie sich vorzüglich in Pennsylvanien, und in Theilen von New Jersey, New York, Maryland und
Virginien vorfand, und auf deren Mitwirkung nicht viel zu zählen war,
die in den letzten Jahrzehnten, welche der Pittsburger Konvention vorausgingen, eingewanderte Bevölkerung über große Räume zerstreut, hatte mit
allen Mühseligkeiten und Widerwärtigkeiten zu kämpfen, welche jede neue
Ansiedlung auch den Bemittelten reichlich bietet und war in den meisten
Fällen gänzlich unvermögend, um für ein solches in der Ferne liegende
Unternehmen Opfer zu bringen. Ein anderes Hinderniß bestand aber
wohl darin, daß das Lehrerseminar, wollte man es zu einem allgemein
deutschen machen, die Konfessionslosigkeit als obersten Grundsatz seines
Bestehens aufstellen mußte. Selbstverständlich konnten die katholischen
Deutschen, welche schon allerwärts in Gemeinden vereint, unter dem
Einflusse ihrer Priester standen, sich bei einem solchen Institut nicht
betheiligen. Aber auch die Mitglieder vieler evangelischen Gemeinden
konnten sich nicht für ein solches Lehrerseminar begeistern. Wenn auch

viele der jüngst Eingewanderten in religiösen Dingen sehr freisinnig
dachten, so hatte doch bei weitem die Mehrzahl auch hier das Bedürfniß des
zu Hause gewohnten Gottesdienstes, hatten sich demnach, wo immer es
thunlich war, schon hier in Gemeinden gebildet, und so gut es ging
mit Geistlichen versehen. Wenn man solche Bücher liest, wie „Büttners
Briefe", „Büttners die Vereinigten Staaten von Nordamerika", welche
sich hauptsächlich mit den religiösen Zuständen unseres Landes beschäftigen,
muß man erstaunen, wie viele deutsche Gemeinden sich schon in der ersten
Hälfte der dreißiger Jahre, in allen Theilen der Vereinigten Staaten
gebildet hatten.

Es besanden sich darunter auch solche, die man freidenkende nannte,
allein die Meisten waren rechtgläubig in ihrem Sinne, oder wurden doch
so durch die sie umgebenden amerikanischen Gemeinden, wenn nicht schon
durch die amerikanische Luft. Die Mitglieder solcher kirchlichen Gesellschaften hatten kein rechtes Vertrauen in ein Institut, dessen Gründer anerkannter Maßen fast alle zu den freidenkendsten Männern zählten und
welches jede positive Religionslehre ausschloß. Auch war die Vermittelung
der beiden Strömungen, Abschließung einerseits von der übrigen Bevölkerung, und andererseits Verschmelzung mit derselben, trotz aller gegenseitigen
Zugeständnisse, in der ersten Sitzung der Konvention nicht ganz zu Stande
gekommen. Eine starke Partei war noch immer gegen jedes Unternehmen,
welches von nur einem Theil des Volkes ausging, und fürchtete mehr Nachtheile als Vortheile für die deutsche Bevölkerung durch ein einseitiges Vor-
gehen, möchte es auch in der besten Absicht geschehen.

Wenn nun aber auch der Plan zur Errichtung einer höheren Schule für
die Bildung deutscher Lehrer und einer Hebung des deutschen Elementes
durch Mittel einer solchen Pflanzschule scheiterte, so war doch die Wirkung
dieses Auftretens der gebildeten Deutschen aus verschiedenen Staaten in
mehrmaligen Zusammenkünften eine sehr bedeutende. In jeder Stadt oder
jedem Bezirke, wo schon vorher deutsche Schulen bestanden hatten, vermehrten sich dieselben. Es entstanden systematisch geordnete Schulvereine.
Andere deutsche Vereine und Gesellschaften bildeten sich allerwärts, wo sich
mehrere Deutsche zusammen befanden. Man hatte sich mehr fühlen gelernt
und seine Stärke erkannt. Der Beschluß gegen die Nativisten wurde allgemein mit großem Beifall aufgenommen, und besser befolgt, als wohl die
meisten Beschlüsse, welche sich auf Parteiprogrammen finden. Die sehr
praktischen Amerikaner verkannten die Gefahr der Drohung, keinem Nativisten bei einer Wahl seine Stimme zu geben, nicht einen Augenblick, und
richteten sich darnach, wo es nur immer eine bedeutende Zahl deutscher
Stimmen gab.

Ein Kommittee der Konvention, welches sich mit dem Präsidenten Van
Buren in Verbindung gesetzt hatte, um einen Gesandtschaftsposten für das

konstitutionelle Deutschland, nicht nur für Oesterreich und Preußen zu schaffen, fand das beste Gehör bei diesem. Seine bald darauf erfolgte Niederlage in der Wahl (1840), sowie die der demokratischen Partei, vereitelte weitere Bemühungen in dieser Sache, da man von seinem Nachfolger und der Whigpartei überhaupt, welche man stets der Sympathie mit den Nativisten beschuldigt hatte, keinen günstigen Erfolg erwartete.

Wie diese Konventionen an und für sich schon ein Zeichen großer Lebensthätigkeit des deutschen Elements waren, so wirkten sie wieder auf die Stärkung desselben zurück und fortan war an kein Rückschreiten mehr zu denken.

Wir haben als Vorsitzer der ersten Pittsburger Konvention Herrn Franz Joseph Grund gefunden, einen Mann, der in den Vereinigten Staaten keine unbedeutende Rolle gespielt hat. Ueber sein Vorleben in Europa ist nur wenig bekannt. Er war in Oesterreich geboren, vielleicht in Wien, in welcher Stadt sein Familienname öfters vorkommt, und zwar 1803. Er muß Ende der zwanziger oder im Anfang der dreißiger Jahre eingewandert sein, denn bereits im Jahr 1833 war er Professor der Mathematik an der Universität Harvard in Cambridge, Massachusetts, wo auch zugleich ein anderer Deutscher, Franz Gräter, ein Mann von etwas excentrischem Geiste, als Lehrer der Zeichenkunst und der neuern Sprachen angestellt war. Im Jahr 1837 hatte Grund eine Reise nach Europa gemacht, denn Charles Sumner erwähnt um diese Zeit Grund als eben frisch von England zurückgekommen. „Er ist," sagt Sumner, „sehr fähig und zuversichtlich. · Seine Unterhaltung hat großen Eindruck auf mich gemacht. Seine Worte sind Schmiedehammer-Schläge. Er wünscht bei mir die Rechte zu studiren." Bereits im Jahr 1834 wohnte er einer deutschen politischen Versammlung in New-York bei, in welcher er die Beschlüsse verfaßte. Diese Versammlung war, was hier besonders hervorzuheben, eine Oppositionsdemonstration gegen die Demokratie. Doch schon im Jahr 1835 oder 1836 schlug er sich zur letzteren Partei und verfaßte in deutscher Sprache eine Lebensbeschreibung von Martin Van Buren, der damals Kandidat für die Präsidentschaft gegen General Harrison war. Diese Lebensbeschreibungen von Kandidaten sind Wahldokumente, natürlich ohne allen geschichtlichen Werth, einseitige Lobpreisungen, um Stimmen zu werben. Die von Grund war in ihrer Art nicht übel, auf deutsche Sympathien berechnet und populär geschrieben. Auf Van Buren's deutsche Abkunft wurde natürlich großer Nachdruck gelegt; auch daß er den besten Kohl auf seinem Gute ziehe, war nicht vergessen. Van Buren wurde gewählt, und trat im März 1837 sein Amt an. Grund bewarb sich selbstverständlich um ein Konsulat. Sein Erscheinen um diese Zeit in Philadelphia, und sein Wunsch, zum Abgeordneten für die Pittsburger Konvention gewählt zu werden, sowie seine Kandidatur für die Präsidentschaft dieser Konvention, entsprang wohl dem Bestreben, sich bei dem Präsidenten als einen Mann von großem Einfluß unter den Deutschen geltend zu machen. Es gelang ihm auch, bald nach dem Schluß der Konvention, das Konsulat von Antwerpen zu erhalten. Es scheint aber, daß die Stelle nicht ausgiebig genug war, und er kehrte bald, unzufrieden mit dem Präsidenten, zurück.

In der Präsidentschafts-Kampagne von 1839—1840 hatte sich bei Grund ein Gesinnungswechsel vollzogen. Van Buren und Harrison waren wiederum die Kandidaten. Der Erfolg seiner Lebensbeschreibung von Van Buren in 1836 ermuthigte ihn auf dieser Bahn der Literatur fortzuschreiten, nur wurde diesmal Harrison auf den Schild erhoben und der Holländer Van Buren sammt seinen deutschen Krautköpfen in Kinderhook kam sehr schlecht dabei weg. Harrison, der von ihm im Jahr 1836 als ein unfähiger einfältiger General geschildert worden war, dem die Damen von Chilicothe einen rothen flanellenen Unterrock zum Lohn seiner Bravour (1814) zugeschickt hätten, galt hier jetzt als ein zweiter Blücher oder Wellington. Zu gleicher Zeit redigirte er im Interesse der Whigpartei, deren Kandidat Harrison war, eine englische Zeitung in Philadelphia, den „Standard", und eine deutsche, „Der Pennsylvanisch-Deutsche". Von Harrison, der aber bereits einen Monat, nachdem er die Präsidentschaft angetreten, starb, erhielt Grund im Jahr 1841 das Konsulat zu Bremen, kehrte aber schon im Jahr 1842 von dort zurück. Tyler, der Vize-Präsident, hatte sich indeß wieder der Demokratie zugewendet und auch Grund kehrte wieder zu seiner alten Liebe zurück und ging mit fliegender Fahne in das demokratische Lager über.

Die Deutschen haben nun einmal die altfränkische Idee, einen so häufigen Wechsel nicht lobenswerth zu finden, und man kann sagen, daß er seit 1840 seinen Einfluß unter der deutschen Bevölkerung gänzlich verloren hatte. Anders war es in amerikanischen Kreisen. Grund war ein durch und durch gebildeter und geistvoller Mann, und was ihm am Meisten half, er war nicht blöde, er war "bold", wie ihn Sumner richtig bezeichnet hatte. Politik als Handwerk, oder bei ihm möchte man wohl eher sagen, als eine freie Kunst, war seine Liebhaberei. Lange Jahre hindurch wohnte er jeden Winter den Kongreßsitzungen in Washington bei und korrespondirte mit großen Blättern in den östlichen Städten. Er war ein ständiger Korrespondent des zu Philadelphia erscheinenden „Ledger's". Es ist nicht zu viel gesagt, wenn wir ihn den Vater des journalistischen Sensationsstyl's in Amerika nennen, eines Styl's, der jetzt allerwärts so gang und gäbe ist, daß er sich hoffentlich bald überlebt haben wird. Er stand hinter den Koulissen, manchmal wenigstens, und wo es nicht der Fall war, gab er vor, dahinter zu stehen, was am Ende gleich für ihn war. Seine „Enthüllungen", seine auf „die besten Quellen gestützten Voraussagungen", seine Persiflage

bekannter Männer, reizten den Gaumen des großen Publikums, brachten
ihn aber auch in manche für ihn persönlich sehr unangenehme Kollisionen.
Er behauptete, der Schöpfer der Kandidatur von General Pierce
gewesen zu sein, indem er zuerst durch die Presse seinen Namen mit dieser
Stelle in Verbindung gebracht und in der Ernennungs-Konvention zu
Baltimore, 1852, seinen Einfluß mit Erfolg für ihn aufgeboten habe. Die
Wahl von Pierce scheint ihn trotzdem politisch nicht sehr befördert zu
haben. Mit großem Eifer, der vorhielt, stürzte er sich in den Wahlfeldzug
von 1856 für Buchanan, seinen speziellen pennsylvanischen Landsmann. Das deutsche Element hatte sich damals mit überwiegender Mehrheit der demokratischen Partei entfremdet, und stellte sich mit Enthusiasmus
unter das Banner von Fremont und der republikanischen Partei.
Grund, dem die Amerikaner immer noch großen Einfluß auf die Deutschen
zutrauten, wurde von den Führern der Demokraten jetzt sehr gesucht. Er
ließ sich bewegen, Rundreisen anzutreten, und bereiste unter den Auspicien
von Stephen A. Douglas, namentlich die westlichen Staaten,
ohne indessen dort wesentliche Erfolge zu erzielen.

Die Wahl Buchanan's (1856) verschaffte ihm das bedeutende Konsulat
zu Havre, welches er indeß naturgemäß im Jahr 1861, nachdem Lincoln
Präsident geworden war, verlor. Selbst in den ersten Jahren des Bürgerkrieges hielt er noch bei der demokratischen Partei aus und redigirte das
demokratische Blatt "Age" zu Philadelphia. Im September 1863 trat
aber eine plötzliche Wendung bei ihm ein, wir dürfen wohl annehmen, aus
lobenswerthen Motiven. Gegen Ende Septembers erschien er in der „Union
League", hielt dort eine feurige Rede und erklärte sich zum Anhänger der
republikanischen Partei. Dieser kühne Schritt scheint unter seinen früheren
Parteigenossen, denen er so manche Auszeichnung und so viele Vortheile
verdankt hatte, große Erbitterung hervorgerufen zu haben, deren Folgen
Grund jedenfalls überschätzte. Am 29. September war General Mc-
Clellan zufällig in Philadelphia eingetroffen. Die Demokraten brachten ihm ein Ständchen und der Zug bewegte sich unter großem Lärm durch
die Straße, in welcher Grund wohnte. Gerade an seinem Hause trat eine
Stockung ein und der Lärm verdoppelte sich. Grund, welcher die Ursache
dieser Prozession nicht wußte, glaubte in seiner lebhaften Einbildung, der
Spektakel gelte ihm und man wolle sein Haus stürmen. Durch eine Hinter-
thüre eilte er nach der nächsten Polizeistation und suchte athemlos um
Hülfe nach, weil man seine Wohnung bedrohe. Kaum hatte er diese Mel-
dung gemacht, so brach er zusammen, und ehe ärztliche Hülfe kam, war er
an einem Schlagfluß verschieden.

Grund war ein Mann von starkem gedrungenem Körperbau, zur Kor-
pulenz geneigt und den Tafelfreuden sehr ergeben. Er machte den Eindruck
eines sehr behäbigen gut gepflegten Welt-Priesters. Sein Unterhaltungs-

talent war sehr bedeutend, sein Witz schlagfertig. Auf der Volksbühne und dem "stump" erinnerte er sehr lebhaft an den Kapuziner in Wallensteins Lager, seine Beredtsamkeit an den berühmten Abraham à santa Clara, zumal sein Dialekt den Oesterreicher auf den ersten Augenblick verrieth. Fast dreißig Jahre mit der deutschen, noch mehr aber mit der amerikanischen Presse eng verknüpft und rastlos thätig, übte er eine große Wirkung in der hiesigen Politik aus. Journalisten vom Schlage Grund's entbehren oft bei allem Geist, bei aller raschen Auffassungsgabe, und selbst bei einer gewissen Vielseitigkeit, einer tiefen wissenschaftlichen Bildung. Aber hier machte doch Grund eine Ausnahme. Er hatte etwas Tüchtiges gelernt. Schon im Jahr 1833 als Professor in Cambridge und anderen Orten hatte er Lehrbücher geschrieben ("Algebraic Problems", "Elements of Astronomy", "Natural Philosophy", "Plain and Solid Geometry"). Ueber amerikanische Verhältnisse schrieb er "The Americans in their moral, social and political relations" (1837), unter dem Titel „Die Amerikaner", ebenfalls in Deutschland in demselben Jahre erschienen; ferner "Aristocracy in America" (1839), in Deutschland im gleichen Jahre unter dem Titel, „Die Aristokratie in Amerika, Aus dem Tagebuche eines deutschen Edelmannes", in Deutschland gedruckt; 1843 erschien von ihm in Deutschland, „Handbuch und Wegweiser für Auswanderer nach den Ver. Staaten". Im Jahr 1860 verfaßte er ein Buch: "Thoughts and reflections on the present position of Europe and its probable consequences to the United States".

Viel bedeutender hätte Grund's Einfluß sein können, viel länger hätte er in dem Andenken weiter Kreise und namentlich in der deutschen Bevölkerung fortgelebt, wenn seine Schwankungen in der Politik nicht fast stets mit Verbesserung seiner bürgerlichen Stellung begleitet gewesen wären. So aber erweckten seine politischen Wandlungen großes Mißtrauen. Die bedeutenden natürlichen Talente, die er besaß, die umfassenden Kenntnisse, die er sich erworben, glichen den Mangel an Charakter, den man ihm so häufig vorwarf, keineswegs aus.

Drittes Kapitel.

Pennsylvanien. — (Fortsetzung.)

Einführung der deutschen Sprache in den öffentlichen Verhandlungen. — Adresse an die Gesetzgebung von Pennsylvanien. — Druck der Botschaften der Gouverneure in deutscher Sprache in verschiedenen Staaten. — Die deutsche Sprache als Unterrichtsgegenstand in den Schulen. — Betheiligung der Deutschen an der Politik. — Deutsche Militär-Vereine. — Ernst Ludwig Koseritz. — Bildungs- und Gesang-Vereine. — Erstes deutsches Sängerfest. — Kunst und Wissenschaft. — Ferdinand Pettrich, Reinhold Friedländer. — Homöopathie. — Dr. Konstantin Hering. — Gesellschaften für Errichtung deutscher Ansiedlungen.— Gründung von Herrmann, Mo. — Andere Gründungen und Vereine.

Schon ehe die Pittsburger Konvention in's Leben trat, müssen wir einer Agitation erwähnen, welche in Pennsylvanien sich einige Jahre lang kund gab, um der deutschen Sprache in offiziellen Dokumenten Eingang zu verschaffen.

Am 30. November 1836 fand eine Versammlung der Deutschen von der Stadt und dem County Philadelphia statt, welche von zweitausend Deutschen besucht gewesen sein soll. Tobias Bühler, ein Mann, der uns häufig bei öffentlichen Gelegenheiten begegnet, war Vorsitzer. Er wird uns als ein einsichtsvoller, selbstgebildeter, würdiger und praktischer Bürger geschildert, der wegen seines bedeutenden Einflusses öfters als „Schwabenkönig" bezeichnet wurde; Dr. Wilhelm Schmöle war Sekretär. In den Reden und der Adresse, die an die Gesetzgebung von Pennsylvanien erlassen wurde, hob man hervor, daß Pennsylvanien durch die unermüdliche Ausdauer und den ächt germanischen Fleiß der Deutschen zur reichsten und schönsten Provinz der Vereinigten Staaten emporgehoben worden sei, und daß deshalb die Deutschen zu einer völligen Gleichstellung berechtigt seien. In beiden Sprachen sollten die (neu zu schaffende) Konstitution und Gesetze erlassen werden, um den wahren, regsamen und thätigen Bürgergeist der großen amerikanischen deutschen Bevölkerung zu beleben und zu erhöhen, allgemeinen Sinn für Kultur und Bildung zu verbreiten und so eine allseitige tüchtige bürgerliche Erziehung in's Leben zu rufen. Auch auf dem Lande fanden zahlreiche Versammlungen in gleichem Sinne statt, und namentlich wurde auf Unterricht auch der deutschen Sprache in den öffentlichen Schulen gedrungen. Wirklich beschloß auch die Gesetzgebung von Pennsylvanien in ihrer Sitzung von 1837, eine Anzahl der in jeder Sitzung erlassenen Gesetze in deutscher Sprache publiziren zu lassen.

Diese Bestrebungen beruhten indessen auf einer unrichtigen Beurtheilung der Sachlage. Die während einer Gesetzgebungsperiode erlassenen Gesetze sind meist nur privater Natur, mehr administrative Verordnungen, als wirklich allgemeine Gesetze, und was zu den letzteren gehört, kann gar nicht wohl verstanden werden, ohne Kenntniß aller vorher erlassenen Gesetze und des englischen gemeinen Rechts, welches nur durch einzelne Gesetze (Statuten) modifizirt oder abgeschafft wird. Nur Beamte und Rechtsgelehrte schaffen sich solche Statuten an, dem gewöhnlichen Bürger fällt es gar nicht ein, sich dieselben zu kaufen. Anfangs mochte wohl die Neuheit der Sache die Deutschen bewegen, sich Exemplare solcher Statuten in deutscher Sprache anzueignen, aber bald hörte dies auf, und wohl auch der Druck. Doch hatte diese Bewegung die Folge, daß in Pennsylvanien sowohl, sowie in mehreren anderen Staaten, es alsbald Sitte wurde, eine mehr oder weniger große Anzahl der Botschaften der Gouverneure in deutscher Sprache drucken zu lassen. Diese Dokumente enthalten in der Regel eine ganz interessante Darstellung des jedesmaligen finanziellen Zustandes des Staates, geben statistische Angaben über Bevölkerung, Kommunikationsmittel, öffentliche Anstalten und besprechen die gerade vorliegenden Fragen der Politik des Staates, oft auch der Vereinigten Staaten. Da stets eine Anzahl dieser Botschaften auf Beschluß der Gesetzgebung für den allgemeinen Gebrauch zum Druck beordert wird, so fanden es die Deutschen angemessen, da, wo sie einen bedeutenden Theil der Staatsbürger bildeten, Uebersetzungen zu verlangen. Mit der Ausbreituug der deutschen Presse indessen, welche alle wichtige Dokumente in ihre Spalten aufnahm, sowie auch die Verhandlungen des Kongresses, der Staatsgesetzgebung und der Gerichte wenigstens im Auszug brachte, verminderte sich allerwärts das Verlangen nach offiziellen Schriftstücken in deutscher Sprache.

Wichtiger war für das deutsche Element die Einführung des deutschen Unterrichts in den öffentlichen auf Gemeindekosten unterhaltenen Schulen, wo eine große deutsche Bevölkerung war. Wir werden finden, daß es in den verschiedenen Staaten große Anstrengungen kostete, um dies zu erreichen. In Pennsylvanien wurde auf starkes Drängen der Deutschen im Jahr 1837 schon ein Gesetz erlassen, wodurch verordnet wurde, daß in solchen Nachbarschaften, wo die Bürger es verlangen, deutsche Schulen unter dem allgemeinen Schulgesetze auf dieselbe Weise gegründet und unterhalten werden mögen, wie das mit englischen Schulen angeordnet ist. Es konnten demnach dort Schulen errichtet werden, worin auch die Unterrichtssprache nur die deutsche war. Soweit ging man in anderen Staaten nicht, in welchen man sich nur auf einen Unterricht der deutschen Sprache in den öffentlichen Schulen beschränkte.

Die alten deutschen Bewohner Pennsylvaniens hatten sich schon seit langen Jahren lebhaft an der Politik betheiligt. Ihre Zeitungen waren meist Parteizeitungen der entschiedensten Gattung. Vom Jahre 1836 an findet man auch eine lebhafte Betheiligung der neu eingewanderten deutschen Bevölkerung. In den Blättern begegnen wir häufig Anzeigen und Berichten von Parteiversammlungen von Deutschen. Die Kandidaten lassen ihre Wahlmanifeste in deutscher Uebersetzung erscheinen und betonen meist sehr eindringlich ihre Freundschaft für die Deutschen. Man sieht, man fing an mit dem deutschen Elemente zu rechnen. Deutsche Kandidaten waren indessen noch selten, nur in den Städten finden wir schon das Bestreben, die Gemeindeämter auch mit Deutschen zu besetzen. Im Jahre 1840 war das deutsche Votum schon eine Macht, nicht nur in Pennsylvanien, sondern in mehreren westlichen Staaten, namentlich in Ohio und Illinois. Die Kandidaten für die Präsidentschaft wurden gezwungen, ihre Ansichten über Naturalisationsgesetze zu veröffentlichen. In den Jahren 1844 und 1848 machten sich die Deutschen bereits durch Abgeordnete in den Nominationsversammlungen für Präsidenten, Gouverneure und andere hohe Beamte bedeutend geltend, natürlich mehr in der demokratischen als der Whigpartei, weil zur letzteren nur wenige gehörten. Nur deutsche Kaufleute und Fabrikherren waren hauptsächlich in derselben zu finden.

Eine andere sehr in die Oeffentlichkeit fallende Aeußerung deutschen Lebens war die Bildung deutscher Milizkompagnien nach dem Muster der amerikanischen. Auf dem Papier war zwar jeder großjährige Bürger milizpflichtig, aber eine wirkliche Organisation bestand fast in keinem Staate. Nur in den größeren Städten hatten sich uniformirte Kompagnien und Bataillone Freiwilliger gebildet, welche sich durch ein wirkliches Einreihen in die Miliz einige Vortheile erwarben. Der Staat lieferte die Waffen und sonstige Ausrüstung außer der Uniform. Die erste dieser deutschen Kompagnien wurde in New-York im Anfang des Jahres 1836 gebildet. Sie nahm den Namen Jefferson Garde an, und wurde zuerst von einem Kapitän Lassack, später Mitglied der Gesetzgebung von New York, kommandirt. In Philadelphia nahm die Sache noch einen größeren Aufschwung. Unter Kapitän Koseritz, bildete sich eine starke Kompagnie in demselben Jahre, unter dem Namen Washington Garde, der sich noch andere Kompagnien anschlossen, so daß sich bald ein stattliches Bataillon dieser Garde bildete. Die Fahnenüberreichung an die Washington Garde 1836, gab Gelegenheit zu einer großartigen Feierlichkeit, welche die ganze Bevölkerung Philadelphia's auf die Straßen brachte. Amerikanische Militärkompagnien betheiligten sich dabei und es soll das schönste militärische Schauspiel gewesen sein, was Philadelphia je vorher gesehen hatte. Ein Bankett, dem der

Präsident des höchsten Gerichts von Pennsylvanien, der berühmte Rechtsgelehrte und Richter Gibson, mehrere Richter und andere Beamte der Vereinigten Staaten und des Staates Pennsylvanien, so wie der Mayor der Stadt und die Generäle der Miliz, namentlich General Patterson, und viele andere bedeutende Männer beiwohnten, schloß die Feier. Der erste Toast war „Deutschland", wozu die Musik „Was ist des Deutschen Vaterland" spielte. Der zweite galt dem Präsidenten der Vereinigten Staaten, die anderen, Washington und Lafayette; andere Trinksprüche wurden „Polen", Kosciusko, Kalb, Steuben, Göthe, Schiller und Theodor Körner gebracht, sowie auch Franklin und Guttenberg. Daß es an Reden nicht fehlte, versteht sich von selbst. Diese Washington Garde war lange der Stolz der Bürger von Philadelphia, obgleich Kapitän Koseritz, der sich um ihre Einübung und Disciplin große Verdienste erworben hatte, sich bald aus Philadelphia entfernte.

Ernst Ludwig Koseritz, geboren 1805 zu Gaisburg, bei Stuttgart, war im Jahre 1833 Oberlieutenant im sechsten württembergischen Infanterie-Regimente, Garnison Ludwigsburg. Er war ein Mann von entschlossenem Charakter, großer Energie und schon von Jugend auf sich liberalen Ansichten hinneigend. Die Juli- und besonders die polnische Revolution hatten ihn auf das höchste erregt, und nach den reaktionären Bundestagbeschlüssen vom Juli 1832 war der Gedanke in ihm gereist, auf revolutionärem Wege für Deutschland eine republikanische Verfassung herbeizuführen. Er scheint durch seine geistige Kraft und einen persönlichen Magnetismus großen Einfluß auf seine Umgebung ausgeübt zu haben. Die aktenmäßige „Darlegung der Hauptresultate aus den wegen der revolutionären Komplotte der neuern Zeit in Deutschland geführten Untersuchungen, durch eine Kommission des deutschen Bundestags, veröffentlicht im Jahre 1838", Frankfurt am Main, in der Bundes-Präsidial-Druckerei, enthält über Koseritz's revolutionäre Umtriebe folgende Bemerkungen :

„Ganz gleichzeitig (mit den Verschwörungen in Frankfurt, Hessen und andern Orten) entstand auf einem andern Punkte Deutschlands ein gefährlicheres und folgenreicheres Komplott. Es war dies die im Sommer 1832 begonnene Militärverschwörung im Königreich Württemberg, deren Urheber der Oberlieutenant Ernst Ludwig Koseritz war. Die Ansichten, Gesinnungen und Bestrebungen der Faktion, die durch eine Revolution Deutschlands Einheit mit republikanischer Regierungsform herbeizuführen trachtete, theilte er. In seinem Garnisonsort Ludwigsburg stiftete er einen Klub, durch welchen er Offiziere und Bürger in politische Verbindung zu bringen suchte. Den Feldwebel Lehr sah er sich zum Gehülfen aus. Durch diesen gelang es ihm eine Anzahl gedienter und tüchtiger Unteroffiziere für sich zu gewinnen, die ihm versprachen, bei dem nahe geglaubten Volksaufstand die Fahne des Aufruhrs aufzustecken und sich der Volkspartei anzuschließen. Erleichterung des Abgabendrucks spiegelte er ihnen als Zweck vor, forderte sie auf, in der Stille vertraute Kameraden zu werben und bei dem Ausbruch die unter ihnen stehende Mannschaft den Aufrührern zuzuführen.

Der Sammelplatz, wo sie seine Befehle erwarten sollten, wurde ihnen bezeichnet, die Verräther mit dem Tode bedroht. Koseritz ging weiter, er theilte das Komplott Offizieren mit und stellte ihnen das nur von Einem derselben abgelehnte Ansinnen, in gleicher Weise auch in ihrem Regiment zu wirken und die Unteroffiziere zum Treubruch zu verleiten. Andere Offiziere ließen sich soweit von ihm bringen, unter Mißbrauch ihrer Dienstgewalt, durch Einfluß auf die verführten Unteroffiziere, diese in ihrer Untreue zu bestärken. Der auf Koseritz's Anstiften auch in Stuttgart gemachte Versuch zur Aufwiegelung der Unteroffiziere mißlang. Indeß erhielt er von Lehr Kunde, daß die Zahl der Meuterer, mit denen zugleich ihre Mannschaft gewonnen schien, fünfzig bis sechzig betrage, und er glaubte auf zweihundert Unteroffiziere von allen Waffengattungen rechnen zu können."

Später setzte sich Koseritz in Verbindung mit den Leitern der Bewegung in Frankfurt, Hessen, Baden, Rheinpfalz, welche bezweckten den Bundestag aufzuheben und eine provisorische Regierung zu bilden, welche letztere ein Parlament berufen sollte, um mit Umsturz der bestehenden Regierungen, eine einheitliche Regierungsform für Deutschland festzusetzen. Man darf hier nicht vergessen, daß der alte Gedanke, welcher in den zwanziger Jahren bei dem „Männerbunde" und in anderen revolutionären Kreisen vielfach aufgetaucht war, den König Wilhelm von Württemberg mit Umstürzung der andern Throne zum deutschen Kaiser zu erheben, keineswegs ausgestorben war, und gerade in der Zeit, von der hier die Rede ist, von neuem aufgefrischt wurde. Es ist wohl möglich, daß Koseritz, der sogar nach einer freilich unverbürgten Legende ein natürlicher Sohn oder Bruder des Königs gewesen sein soll, nicht ohne Rücksicht auf eine solche Eventualität handelte, und daß seine volle Begnadigung im Zusammenhang mit Geständnissen solcher Absichten stand.

Der Aufstand in Frankfurt hatte zuerst am 6. April stattfinden sollen, wurde aber, weil man Entdeckung fürchtete, schon auf den 3. anberaumt. Koseritz, der fest versprochen hatte am erst genannten Tage voranzugehen, Ludwigsburg zu besetzen, dann nach Stuttgart zu ziehen, um sich mit der dortigen Garnison zu vereinigen, und in Verbindung mit etwa fünfhundert Polen, die aus ihren Depots von Besançon und Avignon bereits aufgebrochen waren und an der deutschen Grenze standen, nach Baden und der Rheinpfalz zu ziehen, wurde zeitig von der Veränderung der Zeit des Ausbruchs benachrichtigt. Gerade um halb zehn Uhr Abends des dritten Aprils, als in Frankfurt die Sturmglocken ertönten, erhielt er durch einen Eilboten noch einen offenen Zettel, gezeichnet von einem der Hauptführer des Frankfurter Aufstandes, dem Advokaten Karl Franz Gärth, folgenden Inhalts: „Lieber Koseritz — Wort gehalten — Losgeschlagen unter jeder Bedingung!" Aber es war Koseritz unmöglich gewesen, den Ausbruch zu beschleunigen. Seine Pläne waren sehr komplizirt und genau auf den sechsten berechnet. Daß er fest entschlossen war, zur bestimmten Zeit loszuschlagen, nehmen die Akten an.

Aber schon am 5. war die Nachricht vom Mißlingen des Frankfurter Attentats eingetroffen. Einige Tage darauf wurde Koseritz verhaftet und nach einer Untersuchung, die fast zwei Jahre dauerte, mit Feldwebel Lehr zum Tode verurtheilt. Auf dem Richtplatz angekommen und nachdem das Exekutionskommando schon das Gewehr auf ihn angeschlagen hatte, und er mit der größten Kaltblütigkeit dem Tod in's Auge sah, wurde ihm die Gnade des Königs verkündet. Auch an Lehr wurde nun das Urtheil nicht vollstreckt, und Beide mußten sich nur verbindlich machen, Europa zu verlassen. (Siehe Anhang No. 3).

Es stellte sich später heraus, daß Koseritz freiwillig beim Könige sich gemeldet und Enthüllungen gemacht hatte, um für sich Milderung des Urtheils zu erhalten. Man warf ihm von Seiten einiger Flüchtlinge, die hier bereits ein Asyl gefunden hatten, geradezu Verrath vor. Ohnehin hatte er, wie ja das so häufig bei diesen Militär-Kompagnien der Fall ist, schon Zerwürfnisse mit den Mitgliedern gehabt, und die stets erneuten Vorwürfe schmählicher Verrätherei machten seine Stellung unhaltbar. Er soll sich nach Florida begeben, dort wahrscheinlich in der Armee, welche gegen die Seminolen focht, Dienste genommen haben und in New Orleans gestorben sein. Später hat man von ihm nie wieder gehört. Es ist sehr möglich, daß er in diesem Kampfe den Tod fand entweder durch die Kugeln des Feindes oder das tödtliche Klima der Sumpfgegenden, in denen die Indianer sich festgesetzt hatten.

Wenn indeß auch Koseritz freiwillig und bereits ehe er verhaftet wurde, Geständnisse gemacht hat, so folgt daraus noch nicht, daß er zum Verräther wurde. Er war viel zu gescheidt, um nicht überzeugt zu sein, daß nach dem Mißlingen des Attentats und der Verhaftung so vieler Betheiligten, seine Verschwörung kein Geheimniß bleiben konnte. Ein Anerbieten, Geständnisse zu machen unter dem Versprechen, gegen ihn und seine Mitschuldigen Milde zu üben, und das soll selbst nach den offiziellen Blättern der Fall gewesen sein, konnte ihm und ihnen nur nützen, und wirklich fielen die Endurtheile im Vergleich mit Urtheilen in andern Staaten, z. B. Preußen, wo man mehr als dreißig Studenten, welche nichts verbrochen hatten, als daß sie Mitglieder der Burschenschaft gewesen waren, ohne an irgend einem Akt der Gewalt Theil zu nehmen, zum Tode verurtheilte und dann zu lebenslänglicher Festungsstrafe begnadigte, äußerst mild aus. Elf Unteroffiziere wurden zu Festungsstrafen verurtheilt, von denen die schärfste fünf Jahre war. Zwei Oberlieutenants und drei Unterlieutenants hatten ebenfalls nur mehrjährige Festungsstrafe zu erleiden, keiner über vier Jahre.

Im Jahre 1837 bildete sich unter Kapitän F. Dithmar eine Jäger-Kompagnie, wozu im Jahre 1841 noch eine Uhlanen- und eine

Artillerie-Kompagnie kamen. Das deutsche Wesen machte sich jedoch zur Zeit in Philadelphia auf viel fruchtbarerem Felde geltend.

Aus einem im Jahre 1835 gestifteten Bildungs-Verein, dessen erster Präsident J. G. Wesselhöft und erster Sekretär Wilhelm Schmöle waren, und der aus Kaufleuten, Aerzten und gebildeten Handwerkern bestand und dessen Zweck bildende Unterhaltung durch freie Vorträge, Deklamationen und Diskussionen war, entwickelte sich rasch, da man nach deutscher Weise auch dem Gesang huldigte, der „Deutsche Männerchor", dem sich bald ein Damenkorps zugesellte. Unter der Leitung des tüchtigen Gesanglehrers und Musikers P. M. Wolsieffer, erreichte derselbe eine sehr hohe Blüthe. Seine Konzerte erfreuten sich des lebhaftesten Beifalls, wurden von Leuten aus den ersten Kreisen der Stadt besucht und fanden anderwärts Nachahmung. So wurden in Bethlehem, Nazareth und Allentown im Jahr 1839 allgemein sehr günstig beurtheilte Aufführungen von Haydn's „Schöpfung" veranstaltet. Alsbald bildeten sich ähnliche Vereine unter der amerikanischen Bevölkerung, von denen die meisten ebenfalls von Wolsieffer geleitet wurden. In Chambersburg und Pittsburg erstanden ebenfalls Singvereine, sowie in mehreren kleineren Städten Pennsylvaniens. Unter verschiedenen Namen bestehen diese Vereine bis auf den heutigen Tag, vermehrt durch viele neue.

Natürlich dauerte es nicht lange, bis auch in New York, Baltimore, Cincinnati, St. Louis und in allen Städten und Städtchen, wo nur immer Deutsche in einiger Anzahl wohnten, Singvereine und Liederkränze entstanden, und schon im Jahre 1846 fand zu Philadelphia ein wohlbesuchtes und mit großem Enthusiasmus abgehaltenes deutsches Sängerfest statt.

Ein reges geistiges Leben zeigte sich zu dieser Zeit allerwärts unter den Deutschen. Die Buchhandlungen von Kiderlen und Stollmeyer, und von Wesselhöft, welch' Letzterer Zweiggeschäfte in Baltimore, New York, Cincinnati, selbst in New Orleans und Charleston gegründet hatte, versahen das Publikum mit den neuesten und besten Erzeugnissen der deutschen Litteratur. Ein tüchtiges lithographisches Institut blühte in Philadelphia auf. Höhere deutsche Privatschulen wurden gegründet, wissenschaftliche Vorlesungen gehalten und selbst die bildenden Künste fanden würdige Vertreter. Unter den letzteren verdient Ferdinand Pettrich vor Allen hervorgehoben zu werden. Zu Dresden geboren, widmete er sich der Bildhauerkunst, wurde in Rom ein Schüler und, wie versichert wird, Gehülfe von Thorwaldsen. Sein Aufenthalt in Rom soll achtzehn Jahre gedauert haben. Er wurde dann Professor der Bildhauerkunst unter König Otto zu Athen, ließ sich aber in der Mitte der dreißiger Jahre in Philadelphia nieder. Einige Grabdenkmale, die noch jetzt den wunderschönen „Laurel Hill" Kirchhof von Philadelphia zieren, machten ihm bald einen Namen. Ein wohl schon von ihm in Rom gearbeitetes Fischermädchen erregte die Bewunderung der Kenner. Ein halbliegendes junges Mädchen, zu dessen Füßen ein Amor saß, dessen Flügel gestutzt waren, und deren Pfeil zerbrochen vor ihm lag, leider nur in Thon ausgeführt, war eine reizende Gruppe. In der Akademie der schönen Künste zu Philadelphia befand sich bis zum Jahre 1844, wo ein Brand die Halle zerstörte, ein ganz vortrefflicher Mephistopheles von ihm. Er bekam bald einen Ruf nach Washington, und wurde beauftragt die Reliefs für das Piedestal der großen Washington Statue von Greenough, vier Perioden aus der Geschichte der Vereinigten Staaten vorstellend, auszuarbeiten. Sie wurden indessen nicht ausgeführt, sondern nur in Thon von ihm gemodelt. Die gehörigen Bewilligungen wurden vom Kongreß nicht gemacht, und während die Sache ins Stocken kam, wurde, wie man allgemein vermuthet, von einem italienischen Rivalen ein Mordanfall auf ihn versucht, der ihn an den Rand des Grabes brachte. Präsident Tyler, dessen Liebe und Achtung Pettrich sich erworben, nahm ihn in sein Haus auf, und dessen Familie pflegte ihn Monate lang mit der größten Sorgfalt. Seine sehr zahlreiche Familie lebte während dem in Philadelphia in der bittersten Noth.

Es bildete sich eine Gesellschaft in Washington, welche im Sinn hatte durch ihn eine kolossale Reiter-Statue von Washington auf dem „Independence Square" ausführen zu lassen. Aber die Summe von $50,000, die sie kosten sollte, kam nicht zusammen. Er arbeitete dann ein Modell für ein weniger kostspieliges aus, aber auch hierzu kamen die Mittel nicht zu Stande. Er fühlte sich enttäuscht. Nach einigen Nachrichten soll er durch Hülfe von Philadelphier Freunden nach Brasilien gereist und dort als Hof-Bildhauer eine seinem Genie und ächten Künstlerstolz entsprechende Stellung gefunden haben. Glaubwürdig wird indessen versichert, daß er schon im Jahre 1845 nach Rom zurückgekehrt gewesen sei und unter der päpstlichen Regierung Bildhauerarbeiten für Kirchen lieferte.

Dem brennenden Ehrgeiz, der ihn hier beseelte, scheint er dort entsagt zu haben. Wie Jansen in Heyse's „Im Paradies", fand er, daß die dem heiligsten Künstler-Enthusiasmus entsprungenen Bachantinnen und kolossalen Gruppen der ersten Eltern der Menschheit, Leib und Seele nicht so gut zusammen hielten, als bekränzte Kreuze und Statuetten von Heiligen zum Schmuck von Kapellen und Boudoirs bestimmt. Im Umgang konnte er sehr liebenswürdig sein. Bei aller Beweglichkeit und künstlerischem Feuer hatte er eine ächt sächsische Gemüthlichkeit und der Verfasser erinnert sich mit großem Vergnügen der angenehmen Stunden, die er in Pettrich's Atelier zubrachte.

Große Verdienste erwarb sich um Philadelphia **Julius Reinhold Friedländer**, aus Berlin. Er hatte sich in Deutschland mit dem Unterricht der Blinden vertraut gemacht, eröffnete im Jahr 1834 das erste

Blinden-Institut in Philadelphia mit nur vier Zöglingen. Bald aber machte seine ausgezeichnete Fähigkeit die Anstalt zu einer umfassenden. Sie wurde von Privaten reichlich unterstützt und schon in einigen Jahren in ein Staats-Institut umgewandelt. Es wurde unter seiner vortrefflichen Leitung zu einer Musteranstalt für die ganzen Vereinigten Staaten. Friebländer war ein Mann von Geist und umfassender Bildung, aber sein größter Vorzug war, daß er sich die Liebe und Anhänglichkeit seiner Pflichtbefohlenen in kürzester Zeit zu erwerben wußte. Unter der amerikanischen Bevölkerung genoß er die höchste Achtung und als er schon im Jahre 1840 starb, kaum achtunddreißig Jahre alt, wurde sein Verlust tief beklagt.

Um dieselbe Zeit wie Friebländer, ließ sich auch Dr. Konstantin Hering in Philadelphia nieder. Konstantin Hering wurde am 1. Januar 1800 in Oschatz geboren, studirte in Leipzig und Würzburg Medizin, erlangte den Doktorgrad 1826. Unter den Auspizien der sächsischen Regierung ging er nach Surinam zu naturwissenschaftlichen Forschungen, brachte dort sechs Jahre zu und schickte 1830 höchst werthvolle Sammlungen von Pflanzen und Thieren an die "Academy of Sciences" in Philadelphia, deren Mitglied er wurde. Er siedelte sich 1832 in Pennsylvanien an. Hering hat stets für politischen Fortschritt, für Wissenschaft, Kunst und Literatur die wärmste Theilnahme bezeugt. Zahlreiche deutsche Künstler und Gelehrte fanden bei ihm gastliche Aufnahme. Dem alten Vaterlande wahrte er ein treues Herz. Im Jahre 1861 erschien von ihm eine kleine Schrift im Drucke, unter dem Titel: „Die natürliche Grenze. Ein Gedanke für Deutschland", worin er mit prophetischen Blicken die Rückkehr von Elsaß und Lothringen als eine geschichtliche Nothwendigkeit voraussagte. — Er war der Vater der Homöopathie in den Vereinigten Staaten. „Die Verbreitung der neuen Lehre", berichtet uns ein kompetenter Beurtheiler, „war so rasch, daß schon im Jahre 1836 ein Homöopathisches Lehrinstitut in Allentown von ihm begründet und mehrere Jahre mit Erfolg durchgeführt werden konnte". Hering war Präsident dieser Universität und publizirte alsbald mehrere Schriften in englischer und deutscher Sprache, durch welche er der Hahnemann'schen Lehre Eingang verschaffte. Sein „Homöopathischer Hausarzt" erlebte in beiden Sprachen viele Auflagen. (Siehe Anhang No. 4.) Nachdem später in Philadelphia und andern Städten größere homöopathische Schulen gegründet wurden, kehrte Hering nach Philadelphia zurück und widmete sich der Praxis mit großem Glück.

Dr. Joseph H. Pulte trug dann die Homöopathie nach dem Westen, die Doktoren Hoffendahl und Wesselhöft nach Boston, und ganz New England. Amerika war ein fruchtbares Feld für die neue Lehre. Im Anfang etwas mißtrauisch als eine exklusiv deutsche Erfinbung aufgenommen, wurde sie gerade rascher unter den Amerikanern, namentlich in den östlichen Staaten beliebt, als unter den Deutschen.

Dr. Hering war übrigens ein Mann, der sich nicht ausschließlich in seiner Wissenschaft vergrub. Wir sehen ihn bei vielen Gelegenheiten, namentlich wenn es sich um gemeinnützige Dinge handelte, öffentlich auftreten, und auch an allen politischen Ereignissen lebhaft Antheil nehmen. Bei einem Gastmahl, welches die Deutschen von Philadelphia dem berühmten Geschichtsschreiber Friedrich von Raumer im Jahre 1844 zu Ehren gaben, hielt Dr. Hering die Festrede, welche vom Gaste herzlich erwiedert wurde. Bei aller Anerkennung, welche Raumer Amerika zollte, benutzte er doch die Gelegenheit, auf die Fortschritte Deutschlands, besonders Preußens, aufmerksam zu machen und für die noch dort herrschende Unfreiheit, die ungünstigen Verhältnisse, so verschieden von denen Amerikas, verantwortlich zu halten. Sein etwas konservativer Trinkspruch lautete: „Es möge wachsen, grünen, blühen und Früchte tragen in Deutschland und den Vereinigten Staaten, die wahre Freiheit, welche immer mit Gesetz und Ordnung Hand in Hand geht, und die wahre Wissenschaft, welche nie der ächten Religion und Sittlichkeit widerspricht". Nachdem der Champagner „das Blut erst im Kreise" getrieben hatte, wurden die Toaste lebhafter und der ehrwürdige Herr ließ die pennsylvanischen Frauen und Mädchen hochleben, „die unsere schöne Muttersprache reden".

Die Pläne, in den Vereinigten Staaten deutsche Kolonien, selbst Staaten zu gründen, waren früher von Deutschland selbst ausgegangen und dort ausgearbeitet worden. In Mitte der dreißiger Jahre aber tauchten ähnliche Pläne hier im Lande selbst auf. Von New York ausgehend, fand der Gedanke solcher Ansiedlungen lebhaften Anklang in Philadelphia. In einer provisorischen Versammlung am 9. August 1836 im Penn Hotel, der Dr. Wilhelm Schmöle präsidirte, war ein Kommittee mit Ausarbeitung eines Programms der Unternehmung beauftragt worden. In einer spätern Versammlung wurde dasselbe debattirt, eine Konstitution angenommen und ein' Vorstand erwählt. Präsident wurde Julius Leupold, Mitglied einer der bedeutendsten kaufmännischen Firmen, Hageborn, Leupold und Kompagnie, Vice-Präsident, W. Schmöle, und Sekretäre J. G. Wesselhöft und Fr. Lübeking; Schatzmeister, Dr. Möhring. Der Verwaltungsrath der Gesellschaft bestand aus 9 Mitgliedern, unter denen sich die Herren G. L. Biereck, A. Schmidt, Dr. Wohlien, W. Leupold und W. L. J. Kiberlen befanden. Zu Deputirten, d. h. Männern, welche für die neue Kolonie die beste Lokalität aussuchen sollten, wurden L. von Fehrentheil, L. G. Ritter und J. L. K. Gebhart ernannt. Die Gesellschaft war ein Aktienunternehmen. Als Zweck der

Ansiedlung wurde hervorgehoben, „Einigung der Deutschen in Nordamerika, und dadurch Begründung eines neuen deutschen Vaterlandes". — Begeistert rief einer der Redner bei der Sitzung der Versammlung, welche die Konstitution annahm, aus: „Ja, wahrlich, deutsche Brüder, wenn je etwas Großes und Glänzendes für die deutsche Nation in diesem Freiheitslande entstehen soll, so muß es diese Gesellschaft werden".

Es war nur natürlich, daß trotz aller Anstrengung, trotz Hunderten von Proklamationen und Anzeigen, trotz einer guten finanziellen Leitung (die Aktien fanden rasche Abnahme), trotzdem, daß die meisten der Männer welche an der Spitze dieser Gründung standen sehr achtbar waren, doch nur ein ganz bescheidener Theil der Hoffnungen und Wünsche, die man zuerst gefaßt, in Erfüllung ging. Einer der enthusiastischsten und thätigsten Freunde des Unternehmens äußerte sich in späteren Jahren darüber in folgender Weise: „Die Gesellschaft hatte, wie die meisten deutschen Vereine, manche Anfechtung zu bestehen, doch fand sie unter der Mehrzahl der deutschen Bewohner immer größeren Anklang und viele Mitglieder. Später wurden, wie bekannt, über 12,000 Acker in Gasconade County, Missouri, gekauft und am Missouri Fluß die Stadt Herrmann gegründet. Das nicht zur Stadt bestimmte Land wurde in Farmen ausgelegt und mit Zuziehung der Vermessungs- und anderer Kosten für einen billigen Preis verkauft, so daß jetzt, soviel mir bekannt, kulturfähiges Land aus der ersten Hand von der Gesellschaft nicht mehr zu haben ist. Aus der Wildniß sind schöne Farmen geschaffen und fast ausschließlich von Deutschen besiedelt. Einige kamen noch im Herbst 1837, eine größere Anzahl aber erst im Jahre 1838. — — — Was man bei der Gründung der „Deutschen Ansiedlungsgesellschaft" mit der Zeit zu realisiren hoffte, ist nur zum Theil ausgeführt worden. Wenn gleich Vieles, was die Gründer beabsichtigten, und wofür sie uneigennützig gestrebt und gearbeitet haben, nicht in's Leben getreten ist, so haben doch viele Deutsche in einer gesunden und hübschen Gegend eine trauliche Heimath gefunden und für Schulen und deutsche Geselligkeit manches gethan".*)

Im Jahre 1841 bildete sich zuerst unter der Leitung des sehr talentvollen freidenkerischen Geistlichen Heinrich Ginal ein sogenannter Beglückungsverein in Philadelphia, aus dem sich später der Gewerbverein entwickelte. Dieser Verein beruhte auf einem gemäßigten Kommunismus. Jeder war nach seiner Arbeit zu bezahlen und erhielt dafür Anweisungen auf alle Lebensbedürfnisse. Bald bestand die Gesellschaft aus 300 Mitgliedern. Eine große Strecke unkultivirten Landes wurde in McKean County, Pennsylvanien, angekauft, die Ansiedlung selbst Teutonia benannt. Ein Städtchen wurde ausgelegt,

---

*) Aus Wesselhöft's Autobiographie, Manuskript.

Ginalsburg. Die Einlage belief sich auf $200 für Erwachsene und Arbeitsfähige, für Personen in höherem Alter von $300 bis $400; und wirklich hatte man 1842 ein Kapital von mehr als $20,000 beisammen, von dem indessen $6,500, als theilweiser Preis für das Land, 30,000 Acker, verwendet wurden. Heinrich Schweizer war Präsident, Joseph Ram Sekretär und Johann Lago Schatzmeister. Die Arbeit wurde jedem durch Abstimmung der Gewerbsgenossen zugetheilt. Frauen und Minderjährige wurden Mitglieder durch die Erwählung des Mannes und Vaters. Die Küche war gemeinschaftlich, Essen wurde zweimal vertheilt. Die Gemeinde nahm indessen nur langsam zu. Sie zählte im Jahre 1843 erst etwa 400 Mitglieder und löste sich schon bald darnach wieder auf. Im Ganzen war die Rapp'sche Gemeinde zum Vorbild genommen worden. Aber es fehlte eben am Propheten. Der Glaube kann Berge versetzen, aber gerade am Glauben fehlte es dem von Ginal gestifteten Verein am allermeisten. Ein ähnlicher Verein, Kultur- und Gewerbeverein, wurde ebenfalls in Pennsylvanien gegründet, doch sollte nur im Anfang gemeinschaftlich angekauft und gehaust, später aber getheilt werden. Der Verein kaufte 36,000 Acker Land im nördlichen Virginien oder machte doch wenigstens einen Kontrakt für den Ankauf. Das Schicksal dieses Vereins, sowie der von zwei oder drei andern in Pennsylvanien und den umliegenden Staaten ist uns unbekannt geblieben; wir dürfen aber annehmen, daß dieselben baldiger Auflösung verfielen, allerdings mit Zurücklassung deutscher Ansiedlungen hier oder dort.

Am 20. Juni 1843 wurde zu Philadelphia eine „Deutsche Einwanderungsgesellschaft" gegründet, welche es sich hauptsächlich zum Zweck stellte, Neuangekommenen mit Rath und That beizustehen, ihnen Rechtsschutz zu gewähren und für ihre künftige Versorgung sich zu bemühen. Dieser Verein konkurrirte mit der „Deutschen Gesellschaft" und brachte auch in diese wieder neues Leben und neuen Eifer. Diese Einwanderungsgesellschaft errichtete ein allgemeines Nachweisungsbureau, mit permanenten Beamten, ähnlich wie solche bereits in New York und anderen Städten bestanden. Besonders thätig dabei waren die Herren Bühler, N. Kuhlenkamp, Franz J. Grund, L. A. Wollenweber, August Kraft, Dithmer, Schele de Vere, und Wiedersheim. Der Agent dieser Gesellschaft war Lorenz Herbert, ein Mann der das Herz auf dem rechten Flecke hatte, und der für alle gemeinnützigen Bestrebungen, besonders deutsche, stets mit dem größten Eifer wirkte.

Daß außer diesen besprochenen Gesellschaften und Vereinen in Philadelphia, Pittsburg, Harrisburg und allen größeren Städten Pennsylvaniens sich noch unzählige andere gesellige und bildende Vereine während der drei Jahrzehnte, die wir besprechen, wie Freimaurer- und Odd Fellows-

Logen, Gesang- und Theatervereine bildeten, versteht sich bei dem Hang der Deutschen zur Geselligkeit wohl von selbst, ebenso, daß die Art und Weise, wie sich diese Geselligkeit äußerte, nicht verfehlen konnte, auf die übrige Bevölkerung allmählig ihre Wirkung auzuüben. Wo nur immer die Deutschen in größerer Anzahl sich festsetzten, erfolgte ein Umschwung in den Anschauungen nicht blos des geselligen Lebens, sondern der Dinge überhaupt, die nur der zu würdigen vermag, der vier oder fünf Jahrzehnte Gelegenheit hatte, unser Volk zu beobachten.

Viertes Kapitel.

Pennsylvanien. — (Schluß.)

Wilhelm Schmöle. — Sympathie mit Deutschland. — Guttenbergsfest in 1840. — Dr. Georg Friedrich Seidenstickers Ankunft in den Vereinigten Staaten. — Sein Leben. — Theilnahme an den Ereignissen von 1848. — Heckers Ankunft. — Emanuel Leutze. — Friedrich List. — Heinrich Ginal. — Dr. Philipp Schaff. — Friedrich August Rauch. — Isaak Leeser. — Katholische Bestrebungen. — Demetrius Augustin Gallitzin. — Bischof Johann Nepomuk Neumann. — Deutscher Handel und Industrie. — Wilhelm Horstmann. — Franz Martin Drexel. — Dr. Oswald Seidensticker.

Unter den Männern, welche in dieser Zeit sich durch lebhafte Theilnahme am öffentlichen Leben und durch Einfluß auf ihre engere und weitere Umgebung im Staate Pennsylvanien bemerkbar machten, darf man wohl mit Recht Wilhelm Schmöle nennen. Westphalen war sein engeres Vaterland. Von der Schule zu Plattenberg bezog er in seinem vierzehnten Jahre, 1825, die Rektoratsschule zu Arnsberg, machte darauf in rascher Folge seine Gymnasialstudien und bezog die Universität Marburg, wo er von 1831 bis 1833 verblieb, um gleich darauf nach den Vereinigten Staaten auszuwandern. Was ihn zur Auswanderung bewog, ist ungewiß. Wir finden ihn zuerst in dem romantischen Wilkesbarre, und zwar als Redakteur und Herausgeber des "Susquehanna Democrat" und der „Allgemeinen Staatszeitung", beides demokratische Blätter, welche auf die Wahlen bedeutend einwirkten. Im Jahre 1835 siedelte er nach Philadelphia über, um sich der medicinischen Praxis zu widmen. Unter Modifikationen nahm er die homöopathische Behandlungsweise an. Seine Wirksamkeit dort als Stifter des „Bildungsvereins", Mitbegründer der „Deutschen Ansiedlungsgesellschaft", lebhafter Theilnehmer und Sekretär der verschiedenen zu Pittsburg und Philippsburg gehaltenen deutschen Konventionen haben wir schon berührt und werden ihn auch später bei mehreren interessanten Gelegenheiten zu erwähnen haben. Im Jahre 1843 machte er mit seiner Frau und seinen Kindern eine Reise nach Europa. Er hielt sich dort drei Jahre auf und besuchte mehrere Universitäten Deutschlands und der Schweiz, sowie auch Paris, sich dem Studium medizinischer und naturhistorischer Wissenschaften widmend. Im Jahre 1846 nach Philadelphia zurückgekehrt, publizirte er mehrere medizinische Schriften, deren Verdienste durch das Doktordiplom der medizinischen, sowie der philosophischen Fakultät der Universität Königsberg anerkannt wurden. Trotz seiner ärztlichen Beschäftigung betheiligte er sich an anderen gemeinnützigen Bestrebungen; namentlich verdankt man ihm die Gründung des ersten Bauvereins in Philadelphia, der unter dem Namen „Amerikanischer Darlehen und Bauverein" der Vater unzähliger Vereine dieser Art geworden ist. Auch regte er schon im Jahre 1851 die Herstellung von Parks für große Städte an und empfahl namentlich für Philadelphia die Anlage des wunderschönen und jetzt so berühmten „Fairmount Park". Vereint mit seinem Bruder und seinem Freunde Wolsieffer wurde er Gründer der deutschen Kolonie Egg Harbor City, New Jersey. Im Jahre 1866 publizirte er einen "Essay on the cause, diffusion, localisation, prevention and cure of the Asiatic cholera and other epidemic diseases". Mit praktischem Verstand und einem sehr in der Wirklichkeit wurzelnden Geschäftssinn, verbindet Dr. Schmöle, was so selten ist, einen nicht geringen Grad von Idealismus. Eine wohlthuende Bonhommie ist über sein Wesen ausgegossen, und seine Urtheile über Andere zeugen stets von Wohlwollen und Milde. Eine natürliche Beredtsamkeit erhöhte bei allen öffentlichen Gegelenheiten den Einfluß, den ihm sein liebenswürdiger Charakter schon ohnehin gab.*)

Deutschland in seinem bundesnächtlichen Schlummer von den Freiheitskriegen bis zur Julirevolution, konnte den Deutschen in Amerika wenige Anknüpfungspunkte bieten. Erst das neue politische Leben, welches durch die Ereignisse in Frankreich, Belgien und Polen, auch in Deutschland erweckt wurde, und das trotz der bald darauf wieder eintretenden Reaction zwar verkümmert, aber nie wieder ganz unterdrückt wurde, lenkte das Interesse der Eingewanderten wieder auf das alte Vaterland zurück. Die vielen politischen Flüchtlinge, welche die dreißiger Jahre brachten, unterhielten ohnehin schon eine lebhafte Verbindung mit dem Lande, das sie verbannt hatte. Trotz der Sorge um die eigene Existenz und der

---

*) Dr. Schmöle, der sich zur Zeit in Deutschland aufhält, hat dort vor Kurzem ein medizinisches Werkchen unter dem Titel „Makrobiotik und Eubanik" (Kunst des Gehens), erscheinen lassen. Bonn: 1879.

Aufmerksamkeit welche man dem neuen Vaterlande mit Recht zuwandte, finden wir von jetzt an allerwärts eine lebhafte Theilnahme der hiesigen Deutschen an allen deutschen Ereignissen, und ein Bestreben, auch nach außen hin zu zeigen, daß man sein Vaterland und dessen Vorzüge nicht vergessen habe. Eine Gelegenheit für die Darlegung solcher Sympathien gab das Guttenbergfest, welches bekanntlich in Deutschland am 24. Juni 1840 zur Erinnerung an die Erfindung der Buchdruckerkunst allgemein gefeiert wurde.

In Philadelphia hatte man schon lange vor dem Tage der Feier die passendsten und umfassendsten Anstalten für dieselbe getroffen. Wilhelm Schmöle war Präsident, Karl Schwarz, Sekretär des Anordnungskommittees. Vom Sammelplatz aus zogen in unabsehbaren Reihen die Theilnehmer des Festes nach dem Unabhängigkeits-Park (Independence Square), auf welchem sich die Hauptorganisation zum Zug durch die Stadt vollzog. Major Daniel M. Keim, aus der alten deutschen Familie der Keims, war Hauptführer. Zwölf andere Führer hielten den Zug in Ordnung. Eine Kompagnie deutscher Uhlanen eröffnete den Zug, dem eine Artillerie-Kompagnie und das Bataillon der deutschen Washington Garde folgte. Ein großes Musikchor zog dem Anordnungskommittee voraus, dem die Buchdrucker und Schriftsetzer in schön geordnetem Zuge folgten mit einer prachtvollen Fahne, auf deren einer Seite Guttenbergs Bildniß und eine Presse, auf der andern das amerikanische Wappen sich befanden. Es folgte dann wieder eine deutsche Militär-Kompagnie in Civil, darauf ein von sechs weißen Pferden gezogener Wagen mit einer Presse, auf welcher deutsche und englische Lieder gedruckt und unter die Menge geworfen wurden. Darauf kam der deutsche Männerchor in seiner ganzen Stärke unter Vorantragung der schwarz-roth-goldenen Fahne und verschiedene deutsche Logen und Handwerksgesellschaften, so wie zahlreiche Bürger, die keiner Gesellschaft angehörten, beschlossen den mächtigen Zug. Viele Häuser der Stadt waren den Tag über mit Kränzen und Fahnen geschmückt.

Auf einem sehr schön gelegenen Platze außerhalb der Stadt, bei Gray's Fähre am Schuylkill, der schon vorher von Tausenden besetzt war, waren Redner-Tribünen aufgerichtet. Der erste Trinkspruch galt natürlich der edlen Kunst, deren Erfindung man hier feierte, der zweite dem Johannes Guttenberg, der dritte „Deutschland, dem Vaterland der größten Erfindungen, welche die Welt civilisirt haben, der Pflegschule aller Künste und Wissenschaften, der Heimath häuslicher Tugenden." — Man sieht, es fehlte nicht an deutschem Stolze, schon zu dieser Zeit. Ein anderer Toast galt „der Presse der Vereinigten Staaten, der einzigen freien Presse der Welt". Dieser Toast wurde von dem Redakteur der "Saturday News" in einer ausgezeichneten Rede beantwortet. Die übrigen Reden des Tages hielten

Major Keim, Franz Jof. Grund, Richter Konrad, Alderman Morton M'Michael, in englischer, die Herren Ginal, Wesselhöft, Schmöle und Professor Minnigerode, dessen Rede als ganz besonders tiefgefühlt und herzergreifend in der Festbeschreibung geschildert wird in der deutschen Sprache. Das Fest machte einen tiefen Eindruck und wurde von der englischen Presse auf das höchste gepriesen.

In Richmond, in Cincinnati und in Canton, Ohio, vielleicht noch an andern Orten, wurde das Fest ebenfalls begangen, d. h. nur von deutscher Seite, denn, außer wo sie sich an die Deutschen anschlossen nahmen die Amerikaner keine Notiz von der Guttenberg-Feier.

Wir wollen hier einschalten, daß in demselben Jahre die Cirkulation der „Alten und Neuen Welt" in den meisten Staaten Deutschlands polizeilich verboten wurde, nachdem schon früher mehrere Zeitungen in New York von einem ähnlichen Verbote betroffen worden waren.

Schon 1836 war zu Philadelphia nach dem Vorgang in andern Städten ein Verein gestiftet worden zur Unterstützung politischer Flüchtlinge, welche aus der Schweiz vertrieben, in London zum Theil in bitterster Armuth lebten, und Mittel suchten für ihre Ueberfahrt nach Amerika. — Wollenweber war Präsident, Kiderlen Sekretär dieses Vereins.

Im Jahre 1841 fand eine zahlreiche Versammlung deutscher Bürger statt, um ihr Beileid an dem Tode von Karl von Rotted zu bezeugen. Die in derselben gefaßten Beschlüsse wurden der Familie zugeschickt. Unter den Betheiligten finden wir die Namen J. G. Wesselhöft, Gustav Remack, (ein sehr bekannter und vielbeschäftigter Advokat) Dr. Wittig, Karl Minnigerode, K. F. Stollmeyer, Dr. C. Brodbeck und W. Langenheim.

Im Jahre 1842 finden wir ein Kommittee errichtet, welches Gelder sammelte zur Unterstützung der Nothleidenden durch das große Feuer in Hamburg. Sammlungen zu gleichem Zweck fanden fast in allen Städten der Vereinigten Staaten statt, in welchen die Zahl der Deutschen eine ansehnliche war. In Pittsburg feierte man (1842) den Geburtstag Schillers. Wie in vielen andern Städten, so wurde auch in Philadelphia im Jahre 1843 eine Versammlung von Freunden des Professors Jordan, der in Marburg im Gefängniß schmachtete, abgehalten, und zur Unterstützung dessen Familie vorläufig hundertundfünfzig Dollars eingesammelt. Eine sehr ergreifende Ovation wurde dem politischen Märtyrer, dem Dr. Georg Friedrich Seidensticker gebracht, der im Frühjahr 1846 an den Gestaden von Amerika gelandet, und zu Philadelphia angekommen war.

Am 16. Februar 1797 zu Göttingen geboren, Sohn eines Kanzleibeamten, wurde seine Studienzeit auf dem dortigen Gymnasium durch seinen freiwilligen Eintritt in die Armee des Königreichs Westphalen, in dem Göttingen lag, unterbrochen, nachdem er kaum das vierzehnte Jahr erreicht hatte. Dies geschah durch besondere Erlaubniß des Kriegsministers Simeon, damit seine spätere Ausbildung auf der Universität nicht durch die Konskriptionspflicht verhindert werden möchte. Schon in seinem vierzehnten Jahre völlig entwickelt, groß und rüstig, konnte er diesen frühen Eintritt wohl wagen. In dem ersten westphälischen Husarenregiment überstand er den schreckenvollen Feldzug von 1812 in Rußland glücklich, um im Mai 1813 noch eine Zeitlang auf napoleonischer Seite als Lieutenant in dem Westphälischen Garde Chevaux-leger Regiment in Sachsen mitzukämpfen. In der entscheidenden Schlacht bei Kulm wurde er, sowie fast das ganze französische Armeekorps unter Vandamme gefangen genommen, trat aber dem Drang seiner deutschen vaterländischen Gefühle folgend, in die österreichische Armee ein, und machte als Offizier die Feldzüge von 1813 und 1814 mit. Nachdem er seinen Abschied genommen, kehrte er nach Göttingen zurück, vollendete seine Vorbildung zur Universität, so daß er dieselbe schon im Jahre 1816 beziehen konnte. Dem Wunsche seiner Familie entgegen, welche ihn zum Theologen bestimmt hatte, widmete er sich vorzüglich dem Studium der Mathematik, warf sich aber nach einigen Jahren mit dem größten Eifer und Fleiß auf die Rechtswissenschaft und machte im Jahre 1824 zu Celle sein Examen. Im folgenden Jahre ließ er sich in Göttingen als Advokat nieder, verheirathete sich, und hatte sich bald durch seine ausgezeichneten Fähigkeiten, vor allem aber durch seine Berufstreue, unerschütterliches Rechtsgefühl und mannhafte Ehrenhaftigkeit eine große Praxis und das Vertrauen seiner Mitbürger gewonnen. In amtlichen Zeugnissen, die man von Seiten des Gerichts bei der später gegen ihn verfügten Untersuchung über seinen Charakter einforderte, heißt es: „Rücksichtlich seines Charakters glauben wir bemerkt zu haben, daß derselbe von einem warmen Gefühl für Recht und Ehre beseelt ist, und mit großer Energie des Geistes Konsequenz verbindet. Ihm selbst schien jedoch sein Wirkungskreis als Advokat nicht genügend im Gefühl für seine Fähigkeiten."

Die beste Quelle giebt uns von ihm die folgende Schilderung: „Dr. Seidensticker war von robustem Körperbau, über sechs Fuß hoch und von straffer Haltung, die vielleicht von seiner Soldatenzeit herrührte und die ihm auch nach seiner langen Gefängnißhaft verblieb. Mit einem festen Willen, der bei Konflikten sich wohl zur Schroffheit steigern konnte und einer unbeugsamen Strenge, wo es sich um Pflicht und Ehre handelte, verband er ein liebenswürdiges Naturell, das ihm die Herzen von Personen aller Stände leicht gewann und ihn zu einem angenehmen Gesellschafter machte."

Die revolutionären Bewegungen, welche im Januar 1832 in Hannover und namentlich in Göttingen, stattfanden, und die für Dr. Seidenstider so verhängnißvoll wurden, waren von allen denen, welche in Folge der Juli-Revolution in Deutschland stattgefunden hatten, durchaus die gemäßigsten. Die Aufstände in Kurhessen, Braunschweig und andern kleinen Staaten, welche den Göttinger Unruhen vorausgingen, waren weit tumultuarischer und gefährlicher gewesen und hatten den betreffenden Regierungen bedeutende Konzessionen im liberalen Sinne abgedrungen. In keinem Lande war übrigens ein Auflehnen gegen das Bestehende gerechtfertigter, als in dem wie einer abligen Domäne regierten Hannover, mit seinen verknöcherten Feudalrechten, seinem veralteten Civil- und Kriminalrecht und seiner absoluten Kabinetsjustiz. Ohne Einsprache des bestehenden Magistrats hatten sich zu Göttingen und andern Städten des Landes provisorische Gemeinderäthe gebildet, sowie Bürgergarden, um die Ruhe aufrecht zu erhalten. Man hatte sich darauf beschränkt, Eingaben an das Kabinet zu machen und ihm die Wünsche des Volks für eine Repräsentativ-Regierung eindringlichst vorzulegen. Der Gemeinderath zu Göttingen war aus den achtbarsten Männern zusammengesetzt, aus Advokaten, Lehrern der Universität und andern angesehenen Bürgern. Dr. Seidenstider war zum Befehlshaber der Bürgergarde erwählt worden. Alle von diesen provisorischen Behörden ausgehenden Dokumente waren durchaus gemäßigt gehalten und baten nur um Abhülfe der Uebelstände auf gesetzlichem Wege. Daß natürlich auch anonyme Proklamationen und Schriftstücke erschienen, welche zu mehr revolutionären Schritten aufforderten, war nur natürlich. Diese Letzteren dienten nachher zur Handhabe gegen die Ehrenmänner, welche an die Oeffentlichkeit getreten waren und mit ihrer Person sich verantwortlich gemacht hatten. In wenigen Tagen war die ganze Bewegung unterdrückt. Militär rückte in Göttingen ein. Die am meisten Kompromittirten entkamen, wie gewöhnlich. Dr. Seidenstider, der zuerst auch die Stadt verlassen hatte, im Gefühle seiner im Auge der Regierung selbst, wie er meinte, sehr geringen Schuld, blieb im Lande und wurde verhaftet. Je elender die hannöversche Regierung war, desto rachsüchtiger verfuhr sie gegen die Urheber dieser unblutigen Revolution. Wie gewöhnlich, wüthete auch sie gerade gegen die Besten am Meisten, wie in Hessen-Darmstadt gegen Weidig, in Hessen-Kassel gegen Jordan, in Baiern gegen Eisenmann und Behr, die alle zu den ausgezeichnetsten und edelsten deutschen Männern jener Zeit zählten.

Nur wer das damalige geheime Inquisitionsverfahren, hier noch obendrein durch Kabinetsjustiz beeinflußt, durch Studium von Kriminalprozessen oder durch eigene Erfahrung (wie der Verfasser) kennt, kann sich einen Begriff von den geistigen und körperlichen Qualen machen, denen Seidenstider ausgesetzt war. Mit männlichem Muthe und Standhaftigkeit, was ihm natürlich nur nachtheilig wurde, trat er seinen Inquirenten entgegen, und vertheidigte er sich in erster und zweiter Gerichtsinstanz. Erst im Jahre 1836 wurde das Urtheil des ersten Gerichtshofes gegen ihn erlassen, welches auf lebenslängliche Gefängnißstrafe lautete und vom Appellationsgericht 1838 bestätigt wurde.

Seine Haft in Celle war Anfangs sehr hart, wurde ihm nach und nach jedoch dadurch erleichtert, daß Freunde ihn mit Büchern versehen und er seine Zeit mit schriftstellerischen Arbeiten ausfüllen konnte. Alles Bedeutende, was er las, excerpirte und commentirte er. Auch einige selbstständige Arbeiten entflossen seiner Feder. Vorzüglich beschäftigte und hielt ihn aufrecht die Philosophie von Krause, die in Deutschland zu der Zeit zwar nur wenige, aber um so enthusiastischere Anhänger fand, später aber, namentlich bei den Philosophen lateinischer Abstammung, in Italien und Spanien (dort durch Castellar eingeführt) große Anerkennung gefunden hat.

Alle Versuche, ihm auf dem Wege der Gnade Amnestie zu verschaffen und die von den bedeutendsten Männern Deutschland's gemacht wurden, scheiterten an der umpanzerten Brust der hannöverschen Dynasten. Regierungswechsel oder sonst „freudige Ereignisse in der Herrscherfamilie", welche andern seiner Leidensgenossen die Pforten des Kerkers öffneten, brachten ihm keine Befreiung. Erst bei der Geburt des jetzt exilirten Enkels des alten Ernst August in 1845 (die Nemesis erreichte diese Dynastie erst spät, aber sicher), wurde ihm Amnestie, mit der Bedingung des Exils aus Europa, gewährt, nach einer Kerkerhaft von fast fünfzehn Jahren. Seine Befreiung wurde in ganz Deutschland mit Jubel begrüßt.

Von Landdragonern begleitet, wurde er in Bremerhafen im November 1845 auf den „Argonaut" gebracht, der aber widriger Winde wegen sechs Wochen in Margate beilegen mußte und erst am 12. März 1846 in New York anlangte. „Mit freudiger Demonstration", so schreibt uns unser zuverlässiger Berichterstatter, „wurde er hier und an anderen Orten in den Vereinigten Staaten begrüßt. Banquette, Glückwunschschreiben und Geschenke bewiesen ihm die herzliche Sympathie seiner hiesigen Landsleute. Es war fast zu viel Licht, nach so langer Finsterniß". In New York war ihm von den Deutschen ein feierlicher öffentlicher Empfang bereitet worden, an welchem sich selbst die Behörden und eine große Anzahl von Amerikanern betheiligten.

Bei seiner Ankunft in Philadelphia wurde er von unzähligen Deutschen feierlichst bewillkommnet, ein glänzendes Festmahl wurde ihm als Vorkämpfer konstitutioneller Freiheit in Deutschland gegeben. Dr. Schmöle hielt eine gefühlvolle Rede, in welcher er auch schon des ältesten Sohnes, des Dr. Oswald Seidensticker, als eines höchst gebildeten, für alles Hohe und Edle erglühenden jungen Mannes, der ein nützlicher Bürger des neuen

Vaterlandes werden würde, erwähnte. Auch Kiderlen und mehrere Andere hielten treffliche Reden. In seiner Erwiderungsrede hob Seidensticker hervor, wie er in seiner Kerkerhaft durch Briefe aus Amerika erfreut worden sei, wie selbst von hier aus zahlreiche Petitionen an die hannöver'sche Regierung für seine Befreiung eingegangen seien und man ihm finanzielle Hülfe angeboten habe. In einem Brief, in der „New Yorker Schnellpost" publizirt, dankte er unter dem 17. März 1846 seinen deutschen Landsleuten in den beredetsten Ausdrücken für ihren ehrenvollen und herzlichen Empfang.

Im August desselben Jahres vereinigte sich endlich mit ihm seine ebenso liebenswürdige wie höchst gebildete Familie, aus Frau und fünf Kindern bestehend. Nach einigem Schwanken ließ er sich in Philadelphia nieder, wo ihn namentlich Wilhelm Schmöle sehr herzlich und gastfreundlich aufnahm. Zuerst widmete er sich der journalistischen Thätigkeit, redigirte ungefähr ein Jahr lang den „Philadelphia Demokrat", um dann ein eigenes Blatt zu gründen, „Der Bürgerfreund". Eine schwere ernstliche Krankheit nöthigte ihn noch vor Jahresfrist zum Aufgeben desselben. Er errichtete dann ein Wechsel- und Auswanderungs-Komptoir und trat später als Buchhalter in ein ansehnliches deutsches Importationsgeschäft, welche Stellung er mit „unermüdlichem Eifer und gewissenhafter Treue ausfüllte", bis er im Jahre 1861 eine Anstellung im Zollhause in Philadelphia erhielt. Seine Geschäftsthätigkeit verhinderte ihn nicht, an allen Fortschrittsbewegungen sich zu betheiligen. Von der „Freien Gemeinde" war er einer der Gründer und eines der thätigsten und standhaftesten Mitglieder. So natürlich es für einen Mann wie Seidensticker war, sich der demokratischen Partei anzuschließen, so war er wiederum einer der ersten deutschen Demokraten, welcher sich nach Widerruf des Missouri Kompromisses von der Partei lossagte und gegen Ausbreitung der Sklaverei und später für Erhaltung der Union, mit all dem Ernste, der Entschiedenheit, der Manneskraft, die ihm innewohnten, bis zum letzten Tage seines Lebens rüstig kämpfte. Am 27. Dezember 1862 trugen ihn seine zahlreichen Freunde unter erhebenden Leichenfeierlichkeiten zu Grabe.

Die Februar-Revolution von 1848 und die im März darauf folgende Erhebung in Deutschland fanden in Amerika einen freudigen Widerhall. Wie in allen größeren Städten, so fanden auch in Philadelphia eine Anzahl öffentlicher Versammlungen statt, welche ihre Sympathien für die verschiedenen europäischen Revolutionen aussprachen. Meistens von Deutschen veranlaßt, waren indessen die Zusammenkünfte auch von anderen Nationalitäten zahlreich besucht. In voller Stärke zeigte sich aber das deutsche Element bei der Ankunft Friedrich Hecker's und seiner Begleiter Tiedemann und Schöninger. In New York schon (Anfangs Oktober 1848) war Hecker mit großen Feierlichkeiten empfangen

worden, und nicht nur viele Tausende von Deutschen nahmen an dieser
Ovation Theil, sondern fast eben so viele Amerikaner und selbst die Spitzen
der städtischen Behörden. In Philadelphia wiederholte sich nur die Scene
von New York. Auch hier begrüßten ihn die Repräsentanten der Bürgerschaft. Sein all zu kurzer Aufenthalt in Baltimore und Louisville stand
größeren Feierlichkeiten dort entgegen, doch wurde er in beiden Städten
auf das herzlichste bewillkommet. In Cincinnati dagegen und St. Louis
erneuerte sich mit großer Begeisterung der feierliche Empfang dieser hervorragenden Persönlichkeiten der achtundvierziger Bewegung. Diese Männer
fanden sich nicht nur durch die große Anzahl der Deutsch-Amerikaner überrascht, die ihnen an allen diesen Orten entgegen kam, sondern noch viel
mehr durch die so allgemeine und herzliche Theilnahme der Amerikaner an
diesen deutschen Festen und Feierlichkeiten, die doch zum größten Theile
nur der festen und geachteten Stellung, welche das Deutschthum sich bereits
erobert hatte, zuzuschreiben war.

Es bleiben uns noch eine Reihe von Persönlichkeiten übrig, welche auf
die eine oder die andere Weise in der Zeit, die wir behandeln, für die
Hebung des deutschen Elements von Wichtigkeit waren.

Mit Ausnahme von Benjamin West, geborenem Pennsylvanier,
später Präsident der Royal Academy in London, und von John
Trumbull, hat die amerikanische Malerkunst, welche auf dem Gebiete
des Portraits (Copley, Peal, Sullivan, Elliot) und dem der
Landschaft (Brown, Church, Durand, Gifford, Cole und
Andere) so Bedeutendes schon geleistet hat, das Fach der historischen Darstellung nur wenig bebaut. Es war dem Deutschen Emanuel Leutze
vorbehalten, auch hierin gleichsam eine neue Bahn zu brechen. Zu
Schwäbisch-Gmünd am 24. März 1826 geboren, kam er schon in früher
Jugend mit seinen wenig bemittelten Eltern nach den Vereinigten Staaten,
wo sich dieselben zu Philadelphia niederließen. Seinen Vater verlor er
bald, und seine Schulbildung war nur dürftig. Doch sein angeborenes
Talent drang durch, und so malte er schon, sein eigener Lehrer, im vierzehnten Jahre Portraits, erhielt sich aber hauptsächlich durch Dekorations-
malen. Mit dem siebzehnten Jahre trat er in eine Zeichenschule, widmete
sich nachher der zur Zeit allein zahlenden Portraitmalerei, namentlich in
den südlichen Staaten. Er wurde bald als guter Portraitist bekannt und
fand Gönner, so daß es ihm möglich wurde im Jahr 1841 die Düsseldorfer Akademie zu beziehen. Sein erstes Bild schon, „Columbus, dem
hohen Rath von Salamanka seinen Reiseplan erklärend", erregte auf der
dortigen Ausstellung großes Aufsehen und wurde von dem Kunstverein angekauft; ebenso erhielt er auf einer Ausstellung in Brüssel eine goldene
Medaille für seinen „Columbus in Ketten". Im Jahre 1842 finden wir
ihn zu München, dann zu Rom und Venedig, wo er hauptsächlich Titian

und Paul Veronese, als anerkannte Meister des Kolorits, studirte. „Die Landung der Normannen in Amerika", entstand in Rom, ein Bild, welches in romantisch sagenhafter Darstellung von seinen andern mehr realistischen Werken sehr abweicht, aber als höchst anziehend geschildert wird. Nach Düsseldorf zurückgekehrt, 1845, trat er als gereifter Meister in die glänzendste Periode seines Lebens ein, verheirathete sich glücklich mit der Tochter eines Obersten L o t t n e r und schuf seine besten Werke, worunter wohl „Washingtons Uebergang über den Delaware" das bekannteste geworden ist. Das rauh gezimmerte Boot, welches den General und seine Gefährten durch den mit Eisschollen überdeckten breiten und hochströmenden Fluß trägt, mit seinen kräftigen Ruderern, die entschlossene Stellung und die ernste Stimmung die sich im Gesichte Washington's ausprägt, und die gleichsam den nahe bevorstehenden Sieg zu versprechen scheint, und die durchaus charakteristisch aufgefaßte Winterlandschaft, sind so lebenskräftig und eindringlich dargestellt, die Färbung ist der Scenerie so entsprechend, die Gruppirung so gelungen, daß das Bild auf Jedermann, Kunstkenner oder Laien, eine ergreifende Wirkung ausübt. In Stahlstich, Lithographie und Photographie in's Tausendfache vervielfältigt, ist es vielleicht mit Ausnahme der Darstellung der Unabhängigkeits-Erklärung von Trumbull, das allerpopulärste Kunstprodukt in den ganzen Vereinigten Staaten. Die große preußische Medaille für Wissenschaft und Kunst wurde ihm dafür zu Theil. Durch das Jahr 1851 hielt er sich in Amerika auf. Doch war Düsseldorf seine zweite Heimath geworden, wo er sich in dem dortigen Künstlerleben große Verdienste erworben hat. Anfeindungen blieben jedoch nicht aus, und so folgte er 1859 freudig einem Ruf nach den Vereinigten Staaten, wo ihm die Herstellung von Wandgemälden in den Neubauten zum Kapitol in Washington aufgetragen wurden.

Zum Behufe seines großen Tableaus im Korridor des Repräsentantenhauses "Westwards the star of empire takes its way", welches im Jahr 1862 vollendet wurde, machte er Reisen in den fernen Westen. Es ist ein großartiges Bild, erinnert mehr an die Münchner historische Schule, als an die Düsseldorfer. Stereo-chromatisch ausgeführt, stellt es in lebensgroßen Gruppen einen Zug Auswanderer dar, der mit allen Werkzeugen des Bergbaus und des Ackerbaus versehen, aber auch die treue Büchse in der Hand eines jeden Mannes, Jünglings und selbst des Knaben, eine Höhe der Felsengebirge erreicht hat, und mit freudiger Ueberraschung die Länder erblickt, welche nach dem stillen Meere hinführen. Es ist hier nicht möglich, alle seine Werke aufzuzählen. Scenen aus dem Leben des Columbus, sowie aus der englischen Geschichte, besonders aus den Zeiten der Reformationsperiode, Darstellungen aus der früheren Geschichte Neu-Englands, sowie unserer Revolution, waren die Hauptvorwürfe seiner

Bilder. Eine Menge Portraits ausgezeichneter Männer der Vereinigten Staaten und anderer Länder, Landschaften, Studien, Genre-Bilder, bezeugen seine kolossale Schaffungskraft. Da er schon im Jahr 1868 (18. Juli) in Washington an einem Gehirnschlag durch glühende Sonnenhitze, der er sich ausgesetzt hatte, veranlaßt, seinem Wirkungskreis entrückt wurde, so kann man wohl sagen, daß er, der weit über hundert, zum Theil sehr umfangreiche Bilder geschaffen, eigentlich zu viel unternommen hatte. In Europa sehr hoch geschätzt, hat man ihn hier, gerade weil Niemand mit ihm in der Historienmalerei zu rivalisiren wagte, häufig unterschätzt. Daß er sich nicht in allen seinen Erzeugnissen gleich geblieben ist, und manche derselben schwach sind, läßt sich wohl nicht leugnen. Der neuen Anschauung, welche im Kolorit nur die höchste Aufgabe der Kunst sieht, genügt seine Färbung nicht, obgleich sie vorzüglicher ist als die vieler anderer deutscher Meister. „Jedenfalls ist Emanuel Leutze der bedeutendste und geistreichste Historienmaler, den Amerika bis jetzt zu den seinigen rechnen darf, und kein anderer hat es so verstanden, der amerikanischen Geschichte von ihren Uranfängen an bis zu den Zeiten der Revolution, künstlerische Motive abzugewinnen".*)

Friedrich List, der sich 1825 in Pennsylvanien niederließ, hatte schon eine ereignißvolle Geschichte hinter sich. Geboren zu Reutlingen 6. August 1789, hatte er nach tüchtigen Studien im Finanz- und Verwaltungssache im Jahr 1817 eine Professur der Staatswirthschaft in Tübingen erhalten, die er aber schon 1819 niederlegte, um als Vertreter seiner Vaterstadt in die würtembergische Kammer gewählt zu werden. Durch freisinnige Kritik der Uebelstände, der Regierung unbequem, ließ ihn diese von der Kammer ausschließen, vorerst in eine Untersuchung verwickeln und ihn zu zehnmonatlicher Festungsstrafe verurtheilen, der er sich durch die Flucht entzog. Nach mehreren Jahren zurückgekehrt, wurde er auf den Asperg gesetzt, aber bald von dort entlassen, um in Amerika eine neue Heimath zu suchen (1825).

Hier nun beschäftigte er sich vorzugsweise mit national-ökonomischen Studien. Ein unbedingter Gegner Adam Smith's, verfocht er mit großem Talent und noch größerem Eifer eine nationale Volkswirthschaftslehre, im Gegensatz zu den Theorien des Freihandels und der unbeschränkten Konkurrenz in jedem Zweig der Industrie. Er schrieb hier sein Werk: "Outlines of a New System of Political Economy". Philadelphia: 1827. Seine Lehren fielen gerade in Pennsylvanien auf einen sehr fruchtbaren Boden. Auch das hier damals noch in der Wiege liegende Eisenbahnwesen machte er zum Gegenstande einer umfassenden Agitation, namentlich

---

*) Deutsch-amerikanisches Konversations-Lexikon von Alexander Schem. Artikel Leutze. Siehe auch „Deutsche Pionier", Band II, Seite 260.

suchte er die Verwaltung der Eisenbahnen zu einem Zweige der Nationalregierung zu machen. Seine Pläne gingen alle in's Große. Auch in Privatspekulationen, wie in Kohlenminen und Städtebegründung war er eine Zeit lang glücklich. Seine rastlose Thätigkeit, seine schriftlichen Arbeiten brachten ihn in Verbindung mit vielen der ausgezeichnetsten Männer der Vereinigten Staaten, und schon im Jahre 1830 wurde ihm das Konsulat für Hamburg anvertraut, welches er aber faktisch nie eingenommen hat. Nach kurzem Aufenthalt in Europa, der Propaganda für seine Lehren und Pläne in Deutschland und Frankreich gewidmet, kehrte er nach den Vereinigten Staaten zurück, um als Konsul für Leipzig wieder nach Deutschland zu gehen.

Von nun an hörte seine direkte Wirksamkeit hier zu Lande auf. In Deutschland, Frankreich und England aber führte er rastlos, ein umgekehrter John Bright, seine Kämpfe für die Ansicht durch, „daß eine jede Nation vor Allem ihre eigenen Hülfsquellen zum höchsten Grade der Selbstständigkeit und harmonischen Entwicklung bringen, die neugeborne Industrie durch Schutz nöthigenfalls unterstützen und den nationalen Zweck einer dauernden Entwickelung produzirender Kräfte dem pekuniären Vortheil Einzelner vorziehen müßte". Sein reiches interessantes Leben, welches er 1846 freiwillig endete, gehört mehr der deutschen Geschichte an und hat in Professor Häusser einen ausgezeichneten Darsteller gefunden, welcher auch seine gesammelten Schriften, drei Bände, Stuttgart, 1850 und 1851, herausgegeben hat.

Heinrich Ginal haben wir bereits mehrmals, namentlich als Stifter einer freien Gemeinde und einer socialistischen Ansiedlung „Teutonia", zu erwähnen gehabt. Er ist 1802 zu Augsburg geboren und begab sich, nachdem er Theologie studirt hatte, im Jahr 1829 nach den Vereinigten Staaten, wo er sieben Jahre lang lutherischer Prediger in York County, Pennsylvanien, war. Im Jahr 1836 gründete er eine rationalistische Gemeinde zu Philadelphia. Im Jahr 1845 wirkte er eine zeitlang in Milwaukee, und gründete dort ebenfalls eine freie Gemeinde. Sein Rationalismus war derjenige von Paulus, Neander, Schwarz. Seine Ansichten trug er oft mit vielem Geist, Feuer und Witz vor. Doch verließ Ginal Milwaukee schon in dem folgenden Jahr und ging nach dem Osten zurück. Seine freie Gemeinde zu Philadelphia bestand bis in die fünfziger Jahre.

Während des Secessionskriegs war er Feldprediger in einem Philadelphier Regiment und erfreute sich der Achtung und Liebe der Offiziere und Mannschaft. Trotz seines sehr vorgerückten Alters beschäftigt sich Ginal noch mit literarischen Arbeiten und giebt Privatunterricht in der lateinischen, deutschen und englischen Sprache. Am 20. Januar 1879 feierte er das fünfzigjährige Jubiläum seiner Landung in den Vereinigten Staaten.

Im völligen Gegensatz zu dem freidenkerischen Ginal steht ein anderer Deutscher da, der in den kirchlichen, theologischen und wissenschaftlichen Kreisen Amerika's zu einer großen Berühmtheit gelangt ist, wir meinen den Doktor der Theologie, **Philipp Schaff**. Obgleich in Chur in der Schweiz geboren (1. Januar 1819) war seine Bildung auf den Hochschulen in Tübingen, Halle und Berlin eine so rein deutsche gewesen, daß wir ihn wohl als einen Deutschen betrachten können. Nach umfassenden Reisen habilitirte er sich als Privatdocent zu Berlin, und hielt (1842 und 1843) theologische Vorlesungen, die sich durch ihre Strenggläubigkeit und Hinneigung zu dem damals in Preußen herrschenden Pietismus auszeichneten. Im Jahr 1844 finden wir ihn als Professor am lutherischen theologischen Seminar zu Mercersburg, Pennsylvanien, welche Stelle er bis zum Jahre 1862 bekleidete. Von 1863—1867 hielt er Vorlesungen über Kirchengeschichte im Seminar zu Andover, einer berühmten theologischen Hochschule in Massachusetts. Von 1868 bis 1870 hielt er ähnliche Vorlesungen in dem theologischen Seminar zu Hartford, Connecticut, und erhielt im Jahr 1871 eine Professur an dem Union Theological Seminary zu New York.

Schaff gilt hier als einer der gelehrtesten Theologen und erfreut sich in seinen Kreisen des größten Ansehens. Als Schriftsteller ist er höchst fruchtbar. Als seine bedeutendsten Werke werden genannt: "The Principles of Protestantism" (1845); „Geschichte der alten christlichen Kirche" (1851 und 1861); "St. Augustin, his life and labors" (1853); "America, its political, social and religious character" (1855); "Germany, its Universities and Divines" (1857); "History of Ancient Christianity", 2 vols. (1860—1861); "Slavery and the Bible" (1861); "The Christ of the Gospel" (1864); "The person of Christ the miracle of history" (1861); "Lectures on the Civil War in America" (1865); "Christ in Song" (1869). Er verfaßte auch ein deutsches Gesangbuch mit einer historischen Einleitung. Die meisten seiner Werke erschienen englisch und deutsch, und mehrere wurden ins holländische übersetzt. Seine literarischen Arbeiten für amerikanische und ausländische Zeitschriften sind unzählige. Von 1848—1850 gab er eine religiöse Monatsschrift heraus: „Der deutsche Kirchenfreund, Organ für die gemeinsamen Interessen der Amerikanisch-deutschen Kirchen", durch welche er einen innigeren Zusammenhalt der deutschen protestantischen Kirchen des Landes zu bezwecken suchte. Die Versammlung evangelischer Christen zu New York, die von Geistlichen aller zivilisirten Länder, besucht wurde (1873), war hauptsächlich sein Werk. Im Jahre 1871 war er ein Mitglied der evangelischen Allianz-Deputation, welche den Kaiser von Rußland, der damals in Deutschland verweilte, besuchte, um sich bei ihm zu Gunsten der in ihrer Religionsfreiheit gefährdeten deutschen Lutheraner der russischen Ostsee-Provinzen zu verwenden.

Als Dr. Schaff hier ankam, fand er die gebildeten Deutschen fast jeder kirchlichen Gemeinschaft entfremdet. Freie, und sogenannte Vernunftgemeinden bestanden an vielen Orten und die deutsche Presse im großen Ganzen führte eine Art Kulturkampf gegen die Rechtgläubigkeit und besonders gegen das Synodalwesen. Selbst die Kirchengemeinde-Mitglieder fand unser junger Professor, frisch von der Berliner Universität weg, die damals unter dem Einfluß des romantisch-mystischen Königs Friedrich Wilhelm IV. stand, durchaus nicht festgläubig und namentlich nicht unterthänig genug. Ein zweiter Savonarola, ging er nun gegen den Unglauben und die vorgebliche Frivolität und Unmoralität seiner Landsleute in Reden und Zeitschriften los, und erregte um so mehr das Mißfallen des Deutschthums, als gerade damals, 1844 und 1845, der Nativismus sein Haupt frecher als je erhoben hatte und solche Schmähungen der Deutschen von einem Deutschen demselben nur Wasser auf die Mühle sein konnte. Allein die Angegriffenen zahlten den Angreifer mit gleicher Münze zurück. So wurde z. B. in Milwaukee (1846) eine zahlreich besuchte Indignations-Versammlung gehalten, in welcher Beschlüsse abgefaßt wurden und Dr. Schaff (natürlich Schaaf geschrieben) als ein „gewissenloser Verleumder bezeichnet wurde, den kein Deutscher ferner mehr als Stammesgenosse betrachten dürfe". Auch anderwärts erließ man Proteste gegen den ungestümen Eiferer und die gesammte weltliche deutsche Presse wies seine Anklagen mit großer Erbitterung zurück. Da er indessen einige Jahre später selbst einer Anklage der Ketzerei bei der lutherischen Synode von Pennsylvanien unterworfen, und erst nach lebhafter und tüchtiger Vertheidigung seiner Seits freigesprochen wurde, so scheint es, als sei Dr. Schaff freisinniger gewesen oder geworden, als sein erstes Auftreten vermuthen ließ. Jedenfalls sieht man aus diesem Streit der Deutschen mit dem Berliner Professor, daß sie nicht geneigt waren, sich beleidigen zu lassen, von wem es auch sei, und daß ihnen ihr Selbstgefühl nicht abhanden gekommen war. Nichtsdestoweniger ist aber Schaff in seinem Fache eine Größe erster Klasse, hat in seinen Kreisen mächtigen Einfluß ausgeübt und dem deutschen Namen als Gelehrter und Forscher Ehre gemacht. Die Franzosen nennen einen tüchtigen Mann ihrer Nation, mögen sie ihn hassen oder lieben, eine "gloire". Wir Deutschen sollten dasselbe thun.

Ein Vorgänger Schaff's in Mercersburg, fast noch bedeutender als dieser, war **Friedrich August Rauch**, geboren am 27. Juli 1806 zu Kirchbracht bei Salmünster, Kurhessen. Seine Eltern waren einfache Bauersleute, die den Sohn, der bereits in der Jugend große geistige Anlagen verrieth, auf Anrathen des Pfarrers des Ortes auf das Gymnasium nach Hanau sandten, woselbst sich der junge Rauch als einer der fleißigsten und strebsamsten Schüler auszeichnete. Sodann besuchte er die Universität zu Marburg, in welcher er sein philosophisches Doktor-Examen (1827) machte, worauf er noch ein Jahr in Gießen Theologie studirte. In 1829 war er Gehülfs-Lehrer an einem literarischen Institut in Frankfurt am Main, und kurz darauf als Privatdocent in Heidelberg thätig. Bereits im Alter von 24 Jahren erhielt er einen Ruf als Professor extraordinarius nach Gießen und in 1831 eine Anstellung als ordentlicher Professor an der Universität in Heidelberg. Ehe er jedoch seine Stelle antreten konnte, wurde er der Demagogie verdächtigt und fiel bei dem zur Zeit allmächtigen Kanzler der Universität in Gießen, Franz Joseph von Ahrens, in Ungnade, weil er zu Gunsten des eingekerkerten Pfarrers Weidig und anderer Verfolgten sich ausgesprochen hatte. Er wurde sogar mit Untersuchungshaft bedroht, und rettete sich nur durch die Flucht nach Amerika. Er hielt sich dann eine zeitlang in Easton, Pennsylvanien, auf und verlegte sich hier auf das Studium der englischen Sprache. Im Jahre 1832 wurde Rauch als Prediger der reformirten Kirche ordinirt und nach York, Pennsylvanien, berufen, um einer klassischen Schule in Verbindung mit dem reformirten Predigerseminar daselbst vorzustehen.

Als im Jahre 1835 das „Marshall College" zu Mercersburg, Pennsylvanien, in's Leben trat, wurde Dr. Rauch zum ersten Rektor desselben erwählt. Er verband mit seiner Präsidentschaft zugleich den Posten eines Professors der biblischen Literatur am theologischen Seminar, welches von York hierher verlegt wurde. Diesen beiden Aemtern stand Dr. Rauch bis zu seinem am 2. März 1841 erfolgten Tode vor, und zu gleicher Zeit fungirte er als Prediger an der reformirten Kirche in Mercersburg. Im Jahre 1840 veröffentlichte er eine philosophische Schrift: "Psychology: or a view of the human soul; including anthropology", welches Buch in zahlreichen Auflagen erschienen und als Textbuch an mehreren Lehranstalten eingeführt ist. Er war zur Zeit seines Todes mit Abfassung eines Werkes: "Christian Ethics", beschäftigt, das jedoch unvollendet geblieben ist. Ein Band seiner Predigten, redigirt von Dr. Gerhard, erschien im Jahre 1856 unter dem Titel: "The Inner Life of the Christian".

Unter den Deutschen in Amerika, die sich in der englischen Sprache als Schriftsteller einen ausgezeichneten Namen erworben haben, verdient auch Isaak Leeser genannt zu werden. Derselbe wurde am 12. Dezember 1806 in dem Weiler Neukirche, bei Bochum, Westphalen, geboren, wanderte im Jahre 1824 nach Amerika aus, ließ sich eine zeitlang in Richmond, Virginien, nieder, woselbst er sich kaufmännischen Geschäften widmete. Ein emsiger Trieb für das Studium der Literatur und besonders der Geschichte hielt ihn während jeder nur gebotenen freien Zeit beschäftigt, und da er, als ein eifriges Glied der in Richmond bestehenden jüdischen Gemeinde, später interimistisch den Rabbiner vertrat, so erlangte er dadurch den Ruf eines in den talmudischen Lehren wohl bewanderten Mannes sowohl, als auch eines beredten Predigers. Im Jahre 1829 ward er an die Haupt-Synagoge Philadelphia's als Rabbiner berufen, welchem Amte er bis 1850 vorstand. Vom Jahre 1857 bis zu seinem Tode (1. Februar 1868) war er Rabbi der neu gegründeten Gemeinde "Beth-el-emeth" in Philadelphia.

Seine Gelehrsamkeit beschränkte sich nicht blos auf die deutsche und englische Sprachen, in welch' letzterer er es bis zur Meisterschaft brachte, so daß sein Name unter den vorzüglichsten Prosa-Schriftstellern Amerika's genannt wird, sondern er war auch wohl bewandert in mehreren anderen lebenden und klassischen Sprachen. Im Jahre 1843 begründete er die zweitälteste jüdische Zeitschrift in den Vereinigten Staaten, "The Occident", welche er mehrere Jahre lang redigirte. Unter seinen Schriften sind vorzüglich zu nennen: "The Jews and the Mosaic Law" (1833); "Discourses, Argumentative and Devotional" (1836—1841); "Portuguese Form of Prayers" (1837); "Descriptive Geography of Palestine" (1845) und eine englische Uebersetzung der Bibel nach den jüdischen Autoritäten (1856). „Es ist erstaunlich", so meldet uns ein Herr, der unter Leeser in Amerika seine gleichfalls bedeutende literarische Karriere begann, „bis zu welcher Meisterschaft er es in der Bewältigung mehrerer Sprachen brachte. Er sprach und schrieb neben der englischen und deutschen nicht nur die romanischen resp. pelasgischen Sprachen: Griechisch, lateinisch, italienisch, französisch, spanisch und portugiesisch, sondern auch mehrere slavische und asiatische Sprachen, darunter das Hebräische mit einer seltenen Vollkommenheit. Englisch schrieb er geradezu vorzüglich, eine wahrhaft klassische Prosa, und nicht unverdient ist ihm unter den "Prose writers of America" ein Ehrenplatz eingeräumt worden".

Auch einige von deutschen Katholiken begründete Ansiedlungen in Pennsylvanien verdienen wohl unsere Aufmerksamkeit, darunter vorzüglich das durch Mathias Benziger, von Schröder und Eschbach in Elk County im Jahre 1844 ausgelegte St. Mary's, an der Philadelphia und Erie Eisenbahn, welches zu einem blühenden Städtchen emporgewachsen ist. Oberst Benziger verschenkte im ersten Jahre an jeden wirklichen Ansiedler ein fünfundzwanzig Acker großes Grundstück und einen Bauplatz im Städtchen. Ignatius Garner wurde von Benziger dann als General-Agent ernannt, um in Deutschland Ansiedler anzuwerben, welcher auch in 1844 eine beträchtliche Anzahl Kolonisten hierher führte. Die Ansiedlung war durch die Demolirung der katholischen Kirchen in Philadelphia 1843 veranlaßt worden, und verursachte auch später noch eine bittere Kontroverse zwischen Benziger und dem Redakteur der „Auswanderer-Zeitung", Georg M. von Roß. Die Besorgniß die von Roß damals hegte, daß St. Marys, auf einem utopischen Plane angelegt, nur zu Konflikten zwischen den Deutschen und Amerikanern führen würde, hat sich nicht bewährt, denn es befindet sich neben den beiden katholischen Kirchen und dem Benediktiner-Kloster, bereits eine protestantische Kirche in St. Marys.

Bedeutender als St. Mary's ist die von Marylander Katholiken begründete Kolonie Loretto in Cambria County, Pennsylvanien, welcher später die zumeist von Deutschen besiedelten Städtchen Münster, St. Augustin und Galitzin entsprungen sind. Mit dieser Ansiedlung tritt uns eine besondere Gestalt entgegen, ein höchst merkwürdiger Charakter: Fürst Demetrius Augustin Gallitzin, der hier unter dem anspruchslosen Namen Vater Schmidt mehr als vierzig Jahre seines Lebens in segensreichem Wirken zubrachte. Auf dem gräflichen Schlosse Bischeringen zu Münster in Westphalen, am 22. Dezember 1770 geboren, war er als Knabe in den höchsten Kreisen der europäischen Aristokratie erzogen worden. Sein Vater war ein bekannter Diplomat des vorigen Jahrhunderts, der sich eine zeitlang als russischer Gesandter in Haag aufhielt, seine Mutter eine Tochter des preußischen General-Feldmarschalls Samuel, Reichsgraf von Schmettau, und Schwester des zu Auerstädt in 1806 gefallenen preußischen General-Lieutenants der Infanterie, Graf Karl Friedrich Wilhelm von Schmettau. Der Vater des jungen Gallitzin, der von 1783 an Gesandter des Petersburger Hofes an den Tuillerien war, gehörte zu den eifrigsten Anhängern Voltaire's und Diderots, die Mutter desselben aber, eine Freundin der Gräfin von Droste-Bischeringen, obgleich geborene Protestantin, schloß sich der katholischen Kirche an, und auch der Sohn trat in 1787 mit Einwilligung des Vaters zu dieser Kirche über. In 1790 war er Adjutant des Generals Van Lilien in Brabant, welcher mit dem kaiserlichen Heer im November jenes Jahres ganz Belgien besetzte.

Der Ausbruch der französischen Revolution bewog den jungen zur frommen Schwärmerei sich hinneigenden Fürsten seinen Abschied zu nehmen und aus dem Bereich des Kriegsgewirrs zu fliehen, das nunmehr ganz Europa in seinen Strudel zog. In Begleitung eines katholischen Geistlichen des Vaters Brosius, landete er im August 1792 in Baltimore. Hier trat er alsbald in das katholische Seminar ein, und wurde 1795 vom Bischof Carroll zum Priester geweiht. Er offizirte zuerst in Connewango, Pennsylvanien, in Maryland und in Virginien, bis er in 1798 die katholische Mission Loretto in Cambria County, Pennsylvanien, begründete. Hier kaufte Gallitzin eine große Strecke Land in einer damals dichten und fast gänzlich unbewohnten Wildniß. „Nach unsäglichen Mühen und

Entbehrungen," schreibt Robert L. Johnston,*) und nachdem er ein fürstliches Vermögen darauf verwandt hatte, gelang es ihm, die Wildniß in einen Rosengarten zu verwandeln. Sein unermüdeter Eifer ermöglichte es, nach und nach eine katholische Kolonie von drei- bis viertausend Einwohner um Loretto zu versammeln." Er starb am 6. Mai 1840, nachdem er zweiundvierzig Jahre lang in Cambria County, Pennsylvanien, als Seelsorger gewirkt hatte. Seine sterblichen Ueberreste wurden auf dem Friedhofe zu Loretto begraben, und ihm vor der Kirche im Jahre 1848 ein würdiges Denkmal errichtet.

Neben seinen unermüdlichen geistlichen Arbeiten schrieb Gallitzin, unter dem angenommenen Namen „Vater Schmidt", mehrere religiöse Streitschriften, darunter: „Vertheidigung katholischer Prinzipien", „Briefe an einen protestantischen Freund", „Aufforderung an das protestantische Volk" ꝛc., die in deutscher und englischer Sprache in vielfachen Auflagen erschienen sind, und zahlreiche Verbreitung fanden.

Eine Lebensgeschichte von Fürst Gallitzin in deutscher Sprache wurde kurz nach seinem Tode von seinem Nachfolger Peter Heinrich Lemke geschrieben, wovon eine englische Uebersetzung durch Rev. Thomas Heyden von Bedford veröffentlicht wurde. Eine ausführliche Biographie desselben von Sarah M. Brownson, erschien in New York 1873.

Johann Nepomuk Neumann, Doktor der Theologie und katholischer Bischof von Philadelphia (1852—1860), wurde im Jahre 1811 zu Leitmeritz, an der Elbe, geboren, studirte auf der Universität zu Prag, und erhielt in 1834 die Doktorwürde. Die Lebensgeschichte eines Oheim's, der gegen das Ende des siebenzehnten Jahrhunderts als jesuitischer Missionär nach Süd-Amerika reiste, dort gestorben ist, und der mehrere Schriften über seine Missionsthätigkeit geschrieben hat, begeisterte den jungen Theologen so sehr, daß er die Idee faßte, sich gleichfalls als Missionär nach Amerika zu wenden. Nicht aber der Indianermission, wie er es gewünscht hatte, sondern der Mission unter den weißen Bewohnern der Vereinigten Staaten sollten seine Dienste gewidmet werden. In New York im Januar 1836 zum Priester geweiht, trat er dem Orden der Redemptoristen bei, und begründete bereits in 1837 in Pittsburg das erste Stift dieses Ordens in den Vereinigten Staaten, dessen erster Superior er wurde. In 1852 zum Bischof von Philadelphia ernannt, lebte er ein bescheidenes Stillleben bis zu seinem am 5. Januar 1860 erfolgten Tode. — Dr. Neumann ist der Verfasser mehrerer theologischer Werke, sowie auch etlicher Abhandlungen über Botanik (der er mit einer warmen Leidenschaft in seinen Mußestunden nachging), "The Ferns

---

*) History of Cambria County, in Egles History of the Commonwealth of Pennsylvania, p. 469.

of the Alleghanies" und "Rhododendrons of the Pennsylvania and Virginia Mountains".

Alle diese Männer haben in ihren resp. Kreisen bedeutendes gewirkt und dem deutschen Namen unter den Amerikanern Ehre erworben.

Wie **Wilhelm Horstman**, dessen wir schon früher erwähnt haben, durch Gründung eines großartigen Fabrikgeschäfts mehr als eine lokale Berühmtheit sich errungen hatte, so steht **Franz Martin Drexel** in erster Reihe im kaufmännischen Fache als Begründer des großen Banquier-Hauses Drexel und Söhne in Philadelphia da. Seine Laufbahn war eine an das Romantische streifende. Geboren zu Dornbirn, Tyrol, im Jahr 1792, entzog er sich nach der Invasion der Franzosen und Baiern (1809) der Konskription durch die Flucht und wanderte durch die Schweiz nach Italien. Bei einem längeren Aufenthalt in Mailand widmete er sich der Portrait-Malerkunst, die er dann mit Glück betrieb. Was ihn zur Auswanderung nach Amerika (1817) veranlaßt hatte, ist uns unbekannt geblieben. Er setzte aber seine Kunst hier eifrig fort, verheirathete sich zu Philadelphia und machte von da aus viele Reisen, namentlich in Süd-Amerika, besuchte Chili, Ecuador, Brasilien, wurde mit den hervorragendsten Männern dieser südlichen Staaten bekannt, namentlich mit Simon Bolivar und fand in seinem Fache die ausgedehnteste Beschäftigung. Zu der Kenntniß der italienischen und französischen Sprache erwarb er sich die der spanischen; und seine gesellschaftlichen Talente, namentlich die der Musik, erwarben ihm leicht viele Freunde. Außer reichlichen Geldmitteln brachte er auch werthvolle Sammlungen von Merkwürdigkeiten mit zurück, die eine zeitlang in Peale's bekanntem Museum aufbewahrt wurden. Ein anderer Ausflug galt Mexiko und Central-Amerika, von wo er im Jahr 1836 nach Philadelphia zurückkehrte, „mit Schätzen beladen". Doch war er Anfangs in dem Geschäft eines Geldwechslers nicht sehr glücklich. Er versuchte sich in Louisville, Kentucky, doch ohne Erfolg. Aber seine Klugheit, Ausdauer und Energie gerade in den so kritischen Jahren von 1837 bis 1840 (Untergang der National- und fast aller Staatsbanken) brachten ihn durch alle Klippen und über alle Untiefen hinweg. Mit seinen Söhnen errichtete er eines der bedeutendsten Banquier-Häuser, welches sich in allen finanziellen Stürmen siegreich erhalten hat und an Solidität keinem anderen Hause in den Ver. Staaten nachsteht. Im Jahr 1850 gründete er in Verbindung mit Anderen ein Banquier-Geschäft in San Francisco, dessen Theilhaber er zehn Jahre lang blieb. Bis zu seinem Tode, der schnell und unerwartet kam (5. Juni 1865) lebte er seinen Geschäften. Sein liebenswürdiger, freisinniger Charakter, seine Ehrenhaftigkeit in Geschäften hatten ihm die Achtung seiner Mitbürger in hohem Grade erworben, und sein Tod erregte unter allen Klassen lebhafte Betrübniß. Sein Leichenbegängniß war eines der großartigsten, welches zu Philadelphia stattgefunden hatte, und bewies, daß man ihn nicht blos als einen ausgezeichneten Privatmann, sondern als einen öffentlichen Charakter betrachtete. Er hinterließ eine Familie von drei Söhnen und drei Töchtern, von denen eine an J o h n B. L a c k m a n n, den jetzigen freigebigen Präsidenten der deutschen Hospitalgesellschaft, verheirathet war.

Dr. O s w a l d S e i d e n s t i c k e r, Sohn des Dr. Seidensticker, dessen Lebensbild wir bereits gegeben haben, wurde am 3. Mai 1825 zu Göttingen geboren, besuchte das Gymnasium daselbst und bezog Ostern 1843 die dortige Universität, wo er bis zum Jahre 1846 Philologie studirte. In diesem Jahre folgte er mit seiner Mutter und vier noch lebenden Geschwistern seinem nach Amerika verbannten Vater. In Philadelphia, dem Wohnort des Vaters, studirte er bis 1848 Medizin, erhielt das Doktor-Diplom, machte aber von demselben keinen Gebrauch, sondern nahm im Jahre 1849 eine Stelle als Lehrer der alten Sprachen und Mathematik zu Jamaica Plain, in Massachusetts, an. Er errichtete dann im Jahre 1852 eine eigene Schule zu Brooklyn, N. Y., welcher er bis 1858 vorstand. Von diesem Jahre bis 1867 leitete er eine Privatschule in Philadelphia. Seitdem ist er Professor der deutschen Sprache und Literatur an der Universität von Pennsylvanien in Philadelphia. Seine Verbindung mit der Deutschen Gesellschaft von Pennsylvanien und deren Bibliothek führte ihn zur Geschichtsschreibung der älteren deutschen Bevölkerung von Pennsylvanien und besonders zur deutsch-amerikanischen Bibliographie. Seine Arbeiten in diesem Fache, darunter „Franz Daniel Pastorius und die Gründung von Germantown", wurden meistens in dem zu Cincinnati erscheinenden „D e u t s c h e n P i o n i e r" veröffentlicht. Die Geschichte der Deutschen Gesellschaft von Pennsylvanien, von ihm verfaßt, ist besonders hervorzuheben. Alles, was Oswald Seidensticker schreibt, zeugt von gründlicher Kenntniß des Gegenstandes, den er behandelt, und von einer höchst gewissenhaften Kritik und Forschung. Die Einfachheit, Klarheit und Eleganz seines Styls verleihen seiner Darstellung einen seltenen Reiz. Oswald Seidensticker ist im Verwaltungsrath der Deutschen Gesellschaft, dem des Deutschen Hospitals und der Historical Society, und Mitglied der Philosophical Society von Pennsylvanien. Seine Mittheilungen, Hinweisungen, Erörterungen sind dem Verfasser dieses Buches von großem Werthe gewesen.

Fünftes Kapitel.

New Jersey.

New Jersey. — Johann A. Röbling. — New York. — Gründung der deutschen Gesellschaft daselbst. — Johann Jakob Astor. — Charles Sealsfield. — Deutsche Presse. — Wilhelm von Eichthal. — Deutsche Schnellpost. — Deutsche Buchhandlung. — Politisches Leben der Deutschen. — Militärische und andere Vereine. — Kirchliche Bestrebungen. — Friedrich Wilhelm Grißenhainer. — K. F. Ehlert. — Opposition gegen die Nativ-Partei. — Jahresfeier der Deutschen Gesellschaft.

In den Städten New Jersey's findet sich heutzutage eine verhältnißmäßig große deutsche Bevölkerung, welche ihre Preßorgane und Vereine hat. Vor vierzig Jahren aber war dieselbe noch zu wenig zahlreich, um von sich reden zu machen. Wir dürfen annehmen, daß namentlich in Newark, Hoboken und Jersey City, die eigentlich nur Vorstädte von New York sind, die Deutschen, wie ihre Nachbarn in New York, sich am öffentlichen Leben betheiligten, und auch deutsches Wesen beförderten. In der That finden wir, daß schon im Jahre 1839 in Newark eine deutsche Freischule bestand. Im Jahre 1848 aber ließ sich ein Mann im Staate New Jersey nieder, auf dessen Namen Deutschland und das amerikanische Deutschthum insbesondere stolz sein können, wir meinen Johann August Röbling, einen der ersten Ingenieure der Neuzeit, der als Brückenbauer Robert Stephenson nicht nur gleichsteht, sondern ihn weit überflügelt hat. — Röbling stammt aus einem in Thüringen und namentlich in Schwarzburg-Sondershausen weit verzweigten und angesehenen Geschlecht. Er selbst war am 12. Juni 1806 in Mühlhausen geboren, besuchte das Gymnasium daselbst und bildete sich zu Erfurt und Berlin auf den Real-Schulen zum Ingenieur aus. So sehr ihn seine Fachstudien anzogen, so interessirte sich doch sein forschender Geist auch für Philosophie und er besuchte deshalb die Vorlesungen von Hegel. In den Jahren 1827 bis 1831 war er Assistent beim Bau von Straßen in der Provinz Westphalen. Es war um diese Zeit, als sich zu Mühlhausen eine Auswanderungsgesellschaft für Amerika bildete, die zum Theil aus sehr gebildeten Männern bestand. Wenn wir nicht irren, war Emil Angelrodt, der später eine bedeutende Rolle in St. Louis spielte, einer dieser Gesellschaft, vielleicht auch Herr von Dachröden, der aus derselben Gegend kommend, sich in der Nähe von St. Louis an Lewis Ferry, am Missouri Flusse niederließ. Röbling schloß sich dieser Gesellschaft an, zu der ein seltsames Genie gehörte, — Etzler, der eine geraume Zeit in Amerika durch die kühnsten und gewagtesten Vorschläge in mechanischen Verbesserungen, durch seine Pläne, das Wetter nach Belieben zu machen, die amerikanische Presse und den Kongreß selbst in Athem hielt. Unstreitig besaß er vielfache theoretische Kenntnisse und hatte wohl dadurch das Vertrauen von Röbling sich erworben. Es scheint, daß zu dieser Zeit Röbling, wie so viele andere tüchtige und gebildete Deutsche, die Idee gefaßt hatte, eine rein deutsche Kolonie mit einer auf Humanität und Brüderlichkeit fußenden Verfassung in den Vereinigten Staaten zu gründen. — Aus der Kolonie in dem Sinne der Stifter wurde nichts, indessen ließ sich ein Theil der sogenannten Mühlhäuser Gesellschaft in einer reizenden Gegend in Beaver County, Pennsylvanien, nicht weit von der Rappschen Kolonie, nieder. Röbling wurde Landbauer und wir haben bereits gesehen, daß er schon im Jahre 1838 als Delegat einer der Versammlungen beiwohnte, welche die Stiftung eines deutschen Lehrerseminars zum Zweck hatten. Allein zum Glück wurde er noch rechtzeitig sich seines eigentlichen Berufs bewußt. Er griff seine Laufbahn als Ingenieur wieder auf, war mehrfach thätig an den Vermessungen für die prächtige Central-Eisenbahn in Pennsylvanien und für mehrere Kanalbauten. Im Jahre 1842 begann er die Herstellung von Drahtseilen, welche zuerst an der Alleghany Portage-Straße benutzt wurden. — Im Jahre 1844 wurde der Pennsylvanier Kanal-Aquaduct über den Alleghany Fluß nach Pittsburg einmündend von ihm an Drahtseile gehängt, ein Werk, welches zur Zeit das größte Aufsehen erregte und seinen Ruf als Ingenieur fest begründete. Er erbaute dann die schöne Monongahela Hängebrücke bei Pittsburg fünfzehnhundert Fuß mit acht Spannungen. Im Jahre 1848 zog er nach Trenton, New Jersey, an welchem Orte er seine große Drahtseil-Fabrik anlegte.

Ein wundervoller Bau von achthundert Fuß Spannung ist die Hängebrücke über den Niagara, eine Meile unterhalb den Fällen, über das in tiefer Schlucht fort tosende Wasser. Ueber der Brücke für Wagen und Fußgänger befindet sich ein zweites Stockwerk für die Eisenbahn. Das Werk ist von höchster Eleganz, und hat sich seine Festigkeit schon seit dreißig Jahren bewährt. Es wurde 1852 vollendet. Bald darauf baute er die eben so schöne als elegante Brücke über den Ohio, die Cincinnati mit dem gegenüber liegenden Covington verbindet. Dieselbe hat zwölfhundert Fuß Spannung.

Sein letztes großes Werk war der Entwurf der kolossalen Brücke über den East River, New York mit Brooklyn verbindend. Er hatte sich ein Jahrzehnt mit diesem Plane getragen und nachdem Alles durchdacht, Alles berechnet und auf dem Papier fertig entworfen worden war, nachdem die zahllosen Schwierigkeiten und die starke Opposition nur durch den eisernen Willen eines einzigen Mannes besiegt waren, da mußte in dem ersten Moment des praktischen Vermessens der große Baumeister hingerafft werden.*) Ein Balken quetschte ihm den linken Fuß. Es mußten ihm vier Zehen abgenommen werden. Die Wunde fing an zu heilen und alle Gefahr schien beseitigt, als sich die Mundsperre einstellte, und der kräftige Mann nach langen Leiden am 20. Juni 1869 mit philosophischer Ruhe starb. — Das große Werk seiner Vollendung nahe, wurde von seinen Söhnen, die schon lange mit dem Vater gedacht und gearbeitet hatten, fortgesetzt. Diese Brücke ist fünftausend Fuß lang, mit einer Central-Spannung von sechszehnhundert Fuß über dem Spiegel des Meeresarms, der als East River bekannt ist.

Aber nicht nur als einer der hervorragendsten seines Faches, sondern auch als Privatmann war Röbling einer der ersten und besten. Der Geistliche, der unter dem Andrang von mehr als fünftausend Personen zu Trenton das Andenken des Verstorbenen bei dessen Bestattung feierte, sagte unter Anderm: "In ihm hat Trenton einen seiner besten Bürger, die Armen einen ihrer größten Wohlthäter und die Welt einen erleuchteten Geist verloren." Er war der alleinige Erhalter des Waisenhauses und der liberale Unterstützer anderer Wohlthätigkeits-Anstalten. Er hinterließ ein sehr großes Vermögen, von dem bedeutende Summen an wohlthätige Institute von ihm vermacht waren.

Röbling war ein außerordentlicher Mann. Eine mächtige, hohe Stirn überwölbte seine mit energischen Brauen bedeckten, etwas tief liegenden Augen, aus denen der Genius blitzte. Nase und Mund zeigten Kraft und Kühnheit. Er war von imponirender Gestalt, und beim ersten Anblick hätte man in ihm die Güte des Herzens, die große Bescheidenheit, die ihn zierte, seine Leutseligkeit im Umgang nicht vermuthet. In einem Nachruf, den ihm die Aktien-Inhaber der Covington und Cincinnati Brückenkompagnie widmeten, heißt es unter Anderm: "In dem Zweige der Kunst, welcher er den größten Theil seines Lebens gewidmet hat, war Niemand seines Gleichen. Während er alle Autoritäten seines Faches achtete, ließ er sich dennoch durch dieselben nicht binden. Ihm gebührt der Ruhm, beide Ströme (Niagara und Ohio) mit Sicherheit überbrückt und die Schifffahrts-Kanäle frei und ungesperrt gelassen zu haben. Sein letztes vollendetes großes Werk in unserer Stadt wird für Jahrhunderte stehen als ein öffentlicher Segen und als ein Denkmal seines Talents."—†)

---

*) "Deutscher Pionier," Band 1, Seite 196.
†) "Deutscher Pionier," a. a. O.

New York.

Die starke Einwanderung der Deutschen in den Staat New York, welche bereits in dem siebenzehnten und achtzehnten Jahrhunderten stattgefunden, hatte schon gegen das Ende des letztern bedeutend abgenommen. Dieselbe war von vornherein mehr nach dem Westen des Staats gezogen, und die deutsche Bevölkerung der Stadt New York konnte während dieses Zeitraums nicht sehr bedeutend sein, da der Census von 1800 überhaupt nur eine Einwohnerzahl von 60,000 nachwies. Nichtsdestoweniger bildete sich schon im Jahre 1784 eine deutsche Gesellschaft zum Schutze der Einwanderer. Der erste Präsident derselben war Oberst Heinrich Emanuel Lutterloh, Vice - Präsident war Oberst Friedrich von Weißenfels. Während die deutsche Gesellschaft Pennsylvaniens keine Schwierigkeit fand, einen Freibrief von der Gesetzgebung zu erlangen, hatte seltsamer Weise die New Yorker Gesellschaft bis zum Jahre 1825 noch keinen solchen erhalten, obgleich man sich darum mehrmals bei den gesetzgebenden Gewalten bemüht hatte, und obgleich einige der geachtetsten Männer des Staates der Gesellschaft angehörten. Kein geringerer als General von Steuben folgte dem Obersten Lutterloh als Präsident vom 21. Januar 1795 bis 25. Januar 1804. Philip und Georg Arcularius, Jakob Lorillard und andere höchstangesehene Männer waren bis 1825 Präsidenten der Gesellschaft gewesen. Der Freibrief selbst ist an die Herren Georg Arcularius, Martin Hoffman, Friedr. C. Schäffer, Theodor Meyer, S. W. Schmidt, Jakob Lorillard, J. P. Groschen, Anton Steinbach, F. W. Geißenhainer, Georg Meyer und Philip Hone und ihre Genossen ausgestellt. Spätere Präsidenten waren unter andern Jakob Lorillard 1837—1841, John Jakob Astor 1841 bis 1845. L. W. Faber 1845 bis 1847. (Siehe Liste sämmtlicher Präsidenten bis 1876. Anhang No. 5.)

Die Zwecke der Gesellschaft waren dieselben, wie die der Deutschen Gesellschaft von Philadelphia und ebenso ist sie aus bescheidenen Anfängen zu einem umfangreichen und segensvollen Institut erblüht. Schon im Jahre 1859 zählte sie über tausend Mitglieder und der Verwaltungsrath besteht aus den hervorragendsten Geschäftsmännern der Stadt. — In dem Zeitraum, der uns beschäftigt, muß der Handelsfürst John Jakob Astor wohl einen der ersten Plätze einnehmen.

John Jakob Astor, am 17. Juli 1763 in Walldorf unfern des Rheins bei Heidelberg geboren, und bereits im Jahre 1783 hier eingewandert, fällt in die Periode die wir zu behandeln unternommen haben, da er erst 1848 gestorben ist, und sich ein großer Theil seines

Wirkens in derselben entfaltet hat. Die ausgezeichnete ebenso fein psychologisch, als historisch erschöpfende Schilderung Friedrich Kapp's in seiner „Geschichte der Deutschen im Staate New York", überhebt mich der Aufgabe, ja verbietet sie mir gleichsam, den Lebenslauf dieses merkwürdigen Mannes mit der Ausführlichkeit zu verfolgen, die er verdient.

Man hat in neuerer und neuester Zeit hier und in Deutschland Männer des Volks, denen eine ausreichende Erziehung versagt war, und die in dürftigen Umständen und aus roher Umgebung heraus sich zu einem bedeutenden Reichthum und zu gesellschaftlichem oder politischem Einfluß emporgeschwungen haben, häufig unterschätzt. Man hat ohne viel zu unterscheiden, sie alle in die Kategorie der reich gewordenen Hausknechte geworfen. Daß es an dieser letzten Klasse, worunter man Leute von einem sich zur Schau tragenden Geldstolz, gepaart mit Mangel an Bildung, zu verstehen hat, hier nicht fehlt, ist nur zu wahr. Aber immerhin steckt selbst in solchen Leuten ein guter Kern, denn ohne irgend ein Verdienst, sei es nun äußerste Arbeitskraft und eiserner Fleiß, oder klare Einsicht und Anstelligkeit, schwingt sich namentlich in einem fremden Lande nicht leicht ein mitteloser, mit Sprache und Sitten unvertrauter Mann, zu einem auch nur mäßigem Reichthum, noch weniger zum Besitz von Millionen auf. Aus Nichts wird Nichts, und das Glück ist nicht ganz so blind, als man gewöhnlich um sich selbst zu trösten anzunehmen beliebt.

Der Sohn eines leichtfertigen, dem Trunk ergebenen Metzgers, in einem kleinen Dorfe, der es nie auf einen grünen Zweig gebracht hatte, mußte er schon von früher Jugend auf dem Vater im Geschäfte helfen, bei magerer Kost und oft rauher Behandlung, die er um so härter fühlte, als er seine Mutter schon als kleiner Knabe verloren hatte, und eine Stiefmutter im Häuschen schaltete. Doch sagt die Ueberlieferung, daß die Dorfschule ausnahmsweise einen sehr tüchtigen Lehrer gehabt habe, bei dem unser „Hansjakob" ganz ordentlich lesen, rechnen und schreiben, sowie den „Heidelberger Katechismus" aus dem Fundament gelernt habe. Der Lehrer soll auch oft gesagt haben, daß es ihm um den Knaben nicht bange sei, daß er durch die Welt kommen werde, denn er habe einen offenen Kopf und hinter den Ohren habe er's recht. Seine älteren Brüder hatten alle, so bald sie flügge geworden waren, das ungenügende Heim verlassen. Georg der älteste, hatte sich in London niedergelassen und betrieb einen Handel mit musikalischen Instrumenten. Der zweite, Heinrich, war nach New York gerathen, wenigstens fand ihn später unser Astor dort, verheirathet und in geordneten Verhältnissen, ohne daß es zu ermitteln ist, was er eigentlich betrieb. Wann Astor Walldorf verließ, und der Sage nach als Ruderknecht die Reise auf einem Rheinfloß nach Holland und von da nach England machte, ist ebenfalls in Dunkel gehüllt. Es wird vermuthet, daß bei der Armuth des Vaters der Londoner Bruder ihm das

Reisegeld geschickt habe. Da, als Astor im Jahr 1784 in Amerika ankam, er mit der Sprache des Landes schon vertraut war, so läßt sich annehmen, daß er wenigstens drei oder vier Jahre bei seinem Bruder in London zugebracht haben muß. Man kann daher wohl annehmen, daß er im Jahr 1780, also siebenzehn Jahre alt, die Pfalz verlassen hat.

Was er sich in London erspart haben mochte, hatte er in musikalischen Instrumenten angelegt, welche er mit gutem Gewinn in New York, wohin er sich zu seinem Bruder begab, absetzte. Von einem deutschen Reisegefährten auf der Seefahrt, der einige Erfahrungen im Pelzhandel hatte, dazu angeregt, von seinem Bruder in seiner Absicht bestärkt, trat der junge Astor bei einem soliden Pelzhändler und Kürschner in die Lehre und eignete sich sehr bald eine solche Geschäftskenntniß an, daß er, statt seines Prinzipals, mehrmals das nördliche New York und Canada bereiste, um Einkäufe zu machen, die alle zu großer Zufriedenheit ausfielen.

Nach dem Tode seines Meisters im Jahre 1786, fing er ein eigenes Geschäft an, brachte seine Einkäufe mehrere Jahre hintereinander selbst nach England, importirte dafür hier gangbare Artikel und hatte sich durch seinen kaufmännischen Scharfsinn, seine strenge Rechtlichkeit und Pünktlichkeit in den Handelskreisen von New York und London schon nach wenigen Jahren den besten Namen erworben. Sein Wort war allein so viel werth, als der beste Wechsel. Schon am Ende des Jahrhunderts hatte er ein Vermögen von mehreren Hunderttausend Dollars erworben. In seiner Frau, welche er im Jahr 1790 heirathete, und die zwar keine Glücksgüter, aber einen klaren Verstand hatte, und selbst im Geschäfte mit großer Einsicht mitarbeitete, fand er eine einfache, treue und kluge Lebensgefährtin. Vom Jahr 1800 an betrieb er sein Geschäft schon großartiger, befrachtete ganze Schiffe mit den edelsten Pelzen nach England und nach China, und machte dabei riesenhaften Gewinn. Zu gleicher Zeit erkannte er eher als seine Zeitgenossen die große Bedeutung New York's für die Zukunft. Es war bei seiner Ankunft verhältnißmäßig nur eine kleine Stadt von 25,000 Einwohnern, an Zahl der Bewohner und namentlich als Handelsplatz hinter Boston, Philadelphia, Baltimore und mehreren anderen Städten zurückstehend. In Hinsicht auf die natürliche Lage New York's und in der Gewißheit eines Aufblühens legte er große Summen in Grundeigenthum an, zum Theil weit entfernt von den damaligen Stadtgrenzen, welche Erwerbungen die Grundlage seines späteren kolossalen Reichthums geworden sind und ihn über die außerordentlichen Verluste in seinen Handelsunternehmungen, die ihn später trafen, harmlos hinüberführten. In den letzten Jahren seines Lebens machte er auch noch große Landeinkäufe im Staate New York und in den westlichen Staaten.

Mit den erlangten großen Mitteln wuchsen auch seine Zwecke. Englische Pelzhandel-Gesellschaften in Canada und in den anderen britischen

Gebieten Nord-Amerika's hatten den ganzen Handel mit edlem Pelzwerk an sich gezogen, und da sie mit großen Kapitalien arbeiteten, jede Konkurrenz von Seiten der Bewohner der Ver. Staaten unmöglich gemacht. Astor beschloß den Kampf mit diesen mächtigen Monopolen — der Hudson's Bai, der Nordwestlichen und der Mackinaw Kompagnie — aufzunehmen. Er setzte sich mit der Regierung in Verbindung, legte seine Pläne dem Präsidenten Jefferson (1807) vor, erhielt von diesem jede Ermuthigung, konnte indessen, theils konstitutioneller Schwierigkeiten und wohl auch der damaligen finanziellen Lage des Landes wegen, keine direkte Unterstützung erhalten.

Durch die im Jahre 1804 von der Regierung ausgerüstete Expedition unter Lewis und Clark war der Weg westlich vom Mississippi, den Missouri entlang, durch die Felsengebirge bis an den Columbia Strom, und diesen entlang bis zu seinem Ausfluß in das Stille Meer erforscht worden. Astor faßte nun den Plan, dem Landweg entlang Stationen für den Pelzhandel zu errichten, an der Mündung des Columbia Flusses eine Niederlassung zu gründen, jährlich Schiffe um das Cap Horn nach dieser Gründung zu schicken, welche theils die Kolonisten, theils auch die Bewohner des russischen Amerika's mit Lebensbedürfnissen versehen sollten, die Pelze, sowohl an der Station am Columbia, als auch die in der russischen Niederlage Sitka (Alaska) erkauft, in Ladung zu nehmen und sie dann nach dem besten Markt für edles Pelzwerk, nach China, zu schicken und von dort aus mit reicher Rückfracht nach New York heimkehren zu lassen. „Astor sah sich im Geiste", wie Herr Kapp sagt, „als der Gründer eines neuen Staatssystems am Stillen Meer und eines die ganze Welt umspannenden Handelsnetzes, er erblickte in seiner Kolonie und die dahin führenden Stationen die lebensfähigen Keime einer die Wildniß erobernden Civilisation, und begrüßte im Geiste auf der Westseite des Kontinents eine ebenso fleißige, regsam schaffende und erobernde amerikanische Bevölkerung, wie sie sich vor seinen Augen täglich weiter ausdehnte."

Im Jahre 1810 erhielt er einen Freibrief für seine „Pacific Pelzkompagnie" von der Gesetzgebung des Staates New York. Er war natürlich der Leiter und die Seele der Gesellschaft, indem er seine Millionen einschoß, und sein Kopf die Pläne entwarf, die Instruktionen an seine Agenten ausarbeitete und mit seinem Namen schon von vornherein dem ganzen Unternehmen Glanz verlieh. Es würde hier zu weit führen, auf das Nähere dieser Gründung „Astoria" und deren Schicksale einzugehen; ist dieselbe doch in dem interessanten Werk „Astoria", unter der Aegide von Washington Irving erschienen, ebenso ausführlich, wie höchst fesselnd beschrieben. Astoria, die Stationen und das Fort am Columbia gingen unter, hauptsächlich durch den bald darauf ausgebrochenen Krieg der Vereinigten Staaten mit England (1812). Eines der Schiffe wurde von treulosen Indianern bei Vancouvers Island nach Ermordung der Bemannung in Besitz genommen, aber von einem Sterbenden in die Luft gesprengt; ein anderes scheiterte an den Sandwichinseln. Der Krieg verhinderte das Auslaufen anderer. Durch den energischen Wilson P. Hunt, der erst vor wenigen Jahren gestorben ist und der die Ueberlandexpedition geleitet hatte, wurden aber im Innern Handelsplätze und Forts gegründet, und ein lebhafter und gewinnreicher Handel mit Pelzen eröffnet, an dem Astor bis zu seinem späteren Lebensalter betheiligt war. Man kann daher immerhin sagen, daß das Unternehmen nur soweit es den Handel nach Asien beabsichtigte und zugleich politisch den Vereinigten Staaten eine Besitznahme gesichert hätte, um welcher sie später stark zu ringen hatten, fehlschlug, auf der anderen Seite aber den Pelzhandel in den unermeßlichen Nordwestgebieten der Vereinigten Staaten eröffnet und organisirt, und bedeutend zur näheren Kenntniß dieser Regionen, und zum Nationalreichthum beigetragen hat. Die pekuniären Verluste, die ihm das Scheitern seines großartigen Planes verursachte, ertrug Astor mit Gleichmuth, denn seine großen Geschäfte im Pelzhandel gingen nach wie vor fort, und das Steigen des Grundbesitzes brachte ihm auf einer ganz sicheren Weise fabelhafte Summen ein. Als er am 29. März 1848 starb, schätzte man sein Vermögen auf dreißig Millionen Dollars.

Ein solcher Erfolg setzt voraus: natürliche Begabung, ungewöhnlichen Scharfsinn, Sparsamkeit, Zusammenhalten der Mittel, Pünktlichkeit, Kaltblütigkeit, Ueberlegung, Beharrlichkeit und vor Allem Rechtschaffenheit. Alle stimmen überein, daß Astor alle diese Eigenschaften in hohem Maaße besaß, einige derselben, wie seine Sparsamkeit und Pünktlichkeit in zu hohem Grad. Man hat ihm vielseitig Geiz und Kleinlichkeit vorgeworfen, gewiß oft mit Recht, wie denn auch seine Vermächtnisse zu wohlthätigen Zwecken, großartig wie sie an und für sich waren, doch mit seinem ungeheuren Vermögen in keinem Verhältniß standen. Eine Schenkung von einem hunderttausende von Dollars werthen Bauplatz und von 400,000 Dollars in Geld zur Errichtung einer Jedermann freistehenden Bibliothek, welche jetzt schon an 200,000 Bände zählt; von 50,000 Dollars für eine Anstalt armer alter Leute und zur Erziehung von unbemittelten Kindern in seinem Heimathsort Walldorf; von 20,000 Dollars für die Deutsche Gesellschaft zum Besten der deutschen Einwanderer, würden einem zehnfachen Millionär schon sehr hoch angerechnet werden können, aber bei einem dreißigfachen sind sie eben doch nur mäßig. Sein Sohn William C. Astor hat indessen der Bibliothek zur Erweiterung noch werthvolle Bauplätze und eine Summe von 200,000 Dollars hinzugefügt.

Daß ein Mann wie er, Anforderungen oft abschlagen mußte und deswegen häufig mit Unrecht als engherzig und geizig verschrieen wurde, liegt in der Natur der Sache. Alle und Jede die in Noth waren, wendeten sich an ihn, überliefen ihn, überhäuften ihn mit Bettelbriefen. Er pflegte nur zu geben, wo er sich selbst von der Noth und der Verdienstlichkeit der Bittenden überzeugt hatte. Er soll in der Stille sehr viel Gutes gethan haben, aber dem Fehler verfallen sein, seine Wohlthaten nicht willig zu erweisen. Er scheint nicht darauf geachtet zu haben, daß Derjenige doppelt giebt, der freundlich giebt. Von dem armen Bauernjungen der oft genug sein trockenes „Brod mit Thränen aß" und bei einem Sturm im Hause seines trunkenen Vaters, so manche Nacht auf einem nachbarlichen Heuboden schlief,*) der dann sich fern von der Heimath jeden Pfennig selbst erwerben mußte, und nur durch die strengste Enthaltsamkeit und Sparsamkeit sich nach und nach ein kleines Vermögen erwarb, welches er dann nur ebenfalls durch Sparsamkeit und Pünktlichkeit erweiterte, bis er eine Grundlage zu den großartigsten Handelsunternehmungen gelegt hatte, eine Chevalerie und Freigebigkeit zu verlangen, wie sie nur unter den günstigsten Verhältnissen von früher Jugend auf anerzogen sein kann, ist völlig unberechtigt und würde den Mangel jeder Seelenkunde beweisen. Gewiß ist, und das ist schon sehr viel, daß ihn sein Reichthum nicht übermüthig machte, daß er einfach und bescheiden, und jeder bloßen Prunksucht gänzlich fremd blieb. Durch die Macht der Verhältnisse natürlich viel in amerikanischen Umgang gedrängt, fühlte er sich doch stets ein Deutscher. Er war Jahre lang nicht nur ein Mitglied der seit 1784 bestehenden Deutschen Gesellschaft zum Schutze der Einwanderer, sondern sehr thätig im Direktorium derselben und in den Kommitteeversammlungen. Seinen Sohn William C. Astor, sandte er zu seiner Ausbildung nach Deutschland, was zur Zeit, wo es geschah, noch eine Seltenheit war. Auch seine Freude an heiterem geselligem Umgang, seine Lust am Theater, welches er so oft wie nur immer möglich besuchte, sind Zeugen der Fortdauer seiner vaterländischen Neigungen. Sein Reichthum allein schon verschaffte ihm Einfluß in der amerikanischen Gesellschaft, und so schwach auch das deutsche Element in den ersten Jahrzehnten dieses Jahrhunderts in der Stadt New York vertreten war, konnte es sicher nicht fehlen, daß er ihm einen gewissen Glanz verlieh, und demselben für später eine bessere Aufnahme sicherte.

Es ist keinem Zweifel unterworfen, obgleich die Quellen darüber nur spärlich fließen, daß Astor auch geistig sich so viel als möglich auszubilden gesucht hat. Er muß viel gelesen, ja selbst geschrieben haben. So viel ist gewiß, daß, als der berühmte und liebenswürdige Schriftsteller Washington Irving es unternahm, die Expedition zu Land und Wasser nach dem stillen Meere, die Gründung und den Untergang von Astoria in beschreibender Erzählung herauszugeben, Astor seine Korrespondenz mit

---

*) W. O. von Horn, „John Jakob Astor". New York. Steiger.

der Regierung, seine vielen und weitläufigen Instruktionen an seine Agenten, alle die von ihnen erhaltenen Berichte, sorgfältig geordnet hatte und durch mündliche Erzählungen verknüpfte und ergänzte. Washington Irving sagt von ihm: *)

„Astor ist ein Mann von großem Verstand, aus dessen Unterhaltung man seltene Belehrung ziehen kann." Seinem Neffen, welcher der eigentliche Niederschreiber der „Astoria" war, indem Washington Irving selber nur die letzte Feile anlegte, schreibt er ein andersmal: „Astor wird Ihnen selbst helfen. Alle Papiere und Dokumente sind schon von ihm geordnet." Der berühmte Schriftsteller besuchte ihn häufig, namentlich auf seinem reizenden Landsitz am Hellgate und brachte Tage lang bei ihm zu, wie denn auch eine Reihe von Jahren der Dichter Fitz Green Halled Astors Hausgenosse und Gesellschafter war. Wiederum besuchte Astor Washington Irving auf Tage in seiner Villa am Hudson, welch letzterer auch von ihm zu einem seiner Testamentsvollstrecker ernannt wurde. An der Politik nahm Astor keinen hervorragenden Antheil, doch hatte er Umgang mit den Heroen seiner Partei, wie Henry Clay, Webster und Anderen. Mit einem der bedeutendsten und besten Staatsmänner Amerika's, Albert Gallatin, stand er oft in Korrespondenz, und Gallatin schätzte Astor sehr hoch. Seine Briefe an Gallatin zeigen zwar keinen Addison'schen Styl, aber sind doch recht gut geschrieben, und sind Beweise eines hellen Kopfes, der auch die Politik gut zu beurtheilen wußte.†) Seine Börse wurde wohl oft für Wahlangelegenheiten in Anspruch genommen; auch hat er einige Male bei öffentlichen Gelegenheiten präsidirt.

Für die Jahre 1820 bis zum Anfang der dreißiger Jahre fließen uns, was die Geschichte des deutschen Elements in der Stadt und dem Staate betrifft, nur spärliche Quellen. An Reiseberichten, welche in Deutschland erschienen sind, und die Darstellungen aus New York enthalten, fehlt es nicht, sie sind aber für unsern Zweck deswegen unbrauchbar, weil sie meist sehr flüchtig und unzuverlässig sind, und entweder die Tendenz haben durch rosige Schilderungen die Einwanderung zu befördern, oder durch Hervorhebung der Schattenseiten von derselben abzuschrecken. Wir können annehmen, daß das, was Prinz Bernhard von Sachsen-Weimar, der in der Mitte der zwanziger Jahren die Vereinigten Staaten bereiste, über Baltimore, Philadelphia und Washington sagte, auch auf New York angewendet werden konnte. Er fand dort deutsche Gesellschaften zur Unterstützung von Einwanderern und Armen, viele deutsche reiche, angesehene und gebildete Männer, selbst Gelehrte und Ju-

---

*) "Life and Letters of Washington Irving" by Pierre Washington Irving.
†) Siehe "Life of Albert Gallatin", by Henry Adams. New York 1879.

genieure, und unter ihren Nachkommen befanden sich schon mehrere Rechtsgelehrte und höhere Angestellte.

Fast alle deutschen Staaten hatten Konsuls in New York, welche meistens dem reicheren Handelsstande angehörten, und in deren Häusern deutsche Geselligkeit und Gastfreundschaft herrschten, und die einen Mittelpunkt deutschen Lebens bildeten.

Es war im Jahre 1823, als der räthselhafte Mann an den Gestaden von New York landete, der in der Literatur unter dem Namen C h a r l e s S e a l s f i e l d bekannt und berühmt ist, dessen wahrer Name, wie es sich aber erst nach dessen Tode herausstellte, K a r l P o s t e l war und dessen Wiege unweit Seefeld bei Znaim in Unterösterreich stand. Hier wurde Karl am 3. März 1793 geboren. Sein Vater war in Seefeld Richter, und ließ dem Knaben eine gute Erziehung zu Theil werden. Er erhielt seine Gymnasial-Bildung zu Znaim, trat im Jahre 1813 in das Ordenshaus der Kreuzherren zu Prag ein, und wurde, nachdem er die Priesterweihe empfangen, Sekretär des Ordens. Im Herbste des Jahres 1822 verließ er heimlich das Kloster und begab sich nach den Vereinigten Staaten. Die Gründe dafür sind bis jetzt nicht aufgeklärt. — Eben so wenig wissen wir Etwas über seinen ersten Aufenthalt in New York, der bis zum Jahre 1826 dauerte. Nach Deutschland auf eine kurze Zeit zurückgekehrt, finden wir ihn 1827 oder 1828 in England, wo er anonym eine Schrift in englischer Sprache erscheinen ließ, "Austria as it is", welche durch die scharfe Beurtheilung österreichischer Zustände die allgemeine Aufmerksamkeit auf sich zog und seine Rückkehr zu seinem engeren Vaterlande unmöglich machte.

Im Jahre 1828 war er wieder in New York, machte ausgedehnte Reisen, namentlich in den südlichen Staaten, und war eine zeitlang in der Redaktion des "Courrier des Etats Unis" beschäftigt, ging aber im Jahre 1830 als Korrespondent des "Morning Courrier and Enquirer" nach Paris, und hielt sich theils dort, theils in London bis zum Jahre 1832 auf, in welchem Jahre er sich nach der Schweiz begab, die er zu seinem bleibenden Aufenthalte wählte, obgleich er die Vereinigten Staaten noch mehrmals besucht hat. Er starb auf einem Landgute bei Solothurn am 26. Mai 1864. Sealsfield ist hier nie an die Oeffentlichkeit getreten. Daß er das amerikanische Bürgerrecht erlangt hatte, wissen wir nur aus seinem Testamente, aber wie er, hat kaum noch irgend ein Fremdgeborner das hiesige Volksleben verstanden. Seine Schriften haben nicht nur einen großen Einfluß auf die gebildeten Klassen Deutschlands ausgeübt, sondern auch hier tiefen Eindruck gemacht, da sie entweder schon englisch verfaßt oder doch fast alle in's Englische übersetzt wurden und reißenden Abgang fanden. Ohne die Schattenseiten des amerikanischen Charakters zu verkennen, scheint er doch mit glühender Liebe für Amerika und dessen Institutionen erfüllt gewesen zu sein.

Wären wir mit den Geheimnissen eines klösterlichen Lebens vertraut, so könnten wir vielleicht besser die Psychologie seines Geistes verstehen. Gewiß ist es, daß er die zehn Jahre, welche er im Hause der Kreuzherren zu Prag als geweihter Priester zubrachte, auf eine Weise verwerthete, welche seiner gewählten Laufbahn sehr fern liegen mußte.

In ihm begegnen wir nicht nur einem ausgezeichneten Talent, sondern einem Genie. Mit den klassischen Sprachen ohne Zweifel vertraut, beherrschte er mit seltener Leichtigkeit die modernen. Sein deutscher Styl ist freilich nicht mustergültig. Er schuf sich seinen eignen und gebrauchte ihn meisterhaft. Eine reiche glühende Phantasie, eine Erfindungsgabe ohne Gleichen, eine schneidende Dialektik, ein Einblick in die innersten Tiefen des Menschenherzens, verbunden mit einer wahren und raschen Auffassungsgabe, verleihen seinen geistigen Schöpfungen einen fesselnden Reiz und eine nachhaltige Wirkung. Um mit Platen zu reden:

„Sein Geist, des Proteus Ebenbild, war tausendfach gelaunet,
Er lockt' der Sprache Zierden ab, daß alle Welt erstaunet!"

Es ist zu häufig der Fall, daß die besten Schriftsteller, sobald sie ihre heimische Erde verlassen und es unternehmen, ihre Romane auf fremdem Boden und mit fremden Menschen spielen zu lassen, nur einen glänzenden Mißerfolg erzielen. Verstöße gegen die lokale Natur, gegen die herrschenden Sitten, den nationalen Charakter, sind kaum zu vermeiden. Aber Sealsfield ist völlig zu Hause, sei es im puritanischen Neu-England, unter den soliden alten holländischen New Yorkern oder unter den neuern Emporkömmlingen der Seestädte. Er ist auf Du und Du mit dem Pflanzer in Louisiana, mit dem Spieler, der die Dampfboote auf dem Mississippi unsicher macht und mit dem texanischen Hinterwäldler. Der leichtgesinnte Franzose, der schwerfällige Pennsylvanisch-Deutsche, der Kreole und die Kreolin bekommen Leben unter seiner Hand. Und wer die Spanier und Mexikaner kennt, folgt nur mit Bewunderung seinen Schilderungen ihres Charakters in seinem „Bircy". Eben so treu sind seine Naturschilderungen, mag er uns nun nach Saratoga und in die Grünen Gebirge Vermont's, oder an die Ufer des Ohio und Mississippi, in die Prairien von Texas oder die vulkanischen Gefilde von Mexiko führen. — Die gesellschaftlichen und politischen Zustände des Landes faßte er mit seltener Wahrheit auf, und durch die Zeilen kann man lesen, wie ihm die Keime des Verfalles unseres Staatswesens keineswegs verborgen geblieben sind.

Seine bedeutendsten und beliebtesten Werke sind: "Tokeah, or the White Rose" (Philadelphia 1828), später von ihm deutsch bearbeitet unter dem Titel „Der Legitime und die Republikaner" (Zürich 1833);

„Transatlantische Reiseskizzen" (1833); „Der Birey und die Aristokratie" (1834); „Lebensbilder in beiden Hemisphären" (1834); „Ralph Doughby's Brautschaft", „Pflanzerleben und die Farbigen", „Nathan, der Squatter Regulator" (Stuttgart 1834); „Deutsch-amerikanische Wahlverwandtschaften" (Zürich 1842—'43).

Wie anderwärts, so auch in der Stadt und dem Staate New York, entfaltete sich deutsches Leben und Streben mehr und mehr seit Anfang der dreißiger Jahre. Nicht lange nach der Entstehung der „Alten und Neuen Welt" erschien (24. Dezember 1834) von einer Aktien-Gesellschaft gegründet die „New Yorker Staatszeitung" unter der Redaktion von G. A. Neumann, der im Jahre 1837 Besitzer des Blattes wurde. Im Jahr 1845 ging sie auf Jakob Uhl über. Anfänglich nur ein Wochenblatt, dann zweimal die Woche erscheinend, ward sie unter dem letzteren zum Tageblatt und ist unter Oswald Ottendorfer's (1859) umsichtiger und fähiger Leitung das bedeutendste deutsche Journal des Landes geworden, das sich kühn mit den hervorragendsten Zeitungen Deutschlands vergleichen kann und sie in mancher Hinsicht übertrifft.

Im Februar 1836 machte der „Herold", zweimal wöchentlich, sein Erscheinen. Er wurde von dem deutschen politischen Flüchtling Zerlaut aus Baden redigirt, beschäftigte sich meist mit europäischen Angelegenheiten und vertrat die radikalsten Ansichten, wie es so häufig bei Exilirten der Fall ist.

Im Jahre 1838 gründete der rationalistische Prediger Försch den „Vernunftgläubigen", im Jahre 1839 Samuel Ludvigh den „Wahrheitssucher". Die erste Nummer der „Deutschen Schnellpost" erschien am 3. Januar 1843, unter der Redaktion des geistvollen Wilhelm von Eichthal. Die Bestimmung dieses Blattes, die Deutsch-Amerikaner mit allen wichtigen Ereignissen und Erscheinungen auf dem Felde der Politik, der Wissenschaft und der Literatur in Deutschland auf dem Laufenden zu halten, wurde von ihm völlig erreicht. Im Besitze der besten Wechselblätter Deutschland's, England's und Frankreich's, traf er eine treffliche Auswahl bedeutender Artikel, und lieferte das Neueste der Begebenheiten auf der anderen Seite des Oceans (durch keine Kabeldepeschen noch verwirrt und zerbröckelt) seinen zahlreichen Lesern auf das schnellste. Mehrere europäische Korrespondenten arbeiteten eigens für das Blatt. Man kann nicht sagen, daß er gerade glücklich in seinen Korrespondenten war, wenigstens von einem höheren Gesichtspunkte aus betrachtet, obgleich vielleicht für den Vertrieb des Blattes die mehr pikante, als zuverlässige, die mehr sensationssüchtige, als kenntnißreiche Behandlungsweise mehrerer seiner Korrespondenten eine sehr günstige war. Der jetzt noch bestehende „New Yorker Demokrat", wurde 1846 von Wilhelm Schlüter gegründet.

Die erste deutsche Buchhandlung in New York wurde von Wilhelm Rabbe, einem gründlich gebildeten Fachmann, in's Leben gerufen, der im Jahre 1833 hier angekommen war und, nachdem er einige Zeit bei seinem Freunde J. Georg Wesselhöft in Philadelphia zugebracht hatte, im folgenden Jahre ein Zweiggeschäft für die Wesselhöft'sche Buchhandlung in New York errichtete, welches er später auf eigene Rechnung betrieb. Sein Sortiment bestand im Ganzen aus denselben Büchern, welche wir gelegentlich der Wesselhöft'schen Buchhandlung angeführt haben. Die Gründe, warum ihm die Herausgabe ausgewählter deutscher Klassiker nicht pekuniären Vortheil brachte, haben wir schon früher angedeutet. Was überhaupt dem Vertrieb deutscher Bücher hier hindernd im Wege stand, war der außerordentlich hohe Preis derselben. Die besten englischen Werke, die hier alle nachgedruckt wurden, konnte man um einen Spottpreis kaufen, und so wurden die gebildeten Deutschen, welche die englische Sprache bald bemeisterten, gleichsam in die englische Literatur hineingezwungen. Erst in späteren Jahren, als hiesige Buchhändler deutsche populäre Werke nachzudrucken anfingen, waren die Buchhändler in Deutschland dazu zu bringen, für den hiesigen Markt billige Ausgaben zu veranstalten.

Julius Helmich aus Bielefeld war im Jahre 1846 in New York angelangt. Er war ein höchst unternehmender und in seinem Umgang ein sehr liebenswürdiger Mann, der eine von ihm errichtete Buchhandlung unter der Firma Helmich und Kompagnie bald zu hoher Blüthe brachte. Wie wir aus dem bereits angeführten Artikel Friedrich Kapp's in der deutschen „Rundschau" ersehen, setzte Helmich schon vor 1848 eintausend Exemplare der „Fliegenden Blätter" ab. Den Verlagsartikeln, namentlich den Otto Wiegand'schen, und überhaupt radikalen und liberalen Schriften schuf er einen für deutsche Verhältnisse unerhört großen Markt. Helmich verließ indessen New York nach einigen Jahren und seine Buchhandlung wurde von L. W. Schmidt fortgesetzt.

Die renommirte Braunschweig'sche Buchhandlung von Georg Westermann gründete im Jahre 1848 ein Zweiggeschäft in New York, welches unter der vom Stammhause getrennten Firma, B. Westermann und Kompagnie, bald für lange Jahre sich zur besten Sortimentsbuchhandlung in den Vereinigten Staaten emporschwang, und noch fortbesteht.

Im Jahre 1834 finden wir die erste Spur eines gemeinsamen Auftretens der Deutschen in der Stadt New York. Gideon Lee, damals Mayor, hatte in einer Kommunikation an den Stadtrath sich sehr ungünstig über die sittlichen Zustände der Stadt ausgesprochen und sie hauptsächlich der Einwanderung deutscher Verbrecher zugeschrieben. Darüber nun große und gerechte Entrüstung der Deutschen. In den Zeitungen wurde laut gegen eine solche Verläumdung protestirt, und ein Kommittee

ernannt, den Mayor zur Rede zu stellen. Derselbe gab die begütigendsten
Erklärungen und veröffentlichte ein Schreiben, worin er jeden Gedanken
einer Beleidigung ablehnte und sagte, „daß gerade die deutschen Einwanderer den tüchtigsten Bürgern gleich seien. Er zähle viele von den geborenen Deutschen zu seinen besten persönlichen und politischen Freunden.
Man habe ihm öfter die Ehre erwiesen, ihn zum Jahresfeste der Deutschen
Gesellschaft von New York einzuladen, und dort habe er sich jederzeit mit
warmer Aufrichtigkeit, fast mit Enthusiasmus zu Gunsten des unverkenn-
baren inneren Werthes des deutschen Charakters ausgesprochen".

Zur Entschuldigung des Mayors sei hier bemerkt, daß zur Zeit und
noch lange nachher mehrere deutsche und namentlich die Schweizer Kanto-
nalregierungen ihre Armen und Verbrecher heimlich nach Amerika expedir-
ten. Freilich konnten diese, doch der Zahl nach nicht in's Gewicht fallen-
den, Armen und Missethäter die eingeborene Verbrecherklasse nichts lehren
sondern sich höchstens höhere Ausbildung in der Verderbtheit bei ihr holen.
Auf der anderen Seite haben aber auch die Deutschen allerwärts auf das
Kräftigste gegen diese schmähliche Handlungsweise europäischer Regierungen
protestirt.

Von rein deutschen politischen Versammlungen erhalten wir die erste
Kunde im Jahre 1834. Es scheint, daß im Sommer dieses Jahres eine
deutsche politische Versammlung in Tammany Hall (dem Hauptquartier
der Demokraten) stattgefunden, welche sich entschieden zu demokratischen
Grundsätzen bekannt hatte. Am 3. August nun fand eine Versammlung
der Deutschen in der Freimaurer-Halle statt, deren Vorsitzer Heinrich
Deffenbach war, und als deren Sekretär ein Herr Karl von
Behr fungirte. Der Hauptredner war der bekannte Franz Joseph
Grund. Man protestirte zuerst gegen die frühere Versammlung in
Tammany Hall, weil sie eine einseitig deutsche Versammlung gewesen sei,
und Grundsätze aufgestellt habe, welche nicht zum Wohl des Staates dienten,
auch weil sie vielfach aus Leuten bestanden hätte, welche zu kurze Zeit im
Lande seien, um die politischen Lebensfragen zu verstehen. Obgleich das
Wort „Whig" in den gefaßten Beschlüssen nicht gebraucht wurde, so war
es doch klar, daß die Betheiligten sich nicht zu den demokratischen Grundsätzen bekennen wollten, und daß den deutschen Demokraten ein Gegengewicht geschaffen werden sollte. Die Sache war, wie es sich leicht versteht,
wenn wir bedenken, daß Grund der Regisseur war, mit vieler Geschicklichkeit betrieben worden. Aber sie hatte doch jetzt erst recht „den Leu geweckt".

Am 27. Oktober versammelten sich, wie es hieß, über breitausend
Deutsche in der Tammany Hall. Unter den Beamten befanden sich sehr
bekannte deutsche Politiker, wie J. Georg Rohr, Jakob Biedernagel, der Advokat John A. Stemmler, Fr. W. Lassak,

der später in die Gesetzgebung gewählt wurde, aber der demokratischen Fahne untreu ward, die Herren R. Plant und Joh. J. Rider. In einer von Stemmler verfaßten Adresse wurden die Deutschen aufgefordert, sich zu vereinigen, ihre Volksthümlichkeit geltend zu machen, besonders aber die Grundsätze der demokratischen Partei auf das Kräftigste zu unterstützen. Stemmler, Buchenberger, Lassack und Andere hielten Reden, und es wurde beschlossen, die demokratische Partei aus allen Kräften zu unterstützen. Zu gleicher Zeit wurden Ausschüsse ernannt, um die Deutschen in allen Quartieren der Stadt fest zu organisiren.

Die Verhandlungen dieser Versammlung wurden in allen demokratischen Zeitungen der Stadt veröffentlicht, und von diesem Tage an datirt die zu jeder Zeit sehr starke deutsch-demokratische Partei in New York. Diese Versammlung tagte kurz vor der Staatswahl, in welcher die Demokraten in der Stadt mit einer sehr kleinen Majorität siegten, und im Staate ebenfalls die demokratischen Kandidaten, mit Gouverneur Marcy an der Spitze, erwählt wurden. Die Deutschen schrieben sich den Sieg in der Stadt hauptsächlich zu, da die Majorität nur etwa 1800 betrug und die überwiegend große Mehrzahl der Deutschen den demokratischen Wahlzettel gestimmt hatten.

Das Gefühl einer gewissen Zusammengehörigkeit der Deutschen und einer Geltendmachung ihrer Rechte zeigte sich besonders lebhaft in der Stadt New York. Ihm verdankt die Gesellschaft „Germania" ihren Ursprung, welche am 24. Januar 1835 gegründet wurde. Als Zweck der Gesellschaft wurde in den gedruckten Statuten angeführt:

„Die in den Vereinigten Staaten von Amerika wohnenden Deutschen enger zu vereinigen, um einen kräftigen deutschen Charakter, gute deutsche Sitten und deutsche Bildung zu erhalten und zu befördern, die Prinzipien einer reinen Demokratie im neuen Vaterlande zu unterstützen, die Liebe und Anhänglichkeit zum alten Vaterlande zu nähren, und mit dahin zu arbeiten, daß sobald als möglich auch in Deutschland ein besserer Zustand herbeigeführt werde, dem ähnlich, dessen man sich in den Vereinigten Staaten erfreut, und deutsche politische Flüchtlinge mit Rath und That zu unterstützen".

Es läßt sich vermuthen, daß die Gründer dieser Gesellschaft wohl selbst meist Exilirte waren und deshalb der Propaganda ihrer Grundsätze in dem alten Vaterlande noch besondere Aufmerksamkeit zu schenken gedachten. Leider enthalten die Verfassung und Statuten keine Namen, und ob sich, wie in den Statuten vorgeschlagen war, auch an andern Orten der Union Zweiggesellschaften gebildet haben oder nicht, ist uns unbekannt geblieben. — Bei der Feier des 4. Juli dieses Jahres trat die „Germania" zum erstenmal öffentlich als Gesellschaft auf, und erregte die allgemeine Aufmerksamkeit.

Am 23. September 1835 trat unter Führung von Hauptmann Lassack die erste deutsche Miliz-Kompagnie, die Jefferson Garde, in's

Leben, der später noch mehrere andere folgten. Auch in Albany wurde im Jahre 1839 eine deutsche Militär-Kompagnie errichtet.

Die im zweiten Jahrzehnte des 18. Jahrhunderts im Schohariethal angesiedelten Deutschen waren auch die Begründer des protestantischen Gottesdienstes im Staate New York, und der Prediger Wilhelm Christopher Bodenteich muß als der Pionier desselben angesehen werden, wenn auch Justus Falkner bereits vor ihm dort gepredigt hatte. In der Stadt New York begründete Johann Christopher Hartwig bereits in 1748 die erste deutsche lutherische Gemeinde, welcher später (von 1784—1807) Johann Christopher Kunze, D. D., als Prediger vorstand. Nach Kunze's Tode wurde Dr. Friedrich Wilhelm Geißenhainer nach New York berufen, welcher dann mit kurzen Unterbrechungen bis zu seinem Ableben (1838) in der alten „Swamp" Kirche und in der Matthäus Kirche „das Wort des Herrn" in deutscher Sprache verkündigte.

Wir haben bereits Geißenhainers Namen unter den hervorragenden Mitgliedern der deutschen Gesellschaft erwähnt; daß er stets unter den Deutschen New Yorks eine einflußreiche Stellung einnahm, ist wohlbekannt. Geboren zu Mühlheim an der Ruhr, in Thüringen, am 26. Juni 1771, und früh seiner Eltern beraubt, erhielt er seine Jugenderziehung im Hause seines Großvaters, der ein hervorragender lutherischer Theologe seiner Zeit war, besuchte dann die Universitäten Gießen und Göttingen, und war darauf eine kurze Zeit Privatdozent in Gießen. In 1793 kam er nach den Vereinigten Staaten, und war Prediger einer lutherischen Gemeinde in Montgomery County, Pennsylvanien, bis er in 1808 nach New York berufen wurde. Dr. Geißenhainer war ein Mann, der großen Einfluß auf die Gestaltung des Deutschthums von New York ausübte. Von Statur klein, hatte er eine ungewöhnlich ausdrucksvolle Physiognomie. Er machte jederzeit den Eindruck eines energischen Charakters und genoß den Ruf einer bedeutenden Gelehrsamkeit. An der deutschen Sprache hing er mit Zähigkeit fest, und so lange er lebte ward die Gemeinde als eine spezifisch deutsche erhalten.

Dagegen war Geißenhainer noch ein starker Anhänger der altlutherischer Ideen und ein Feind der in Deutschland zur Zeit aufblühenden evangelischen Kirche. Daß sich diese auch in Amerika Boden suchen würde, ist leicht begreiflich. So wurde im Jahre 1837 unter bedeutendem Aufsehen eine deutsche evangelische Gemeinde in der Stadt New York gegründet, deren erster Prediger F. K. Eylert, Sohn des preußischen Bischofs Eylert, war. Zu Hamm 1805 geboren, in Schulpforta erzogen, hatte er in Berlin und Halle Theologie studirt. In Erlangen hatte er die Doktorwürde erlangt, wurde Lehrer am Prediger-Seminar zu Wittenberg und erhielt die Stelle eines Divisions-Predigers in der preußischen Armee. Er schrieb über Clemens von Alexandrien als „Philosoph und Dichter", und ließ eine Sammlung von Reden und Liedern für Militär-Gemeinden drucken (1830). Was ihn bewog, nach den Vereinigten Staaten auszuwandern (1836), ist dem Verfasser unbekannt geblieben. Bald traten aber Zerwürfnisse in der Gemeinde ein, und ein unerquicklicher Federkrieg war die Folge davon. Die ferneren Schicksale dieses jedenfalls gelehrten und auch talentvollen Mannes sind hier von keinem Interesse.

Nichts trug indessen mehr dazu bei, die Deutschen zu vereinigen, als das Treiben der "Natives", welche sich um die Jahre 1836 und 1837 in den größeren Städten zu Vereinen organisirten, und durch ihre aufregenden Manifeste die Deutschen erbitterten und sie zur Festigung unter einander mahnten. Das Gebahren der "Natives" hatte schon hie und da zu Zusammenstößen geführt. So war in New York 1839 in der Neujahrsnacht eine deutsche Gesellschaft, welche sich friedlich bei einem Ball belustigte, von einer Bande von Unruhestiftern, wie sie sich in großen Städten nur zu häufig finden, angefallen und mißhandelt worden. Einige der Männer setzten sich muthig zur Wehre, der Anführer der Bande blieb auf der Stelle todt, und drei andere wurden ebenfalls niedergeschossen.

Diese blutige Lehre übte indessen nur eine kurze Zeit ihre Wirkung aus. Denn schon wieder im August 1840 wurden deutsche Musiker und Kunstfreunde, welche der berühmten Tänzerin Fanny Elsler vor ihrem Hotel eine Serenade brachten, durch einen Haufen von Unholden gestört und auseinander getrieben. In Folge dessen hielten die deutschen Bürger am 12. August eine zahlreich besuchte Versammlung ab, in welcher folgende Beschlüsse gefaßt wurden:

„Mit tiefem Unwillen erkennen wir in dem wiederholten raub- und mordsüchtigen Betragen eines Theils der hiesigen Bevölkerung ein Komplot zu unserer Unterdrückung und bedauern die Unthätigkeit der Behörden, diesem Unfug Einhalt zu thun. — Wir Teutschen, angezogen von dem Rufe der hier zu Lande herrschenden Freiheit und Gleichheit, sind nicht hierhergekommen, um der Gnade einer mordsüchtigen Bande von Schurken zu verfallen. Wir rufen laut und nachdrücklich nach Handhabung der Gesetze, und sollte unser Ruf unbeachtet bleiben, so werden wir unser Leben, unsere Familie, und unser Eigenthum selbst zu schützen wissen".

Ein Kommittee aus den Herren Neumann, Bayer, Johannsen, und Bissig bestehend, wurde ernannt, um die Verhandlungen der Versammlung in allen englischen Zeitungen zu veröffentlichen.

Um dieselbe Zeit entstanden in New York außer der alten deutschen Gesellschaft noch mehrere andere Vereine, so namentlich der „Deutsche allgemeine Wohlfahrtsverein" (10. September 1840). Unter den Zwecken dieses Vereins finden wir folgende in der Verfassungsurkunde angegeben:

„Thätige, vereinte und aufmerksame Opposition gegen die Grundsätze des sogenannten Nativ-Amerikanismus (gleichviel ob er in organisirten Parteien oder einzelnen

Erscheinungen sich offenbare) um naturalisirten Bürgern und eingewanderten Ausländern ihre durch die Konstitution der Vereinigten Staaten garantirten Rechte zu sichern, den rohen Ausbrüchen eines unstatthaften Nationalhasses kräftig zu steuern oder zu begegnen, und als eingewanderte deutsche Bürger eine Achtung gebietende Stellung zu behaupten, eine Stellung, durchaus gesondert von allem und jedem Parteiwesen und Parteimeinungen, von welcher Art sie auch sein mögen".

„Ferner: Gründung, Aufblühen und Beförderung des deutschen Schulwesens im Allgemeinen und Errichtung von Freischulen".

„Ein reges, lebhaftes Interesse an Allem zu erwecken, was in literarischer und künstlerischer Beziehung einen vortheilhaften Eindruck auf das deutsche Leben in New York hervorbringen kann".

Es ist um diese Zeit, daß auch in New York eine lebhafte Agitation für Einführung der deutschen Sprache in den öffentlichen Schulen begann.

Am 12. März 1844 fand eine glänzende Feier des Jahrestages der „Deutschen Gesellschaft" im Astorhause statt. Konsul K. W. Faber präsidirte. Eine mächtige schwarz-roth-goldene Fahne wehte von der Kuppel des Astorhauses. Ein Toast galt „einem freien, einigen Deutschland", ein anderer, der die Stimmung bezeichnet, welche in Folge der Bestrebungen der „Natives", unter den Deutschen aller Klassen herrschte, lautete: „Unsere Rechte als amerikanische Bürger. Was uns die Verfassung zusichert, werden wir uns nun und nimmer rauben lassen".

Daß die hiesigen Deutschen auch in jenen früheren Zeiten (die so oft mißkannt werden) ihr Licht nicht unter den Scheffel stellten, zeigt recht deutlich die Stelle einer Rede, welche Grund bei dieser Gelegenheit hielt:

„In der Erziehung des Menschen stehen wir an der Spitze aller civilisirten Nationen. Schulen und gelehrte Anstalten bilden sich nach unseren Mustern, während Amerikaner, Engländer und Franzosen sich mit den Schätzen unserer Literatur bereichern. Was wären deutsche Männer nicht, wenn zu diesen Vorzügen sich noch der der Nationalität gesellte, wenn dem innern Werthe unserer geistigen Produkte auch die Kraft eines einigen Volkes Stärke und Nachdruck verliehe!"

Sechstes Kapitel.

New York. — (Fortsetzung.)

August Belmont. — Deutsche Gelehrte und Schriftsteller. — Dr. Georg J. Adler. Die beiden Tellkampfs. — Karl Göpp. — Karl Nordhoff. — Herrmann E. Ludewig. — Herrmann Kriege. — Anton Eickhoff. — Magnus Groß. — Max Oertel. — Frau Therese Albertine Louise Robinson. — Albert Bierstadt. — Thomas Nast.

Es war nur natürlich, daß mit der Zunahme der deutschen Bevölkerung und dem Hervortreten bedeutender Männer unter den Deutschen, auch die Theilnahme an der Politik sich bei denselben steigerte. Schon im Jahre 1840 bei der Präsidenten-Wahl zwischen Van Buren und Harrison hatte sich das deutsche Element stark betheiligt. Große Versammlungen waren gehalten worden und an gewandten Rednern hatte es nicht gefehlt. Die demokratische Niederlage in 1840 hatte die Deutschen nicht wankend gemacht, wie es denn gerade eine charakteristische Eigenschaft der Deutschen hier zu Lande stets war, dem Erfolg viel weniger zu huldigen, als die andern Elemente unserer Bevölkerung, und in der Wahl von 1844 zwischen Polk und Clay arbeiteten sie nur um so eifriger. So fand im Oktober 1844 ein glänzender Fackelzug der deutschen Demokraten statt, welcher trotz des sehr ungünstigen Wetters mehr als zehntausend Theilnehmer gehabt haben soll. Die Banner und Transparente bezogen sich vielfältig auf die Stellung der Deutschen, wie „Gleiche Rechte für alle Bürger, ohne Unterschied der Geburt". „Wir sind nicht Bürger durch Zufall, sondern durch freie Wahl".

Wie schon früher angedeutet, vernichtete diese Wahl von 1844 die Nativ-Partei fast auf ein Jahrzehnt. Es war in diesem Jahre, daß ein Mann an die Oeffentlichkeit trat, der einen bedeutenden Einfluß auf unsere Politik viele Jahre hindurch geäußert hat, August Belmont.

Manche Eingewanderte gehen so sehr im amerikanischen Leben auf, daß man ihren fremden Ursprung häufig vergißt. Viele ihrer eignen Landsleute erfahren oft mit Ueberraschung, daß dieser oder jener bedeutende Mann gleichen Stammes mit ihnen ist. Dieses ist besonders der Fall, wenn der Namen keine spezielle Andeutung auf das Vaterland des Trägers giebt. Den Namen von August Belmont haben gewiß hunderttausende von

Deutschen oft gehört, und in den Zeitungen erwähnt gefunden, ohne eine Ahnung davon zu haben, daß derselbe einem ihrer Stammesgenossen angehöre.

Und doch ist August Belmont ein Kind der Pfalz, und trotz alledem, wenn wir uns nicht sehr irren, im innern Kern ein guter Deutscher. Geboren am 6. Dezember 1816 in Alzei (Rheinhessen), erhielt er eine sorgfältige Erziehung von seinem vermögenden Vater und brachte einen großen Theil seiner Jugend auf einem Gute desselben zu. Diesem ländlichen Aufenthalt glaubt er seine Liebe für Pferde, für Reiten, Fahren und der Jagd zuschreiben zu müssen. Schon im vierzehnten Jahre indessen trat er seine Lehrzeit im Banquiergeschäft der Gebrüder Rothschild in Frankfurt an, und bereits im siebenzehnten ging er als Kommis in das Zweiggeschäft der Rothschild's nach Neapel und erfreute sich des Zutrauens des Hauses in solchem Grade, daß er schon in seinem einundzwanzigsten Jahre (1837) in New York das Bankgeschäft von August Belmont eröffnete, als Repräsentant des Hauses Rothschild. Bald war das Geschäft eines der ersten New Yorks, was es besonders seiner rastlosen Energie, seinem Talent, seinem Bestreben, sich Ehre und Ruhm zu erwerben, zu danken hatte.

Schon sein langer Aufenthalt in Italien hatte ihm den Sinn für die bildende Kunst erweckt. Seine Stellung im Hause der Rothschilds in Frankfurt und Neapel gab ihm schon frühe die Leichtigkeit der Bewegung in der Gesellschaft, welche sein Haus in New York bald zum Anziehungspunkt für die gebildeten Klassen der Stadt machte.

Im Jahr 1844 wurde er von Oesterreich zum General-Konsul in New York ernannt, legte aber die Stelle im Jahre 1849 nieder, als unvereinbar mit seinen politischen Ansichten. Belmont war nämlich ein eifriger amerikanischer Bürger geworden. Schon im Jahre 1844 hatte er sich der Demokratie angeschlossen und für Polk und Dallas gestimmt. Sein impulsiver Charakter ließ ihn nie etwas halb thun, und so war er eben so rührig in der Politik, wie in der Entwickelung und Vergrößerung seines kommerziellen Geschäftes. Seine Verheirathung mit einer Tochter des berühmten Seehelden, Kommodore Perry, im November 1849, konnte nicht verfehlen, seine gesellschaftliche Stellung noch zu erhöhen. Aus dieser Ehe leben ihm noch vier Söhne und eine Tochter. Seine reichen Mittel verwendete er zum Theil zu einer Sammlung werthvoller Gemälde, die noch heute eine Zierde von New York ist. Sein späterer Aufenthalt in Holland lenkte seine Aufmerksamkeit mehr auf die neuere französische und flämische Schule, und so finden wir in seiner Gallerie besonders Knaus, Meissonier, Rosa Bonheur, Troyon, Brion, Galoit vertreten.

Sehr lebhaft betheiligte er sich an der Präsidentenwahl von 1852, und nachdem der demokratische Kandidat General Pierce gewählt war, wurde er von diesem zum Gesandten nach Holland ernannt, welche Stelle er bis zum Jahr 1857 zur großen Zufriedenheit unseres Staats-Departements bekleidete. Seinen fortgesetzten Bemühungen war es zu verdanken, daß die holländische Regierung, was sie lange verweigert hatte, es uns gestattete, Konsuls in ihren Kolonien anzustellen.

Während seines Aufenthalts im Haag machte Belmont auch die Bekanntschaft vieler Staatsmänner Englands und Frankreichs, theils dort, theils bei seinen häufigen Besuchen in London und Paris, welche Verbindungen er später während des Secessions-Krieges trefflich zu verwerthen verstand.

Seine eigentlich leitende Rolle in der amerikanischen Politik begann in dem denkwürdigen Wahlfeldzuge von 1860. Schon vorher hatte er bei politischen Versammlungen in seinem Staate häufig den Vorsitz geführt und dabei viel Takt und Klugheit entwickelt. In Stephan A. Douglas sah er seiner Ansicht nach den Mann, der gleich weit von südlichen Secessionsgelüsten als von fanatischen Ideen der Abolitionisten entfernt, den Frieden des Landes aufrecht erhalten könne. In der großen Popularität von Douglas im Norden und den Grenzstaaten, glaubte Belmont eine Bürgschaft für die Erreichung seiner Wünsche, die Union zu erhalten und doch die Südstaaten in den ihnen zustehenden Rechten zu schützen, gefunden zu haben. Er widersetzte sich daher mit aller Macht den Machinationen des Präsidenten Buchanan und wirkte mit dem größten Eifer für die Ernennung von Douglas zum Kandidaten für die Präsidentschaft. Er wurde in Baltimore zum Vorsitzer des demokratischen National-Kommittees (d. h. des nördlichen Flügels) ernannt (1860). Trotz aller Thätigkeit seinerseits und seiner Partei, fiel durch die Theilung der Demokraten die Präsidentenwahl zu Gunsten von Lincoln aus.

Er behielt den Vorsitz des demokratischen National-Kommittees bis 1872, in welchem Jahre die demokratische Partei die Nomination von Greely, die von Seiten der Liberal-Republikaner in Cincinnati stattgefunden hatte, adoptirte.

Man kann sich denken, wie schwierig die politische Lage Belmonts wurde, nachdem die Rebellion ausgebrochen war. Seine Stellung, wenn nicht seine Grundsätze, verboten es ihm, sich der republikanischen Partei anzuschließen, und doch verdammte er die Secession so sehr wie einer, und sah er in der Union das einzige und letzte Heil für das Land. An widerstrebenden Elementen in der eigenen Partei fehlte es nicht, und ebenso bot in der neuen und äußerst schwierigen Lage die herrschende republikanische Partei, wir möchten fast sagen nothwendiger Weise, Blößen, welche die Opposition nicht unbenutzt lassen konnte.

Während, nach dem Austritt von Süd Carolina, die andern Südstaaten noch schwankten, bot Belmont allen seinen Einfluß auf, die gemäßigten Staatsmänner des Südens dahin zu bewegen, dem Beispiel Süd Carolinas nicht zu folgen. Die Briefe, welche er an solche Männer wie John Forsyth in Alabama, Gouverneur Johnson von Georgia (der Kandidat für Vize-Präsident gewesen war), an Gouverneur Aiken von Süd Carolina und an viele andere Männer von gleicher Gesinnung schrieb, athmen alle die größte Liebe für die Union und enthalten die gewichtigsten Argumente gegen eine Trennung. So schrieb er am 30. November 1860 an William Martin in Süd Carolina:

„Secession in Süd Carolina, bedeutet Bürgerkrieg, dem eine gänzliche Auflösung des ganzen staatlichen Gebäudes, nach unendlichen Opfern von Geld und Blut, folgen muß. Wenn Vaterlandsliebe und Liebe zur Union nicht stark genug sind, um das Volk des Südens in seinem wahnwitzigen Bestreben aufzuhalten, so hoffe ich doch, daß es den Instinkt der Selbsterhaltung nicht verlieren wird."

Aber auch mit den gemäßigten Führern der Republikaner setzte er sich in Verbindung, mit Thurlow Weed, Gouverneur Sprague von Rhode Island und William H. Seward, um wo möglich noch in der letzten Stunde einen Ausgleich zu vermitteln. Nachdem der Krieg einmal ausgebrochen war, war er für eine energische Führung desselben, korrespondirte mit Lincoln und Seward, denen Belmonts Einfluß in England und Frankreich sehr erwünscht war. Er war sehr thätig für die Errichtung des ersten deutschen Freiwilligen-Regiments in New York (Blenker) und überreichte demselben eine Fahne (15. Mai 1861), bei welcher Gelegenheit er eine ebenso schöne als patriotische Rede hielt.

Die größten Verdienste erwarb er sich aber durch seine ebenso klare als eindringliche Darstellung der wahren Sachlage unseres Landes, welche er seinen einflußreichen Freunden in England und Frankreich machte. Es sind diese Briefe in Inhalt und Form vortrefflich. Die wenigen, die veröffentlicht worden sind, waren gerichtet an Lionel Rothschild, Parlamentsmitglied, an Lord Dunfermline, an Nathaniel Rothschild in London, James Rothschild in Paris, und an Lord Roteby. Die Ungerechtigkeit der Anerkennung der Konföderirten von Seiten der europäischen Großmächte als kriegführende Macht, ist darin aufs klarste nachgewiesen, die treffendsten Gründe gegen eine Anerkennung derselben als eines unabhängigen Staates beigebracht, die finanzielle Kraft des Nordens und die finanzielle Schwäche des Südens auf das deutlichste dargethan, und die Nachtheile für England bei einer Trennung der Union besonders hervorgehoben. Alle diese Korrespondenten Belmont's setzten sich mit Russel, mit Palmerston und Thouvenel in Verbindung. Im Juli 1861 reiste er selbst nach London und hatte eine lange Unterredung mit Palmerston, über welche er in einem Briefe an Seward

Bericht erstattete. Als ihm Belmont besonders seine Verwunderung darüber äußerte, daß England, welches so lange den Kampf gegen die Sklaverei selbst geführt und ihn in Amerika so eifrig unterstützt hatte, jetzt die Partei der Sklavenhalter zu begünstigen schiene, gab Palmerston die charakteristische Antwort: „Wir lieben die Sklaverei nicht, aber wir brauchen Baumwolle und wir hassen euren „Morrill Schutzzoll".

Im Jahre 1863 finden wir Belmont in Paris, wo er seinen Einfluß ebenfalls geltend zu machen suchte. Mit richtigem Blick erkannte er, daß zu der Zeit die Hauptgefahr von Louis Napoleon drohe, der Alles in Bewegung setzte, England zu einer gemeinschaftlichen Anerkennung der Südstaaten zu veranlassen. „Jetzt, wie schon bei meinem ersten Aufenthalt in Paris," schreibt er an Seward, „bin ich überzeugt, daß der Kaiser von Frankreich die Hauptperson ist, von der wir Gefahr zu befürchten haben. Die Sezessionisten hier, und ihre Zahl ist Legion, sind voller Vertrauen einer baldigen Anerkennung, und der Hülfe von Frankreich." (Siehe Anhang No. 6.)

Während des Krieges hatte er öfters Gelegenheit in öffentlichen Reden seine Ideen mitzutheilen. Er eröffnete als Vorsitzer des National-Kommittees die demokratische Konvention zu Chicago (1864) mit einer Rede, in welcher er in der Kürze die Administration allerdings einer scharfen Kritik unterzog, indessen doch zu gleicher Zeit seine Anhänglichkeit an die Union von Neuem betonte. Ebenso eröffnete er die Konvention der demokratischen Partei in New York 1868, welche Seymour und Blair zu Kandidaten für Präsident und Vicepräsident ernannte.

Wenn auch gleich nicht mehr so aktiv wie früher in der Politik, hat er für dieselbe doch noch immer das lebhafteste Interesse, ohne je persönliche Vortheile in derselben gesucht zu haben. Seine glänzende unabhängige Stellung, seine Liebe zur Kunst, seine große Neigung zum „Sport", haben es von jeher verhindert, daß er ein bloßer „Politiker" wurde, dessen Seele nur von Plänen für Macht und Intriguen erfüllt ist. Hätten wir nicht eine Sammlung seiner Briefe und Reden vor uns, die nur für einen engern Kreis gedruckt und nie in den Buchhandel kamen, und in denen er sich nicht nur als Staatsmann, sondern auch als ein ernster, eifriger und feuriger Freund seines Landes zeigt, so könnte man fast auf die Vermuthung kommen, daß Belmont die Politik nur als eine Liebhaberei betrieben habe. Ein Blick in diese Sammlung wird aber eine solche Annahme auf der Stelle beseitigen. Selbst seine politischen Gegner gestehen ihm außergewöhnliche Fähigkeiten und einen tadellosen persönlichen Charakter zu.

In New York vielleicht mehr als anderswo blieben die Deutschen stets in warmer Sympathie mit dem alten Vaterlande. Mehrere ihrer Zeitungen widmeten sich einer Propaganda in Deutschland. Karl Heinzen's

Ankunft in der Stadt New York (1846) wurde als ein Ereigniß betrachtet. Er übernahm nach dem Tode Eichthal's die Redaktion der Schnellpost und änderte deren Charakter so durchaus, daß sie bald sich einen andern Leserkreis suchen mußte. Die Ankunft des ersten deutschen Dampfboots des „Washington" (1847) wurde mit Jubel begrüßt und dem Schiffe von Seiten der New Yorker Deutschen eine prachtvolle schwarz-roth-goldene Fahne zum Geschenk gemacht. Für die Wittwen und Waisen der auf den Barrikaden von Berlin im März Gefallenen, wurden zweitausend Dollars gesammelt. Hecker und seine Freunde wurden mit einer Ovation empfangen, an der sich auch das amerikanische Element lebhaft betheiligte, wie sie nur selten Fürsten in Europa gebracht worden ist.

Wie in der Politik, so finden wir auch ausgezeichnete Deutsche auf dem Felde der Literatur, Wissenschaft und Kunst in New York thätig. Karl Follen war nur zeitweise in New York als Prediger und Vorleser aufgetreten. Doktor Beck hatte sich von New York nach Boston begeben. An seine Stelle traten bald andere Männer. So war Elias Peißner Lehrer der modernen Sprachen im „Union College" in Schenectady, N. Y., von 1832 bis 1840. Er veröffentlichte eine Grammatik der deutschen Sprache, auf Sprachvergleichung gestützt. Den Schülern ward die Aehnlichkeit der beiden Sprachen gleich von vornherein gezeigt, wodurch sie wesentlich in ihrem Studium befördert wurden.

Am Union theologischen Seminar (1836) und später an der Universität der Stadt New York trat Isaac Nordheimer als Professor der hebräischen und deutschen Sprachen auf. Er hatte in München studirt und sein philosophisches Doktorexamen gemacht. Nordheimer war ein bedeutender Gelehrter und schrieb: "Hebrew Grammar" (2 Bände New York (1838); "Chrestomathy" (New York 1838); "History of Florence" (1840); und im Verein mit Professor Turner "Hebrew and Chaldee Concordance" (1842). Nordheimer starb in 1842. Sein Nachfolger war Dr. Georg J. Adler, geboren zu Leipzig 1821. Derselbe kam in 1833 nach Amerika, war Professor an der "University of the City of New York" bis 1860 und starb im Bloomingdaler Irrenasyl, umnachteten Geistes. Er ist der Verfasser zahlreicher Werke, meistens philologischen Inhalts: "German Grammar" (1846); "German-English Dictionary" (1848); "Manual of German Literature" (1853); "Latin Grammar" (1858); eine Uebersetzung von Göthe's „Iphigenie" (1860); "History of Provençal Poetry", aus dem Französischen des C. C. Fauriel übersetzt (1860); "Notes on Agamemnon of Æschylus (1861); und sein letztes Werk: "Review of Nathan the Wise, by Lessing", welche kritische Schrift in "Putnams Magazine" in 1868 erschien. Adler gab Vorlesungen in New York über römische Literatur in 1862 und in 1864 über Göthe's „Faust". Seine „Briefe eines Wahnsinnigen" erschienen 1854.

Eine längere fruchtbare Thätigkeit entwickelte auch Dr. Johann L. Tellkampf, der am 28. Januar 1804 zu Bückeburg geboren und im Hannöver'schen auf einem Gute seines Vaters seine Jugenderziehung erhielt. Nach dem Besuch der Gymnasien von Braunschweig und Hannover, studirte er zu Göttingen Rechts- und Staatswissenschaften, erlangte dort die Würde eines Doktors der Rechte, war kurze Zeit Rechtsanwalt in Hannover, und veröffentlichte eine Schrift über die Verbesserung des Rechtszustandes in den deutschen Staaten. Im Jahre 1835 war er Privatdozent an der Universität Göttingen geworden, verließ aber mit den berühmten sieben Göttinger Professoren die Universität, nach dem Umsturz der Verfassung von Seiten des Königs Ernst August, weil sie ihren auf die Landeskonstitution geschworenen Eid nicht brechen wollten. Obgleich die preußische Regierung ihn eingeladen hatte, sich auf einer ihrer Universitäten als Lehrer niederzulassen, zog Tellkampf es vor, wissenschaftliche Reisen zu machen.

Er landete am 4. Juli 1838 in New York, begab sich nach Cambridge, und erhielt während seiner Anwesenheit dort einen Ruf als Professor der Staatswissenschaften an das „Union College" (Schenectady) im Staate New York. Hier wirkte er bis zum Jahre 1843 und mit großem Erfolge. Viele Professoren sowie Schüler ließen sich von ihm in der deutschen Sprache und Literatur unterrichten, und er selbst sprach sich mit lebhafter Zufriedenheit über den Eifer aus, mit dem diese die Sprache und Literatur des deutschen Volkes studirten.*)

Im Jahre 1844 wurde er als Professor an das „Columbia College" in der Stadt New York berufen, dasselbe, auf welchem später Franz Lieber sich so ausgezeichnet hat. Ehe aber Tellkampf diese Stelle antrat, bereiste er Deutschland und England, in welchem letzteren Lande er die eifrigsten Studien machte, um das dortige großartige politische, soziale und industrielle Leben genau kennen zu lernen. Nach New York zurückgekehrt, widmete er sich seiner Professur, beschäftigte sich aber auch mit der Untersuchung unserer Handels- und Industrie-Verhältnisse, schrieb zahlreiche handelspolitische Arbeiten und wurde Mitarbeiter an „Hunts Merchants Magazine". Eine besondere Thätigkeit entwickelte er in der Herstellung der Dampfschifffahrtsverbindung zwischen New York und Bremen.

Schon früher, während er noch Professor am „Union College" war, betheiligte er sich lebhaft mit dem Staatssekretär J. C. Spencer und dem Professor Potter an der Hebung des Volksschulwesens im Staate.

---

*) Wesselhöfts Briefe, Manuskript Seite 150.

Mit letzterm zusammen schrieb er (1810) ein Werk über "Political Economy." Er war einer der Stifter der "Prison Association," deren Aufgabe es war, die Verbesserung der Gefängnisse und Reformation der Sträflinge zu befördern. Auch war er Mitglied der „Deutschen Gesellschaft" und eines andern deutschen Vereins für Armenpflege. Das amerikanische Rechtswesen studirte er eifrig und seine Abhandlung in der Zeitschrift "The American Jurist," über „Kodifikation" des amerikanischen Rechts, wirkte mit dahin, daß eine Kommission zur Ausarbeitung des neuen Codex für New York von der Gesetzgebung ernannt wurde, deren Vorsitzer der berühmte D a v i d D u b l e y F i e l d war, der an Tellkampf die einzelnen Theile seiner Ausarbeitung zur Beurtheilung schickte.

Seine vielfachen Reisen machten ihn mit den bedeutenden Staatsmännern und Gelehrten der Vereinigten Staaten bekannt, und er erfreute sich deren Hochachtung. — Ein von ihm im Verein mit seinem Bruder Dr. T h e o d o r T e l l k a m p f, herausgegebenes Werk „Ueber die Besserungsgefängnisse in Nordamerika und England" (Berlin 1844), zog von neuem die Aufmerksamkeit deutscher Staatsmänner auf ihn, und er folgte zum Leidwesen seiner hiesigen Freunde im Jahre 1846 einem Ruf als ordentlicher Professor der Staatswissenschaften an der Universität Breslau. Hauptsächlich der Wunsch, einer geliebten und verwittweten Mutter nahe zu sein, bestimmte ihn eine so geachtete Stellung hier aufzugeben.

Die weitere glänzende Laufbahn Tellkampf's in Deutschland entzieht sich dem Bereich unserer Darstellung. Nur soviel, daß er seine Vorlesungen im Jahre 1848 zu Breslau eröffnete, in das „Frankfurter Parlament" von zwei Wahlkreisen und im Jahre 1849 in die zweite preußische Kammer gewählt wurde. Spätere Wahlen lehnte er ab. Auf Vorschlag der Universität Breslau wurde er 1855 vom König zum lebenslänglichen Mitglied des preußischen Herrenhauses ernannt, in welchem er zur liberalen Minorität gehörte. Im März 1871 wurde er in den deutschen Reichstag gewählt, wo er sich der national-liberalen Partei anschloß. Seit seiner Rückkehr nach Deutschland schrieb er eine Reihe höchst bedeutender staatspolitischer und ökonomischer Werke. Sein Tod erfolgte plötzlich zu Berlin am 16. Februar 1876.

Ob ihm hier eine gleich glänzende Zukunft geworden wäre, ist sehr zweifelhaft. Jedenfalls ist es aber für uns tief zu beklagen, daß ein Mann von so eminentem Wissen, von einem so großen Eifer für das öffentliche Wohl, von einem so reinen Charakter und untadelhaften Wandel, unserem Lande nicht auf lange Zeit erhalten geblieben ist.

Dr. med. T h e o d o r A. T e l l k a m p f, Bruder von J o h a n n L u d w i g, kam im Jahre 1839, wissenschaftliche Zwecke verfolgend, ebenfalls hier an. Am 27. April 1812 geboren, bezog er nach Vollendung seiner Gymnasial-Studien, Göttingen und Berlin, studirte Naturwissenschaften und Medizin, promovirte 1838 und ging dann noch zur weiteren Ausbildung nach Wien. Zuerst hatte er nur eine wissenschaftliche Reise im Sinne, namentlich um die geographische Verbreitung der Krankheiten zu studiren. Er wählte zunächst Cincinnati zu seinem zeitweisen Aufenthalt, wo sich ihm bei einer rasch zunehmenden Praxis die Gelegenheit bot, die in den mehr südlich gelegenen Staaten herrschenden Krankheiten kennen zu lernen. Er bereiste ferner die Staaten Pennsylvanien, New Jersey, Maryland, Virginien und New York, und besuchte Krankenhäuser und Irrenanstalten, besonders aber auch Staats- und Distrikts-Gefängnisse, um den Einfluß der gemeinsamen und den der einsamen Gefangenschaft auf den körperlichen und geistigen Gesundheitszustand der Sträflinge kennen zu lernen. In ähnlicher Absicht besuchte er auf seiner Rückreise (1843) eben solche Anstalten in England. Seine genauen Beobachtungen machten ihn zum Gegner der Einzelhaft, und diese Ansicht veröffentlichte er in verschiedenen Schriften. In Preußen selbst suchte er, namentlich auf das Verlangen Alexander von Humboldt's, in Unterredungen mit dem Staatsminister gegen die weitere Einführung des Abtrennungssystems zu wirken. Eine ihm in Berlin damals in Aussicht gestellte Professur lehnte er ab. Nach Veröffentlichung mehrerer wissenschaftlicher Schriften kehrte er 1844 wieder nach den Vereinigten Staaten zurück und ließ sich in New York als praktischer Arzt nieder. Er hatte sich einige Monate in Paris aufgehalten, um die dortigen Hospitäler zu besuchen.

In New York betheiligte er sich bei der Gründung medizinischer und naturwissenschaftlicher Vereine, sowie der "Prison Association". Als Mitglied des Verwaltungsrathes der Deutschen Gesellschaft wirkte er dahin, daß Maßregeln zum Schutze der Einwanderer getroffen und deutsche Aerzte in den öffentlichen Sanitätsanstalten angestellt wurden. Er regte die Errichtung einer Emigrantenkommission an. Im Jahre 1849 wurde er von dieser Kommission zum Hauptarzt des Emigranten-Spitals auf „Wards Island" ernannt, legte aber die Stelle 1850 wieder nieder, nachdem er in der Ausübung seiner schweren Pflicht mit mehreren Assistenten das Schiffsfieber überstanden hatte. Zweimal lehnte er die Ernennung zu dem in der Stadt New York so höchst wichtigen (und einträglichen) Amte eines „Coroners" ab, sowie er überhaupt erklärte, nie ein politisches Amt annehmen zu wollen.

Im September 1861 erhielt er von General Fremont die telegraphische Anfrage, ob er die Stelle eines Ober-Stabsarztes in der „Westlichen Armee" annehmen wolle, und auf die Erklärung der Annahme wurde er nach St. Louis beordert, ging mit dem Hauptquartier zuerst nach Jefferson City und dann nach Springfield. Nach der Abberufung von Fremont (20. November 1861) wurde auch dessen Stab, soweit er von ihm selbst angestellt worden war, aufgelöst, und Tellkampf ging nach New York zurück.

Mit einer kurzen Unterbrechung, im Jahre 1867, als er seinen Sohn zur Erziehung nach Deutschland brachte, hat er stets in New York gelebt, wo er durch große Geschicklichkeit in seinem Fache, seiner hohen Intelligenz und seines edlen Strebens wegen eine hervorragende Stelle einnimmt. Außer vielen wissenschaftlichen Beiträgen zu deutschen und amerikanischen medizinischen Zeitschriften, erschien von ihm in Berlin: „Ueber den Gesundheitszustand der Sträflinge in den Besserungsgefängnissen in Nordamerika" (1844) und "Tracts on Generation by Bishoff, translated from the German by E. A. Gilman and T. A. Tellkampf".

Unter den Deutschen, welche namentlich in späteren Jahren in der Stadt New York einen bedeutenden Wirkungskreis gefunden haben, ist zu erwähnen Karl Göpp geboren zu Gnadenfeld, Schlesien, 4. September 1827, wo sein Vater Lehrer an dem dortigen theologischen Seminar der Herrnhuther war. Seinen ersten Schulunterricht erhielt er zu Herrnhuth, Sachsen, in dessen Nähe seine Eltern gezogen waren, im Jahre 1833; aber schon im Jahre 1834 wanderten dieselben aus und landeten im September zu New York, wo sie eine zeitlang die Gäste des Herrn Van Bleck, Prediger der Brüdergemeinde (Moravians), waren, aber sich bald nach Bethlehem, Pennsylvanien, begaben. Der Vater wurde für lange Jahre der Verwalter der Güter der dortigen Brüdergemeinde.

In Bethlehem genoß er auf einer Privatschule, von 1837 an, einen sehr guten Unterricht, und im häuslichen Kreise wurden deutsche Bücher gelesen. In den Jahren 1841 und 1842 trat er in die theologische Vorbereitungsschule der Gemeinde ein. Klassische Studien, selbst Hebräisch, wurden darin getrieben, doch fesselte ihn am Meisten die englische Literatur. Auf den Wunsch seines Vaters, der an derselben Schule selbst Lehrer gewesen war, bezog Göpp das Seminar der Brüdergemeinde zu Niesky, in der Lausitz, welches aber unserem jungen in der Freiheit aufgewachsenen Pennsylvanier wegen der daselbst gehandhabten eisernen Disziplin und viel mehr noch wegen des durchaus mystischen und pietistischen Wesens, welche zur Zeit dort herrschten, durchaus nicht zusagte. Der Unterricht indessen, sowohl in den klassischen Sprachen, als in der Geschichte, wurde gut und gewissenhaft ertheilt.

Zwei Jahre später nach Pennsylvanien zurückgekehrt, widmete er sich der Rechtswissenschaft in Easton und machte darin gründliche Studien. Im Jahre 1848 betheiligte er sich lebhaft an der Politik und arbeitete für den Erfolg von Van Buren und Adams, die Kandidaten der sogenannten "Free Soilers", in Opposition gegen Caß, den Kandidaten der regulären demokratischen Partei. Beide demokratischen Flügel wurden durch die Erwählung des Whigs, General Taylor, geschlagen.

Im Jahre 1850 eröffnete er in Verbindung mit einem sehr liebenswürdigen und ausgezeichneten Manne, Joseph Minor, ein Advokatenbureau in Philadelphia. Diese Verbindung wurde aber schon nach zwei Jahren durch den frühzeitigen Tod Minor's gelöst.

Obgleich Göpp bereits in früher Jugend Deutschland verlassen hatte und sein späterer zweijähriger Aufenthalt daselbst auf einem reaktionären, pietistischen königlich-preußischen Herrnhuther-Seminar nicht dazu angethan war, ihm sein Geburtsland in günstigem Lichte erscheinen zu lassen, so finden wir doch bei ihm eine seltene Anhänglichkeit an Deutschland. Mit dem lebhaftesten Interesse und der wärmsten Theilnahme verfolgte er die deutsch-katholische Bewegung, als den Herold einer neuen politischen Wiedererweckung. Er schwärmte für die Agitation Heinzen's in Deutschland; und die „New Yorker Schnellpost", deren Herausgeber, Eichthal, er in Easton hatte persönlich kennen lernen, war ihm in allen Ansichten über Deutschland und die europäische Politik überhaupt, ein wahres Evangelium. Ganz besonders aber entflammte sich sein jugendliches Herz für Ungarn und den Heldenkampf der Magyaren. Er theilte die Begeisterung übrigens mit der Mehrzahl der Bürger der Vereinigten Staaten, welche in dem Aufstand der Ungarn gleichsam eine Wiederholung ihrer eigenen Revolution gegen das Mutterland erblickten und dieselbe durch Hinweisung auf wohlbegründete und verbriefte Rechte völlig gerechtfertigt fanden.

Es mag wohl gerade diese Katastrophe in Ungarn in ihm den Gedanken wachgerufen haben, die Vereinigten Staaten nicht blos zu einem Asyl der besiegten Freiheitskämpfer, sondern zu einem Heerde neuer Revolutionen zu machen. Er schrieb damals ein Pamphlet: "E Pluribus Unum", in welchem er diese Ansicht befürwortete. Amerika sollte der Ausgangspunkt einer politischen Umgestaltung aller Nationen werden und nach und nach der Mittelpunkt, an den sich die regenerirten europäischen Staaten anschließen sollten. Eine Art Völkerrepublik, deren Centripetal-Punkt die Vereinigten Staaten sein sollten, schwebte ihm vor. Wenn wir bedenken, daß Göpp zur Zeit erst wenig über zwanzig Jahre alt und von Natur poetisch und romantisch angelegt war, wie er denn schon in seinen Jünglingsjahren sich poetisch produktiv zeigte, so dürfen wir ihm kaum über dieses so umfassende Programm einen großen Vorwurf machen. Die Welt hat es verworfen, und wird es wohl immer thun; aber der Jüngling, den solche Ideen erfüllten, verdient doch eher unsere Anerkennung, als unseren Spott. An letzterem hat es bekanntlich nicht gefehlt, nachdem auf dem bekannten Deutschen Kongreß zu Wheeling (September 1852) die Ideen, welche "E Pluribus Unum" ausgesprochen hatte, in ein Programm gefaßt und publizirt worden waren. An der Anleihe zu Gunsten der deutschen Revolution, welche Gottfried Kinkel bei seiner Hier-

Herkunft nach dem Vorgang Kossuth's in Gang brachte, betheiligte sich Göpp sehr lebhaft und wurde Mitglied des Exekutiv-Kommittees.

Zur selben Zeit übersetzte er in's Englische und bearbeitete eine von Theodor Pösche erschienene Schrift: „Das neue Rom", welches ebenfalls die Ideen des "E Pluribus Unum" befürwortete. Später übersetzte er für die Thomas'sche Buchhandlung in Philadelphia „Auerbach's Dorfgeschichten", welche literarische Unternehmung sich eines großen Erfolges erfreute.

Seine Verbindung mit Thomas fügte es, daß er mit dem berühmten Rechtsgelehrten Brewster zusammen die Vertheidigung von Thomas in dem Gericht der Vereinigten Staaten gegen eine Klage der Verleger von "Uncle Toms Cabin" der Beecher Stowe, führte. Thomas hatte nämlich eine sehr gute Uebersetzung dieser damals das ganze Land in Bewegung setzenden Erzählung durch Adolph Strodtmann erscheinen lassen. Die Verleger von "Uncle Toms Cabin" sahen darin einen Nachdruck und eine große Schädigung ihres Buches. Aber das Bezirksgericht der Vereinigten Staaten entschied, daß die Uebersetzung eines literarischen Werkes nicht nur keine Beeinträchtigung des Originals, sondern selber ein Produkt originaler literarischer Thätigkeit und als solches selbst zum Schutze berechtigt sei.

Daß ein Mann wie Göpp, der stets dem freisinnigsten Flügel der demokratischen Partei angehört hatte, gleich den meisten hervorragenden Deutschen der Union, sich im Jahre 1854 der republikanischen Partei anschloß, und sich lebhaft für die Wahl Fremont's (1856) in den Wahlkampf stürzte, ist nur selbstverständlich. Ebenso wirkte er thätig für die Wahl Lincoln's (1860). Zu gleicher Zeit war er bis zum Jahre 1857 Mitarbeiter an Alexander Cuming's "Evening Bulletin" und schrieb für andere Zeitungen und periodische Blätter. Ein jüngerer Bruder von ihm, Max, hatte indessen eine Advokatur in Easton eröffnet und machte gute Geschäfte. Karl Göpp ging mit ihm eine Verbindung ein und beide betrieben ihr Geschäft mit Erfolg bis zum Jahre 1863.

Im Jahre 1861 zog er als Lieutenant der „Easton Jäger" in's Feld, wurde Kapitän und später Adjutant des 9. Freiwilligen-Regiments von Pennsylvanien, in welches seine Kompagnie eingereiht worden war. Unter General Patterson besetzte das Regiment Virginien, doch kamen dessen Truppen, durch die Unfähigkeit des Generals, welcher es versäumte Jackson festzuhalten, und dadurch die erste Niederlage von „Bull Run" veranlaßte, nicht in's Treffen. Da der erste Aufruf des Präsidenten nur für drei Monate Dienstzeit war, so wurden diese Regimenter wieder aufgelöst, und Göpp kehrte in den Civilstand zurück.

Im Jahre 1863 trat er als Advokat in Geschäftsverbindung mit Friedrich Kapp, der zur Zeit in New York die Advokatur mit

Glück betrieb. Diese Verbindung war vortheilhaft für ihn. Indessen beschäftigte er sich stets noch mit literarischen Arbeiten, übersetzte Kapp's „Leben des General Kalb" in's Englische, bearbeitete für die damals erscheinende neue Auflage des „Brockhaus'schen Konversations-Lexikons" den Artikel "United States", und schrieb für Kaspar Butz's „Monatshefte" eine interessante Mittheilung über Canada.

Im Jahre 1868 wurde er von der republikanischen Partei zum Kandidaten für Richter der "Superior Court of the city of New York" nominirt, erlag aber bei der Wahl einer starken demokratischen Majorität. Dies war ihm um so unangenehmer, als im Jahre 1869 die Geschäftsverbindung mit Kapp, der nach Deutschland zurückging, sich aufgelöst hatte. Zu dieser Zeit schrieb er seinen „Leitfaden für die parlamentarische Praxis".

Nachdem er im Jahre 1870 das Unglück gehabt hatte, seine Frau zu verlieren, reiste er im Jahre 1872 nach Europa um einen Theil seiner Kinder schwesterlicher Pflege zu übergeben. Bei dieser Gelegenheit besuchte er die Schweiz und einen großen Theil von Italien und England. — Seine Hauptbeschäftigung seit 1869 bestand in literarischen Arbeiten und Uebersetzungen aus dem Deutschen und Französischen.

Im Jahre 1874 wurde, wie seitdem an vielen andern Orten, unter dem Vorgeben, daß die schlechten Zeiten die größten Einschränkungen in den öffentlichen Ausgaben erheischten, in der Stadt New York der Versuch gemacht, das Lehren der deutschen Sprache in den Freischulen einzustellen. Eine zahlreiche Versammlung von Deutschen und andern Bürgern fand (Mai 1875) in dem "Cooper Institute" statt, welche lebhaft gegen diese Bewegung protestirte. Göpp trat als Redner auf und es wurde seine Rede mit großem Beifall aufgenommen. Dieses öffentliche Auftreten seit geraumer Zeit frischte sein Andenken bei den Bürgern New York's auf, und hat wohl mit dazu beigetragen, daß er im Herbst 1875 von einer Reform-Partei, welche aus Demokraten, Republikanern und unabhängigen Wählern bestand, zu einem der Richter des Marine-Tribunals (Marine Court) von New York mit bedeutender Majorität gewählt wurde, welches Amt er zur großen Zufriedenheit der Rechtsgelehrten und des Publikums verwaltete.

Da er den größten Theil seines Lebens und namentlich seine Knaben- und ersten Jünglingsjahre hier zugebracht hatte, so war er mit dem amerikanischen Volksleben innig verwebt. Seine stete Beschäftigung aber mit deutscher Literatur, seine angeborne Neigung für das Land seiner Geburt, die ihn an allen deutschen Erlebnissen den herzlichsten Antheil nehmen ließ, sein Drang, sich über schwebende Fragen öffentlich auszusprechen, seine vollständige Kenntniß und Handhabung beider Sprachen, sein juristisches und staatsmännisches Wissen, machten Göpp so recht zu einem Vermittler beider Nationalitäten und zu einem der bedeutenderen Vertreter des deutschen Elements.

In der ausschließlich englischen Literatur Amerika's hat kaum ein anderer Deutscher produktiver gewirkt, als Karl Nordhoff, geboren zu Erwitte, Westphalen, 31. August 1830. Er ist der Sohn eines preußischen Beamten, der den Freiheitskrieg (1813—1815) mitgemacht hatte und freisinnige politische Gesinnungen hegte. Der Vater glaubte in Amerika, unter dessen republikanischen Institutionen eine glücklichere Zukunft zu finden und wanderte deshalb im Jahre 1835 nach den Vereinigten Staaten aus. Die erste Zeit seines Hierseins brachte der ältere Nordhoff zu Beaver, in Pennsylvanien, zu, wo er sich sehr für die Rapp'sche Kolonie interessirte, zog aber dann weiter nach dem Westen, nach St. Louis, und machte von da aus Reisen nach dem damals fernsten Westen über die Grenzen des Staates Missouri hinaus. Auch das nördliche Illinois und die oberen Seen wurden von ihm besucht. Den größten Theil seiner Zeit indessen brachte er in Arkansas zu, beschäftigt hauptsächlich mit dem Handel in Pelzen. In 1839 begab er sich nach Cincinnati, wo er mit Dr. Pulte und Pastor Wilhelm Nast befreundet wurde, starb aber schon im Jahre 1842, seinen Sohn Karl der Pflege und Vormundschaft des Herrn Nast überlassend. Dieser bezog die Vorbereitungsklassen des "Woodward College" in Cincinnati. Seinem Vater dankte er aber eine strenge deutsche Erziehung, denn trotz des bewegten Lebens desselben war der Sohn oft dessen Begleiter. Nachdem er einige Jahre auf dem „College" zugebracht hatte, erlernte er die Buchdruckerei und arbeitete in dem "Methodist Book Concern" zu Cincinnati.

Von Jugend auf hatte er einen fast unwiderstehlichen Drang zum Seeleben. Sobald er die nöthigen Mittel erworben, flüchtete er aus der Druckerei nach Philadelphia, wo er fast noch ein Knabe, sich auf einem amerikanischen Kriegsschiffe auf die vorgeschriebenen drei Dienstjahre verpflichtete, und seine Zeit getreulich aushielt. Nach dem Ablauf seiner Dienstzeit und nachdem er bereits um die Welt gesegelt war, setzte er bis zum Jahre 1855 seine Seemannslaufbahn auf Handelsschiffen fort, ein Zeichen, wie lieb er dieses kühne Handwerk gewonnen hatte. Nach Philadelphia zurückgekehrt, arbeitete er für eine Zeitung, ging darauf nach Indiana, lehrte dort eine kurze Zeit die deutsche Sprache an dem "Asbury College" in Greencastle, half in der Redaktion des "Indianapolis Sentinel", hielt sich dann einige Zeit bei seinen Freunden in Cinciunati auf, um seine ersten Bücher über das Seemannsleben herauszugeben. Von da ging er nach New York und war vier Jahre lang für die weltberühmte Firma der Gebrüder Harper literarisch beschäftigt, worauf er dann in der Redaktion der so wohl berufenen New Yorker "Evening Post" zehn Jahre lang arbeitete. Während dieser Zeit veröffentlichte er mehrere seiner

Hauptwerke, wie das über Californien, über „Die kommunistischen Gemeinden in den Vereinigten Staaten", „Politik für junge Amerikaner", u. s. w.*) Seit dem Jahre 1874 gehört er zum Redaktionspersonal des New Yorker „Herald" und ist während der Kongreßsitzungen der regelmäßige Korrespondent dieses Weltblattes. Sein Buch, "The Cotton States" (New York; Appleton und Co., 1876), erregte die größte Aufmerksamkeit und gab Anlaß zu heftigen Kontroversen. Als ein eifriger Republikaner sprach er, nach sorgfältigen und eingehenden Untersuchungen, welche er persönlich bei einem Besuch dieser Staaten, der über sechs Monate dauerte, angestellt hatte, die Meinung aus, daß die dort noch bestehenden schreienden Uebelstände zum guten Theil wenigstens den Fehlern der dortigen, meist aus dem Norden eingewanderten Republikaner, und den Maßregeln der Bundesregierung selbst zuzuschreiben seien. Das Buch war noch überdies dem Präsidenten Grant gewidmet und zwar in der folgenden männlichen Sprache:

„An den Präsidenten der Vereinigten Staaten: Mein Herr! Ich lege Ihnen achtungsvoll einen Bericht über die politische und industrielle Lage mehrerer der südlichen Staaten vor, das Resultat einer Erforschungsreise, die ich im Frühjahr und Sommer dieses Jahres gemacht habe, im Auftrage des Herrn James Gordon Bennet, für den „New Yorker Herald." Die gesammelten Thatsachen schienen mir für Sie vielleicht ein Interesse zu haben. Es ist Ihnen, wie ich aufrichtig glaube, nicht gelungen, das Volk der südlichen Staaten zufrieden zu stellen, hauptsächlich, weil Sie in Ihrer hohen Stellung es unglücklicherweise schwierig fanden, den wahren Zustand dieser Staaten kennen zu lernen, ein Zustand, der sich während Ihrer Regierung so rasch und so beständig geändert hat. Hätten Sie es vermocht, dieselben in 1874—1875 persönlich zu beobachten, wie Sie es im Jahre 1865 gethan haben,†) so zweifle ich nicht daran, daß Ihre Politik gegen den Süden in vielen Einzelnheiten von der von Ihnen eingeschlagenen verschieden gewesen wäre, denn es ist Ihre Pflicht, wie es ohne Zweifel Ihr Wunsch ist, die Freiheit aller Ihrer Mitbürger sicher zu stellen, sowie deren Wohl und Glück zu vermehren."

Die Unabhängigkeit des Urtheils, welche er in diesem Bericht durchwegs bekundete, brachte ihn in Opposition mit dem radikalen Flügel seiner Partei, obgleich Nordhoff schon, wie er sagt, auf den Knien seines Vaters die Sklaverei zu hassen gelernt hatte, und die Kandidaten der republikanischen Partei für Bundesämter stets unterstützte. Seinem literarischen Wirken that indeß dieser Zwist keinen Eintrag.

Die Betrachtung des Lebenslaufs von Karl Nordhoff drängt uns unwillkürlich zu einem Vergleich mit dem von Bayard Taylor, dessen

---

*) Für ein Verzeichniß seiner Werke siehe Anhang No. 7.

†) Bekanntlich machte General Grant, bald nach hergestelltem Frieden einen so rosenfarbigen Bericht über die Lage des Südens an Präsident Johnson, daß er bei solchen Republikanern wie Sumner, Schurz und Andern das höchste Mißfallen erregte.

kürzlich erfolgter Tod so tief betrauert wurde. Deutschland war das Heimathland von Nordhoff, für Taylor wurde es in geistiger Hinsicht eine zweite Heimath. Die Deutschen betrachteten ihn wenigstens zur Hälfte als den Ihrigen. Beide begannen ihre Laufbahn in den finstern Räumen einer Druckerei, beide trieb es von Jugend auf „durch Länder und Meere zu gehen"; beide mit Glücksgütern nicht gesegnet, machten ihre ersten großen Reisen unter den ungünstigsten Umständen; beide wurden Schriftsteller, und Journalisten an den größten Blättern der amerikanischen Presse. Die reichere Phantasie Taylor's führte ihn mehr auf das Gebiet der Dichtung und der Novellistik, während Nordhoff das Feld der praktischen Politik, der Statistik und der National-Oekonomie bebaute. Wenn Bayard Taylor mit einer glänzenden diplomatischen Stelle endigte, so liegt auch eine solche Stellung nicht außer dem Bereiche von Karl Nordhoff. Bei Taylor's Tode wurden viele gewichtige Stimmen laut, Nordhoff an dessen Stelle zu setzen. Als einer sehr bedeutenden Kraft in der Presse, welche hier nicht nur eine Großmacht heißt, sondern wirklich eine ist, haben die deutschen Amerikaner alle Ursache, Karl Nordhoff ihre volle Anerkennung nicht zu versagen.

Eine ehrenvolle Stelle unter den deutsch-amerikanischen Gelehrten nahm Herrmann Ernst Ludewig ein. Er war 1809 zu Dresden geboren, hatte in der alten Heimath sich der Jurisprudenz gewidmet, und wir finden ihn 1842 in New York, wo er alsbald die Advokatur ausübte und sich eine umfassende Praxis erwarb. Seine besondere Neigung war aber die Bibliographie. Schon in Deutschland hatte er eine Schrift "Livre des Ana, Essay de Catalogue Manuel", und eine "Bibliotheque economique" herausgegeben. Auch hier veröffentlichte er schon 1846 ein bibliographisches Werk, "Literature of American Local History", welches sehr geschätzt wurde, sowie noch mehrere kleinere Schriften über die zweckmäßige Einrichtung von Bibliotheken und von Katalogen. Er war hier ein Bahnbrecher für diese Wissenschaft, welche jetzt freilich bedeutend kultivirt wird, und für welche eine eigene Association besteht, die jährlich sehr interessante Versammlungen abhält. Das Werk aber, welchem Ludewig die besten zehn Jahre seines Lebens hindurch alle seine Kräfte widmete, soweit er seiner ausgedehnten Praxis Zeit entziehen durfte, ist "The Literature of American Aboriginal Languages". Es blieb indessen bis zu seinem Tode nur Manuskript. Er selbst betrachtete dieses höchst verdienstvolle Werk nur als eine Vorarbeit, händigte dasselbe aber dem berühmten deutschen Buchhändler zu London, Nikolaus Trübner, als derselbe New York besuchte, und von der Arbeit gehört hatte, zur Herausgabe ein. Ludewig starb schon 1856, das Werk aber erschien in London 1857, mit Zusätzen und Verbesserungen des Professors W. W. Turner von Washington. Es besteht aus einer alphabetisch geordneten Bibliographie der Literatur, welche sich auf die nordamerikanischen Indianer bezieht. Bei jedem Stamm, deren 1030 aufgezählt werden, ist genau angegeben, in welchen Werken und auf welcher Seite desselben Information über dessen Geschichte, Sprache, Religion u. s. w. zu finden ist. In einer Notiz über Ludewig von dem verdienstvollen deutsch-amerikanischen Schriftsteller Karl Knorz, die wir hier zu Grunde legen, heißt es über das Buch:

„Es enthält literarische Nachweise über mehr als sechshundert Stämme, und zwar Nachweise, die sich nicht allein in englischen und französischen Quellen, sondern in Büchern aller europäischen Kultursprachen finden. Welche erstaunliche Belesenheit, welcher Fleiß, und welche Ausdauer und Beharrlichkeit zur Ausarbeitung eines solchen Werkes gehören, davon kann sich nur der einen Begriff machen, der eine Seite des genannten Buches aufschlägt und der weiß, auf welche unbedeutende Vorarbeiten der Verfasser sich stützen konnte."

Im Jahre 1845 landete an den Ufern von New York Herrmann Kriege, ein junger Mann von vieler Begabung, erfüllt von warmer Liebe für Freiheit und Verbesserung der Zustände der Unterdrückten. Er war am 20. Juni 1820 in Westphalen geboren, studirte zuerst in Leipzig, diente dann zu Bielefeld sein Militär-Jahr als Freiwilliger ab, und begab sich darauf zur Fortsetzung seiner Studien nach Berlin. Dort bildete er einen sozialistisch angehauchten Lesezirkel, wurde aber in Untersuchung gezogen und flüchtete zuerst nach Belgien, dann nach London, um zuletzt hier eine Freistätte zu suchen. Er gründete zu New York die „Volks-tribüne", und war einer der ersten, um hier eine sozial-demokratische Bewegung unter den Arbeitern hervorzurufen. Mit dem ihm eigenen Enthusiasmus agitirte er für die Abschaffung der Sklaverei. Ein großes Verdienst erwarb er sich durch sein Wirken für Freigebung des öffentlichen Landes an wirkliche Ansiedler. Seine heißen Wünsche in dieser Hinsicht wurden aber erst im Jahre 1862 erfüllt durch Annahme des Heimstätte-Gesetzes, dessen hervorragendster Befürworter im Kongreß der später so viel geschmähte Andrew Johnson war. Ebenso lag ihm die Hebung der politischen Stellung der Deutschen am Herzen, sowie deren politische Bildung. Zu diesem Zweck unternahm er es, in einer Reihe von Lebens-bildern die Heroen der amerikanischen Revolution seinen deutschen Lands-leuten als Muster vorzuführen. Unter dem Titel „Die Väter der Repu-blik" erschienen mehrere Hefte, das Leben von Thomas Payne, Georg Washington, Benjamin Franklin und Thomas Jefferson, enthaltend. Die Zeichnung der Charaktere war, wie zu erwarten, weniger kritisch als warm und fesselnd.

Das Sturmjahr 1848 mußte ihn nothwendig nach Deutschland zurück-wehen. Er suchte dort im sozial-demokratischen Sinne zu agitiren, wohnte dem Arbeiter-Kongreß in Berlin bei, fand sich aber bald sehr enttäuscht. „Das Proletariat, für das wir geschwärmt, lebt nicht," schrieb er einem Freunde. Er kehrte schon 1849 wieder in trübster Stimmung zurück, versuchte in Chicago und anderwärts sich einen literarischen Wirkungskreis zu schaffen, begab sich aber bald seiner Gesundheit wegen wieder nach New York, und starb dort am 31. Dezember 1850, umnachteten Geistes. Es war ihm hier gelungen sich einen Anhang von Freunden zu erwerben, die mit fast schwärmerischer Liebe an ihm hingen. Aber auch die, welche seine Ansichten für zu extrem und überspannt hielten, achteten in ihm einen ebenso talentvollen als aufrichtigen und überzeugungstreuen Ehrenmann.

Spätere Ankömmlinge in den Vereinigten Staaten, die aber zuletzt ihren bleibenden Aufenthalt in New York genommen haben, waren die beiden vorzüglich als Literaten bekannt gewordenen Männer, Magnus Groß und Anton Eidhof. Magnus Groß hatte schon ein nicht uninteressantes Vorleben in Deutschland. Die Stadt seiner Geburt war Fulda, Kurhessen, wo er am 28. September 1817 geboren wurde. Nach dem Besuch des dortigen Gymnasiums, war er sechs Jahre lang erst Lehrling, dann Gehülfe in einer Apotheke, bezog 1838 die Universität Gießen, studirte dort Naturwissenschaften und besonders Chemie unter Liebig. Auf der Universität Marburg beendigte er unter dem Chemiker Bunsen seine Studien 1842. Eine Entdeckung von ihm in der Färbekunst, welche von der bairischen Regierung patentirt wurde, veranlaßte ihn zur Anlegung von Fabriken und im Jahre 1845 erhielt er einen Ruf als Professor der Chemie an die landwirthschaftliche Lehranstalt zu Schleisheim, bei München. Die Krankheit eines in den Vereinigten Staaten lebenden Bruders bewog ihn, noch ehe er seine Stellung angetreten, ebenfalls dorthin zu gehen, und im Frühling 1846 landete er zu New Orleans, von wo er sich nach St. Louis begab. Dort legte er eine Lichter- und Seifen-Fabrik an, warf sich aber bald auf die Politik und scheint sich überraschend schnell in die amerikanischen Verhältnisse hineingearbeitet zu haben. Er knüpfte eine Korrespondenz mit der „Deutschen Schnellpost" in New York an, und arbeitete zeitweise auch am „Anzeiger des Westens" während des Krieges mit Mexiko 1846—1848. Er war entschiedener Demokrat, wie es damals ja fast alle Deutschen waren, und arbeitete im Wahlkampf 1848 für die Erwählung von General Caß zum Präsidenten. Von dieser Zeit an gab er sich ganz der politischen Journalistik hin. Hier und dort wurden von ihm Versuche gemacht, Zeitungen herauszugeben; zuerst in Louisville, dann in Cincinnati, bis er im Jahre 1851 in New York eine etwas bleibendere Wohnstätte fand, und bis 1854 an der „Abendzeitung" thätig war. Die Journalisten sind eben hier zu Lande ein Wandervolk, und so finden wir denn Groß nach 1854 in Philadelphia in Thätigkeit, aber nur bis 1856, in welchem Jahre er nach Washington übersiedelte.

Dort übernahm er während der Fremont Wahlkampagne die Leitung der vom National Exekutiv Kommittee der demokratischen Partei herausgegebenen „Kampagne"-Schriften.

Zu dieser Zeit namentlich erregte Groß eine sehr starke Opposition gegen sich. Die meisten hervorragenden deutschen Journalisten und Politiker hatten sich der republikanischen Partei angeschlossen. Die neu eingewanderten Deutschen, obgleich bis dahin (1856) fast alle ebenfalls der demokratischen Partei angehörend, hatten sich mit großem Enthusiasmus in den Wahlkampf gestürzt, und wenn nicht durch ihre Stimmen, doch durch ihre Reden und Schriften schon großen Einfluß auf die Politik ausgeübt. Mit denjenigen Deutschen, welche trotz der Umänderungen, welche die alten Parteien erlitten und welche namentlich die demokratische auf sehr bedenkliche Wege geführt hatten, noch bei ihrer alten Liebe beharrten, wurde hart umgesprungen und Groß wurde begreiflicher Weise nicht geschont. Er scheint auch für einige Zeit seine Lust an der Politik verloren zu haben, denn er errichtete eine Apotheke zu Washington und betrieb praktische Pharmacie und Chemie. Doch als im Jahr 1860 abermals der Kampf heiß entbrannte, konnte er nicht widerstehen. Wie ein altes Schlachtroß beim Trompetenschalle, stürzte er sich auf's Neue in's dichteste Gedränge, verkaufte sein Geschäft, begleitete Douglas auf seiner Wahlagitationsreise nach New York und wirkte für ihn durch Wort und Schrift. Dort blieb er nun fest und arbeitete als Redakteur in dem politischen Theile der „New Yorker Staatszeitung" von 1860—1869.

Wie sehr es ihm auch in den ersten Jahren seiner politischen Laufbahn an Gründlichkeit und Vertiefung fehlen mochte, wie mancher Unklugheiten und Fehlgriffe er sich auch schuldig gemacht hatte, so ist doch nicht zu leugnen, daß er im Laufe der Zeit seine literarische Fähigkeit tüchtig ausgebildet hat. Daß er so lange die politische Redaktion eines so ausgezeichneten Blattes, wie die „Staatszeitung" seit vielen Jahren war, führen konnte, ist dafür der beste Beweis. Er trat aber auch aktiv in die Politik ein. Von 1863—1870 war Magnus Groß Mitglied einer jeden Staatskonvention der demokratischen Partei. Im Jahre 1867 wurde er vom Volk zum Mitglied der Konvention zur Revision der Staatsverfassung gewählt, ein Amt, zu welchem in der Regel nur Männer von Auszeichnung und Kenntniß berufen werden. Im Jahre 1869 wurde er zum Mitglied des Erziehungsrathes der Stadt New York ernannt, ebenfalls eine ebenso wichtige, als ehrenvolle Stellung, und hier hat er sich große Verdienste um die Einführung der deutschen Sprache in den öffentlichen Schulen erworben.

Ein noch bewegteres Leben ist das von Anton Eickhoff gewesen, reich an wechselvollen Schicksalen. Bei Lippstadt in Westphalen geboren (11. September 1827) erhielt er die erste Erziehung in der Schule seines

Dorfes, besuchte dann die Bürgerschule zu Lippstadt und fing schon in seinem sechszehnten Jahre an, sich in schriftlichen Arbeiten in Prosa und Versen zu üben und sie in den Blättern der Provinz, die junge Talente in dieser Weise oft gerne unterstützen, zu veröffentlichen. Diese schriftstellerischen Erstlinge waren etwas zu politisch gefärbt für einen preußischen Unterthanen und obgleich er schon 1846 sein Examen als Realschullehrer bestanden hatte, setzte man eine gerichtliche Verfolgung gegen ihn in's Werk, der er sich nur durch die Auswanderung entzog. Im Oktober 1846 hatte er sich in Bremen eingeschifft. Eine Reise von vierundachtzig Tagen, welche ihn am 1. Januar 1847 nach New Orleans brachte, war ein Vorgeschmack der traurigen Schicksale, die ihn anfänglich hier erwarteten.

Es geht die Sage, daß einige gebildete junge Deutsche bei ihrer ersten Ankunft in St. Louis sich gezwungen gesehen hätten, für einen geringen Tagelohn in den umliegenden Steinbrüchen Geologie zu studiren. Bei Eichhof ist es gewiß, daß er um sein Brod zu verdienen, als Arbeiter auf Dampfbooten die westlichen Flüsse explorirte. Nur wer es aus eigener Anschauung weiß, wie schrecklich hart das Loos dieser Arbeiter ist, kann es ermessen, was ein junger Mann von Bildung, der noch obendrein eine poetische Ader hatte, in dieser Lage gelitten haben muß. Er befuhr den Mississippi von seiner Mündung bis zu den Fällen in Minnesota, den Arkansas bis Little Rock, den Ohio bis an seinen Ursprung und endlich den Missouri bis weit über die Grenzen der Civilisation hinaus. Im Sommer 1847 hielt er sich einige Wochen in dem für die Cherokesen reservirten Gebiete auf, einer blühenden indianischen Kolonie im heutigen Kansas, westlich von Missouri.

Im Januar 1848 nach St. Louis zurückgekehrt, erhielt er an der gelehrten Schule der Jesuiten, welche unter dem Namen „Universität von St. Louis" bekannt ist, eine Stelle als Lehrer. Vom Dampfbootarbeiter zur Lehrerstelle an einem so reichen und populären Institut ist ein rascher Uebergang und wohl der beste Beweis, daß entweder Uebereilung oder Mangel an Anstelligkeit ihn zu seinem ersten Schritt, der nur selten wieder zurückgethan werden kann, verleitet haben mußte.

Schon im Sommer 1848 gründete er in St. Louis ein zweimal in der Woche erscheinendes Blatt, „Die St. Louis Zeitung". Das Jahr 1849 war für St. Louis und für ihn ein Unglücksjahr. Im Mai zerstörte ein großes Feuer eine Menge im Hafen liegender Dampfboote und fast den ganzen Geschäftstheil der Stadt, und die Cholera trat mit unerhörter Stärke auf und trieb eine große Anzahl der Bewohner den Sommer durch hinweg. Sein Geschäft kam zu einem raschen Ende. Er eilte nach Dubuque und übernahm die Redaktion des „Nordwestlichen Demokraten". Aber seine Bahn von nun an, für eine Reihe von Jahren, war die eines Kometen. Im folgenden Winter schon trieb ihn eine Krankheit nach Louisiana, im Frühling dagegen finden wir ihn in Louisville, wo er die Redaktion des „Beobachter am Ohio" für einige Zeit übernahm, um dann nach New York zu ziehen, dort die Redaktion der „Abendzeitung" übernehmend. Von 1854—1856 führte er darauf die Redaktion der „New Yorker Staatszeitung", später des „New Yorker Journals" und kurze Zeit darauf der „Presse".

Während des Secessionskriegs wurde Eichhoff von Gouverneur Seymour von New York nach der Schlacht von Gettysburg (1—4. Juli 1863) zum Kommissär ernannt, um für die Subsistenz und Pflege der New Yorker Truppen Sorge zu tragen, welcher verantwortlichen Pflicht er sich zu allgemeiner Zufriedenheit entledigte. In demselben Jahre wurde er von der demokratischen Partei für die Gesetzgebung von New York gewählt, lehnte aber im folgenden Jahre eine Wiedererwählung ab. Die Wirren in der Stadt New York, die in der demokratischen Partei eingerissene Korruption, scheinen ihm das politische Leben für eine Reihe von Jahren verleidet zu haben, wenigstens trat er nicht wieder an die Oeffentlichkeit, bis eine Reorganisation der Partei stattgefunden hatte. Er wurde 1872 Sekretär des demokratischen General-Kommittees, und 1873 zu dem in einer Stadt wie New York höchst wichtigen und verantwortlichen Amte eines „Coroners" gewählt. Im Jahre 1873 ernannte ihn seine Partei für den Kongreß im siebenten Distrikt des Staates New York; erwählt, trat er im März 1877 sein Amt an und bekleidete es bis zum März 1879. In der vorhergehenden Herbstwahl war er einem in Ohio geborenen Deutschen, Edwin Einstein, unterlegen. Die parlamentarische Wirksamkeit sagte ihm indessen nicht zu. Er glaubte durch lange Nichtübung den fließenden Gebrauch der Rede verloren zu haben. Seine Rede indeß, die er bei dem Tode Schleicher's in den Hallen des Kongresses hielt, bestätigte diese Befürchtung nicht.

Seine Hauptbedeutung gewann Anton Eichhoff als politischer Literat. Er gehörte noch in die Zeit, in welcher sich Deutsche, die sich überhaupt dem politischen Leben widmeten, zuerst genau mit der Geschichte des Landes und dem Charakter der Staatsmänner vertraut machen mußten, in welcher man, da es keine telegraphischen Berichte gab, den Verhandlungen im Kongreß und den Staatsgesetzgebungen, so weitschweifig wie sie sein mochten, aufmerksam zu folgen hatte, wo man nichts „abgekürzt" und „mundgerecht" erhielt, sondern sich selbst die Mühe nehmen mußte, für die Leser der Journale und für die Hörer die passende Zusammenstellung zu machen. Eichhoff hatte fast in allen Staaten, wo Deutsche wohnten, politische Reden gehalten, war mit den meisten leitenden Staatsmännern persönlich bekannt geworden und hatte sich mit dem Charakter des Volkes, mit dessen politischen Vergangenheit und Gegenwart so vertraut gemacht, daß er als Journalist eine große Wirksamkeit ausüben konnte und ausgeübt hat. Er steht noch in einem Alter, welches ihm wohl erlaubt, auch ferner eine bedeutende Thätigkeit zu entwickeln.

Die früher in Baltimore erschienene, dann nach New York verlegte „**Katholische Kirchenzeitung**" steht seit einer langen Reihe von Jahren unter der Leitung von Maximilian Oertel, offenbar einer der genialsten Zeitungsschreiber unter den Deutschen dieses Landes. Auf deutschen Universitäten zum Theologen gebildet, schloß sich Oertel der altlutherischen Kirche an, welche am Ende der dreißiger und Anfangs der vierziger Jahre so viel von sich reden machte. Der bekannte Bischof Stephan, den man seiner hohen Statur und seiner ganzen Haltung nach eher für einen pensionirten Kürassieroffizier als für einen Bischof der lutherischen Kirche gehalten hätte, geschützt und gestützt von dem pietistischen sächsischen Minister von Einsiedel, war das Hauptlicht dieser kirchlichen Gemeinschaft. Mit ihm und einer großen Anzahl anderer Pastoren kam Oertel in St. Louis Anfangs des Jahres 1839 an, und gehörte zu den Frömmsten der Frommen. Ob die Täuschung, die er mit der Gemeinde in Stephan erlitt, der sich als eine herrschbegierige, selbstsüchtige und der freien Liebe ergebene Persönlichkeit nicht lang nach seiner Ankunft hier entpuppt hatte, ihn an der Lehre selbst wankend gemacht, ob er noch festere Bürgschaften für sein Seelenheil suchte, als ihm das strengste, orthodox-lutherische Dogma versprach, genug, aus dem ergebensten Schüler des Verbrenners der päpstlichen Bullen, wurde Oertel ein rechtgläubiger Katholik. Aber Altlutheraner oder Ultramontaner, in ihm blieb stets eine heitere freie Lebensansicht vorwaltend. Ein gesunder, oft zu derber Humor, der sehr häufig an den prächtigen alten Abraham à Santa Clara erinnert, zeichnet seine Schriftstellerei aus. Der Schalk sitzt ihm immer im Nacken, und mancher ehrliche Katholik hat oft große Schwierigkeiten, um herauszufinden, ob Oertel auch wirklich ein Freund und Verfechter der katholischen Kirche sei, oder ob er sich über sie lustig mache. Der Papst, der es indessen besser wissen muß, als andere, hatte jedenfalls keinen Zweifel an der Rechtgläubigkeit des „Pater Oertel" (wie man ihn zu nennen pflegt, obgleich er keine der Weihen erhalten hat), denn wenn wir nicht irren, hat er ihn zum Ritter des heiligen Gregorius Ordens gemacht. Oertel wohnt nahe bei New York auf Long Island und scheint noch immer seinen guten Humor nicht verloren zu haben. Außerhalb seiner kirchlichen Ansichten, die wir nicht zu beurtheilen haben, trifft er fast immer in allen anderen Fragen den Nagel auf den Kopf und ist ohne Zweifel einer der interessantesten Charaktere unter den deutschen Literaten der Vereinigten Staaten.

Das deutsch-amerikanische Element zählt auch in seinen Reihen eine der gelehrtesten und geistreichsten Frauen der Geschichte, Frau Professor Robinson, besser unter dem Schriftstellernamen Talvj bekannt. Therese Albertine Louise, geborene von Jakob, jüngste

Tochter des staatswissenschaftlichen und philosophischen Schriftstellers Ludwig Heinrich von Jakob, wurde am 26. Januar 1797 zu Halle geboren, woselbst ihr Vater zur Zeit Professor der Philosophie an der dortigen Universität war. Nach der Auflösung der Universität (1806) begleitete sie ihren Vater nach Charkow in Süd-Rußland und 1809 nach Petersburg, an welchen Orten Professor von Jakob hervorragende Staatsanstellungen, hauptsächlich mit der Revision der russischen Kriminal-Gesetze verknüpft, bekleidete. Die Tochter, bereits in ihrer Jugend eine eifrige Schülerin, machte sich hier besonders mit der slavisch-russischen Sprache und Literatur bekannt. In 1816 mit ihrem Vater nach Halle zurückgekehrt, ward nunmehr das Studium der alten Sprachen, vor allem das Lateinische, nachgeholt, wofür sich ihr in Rußland keine Gelegenheit geboten hatte.

Um diese Zeit begann sich auch ihre schriftstellerische Thätigkeit zu entwickeln, doch bekundete sie lange Zeit einen Widerwillen gegen die Publikation ihrer Produkte, und erst später erschienen von ihr einige Erzählungen unter dem Titel „Psyche" (Halle 1825) und andere in Almanachen, unter dem Pseudonym Talvj — die Anfangsbuchstaben ihres Namens, T(herese) A(lbertine) L(ouise) v(on) J(akob). Durch die um diese Zeit durch Jakob Grimm's Rezensionen an die Oeffentlichkeit gebrachten serbischen Volkslieder des Wuk Stephanowitsch angeregt, stieg in ihr der Wunsch auf, Serbisch zu lernen; und durch Wuk und B. Kopitar ermuthigt, übersetzte sie bald die „Volkslieder der Serben", welche unter dem Protektorat Göthe's in Halle (2 Bände 1825—'26, 3. Auflage 1853) erschienen. Das war ein neues Feld und sicherte der Schriftstellerin nicht blos die dauernde Freundschaft des Altmeisters Göthe, sondern auch einen näheren Verkehr mit Jakob Grimm, Wilhelm und Alexander von Humboldt, Fr. K. von Savigny und Anderen.

Nachdem sie in 1828 den Professor Edward Robinson geheirathet, folgte sie diesem nach Amerika (1830), woselbst sie sich mit großem Eifer dem Studium der Sprachen der amerikanischen Urvölker hingab, als dessen Frucht eine deutsche Uebersetzung von Pickering's Schrift, "Essay on a Uniform Orthography for the Indian Languages of North America", erschien (Leipzig 1834). Für das um diese Zeit von ihrem Gatten begründete "Biblical Repository" schrieb sie in einer Reihe von Aufsätzen: "Historical view of the Slavic Languages", (deutsch von K. von Olberg, Berlin 1837,) welche Schrift sie später erweiterte, und als selbstständiges Werk (New York 1850) im Druck erscheinen ließ. Jakob Grimm bemerkte bereits über die erste unvollkommene Ausgabe: „Es ist eine von gründlichen Kenntnissen zeugende

Arbeit". Eine neue deutsche Uebersetzung der erweiterten Ausgabe von 1850, von Brühl, erschien in Leipzig 1852.

Von 1837 bis 1840 besuchte sie mit ihren Kindern, während ihr Gatte seine erste Forschungsreise nach Palästina unternahm, Europa, wo sie den „Versuch einer geschichtlichen Charakteristik der Volkslieder germanischer Nationen, mit einer Uebersicht der Lieder außereuropäischer Völkerschaften" (Leipzig 1840) und die kleine aber zur Zeit bedeutendes Aufsehen erregende Schrift, „Die Unächtheit der Lieder Ossian's" (Leipzig 1840, englisch "Ossian not genuine," Dublin 1841) veröffentlichte. Abtheilungen des erstgenannten Werkes waren vorher schon im "North-American Review" erschienen. Durch ihre kritische Schrift über Ossian hat Frau Robinson den bereits im vorigen Jahrhundert zur Zeit Johnson's ausgebrochenen Streit über die Echtheit des von Mac Pherson herausgegebenen Ossian zum Abschluß gebracht. Sie stützt sich dabei auf die Abhandlungen O'Reilly's und Drummond's, und weist dann nach, daß die allzugekünstelt hergestellte Dichtung, sowohl in ihrer gälischen Mundart voller Fehler, als auch durch den fadenlosen Gang der Erzählung und die nebelhaften und weitschweifigen Naturschilderungen, mit denen MacPherson die spärlich hineingestreuten und oft bis zur Unkenntniß verstümmelten altirischen Volkslieder zu schmücken bemüht war, nichts anders als das Werk eines Betrügers sei. Zwar erschien noch eine Fluth von Gegenschriften, allein diese vermochten nicht, die gediegene und gründliche Abhandlung der Frau Robinson zu erschüttern.

Nach Amerika, resp. New York, zurückgekehrt, woselbst ihr Gatte, von 1837 bis zu seinem in 1863 erfolgten Tode die Professur der biblischen Literatur am Union theologischen Seminar bekleidete, begann sie mit Eifer das Studium der amerikanischen Geschichte, und veröffentlichte als Ergebniß desselben, „Eine Geschichte des Kapitän John Smith" (Leipzig 1847) und im gleichen Jahre „Die Kolonisation von New England" (ebendaselbst). Von dem letzteren Werke ist eine schlechte englische Uebersetzung in 1851 in London erschienen.

Ihre Bekanntschaft mit Washington Irving, welche seit Irvings Rückkehr aus Spanien (1846) datirt, lenkte sie abermals auf das Gebiet der Dichtung, dem die Novellen entsprossen: "Héloïse, or the Unrevealed Secret" (New York 1850, deutsch, Leipzig 1850), "Life's Discipline, a Tale of the Annals of Hungary" (New York 1851) und „Die Auswanderer" (Leipzig 1852), in eigener englischer Bearbeitung unter dem Titel "The Exiles" (New York 1853) und später als "Woodhill" (1856) erschienen. Außerdem hat Frau Robinson zahlreiche Aufsätze wissenschaftlichen und literar-historischen Inhalts in amerikanischen und deutschen Zeitschriften veröffentlicht. — Nach dem Tode ihres Gemahls (1863) kehrte sie mit ihrer Familie nach Europa zurück.

Frau Robinson gehört unstreitig zu den bedeutendsten Schriftstellern ihres Geschlechts. „Ihr Styl ist einfach," schreibt Duyckinck, „und unübertrieben, wohl angewandt in ihrer kenntnißreichen und wissenschaftlichen Darstellung solcher literar-historischer Thema's, wie die Zeichnung der slavischen Dichtungen. Auch besitzt sie den Vortheil einer feinen poetischen Ausbildung um nach Belieben das Original der Balladen in deutschen oder englischen Versen mit vorzüglicher Vollkommenheit wiederzugeben." Wohl wenige deutsche Schriftsteller haben mit lebendigerem Erfolg für die Vermittelung der beiden Sprachen (englisch und deutsch) gewirkt, als Frau Robinson. Ihre Bekanntschaft mit Gelehrten und literarischen Größen in Amerika und Europa war ausgedehnt. Außer den bereits genannten finden wir darunter Männer wie K. W. L. Heyse, Franz Bopp und Wilhelm Grimm in Deutschland, Bancroft, Motley, George Ticknor, Longfellow, Bayard Taylor und Duyckinck in Amerika, Kaschin und Makarow in Rußland, Dawidowitsch und Milosch in Serbien und viele Andere.

Ihr Gatte, ein ausgezeichneter amerikanischer Gelehrter, der sich vorzüglich biblisch-orientalischen Studien widmete, und der ihr sicherlich einen großen Theil seiner bedeutenden Kenntnisse der deutschen Sprache und Literatur verdankt, hat sich um die Kritik und Erklärung der Bibel große Verdienste erworben und namentlich die Amerikaner mit den deutschen Forschungen auf diesem Gebiete bekannt gemacht.

Albert Bierstadt und Thomas Nast, beide jetzt in New-York wohnhaft, sind so jung in dieses Land gekommen, daß sie kaum als Deutsch-Amerikaner betrachtet werden können, hätte nicht der Erstere seine künstlerische Ausbildung in Deutschland erhalten, und der zweite alles was er von seiner Kunst je systematisch gelernt hat, der Zeichenschule von Theodor Kaufmann zu New York verdankt.

Bierstadt wurde zu Solingen, Westphalen, 1830 geboren, kam in seinem dritten Jahre mit seinen Eltern, die sich in New Bedford, Massachusetts, niederließen, nach Amerika. Schon in der frühesten Jugend zeigte er hohes Talent zum Zeichnen, und trotzdem er zu einem andern Lebensberuf bestimmt war, setzte er es durch, sich der Kunst widmen zu dürfen. Es ist anzunehmen, daß ihm in Boston, wo schon seit mehreren Generationen die Künste mehr gepflegt wurden, als anderswo in Amerika, und wo mit dem Athenäum, einer Sammlung von Gemälden und Statuen, auch eine Kunstschule verbunden war, die Gelegenheit zur Erlernung der Elemente seiner Kunst gegeben wurde. Im Jahre 1853 bezog er die Akademie von Düsseldorf, und während er vorher nur kleine Landschaften, meist Scenen in New England darstellend, gemalt hatte, gaben ihm Deutschland, die Schweiz und Italien den Vorwurf für seine Arbeiten. Das Jahr 1857 brachte ihn nach Amerika zurück. Er reiste in die

Wunderländer des fernen Westens, und die prachtvollen Alpenscenen der Felsengebirge und Sierra Nevada packten ihn mit solcher Macht, daß er von nun an fast keine andere Vorwürfe für seinen Pinsel nahm. Viele seiner besten Gemälde sind zugleich vom mächtigsten Umfang. Mehrere davon haben die Reise über den Ocean gemacht, wie „Lauders Park", 6 bei 10 Fuß, „Sturm in den Felsengebirgen", 7 bei 12 Fuß, „Ansicht in der Sierra," 6 bei 10 Fuß.

Bierstadt hat fast nur Landschaften gemalt und auf diesem Gebiet sich den höchsten Ruf unter den amerikanischen Malern errungen. Seine Auffassung ist eine naturgetreue. Er trägt in seine Landschaften nichts hinein, was nicht schon darin ist. Aber er ist so kühn, auch die Natur in ihren außerordentlichsten Erscheinungen aufzufassen. So hat er oft versucht das Unmögliche zu erreichen.

Bei einem so fruchtbaren Künstler, dessen Werke schon über die Hunderte zählen, sind Ungleichheiten nicht zu vermeiden. Seine Jugendarbeiten, ehe er sich in Europa ausbildete, können natürlich nicht auf gleicher Stufe mit den späteren stehen, und wiederum hatte er in dem Jahrzehnt, welches seiner Heimkehr nach Amerika folgte, den Höhepunkt seiner Kunst erreicht, und da man ihn nur immer an sich selbst maß und ihn später nicht sich selbst übertreffend fand, hat man sich hie und da von ungünstigen Nebenbuhlern die Ansicht aufbringen lassen, als seien seine letzteren Schöpfungen Beweise der Abnahme seiner Kräfte.

Seine riesenhaften, panorama-artigen Bilder sind unstreitig seine besten. Er ist, wie ein Kritiker sich ausgedrückt hat, ein heroischer Landschaftsmaler. Im Kolorit; das jetzt so besonders das Kennzeichen des Meisters sein soll, ragt Bierstadt weit über die meisten Düsseldorfer hinaus. Seine Lichteffekte sind das Kühnste was man auf dem Gebiete der Landschaftsmalerei finden kann. Die Jahre 1867—1869 brachte Bierstadt wieder Studiums halber in Europa zu. Er ist Mitglied der Kunst-Akademie in New York und bewohnt meistens sein Landgut „Irvington", unweit der Stadt.

Thomas Nast, geboren zu Landau, Rheinpfalz, 27. September 1840, kam als sechsjähriger Knabe mit seiner Mutter in New York 1846 an; sein Vater erst einige Jahre später. Da seine Eltern in kümmerlichen Verhältnissen lebten, so konnte er nur den gewöhnlichen Schulunterricht genießen. Wie Leutze und Bierstadt machte er jedoch, allen Hindernissen zum Trotz, sein angebornes Talent zum Zeichnen geltend, verschmähte jede andere Laufbahn, besuchte eine Zeichenschule etwa sechs Monate lang und versuchte bald darauf durch den Stift seinen Lebensunterhalt zu gewinnen. Drei Jahre lang zeichnete er um kärglichen Lohn an „Leslie's Illustrirte Zeitung", während er des Abends in der "Academy of Design" nach der Antike und dem Model zeichnete. Er trat dann

mit der New York "Illustrated News" in Verbindung, ging im Auftrag
dieses Blattes 1860 nach London, um das Preisboxen zweier berühmter
Faustkämpfer zu illustriren. Von dort begab er sich nach Genua, um mit
Garibaldi und den Rothhemden als Kriegszeichner die Eroberung von
Sicilien und Neapel mitzumachen. Seine Skizzen dieses romantisch
abenteuerlichen Feldzugs erschienen in den beiden Namensvettern, den
"Illustrated News" von New York und London, sowie in der Pariser
"Monde Illustrée".

Nach seiner Rückkehr in 1860 eröffnete sich aber für ihn bald das Feld,
für das ihn die Natur bestimmt zu haben schien. Er wurde beim Ausbruch des Kriegs Sensations- und Karrikaturen-Zeichner für "Harper's
Weekly", welches sich von einem sehr konservativen, die Sklaverei mit
Sammethandschuhen anfassenden Blatte, da es durch den Krieg nothwendiger Weise seine außerordentlich große Klientel im Süden verloren, in
eines der radikalsten Unionsblätter verwandelt hatte. Nast verstand es
wie Keiner durch Allegorien dem Gefühle für Union und Nationalität
Ausdruck zu geben, sowie durch Karrikaturen alles Bestreben der Gegner
lächerlich zu machen. Auf diesem Felde war er aber ein Nachahmer der
etwas groben englischen Manier, wie sie sich in den alten englischen satyri-
schen Holzschnitten und im „Punch" geltend macht. Er „winkt stets mit
dem Scheuerthor"; dem Beschauer bleibt nichts zu errathen übrig. Um
ja Nichts im Dunkeln zu lassen, hängt er im Nothfall seinen Gestalten
einen Zettel in den Mund. Von den Feinheiten der französischen Karrika-
turisten oder eines Keppler*) hat er keine Idee, und das ist wohl sein Glück
denn er zeichnet für die große Masse. Er würde Besseres leisten, wäre er
nicht verdammt, einer Partei zu dienen. Der ächte Satyriker muß über
den Parteien stehen. Nast ist ein Genie unstreitig und viele seiner Karrikaturen stehen weit über denen des „London Punch", aber dennoch hat er
über sich selbst ein Urtheil gefällt, welches allerdings viel zu hart, doch
seinen artistischen Standpunkt bezeichnet. Er soll öfters gesagt haben:
„Ich schaute zu hoch nach oben und fiel dabei in eine Mistpfütze".†) Sein
Talent und seine Arbeitskraft haben ihn sorgenfrei gestellt und noch kann
er, wenn er die Parteifesseln abstreifen wollte, weit Größeres leisten, als
ihm bis jetzt gelungen ist.

---

*) Keppler, Herausgeber und Zeichner des New York „Puck".
†) Thomas Nast von S. R. Köhler. „Deutsche Pionier", Band III, Seite 114.

Siebentes Kapitel.

New York. — (Schluß.)

Buffalo. — Deutsche Presse. — Philipp Dorschheimer. — Wilhelm Dorschheimer. — Militär- und andere Vereine. — Dr. Franz Brunk. — Gesang-Verein. — Theilnahme der Deutschen an Ereignissen in Deutschland. — Einfluß der Deutschen im westlichen New York. — Dr. Friedrich Heinrich Quitmann. — General Adolph von Steinwehr.

Erst nach Vollendung des Erie-Kanals, der im Frühjahr 1826 in volle Wirksamkeit trat, begann das Städtchen Buffalo am Niagara, wo derselbe aus dem Erie-See fließt, aufzublühen. Ein Herr Ernst Grey (Grau) aus Heilbronn, der im Jahre 1828 dort ankam, ein sehr intelligenter Mann, fand etwa vierzig deutsche Familien dort. Deutsche protestantische und katholische Gemeinden bildeten sich alsbald, bauten Kirchen, so daß sich im Jahre 1850 schon fünf protestantische und drei, darunter sehr große katholische Kirchen in der Stadt befanden; ebenso viele aber waren in der Umgegend, Erie County, bis zu dem letztgenannten Jahre gebaut worden. 1831 begannen die Deutschen in größerer Anzahl nach Buffalo zu kommen und im Jahre 1837 war die Bevölkerung in der Stadt selbst und Umgegend so bedeutend gewachsen, daß die Herausgabe einer deutschen Zeitung gerechtfertigt schien. Herr Georg Zahm aus Zweibrüden, der zu Hause das Buchdruckergeschäft erlernt, später aber Schullehrer geworden war, und der als ein intelligenter ehrenwerther Mann und als guter Gesellschafter geschildert wird, gab am 2. Dezember 1837 die erste Nummer dieser Zeitung heraus. Herr Stephan Molitor war Redakteur. Kein geringerer Name als „Der Weltbürger" wurde dem erstgeborenen deutschen Journale am Erie-See gegeben, und das Merkwürdigste ist, daß diese Zeitung und dieser Name noch heute besteht, indem der tägliche „Buffalo Demokrat" als Wochenblatt den „Weltbürger" mit erscheinen läßt. Die Redaktion ging aber bald an Herrn Zahm selbst über.

Die erste politische Demonstration der Deutschen fand am 23. Dezember 1837 statt, als zweihundert derselben an ihre Mitbürger eine Adresse erließen, sich nicht an den gesetzwidrigen Unternehmungen gegen Canada zu betheiligen. Im Jahre 1838 wurde Herr Philipp Dorschheimer, der erst im Jahre 1836 nach Buffalo übergesiedelt war, von der

Bundesregierung zum Postmeister von Buffalo ernannt, ein schon damals angesehenes und von den Politikern sehr gesuchtes Amt. Er war zur Zeit Inhaber des „Farmers Hotel". Nur der schon bedeutende politische Einfluß der Deutschen und der Glauben, den Dorschheimer sehr geschickt zu verbreiten wußte, als sei das deutsche Votum in seiner Hand, verschafften ihm diese Auszeichnung. Es konnte sich erst später bewähren, daß er wirklich ein Mann war, mit dem man zu rechnen hatte.

Philipp Dorschheimer wurde im Jahre 1797 in Wöllstein, jetzt zu Rheinhessen gehörig, geboren, als der Sohn eines wohlhabenden Müllers. Er besuchte die Volksschule, unter der damaligen französischen Regierung schlecht genug geführt, bis zu seinem vierzehnten Jahre, trat dann in das Geschäft seines Vaters ein und wanderte 1816, in seinem neunzehnten Jahre, nach Amerika aus. Er fand zuerst in Pennsylvanien Arbeit in seinem Fach, und übernahm nach einigen Jahren das Amt eines Mühlenaufsehers in Lyons, Wayne County, New York, später (1834) das erste Gasthaus in jener Stadt. In Pennsylvanien sowohl, wie im Innern New York's, war sein Umgang fast ausschließlich auf Amerikaner beschränkt gewesen. Er hatte das Englische sehr fließend sprechen gelernt, wie man es eben im Geschäftsumgang spricht. Mit einer Beharrlichkeit aber, die einer besseren Sache würdig gewesen wäre, behielt er den urächten Pfälzer Dialekt bei, was seiner Rede einen gemüthlich-komischen Ausdruck gab. Das Deutsche hatte er fast ganz vergessen, und er lernte dasselbe erst wieder, als er nach Buffalo gekommen war, d. h. ebenfalls nur im Umgang mit Anderen.

War sein Englisch fließend und doch ganz fremdländisch lautend, so war sein Deutsch fast noch komischer. Das Englische las er mit Leichtigkeit, und er war ein großer Freund vom Lesen, namentlich dem von Zeitungen. Auch politische Schriften hatte er fleißig studirt und sich besonders mit der Geschichte seines neuen Vaterlandes vertraut gemacht. Er war ein ausgezeichneter Kenner, namentlich der politischen Geschichte des Landes, und sein vortreffliches Gedächtniß machte ihn zu einer lebenden Encyclopädie in diesem Fache. Die englische und die deutsche Sprache schrieb er gleich unvollkommen, aber sobald man ihn sah, fand man sich einem nicht gewöhnlichen Manne gegenüber. Er war eine Nibelungengestalt, von regelmäßigem Körperbau, hatte einen verhältnißmäßig großen Kopf und ein intelligentes angenehmes Gesicht. Er mußte Jedem imponiren. „Seine Verstandesgaben", schreibt uns einer seiner intimsten Freunde, „ließen kaum etwas zu wünschen übrig". Seine Menschenkenntniß war sehr groß, und er wußte sich in seinen amtlichen Stellungen stets mit ausgezeichneten Gehülfen zu umgeben, so daß er sie alle vortrefflich verwaltete.

Während ihm die Gabe der öffentlichen Rede abging, besaß er im Privatgespräche eine außerordentliche Ueberredungskunst, die scheinbar jede

Absichtlichkeit vermeidend, deswegen nur um so wirksamer, fast unwiderstehlich war. Den hervorragendsten Männern mußte er, wenn sich ihm die Gelegenheit bot, sich mit ihnen unter vier Augen zu unterhalten, die Idee beizubringen, daß er nicht allein der hervorragendste und einflußreichste Deutsche in der Stadt Buffalo, sondern in den ganzen Vereinigten Staaten sei. Dieser Gabe, seiner Menschenkenntniß und seiner Bekanntschaft mit vielen bedeutenden Männern, verdankte er seine Erfolge im politischen Leben.

Der Sieg der Whigpartei im Jahr 1840 warf ihn aus seiner Postmeisterstelle, in welcher er sein Vermögen erworben hatte. Er übernahm bald darauf eines der ersten Gasthäuser (Mansion House), welches er bis zum Jahr 1864 betrieb.

Im Jahre 1848 schloß sich Dorschheimer dem free soil Zweig der demokratischen Partei an, und arbeitete und stimmte für Van Buren. Er sah viel früher als die meisten Demokraten des Nordens ein, daß die Ueberhebungen des Südens, namentlich nach dem scheinbar für ihn so glorreichen Kriege mit Mexiko, die Demokraten des Nordens in eine gefährliche Lage bringen würden, daß über kurz oder lang das Volk des Nordens sich in seiner Mehrzahl zur Vertheidigung stellen müsse, und daß damit das Loos der regulären Demokratie für lange Zeit besiegelt werde. Wie so viele seiner Mitdemokraten, namentlich die Deutschen, schloß er sich der republikanischen Partei 1854 an, oder besser gesagt, half er sie begründen.

Mit Fremont, der zur Zeit in New York wohnte, war er schon persönlich bekannt geworden. Beim Herannahen des Präsidentschafts-Feldzuges von 1856 war Dorschheimer einer der ersten, der Fremont zum Kandidaten vorschlug und für dessen Aufstellung zum Präsidenten mit all seiner Energie und seinem Takte agitirte. Die allenfalsigen Bedenken gegen dessen Kandidatur wies er mit einer so ruhigen, selbstbewußten, siegesgewissen Manier ab, daß er die Schwankenden leicht überzeugte. In der im Juni 1856 zu Philadelphia gehaltenen republikanischen National-Konvention, sah man ihn im großen Saale der Musik-Akademie, der dichtgedrängt war mit Abgeordneten aus allen nördlichen Staaten, unter denen sich Gouverneure, Senatoren der Vereinigten Staaten, Richter der höchsten Gerichtshöfe, die ersten Journalisten der Partei, die hervorragendsten Advokaten, Mitglieder des Repräsentantenhauses, man kann sagen, fast nur Sommitäten des Landes befanden, mit der größten Unbefangenheit die Tribüne besteigen, um die Nomination Fremonts zu befürworten. Wer ist dieser Mann? frug man allerwärts, als man die Riesengestalt wahrnahm. „O, der alte Dorschheimer, der große Führer der New-Yorker Deutschen." Der ungefähre Sinn seiner Worte war: Er sei nur ein einfacher alter Deutscher, kein Politiker, aber dies könne er der Versammlung sagen, daß er seine Landsleute kenne, und daß sie für keinen

Mann freudiger stimmen würden, als für Fremont. Darin hatte er allerdings recht, wie der Erfolg zeigte. Die einzelnen Worte hatte eigentlich Niemand verstanden, denn er sprach das prächtigste Pfälzer-Englisch. Aber gerade das half ihm. Soviel hatte man herausgehört, daß das deutsche Votum auf Fremont bestehe, und für Niemand anders so leicht seine Stimme abgeben werde. Unter dem lautesten Beifallsruf verließ der Alte die Tribüne. Fremont wurde nominirt, unterlag aber in der Wahl, obgleich er ohne eine einzige Stimme aus dem Süden zu erhalten, 1,342,000 Stimmen erhielt, gegen 1,866,000, welche Buchanan und 874,000, welche Fillmore erhielt. Im Jahre 1859 erwählte die republikanische Partei Dorschheimer zum Staatsschatzmeister von New York und im Jahre 1863 wurde er vom Präsidenten Lincoln zum Hauptsteuereinnehmer für den Distrikt, in dem Buffalo lag, ernannt, eines der gesuchtesten Aemter im ganzen Lande. Beide Stellen waren hohe Vertrauensposten und erforderten Bürgschaften von Hunderttausenden von Dollars. Wir können nur aus eigener Erfahrung bestätigen, was eines Freundes Hand über ihn schreibt:

„Dorschheimer war von sehr ruhiger Gemüthsart, sanft und wohlwollend, stets bereit, seinen Mitmenschen mit Rath und That beizustehen und dadurch seinen Landsleuten schon von großem Nutzen. Wäre er mit großen Reichthümern gesegnet worden, so wäre er einer der freigebigsten Menschen auf Erden gewesen. Diese Herzensgüte erwarb ihm im Laufe der Zeit mehr und mehr Freunde, so daß er am Vorabend seines Todes beliebter und populärer war, als zur Zeit, wo er das Postamt im Sturm erobert hatte."

Bedenkt man, welche hohe Aemter er bekleidet hatte, Aemter, die, wenn nicht gewissenhaft verwaltet, zu großen Reichthümern hier zu Lande führen, so kann man es nur als den besten Beweis seiner Ehrlichkeit ansehen, wenn er nur ein Vermögen erwarb, welches gerade ausreichte, ihm seine letzten Lebensjahre sorgenfrei zu machen, und auch das verdankte er hauptsächlich dem vortheilhaften Verkauf seines Hotels im Jahre 1864. Er starb im Jahre 1868, im Alter von 71 Jahren.

Seinem Sohn William Dorschheimer, der die Statur seines Vaters hat, ließ er die trefflichste Erziehung geben. Er ist Advokat, höchst gebildet, liebt die Literatur, und hat wenigstens früher, sehr gut aufgenommene Mittheilungen für die besten periodischen Zeitschriften geliefert. Während der hundert Tage, in welchen Fremont den Oberbefehl über den ganzen Westen hatte, war er in dessen Stab als Major, wurde später Anwalt der Vereinigten Staaten für den nördlichen Theil von New York; opponirte Grant im Jahre 1872 und wurde Liberal-Demokrat. Er ist jetzt zum zweiten Mal Vicegouverneur von New York, und wie sein Vater Fremont zum Kandidaten für die Präsidentschaft machen half, so that es mehr als irgend ein anderer Wilhelm Dorschheimer in der demokratischen

National-Konvention zu St. Louis im Jahre 1876 für Tilden. Durch Wissen, durch die Kunst der Rede, denn er ist ein ausgezeichneter Volksredner, ist Wilhelm eine vermehrte und verbesserte Ausgabe seines Vaters als Politiker.

Philip Dorschheimer ist ein Typus vieler Deutschen hier zu Lande, die sich in die Politik geworfen haben, freilich ein genialer Typus. Aber in kleineren Kreisen, in Städten und den Quartieren von Städten, giebt es hunderte von Dorschheimern unter den Deutschen. Diese Politiker niedern Schlages haben alle irgend eine Eigenschaft, die sie über die Masse erhebt. Aber die Hauptursache ihres Erfolgs ist, daß sie alles, was sie sind, nicht nur zur Geltung bringen, sondern es verstehen, Andere zu vermögen, sie über ihren Werth zu schätzen. Natürlicherweise begreifen wir unter dieser letzten Klasse nicht verkäufliche und intriguante Wahlagenten und Aemterhascher, sondern Leute, die im Grunde ehrlich sind und wohlmeinend, wie Dorschheimer es im höchsten Grade war.

Die erste Militär-Kompagnie wurde Februar 1838 in Buffalo errichtet; schon im Jahre 1841 war die Zahl solcher Kompagnieen auf drei in der Stadt, und eine im Lande gestiegen, welche sich im selben Jahre in ein Bataillon organisirten, dessen Major Georg Zahm, der Herausgeber des „Weltbürgers," war. Die Namen der Stadtkompagnien waren „Steuben"-, „Lafayette"- und „Jefferson-Garde." Dr. Friedr. Dellenbach, Lieutenant in der Steubengarde, wurde im Jahre 1839, als der erste Deutsche in den Stadtrath gewählt. Anfangs sehr thätig in der Politik, zog sich der Doktor später ins Privatleben zurück, wurde zum ersten Direktor in der "Savings Bank of Buffalo" ernannt, und ist einer der geachtetsten Bürger der Stadt.

Um dieselbe Zeit ließ sich Pastor A. A. Grabau, früher Pfarrer zu Erfurt, an der Spitze einer altlutherischen Gemeinde in Buffalo nieder. Nach vielen Leiden und Entbehrungen der Gemeinde, gründete Grabau tüchtige Schulen und im Jahre 1840 auch eine Schule zur Bildung von Schullehrern, welche später unter dem Namen „Deutsches Martin Luther Collegium" einen Freibrief erhielt.

Im Juli 1840 erschien eine zweite deutsche Zeitung, der „Volksfreund", ein Organ der Whigpartei, redigirt von W. A. Meier. Die Zeitung überdauerte kaum die Wahl in diesem Jahre, und Herr Meier widmete sich darauf andern Geschäften und wurde ebenfalls Mitglied des Stadtraths.

Im Jahre 1841 bildeten F. A. Georg, Jakob Beyer, Dr. Johann Hauenstein, Karl Neibhart, Adam Schlagter, Georg Pfeifer, Georg Beyer, Stephan Bellinger und Wilhelm Rudolf, eine Gesellschaft, deren Zweck war: „Ausbildung in der deutschen Sprache, Beförderung deutscher Bildung und

Literatur, und Anlegung einer deutschen Bibliothek." Unter diesen neun Gründern war indeß nur Einer ein Deutscher, fünf waren Elsäßer, einer Lothringer und zwei Schweizer. Es ist nicht uninteressant, hier zu bemerken, daß Elsäßer und Deutsch-Lothringer zu jener Zeit sich völlig zu den Deutschen zählten. In einem Theile von Illinois, St. Louis gegenüber, der fast ausschließlich von einer alten canadisch-französischen Bevölkerung besiedelt war, schlossen sich die Elsäßer und Lothringer, obgleich sie grade neben dieser französischen Niederlassung sich angesiedelt hatten, fest an die Deutschen an und hatten sehr wenig Berührung mit ihren französischen Nachbarn. Das Blut drang eben durch. Alle diese genannten Männer beförderten jede gemeinnützige Unternehmung und haben in Bezug auf Bildung und geschäftlichen Erfolg dem deutschen Namen Ehre gemacht.

Mehrere von ihnen waren zu Zeiten Mitglieder des Stadtraths, bekleideten auch andere Aemter und fungirten als Direktoren von Banken und andern Gesellschaften. Debatten und Vorlesungen, sowie gesellige Unterhaltungen füllten die Vereinsabende aus. Inkorporirt wurde die Gesellschaft im Jahre 1845, und zur Zeit besitzt sie eine Bibliothek von nahe an sechstausend Bänden.

„Der Freimüthige", ein anderes Whigorgan, erblickte das Licht der Welt im Dezember 1842, herausgegeben und redigirt von Herrn Alexander Krause, einem sehr gebildeten ehrenwerthen Manne. Dieses Blatt ging 1845 in die Hände von Ernst Oesten über, der den Versuch machte, es zu einem täglichen umzugestalten. Nach kurzer Zeit ging dasselbe ganz ein, aber aus seiner Asche erstieg im November desselben Jahres der „Telegraph", ebenfalls ein Whigorgan. Der von Georg Zahm gegründete „Weltbürger" wurde nach dem Tode desselben von Brunk und Domidion erworben.

Dr. Franz L. Brunk ist mit der Politik seines Staates so innig verflochten, daß eine Skizze seines Lebens den besten Einblick in die Betheiligung des deutschen Elements an dem politischen Leben in Buffalo und dem westlichen Theil des Staates New York gewährt.

Dr. Brunk ein echtes Kind der fröhlichen Pfalz, wurde 1810 im Kanton Obermoschel geboren. Seinen Vater, einen wohlhabenden Gutsbesitzer, verlor er schon im Knabenalter. Er machte seine Vorstudien zu Kaiserslautern und Zweibrücken. Im Herbst 1829 bezog er die Universität Würzburg, das Jahr darauf setzte er seine Studien in München fort, wo er in den sogenannten Dezemberunruhen als ein Mitglied der „Germania Burschenschaft" verwickelt und einen Monat lang in strenger Haft in dem Isarthurm gehalten wurde. Den Anstrengungen seines Verwandten, des liberalen Abgeordneten Ritter's und anderer Deputirten des Rheinkreises, gelang es aber, seine Freilassung unter Bürgschaft zu erhalten, während die anderen politischen Gefangenen erst nach vier Monaten durch einen Spruch des Landshuter Appellationsgerichts in Freiheit gesetzt wurden.

Er faßte hier schon den Entschluß, am Ende seiner Studienzeit nach Amerika auszuwandern, wenn nicht eine Aenderung zum Bessern in den deutschen politischen Verhältnissen eintreten würde. Darauf setzte er seine Studien bis zum Jahr 1833 fort, promovirte als Arzt und wanderte 1834 aus. Er ließ sich zuerst in Lyons, im Staate New York, nieder, und verheirathete sich mit einer sehr wackeren und gescheuten Amerikanerin im Jahre 1835. Schon in Lyons führte ihn seine Umgebung in die Politik ein. Er machte sich mit den besten Kommentaren über unsere Bundesverfassung bekannt, las die gesammten Schriften von Jefferson und anderen Staatsmännern, und besonders die Zeitungen. Durch seine Frau und ausschließlichen Umgang mit Amerikanern erlangte er bald Fertigkeit im englisch Sprechen. Sein ansehnliches Erbtheil scheint ihn aber gedrückt zu haben. Die Lust am Landleben, das er in seiner Jugend kennen gelernt, erwachte in ihm von Neuem. Er ergriff daher im Herbst 1836 den Wanderstab, kaufte sich im wildesten Theile von Nord Indiana eine Sektion unbebauten Landes (640 Morgen) und fing an klären und roden zu lassen. Zwei Jahre quälte er sich, wie Lenau, im sogenannten Urwald ab, übergab dann pachtfrei das Land an einen Andern, und zog, nachdem er fast seinen letzten Dollar verloren hatte, im Frühjahr 1839 nach Buffalo, um seine ärztliche Praxis wieder aufzunehmen. Auch bei ihm bewährte sich das hier geltende Sprichwort: Niemand hat in Amerika Erfolg, ehe er sein letztes europäisches Geld verloren hat.

Auf der Universität war Brunk ein von Leben übersprudelnder Bursche. Hoch und schlank von Gestalt, von frischer brauner Gesichtsfarbe, wurden seine immer beweglichen glänzenden dunkeln Augen noch durch ein rabenschwarzes Haar gehoben. Sein ganzes Leben hindurch hat ihn seine Lebhaftigkeit nicht verlassen. Vielleicht nicht ganz ohne das Zuthun von Dorsheimer, den er schon in Lyons kennen gelernt hatte und nun in Buffalo als Postmeister wiederfand, stürzte er sich alsbald in den heißen Wahlkampf zwischen Van Buren und Harrison im Jahre 1840. Er trat als Redner bei einigen demokratischen Versammlungen auf und bestand namentlich einen siegreichen Strauß zu Rochester mit dem Deutsch-Böhmen F. W. Lassad, der früher Demokrat gewesen, und als solcher von den Deutschen der Stadt New York in die Gesetzgebung gewählt worden war, aber sich im Jahre 1840 auf die Seite der Gegner geworfen hatte. Brunk sprach stets aus dem Stegreif, sowohl in deutscher als englischer Sprache. Schriftliche Notizen brachten ihn in Verwirrung. Er folgte der Inspiration des Augenblicks und bedurfte einer theilnehmenden Zuhörerschaft, um mit Glück reden zu können. Von einer eigentlich rhetorischen Kunst war bei ihm nicht die Rede. Aber gehoben und getragen durch eine zustimmenbe Menge, riß er seine Zuhörer mit sich fort und errang große Erfolge.

Als im Jahr 1842 Van Buren, der in der Wahl unterlegen war, eine Rundreise nach dem Westen machte, wurde er allerwärts, namentlich von den Deutschen, bei denen in der Regel Sieg oder Niederlage keine Aenderung in der Stimmung hervorbringt, mit großem Jubel begrüßt. Die Deutschen in Buffalo brachten ihm einen riesigen Fackelzug, an dem sich, den demokratischen Zeitungen zufolge, 3000 bis 4000 Deutsche betheiligt haben sollen. Dr. Brunk hielt die Anrede an Van Buren. An dem Wahlkampfe von 1844 zwischen Polk und Clay betheiligten sich die Deutschen ebenfalls sehr lebhaft. — Vorzüglich boten die Demokraten alles auf, um die Scharte von 1840 auszuwetzen. Auch unsern Brunk finden wir wieder auf der Volkstribüne, nicht nur in Buffalo, sondern in allen bedeutenden Plätzen zwischen Albany und Detroit in Michigan. In diesem Jahre kam es in Erie, Pennsylvanien, zu einem Wort-Duell mit Otto Hoffmann, aus einer angesehenen Familie in Darmstadt, einem talentvollen Abenteurer, welcher im Jahre 1842 zu Harrisburg, Pennsylvanien, die sogenannte Riesenzeitung, „Der Deutsche in Amerika", redigirt hatte, eine Zeitung, die aufgeschlagen sechzig Zoll lang und zweiundvierzig Zoll breit war. Natürlich behaupteten beide Parteien, gesiegt zu haben.

Im Herbst 1845 übernahm Brunk von der Wittwe des verstorbenen Zahm den „Weltbürger", und J. Domedion, ein praktischer Drucker, wurde sein Geschäftstheilnehmer. Seine medizinische Praxis, die er bisher mit Erfolg und Vortheil betrieben hatte, gab er nun ganz auf und widmete sich mit großem Fleiß und dem ihm stets eignen Eifer diesem neuen Unternehmen. Wie lebhaft, oft übersprudelnd, Brunk auf der Rednerbühne war, so ruhig und besonnen, ohne Sucht zu glänzen und Sensation zu erregen, war er als Redakteur, eine gewiß seltene Erscheinung. Der Zuwachs der deutschen Bevölkerung von Buffalo und Umgegend (schon im Jahre 1842 wurde dieselbe auf 7000, von Löher in 1846 — offenbar zu hoch — auf 12,000 geschätzt), die Aufmerksamkeit, welche Brunk der Zeitung widmete, seine ausgebreitete Bekanntschaft, die er sich als thätiger Politiker erworben hatte, gaben dem Blatte eine immer weitere Ausdehnung. Es war das am stärksten verbreitete deutsche Organ der Demokratie in dem nordwestlichen Theile von New York, in Nord Ohio und Nord Indiana, und blühte zu einem sehr gewinnbringenden und großartigen Geschäfte auf.

Wir brauchen kaum zu sagen, daß auch in den nächstfolgenden Wahlen Brunk sich lebhaft betheiligte. Als im Jahr 1856 seine besten demokratischen Freunde und besonders die Führer der deutschen Demokraten fast ohne Ausnahme ihre alte Partei verließen, um die republikanische zu gründen, konnte ihn dieses zwar eine kurze Zeit lang schwankend, aber doch nicht der alten Fahne, die er wohl zu einseitig liebte, untreu machen.

Mehrere Nominationen zu Aemtern, wie zum Staats-Senat, zum Staats-Schatzmeister von New York, lehnte er ab, ließ sich aber 1863 zum Schatzmeister von Erie County und Staats- und County-Steuer-Einnehmer für die Stadt Buffalo erwählen. Dieses Amt ließ ihm die Abendstunden zur Verwendung für sein Journal frei, was schon seit vielen Jahren ein tägliches geworden war. Das Amt war ein sehr verantwortliches, aber auch ein sehr gut zahlendes. Es ist das einzige, welches er je bekleidet hat. Doch betheiligte er sich an vielen gemeinnützigen Bestrebungen, besonders an allen, die geeignet waren die Stellung der Deutschen zu heben.

Im Jahre 1868 machte er einen langen Besuch in Europa, und nachdem er im Jahre 1875 seinen Antheil des Geschäfts an seinen Theilnehmer F. H e l d höchst vortheilhaft verkauft hatte, brachte er mit seiner Familie zwei Jahre in Europa zu. Während seines Aufenthalts auswärts, korrespondirte er stets mit der Zeitung, und seine Reiseskizzen zeichnen sich durch Klarheit, Wahrhaftigkeit und werthvolle Mittheilung von Wissenswürdigem aus. Im Sommer 1878 hat er sich wieder nach Europa begeben, um namentlich Italien noch gründlicher als früher zu durchforschen. Eine heitere Leichtlebigkeit, eine ungemeine geistige und körperliche Beweglichkeit hat ihn bis in sein Alter begleitet.

Am 13. April 1844 wurde in Buffalo der erste Gesangverein gestiftet, der „Deutsche Singverein", im Jahre 1848 die heute noch bestehende „Liebertafel". Im Jahr 1847 bildete sich der „Arbeiterverein" und nach dessen Auflösung, aus dem musikalischen Theile desselben, der „Sängerbund". Die Leiter und die ersten Mitglieder gehörten zu den früher hier Eingewanderten.

An politischen Vereinen hat es in Buffalo nicht gefehlt, welche aber meistens nur während Wahlperioden bestanden. Ueberhaupt haben die Deutschen Buffalo's stets ein großes Interesse an der Politik gezeigt. Im Jahre 1845 betheiligten sie sich sehr thätig an Geldsammlungen für den damals noch in Celle eingekerkerten Dr. S e i d e n s t i c k e r. Bei seiner Befreiung wurde auf Aufforderung der „Deutschen Jung-Männer-Gesellschaft" eine öffentliche Versammlung abgehalten, in welcher die Freude über dieses Ereigniß in Beschlüssen ausgesprochen und er zu seiner vorauszusehenden Ankunft in den Vereinigten Staaten herzlich bewillkommt wurde. Für Professor J o r d a n waren zur Zeit ebenfalls Sammlungen gemacht worden.

Die französische Februar-Revolution wurde von den Deutschen in Buffalo mit einer großartigen Demonstration (zu der auch die Franzosen eingeladen waren) und einem Fackelzug begrüßt. Auf dem großen freien

Platze vor dem Mansion House wehten vom bekannten "Liberty Pole" die französische und amerikanische Flaggen. Dem Zuge selbst wurde die schwarz-roth-goldene Fahne vorangetragen. — Im Jahre 1845 war Karl Eslinger, später nach Wisconsin ausgewandert, Mitglied des Stadtraths. Salomon Scheu, aus der Rheinpfalz eingewandert 1839, war viermal im Stadtrath und wurde später Mayor der Stadt. Ein älterer Bruder von ihm, Jakob, wurde sechsmal zum Mitgliede des Stadtraths gewählt. Philipp Becker war Mayor im Jahre 1875. Dr. Dewinning, in den dreißiger Jahren eingewandert, war zweimal in der Staatsgesetzgebung. Richard Flach, der im Jahr 1848 hier ankam, saß einige Male im Stadtrath und wurde später in die Gesetzgebung gewählt. Ebenso waren Johann G. Langner, wie auch Philipp Becker, lange Zeit Herausgeber des „Buffalo Telegraphen", Mitglieder der Gesetzgebung.

Als einer der größten Geschäftsmänner nicht blos Buffalo's, sondern des ganzen Nordwestens, verdient Herr J. F. Schöllkopf erwähnt zu werden, geboren zu Kirchheim, Württemberg, der im Jahre 1841 in Buffalo sich niederließ. Seine großartigen Mühlen- und Gerbereigeschäfte, die sich durch mehrere Staaten hindurch erstreckten, hielten ihn aber nicht ab, alle gemeinnützigen Unternehmungen zu befördern, namentlich solche die von Deutschen ausgingen. Er war Mitglied der deutschen „Jung-Männer Gesellschaft" und steuerte bei jeder Gelegenheit liberal zu allen Sammlungen bei. Er gehörte zu den Gründern und ersten Direktoren der "Buffalo German Insurance Company" und der "German Bank". Beide Institute sind zu mächtigen Korporationen geworden, die über außerordentlich große Kapitalien und Depositen verfügen. Die "Buffalo Savings Bank", im Jahre 1846 gegründet und in deren Direktorium die Deutschen zahlreich vertreten waren und sind, hatte im Jahre 1878 nicht weniger als fünf Millionen siebenhundert und fünfzig tausend Dollars Depositen. Ein vielleicht zu großer Verehrer vergangener Zeiten (laudator temporis acti) spricht sich über die Vergangenheit Buffalo's so aus:

„Alles was hier bis jetzt von den Deutschen geleistet wurde und was die Erinnerung an die deutsche Einwanderung erhalten kann, wurde von den deutschen Einwanderern geleistet, welche vor 1850 kamen."

In den alten deutschen Niederlassungen am Schoharie und oberen Hudson hat sich das geistige Wirken der Deutschen, in der von uns behandelten Zeit, weniger lebendig gezeigt, wie in den größeren Städten. Dort stammte, was noch von deutschem Kulturleben vorhanden war, aus der vorhergehenden Periode, nur durch einige in unsern Kreis hineinreichende Charaktere repräsentirt. Zu diesen gehört jedenfalls der zu Rhinebeck, New York, in 1832 verstorbene lutherische Prediger Dr. Friedrich Heinrich Quitmann. Geboren am 7. August 1760 in dem westphälischen Städtchen Cleve, wo sein Vater Inspektor des dort stationirten preußischen Militärs war, wurde derselbe für den Soldatenstand bestimmt. Da der Vater nicht unbemittelt war, gedachte er dem Sohne eine gute Universitätsbildung zukommen zu lassen, um ihm seine künftige Laufbahn dadurch zu erleichtern, und sandte ihn nach Halle, wo derselbe zuerst das Gymnasium und dann die Universität besuchte.

Halle zeichnete sich damals vorzüglich als der Sitz des protestantischen Pietismus aus, getragen durch Männer wie N i e m e y e r, S e m l e r, K n a p p, S c h u l z e und Anderen. Auch Quitmann wurde dadurch angesteckt, und statt der militärischen Laufbahn, wählte er, zum großen Mißfallen seines Vaters, das Feld der Theologie. Es war jedenfalls eine höchst sonderbare Laune, denn die Natur schien Quitmann vorzüglich zum Soldaten geschaffen zu haben. Von großer, fast kolossaler Statur, — schon bei seinem Eintritt in die Universität brach einer der Professoren in die Worte aus: "Quanta ossa! Quantum robur! Junger Mann, Sie haben in sich die Kraft für ein Leben von hundert Jahren!" — besaß er außerdem ein energisches, entschlossenes Wesen, und das "semper paratus" zeigte sich an ihm bis zu seinem Ende als vorzügliche Personaleigenschaft.

Durch den Vater peremptorisch in seinen Studien unterbrochen, wurde Quitmann zuerst Erzieher in der f ü r s t l i c h e n W a l d e c k 'schen Familie, was ihm jedoch nicht zusagte, weshalb er sich im Geheimen nach Holland begab, um daselbst seine theologischen Studien fortzusetzen. Zum Prediger ordinirt, meldete er sich beim lutherischen Konsistorium der Niederlande für den Missionsdienst und wurde dann als Pastor einer Gemeinde nach der holländischen Kolonie Curaçao, in der Nähe der venezuelischen Küste, gesandt. Während seines zwölfjährigen Aufenthalts daselbst vermählte er sich mit der Tochter eines dortigen Kaufmannes, Anna Elisabeth Huyck, und kehrte dann, von der holländischen Regierung pensionirt, nach Europa zurück (1793).

Die politischen Ereignisse, welche Europa damals erschütterten, bewogen Dr. Quitmann mit seiner Familie nach New York auszuwandern (1795), freilich mit der Absicht, nach hergestelltem Frieden wieder nach Holland oder Deutschland zurückzukehren; die Verhältnisse gestalteten sich jedoch derart, daß er sich bald eines Anderen besann und Amerika zu seinem bleibenden Aufenthalt nahm. Er meldete sich deshalb bei der lutherischen Synode und erhielt einen Ruf als Pastor der vereinigten Kirchen zu Schoharie und Kobleskill. Hier verblieb er bis 1798, in welchem Jahre er die Kirchen zu Rhinebeck, Würtemberg, Germantown und Livingston übernahm. In 1815, in welchem Jahre er in die Staatsgesetzgebung gewählt wurde, legte er die Predigerstelle der beiden letztgenannten Kirchen nieder, und in 1824 auch die von Würtemberg. In 1828, als seine Gesundheit ihn verließ, zog er sich ganz von seinen geistlichen Funktionen zurück. Er starb zu Rhinebeck am 26. Juni 1832.

Dr. Quitmann genoß eine hoch geachtete Stellung nicht bloß in kirchlichen Kreisen, sondern auch in der politischen Welt. Er war ein intimer Freund von Gouverneur Daniel Tomkins, Edward Livingston, Gouverneur William C. Bouck, Martin Van Buren und anderen politischen Größen der demokratischen Partei. Außer seines einmaligen Termins in der Staatsgesetzgebung (er lehnte eine Wiederwahl ab), bekleidete er jedoch keine politischen Aemter; dahingegen war er mehrere Jahre lang einer der Vorsteher und Präsident des „Hartwick Seminars", und, nach Dr. Kunze's Tode, von 1807 bis 1828, präsidirender Senior des lutherischen Ministeriums von New York, in welcher Eigenschaft er, vermöge seiner freisinnigen Richtung, es zu verhüten wußte, daß die sich damals in fast allen deutschen protestantischen Kirchen Amerika's eindrängende Frömmlerei, die sogenannten Erweckungen (Revivals) ebenfalls in den zu seinem Ministerium gehörigen Kirchen Eingang fanden. Da mit diesen Erweckungen auch der Verfall der deutschen Sprache zum großen Theile Hand in Hand ging, so hat sich Dr. Quitmann für die zeitweilige Erhaltung des Deutschthums im Staate New York große Verdienste erworben.

„Seine Stellung in der Gesellschaft", sagt Dr. Wackernagel, „war eine hervorragende und angesehene. Seine vorzüglichen Kenntnisse, seine feinen Manieren und sein ungezwungenes, geradezu elegantes Benehmen, machten ihn gesucht und bewundert von Allen. Als Erzieher in der fürstlichen Familie Waldeck, war er gewöhnt, sich in den ersten Kreisen zu bewegen, und nachdem er als Pastor in Rhinebeck angesiedelt war, verkehrten die höchsten Spitzen der New Yorker Gesellschaft in seiner Wohnung." „Er hatte," schreibt Gouverneur Bouck, „nur geringen Umgang mit den gewöhnlichen Leuten, was wohl dem ernsten Ausdruck seines Gesichtes zugeschrieben werden muß. Eine hohe stattliche Figur und ein achtunggebietendes Aeußere, verliehen seiner Erscheinung ein eindrucksvolles und erhabenes Gepräge".

An Gelehrsamkeit stand ihm keiner der lutherischen Theologen des Landes zuvor. Er sprach gleich geläufig deutsch, englisch, holländisch, französisch und spanisch, und predigte öfters in den drei erstgenannten Sprachen, wie er in Curaçao abwechselnd holländisch, spanisch und französisch gepredigt hatte.

Er wurde häufig über politische und wissenschaftliche Fragen zu Rathe gezogen, und seine Auffassung der Charakteristik von Persönlichkeiten, sein vorzügliches Gedächtniß und seine treffenden Argumente, oft gewürzt mit schlagendem Witze, der ihm nie mangelte und der bis an die Grenzen des beißenden Sarkasmus zu streifen wußte, ohne beleidigend zu werden, machten ihn jederzeit zu einem beliebten Orakel.

Auch als Schriftsteller ist Dr. Quitmann thätig gewesen. Es erschienen von ihm im Druck: "A Treatise on Magic, or the Intercourse between Spirit and Men" (1810); "An Evangelical Catechism" (1814); "Three Sermons on the Reformation by Luther" (1817); und ein „Psalmbuch" (1817).

Sein Sohn, Johann Anton Quitmann, geboren zu Rhinebeck (1. September 1798), war eine berühmte Größe in der amerikanischen Geschichte. Derselbe begann seine merkwürdige Karriere als Professor der deutschen Sprache im „Mount Airy College", Pennsylvanien (1819); wurde dann Advokat in Chillicothe, Ohio, siedelte 1823 nach Natchez, Mississippi, über, war Kanzler des Staats-Obergerichts, Mitglied der Gesetzgebung und des Senats von Mississippi und Präsident des letzteren Körpers (1832—1835), sowie in dieser Eigenschaft interimistischer Gouverneur des Staates (1835), betheiligte sich dann an dem Freiheitskampf in Texas in (1836), besuchte darauf Deutschland und Frankreich in 1839 und wurde nach seiner Rückkehr zum Richter des Staats-Obergerichts ernannt. Beim Ausbruch des mexikanischen Krieges trat Quitmann in den Freiwilligen-Dienst der Vereinigten Staaten ein und wurde vom Präsidenten Polk in 1846 zum Brigade-General und in 1847 zum General-Major ernannt. Für seine Tapferkeit in der Schlacht von Monterey wurde ihm vom Kongreß ein Ehrendegen überreicht.

Nach Beendigung des Krieges kehrte er nach Natchez zurück, wurde 1850 zum Gouverneur des Staates erwählt und vertrat von 1855 bis zu seinem am 17. Juli 1858 erfolgten Tode den Natchez-Bezirk im Kongreß, wo er sich besonders durch seine Befürwortung der Annexation von Cuba an die Vereinigten Staaten auszeichnete.

General Quitmann, obgleich in den Vereinigten Staaten geboren, war doch in seinem ganzen Wesen ein Deutscher, und unterhielt mit der freilich nicht sehr zahlreichen deutschen Bevölkerung von Natchez jederzeit die freundschaftlichsten Beziehungen, stets geneigt den deutschen Einwanderern mit Rath und That beizustehen. Bereits in 1839 war er einer der Haupt-Anreger der Gründung eines deutschen Lesevereins in Natchez, dem er eine große Anzahl Bücher, die er aus Deutschland mitbrachte, schenkte, und dessen Lesezimmer er häufig zu besuchen pflegte. Von 1840 bis zum Ausbruch des mexikanischen Krieges besoldete er einen deutschen Lehrer, welcher den Kindern deutscher Eltern in Natchez unentgeltlich Unterricht in ihrer Muttersprache ertheilte. Eine deutsche Dame, die zu jener Zeit in Natchez wohnte, versicherte uns, daß General Quitmann sich stets lebhaft für die Ansiedlung und das Fortkommen der Deutschen in Natchez interessirt habe.

Ehe wir mit dem Staate New York abschließen, drängt sich uns das Bild eines Mannes auf, der zwar in der ersten Periode seines Hierseins kein Einwohner dieses Staates war, aber als der Führer eines New Yorker Regiments im Secessionskriege sich großen Ruhm erwarb, und nach Beendigung desselben, seinen bleibenden Wohnsitz in dem Staate nahm, wir meinen Adolph Wilhelm August Friedrich von Steinwehr. Er wurde am 25. September 1822 zu Blankenburg im Herzogthum Braunschweig geboren. Vater und Großvater waren höhere Offiziere in der Armee gewesen, und so war es nur natürlich, daß Steinwehr, nachdem er sein Gymnasial-Studium vollendet hatte, 1841 in die Militär-Akademie in Braunschweig und später als Lieutenant in die Armee eintrat. Der Ausbruch des Krieges mit Mexiko 1846 führte ihn in die Vereinigten Staaten, woselbst er sich in ein Regiment Freiwilliger in Alabama einreihte, zum Offizier gewählt wurde und unter General Scott den mexikanischen Krieg mitmachte.

Nach Beendigung des Kriegs fand Steinwehr eine Anstellung als Geometer im Grenz- und Küstenvermessungs-Departement der Vereinigten Staaten und kam mit seinem Korps 1849 nach Mobile, woselbst er sich mit einer Amerikanerin vermählte. Im Jahre 1851 wiederholte er, aber vergebens, schon früher gemachte Versuche, als Offizier in die regelmäßige Armee der Vereinigten Staaten aufgenommen zu werden. Mißmuthig reiste er mit seiner Familie nach Deutschland, kehrte indeß schon 1854 wieder zurück und ließ sich auf einer Farm in der Nähe von Wallingford, Connecticut, nieder.

Beim Ausbruch des Bürgerkrieges ließ es ihn nicht am heimischen Heerde. Er organisirte das neunundzwanzigste (deutsche) New Yorker Freiwilligen-Regiment, wurde der Brigade Blenker zugetheilt und war bei der ersten unglücklichen Schlacht von Bull Run (Juli 1861), in welcher indessen die Brigade Blenker die Reserve bildete und nicht in's Feuer kam, aber von der allgemeinen „Panik" sich nicht fortreißen ließ, sondern durch ihre feste Stellung die wilde Flucht der Bundestruppen deckte und so Washington vor einem Ueberfall der Konföderirten schützte.

Bei der im Herbst erfolgten Reorganisation der Armee unter McClellan wurde Steinwehr, dessen militärische Tüchtigkeit bereits erkannt worden war, zum Brigade-General ernannt. Seine Brigade wurde dann durch die Gebirge von Virginien in der rauhesten Jahreszeit, auf welchem Marsch die ganze Division durch fast ungangbare Wege und schlechte Verpflegung auf's Furchtbarste litt, Fremont in das sogenannte Bergdepartement zu Hülfe geschickt, und nahm an der von Fremont verpfuschten Schlacht bei Croß Keys Theil. Später in das Armeekorps des General Sigel's versetzt, betheiligte sich Steinwehr, als Kommandeur einer Division, an der Reihe von Gefechten, welche zuletzt mit der Niederlage des Oberst-Kommandirenden Generals Pope ebenfalls am Bull Run (August 1862) endigte. Die blutigen Schlachten von Fredericksburg (1862), Chancellorsville und Gettysburg machte er mit und zeichnete sich namentlich in der unglücklichen Schlacht von Chancellorsville (2. Mai 1863) aus, indem er dort dem siegenden Feinde einen entschlossenen Widerstand entgegensetzte und die Gegner so lange im Zaume hielt, bis der überfallene rechte Flügel sich wieder ordnen konnte.

In der mörderischen Schlacht bei Gettysburg (1., 2. und 3. Juli 1863), in welcher der konföderirte General Lee zum Rückzug aus Pennsylvanien und über den Potomac gezwungen wurde, zeichnete sich Steinwehr durch Ergreifung günstiger Positionen und die feste Haltung derselben, ganz besonders aus.

Nach der für die Unionstruppen so unglücklichen Schlacht von Chicamauga, Tennessee (20. und 21. September 1863), beeilte man sich, der Armee, welche jetzt unter das Kommando von Grant gestellt war, von der Potomac-Armee Verstärkungen zu schicken, und das elfte Armeekorps, in welchem Steinwehr's Division sich befand, wurde dazu ausersehen. Diese nahm dann den lebhaftesten Antheil an den dort geschlagenen Gefechten und Schlachten, namentlich an denen von Lookout Valley und Lookout Mountain.

Nach Beendigung des Krieges am 5. Juli 1865 resignirte Steinwehr, nachdem er schon in den letzten Monaten wegen geschwächter Gesundheit keinen aktiven Dienst mehr geleistet hatte. Unter allen deutschen Generalen war Steinwehr anerkannt einer der tüchtigsten gewesen, denn mit Muth und Entschlossenheit paarten sich bei ihm ausgezeichnete militärische Kenntnisse.

In's Privatleben zurückgekehrt, und Albany, in New York, zu seinem Wohnort erwählend, beschäftigte er sich literarisch auf dem Gebiete der Geographie und Statistik. Eine ganz vorzügliche Geographie zum Gebrauch für Schulen erschien von ihm 1866 in Cincinnati, mit trefflichen Karten nach Art der Stieler'schen, für dessen Atlas Steinwehr auch die Karten von Amerika gezeichnet hat, versehen. Im Jahr 1876 erschien von ihm zu Philadelphia der "Centennial Gazetteer of the United States". Ein Werk, „welches", wie H. A. Rattermann in seiner vortrefflichen Lebensschilderung von Steinwehr*) sagt, „unzweifelhaft das Hauptwerk seines Lebens geworden wäre, ist unvollendet geblieben", nämlich ein Atlas der Vereinigten Staaten von Amerika in zweiunddreißig Platten im größten Folio. Die Kupferplatten waren bereits in Arbeit bei dem berühmten Royal Geographer, Kees Johnston, in Edinburg, Schottland.

---

*) „Deutsche Pionier", Band IX., 17 ff.

Zwei derselben sind vollendet und wahre Meisterwerke. Die lithographirten Platten für den Tintendruck waren in Genf in Arbeit.

Von Cincinnati, wo er mit einer zweiten Auflage seiner Schulgeographie beschäftigt war, befand er sich auf der Heimreise nach Albany, als ihn in der Nacht vom 24. Februar 1877, in Buffalo, wo er sich kurze Zeit aufgehalten hatte, ein plötzlicher Tod ganz unerwartet ereilte. Gerade beschäftigt, einen Brief an seine Tochter in Koblenz zu schreiben, war er, die Feder in der Hand, in den Lehnstuhl zurückgesunken, aus dem Leben geschieden, anscheinend ohne Todeskampf. Unter militärischen Ehren wurde seine Leiche nach Albany gebracht und dort beerdigt. Zur Zeit seines Todes war seine Familie in Deutschland, mit Ausnahme eines Sohnes, der im „Yale College" studirte. Der obengenannte Verfasser seiner Lebensskizze schließt dieselbe mit den folgenden Worten:

„Er war ein Soldat im wahren Sinne des Wortes, und ein Edelmann nicht blos der Geburt und dem Namen nach, sondern in der That. Einen angenehmeren und interessanteren Gesellschafter als Herrn von Steinwehr kann man sich in Wirklichkeit nicht leicht vorstellen. Er war ein Mann von hervorragender Bildung, von kavaliermäßigem Benehmen, und überaus geistreich in jeder Gesellschaft."

Achtes Kapitel.

New England Staaten.

New England. — Deutsche Einwanderung seit 1820. — Dr. Karl Beck. — Karl Follen. — Franz Lieber. — Andere Deutsche in Boston. — Wilhelm und Robert Wesselhöft. — Leopold Morse (Maaß).

Die deutsche Einwanderung, welche sich im zweiten Jahrzehnt dieses Jahrhunderts von Neuem den Vereinigten Staaten zuwandte, berührte die New England Staaten kaum. Die Bevölkerung derselben hatte sich schon seit länger Zeit weit mehr als in den anderen Staaten gesellschaftlich befestigt und sich fremden Elementen gegenüber gleichsam abgeschlossen. An den Küsten blühte der Handel, die Seefahrt, die Fischerei, und in dem Innern hatten sich, in Folge der Wirren und des darauf folgenden Krieges mit England, die Industrie entwickelt. Die Natur des Bodens war dem Landbau nicht günstig und die dazu überflüssigen Kräfte reichten vollständig aus, die Fabriken und Werkstätten zu beleben. Es fehlte in diesen, dem Mutterlande so ähnlichen Kolonien, an einem kosmopolitischen Sinn, der mehr oder weniger in New York, Pennsylvanien und den westlichen Staaten zu finden war. Es fehlte ihnen also alle Anziehungskraft für den gewöhnlichen Strom der Einwanderung. Für geistige Ausbildung war indessen in New England vortrefflich gesorgt worden. Die Universität „Yale" in New Haven, Connecticut, und „Harvard", in Cambridge, bei Boston, waren vor allen ausgezeichnet. In Boston selbst herrschte schon bedeutendes geistiges Leben. Viele der Professoren und Literaten hatten Europa und namentlich Deutschland besucht und tüchtige deutsche Gelehrte fanden sich von ihnen auf's Beste aufgenommen.

So finden wir schon in den zwanziger Jahren Franz J. Grund, als Professor der Mathematik zu Cambridge, ebenso Gräter, als Professor der Zeichenkunst und neueren Sprachen, und etwas später Dr. Karl Beck, als Professor der lateinischen Sprache und Literatur. Derselbe war am 19. August 1798 zu Heidelberg geboren, studirte Theologie und Philologie zu Berlin und Tübingen, und promovirte in letzterem Orte als Doktor der Philosophie. In burschenschaftliche Verbindungen verflochten, mußte er, um nicht verhaftet zu werden, entfliehen. Zuerst fand er eine Zuflucht in der Schweiz bei seinem Stiefvater, dem berühmten Theologen De Wette zu Basel und schiffte zuletzt im Jahre 1824 nach Amerika über. Er wurde anfänglich Lehrer an einer Schule in Northampton, New Hampshire, errichtete dann eine eigene Lehranstalt zu Philipstown am Hudson, bis er im Jahre 1832 die obengenannte Professur erhielt, welche er fast zwanzig Jahre lang bekleidete.

Er publizirte mehrere philologische Werke, war ein Mann von großem Gemeingeist, zeichnete sich namentlich während des Bürgerkrieges in der Sanitätskommission aus, und schrieb und wirkte für die Erziehung der Freigelassenen. Sein großes Vermögen widmete er fast ganz öffentlichen Zwecken. Zwei Jahre lang war er auch Mitglied der Gesetzgebung von Massachusetts. Er starb im März 1866 zu Cambridge als einer der geachtetsten Bürger seines Staates und weit über dessen Grenzen hinaus betrauert.

Unter allen Deutschen aber, welche sich in New England niedergelassen haben, ist unstreitig Karl Follen die interessanteste und fesselndste Erscheinung. Der Vater von Follen (Follenius) war zur Zeit von dessen Geburt Landrichter und Hofrath in Gießen. Er war ein streng rechtlicher Ehrenmann, doch aufbrausender Natur, obgleich er gerade gegen Karl nachsichtiger und zutraulicher war, als gegen seine anderen Kinder. Die Geburtsstätte Karls war nicht in Gießen, sondern in Romrod, in welchem Orte sein Großvater Forstmeister war. Man hatte seine Mutter vor ihrer Entbindung dorthin geschickt, weil Gießen selbst damals durch Truppenmärsche sehr beunruhigt war.

Der 4. September 1796 war sein Geburtstag. Ein zwei Jahre

älterer Bruder, **Adolph**, Mitverfasser der „Freien Stimmen frischer Jugend" von Adolph und Karl Follen, war eine poetisch angelegte Natur. In die bemagogischen Untersuchungen verwickelt, war er zwei Jahre lang in Berlin in Untersuchungshaft gewesen, begab sich dann nach der Schweiz, wo er sich besonders der altdeutschen Literatur widmete, Professuren bekleidete, auch Landwirthschaft betrieb, ein Mitglied des hohen Raths zu Bern wurde, und im Jahre 1855 starb. Eine Schwester L o u i s e heirathete später Professor Vogt in Gießen, und wurde die Mutter des berühmten Naturforschers **Karl Vogt**. Sein jüngster Bruder, **Paul**, ein tüchtiger Jurist, wanderte im Jahre 1834 nach den Vereinigten Staaten aus.

Karl Follen erhielt eine treffliche Ausbildung auf dem Gymnasium zu Gießen. Er zeichnete sich ungemein aus, und außer den klassischen Sprachen betrieb er dort schon das Studium des Hebräischen, Französischen, selbst des Italienischen. Im Jahre 1813 bezog er, kaum 17 Jahre alt, die Universität Gießen, und widmete sich der Jurisprudenz, verließ aber im Herbst mit seinem Bruder Adolph die Universität, und beide traten in ein hessisches Freiwilligen-Bataillon und machten unter Prinz Emil den Feldzug nach Frankreich mit. Sein Korps rückte über Straßburg in die „Franche Comté" bis nach Lyon vor, um als Reserve der großen Armee unter Schwarzenberg zu dienen. Die Einnahme von Paris machte dem Feldzug ein Ende, in welchem das Bataillon zwar schwere Märsche auszuführen und harte Entbehrungen zu ertragen hatte, doch nicht eigentlich zu einem Zusammenstoß mit dem Feinde kam. Auch Paul, kaum 15 Jahre alt, dem der Vater die Erlaubniß zum Eintritt in die Armee nicht geben wollte, trat in ein hessisches Linienregiment und zeichnete sich in mehreren Gefechten durch Tapferkeit aus.

Im Frühjahr 1814 setzte Karl seine unterbrochenen Studien wieder fort, und in Gießen war es, wo er den Gedanken der Reform des Studentenlebens und einer Verschmelzung der bestehenden studentischen Gesellschaften (Landsmannschaften) in eine allgemeine deutsche Burschenschaft, wenn nicht vor allen andern zuerst faßte, doch Andern voraus mit dem ihm eigenen kühnen Enthusiasmus und einer unerschütterlichen Beharrlichkeit zu verwirklichen strebte. Seine wissenschaftliche und moralische Thätigkeit, sein ungemeines dialektisches Talent, ein gewisser persönlicher Magnetismus, wie man ihn Propheten und Aposteln zuzuschreiben gewöhnt ist, sicherten ihm einen fast unwiderstehlichen Einfluß auf alle höherstrebende Mitstudirenden. Dieser Einfluß aber verschaffte ihm auch erbitterte Gegner in den landsmannschaftlichen Kreisen, und brachte ihn in Verdacht bei den Universitäts- und Regierungsbehörden, welch' letztere noch ganz in den Traditionen des Rheinbundes lebten, und ärger als dessen Protektor selbst, die Ideologen fürchteten und darum haßten.

Daß Karl Follen zu gleicher Zeit auch ein rüstiger Turner, ein ausgezeichneter Fechter und Schwimmer war, verstärkte nur seinen Einfluß, indem man seinem Bestreben, namentlich die Duelle zu beschränken und sie nur dann zuzulassen, wenn ein Ehrengericht dieselben für zulässig hielt, keinen Mangel an Muth unterlegen konnte. Nach Beendigung seiner Studien, welche er unter den ausgezeichneten Rechtslehrern L ö h r und G r o l l m a n n mit großem Fleiße betrieben hatte, erhielt er die Doktor-Würde und zwar des ersten Grades im Jahre 1817, und begann alsbald als Privatdocent Vorlesungen über das römische Recht.

Doch hatte sich schon auf der Universität eine bei ihm sehr früh entwickelte Neigung für philosophische und religiöse Untersuchungen ausgebildet. Die philosophischen Schriften von S p i n o z a, H u m e, K a n t und F r i e s waren von ihm fleißig durchforscht worden. Nach Vollendung seiner Studien wurden Philosophie und Theologie von ihm noch fleißiger gepflegt. Als praktischer Jurist trat er für mehrere Gemeinden in Oberhessen auf, welche in Gefahr waren, durch neue Verordnungen einen Theil ihrer Kommunalrechte zu verlieren. Er verfaßte ihre Eingabe an das Ministerium, und da er in der Sache erfolgreich war, zog er sich den ganzen Haß der Regierung zu, und war fortwährenden Chikanen und Verfolgungen ausgesetzt. Er verließ deshalb im Oktober 1818 Gießen und habilitirte sich in Jena als Privatdozent, indem er seinen Kursus mit Vorlesungen über die Pandekten begann. Wie in Gießen, so sammelte sich alsbald auch dort eine Schaar begeisterter Jünger um Follen. O k e n, F r i e s und andere ausgezeichnete Professoren achteten ihn sehr hoch, obgleich er namentlich mit Fries in manchen politischen Ansichten nicht· übereinstimmte.

Unter denen, die sich Follen in Jena angeschlossen hatten, befand sich auch K a r l S a n d, dem jener ein Ideal geworden war. Die Unbedingtheit, mit der Follen seine politischen Theorien aussprach, die Entschiedenheit, mit welcher er auf Ausführung einer Idee, ohne sich durch die Folgen schrecken zu lassen, bestand, mag allerdings auf den überspannten Charakter von Sand einen Einfluß gehabt haben, den Follen nicht gerade voraussehen konnte. Daß der Letztere aber Sand zu der Ermordung von Kotzebue im Jahre 1819 angeregt habe, ist trotz der vielfachen Untersuchungen und den Verhören von Follen und anderer seiner Genossen unerwiesen geblieben. Auch blieb Follen wegen der That des unglücklichen Sand von der Regierung unbehelligt, vielmehr gründeten· sich die späteren Verfolgungen gegen ihn auf den Verdacht, die Stiftung eines Männerbundes mit d i r e k t hochverrätherischen Tendenzen veranlaßt zu haben.

Indessen war es klar, daß für Follen bei der hereinbrechenden Realtion und der immer weiter greifenden Thätigkeit der Bundestags-Untersuchungs-Kommission, Deutschland vor der Hand kein sicherer Aufenthalt war. Er verließ Jena, und nach kurzem Verweilen in Gießen, sein ihm so theures Vaterland, um es nie wieder zu sehen. Von Straßburg aus besuchte er Paris und wurde bald mit Lafayette, Benjamin Constant und andern bedeutenden Männern bekannt; mit dem Ersteren, der ihm stets eine warme Freundschaft bewahrte, selbst vertraut. Er begab sich von Paris nach der Schweiz, erhielt im Herbst 1820 einen Ruf an die Schule von Chur in Graubündten als Professor der Geschichte. Schon während seines Aufenthalts dort, ergingen von der preußischen Regierung Aufforderungen an den Rath des Kantons, Follen auszuliefern, welche indeß keine Folgen hatten. Im Jahre 1821 vertauschte er seine Stelle in Chur mit einer Professur an der neu organisirten Universität Basel und hielt Vorlesungen über Naturrecht, das Römische und das Kirchenrecht, sowie über Logik und andere Zweige der Philosophie. Sein Aufenthalt dort war für ihn ebenso ehrenvoll, wie angenehm und bis zum Jahr 1824 nur durch einen zweiten kurzen Aufenthalt in Paris unterbrochen. Doch der große Rath von Basel wurde von Preußen, Oesterreich und Follens engerem Vaterlande, Hessen, so sehr mit Noten bestürmt, welche seine Auslieferung verlangten und von mehreren andern Kantonen, wie Bern, Zürich, Luzern bringend aufgefordert, dem Wunsche dieser Mächte zu entsprechen, daß die Baseler Regierung sich endlich entschloß, ihn zu verhaften, ihn aber wohl selbst zeitig genug davon in Kenntniß setzte, um es ihm zu ermöglichen, sich durch Flucht einer Gefangennehmung zu entziehen.

Mit einem unächten Paß versehen, gelang es ihm nach Paris zu entkommen und am 1. November 1824 schiffte er sich in Havre nach New York ein.*) Mit ihm reiste Dr. Karl Bed, der sich schon nach einigen Jahren durch seine gründlichen philologischen Kenntnisse in den Vereinigten Staaten einen Namen machte, und die Stelle eines Professors der lateinischen Sprache und Literatur an der Universität von Cambridge, Massachusetts, bekleidete. Auch er hat in gelehrten Kreisen durch seinen Charakter sowohl als durch seine reichen Kenntnisse, zum Ruhm des deutschen Namens beigetragen.

Nach einer theilweise sehr stürmischen Fahrt, welche das Schiff an die Küste von Bermuda brachte, landete Karl Follen am 20. Dezember 1824 an den Gestaden unseres Landes. Nach einigem Aufenthalt in New York und Philadelphia, an welchen Orten er, namentlich durch Lafayette, der gerade damals seinen Triumphzug durch die Vereinigten Staaten hielt, die Bekanntschaft von vielen bedeutenden und einflußreichen Männern

---

*) Die Notizen über Follen's Leben in Europa verdanken wir zumeist einer höchst interessanten Brochüre von Friedrich Münch, betitelt „Erinnerungen aus Deutschland's trübster Zeit", St. Louis und Neustadt a. d. Hard, Witter's Buchhandlung, 1873.

machte, wie die von Du Ponceau und Georg Ticknor, an welch'
letzteren, sowie an Alexander Everret, er von seinem früheren
Lehrer, Professor Welker in Bonn, warme Empfehlungen hatte,
begab er sich nach Cambridge und erhielt durch den Einfluß der genannten
ausgezeichneten Männer eine Stelle an der dortigen Universität „Harvard"
als Lehrer der deutschen Sprache im Herbst 1825. Mit eisernem Fleiße
hatte er sich auf das Studium der englischen Sprache geworfen, so daß er,
obgleich er sich auf der Ueberfahrt zum erstenmale mit derselben beschäftigte,
sein Amt schon mit Erfolg verwalten konnte. Zu gleicher Zeit hielt er
Privat-Vorlesungen über das römische Recht.

Sein Bestreben war, nur das beste Englisch zu lesen. Wilhelm
Ellery Channing, vielleicht der ausgezeichnetste Stylist in der englischen Sprache, war derjenige, nach dem er seinen eigenen Styl bildete,
nicht allein durch dessen Schriften, sondern durch mündliche Unterhaltungen,
wozu sich häufig Gelegenheit bot, da ihn eine enge Freundschaft bald mit
diesem ebenso kenntnißreichen als edlen Manne verband. Es ist fast un-
glaublich, wie rasch Follen in den Geist und die Feinheiten der englischen
Sprache eindrang, und nur seiner gründlichen Kenntniß der klassischen und
mehreren neueren Sprachen, seinem unbegrenzten Fleiße, seinem rythmisch
fein gestimmten Ohr, konnte es gelingen, sich des neuen Idioms so zu
bemeistern, daß man selbst in seinen schriftlichen Arbeiten, die schon wenige
Jahre nach seiner Ankunft verfaßt sind, nur höchst selten einer nicht ganz
idiomatischen Wendung begegnet. In der Folge schrieb und sprach er
musterhaft und mit einer so feurigen und schlagfertigen Beredtsamkeit, der
es jedoch keineswegs an Ruhe und Mäßigung fehlte, daß er mit den Eingeborenen keinen Vergleich zu scheuen brauchte.

Er war Improvisator. Selbst seine besten Reden und Predigten
beruhten nur auf kurzen Notizen, in der Hauptsache überließ er sich der
Eingebung des Augenblicks. Natürlich hatte er einen reichen Schatz von
Gedanken stets vorräthig, denn er war vor allem ein Denker, und ein tiefer
Denker. Hätte ihn nicht eine ihm innewohnende Neigung zur Philosophie
und Theologie abgehalten, sich der praktischen Jurisprudenz zuzuwenden,
und hätte er sich der Advokatur, beziehungsweise der Politik gewidmet, so
würde er entweder in dem Gerichtssaal oder in den Hallen des Kongresses
ohne Zweifel eine sehr hohe Stellung eingenommen haben und in größeren
Kreisen berühmt geworden sein.

Nicht allein durch seinen edlen Charakter und seine natürliche Beredtsamkeit, sondern auch durch seine durchaus gesunden Ansichten über
Nationalökonomie, sowie über Gesetzgebung und Staatsleben überhaupt,
zeichnete er sich aus. Er war ein Schüler von Adam Smith,
Bentham, Romilly und Mac'Intosh. Die wenigen Stellen
in seiner nur fragmentarisch mitgetheilten Korrespondenz, welche sich in

dem „Leben Karl Follen's", von seiner Wittwe mit liebender Hand geschrieben, befinden, und die sich auf Politik beziehen, zeigen ein sehr feines Verständniß für alle damals die Vereinigten Staaten bewegenden politischen Fragen, und ein sehr klares Urtheil über die leitenden Staatsmänner.

Kaum hatte er sein Amt angetreten, so beschäftigte er sich mit Abfassung einer deutsch-englischen Grammatik, welche viele Auflagen erlebte und Jahre lang in den Vereinigten Staaten als die beste galt. Auch schrieb er mehrere Lesebücher, die sich namentlich durch die methodische und scharfsinnige Auswahl deutscher Musterstücke auszeichneten. Schon im Frühjahr 1826 errichtete er auch eine Turnschule für die Studenten und das Publikum überhaupt, die erste diesseits des Oceans, die sich sehr zahlreichen Zuspruchs erfreute.

Er hatte indeß damals die Idee, sich dem Rechtsfache zu widmen, noch nicht aufgegeben. Im Winter hielt er auch in Boston Vorlesungen über die römische Rechtsgeschichte und wurde dort mit Richter S t o r y, Richter D a v i s und andern ausgezeichneten Rechtsgelehrten bekannt, wie auch mit dem damaligen Präsidenten der Vereinigten Staaten, J o h n Q u i n c y A d a m s. Dieser war selbst ein Kenner und Bewunderer der deutschen Sprache. Er suchte Rath und Beistand bei Follen, namentlich in der neuen deutschen Literatur. Als Adams Ende des vorigen Jahrhunderts Deutschland verlassen hatte, waren G ö t h e, K l o p s t o ck, W i e l a n d, V o ß, M u s ä u s, S c h i l l e r, und, wie er selbst an Follen schreibt, namentlich B ü r g e r, die bewundertsten Schriftsteller. Adams hatte Wieland's „Oberon" vollständig übersetzt, unterließ aber dessen Veröffentlichung, weil ihm ein Engländer gerade damit zuvorgekommen war, und Wieland selbst zwar Adams Uebersetzung getreuer, aber die von Sotheby poetischer gefunden hatte. Adams bat nun Follen, ihm namentlich über zwei neue Schriftsteller, J e a n P a u l und T i e k, Auskunft zu geben, eine Bitte welche Follen in einer sehr liebevollen und gediegenen Kritik Beider erfüllte. Aus der Korrespondenz des Präsidenten mit Follen geht hervor, daß Adams sehr rasch die Bedeutung dieses Mannes erkannt hatte und daß er ihm die höchste Achtung zollte.

Schon bald nach seiner Anstellung als Lehrer der deutschen Sprache zu „Harvard", begann Follen eine Reihe von Vorlesungen über Moralphilosophie und Ethik in dem sich zu Cambridge befindlichen theologischen Seminar zu halten. Der intime Umgang mit Channing und andern bedeutenden Männern, welche alle der Unitarischen Kirche angehörten, verfehlte nicht, seine religiös angelegte Natur dem Studium der Theologie noch mehr zuzuwenden. Seine ersten poetischen Versuche, sowie die seines Bruders Adolph (in den „Freien Stimmen frischer Jugend") gaben deutliches Zeugniß eines tiefen Gefühls. War ja auch die Burschenschaft, an der Follen so emsig hatte bauen helfen, nicht blos eine Gesellschaft, welche Vaterlandsliebe und Freiheitslust, sondern auch das Christenthum pflegen sollte. Allerdings blieb es sehr unentschieden, welche Art von Christenthum das Herz von Deutschland's Jugend erfüllen sollte, und schon deswegen allein emanzipirte sich die deutsche Burschenschaft nach wenigen Jahren von allem religiösen Beiwerk.

Bei einem Charakter, wie Follen, war es natürlich, daß weder die Orthodoxie noch der Pietismus seinen religiösen Drang befriedigen konnten. Die Unitarier, welche einem bindenden Dogma nicht huldigen, einige der Hauptstücke des christlichen Glaubens gar nicht anerkennen, auch in ihrer kirchlichen Einrichtung völlig unabhängig sind, keine Synoden, noch authorative Behörden kennen, sondern durchaus auf der Individualität unabhängiger Gemeinden beruhen, mußten dagegen für Follen, dessen entschiedenster Charakterzug freie Selbstbestimmung war, besonders anziehend sein, um so mehr, als solche Männer, wie Channing, Theodor Parker und Alexander Everrett die beredtesten Geistlichen dieser Kirche waren, und fast alle literarische und wissenschaftliche Größen New Englands mehr oder weniger sich zu unitarischen Grundsätzen bekannten. Daß ein so gründlicher Kenner der deutschen Philosophie, wie es Follen war, dem äußersten liberalen Flügel dieser liberalsten kirchlichen Gemeinschaft angehörte, war nur selbstverständlich. Im Sommer 1828 wurde er in die Zahl der Prediger-Kandidaten aufgenommen und da er sich bald mit Elise Cabot, einer ihm an Geist und Gemüth ebenbürtigen Dame, verheirathet hatte, war es sein Wunsch, zu einer Gemeinde berufen zu werden, um sich unabhängiger stellen zu können. Um ihn mehr an „Harvard" zu fesseln, ernannte man ihn noch zum ordentlichen Lehrer der Kirchengeschichte und der Ethik an der theologischen Schule, an welcher er seither nur Privat-Vorlesungen gehalten hatte, so daß er sich ein einigermaßen ausgiebiges Einkommen gesichert sah.

Endlich im Jahr 1830 wurde durch freiwillige Beiträge für die Dauer von fünf Jahren die erste Professur für deutsche Sprache und Literatur gegründet und Follen zu derselben berufen. Es dauerte jedoch bis zum Herbste 1831, ehe er dieselbe antrat. Sein Wirken war ein segensreiches, denn erst von dieser Zeit an datirt sich das Bestreben, der besten Geister in den Vereinigten Staaten, in deutsche Wissenschaft und Literatur einzubringen. Allerdings hatten schon Männer wie Ticknor, Bancroft, Longfellow und John Quincy Adams in Deutschland selbst ihre Bildung vervollständigt, und Channing, Ware und Parker hatten sich mit der deutschen Philosophie beschäftigt, aber Follen war es, der die Liebe zu unserer Literatur und zu deutscher Wissenschaft in größeren Kreisen erweckte. Die Prescotts, die Motleys und die Emersons sind direkt oder indirekt durch ihn zu ihrem Studium des deutschen geistigen Lebens inspirirt worden. Follen beschränkte sich nicht auf seine Vorträge an der Hochschule, sondern hielt Vorlesungen über die deutschen Dichter, zuerst in Boston, später in New York und in vielen andern Staaten. So pflanzte er, ein Apostel ächt deutscher Wissenschaft, begabt zugleich mit dem Feuer eines edlen Enthusiasmus und einer begeisterten Beredtsamkeit, deutsches Wesen in den amerikanischen Volksstaat ein.

Ungefähr zur selben Zeit hatte auch sein Freund und Reisegefährte über den Ocean, Dr. Bed, eine bleibende Anstellung an der Universität „Harvard" gefunden, als Professor der lateinischen Sprache. Auch dieser hatte sich einen großen Kreis von wissenschaftlichen Freunden erworben, und wurde, wie Follen, deutscher Wissenschaft Heger und Pfleger in seinem neuen Vaterlande.

Gegen den Wunsch vieler seiner Freunde, schloß sich Follen im Jahre 1833 der Anti-Sklaverei-Gesellschaft an. Seinem eigenen materiellen Interesse brachte er damit ein großes Opfer. Wenn auch schon in mehreren der New England Staaten die Bevölkerung auf dem Lande und in den kleinen Städten größtentheils den Grundsätzen dieser Partei gewogen war, so war dieses doch keineswegs in den Mittelpunkten des Handels und der Industrie der Fall, und namentlich sah, mit wenigen Ausnahmen, die Handels-Aristokratie in Boston auf diese Bewegungen der Abolitionisten mit Schrecken, der sich naturgemäß bis zum Haß steigerte. Selbst die gelehrten Korporationen betrachteten mit Mißtrauen die immer lauter werdende Partei und suchten sich, schon um den Zufluß von Studenten aus den Südstaaten nicht zu schwächen, von jeder Verbindung mit den damals fast allerwärts verabscheuten Abolitionisten ferne zu halten.

Man hatte gehofft, daß nach dem so sehr gelungenen Versuche mit einer Professur der deutschen Sprache und Literatur an der Harvard Universität die akademische Behörde selbst aus den eigenen reichen Mitteln, nach Ablauf der fünf Jahre, für welche dieselbe durch Privatmittel gestiftet worden war, eine dauernde ordentliche Professur dieses Zweiges gründen würde. Dies geschah nicht, und es darf als gewiß angenommen werden, daß Follens Theilnahme an der Anti-Sklaverei-Bewegung, ein Hauptgrund dieser Unterlassung war. Follen war sich dessen wohl bewußt, aber er war nicht der Mann, das, was er für seine Pflicht hielt, der möglichen Folgen wegen zu unterlassen. Er hatte staatsmännische Bildung genug, um einzusehen, daß die Agitation gegen die Sklaverei nicht immer innerhalb der richtigen Grenzen geführt wurde. Er wußte wohl, daß manche Feuerköpfe sich Ausschreitungen überließen, daß sie, anstatt die Sklaverei selbst als Institution anzugreifen, und sie soweit die Macht der bestehenden Konstitution reichte, zu bekämpfen, sie die Sklavenhalter selbst mit den bittersten Schmähungen überhäuften. Er wußte, daß sie, ohne die geringste Rücksicht auf das materielle Interesse, welches doch immer die Handlungen der Menschen so stark beeinflußt, ohne Rücksicht auf geschichtliche Traditionen, auf die Vorurtheile der Erziehung, ihre Grundsätze scharf zur Geltung zu bringen suchten. Auf der andern Seite aber zeigte sich auch die Opposition gegen die Abolitionisten so gehässig, griff so ungescheut bei den Versuchen, die Partei zu unterdrücken, in die heiligsten Rechte, welche durch die Verfassung und die Gesetze einem Jeden verbürgt waren, tastete das Recht der freien Rede, der Presse, der freien Versammlung so frevelhaft an, daß, wie es kaum zu bezweifeln ist, Follen selbst mehr durch die Verfolgung der Anti-Sklaverei-Partei, als durch deren Grundsätze sich zu ihr hingezogen fühlte. Liest man seine Korrespondenz, die Adressen, welche er verfaßte, die Reden, die er in den Versammlungen der Partei hielt, mit Aufmerksamkeit, so findet man, daß er eine Agitation außerhalb der von der Konstitution der Vereinigten Staaten gesetzten Grenzen, nicht befürwortete. Abschaffung der Sklaverei in dem Distrikt Columbia und den Territorien, über welche der Kongreß die gesetzgebende Macht ausüben konnte, und ebenso Verbot des Sklavenhandels von einem Staat nach dem andern, welches er dem Kongreß unter der Klausel vindicirte, die dieser Behörde das Recht giebt, den Handel zu reguliren, waren die einzigen Forderungen, die er für erlaubt hielt. Auch wollte er das Recht der freien Rede, der freien Versammlung, als durch die Verfassung verbürgter Güter, um jeden Preis aufrecht erhalten wissen. Namentlich finden wir den letzten Standpunkt von ihm behauptet, in den denkwürdigen Debatten, welche ein Kommittee der Anti-Sklaverei-Partei mit einem Ausschuß der Gesetzgebung von Massachusetts führte.

Die Gesetzgebungen verschiedener südlichen Staaten hatten nämlich Beschlüsse erlassen, in welchem sie die Agitation der Sklavenfrage von Seiten der Abolitionisten als der Union feindlich denunzirten, und die Gesetzgebungen der New England Staaten aufforderten, durch geeignete Schritte dieser Bewegung ein Ziel zu setzen. Diese Beschlüsse waren durch eine Botschaft des Gouverneurs von Massachusetts an die Gesetzgebung gelangt und einem speziellen Kommittee zur Begutachtung zugewiesen werden. Nun befürchteten zwar die Abolitionisten kein aktives Einschreiten der Gesetzgebung, aber doch einen Bericht von Seiten des Kommittees und eine Beschlußnahme durch die Gesetzgebung, welche in allgemeinen Ausdrücken das Bestreben der Anti-Sklaverei Partei verdammen würden, und dadurch das Volk von Neuem zu Ausbrüchen von Gewaltthätigkeiten anreizen konnten. Sie verlangten daher Gehör von dem Ausschuß, und Follen wurde zum Hauptwortführer ernannt. Seine bei dieser Gelegenheit gehaltenen Reden sind gleich ausgezeichnet durch Inhalt sowohl, als durch Styl. Die berühmte Schriftstellerin Miß Harriet Martinnau, war unter der zahlreichen Zuhörerschaft (März 1835) und in einem ihrer Reisewerke über Amerika "Retrospect of Western Travel," New

York, 1838, p. 128), finden wir mit Bezug auf das Auftreten Karl Follens bei dieser Gelegenheit, folgende Stelle:

„Der Saal des Senats war gedrängt voll, und lautes Beifallsrufen erscholl, als der Redner eine Anschuldigung nach der andern in ihr Nichts auflöste, oder mit Erfolg die Impertinenz des Vorsitzenden zurückschlug. Man unterbrach Follen, als er bewies, daß gegen Abolitionisten gerichtete tadelnde Beschlüsse öffentlicher Versammlungen, stets Volksausläufe (mobs) zur Folge hätten. Der Vorsitzende forderte ihn auf zu schweigen, oder das Kommittee mit gebührender Achtung zu behandeln, worauf er mit seiner sanften und doch so klangvollen Stimme erwiederte: „Muß ich Sie so verstehen, als ob, wenn ich stürmende Pöbelhaufen verdamme, ich damit dem Kommittee nicht die gehörige Achtung bezeuge?" Während des Beifallsrufes der hierauf erscholl, spielte der Vorsitzer eine traurige Rolle. Dr. Follen eroberte sein Feld Zoll für Zoll, und es gelang ihm Alles zu sagen, was ihm auf dem Herzen lag."

Ganz besonders aber wurde sein Name vor das Publikum gebracht, als er im Auftrag der Anti-Sklaverei-Gesellschaft im Jahre 1836 eine Adresse an das amerikanische Volk erließ, in welcher in der edelsten Sprache und der gemäßigsten Weise die Grundsätze der Partei dargelegt wurden. Dieselbe wurde an alle Kongreßmitglieder, an alle Mitglieder der Staatsbehörden der verschiedenen Staaten geschickt, nicht ohne sehr bedeutenden Eindruck zu machen. Natürlich fehlte es nicht an Widerspruch, und namentlich erhob sich ein Theil der Presse gegen die Adresse und deren Verfasser. Von mehreren Seiten wurde besonders hervorgehoben, daß es einem Flüchtling, der die amerikanische Gastfreundschaft genieße, am Allerwenigsten zustehe, einen Feuerbrand in das gesellschaftliche und politische Leben seiner neuen Heimath zu schleudern. So ergab sich denn für ihn die Gelegenheit, die Rechte der Einwanderer zu vertheidigen, und er that dies auf der Tribüne sowohl, wie in seinen Schriften, auf die muthigste, eindringlichste und überzeugendste Weise. Dem zu dieser Zeit sich erhebenden Nativismus versetzte er die kräftigsten Keulenschläge, und während er sich immer maaßvoll ausdrückte, spricht aus seinen Worten der edelste Mannesstolz. „Sollte er," so rief er aus, „in diesem Lande, dessen Volk seine Freiheit so laut rühmt, und für die Grundsätze der Unabhängigkeitserklärung, welche die gleichen Rechte aller Menschen, als natürliche proklamirt, leben und sterben zu wollen vorgiebt, sollte er gerade hier die Grundsätze verleugnen, die er in dem alten Vaterland vertheidigt und welchen er das Opfer brachte, seine ihm so theure Muttererde und seine geliebten Eltern und Geschwister und Freunde zu verlassen."

Nachdem Follen in Boston als Unitarier-Prediger ordinirt worden war, nahm er einen Ruf nach New York von einer dortigen Gemeinde an und blieb bis zum Frühling 1838 in dieser Stellung. Er widmete jedoch nicht alle seine Zeit dem geistlichen Amte, sondern hielt Vorlesungen über politische Gegenstände, wie unter andern über „wahren Republikanismus" und „die Pflichten eines amerikanischen Bürgers"; auch schrieb er mit

großem Beifall aufgenommene Aufsätze über Religion, Kirche und andere
Gegenstände für die besten periodischen Journale der damaligen Zeit. Eine
Reihe von Vorlesungen im Winter 1837 auf 1838 über Schiller, erfreute
sich eines eben so gewählten als zahlreichen Publikums.

Nach Boston zurückgekehrt, setzte er seine literarische Thätigkeit fort, und
beschäftigte sich namentlich mit einem Werke über Psychologie, welches er
als die Hauptarbeit seines Lebens zu betrachten schien, aber nicht vollendete, trotz Jahre langer Vorbereitung und Bearbeitung einzelner Theile.
Auch hielt er eine Reihe höchst interessanter Vorlesungen in Boston, zuerst
über Pantheismus, und später über die Geschichte der Schweiz.

Bald nach seiner Rückkehr nach Boston hatte er eine bleibende Anstellung als Geistlicher in einer Gemeinde zu East Lexington in der Nähe
von Boston erhalten, einer Gemeinde, die ebenso freisinnig, wie ihr Prediger, dessen Glaubensbekenntniß theilte, welches von ihm zu verschiedenen
Zeiten und in mannigfacher Weise ausgesprochen, sich in dem Satze zusammen fassen läßt: „Der christliche Glaube hat nur dann Werth, wenn er
das Ergebniß einer völlig freien Vernunftforschung ist." Im Winter 1839
auf 1840 erhielt er eine Einladung nach New York, von der Bibliotheks-
Gesellschaft der Kaufleute, um einige Vorlesungen über deutsche Literatur
zu halten. Er reiste mit dem Dampfboot Lexington dahin ab. Seine
Vorlesungen wurden mit enthusiastischem Beifall aufgenommen, mußten
aber unterbrochen werden, weil er die von seiner Gemeinde neu erbaute
Kirche am 15. Januar 1840 einzuweihen versprochen hatte. Seine Frau
war indessen in New York gefährlich erkrankt, und so schrieb er an das
Kommittee seiner Gemeinde, und bat dasselbe, diese Feierlichkeit eine Woche
aufzuschieben. Er stellte es jedoch ganz dem Kommittee anheim, seinem
Wunsche nachzukommen oder nicht und erbot sich, doch zur Zeit einzutreffen,
wenn man es im Interesse der Gemeinde für geboten halte, keinen Aufschub
zu bewilligen. Das Kommittee, welches wohl aus der Zartheit, womit
Follen seinen Wunsch ausgesprochen, schließen mochte, daß er es nicht so
ernstlich gemeint habe, drängte ihn, am festgesetzten Tage zu kommen, und
obgleich Follen sehr unangenehm von dieser Nachricht überrascht war, und
seine Frau ihn dringend bat, doch zu bleiben, hielt er es seiner unwürdig,
sein Versprechen nicht zu halten. Er bestieg am 13. Februar 1840 wiederum
den Dampfer Lexington, und noch in derselben Nacht ging derselbe auf dem
Meere in Flammen auf. Ein oder zwei Matrosen nur retteten sich auf
schwimmenden Baumwollen-Ballen. So groß die Anzahl der Verunglückten war, es war Follen, dessen Verlust durch alle Theile der Vereinigten
Staaten laut beklagt wurde. Selbst diejenigen, welche ihn wegen seiner
Entschiedenheit in der Sklavereifrage auf das bitterste bekämpft hatten,
achteten und ehrten ihn als Mann, als Denker, als einen in sich selbst
klaren, nur von den reinsten Gefühlen beseelten Charakter.

Seine Werke sind in zwei starken Bänden veröffentlicht worden und reihen sich nicht unwürdig an die seines edlen Lehrers und Freundes William Ellery Channing. Daß das Leben und Wirken dieses deutschen Mannes, dem sich gerade damals im Flusse befindlichen amerikanischen Volksgeiste nicht verloren war, steht über allem Zweifel.

Nur einige Jahre später (1827) folgte Karl Follen, ein anderer Verbannter nach, Franz Lieber. War Karl Follen in seiner besten Manneskraft seinem neuen Vaterlande durch den Tod entrissen worden, so gönnte es das Geschick dem glücklicheren Lieber, sich hier in seinem ganzen geistigen Reichthum zu entfalten und für das Wohl seiner Mitbürger auf das segensreichste zu wirken. Die geistliche Atmosphäre Bostons übte auch auf ihn denselben anziehenden Einfluß, als auf die anderen jungen Deutschen, die sich dort niedergelassen hatten.

Im März 1800 geboren, fallen Lieber's erste Jünglingsjahre in die durch eiserne Fremdherrschaft, und durch den Geist und die Wirksamkeit eines Stein, Scharnhorst, Fichte, Arndt, Jahn, Gneisenau und Schön gestählte Zeit Preußens. Sein Vater, Friedrich Wilhelm, lebte in engen Verhältnissen; Sparsamkeit und Enthaltsamkeit waren die Regel im Hause, Pflichtgefühl und Rechtlichkeit die elterliche Lehre. Franz zeigte sich als ein fleißiger, strebsamer Schüler, war Liebling seiner Lehrer und ein rüstiger Turner und Schwimmer, ein zweiter Friesen, „untadelhaft an Leib und Seele."

Seine beiden älteren Brüder, welche schon im Jahre 1813 als freiwillige Jäger dem Rufe des Vaterlandes gefolgt waren, kehrten beide verwundet und als Offiziere zurück.

„Jungens, Büchsen von der Wand!" rief im März 1815 sein alter Vater aus, indem er in's Zimmer trat, wo Franz eben mit Studiren beschäftigt war, „er ist wieder los, der Napoleon. Er ist aus Elba zurück."

Der eine Bruder, von seinen Wunden geheilt, trat wieder in sein Regiment ein, und Franz und sein um zwei Jahre älterer Bruder, beide noch zu jung, um zum Dienste verpflichtet zu sein, eilten als Freiwillige unter die Fahnen. Am Tage, als sie sich einreihen lassen wollten (sie hatten das stolze und berühmte Regiment „Colberg" erwählt), kamen die beiden Jungen zu ihrem Vater. „Wohlan, wir gehen, ist es Dir recht?" „Geht zu Eurer Mutter," antwortete der Vater, „geht zu Eurer Mutter."

„Unsere Herzen", sagt Lieber, „sanken; sie hatte während des ersten Feldzuges so viel gelitten?" Mit halberstickter Stimme sagte ich: „Mutter wir gehen uns einreihen zu lassen, sollen wir?" Sie umarmte uns beide, laut schluchzend. „Geht", war Alles, was sie hervorbringen konnte.

George Sand, von Schiller's Karl und Franz Moor sprechend, sagt:

„Ich möchte die Löwin gekannt haben, welche solche Jungen warf!"*) Bei
dieser Stelle in Lieber's "Letter to a Gentleman in Germany", ergriff
mich derselbe Wunsch, diese deutsche Mutter gekannt zu haben.

Mit den freudig-hehren Gefühlen, mit welchen besonders die Deutschen
aus dem Norden den Rhein begrüßen, überschritt der junge Lieber den
vaterländischen Strom. Die freiwillige Jäger-Kompagnie wurde in Belgien dem Regiment einverleibt. Seine erste Feuertaufe erhielt der junge
Lieber in der Schlacht bei Ligny (16. Juni 1815), in dem schrecklich blutigen Ringen um das Dorf Ligny, am Abend. Seine Waffengefährten
fielen zu seiner Rechten und Linken. Sein Bruder wurde verwundet. Als
spät in der Nacht der Rückzug angetreten ward, waren von der Kompagnie,
die 150 Mann stark gewesen war, nur etwa dreißig noch zusammen.

Nach den beschwerlichsten Märschen, auf von Regengüssen aufgeweichten
Wegen, traf am Abend des 18. Juni sein Regiment zu der Schlacht von
Waterloo ein. Auch aus dem heißen Kampfe, der auf dem rechten Flügel
der Franzosen bei Planchenois stattfand, und der in der That das Schicksal
des Tages entschied, ging Lieber unverwundet hervor, um jedoch einige
Tage darauf, bei einem sehr unvorsichtig geleiteten Sturme auf Namur,
wohin Grouchy's Heerabtheilung sich zurückgezogen, innerhalb weniger
Minuten zweimal schwer verwundet zu werden.

Nur durch ein Wunder entging er dem Tode. Viele Monate lang
brachte er in den Spitälern von Lüttich, Aachen und Köln zu und erst lange
nach dem Abschlusse des Friedens hatte er sich soweit erholt, um nach Berlin in die Arme seiner Familie zurückkehren zu können. Zuerst auf dem
Gymnasium, und dann auf der Universität seiner Heimathsstadt, setzte Lieber seine Studien fort. Da er aber seine Vaterlandsliebe und sein feuriges
Gefühl für politische Freiheit nicht mit dem Soldatenrock ausgezogen, kam
er alsbald, wie viele andere Freiheitsstreiter, unter welchen sein früherer
Turnlehrer Jahn, in den Verdacht der Demagogie und brachte einige Monate in Untersuchungshaft zu. Entlassen, wurde ihm der Besuch preußischer
Universitäten verboten; so begab er sich nach Jena, wo er seine Studien
vollendete und promovirte (1820). Jena, zur damaligen Zeit, war nicht
der Ort, seine Ideen für die Einheit und Freiheit Deutschland's abzukühlen. Alle Aussichten auf eine Laufbahn in Preußen waren ihm abgeschnitten. Nachdem er seinen Aufenthalt mehrmals gewechselt, finden wir
ihn in Dresden. Hier faßte er den Entschluß, sich einer der Freischaaren
anzuschließen, welche sich zur Zeit in Deutschland und Frankreich bildeten,
um die Unabhängigkeit Griechenland's erkämpfen zu helfen.

Die Erhebung Griechenland's übte damals, besonders auf die klassisch

---

*) Ma vie par George Sand.

gebildete Jugend, selbst in den Vereinigten Staaten, einen wahren Zauber
aus, den man jetzt kaum verstehen kann. Trotz aller Hindernisse, welche
die europäischen Regierungen den Geldsammlungen und Zuzügen in den
Weg legten, strömten Hunderte von Deutschen durch die Schweiz und
Frankreich, mehr oder weniger kriegerisch geordnet, nach dem „glorreichen
Hellas". Die Gebeine der Meisten bleichen auf den blutigen Feldern von
Arta und Peta, wo sie, von den „tapferen" Hellenen schmählich verlassen,
den Heldentod fanden, oder vor den Mauern Athen's und Nopoli bi Ro-
mania, wo sie der Kugel, aber noch viel öfter dem Fieber erlagen.

Dem Enthusiasmus folgte die bitterste Enttäuschung. Wie so viele
Andere, verließ Lieber Griechenland mit einer weit besseren Meinung von
den Türken als den Griechen. Doch muß man auch gerecht sein. Die
Idee des Philhellenenthums, durch bewaffnete Zuzüge Beistand leisten zu
wollen, war eine an und für sich verkehrte. Was die Griechen brauchten,
war Geld, Waffen, Munition, Medizinen, allenfalls einige tüchtige Stabs-
und Ingenieur-Offiziere. Die europäischen Freischaaren bestanden, wie
Lieber selbst zugiebt, nur in der Minderzahl aus Leuten, die aus reiner
Liebe zur Sache dorthin zogen. Großentheils waren es Militärs, die zu
Hause Unglück gehabt, in Griechenland ihren früheren Rang behaupten
oder erhöhen wollten; dann aber auch eine große Zahl Abenteurer aller
Nationen, die sich obendrein sehr bald feindlich entzweiten. Kampffähige
Leute gab es genug an Ort und Stelle, und Freischaaren, welche aus zivilisirten Ländern kamen, einigermaßen disziplinirt waren und den Krieg
menschlich führen wollten, konnten sich nicht in die Guerilla-Banden ein-
fügen, welche nur ihren selbgewählten "Capitanos", und diesen kaum ge-
horchten, sich um die Regierung wenig kümmerten, und deren Kriegführung
in nächtlichen Ueberfällen bestand, die, wenn sie gelangen, gewöhnlich mit
dem Kopfabschneiden aller Gefangenen endigten.

Nur drei Monate hielt es Lieber auf diesem allzu klassischen Boden
aus. Fast mittellos landete er Ende März in Ancona und erreichte unter
vielen Schwierigkeiten Rom. In großer Verlegenheit wegen mangelnder
Legitimations-Papiere, ohne welche ihm die Regierung den Aufenthalt
nicht gestatten wollte, wendete er sich geradezu an den preußischen Gesandten, der damals kein anderer war, als der berühmte Niebuhr. Der
große Geschichtsforscher scheint Lieber auf den ersten Augenblick durchschaut
zu haben. Er versprach ihm Schutz, und lud ihn zum Mittagsessen ein.
Als Lieber sich entschuldigen wollte, mit Hindeutung auf seinen abgerissenen
Anzug, erwiederte ihm Niebuhr sehr ernst: „Sie haben sehr Unrecht,
junger Mann. Glauben Sie auch, daß ein Diplomat herzlos sein müsse?
Ich bin kein anderer und besserer Mann als der, welcher in Berlin Vorlesungen hielt." Noch mehr, er stellte ihn alsbald als Erzieher seines

ältesten Sohnes*) an, und so brachte Lieber in Rom in geistig anregendem und veredelndem Umgange in Niebuhr's Hause (Palazzo Orsini) ein Jahr zu, sich dem ernstlichen Studium der Antiquitäten und der Kunstschätze der ewigen Stadt widmend.

Der König von Preußen (Friedrich Wilhelm III.), der gerade zur Zeit Rom besuchte und bei dem Gesandten wohnte, versprach auf die einbringlichsten Wünsche Niebuhr's, Lieber in Preußen nicht weiter belästigen zu lassen. Nachdem Letzterer nun noch Niebuhr nach Neapel begleitet und mit ihm durch Italien zurück bis nach Wien gereist war, kehrte er, auf das Königswort bauend, nach Berlin zurück. Dort wurde er aber wieder verhaftet und auf die Festung Köpnik gebracht, wo er seine „Wein- und Wonnelieder" dichtete. Doch gelang es den Anstrengungen Niebuhr's, ihm die Freiheit zu verschaffen. Um neuen Verfolgungen zu entgehen, flüchtete er nach London. Mit Korrespondenzen an deutsche Zeitschriften und mit Sprachunterricht fristete er dort ein hartes, kümmerliches Leben, und so entschloß er sich im Jahre 1827 nach den Vereinigten Staaten auszuwandern.

Wir begegnen ihm zuerst in Boston, wo er eine Schwimmschule errichtete, wie Follen vor ihm die erste Turnschule begründet hatte. Empfehlungsbriefe von Niebuhr verschafften ihm eine wohlwollende Aufnahme. Er knüpfte Freundschaften und Bekanntschaften an, welche bis zum Ende seines Lebens dauerten. Unter seinen Freunden und, wie wir hier gleich beifügen, seinen Bewunderern, finden wir Josiah Quincy, den Präsidenten der berühmten Universität „Harvard", den edlen und höchst begabten William Ellery Channing, den ebenso gelehrten als geistreichen Professor Felton, den ersten Rechtsgelehrten Amerika's, der selbst großen europäischen Ruf genoß, Richter Story, die beiden Geschichtsschreiber Prescott und Bancroft, Georg Ticknor,†) den Dichter Longfellow und vor Allem Charles Sumner, mit dem ihn die dauernbste Freundschaft verknüpfte.

Bald darauf unternahm er, seiner unerschöpflichen Arbeitskraft sich bewußt, das schwierige Werk einer Uebersetzung des Brockhaus'schen Konversationslexikons. Für Amerika berechnet, ließ er mit großem Takte viele nur für Deutsche Interesse habende Artikel aus, und bereicherte hingegen das Werk, natürlich unter Herbeiziehung noch anderer Kräfte, mit neuen Artikeln, welche der englischen und besonders der amerikanischen Geschichte, Geographie und Literatur Rechnung trugen. Es erschien unter dem Namen: "Encyclopædia Americana, based on the Conversation Lexicon", war epochemachend, und erreichte die außerordentlichste Verbreitung.

---

*) Markus Niebuhr.
†) Verfasser der besten Geschichte der spanischen Literatur.

Es bildet jetzt noch die Grundlage der neuesten Auflagen dieser Encyklopädie, welche natürlich durch den Verlauf so vieler Jahre sehr vermehrt werden mußte. Fünf Jahre lang, bis zum Jahr 1832, beschäftigte ihn die Herausgabe dieses Werkes, welches ihm schon im Beginn seiner amerikanischen Laufbahn einen sehr ehrenwerthen Schriftstellernamen verschaffte. Diese Arbeit war eine That. Bedenken wir, daß das deutsche Konversationslexikon die Frucht deutscher Autoren war, daß ein Handbuch alles Wissenswerthen, so objektiv es gehalten sein mag, doch das Wissenswerthe in dem Geist und der Anschauung der Verfasser zur Darstellung bringt, so ist es einleuchtend, daß dieser Geist und diese Anschauung nicht ohne großen Einfluß auf den Leser bleiben konnten. Und es sind gerade diese Encyklopädien, welche auf die gebildeten Klassen, denen sie vorzüglich zur Belehrung dienen, die ausgebreitetste Wirksamkeit äußern. Es ist nicht einerlei, ob ein Volk, welches noch keine populäre Encyklopädie besitzt, eine deutsche, französische oder englische benutzt. Daß ein starker Hauch deutschen Geistes durch dieses umfangreiche Werk (13 Bände) in den amerikanischen Gedankenkreis hineingeweht worden ist, kann wohl nicht bestritten werden.

Zur Romantik des Lebens junger deutscher Gelehrten gehörte in den früheren Jahren fast selbstverständlich ein Verlöbniß. Es datirt sich meistens in die Studienjahre zurück. Schon zwei Jahre nach seiner Einwanderung hatte sich Lieber eine so feste Stellung errungen, daß seine Braut in Begleitung ihres Bruders ihm nachfolgen konnte. In New York (21. September 1829) wurde der Ehebund in der St. Thomas Kirche geschlossen. Mit seltenster Ausnahme fehlt dem edlen und tüchtigen Mann die edle und tüchtige Frau nicht. Seine Freunde bewunderten nicht nur ihre geistigen Gaben, sondern auch ihren ächten weiblichen Sinn und ihre Liebenswürdigkeit. „Sie haben häusliches Glück der seltensten Art", schreibt ihm einmal Sumner, der überhaupt häufig Lieber's schönes Familienleben erwähnt. — Während er noch mit dem Konversations-Lexikon beschäftigt war (1831), übersetzte er ein Werk über die Julirevolution und eine Schrift von Anselm Feuerbach über Kaspar Hauser, bei welchen Arbeiten seine Frau ihm hülfreich zur Hand ging.

Der ehrenwerthe Auftrag, der an ihn von Philadelphia aus erging, für das berühmte damals zu gründende "Girard College" den Lehrplan auszuarbeiten, brachte ihn nach dieser Stadt. Auch dort fand er sich bald in den besten Kreisen heimisch, und wurde mit den bedeutendsten Männern bekannt, und mit vielen vertraut. Wir nennen hier nur Nicholas Biddle, den Präsidenten des Verwaltungsraths der Girardstiftung, sowie der Nationalbank der Vereinigten Staaten, Horace Binney, einen der ersten Rechtsgelehrten der Union, Charles J. Ingersoll, Staatsmann und bedeutenden Juristen, Richter Thayer, ebenfalls ausgezeichnet in der Jurisprudenz und der schönen Literatur, sowie besonders den Exkönig Joseph Bonaparte. — Im Jahr 1835 nahm er den Ruf einer Professur der Geschichte und der National-Oeconomie an dem "South Carolina College" an, einer der besten Hochschulen in den südlichen Staaten, und zog mit seiner jungen Familie nach Columbia, der Hauptstadt Süd Carolina's. Volle zwanzig Jahre widmete er sich dort mit Treue, Eifer und großem Erfolg dem Lehrerberuf. Es war hier, wo er die Werke schuf, welche seinem Namen und seinem Charakter einen dauernden Ruf, nicht nur in unserm Lande sondern auch in Europa gesichert haben. Zuerst erschien 1838 sein Handbuch der politischen Sittenlehre (Manual of Political Ethics) in zwei starken Bänden, erst vor kurzem (1876) wieder aufgelegt und durchgesehen von dem berühmten Professor der politischen Wissenschaften Theodore D. Woolsey. In 1839: „Prinzipien der Auslegung der bürgerlichen und politischen Gesetze", 1 Band, und „Bürgerliche Freiheit und Selbstregierung", 2 Bände. (Siehe Anhang No. 8.) Es würde uns zu weit führen, alle die lobenden Kritiken dieser Werke von Seiten der fähigsten Beurtheiler auch nur im Auszuge anzuführen. Wenn wir sagen, daß diese Beurtheiler Männer waren wie Story, Kanzler Kent, Sumner, William H. Prescott, Professor Greenleaf und Georg Bancroft in den Vereinigten Staaten; Henry Hallam und Professor Creasy in England; Mittermaier, von Mohl und Bluntschli in Deutschland; Laboulaye und de Tocqueville in Frankreich; Rolin und Jacquemyns, der ihm in der "Revue Internationale" einen tief gefühlten Nachruf widmete, in Belgien; Pierantoni und Gavelli in Italien; so zeigt das nur in kleinem Maße den Ruf an, dessen sich Lieber's Name erfreute. Seine Hauptwerke wurden in allen höheren Unterrichtsanstalten der Vereinigten Staaten als Lehrbücher eingeführt, erschienen ebenfalls in England und viele seiner kleineren Schriften wurden in's Deutsche übersetzt.

Die ihm am nächsten stand, betrachtete es als das größte Mißgeschick seines Lebens, daß Lieber dem Rufe nach dem Süden gefolgt war. Wenn man freilich bedenkt, daß ein blühender Sohn, Oskar, der in Deutschland seine Studien gemacht hatte, der uns als ein höchst talentvoller liebenswürdiger Mann geschildert worden ist, sein Schicksal so mit dem Süden verflochten hatte, daß er einem solchen Vater gegenüber, und während seine jüngern Brüder tapfer in der Unionsarmee kämpften, seine Kräfte der Rebellion widmete und schon in einer der ersten Schlachten (bei Williamsburg) fiel, so kann man dieses Bedauern leicht erklären.*) Aber für die

---

*) Hamilton Lieber, Bruder von Oskar, war einer der ersten Freiwilligen und trat in das 9. Illinois Regiment (Oberst Mersy's) ein, verlor bei Donaldson einen Arm, wurde später in die regelmäßige Armee versetzt, starb aber in Folge geschwächter

ganze Ausbildung des Mannes zur höchsten Reife mag der Aufenthalt im Süden und seine Bekanntschaft mit solchen Staatsmännern wie Calhoun, William K. Preston, Legaré, De Saufure, Pettigrü nicht ohne großen Vortheil gewesen sein. Sein Gesichtskreis in der amerikanischen Politik wurde jedenfalls dadurch erweitert, es wurde ihm die beste Gelegenheit gegeben, schwebende Streitfragen auch von der andern Seite kennen zu lernen, sein ernstes Streben nach Wahrheit konnte dadurch nur gewinnen.

Im Jahre 1857 folgte Lieber einem Ruf an das „Columbia College" in der Stadt New York, als Professor der Geschichte, Nationalökonomie und politischen Wissenschaften, und bekleidete diese Stelle bis zu seinem Tode. Während des Bürgerkrieges brachte er indessen einen großen Theil seiner Zeit in Washington zu, wohin er zur Berathung über schwierige internationale und kriegsrechtliche Fragen zu Rathe gezogen wurde. Im Auftrag des Höchstkommandirenden, General Halleck, arbeitete er die Instruktionen für das Verhalten der Armee der Vereinigten Staaten im Felde, aus, welches von Seiten des General-Stabs als Order No. 100 publizirt, und an alle Stabsoffiziere der Armee vertheilt wurde. Laboulaye nannte diese Instruktionen ein Meisterwerk. Bluntschli zollt ihnen in der Vorrede zu seinem "Droit International codifié" den größten Beifall, und hat sie seinem Werk im Anhang beigefügt. Nach dem Kriege wurden ihm die sogenannten Rebellen-Archive von der Regierung anvertraut, um sie zu ordnen und zu registriren. Im Jahre 1870 war er zum Schiedsrichter einer internationalen Kommission, um Ansprüche zwischen den Vereinigten Staaten und Mexiko zu schlichten, ernannt worden, welches Amt er bis zu seinem Tode bekleidete. Seine schriftstellerische Thätigkeit war bis zu dem Ende seines Lebens eine der fruchtbarsten und umfassendsten. Er arbeitete an einem großen Werke, über die Entstehung der Konstitution der Vereinigten Staaten, als er plötzlich und ganz unerwartet (1872) durch den Tod abgerufen wurde. Außer den Schriften, welche wir, so weit es uns möglich war, im Anhang anführen, schrieb er beständig für Zeitschriften des In- und Auslandes, verfaßte während des Bürgerkrieges als Präsident der Gesellschaft für loyale Publikationen viele Flugschriften, wie: "No party now, all for our country", "Lincoln or McClellan", "Slavery, Plantations and the Yeomanry", u. s. w. Dabei bewältigte er noch seine außerordentlich ausgebreitete Korrespondenz, und zwar in gründlichster und umfassendster Weise. Mitglied des "Institute de Franco" und vieler anderer gelehrten Gesellschaften, unterhielt er

---

Gesundheit vor einigen Jahren in Deutschland, wo er Heilung gesucht hatte. Norman Lieber, der jüngste Sohn, ist Major in der regelmäßigen Armee. Mathilde, Lieber's Wittwe, wohnt in Newport, Rhode Island.

mit seinen Kollegen eine fortwährende schriftliche Verbindung. Außer mit seinen zahlreichen Korrespondenten in den Vereinigten Staaten, stand er in Briefwechsel mit solchen Männern wie Humboldt, Niebuhr, Bunsen, Julius, Mittermaier, Holzendorf, Laboulaye, de Toqueville, Jacquemyns und Andere. Dabei fiel ihm die Aufgabe nur zu häufig zu, bei Eröffnung gelehrter Anstalten, Einweihung von Denkmälern, Empfang von bedeutenden Männern u. s. w., die üblichen Reden zu halten.

Man hätte nun denken sollen, ein Mann von so gründlicher und umfangreicher Gelehrsamkeit, dessen Werke eine Kenntniß fast aller Welt-Literaturen aufweisen, der auf dem Lehrstuhl, in Bibliotheken und am Schreibtisch den größten Theil seines Lebens verbrachte, müsse nothwendigerweise ein der Gesellschaft entfremdeter, zur Pedanterie stark hingeneigter Mann gewesen sein. Aber man würde sich hier sehr irren. Er war ein Kind mit Kindern, ein Fechter, Turner und Schwimmer mit Jünglingen, ein geistreicher, von Witz und guter Laune übersprudelnder Gesellschafter unter den Männern. Jedermann wurde von seiner Frische und Lebenslust angezogen und gefesselt. Er war kaum von mittlerer Größe, ober stark und gedrungen gebaut. Eine hohe gewölbte Denkerstirn über den dichten starken Augenbrauen, die Augen etwas tiefliegend, gaben ihm nach der Meinung Vieler große Aehnlichkeit mit Daniel Webster.

Hören wir über ihn Urtheile von Amerikanern. Einer der ihn am besten kannte, Richter Thayer, sagte von ihm: „Nur wenige Menschen haben mit Größe und Kraft solche Liebenswürdigkeit verbunden." Sumner, in einem seiner Briefe schreibt: „Ich schulde ihm eine ungeheure endlose Dankbarkeit;" in einem andern, „Für Sie schlägt mein Herz und mein Geist gedenkt immer Ihrer Arbeiten." Richter Story: „Seine Unterhaltung ist immer frisch, originell und Reminiscenzen aussprühend." An einem andern Orte sagt Story von ihm: „Er macht mich immer denken." — William H. Prescott: „Ihr Buch (political Ethics) ist so voll von Anregungen, daß der Leser nur zur Hälfte fertig ist, wenn er es gelesen hat, denn es leitet ihn auf einen Gedankengang hin, dem er folgen muß, wenn er es durchgelesen hat." Kanzler Kent: „Lieber's Eminenz als Gelehrter in Geschichte, National-Oekonomie, Moral-Philosophie, Geographie und den schönen Wissenschaften würde den Ruf irgend einer Universität unseres Landes begründen. Seine Talente, seine Gelehrsamheit, sein großer moralischer Werth werden von den ersten Gelehrten und Juristen des Landes anerkannt." Professor Greenleaf, indem er über seine Werke überhaupt spricht, äußert sich „Stets stürzt er sich in das tiefste Wasser und kommt als ein guter Schwimmer heraus." Sumner schreibt über ihn schon im Jahre 1841: „Ich wünschte, Ihr Wohnsitz (Süd-Carolina) wäre mehr nach Ihrem Herzen, aber Sie haben Quellen der höchsten Befriedigung. Häusliches Glück der seltensten Art, ein beständiges und ehrenvolles Wirken, einen berühmten Namen, das Bewußtsein Gutes zu thun, die Sache der Wahrheit, der Erziehung und einer guten Regierung zu fördern! Ich weiß wenige Menschen, welche so viele Gründe haben, Gott dankbar zu sein, wie Sie." „Er haßte," sagt Richter Thayer in seiner meisterhaften Gedenkrede auf Lieber, „einen Demagogen wo möglich noch mehr als einen Tyrannen." Zum Beweise dafür führt er eine Stelle aus Lieber's "Civil liberty," an, die mit den Worten schließt: „Wehe dem Lande, in dem politische Heuchelei erst das Volk allmächtig nennt, dann die Lehre aufstellt, daß die Stimme des Volkes die Stimme Gottes sei, dann das Geschrei des Marktes für die wahre Stimme des Volkes ausgibt, und am Ende diese Stimme, die man wünscht, selbst erst künstlich zu Wege bringt." „Der Einfluß dieses bedeutenden Werkes von Lieber auf die Gebildeten," fährt Thayer fort, „sowohl in Europa als vorzüglich in den Vereinigten Staaten Amerika's, war groß."

Amerika ist Lieber tief verschuldet. Wohl kaum hat irgend ein Mann so viele unserer Landsleute in der Wahrheit der Geschichte, in den Regeln der Sittenlehre und den Grundsätzen der politischen Wissenschaft unterrichtet als Lieber, und er lehrte auf die anziehendste Weise. Er liebte seine Hörer und sie liebten ihn. Jede Gelegenheit benutzte er, die edelsten Gefühle in den Herzen seiner Schüler zu erwecken, so daß er in Wahrheit seinen Hörern zurufen konnte (Vorrede zu Civil liberty and self-government):

„Ich habe Ihnen stets zu zeigen gesucht, wie Sie mir bezeugen werden, daß der Mensch eine nicht auszulöschende Individualität besitzt, daß die bürgerliche Gesellschaft ein lebender Organismus ist, daß es keine Rechte giebt, ohne entsprechende Pflichten, keine Freiheit, ohne die Majestät des Gesetzes, daß nicht Hohes erreicht werden kann, ohne Beharrlichkeit, daß es keine wahre Größe geben kann, ohne Selbstlosigkeit."

Ihm rühmen die eingebornen Amerikaner nach, er sei durch und durch Amerikaner gewesen. Es ist wahr, er schlug, als er im Jahre 1849 sein altes Vaterland besuchte, glänzende Anerbietungen aus, die ihm persönlich von Friederich Wilhelm IV. gemacht wurden, um ihn an Berlin zu fesseln. Es ist ebenso wahr, daß er seine neue Heimath mit Liebe umfaßte und Alles für sie hingegeben hat, außer seiner geistigen Unabhängigkeit. Aber vielleicht ist kein eingewanderter Deutscher mehr Deutscher geblieben, als gerade Lieber. Seine unermüdliche Arbeitslust, seine Gründlichkeit, seine Liebe zur Literatur und zu den schönen Künsten, seine Unbefangenheit und sein Humor, seine Liebe zur geistigen Freiheit und intellektuellen Unabhängigkeit, sein Durst nach Wahrheit, sein Haß allen Scheins, seine Verachtung alles Gemeinen, sein Bestreben, die Jugend auf das Ideale zu lenken und vor Allem sein ihn stets beherrschendes Pflichtgefühl, stempeln ihn unverkennbar zu einem Manne deutscher Abkunft. Freilich zeigen sich diese Eigenschaften selten vereinigt, und überall nur bei den edelsten und besten Geistern deutscher Nation. Sein Briefwechsel legt stets ein warmes Interesse für sein altes Vaterland an den Tag. Dessen Einheit und Macht lag ihm vor allem am Herzen. Schon oft hatte er früher darauf hingewiesen, daß die Ideen, die ihn in der Jugend erfüllten, sich zu verwirklichen schienen, daß Könige und ihre Minister jetzt Worte sprächen, die ihn einst auf die Festung gebracht. Beim Ausbruch des deutsch-französischen Krieges, regte sich in ihm das Blut des freiwilligen Jägers von 1815. „Ich schreibe in den Tag hinein," heißt es in einem Brief vom 20. Juli 1870, „denn meine Seele ist voll von dem einen Wort, dem einen Gefühl, dem einen Gedanken, — Deutschland. Ströme von Blut werden vergossen werden, aber nicht lange; aber breit werden sie sein, wie die See und auch so tief." — Und ferner am 18. August: „Meine Briefe aus Deutschland bezeugen, daß alle Deutsche von den edelsten Gefühlen belebt, und bereit sind, Alles zu opfern, Geld und Leben, zur Vertheidigung ihres Vaterlandes. Selbst Familienväter lassen sich nicht zurückweisen, hohe Beamte treten als Freiwillige ein und dienen selbst als Gemeine. Und ich sitze hier und schreibe wie ein alter Philister. Es ist zu hart!"

Ein Sinnspruch in großen Lettern an der Decke der Eingangshalle seines Hauses in New York, faßt in wenigen Worten die beste Charakteristik dieses Mannes zusammen: "Patria cara, carior libertas, veritas carissima." *)

Im Jahr 1833 waren nur wenige Deutsche in Boston und im Staat Massachusetts; doch fand J. G. Wesselhöft schon die deutschen Klassiker in amerikanischen Buchhandlungen, und bei den gebildeten Amerikanern, mit denen er bekannt wurde, ein großes Verlangen, sich mit deutscher Literatur vertraut zu machen. Deutsche religiöse Gemeinden oder Vereine bestanden damals noch nicht. Doch schon im Jahre 1836 bildete sich eine katholische, in dem Jahre 1837 zwei lutherische, und im Jahre 1840 eine reformirte Gemeinde, und es wurden mit allen diesen Gemeinden deutsche Schulen verknüpft. Der erste Pfarrer der ersten deutsch-evangelischen Gemeinde war Heinrich J. Schmidt, der von Dr. Büttner als ein sehr gebildeter Mann geschildert wird. Büttner begegnete dort (1838) einem deutschen Maler, und einem sehr geschickten und mit bedeutendem Gehalt angestellten Musiker, Schmidt, aus Bremen.

Auch eine deutsche Wohlthätigkeitsanstalt war schon in dieser Zeit in Boston gegründet worden, als deren Zweck aufgestellt war: „Vereinigung der Deutschen in Boston und den benachbarten Orten, ohne Rücksicht auf politische oder Religionsparteien, zur Belebung eines brüderlichen Geistes unter einander, zur Unterstützung der Bedürftigen und der Neuangekom-

---

*) Theuer ist mir das Vaterland, theurer die Freiheit, die Wahrheit am theuersten.

menen mit Rath und Arbeit, und der Kranken und Unfähigen mit Geldbeiträgen". Unter den Gründern dieses Vereins wird Hermann Bokum genannt, Lehrer der deutschen Sprache an der Universität „Harvard", später Bibliothekar der Bibliothek des presbyterianischen Seminars in New York. Herr Bokum interessirte sich sehr für die Lage der Einwanderer. Er durchreiste (1836) die östlichen Staaten, wie Büttner berichtet, um eine allgemeine Gesellschaft zum Wohle der Einwanderer zu gründen. Er hielt allerwärts Reden und forderte zu Geldbeiträgen auf. Die Gesellschaft sollte den Namen: "The American Strangers Friend Society", führen und sowohl das leibliche als das geistige Wohl der Einwanderer befördern. Zu diesem Zwecke hatte er eine aus den angesehensten Männern New Yorks bestehende Versammlung in der Central Presbyterianischen Kirche zusammenberufen, um den Zustand der deutschen Bevölkerung in Betracht zu ziehen, und er selbst hielt eine Rede über den Zustand der deutschen Bevölkerung der Vereinigten Staaten, welche auch gedruckt wurde unter dem Titel: A Discourse on the State of the German Population of the United States". Es scheint, daß es sich hier besonders um das religiöse Wohl der Einwanderer handeln sollte, um eine Art Belehrungs-Anstalt. Zur Bildung einer solchen Gesellschaft ist es indeß nicht gekommen.*)

Als ein ganz besonders verdienstvoller Mann wird uns Theodor Hach geschildert. Er war Sekretär der „Deutschen Wohlthätigkeits-Gesellschaft", Vorsteher einer der deutschen Kirchen, und im Jahre 1842 Direktor der Blindenanstalt zu Boston.

In diesem Jahre hatte sich die deutsche Bevölkerung Boston's schon bedeutend vermehrt. Löher, offenbar zu hoch, giebt um diese Zeit die Zahl derselben auf dreitausend an. Robert Wesselhöft hatte sich bereits 1841 in Cambridge bei Boston, und Wilhelm Wesselhöft in Boston selbst niedergelassen und praktizirten als Aerzte. Beide waren Vertreter der Homöopathie, welche namentlich in New England ganz besonders günstige Aufnahme gefunden hatte. Robert Wesselhöft errichtete in späteren Jahren die große, sehr berühmt gewordene Wasserheil-Anstalt zu Brattelboro im Staate Vermont. Im Jahre 1846 wurde die erste deutsche Zeitung, die „New England Zeitung", herausgegeben, später der „Boston Merkur", welche aber beide nicht mehr bestehen.

Die deutsche Bevölkerung in den vier andern New England Staaten war während des von uns besprochenen Zeitraums so klein, daß von einem Einfluß auf den zumal so starren Charakter der Bewohner dieser Staaten von Seiten der Einwanderung nicht wohl die Rede sein kann. Eine

---

*) In Ohio kam eine solche in 1837 zu Stande, wie wir später sehen werden. Sie hielt sich jedoch nicht lange.

spezielle Nachforschung würde ohne Zweifel auch hier nachweisen, daß in den vielen trefflichen Unterrichts- und Wohlthätigkeits-Anstalten New Englands ebenfalls hier und da Deutsche mitgewirkt haben, wie dieses ja wohl fast in allen Welttheilen der Fall gewesen und noch ist.

In spätern Jahren, namentlich in Connecticut, hat das deutsche Element auch in New England rasche Fortschritte gemacht, und wird gleichfalls dort deutsches Wesen an der Fortentwickelung mitarbeiten.

Erst die letzten Jahre haben die Aufmerksamkeit auf einen Deutschen von Massachusetts gelenkt, der bis dahin unter einem englisch klingenden Namen versteckt war, wir meinen Leopold Maaß, in Boston als Morse bekannt. Derselbe ist zu Wachenheim in der Rheinpfalz, 1831, geboren, kam in seiner Jugend nach den Vereinigten Staaten und widmete sich dem Kaufmannsstande. Er scheint aber sich fleißig mit der Politik beschäftigt zu haben, indem er mehrmals schon ein Delegat zu demokratischen National-Konventionen, zweimal bereits früher Kandidat für Kongreß war, ohne Erfolg, aber im Jahre 1876 glücklich den Preis davon trug, und auch im Jahr 1878 wieder in den Kongreß gewählt worden ist. Unter den elf Kongreß-Abgeordneten von Massachusetts ist er als der einzige Demokrat gewählt worden.

Neuntes Kapitel.

Ohio.

Ohio. — Joseph M. Bäumler's Gemeinde in Tuscarawas County. — Das frühe Deutschthum in Cincinnati. — Martin Baum. — Christian Burkhalter. — Albert Stein. — Kirchliche Bestrebungen. — Bischof Friedrich Reese. — Wahrheitsfreund. — Christliche Apologete. — Wilhelm Nast. — Politische Zeitungen. — Heinrich Rödter. — Charakter der deutschen Presse in den dreißiger und vierziger Jahren. — Die deutsche Gesellschaft. — Karl Gustav Rümelin. — Emil Klauprecht. — Deutsche Chronik des Ohiothales. — Heinrich von Martels. — Dr. Joseph H. Pulte. — Heinrich A. Rattermann.

Seitdem die deutsche Einwanderung sich wieder erneuerte, übte Ohio, und mit vollem Recht, große Anziehungskraft auf dieselbe aus. Wie Rapp im ersten Decennium dieses Jahrhunderts eine Gemeinde von Separatisten nach Pennsylvanien geführt hatte, so kam eine ähnliche Schaar Würtemberger im Jahre 1817 in Ohio an, unter welchen Joseph Michael Bäumler, ein Lehrer der Gemeinde, sich durch Umsichtigkeit und Orga-

12

nisationstalent auszeichnete. Ursprünglich war die Gemeinde keine kommunistische, die Noth scheint die Glieder derselben aber zum gemeinschaftlichen Handeln und Wirthschaften getrieben zu haben. Nach Ueberwältigung der größten Schwierigkeiten, gelang es ihrem unermüdlichen Fleiß und heldenmüthiger Ausdauer, sich in Tuscarawas County eine Heimath zu gründen. Arbeit und Erwerb sind gemeinsam. Bäumler war Vorsteher der Gemeinde bis zu seinem Tode 1853. Obgleich Jedem freistand zu predigen, war Bäumler doch der eigentliche Prophet, und zugleich Richter und Arzt. Zur Zeit seines Todes besaß die Gemeinde 5900 Morgen Landes, vortreffliche Viehheerden, Mühlen, aller Art, eine Tuchfabrik, trieb bedeutenden Handel, hatte Kapitalvermögen und unbegrenzten Kredit.

Das Dörfchen Zoar, nach welchem sie den Namen Zoariten führen, zählt gegenwärtig etwa sechshundert Einwohner, und macht seiner romantischen Lage und der noch vorwiegenden rothen Ziegeldächer der Gebäude wegen den Eindruck eines deutschen Dorfes. Obgleich die Bewohner mit nur wenigen Ausnahmen, im Orte geboren sind, so wird doch in Zoar fast ausschließlich die deutsche Sprache gesprochen.

In Cincinnati, der eigentlichen Geschäftsstadt des Ohiothales, begann sich der Einfluß des deutschen Elementes bereits früh geltend zu machen. Schon in den ersten Jahren der gesetzlichen Existenz des Dorfes (1802) wurden zwei Deutsche zum munizipalen Oberhaupt desselben erwählt, David Ziegler aus Heidelberg, (1802 und 1803) und Martin Baum aus Hagenau im Elsaß (1807 und 1812.) Ziegler war der erste Bürgermeister des damals noch unscheinbaren Dorfes.

Besonders aber war es Baum, (geboren zu Hagenau, 15. Juli 1761, gestorben in Cincinnati, 14. Dezember 1831) welcher sehr viel zu dem mächtigen Aufschwung des deutschen Elements in Cincinnati und im Ohiothale überhaupt beitrug. Durch seinen großen Reichthum, den er in allerlei Geschäftsunternehmungen gewonnen und aber auch wieder verwendet hat, trug er sehr viel dazu bei, den Westen zu heben. Bereits im Jahre 1803 war es vornehmlich Baum, der die erste Bank im gesammten Westen in's Leben rief, die "Miami Exporting Company", deren Präsident er viele Jahre lang blieb. Durch diese Gesellschaft, die zugleich ein großartiges Transportationsgeschäft betrieb, wurde Baum zum bedeutendsten Anreger und Verbesserer der Schifffahrt auf den westlichen Flüssen. Die erste Zuckerraffinerie, die erste Eisengießerei, die erste Wollenfabrik, die erste Dampf-Mahlmühle und andere derartigen industrielle Anstalten rief er in Cincinnati in's Leben. In seinen verschiedenen Fabrikgeschäften gab er zahlreichen Menschen Arbeit und Verdienst, und da er im Hinterwalde keine guten und geschickten Arbeiter in genügender Anzahl erhalten konnte, so ließ er in Baltimore und Philadelphia neu ankommende deutsche Einwanderer anwerben, und lenkte so den ersten Strom der Emigration nach dem

Westen. Auch der erste Kunstgarten, sowie der erste Weinberg im Staate
Ohio, die Baum am Deer Creek, im jetzigen Weichbilde der Stadt
Cincinnati, anlegte, preisen ihn als einen der strebsamsten Männer des
Westens.

Doch nicht allein dem geschäftlichen Leben verlieh Baum, mehr als
irgend ein Anderer, den mächtigen Aufschwung, sondern sein Sinn für
Kunst, Wissenschaft und Literatur zog die gebildeteren Männer heran,
die sich in der von der Natur so reich an Schönheiten bedachten Niederlassung ansiedelten. Die Begründung der „lancastrischen Schule" (1813),
und des daraus (1818) entstandenen „Cincinnati College" war, neben
Richter Burnett's, hauptsächlich Baum's Werk. Auch war er viele Jahre
lang in dem Verwaltungsrath des „College" und als der erste Vice-
Präsident desselben — thätig. Ebenso war Baum einer der Anreger und
Mitgründer der ersten öffentlichen Bibliothek im Westen (Februar 1802);
des „Western Museums" (1817); der „Literarischen Gesellschaft" (1818);
der „Gesellschaft zur Hebung der Agrikultur im Westen" (1819); und der
„Appolonian Gesellschaft" (1823). Im Jahre 1812 wurde er als Kandidat für den Kongreß vorgeschlagen, allein er lehnte diese Kandidatur
deshalb ab, „weil er bei seinen ausgedehnten Geschäften nicht die Zeit der
Abwesenheit erübrigen könne."

Wenn wir bedenken, daß er damals der reichste und angesehenste Mann
der Stadt war — er war zur Zeit gleichfalls der Präsident des Cincinnatier Zweiges der Vereinigten Staaten Bank — daß er mit den bedeutendsten Männern des Landes in Verbindung stand, so muß es uns klar
werden, daß Baum dem Deutschthum in jener Anfangsperiode eine mächtige Stütze war. In seinem Hause, zur Zeit das eleganteste der Stadt,
verkehrten auch alle geistigen Größen die Cincinnati besuchten, und deutsche
Gelehrte und Schriftsteller pflegte er vornehmlich gern aufzunehmen. So
wohnte bei ihm etwa um das Jahr 1817 der geistreiche Literat Julius
Ferdinand von Salis, Vetter des bekannten deutschen Lyrikers
Graf Johann Gaudenz von Salis. Derselbe hatte als Natur-
forscher den Orient bereist „und schilderte hier", schreibt Klauprecht, „in der
Zurückgezogenheit dieses westlichen Marktfleckens, seine Erlebnisse und
Eindrücke an der alten Wiege der Menschheit für einen deutschen Verleger,
als ihm im Jahre 1819 der Tod die Feder aus der Hand nahm."

Zur selben Zeit wohnte auch auf Baum's Landgute im Deer Creek
Thale, als Anachoret, der frühere Sekretär des Fürsten Blücher,
Christian Burkhalter. Derselbe war in Neu-Wied geboren, und
von religiöser Schwärmerei getrieben, in 1816 nach Amerika ausgewandert.
Später schloß er sich den Zitterquäkern (Shakers) an, welche „Union
Village" in Warren County, Ohio, damals (1820) begründeten, und wo-
selbst ihn der Herzog von Weimar in 1826 traf. Burkhalter ver-

ließ die Shaker-Gemeinde jedoch nachher wieder und gründete dann in Cincinnati (1837) den „Westlichen Merkur", eine deutsche Whigzeitung, deren Redakteur und Herausgeber er bis 1841 verblieb. In diesem Jahre wurde der Name der Zeitung in „Der Deutsche im Westen" umgewandelt, herausgegeben von Burkhalter und Höfle. Da jedoch auch hier der Erfolg nicht den darauf verwendeten Mühen entsprach, so ging sie noch im selben Jahre in die Hände von Rudolph von Maltiz über und erhielt den Namen „Ohio Volksfreund". Burkhalter trat jedoch nunmehr von der aktiven Betheiligung an einer deutschen Zeitung zurück und in das "Cincinnati Chronicle" ein, deren Herausgeber Pugh, Hesley — wie sich Höfle englisirt hatte — und Hubbell waren, und Burkhalter als „stiller Theilhaber". Bereits in 1836 hatte sich Burkhalter mit dem bekannten Abolitionisten James G. Birney an der Redaktion des "Philantropist", der ersten Abolitionisten-Zeitung des Landes, betheiligt, welche in Lebanon, Warren County, Ohio, erschien, nachdem die Druckerei von Achilles Pugh, des Herausgebers derselben, in Cincinnati im Sommer 1836 durch einen „Mob" zerstört worden war.

Im Jahre 1817 kam auch Albert (von) Stein nach Cincinnati, der sich als tüchtiger Ingenieur in den Vereinigten Staaten einen bedeutenden Namen erworben hat. Derselbe war der Anreger und Erbauer der Cincinnatier städtischen Wasserwerke, der ersten Wasserwerke des Landes, welche durch Pumpen getrieben werden. Später war Stein eine zeitlang in Philadelphia als Zeichner an Wilson's illustrirter Ornithologie beschäftigt (1823). Seitdem erbaute er nach einander die Wasserwerke zu Richmond und Lynchburgh, Virginien, den Appomatox Kanal bei Petersburg, Virginien, sowie die Wasserwerke von New Orleans, Nashville und Mobile. Von den letztgenannten Werken war Stein bis zu seinem in 1876 erfolgten Tode — er war zur Zeit 84 Jahr alt — Eigenthümer und ist seine Familie noch jetzt im Besitz derselben.

Um diese Zeit (1817) und kurz nachher bildeten sich katholische und protestantische Gemeinden, nicht nur in Cincinnati, sondern auch an andern Orten in Ohio. Der spätere Bischof von Detroit Dr. Friedrich Reese, ein gelehrter, thätiger und allgemein beliebter Mann, war der erste deutsche Priester Cincinnati's (1825). Er war 1791 zu Vianenburg bei Hildesheim geboren, hatte, wie Pio Nono, erst in der Kavallerie gedient und später Theologie studirt. Er starb, nachdem er in 1841 nach Rom berufen worden war und auf sein Episkopat verzichtet hatte, in Hildesheim am 27. Dezember 1871. In Cincinnati war Reese der Begründer der gelehrten Schule „Athenaeum", welche später in die Hände der Jesuiten überging und durch diese in das wohl berufene „St. Xavier College" umgewandelt wurde. Bei einem Besuche in Deutschland (1828—'29) wurde auf Reese's Anregung in Wien die noch jetzt bestehende „Leopolbinen-Stiftung" zur Unterstützung hülfsbebürftiger katholischer Missionen in's Leben gerufen. Reese schrieb eine „Geschichte des Bisthums Cincinnati", die in Wien im Jahre 1829 im Druck erschien, und war noch außerdem als Literat thätig. — Die Herren Joseph Zäslein, Jakob Gülich und Ludwig Heinrich Meyer waren die ersten deutschen protestantischen Prediger in Cincinnati.

Es liegt außer dem Bereich unseres Planes die Entwickelung der verschiedenen Religionsgesellschaften zu verfolgen. Nur so viel sei hier gesagt, daß besonders in Cincinnati die katholischen sowohl wie die protestantischen Kirchen der Deutschen rasch emporblühten, und namentlich die ersteren bedeutenden Grundbesitz erworben haben. Die Katholiken gründeten (1837) den „Wahrheitsfreund", die erste deutsche katholische Zeitschrift des Landes, welche anfänglich unter der Redaktion des jetzigen Erzbischofs von Milwaukee, J. M. Henni, stand, und die bald eine große Verbreitung im ganzen Westen erhielt. Von protestantischer Seite erschien eine zeitlang „Der Protestant" unter Georg Walker's Redaktion, und später, (1838) unter Wilhelm Nast's Leitung, der „Christliche Apologete", ein Organ des Methodismus, der ebenfalls in den betreffenden Kreisen zahlreiche Leser fand.

Wilhelm Nast, geboren am 18. Juni 1807 zu Stuttgart, war Studiengenosse von David Strauß im berühmten Tübinger Stift, wo er Theologie und besonders Philosophie studirte. In 1828 nach den Vereinigten Staaten ausgewandert, bekleidete er zuerst eine Hauslehrerstelle in New York, wurde 1831—1832 Lehrer der deutschen Sprache an der Kadettenschule zu Westpoint, trat der Methodisten-Kirche bei und übernahm bald darauf die Professur der alten Sprachen an verschiedenen Seminarien; organisirte den deutschen Methodismus in Ohio, gründete den „Christlichen Apologeten", dessen bleibender Redakteur er wurde, ferner die „Sonntagsschul-Glocke", eine Jugendzeitung, beides Hauptorgane des deutschen Methodismus, als dessen Vater man ihn allgemein betrachtet. Seine Original- und Uebersetzungswerke theologischen Inhalts sind sehr zahlreich. Als Missionär der Methodisten-Kirche ging er 1844 nach Deutschland und wirkte dort mit einigem Erfolg für diese besondere Form des Christenthums. Die evangelische Allianzversammlung zu Berlin, 1857, besuchte er ebenfalls und suchte auf derselben dem Methodismus Feld zu gewinnen.

Doktor der Theologie Nast ist ein gelehrter Theologe und Philologe, hat sich in den religiösen Kreisen dieses Landes eine hohe Stellung erworben, und für die Erhaltung des Deutschthums, besonders der deutschen Sprache, viel gethan. Hätte er nicht eine deutsche Methodisten-Presse gegründet, welche eine sehr große Cirkulation besitzt, so wären die Deutschen, welche sich zum Methodismus bekehren ließen, schon durch ihre religiösen Zeitungen, die sie mit Vorliebe und oft ausschließlich lesen, ihrer Sprache und demnach auch ihrem deutschen Denken völlig entfremdet worden. Und dabei ist noch zu berücksichtigen, daß, wie orthodox auch der Vater des deutschen Methodismus sein mag, seine tüchtige und gründliche Bildung auf einer deutschen Universität, unter einem Manne wie F. C. B a u r, ihm einen wissenschaftlichen und geistigen Nachhalt gegeben hat, der ihn im Gegensatz zu vielen seiner amerikanischen Kollegen vor einer zu extremen Richtung beschützen mußte. Er hängt noch wenigstens als geistiger Jünger fest an seinem alten Vaterland und hat viele seiner jungen Freunde vermocht, deutsche Universitäten zu besuchen, obgleich er sich bewußt sein mußte, daß dieselben ihre engeren religiösen Ansichten dort mit freieren und reiferen vertauschen würden. Er wird allgemein als ein Mann von ausgezeichnetem Charakter geschildert, der in jeder Beziehung des Lebens sich die Achtung seiner Mitbürger erworben hat.

Für politische Zeitungen war namentlich Cincinnati eine bedeutende Pflanzstätte. Schon im Jahre 1826 erschien dort der Pionier derselben, „D i e O h i o C h r o n i k", ein Wochenblatt, das indessen bald wieder einging. Im Jahre 1831 wurde zu besondern Wahlzwecken eine sogenannte Kampagne-Zeitung von K a r l v o n B o n g e, A l b e r t L a n g e (später in Terre Haute ansässig) und H e i n r i c h B r a c h m a n n im Interesse der Whigpartei herausgegeben. Am 7. Oktober 1834 erschien der „W e l t b ü r g e r" von H a r t m a n n herausgegeben, dessen Tendenz gegen die Demokraten gerichtet war, aber Tendenz und Namen nach kurzer Zeit schon wechselte, indem er in die Hände von B e n j a m i n B o f f i n g e r überging, der ihn in den „D e u t s c h e n F r a n k l i n" umänderte und den Interessen des demokratischen Präsidentschafts-Kandidaten V a n B u r e n zuwandte. Es gelang aber der Whigpartei noch vor der Wahl (1836) den „Franklin" wieder zu erobern.

Die Demokraten begründeten nun das „V o l k s b l a t t", dessen Redakteur und Herausgeber H e i n r i c h R ö d t e r war, der in der Herausgabe indeß von mehreren der angesehensten Deutschen, wie R ü m e l i n, R e h f u ß, A u g u s t R e n z und Anderen unterstützt wurde.

H e i n r i c h R ö d t e r, geboren am 10. März 1805, zu Neustadt an der Hardt, war schon von Jugend auf in der Papierfabrik seines Vaters beschäftigt gewesen. Voll übersprudelnder Lebenslust, waren seine Jünglingsjahre sehr stürmisch. Eine kurze Dienstzeit in einem bairischen leichten Reiter-Regiment zu Augsburg, welches er als Junker verließ, trug wenig dazu bei, ihn zum Philister zu machen. In die Heimath zurückgekehrt, begann er das Studium der Rechte. Aber die politische Aufregung, welche nach der Juli-Revolution ganz besonders im Rheinkreis herrschte, erfaßte auch ihn sehr bald. Er wurde bekannt mit den Literaten Dr. W i r t h und S i e b e n p f e i f f e r, und anderen Führern der Bewegung, wie Schüler, Savoye, Geib und Pistorius, bethätigte sich besonders beim „Hambacher Fest", und um einer ihm drohenden gerichtlichen Untersuchung zu entgehen, verließ er schon im Sommer 1832 seine geliebte Pfalz und kam nach Cincinnati, begab sich aber bald darauf nach Columbus, wo er Redakteur einer deutsch-demokratischen Zeitung wurde. Wir finden ihn jedoch bald wieder in Cincinnati, in welcher Stadt er die von den Demokraten (1836) neugegründete Zeitung, das „Volksblatt", redigirte, und zwar bis zum Jahre 1840.

Während viele deutsche Zeitungen, namentlich in den kleinen Städten, vorher nur eben gehaltlose Parteiblätter waren, getreue Abbilder ähnlicher amerikanischer Preßprodukte, brachte Rödter schon einen höheren Schwung in sein „Volksblatt", und bahnte den Weg zu einer gediegeneren und würdigeren Entfaltung der deutschen Presse seines Staates. Das Oppositionsblatt, früher der „Deutsche Franklin", dann „Westliche Merkur" genannt, kämpfte nicht mit gleichen Waffen, und so ging es auch im Organ Rödter's manchmal scharf her, ohne daß jedoch von seiner Seite der Anstand auffallend verletzt wurde. Schon das Beispiel der deutschen Presse in anderen Staaten verhinderte dies.

Die „Alte und Neue Welt" und mehrere andere Zeitungen in Philadelphia und Pittsburg, namentlich aber auch die „New Yorker Staatszeitung" und der „Anzeiger des Westens" in St. Louis waren ja schon mehrere Jahre lang erschienen, und hatten gerade durch ihre sachgemäßen, vielseitigen, oft vortrefflich geschriebenen Artikel ein großes Publikum gewonnen. Wilhelm Weber, selbst ein ebenso kenntnißreicher als geistvoller Schriftsteller, dessen Styl stets mustergiltig war und der hohe Anforderungen an die Presse stellte, nennt (1837) die „Alte und Neue Welt" ein werthvolles Blatt, namentlich was die deutsche Politik und Belletristik anbetraf. Ueber die „New Yorker Staatszeitung" sagt er zur selben Zeit:

„Diese Zeitung hat unter ihrer jetzigen Redaktion (Stephan Molitor) den meisten politischen Inhalt, sowie nach unserer Ansicht das gediegenste politische Raisonnement über inländische Verhältnisse. Außerordentlich kräftig hat sie sich in der Verfechtung der Interessen der arbeitenden Klassen gegen monopolistische Unterdrückung gezeigt und eifrig beschäftigt sie sich mit der Entlarvung der Umtriebe der sogenannten eingeborenen Amerikaner gegen die europäische Einwanderung."

Auch über die „Allgemeine Zeitung" von New York spricht er sich günstig aus. Diese Zeitung war früher von dem Advokaten M. A. Richter aus Sachsen redigirt worden. Vom „Adler des Westens", meinte er, daß er sehr gut demokratisch sei, aber sich durch guten und redlichen Willen mehr als durch hervorragendes Talent auszeichne.*) Auch

---
*) Der „Adler des Westens", die erste in Ohio gedruckte deutsche Zeitung, erschien in Lancaster, Ohio (1800—1838), verwandelte sich dann in den „Lancaster Volksfreund",

das älteste deutsche Blatt Pennsylvanien's, der „Reabinger Adler", wird von ihm lobend erwähnt, namentlich wegen der viel korrekteren Sprache, die er vor den anderen alten pennsylvanischen Zeitungen voraus habe. Rechnen wir nun zu den genannten Blättern die „Deutsche Schnellpost" von New York, den „Anzeiger des Westens", die „Deutsche Tribüne" und „Die Waage" von Paul Follen in St. Louis, den „Weltbürger" und „Telegraphen" in Buffalo, die „Germania" von Cleveland, die „Deutsche Zeitung" von New Orleans, den „Teutone" in Charleston, „Beobachter" und „Freiheitsboten" in Belleville, Ill., den „Westboten" in Columbus, überhaupt die hervorragendsten deutschen Blätter in allen größeren Städten, wo Deutsche in bedeutender Zahl sich niedergelassen hatten, so können wir die Aeußerung von Friedrich Kapp in seinem Artikel über den „Deutschen Buchhandel in den Vereinigten Staaten" (Deutsche Rundschau, 4. Jahrgang, 4. Heft, Januar 1878, Seite 47) nicht unterschreiben. Er sagt nämlich:

„Hier mag im Vorübergehen nur soviel gesagt werden, daß die große Mehrzahl der deutschen Zeitungen bis zu Anfang der fünfziger Jahre auf einer möglichst niedrigen Stufe stand, und sich hauptsächlich in kleinlichem Klatsch und persönlichem Skandal bewegte; daß sich seitdem ein erfreulicher Umschwung geltend gemacht hat und daß heut zu Tage manche großen deutsch-amerikanischen Zeitungen den besten deutschen nicht allein nicht nachstehen, sondern vielfach überlegen sind."

Freilich spricht er nur von der großen Mehrzahl. Aber man beurtheilt die Presse eines Landes nicht nach der Mehrzahl der Zeitungen, sondern nach den großen Blättern der großen Städte. Wenn man in Berlin, Paris und Wien alle die vielen dort erscheinenden Preßprodukte, die sich Zeitungen nennen, bei einer Beurtheilung der Presse mit einrechnen wollte, so würde die oben angeführte Kritik eben so gut auf diese Städte passen. Und was für eine Zensur würde Deutschland erhalten, wenn wir alle die Blättchen, welche in den kleinen Städtchen und großen Dörfern erscheinen, als einen Theil der Presse des Landes betrachten dürften. Wir schließen uns vielmehr dem schon 1837, also sehr lange vor 1850, von Wilhelm Weber ausgesprochenen Urtheil an, welches er am Ende eines vortrefflichen Aufsatzes über die englische und deutsche Presse der Vereinigten Staaten im „Westland" (Band 1, Seite 214, Heidelberg, bei Engelmann,) ausspricht:

„Es kann nicht fehlen, daß ein solcher Verein deutscher Zeitungen (die er eben besprochen hatte), die mit wenigen unrühmlichen Ausnahmen, von den besten und gemäßigsten Grundsätzen geleitet werden, zur Erhebung des deutschen Lebens in der Union, zur Befestigung der Achtung der Deutschen in den Augen der Amerikaner, und endlich zur Rückwirkung ihrer neugewonnenen Ansichten und Erfahrungen auf die

---

und 1841 in den „Ohio Adler", der dann in Columbus erschien, und dessen indirekter Nachfolger der jetzt so bekannte „Westbote" ist.

Deutschen der alten Welt wohlthätig einwirken wird. Wenn man die kurze Zeit ihres Bestehens, die Geringfügigkeit der vorhandenen materiellen und geistigen Unterstützungsmittel, und endlich die Neuheit der deutschen Bewohnerschaft in den Vereinigten Staaten überhaupt berücksichtigt, so darf man mit Zuversicht hoffen, daß bei gleichmäßigem Eifer und wachsender Konkurrenz die deutschen Zeitungen Amerika's recht bald einen würdigen Rang in der Journalwelt der zivilisirten Nationen einnehmen werden."

Diese Hoffnung hat sich in den Jahren von 1837 bis 1850 bis zu einem hohen Grade erfüllt.

Die deutschen Gesellschaften von Philadelphia und New York gehören, was ihr Entstehen anbetrifft, nicht der von uns behandelten Periode an, obgleich ihre Wirksamkeit während unseres Zeitabschnittes wohl lebhafter war als in den drei vorhergehenden Jahrzehnten. Ihr ursprünglicher Hauptzweck, den in jenen Häfen landenden deutschen Einwanderern Rath und Hülfe zu gewähren, konnte erst mit der neuen Einwanderung, die in 1818 wieder auflebte, abermals geweckt werden. Aehnliche Gesellschaften entsprangen nun nach und nach an verschiedenen Orten in den Vereinigten Staaten. Auch in Cincinnati fühlte man das Bedürfniß, mittelst einer „Deutschen Gesellschaft" hier jene Zersplitterung und Uneinigkeit der deutschen Völkerstämme zu verbannen, welche in unserem alten Vaterlande die Quelle alles Unglücks und die Ursache der politischen Ohnmacht und Unfreiheit unseres Volkes wurde. Man hielt eine Versammlung (31. Juli 1834), die von mehr als zweihundert der achtbarsten deutschen Bürger von Cincinnati besucht war, im Stadtrathssaale ab und beschloß dann, daß die Gründung einer solchen Gesellschaft nothwendung sei:

„Damit wir als Bürger der Vereinigten Staaten denjenigen Antheil an der Volksherrschaft nehmen können, den uns Pflicht und Recht gebietet, und um durch wechselseitige Unterstützung uns gegenseitig eine bessere Zukunft zu sichern, den Hülfsbedürftigen beizustehen und überhaupt allgemein wohlthätige Zwecke zu erreichen, die den Einzelnen unmöglich sind."

Die Hauptanreger dieser Versammlung waren Heinrich Röbter, Johann Meyer, Karl Libeau, Ludwig Rehfuß, Salomon Menken (Vater der ehemals Aufsehen erregenden Schauspielerin Abah Jsaaks Menken), Daniel und Karl Wolff, Raymund Witschger und Andere. Karl Rümelin, Dr. Sebastian Huber, J. D. Felsenbeck, Karl und Johann Belser und viele Andere traten in den Organisations-Versammlungen vom 14. und 18. August bei. Heinrich Röbter war der erste Präsident der Gesellschaft, die noch jetzt, obschon nur als engerer Unterstützungsverein der Mitglieder, fortbesteht.

Die Sucht, Militär-Kompagnien zu gründen, war von den Städten des Ostens auch um diese Zeit (1836) nach Cincinnati gedrungen. So entstand auf besondere Anregung Röbter's die deutsche „Lafayette Garde", deren erster Kapitän er wurde.*) Ueberhaupt machte sich damals, besonders in Cincinnati, das Bestreben geltend, die Berechtigungen des deutschen Elements zu sichern. Rödter wurde auch in den Stadtrath gewählt und erfreute sich überhaupt zur Zeit einer großen Popularität unter seinen deutschen Mitbürgern. Im Jahr 1840 verkaufte er das Volksblatt an Stephan Molitor und zog wieder nach Columbus, wo er sich dem ihm von Jugend auf bekannten Geschäfte der Papierfabrikation widmete, darin aber nicht glücklich war. Nach Cincinnati zurückgekehrt, nahm er das Rechtsstudium wieder auf, und wurde 1847—1848 zum Mitglied der Gesetzgebung von Ohio erwählt. Das Gesetz, welches Arbeitern ein Pfandrecht an den von ihnen errichteten Gebäulichkeiten sicherte, sowie ein anderes, wodurch die Kosten für Naturalisation im Ausland Geborener bedeutend herabgesetzt wurden, sind beide von ihm vorgeschlagen und durch seine Bemühungen erlassen worden.

Obgleich Rödter bis zu seinem Tode der demokratischen Partei angehörte, so stimmte er doch für Aufhebung aller der drückenden Gesetze, welche in den meisten freien Staaten gegen die farbigen Freien sowohl als Sklaven bestanden, und gab auch seine Stimme für S. P. Chase, dessen Gesinnungen gegen Sklaverei und Alles was mit ihr zusammenhing, ihm wohl bekannt waren, als Vereinigten Staaten Senator ab. Mit dem ausgezeichneten Juristen J. B. Stallo, trat er auf einige Jahre in Geschäftsverbindung, wandte sich aber 1850 wieder der Journalistik zu, indem er die „Ohio Staatszeitung" ankaufte und unter dem Namen „Demokratisches Tageblatt" bis zum Jahre 1854 redigirte. Im Jahre 1856 mit großer Majorität zum Friedensrichter gewählt, bekleidete er das Amt zur allgemeinen Zufriedenheit, starb aber schon im darauffolgenden Jahre.

Karl Gustav Rümelin, entstammt einer alten angesehenen württembergischen Familie, welche schon im vorigen Jahrhundert dem Lande tüchtige Beamte gegeben hatte. Sein Vater indessen hatte sich dem Handel und Fabrikwesen gewidmet und wohnte in Heilbronn, wo Rümelin am 19. März 1814 zur Welt kam. Nachdem er bis zum Jahre 1829 die gelehrten Schulen seiner Heimatstadt besucht, auch Privatunterricht in den neuern Sprachen genossen hatte, mußte er aus dem Gymnasium auf das Komptoir seines Vaters wandern. Nach einigen Jahren erhielt er die Stelle eines Kommis in einem Handlungshause zu Wimpfen. Schon

---

*) Eine deutsche Militär-Kompagnie unter gleichem Namen hatte sich bereits in Cincinnati in 1825 gebildet, deren Hauptmann August Rothe war. Sie diente bei dem Empfang Lafayette's (19. Mai 1829) als dessen Ehrengarde. Dr. Karl Ritter war damals Adjutant des aus den Miliz-Kompagnien der Stadt zusammengesetzten Bataillons. Jene „Lafayette Garde" löste sich in dem Cholera-Jahre 1832 wieder auf.

früher hatte er eine Neigung zur Auswanderung nach Amerika gehabt, die im Jahre 1832, als eine starke Auswanderung gerade aus Würtemberg und Hessen stattfand, sich von neuem regte und durch D u b e n s Briefe sich zu einem unabweisbaren Drange steigerte. Sein Vater gab ihm wider Erwarten Erlaubniß, sein Vorhaben auszuführen. Ueber Amsterdam kam unser junger Reisender nach einer Fahrt von 87 Tagen am 27. August 1832 in Philadelphia an. Da es ihm nicht gleich gelang, eine ihm passende Stellung zu finden, so ergriff er frischen Muths jedes Geschäft, das sich ihm bot, so hart es auch sein mochte, da er jede Arbeit für ehrenhaft hielt. Nach einiger Zeit erhielt er eine Stelle in einem Kaufladen, dessen Eigenthümer ein Irländer war und viele irische Kunden hatte. So hatte er Gelegenheit, diese Klasse der Bevölkerung näher kennen zu lernen.

Schon in Philadelphia, wo er gerade in der Zeit eines Wahlkampfes für die Präsidentschaft eingetroffen war, wurzelte sich bei ihm eine durch sein ganzes Leben hindurch bewährte Anhänglichkeit an die demokratische Partei fest ein. Jackson galt ihm als ein Held erster Größe. Bereits in seiner Heimat war er durch Studium und Erfahrung für Freihandel begeistert, gegen Papiergeld und Bankwesen sehr eingenommen. Zudem glaubte er in den Anhängern von Clay oder der Whigpartei eine Hinneigung zum Puritanismus zu erkennen, was seinem kernigen deutschen Wesen einen natürlichen Widerwillen einflößte. Indeß in Anbetracht seines jugendlichen Alters, seiner nur sehr kurzen Erfahrung auf diesem Boden, läßt es sich bezweifeln, ob seine entschiedene Parteinahme schon gleich von vornherein eine auf eigene Prüfung und ernstliche Beurtheilung der schwebenden Parteifragen gegründete war. Er folgte aber, wie ja fast alle Deutschen es damals thaten, einem mehr unbestimmten Gefühle. Der Name Demokratie hatte schon an und für sich einen gewissen Zauber. Man fand es natürlich, die reichen Kaufleute, die großen Kirchenlichter, die Fabrikbesitzer, welche fast alle zur Whigpartei gehörten, mit der europäischen Aristokratie zu vergleichen und zu identifiziren. Die philosophische Würdigung beider Parteien fand bei Rümelin, wie bei vielen Andern, wohl erst später statt.

Nach einem Aufenthalte von einem Jahre trieb es ihn weiter nach dem Westen. Nach einer mühseligen und gefahrvollen Reise, (denn auf dem Dampfboote, welches ihn von Pittsburg nach Cincinnati brachte, war die Cholera ausgebrochen und forderte viele Opfer), kam er in letzterer Stadt an, um dort ebenfalls von dieser damals am Ohio so verderblichen Krankheit befallen zu werden. Bald fand er eine Stelle in einem Kaufladen, und nahm sofort wieder Antheil an der Politik und am öffentlichen Leben. Er war einer der Mitgründer der in 1834 ins Leben gerufenen deutschen Gesellschaft, deren Mitglied er vierzig Jahre lang, bis er seinen Wohnsitz einige Meilen von der Stadt verlegte, geblieben ist. Im Jahre 1836, während des Wahlfeldzuges für die Präsidentschaft, ging das frühere demokratische deutsche Wochenblatt, der „Deutsche Franklin", die einzige deutsche Zeitung, in die Hände der Gegenpartei über. Zu den hierüber Unzufriedenen gehörte auch Rümelin. Er nahm Theil an der Gründung eines neuen demokratischen Journals, des „Volksblatts", dessen Redakteur Heinrich Rödter, wurde. Die Mittel welche die Deutschen damals besaßen, waren gering, aber der Eifer groß. Das Drucklokal wurde in das Haus, in welchem Rümelin seinen Geschäften vorstand, miethfrei verlegt. Er selbst erlernte die Geheimnisse der schwarzen Kunst, druckte und setzte, und im Nothfall machte er auch den Austräger. Der regelmäßige Austräger war ein Bäcker, der zu gleicher Zeit seine Brezeln mit herumtrug. Letztere, wie Rümelin selbst sagte, gingen besser ab, als die Zeitung. Zu gleicher Zeit lieferte er auch Artikel für das Blatt, und brachte darin die Gründung einer deutschen Universität wiederholt zum Vorschlag. An der ersten Pittsburger Konvention Theil zu nehmen, verhinderte ihn Unwohlsein. Sowohl Rödter und Rehfuß, wie auch Rümelin, betraten in der Kampagne von 1836 den „Stump", und wie es scheint, mit Erfolg, denn Hamilton County, in welchem Cincinnati liegt, und welches noch 1834 eine Mehrheit für die Whigs gegeben hatte, gab von 1836—1840 demokratische Majoritäten.*) Das „Volksblatt" wurde später Eigenthum Rödters und schließlich Molitors. Es blieb demokratisch bis zum Jahre 1856, als die deutsche Demokratie des Nordens sich mit großer Mehrheit der republikanischen Partei anschloß.

Um dieselbe Zeit (1836) verband sich Rümelin mit seinem früheren Prinzipale und machte sehr gute Geschäfte, namentlich dadurch, daß er viele importirte deutsche Spezereiartikel auf Lager hielt. Einen Theil seines Gewinns legte er in Grundeigenthum an. Auch schrieb er jetzt für amerikanische Journale. Er sagt darüber in seinen schriftlichen Mittheilungen an den Verfasser:

„Ich vertrat darin deutsche Angelegenheiten, denn es schien mir ungereimt, daß wir Deutsche nur unter uns diese Sachen besprachen, und uns zum Eifer für dieselben anfachten. Ich glaubte, daß auch die Amerikaner dafür gewonnen werden müßten, wenn irgend ein Schritt bleibende Folgen haben sollte."

Im Jahre 1837 heirathete er eine in Cincinnati geborene Schweizerin, welche mehrere Jahre in der Schweiz gelebt, aber ihre Erziehung in New England erhalten hatte. Sie verband amerikanisches und deutsches Wesen in angenehmer Mischung und ward ihm eine treue Gefährtin durch das Leben.

---

*) Unter den Männern, welchen dieser Umschwung zuzuschreiben ist, müssen hier auch noch besonders C. Backhaus, Dr. Rölker, (der überhaupt in Cincinnati nach jeder Richtung hin segensreich gewirkt hat), und Bischof Henni, (welcher in der Stille, aber kräftig wirkte) genannt werden.

Im Frühjahr 1843 verkaufte Rümelin sein Geschäft, um sich auf das Land zurückzuziehen, unternahm aber zuerst eine Reise nach der alten Heimath. Nach seiner Rückkehr wurde er in Hamilton County in den Jahren 1844 und 1845 in das Haus der Repräsentanten von Ohio, und im Jahre 1846 für zwei Jahre in den Senat gewählt. Im Hause der Repräsentanten setzte er es durch, daß die Botschaft des Gouverneurs, so wie die Berichte der Staatsbeamten in deutscher Sprache gedruckt wurden. Sein Minoritätsbericht zu Gunsten der Annexation von Texas, nicht wegen, sondern trotz der Sklaverei, erregte große Aufmerksamkeit, und wurde vielfältig in allen demokratischen Zeitungen abgedruckt. Seine Reden über die damalige Besteuerungs-Methode, deren Einseitigkeit er mit aller Schärfe entgegentrat, zeigten ein gründliches Studium national-ökonomischer Fragen.

In den Jahren 1846, 1847, 1848 wandte sich Rümelin in dem Bureau des Richters Van Hamm dem Studium der Rechte zu, wurde examinirt und in den Advokaten-Stand aufgenommen. Wissenschaftlich betrieb er das Studium fort, fand aber die Praxis selbst seiner Neigung nicht angemessen. Im Jahre 1849 machte er einen zweiten Besuch im alten Vaterlande und schrieb Reisekorrespondenzen an die New Yorker "Evening Post," redigirt von Wm. Cullen Bryant und John Bigelow, eines der ersten Blätter der Union. Diese Korrespondenzen machten auch die Runde durch andere Zeitungen. Sie enthielten viele neue, zum Theil hier unbequem befundene Ideen. Rümelin, so sehr als ihm das Wohl seines Adoptiv-Vaterlandes am Herzen lag, war doch kein unbedingter Bewunderer aller unserer Institutionen und durchaus nicht blind für unsere Schwächen. Und was er dachte, sprach er stets freimüthig aus. Während er in Deutschland war, hatte man ihn zum Mitglied der Konvention gewählt, welche eine neue Konstitution für Ohio entwerfen sollte. Er erhielt die Nachricht seiner Wahl zuerst, als der Pilot die neuesten Zeitungen an Bord des im Hafen von New York einlaufenden Dampfers brachte, auf dem er im April 1850 von Deutschland zurückkehrte.

In dieser Konvention (1850—1851) war Rümelin einer der bedeutendsten und wirksamsten Mitglieder. Zur ganz besonderen Ehre gereichte es ihm, daß er durch seine Anstrengung der Konstitution einen Artikel einverleibte, welcher das willkürliche Eintheilen in Wahlbezirke von Seiten der Gesetzgebung verhinderte. Mit diesem Eintheilungsrecht war von beiden Parteien der größte Mißbrauch getrieben worden, so daß oft die Minorität des Volkes durch eine künstliche Zusammenstellung der Counties in Wahlbezirke, sich die Majorität in der Gesetzgebung verschaffte. Nach der jetzigen Verfassung von Ohio findet die Eintheilung nur alle zehn Jahre statt, und macht sich nach der Bevölkerungszahl ganz von selbst nach den konstitutionellen Vorschriften. Rümelin hat es erlebt, daß diese der Korruption steuernde Maßregel auch in mehreren anderen Staaten Eingang gefunden hat.

Einer in der demokratischen Partei gebildeten geheimen Verbindung ("Miami Tribe" genannt), zu persönlichen Zwecken errichtet, mit der Absicht, die ganze Partei zu beherrschen, widersetzte er sich mit aller Kraft, machte sich zwar dadurch viele Feinde in der eigenen Partei und verlor seine Aufstellung als Kandidat für Kongreß, es gab ihm aber die Genugthuung, diesen gefährlichen Bund durch seine lebhafte Mitwirkung gebrochen zu sehen. In dem berühmten Wahlkampf zwischen Fremont und Buchanan hatte er sich zwar, wie viele Demokraten, für Fremont erklärt, aber nur weil Fremont selbst zur demokratischen Partei gehörte. Er wollte sich der republikanischen Partei als solcher nicht anschließen. Eine Reise nach Deutschland verhinderte aber seine persönliche Betheiligung an diesem Kampfe. Seine abermalige Reise wurde veranlaßt theils durch seine Familienverhältnisse, theils durch Geschäfte, welche er als Präsident einer Eisenbahn in Europa abzuschließen hatte, theils aber auch dadurch, daß er von Gouverneur Chase von Ohio zum Kommissär für Reformschulen ernannt worden war, um europäische Anstalten dieser Art zu besuchen und deren Verwaltung kennen zu lernen. Nachdem er dies in England genügend gethan, und dort den Earl Derby, Großvater des jetzigen Lord Derby, der sich für die Verbesserungen der bestehenden Reformschulen lebhaft interessirte, kennen gelernt hatte, reiste er mit diesem zu einer Inspektionstour ähnlicher Anstalten nach Frankreich. Auch die Reformschulen in Belgien, Holland, der Schweiz und Deutschland wurden von ihm besucht. Die französischen fand er als wahre Musteranstalten, namentlich die von Mettray bei Tours.

Ein von ihm ausgearbeiteter und von den andern Mitgliedern der Kommission unterschriebener Bericht, wurde der Legislatur vorgelegt. Ein Gesetz zur Errichtung der Reformschule für jugendliche Verbrecher wurde erlassen, und Rümelin von Gouverneur Chase zu einem der Vorsteher ernannt, welche Stelle derselbe aber schon im Jahre 1859 niederlegte. Wir bemerken noch, daß in den Jahren von 1854—1859 Rümelin Mitglied der permanenten Staatsuntersuchungs-Kommission der Bauten war, sowie auch einer Special-Kommission, um Unterschleife im Staatsschatze zu untersuchen. Ein weitläufiger, sehr interessanter Bericht, nahe an tausend Druckseiten umfassend, und großentheils aus Rümelin's Feder geflossen, war das Resultat dieser Untersuchung.

Obgleich Rümelin schon seit einer geraumen Zeit vor dem Jahre 1860 sich der strengen Parteifesseln entledigt hatte und häufig für Männer der Gegenpartei stimmte und arbeitete, wenn er sie des Amtes für würdiger hielt, konnte er sich doch in dem großen Kampfe um die Präsidentschaft zwischen Lincoln, Douglas, Bell und Breckinridge, nicht entschließen, für einen der Ersteren zu stimmen. Er gehörte zu den sehr wenigen Deutschen, welche Breckinridge, den Rümelin persönlich kannte und hoch achtete, und in staatsmännischer Hinsicht Lincoln vorziehen zu müssen glaubte, unterstützte. Indessen war ihm die Politik überhaupt verleidet worden. Er war der Meinung, daß nur Unkenntniß der wahren Gesinnungen, welche in Nord und Süd herrschten, den Bürgerkrieg verursacht habe, und daß nur Ehrgeiz der Führer auf beiden Seiten die Schuld trüge.

Er wendete sich dem Landleben zu. Schon seit langen Jahren hatte er ein schönes Besitzthum in der Nähe von Cincinnati erworben, Obst- und Rebenpflanzungen angelegt, und sich aus Europa die besten Sorten von Bäumen und Setzlingen kommen lassen. Diese Liebe zum Landbau lag, wie er mittheilt, in der Familie schon seit mehreren Geschlechtern. Er war nicht blos lateinischer Bauer, sondern legte selbst tüchtig Hand an Pflug, Spaten und Hacke.

Im Jahre 1865 und 1866 finden wir ihn wieder in Deutschland, wo er seinen ältesten Sohn auf die Universität brachte. Zu derselben Zeit besuchte er auch Italien, Ungarn, Serbien und Bosnien, und ließ seine Reiseberichte in dem New Yorker "Commercial Bulletin" erscheinen. Die Redaktion des „Deutschen Pionier" in Cincinnati führte er von 1871 bis 1872, in welchem letzteren Jahre er seine sechste Reise nach Europa antrat, um zwei seiner Söhne auf die Universität und seine Töchter in Erziehungsanstalten zu führen. Er selbst hörte zu Straßburg und Würzburg noch in seinem fünfzigsten Jahre Vorlesungen über seine Lieblingswissenschaften, Volkswirthschaft und Staatsrecht.

Im Jahre 1876 bekleidete er durch Volkswahl das Ehrenamt eines Mitglieds der "Board of Control" (Rechnungskammer) für Hamilton County zwei Jahre lang. Daß er im Jahre 1876 für Tilden stimmte, wie so viele Tausend andere Deutsche, die sonst zur republikanischen Partei sich zählten, es gethan haben, ist wohl selbstverständlich. Im Jahre 1879 ernannte die demokratische Partei auf ihrem Staatsticket Rümelin zum Kandidaten für Staats-Auditor, ein ebenso bedeutendes als verantwortliches Amt, trotzdem Rümelin in den Finanzfragen die Meinung der Demokraten nicht theilte. Alle demokratischen Kandidaten aber wurden in der Wahl (15. Oktober 1879) mit bedeutender Mehrheit geschlagen.

Zur Zeit ist Rümelin mit der Abfassung eines Werkes beschäftigt, welches eine Kritik der amerikanischen Politik zum Gegenstande hat und jedenfalls von großem Interesse sein dürfte. Wir haben schon seiner vielen Korrespondenzen in Zeitungen, sowie seiner gesetzgeberischen Thätigkeit erwähnt. Auch für landwirthschaftliche Journale schrieb er fleißig Aufsätze. Eine längere Abhandlung in den fünfziger Jahren über das Klima von Ohio wurde in den Annalen des Ackerbau-Bureaus für Ohio publizirt.

Im Jahre 1859 ließ er ein "Wine-dresser's Manual", und in 1868 "The Wine-maker's Manual" erscheinen. Sein bedeutendstes Werk bis jetzt ist sein "Treatise on Politics as a Science", erschienen zu Cincinnati, bei Robert Clarke und Co., 1875.

Die erste belletristische Zeitschrift des Landes erschien im Jahre 1843 unter der Redaktion von Emil Klauprecht. Derselbe, zu Mainz 1815 geboren, kam schon im Jahre 1832 nach den Vereinigten Staaten und ließ sich zuerst in Paducah, Kentucky, am Ohio Fluß gelegen, nieder. Doch schon 1837 wählte er Cincinnati zu seinem Aufenthalt, wo er eine lithographische Anstalt mit Erfolg betrieb. Er warf sich indessen bald in die Journalistik. 1843 gab er die belletristische Zeitschrift: „Fliegende Blätter", mit lithographirten Illustrationen versehen, die erste deutsche illustrirte Zeitschrift in den Vereinigten Staaten, heraus. Nicht lange darauf wurde er Redakteur eines Whigblattes, des „Republikaner", und machte es zehn Jahre hindurch zu einem Hauptorgan dieser Partei in den westlichen Staaten. Daneben schrieb er zahlreiche Novellen und ein historisches Werk: „Deutsche Chronik in der Geschichte des Ohio Thales", welches letztere bis zu den Anfängen der Geschichte der westlichen Territorien und Staaten zurückgeht, viel interessantes Material enthält, offenbar großes Quellenstudium erforderte, aber hinsichtlich einer klaren, leicht übersichtlichen und chronologisch geordneten Darstellung viel zu wünschen übrig läßt. Von 1856—1864 wirkte er am Cincinnatier „Volksblatt" und wurde dann zum Konsul der Vereinigten Staaten für Stuttgart ernannt, welche Stelle er bis 1869 bekleidete, als es einer unerforschlichen Laune der Grant-Regierung einfiel, ihn durch einen farbigen Herrn „Sammis" aus Pensacola, seines Zeichens früher Barbier und, wie man sagt, Lesens und Schreibens unkundig, zu ersetzen. — In Stuttgart lebt Klauprecht seitdem als Literat und soll für die „Augsburger allgemeine Zeitung" schreiben. Für die „Westlichen Blätter", Sonntagsausgabe des Cincinnatier „Volksblattes" liefert er von Zeit zu Zeit Feuilleton-Aufsätze.

Klauprecht ist ein sehr begabter Mann, der in Cincinnati dem öffentlichen und gesellschaftlichen Leben große Anregung gab. Von Natur zur Ironie und zum Sarkasmus geneigt, sehr beweglichen Geistes, wie die meisten Kinder des goldenen Mainz, trat er zu einer unglücklichen Zeit in den Journalismus ein, in der sich die Parteien äußerst schroff gegenüberstanden. Er hatte die unpopuläre Seite, die der Whigs, ergriffen, deswegen Wind und Sonne gegen sich. Gerade zu Cincinnati, besonders in der englischen und deutschen politischen Presse, war ein rüder Ton eingerissen, der sich in den persönlichsten Gehässigkeiten gefiel. Die oft gemeinen Angriffe gab Klauprecht mit Wucherzinsen zurück und es ist keine Frage, daß er, geistvoll wie er war, auf diesem Felde seine Gegner schlug. Er hatte sich daran gewöhnt, die Schmähungen Anderer nur mit Gleichem zu vergelten, als aber 1853 ein deutscher Redakteur die Ehre seiner Familie angriff, ließ er sich hinreißen, sich selbst Recht zu verschaffen, denselben aufzusuchen und durch einen Pistolenschuß bedeutend zu verwunden. Vor Gericht gestellt, wurde er zur großen Ueberraschung des Publikums, welches ein solches Vergehen in der Regel nicht nur entschuldigt, sondern noch billigt, von den Geschworenen schuldig befunden und zu einem Jahr Gefängnißstrafe verurtheilt, vom Gouverneur aber zu allgemeiner Zufriedenheit, noch vor Antritt seiner Strafzeit begnadigt. Jedenfalls hat Klauprecht Jahrzehnte lang in seiner Stadt und seinem Staate als allzeit schlagfertiger Journalist und als ein politischer Führer seiner Partei einen sehr bestimmenden Einfluß ausgeübt. Sein Konsulat soll er vortrefflich verwaltet haben.

Einer der zeitweiligen Redakteure des „Volksblatt" und des später erscheinenden „Volksfreund" war auch Heinrich von Martels, dessen Leben ein ereignißvolles war. Im Jahre 1803 auf dem Schlosse Dankern, im Herzogthum Arenberg-Meppen geboren, besuchte er das Gymnasium zu Osnabrück, trat als Kadet in die hannöverische Kavallerie, und war 1822 Seconde-Lieutenant bei den Kürassieren. Als Hauptmann des 6. Infanterie-Regiments nahm er Urlaub, und reiste 1832 in Begleitung seines Vaters und seiner Brüder nach den Vereinigten Staaten, wohin die letzteren dem lockenden Rufe Duden's folgten, und sich in Missouri, in der Nähe von Duden's Farm, niederließen. Er selbst kehrte 1833 wieder zurück, da sein Herz bei einer hohen Dame in Osnabrück geblieben war, denn wie er uns in seinem zu Osnabrück 1834 veröffentlichten Buche, „Der Westliche Theil der Vereinigten Staaten von Nordamerika", mittheilt, hatte diese Stadt des (westphälischen) Friedens, ihm den Frieden des Herzens geraubt. In diesem Buche mischt sich Dichtung und Wahrheit auf die wunderlichste Weise, ohne daß man dem Verfasser böse sein kann, denn es verräth jedenfalls einen liebenswürdigen Charakter. Seine Loyalität für England's erhabenen König (den Matrosenkönig Wilhelm IV.) ist zwar sehr überschwänglich, aber wie ein anderer König bemerkt hat Loyalität ist auch in der Uebertreibung schön. Indessen spricht sich der Verfasser mit gleichem Enthusiasmus für Washington und die freien Institutionen dieses Landes aus, und seine Jugendschwärmereien haben längst einem gesunden Republikanismus Platz gemacht. Ein leichter gewandter Styl zeichnete indessen auch schon diese Reise-Fata Morgana aus.

Im Jahre 1839 nahm er seinen Abschied, widmete sich philosophischen Studien, kehrte in 1845 nach Amerika zurück, begab sich nach Texas, kaufte am Colorado eine bedeutende Besitzung, verlor aber darauf sein nicht unbedeutendes Vermögen und sein Land. 1850 nach Cincinnati gekommen, fand er mehrere Jahre lang Beschäftigung am „Volksfreund", unterbrach seine literarische Thätigkeit, um wieder Landwirthschaft auf einer von ihm in Clermont County gekauften Farm zu betreiben, kehrte aber wieder zu seiner Redaktion (1860) zurück. Er versteht die klassischen Sprachen und spricht fließend fast alle neueren, versieht daher das Amt eines gerichtlichen Dolmetschers mit der größten Fähigkeit. Die Literatur ist noch stets in Prosa und Versen seine Lieblingsbeschäftigung und erheitert ihm immer noch seine Tage des Alters.

Ein anderer fruchtbarer Schriftsteller auf wissenschaftlichem Felde ist der Doktor der Medizin, Joseph Hypolit Pulte. Geboren zu Meschede, Westphalen, begab er sich nach vollendeten medizinischen Studien 1834 nach den Vereingten Staaten, wo schon ein Bruder, ebenfalls Arzt in St. Louis und wohl bekannt dort, sich vor ihm eingefunden hatte. Hier ergriff er mit Lebhaftigkeit die kurz zuvor in Amerika von Dr. Konstantin Hering in's Leben gerufene homöopathische Heilmethode. Nachdem er in der Akademie der homöopathischen Heilkunde zu Allentown mehrere Jahre gewirkt hatte, ließ er sich im Anfang der vierziger Jahre als praktischer Arzt in Cincinnati nieder. Im Jahre 1850 veröffentlichte er seine „Häusliche Praxis der homöopathischen Heilkunde", welche auch zu London in englischer, und in Havanna in spanischer Sprache erschien, der noch in den folgenden Jahren andere medizinische Schriften folgten, und leitete mehrere Jahre lang das "American Magazine of Homœopathy and Hydropathy". In 1852 war er Professor der Klinik und Geburtshülfe in der homöopathischen Lehranstalt zu Cleveland und gründete zu Cincinnati aus seinen eigenen reichen Mitteln das "Pulte Homœopathic Medical College", welches am 27. September 1872 eröffnet wurde. Wir müssen noch erwähnen, daß außer mit einigen Dichtungen, Dr. Pulte auch mit einem philosophischen Werke die Literatur bereichert hat, unter dem Titel „Organon in der Weltgeschichte" schon 1846 in Cincinnati erschienen. Es ist dies ein Versuch, die geoffenbarte Religion mit der Philosophie in Einklang zu bringen. Für eine Analyse dieses Werks müssen wir auf eine Vorlesung verweisen, welche H. A. Rattermann am 26. Dezember 1877 in Cincinnati gehalten hat.*)

Heinrich.A. Rattermann selber, schon seit mehreren Jahren Redakteur des Pionier, nimmt unter den Literaten Cincinnati's einen hohen Rang ein. Am 14. Oktober 1832 zu Ankum, Regierungsbezirk Osnabrück geboren, wanderte er mit seiner Familie 1846 nach den Vereinigten Staaten aus, wo der Vater in Cincinnati auf dem Tischlerhandwerk, das er in der Heimath betrieben, fortarbeitete. Die Umstände verlangten, daß auch Heinrich sehr bald nach der Ankunft ebenfalls hart arbeiten mußte, aber schon von vornherein benutzte er seine freie Zeit, um die englische

---

*) „Deutscher Pionier", Band 10, Seite 317.

Sprache tüchtig zu studiren. Nach dem frühen Tod seines Vaters (Januar 1850), fiel die Sorge für die Familie auf ihn, und ob er gleich in dem Geschäfte sich rastlos anstrengte, setzte er dennoch seine Studien in den Freistunden fort. Eine lang andauernde Arbeitseinstellung zwang ihn sein Handwerk aufzugeben, und mit seinen Ersparnissen besuchte er eine Handelsschule, wurde bei einem Verwandten Buchführer, später Theilhaber an einer Bauholzhandlung und trat, nach Auflösung dieser Theilhaberschaft, in andere kaufmännische Geschäfte ein.

Auf seine Anregung und durch seine unermüdlichen Bestrebungen ermöglicht, wurde im Frühjahr 1858 die „Deutsche Gegenseitige Versicherungs-Gesellschaft von Cincinnati", (Feuer-Assekuranz) gegründet, die bald eines der glänzendsten Geschäfte dieser Art in den Vereinigten Staaten wurde, und deren Sekretär und Geschäftsführer er seit mehr als zwanzig Jahren ist. Allein die gespannteste Thätigkeit, die er diesem Institut widmete, konnte seinem innern Drang, sich mit Literatur und Musik zu beschäftigen, keinen Einhalt thun. In deutscher und englischer Sprache dichtete er unter dem Pseudonymnamen „Hugo Reimmund", bebaute aber mit besonderem Fleiße das Feld historischer, namentlich kulturhistorischer Forschung.

Vor Allem hat er es sich zur Aufgabe gemacht, der deutschen Einwanderung ihre gerechte Würdigung zu vindiziren. Mit einem seltenen Eifer, einem wahren Enthusiasmus folgt er den Spuren der Eingewanderten deutschen Ursprungs bis in die ersten Zeiten, und seine Forschungen auf diesem und verwandten Gebieten sind ebenso tief und eingehend, als sie ein scharfes und kritisches Urtheil verrathen. Wohl kein Buch oder auch nur Heft, welches in irgend einer Hinsicht Stoff für den Gegenstand seiner historischen Bearbeitung liefern kann, scheint ihm unbekannt geblieben zu sein und die öffentlichen Archive in Washington und andern Orten wurden von ihm auf das Beste benutzt. Seit einer Reihe von Jahren mit solchen historischen Arbeiten beschäftigt, redigirt er schon seit 1874 den „Deutschen Pionier", eine Monatsschrift, die bestimmt ist, in unterhaltender Weise die Vergangenheit und Gegenwart deutschen Lebens in Amerika nach jeder Richtung hin zur Anschauung zu bringen, und die bereits seit ihrem Entstehen (1869) einen überaus reichen Schatz von Material gesammelt hat, welcher wohl von Niemand besser zu einem umfassenden Werke über die Einwanderung verwerthet werden kann, als grade von ihm selbst.

Er veröffentlichte ebenfalls eine historische Skizze der Stadt Cincinnati, mehrere Novellen, sowie eine „Geschichte des großen amerikanischen Westens", in zwei Theilen, in Cincinnati 1876—1877 erschienen. Für ' hegte er von je große Vorliebe und ist selbst ein guter Musiker und ründer und Mitglied des „Sängerbundes" (1850), des „Männerchors" (1857) und „Orpheus" (1868). Er ist Mitglied und einer der Kuratoren der "Historical and Philosophical Society of Ohio", Mitglied des Cincinnati "Literary Clubs", correspondirendes Mitglied der New Yorker "Historical Society" und einer der anregenden Gründer des „Deutschen literarischen Klubs von Cincinnati". Eine sehr bedeutende und werthvolle Bibliothek erleichtert ihm seine rühmliche Thätigkeit. Im Interesse seiner Assekuranz-Gesellschaft hat er auch in der Rechtswissenschaft, besonders in dem auf Versicherung sich beziehenden Zweige, eingehende Studien gemacht.

Ein so beweglicher und vielseitiger Geist konnte natürlich der Politik nicht fremd bleiben. In früheren Zeiten ein Mitglied der demokratischen Partei, arbeitete er für dieselbe durch Rede und Schrift in hervorragender Weise. Zur Zeit nach dem Kriege, als sich bei Vielen eine Unzufriedenheit mit beiden großen Parteien zeigte, wirkte er für eine unabhängige „Reformpartei" und wir finden ihn als Delegaten derselben bei der Konvention zu Cincinnati, 1872, welche zur gleichen Zeit tagte, wie die Konvention der „Liberal-Republikaner". Die „Reformpartei", zu der mehrere der ausgezeichnetsten Männer, namentlich von Ohio gehörten, entwarf ein vortreffliches Programm, nur in einem Punkte wesentlich von dem der „Liberal-Republikaner" abweichend; billigte aber die Nomination Greeley's zum Präsidentschafts-Kandidaten nicht, schon deswegen, weil derselbe sein Leben lang ein warmer Anhänger des Schutzzolls gewesen war, welche Maßregel die Reform-Partei entschieden verworfen hatte.

Rattermann's politische Thätigkeit fand sich so für eine Zeit lang wenigstens gelähmt, zeigte sich aber wieder in ihrer vollen Stärke in der Wahl von 1876, in welcher er lebhaft mit Wort und Schrift in die Schranken trat für Tilden, der damals als Gouverneur von New York durch seine Kämpfe gegen Korruption und durch wirklich gelungene Reformversuche, den Demokraten sowohl, wie einem Theile der Republikaner als der wünschenswertheste Kandidat für die Präsidentschaft erschien.

Zehntes Kapitel.

Ohio. — (Fortsetzung.)

Die Schulfrage in Cincinnati. — Dr. Friedrich Rölker. — Der deutsche „Lese- und Bildungs-Verein". — Notar August Renz. — Joseph A. Hemann. — Stephan Moliter. — Georg Walker. — Ludwig Rehfuß. — Ohio im Kriege. — General August Moor. — General August Viktor Kautz. — General Gottfried Weitzel. — Betheiligung der Deutschen an der Politik. — Der deutsche demokratische Verein.— Kampf gegen den Nativismus, 1836 und 1844. — Die demokratische Partei und die Deutschen. — Volksfest und politische Demonstration am 1. Mai 1844. — Nikolaus Höffer. — Pastor August Kröll. — Kunst und Industrie. — Friedrich Eckstein, Gustav Frankenstein. — Friedrich Rammelsberg, Samuel N. Pike. — Antheil der Deutschen an den Ereignissen in Deutschland. — Franz Joseph Stallo. — Johann Bernhard Stallo.

Der Erfolg, den die Deutschen mit ihrer kräftigen Unterstützung der demokratischen Partei bei der Wahl in 1836 erzielten, bewog sie, nun auch für sich von der Partei Gegendienste zu fordern. Vor allem bestanden sie darauf, daß in den öffentlichen Schulen die deutsche Sprache als Unterrichtsgegenstand eingeführt werden sollte. Bereits in 1836 wurde, auf Veranlassung des unter Kontrole der Presbyterianer stehenden „Lane-Seminars", eine deutsche Schule eröffnet, die sogenannte „Emigranten-Schule", die von einer Gesellschaft, die sich "Emigrants' Friend Society" nannte, unterhalten wurde. Die Hauptleiter dieses Instituts, an dessen Spitze der damalige Kongreßabgeordnete und spätere Richter Bellamy Storer stand, (Johann Meyer war Vice-Präsident und Jakob Gülich Vorsitzer des Exekutiv-Kommittees,) waren, der Deutsch-Pole Johann Joseph Lehmanowsky, der als General-Agent der Gesellschaft fungirte, und F. C. F. Salomon, aus Erfurt, als Prinzipal der Schule. Lehmanowsky gründete noch neben der Cincinnatier Schule, Schulen in Dayton, Ohio, Louisville, Kentucky, und New Albany, Indiana. Lehrer an der Cincinnatier „Emigranten-Schule" waren, außer Salomon, ein poetisch gesinnter, fideler deutscher Ex-Student Julius Weyse, und eine etwas überspannte Persönlichkeit Julius Schwarz, Sohn des Heidelberger Professors Schwarz.

Da jedoch die „Emigranten-Schule" in den Verdacht der Proselitenmacherei für die Presbyterianer gerieth, und die Katholiken unter ihrem Pfarrer (jetzt Erzbischof) J. M. Henni, eine eigene deutsche Schule begründeten, an welcher Männer wie Dr. Röller, die spätere Advokaten Moormann und Dengler, lauter tüchtige Pädagogen, als Lehrer wirkten, so wurde nach langem Hin- und Herberathen beschlossen, auf die Einführung der deutschen Sprache in den öffentlichen, aus den Steuern unterhaltenen Schulen zu bestehen. Man wandte sich zuerst an die Schulbehörde, die das Gesuch als unvereinbar mit ihren Pflichten abwies, und darauf hindeutete, daß nur die Staatsgesetzgebung den Deutschen Abhülfe gewähren könne. An die Staatsgesetzgebung wurde also die Frage übertragen, und diese erließ (1838) ein Gesetz, wornach in solchen Bezirken, in denen eine hinreichende Anzahl Personen darum nachsuchen würde, und eine genügende Schülerzahl vorhanden sei, es den Schulbehörden (Trustees) erlaubt sein möge, die deutsche Sprache als Lehrgegenstand in den öffentlichen Schulen einzuführen. Mit diesem Gesetze kam man wieder an die Schulbehörde zurück, die indessen, auf das Wörtchen „möge" sich stützend, das Gesuch abermals abschläglich beschied. Nun wurde auf's Neue gedrängt, und in der Wahl von 1839 den Kandidaten für die Gesetzgebung eine Verpflichtung abgefordert dahin zu wirken, daß das Gesetz durch die Abänderung des „möge" in „soll", also die Erlaubniß in eine Verpflichtung umwandelnd, wirksam gemacht würde. Die einheitliche Stellung und das Uebergewicht bei den Wahlen, welches die Deutschen augenscheinlich besaßen, vermochte auch die Demokraten zu einer Befürwortung dieser Maßregel zu bewegen, und das Gesetz wurde ihrem Wunsche gemäß abgeändert (19. März 1840).

Im Sommer dieses Jahres trat dann auch die erste deutsch-englische Freischule in's Leben, mit Joseph A. Hemann, als Oberlehrer, und Heinrich Pöppelmann, Georg La Barre und Emilie Frankenstein, als Hülfslehrer. Noch aber sollte das Problem einer deutsch-englischen Schule nicht gelöst sein, und durch die Wahl von 1840 ermuthigt, begann die Whigmehrheit, die stets der Einführung des deutschen Unterrichts in den städtischen Schulen gegenüber feindliche Stellung eingenommen hatte, den deutschen Unterricht dadurch lahm zu legen, daß man nicht deutsch-englische, sondern rein deutsche Schulen, die aber sonderbarer Weise unter einem englischen Oberlehrer stehen sollten, einführte, und den bisherigen deutschen Oberlehrer entließ.

Das ließen sich die Deutschen nicht gefallen, und so wurde denn eine Reihe von zahlreich besuchten Versammlungen abgehalten, in denen sie durch Reden und Beschlüsse in kräftiger Weise für ihre Rechte auftraten. Die erste dieser Versammlungen fand am 16. Juli 1841 unter Vorsitz von Karl Belser statt. Eduard Mühl hielt eine treffliche Rede zu Gunsten der Wahrung der Rechte der Deutschen in diesem Lande, besonders was die Erziehung der Kinder in der eigenen Muttersprache anbetreffe. Sie ließen es auch nicht bei bloßem Protestiren bewenden, sondern ernannten einen ständigen Ausschuß für Ueberwachung der Schulinteressen der Deutschen, und als sie von der Schulbehörde keine ihren Wünschen gemäße Berücksichtigung fanden, begründeten sie so lange eigene, ihren Ansichten entsprechende Schulen, bis sie von der öffentlichen Behörde ihre Rechte erlangten. Die Hauptagitatoren in dieser Angelegenheit waren Notar **August Renz, Stephan Molitor, Heinrich Rödter, Ludwig Rehfuß, Pastor Seib, Emil Klauprecht, Eduard Mühl, Nikolaus Höffer** und Andere. Endlicher Erfolg krönte ihre Bemühungen; und das heute in Cincinnati **wirksamer als in irgend einer anderen amerikanischen Stadt bestehende deutsch-englische Freischul-System, welches über alle Klassen sämmtlicher Schulen sich erstreckt**, ist die lebendige Frucht jener energischen Agitation.

Die so mühsam eroberten Vortheile zu wahren, wurde zunächst der Versuch gemacht, auch im Schulrath eine Vertretung zu erlangen. Das war jedoch eine schwierige Aufgabe, weil die fünfte Ward, in welcher die Deutschen damals einigermaßen in Stärke vertreten waren, immer noch eine Whig-Mehrheit hatte. Als den einzigen möglicher Weise wählbaren Mann gerieth man auf Dr. Rölker, der mit den Amerikanern in hinreichender Verbindung stand, um mit Erfolg eine Kandidatur bestehen zu können. Derselbe wurde auch im Frühjahr 1843 als der erste deutsche Vertreter in die Erziehungsbehörde Cincinnati's gewählt, und in den beiden folgenden Jahren wiedererwählt.

Dr. **Friedrich Rölker**, geboren 1809 in der Stadt Osnabrück, besuchte das Gymnasium „Karolinum" in seiner Vaterstadt, machte sein Abiturienten-Examen und trat dann in das Seminar zu Münster ein. Nach vollendeten Studienjahren war er eine kurze Zeit Lehrer in Osnabrück und wanderte in 1835 nach Amerika aus, wirkte zwei Jahre lang in New York als Pädagoge und kam dann nach Cincinnati als englischer Lehrer an einer städtischen Freischule (1837). Diese Stellung bekleidete Rölker zwei Jahre lang, worauf er dann auf's Henni's Veranlassung an die katholische Dreifaltigkeits-Schule als Oberlehrer berufen wurde. Nach einjährigem Wirken legte er seine Stelle nieder, studirte Medizin in dem "Ohio Medical College", an welchem zur Zeit und vorher schon, die tüchtigen deutschen Professoren Dr. S. D. Groß und Dr. **Johann Eberle** unter dem Rektorat des bedeutenden Gelehrten, Dr. **Daniel Drake**, Vorlesungen hielten, promovirte daselbst und widmete sich seitdem der ärztlichen Praxis in Cincinnati.

Seine Stellung als englischer Lehrer an der städtischen Schule, brachte ihn in Berührung mit den hervorragendsten Männern der Stadt sowohl, als auch mit den einflußreichsten Mitgliedern der Schulbehörde; und als die Deutschen in 1843 ihn in der fünften Ward für das Amt eines Schulraths in Vorschlag brachten, da wurde er gewählt, obgleich die demokratische Partei, der er angehörte, in der Ward bedeutend in der Minderheit war. Er wurde im Rath auch sogleich zum Vorsitzer des Ausschusses für den deutschen Unterricht ernannt, und wirkte nun durch ein gemäßigtes und besonnenes, nichts desto weniger aber eifriges Streben dahin, daß die frühere feindliche Stellung des Schulraths dem deutschen Unterricht gegenüber bedeutend gemildert wurde. Die bisher dahinsiechende deutsch-englische Schule erholte sich und blühte unter seiner unermüdlichen Sorge empor, und als im Winter die halbjährlichen Examen gemacht wurden, da lieferte sie selbst im Englischen b e s s e r e Resultate, als die rein englischen Schulen.

Das war ein Triumph des Deutschthums, der Alle mit Freude erfüllte, so daß eine zusammenberufene deutsche Bürgerversammlung Rölker für sein Wirken öffentlich den Dank aussprach. Die deutsche Schule war gesichert. Er besaß aber auch, wie ein Befürworter seiner abermaligen Wahl im Frühjahr 1844 in einer Mittheilung im „Volksblatt" berichtet, alle für das Amt erforderlichen Eigenschaften in vorzüglichem Grade. Seine Wiederwahl war eine leichte, und selbst im Jahre 1845, als der deutsche Theil der Ward losgetrennt und zu einer eigenen Ward erhoben worden war, und als die Whigs der Ward, in welcher sie nunmehr in überwältigender Mehrheit waren, den General Findlay für seine Stelle in Vorschlag gebracht hatten, die Demokraten aber sich so schwach fühlten, daß sie es nicht wagten, Dr. Rölker wieder zu nominiren, da wurde er, zum Staunen Aller, von den Bürgern, gänzlich ohne sein Zuthun, abermals gewählt.

Rölker sah indessen klar ein, daß die Sicherung der deutschen Sprache nicht von dem Volksschulunterricht allein abhing, sondern daß es noch später einer Forthülfe bedürfe, um das in der Schule gepflanzte Korn zur sichern Reife zu bringen. Zu dem Behufe schlug er die Gründung einer Bibliothekgesellschaft vor, die auch im Herbste 1844 zu Stande kam. An der Gründung des „D e u t s c h e n L e s e - und B i l d u n g s v e r e i n s", wie diese Gesellschaft genannt wurde, waren außer Rölker noch thätig, die Herren: R e h f u ß, R ö d t e r, M o l i t o r, Dr. T e l l k a m p f (der jedoch bald darauf Cincinnati verließ), Dr. E m m e r t, B a c k h a u s, K l a u p r e c h t, L a B a r r e (der später langjährige Bibliothekar des Vereins) und viele Andere. Rölker wurde der erste Präsident der Gesellschaft, die dann wuchs und gedieh, bis sie unter dem Druck des Bürgerkrieges sich auflöste und die etwa 4000 Bände umfassende Bibliothek an den Gesangverein „Männerchor" übertrug, der sie noch heute als Freibibliothek seiner Mitglieder benutzt. Die große, über hunderttausend

Bände umfassende städtische Bibliothek hat sie indessen gänzlich überflüssig gemacht und ist ihre Nützlichkeit nur noch von geringer Bedeutung.

Der „Lese- und Bildungsverein" sollte aber unter Dr. Rölker's und später Stallo's Führung (Stallo wurde Rölker's Nachfolger als Präsident des Vereins) zu noch bedeutenderer Wirksamkeit gehoben werden, als es das bloße Bücherlesen allein vermochte. Wissenschaftliche Vorträge wurden veranstaltet, darunter Vorlesungen von Stallo, Georg Fein aus Braunschweig und fünf auch im Druck erschienene Vorträge von Franz Löher: „Des deutschen Volkes Bedeutung in der Weltgeschichte."

Nachdem Dr. Rölker in 1846 seine Stelle als Mitglied des Schulraths niedergelegt hatte, wurde er zu dem wichtigen Posten eines Schulexaminators ernannt, welches Amt er bis 1849 bekleidete, in welchem Jahre er Deutschland besuchte. Er lebt heute wieder als praktizirender Arzt in Cincinnati.

Wohl keinem Manne hat das Deutschthum Cinciunati's mehr für die erfolgreiche Einführung des deutschen Unterrichts in den öffentlichen Schulen der Stadt zu verdanken als Dr. Rölker. Seine gediegene wissenschaftliche Bildung, seine praktischen Erfahrungen als Pädagoge und sein klarer besonnener Geist wußten das erfolgreich zu vollenden was Andere zwar mit heißem Blute begonnen hatten, aber nicht auszuführen vermochten. Nachfolger Rölker's im Schulrath von Cincinnati waren vor 1850 die Herren Heinrich Rödter, Stephan Molitor, F. H. Römekamp, Johann Schiff und Dr. S. Unzicker.

Notar August Renz, der, wie alle Berichte sagen, das erste Schlagwort zu Gunsten der Einführung des deutschen Unterrichts in den öffentlichen Schulen gegeben hatte, war ein Sohn Würtembergs. Geboren 1803, hatte er auf der Universität Tübingen „jus" studirt und in seiner Heimath praktizirt. Er kam in 1836 nach Cincinnati und verlegte sich auf das Notariatsfach — eine mangelhafte Aussprache des Englischen und sein geringes Rednertalent, die Scheu vor dem Plaidiren, mochten ihn wohl abhalten, als "Barrister" aufzutreten. Seine notarielle Praxis war indessen eine besonders erfolgreiche. Außerdem betheiligte er sich vielfach mit der politischen Literatur, war im Verein mit Georg Walter Herausgeber des Wochenblattes „Der Deutsch-Amerikaner" (1839) und später der zweiten demokratischen Zeitung Cincinnati's, „Die Volksbühne" (1841—'45). Renz's rege Theilnahme an allen öffentlichen Bewegungen der Deutschen Cincinnati's war stets von einem uneigennützigen Prinzip geleitet.

Joseph Anton Hemann, der erste deutsche Oberlehrer an den deutsch-englischen Schulen Cincinnati's, wurde 1816 zu Oesede bei Osnabrück geboren, besuchte das Gymnasium in Osnabrück, kam 1837 nach Amerika, war 1838 Lehrer in Canton, Ohio, und kam 1839 in gleicher Stellung an die Pfarrschule der Mariengemeinde in Cincinnati. Nach Erlaß

des Gesetzes, welches die deutsche Sprache in den öffentlichen Schulen zu-
ließ, machte er gemeinschaftlich mit dem bekannten deutschen Reiseschrift-
steller Friedrich Gerstäcker, der sich zur Zeit in Cincinnati aufhielt,
das Examen und erhielt darauf die Stelle eines Oberlehrers an der deutschen Schule, die er ein Jahr lang bekleidete. Als in 1841 der Schulrath
den deutschen Unterricht wieder unterdrücken wollte, und die Deutschen, wie
bereits berichtet, temporär die Schule durch freiwillige Beiträge aufrecht
hielten, ward Hemann wieder Prinzipal dieser Schule. Im folgenden
Jahre aber legte er seine Stelle nieder und lehrte als Oberlehrer an die
Marien-Schule zurück. Später (1850) begründete er den „Cincinnati
Volksfreund", die noch jetzt bestehende demokratische Tageszeitung Cincinnati's, die er bis 1863 fortführte, in welchem Jahre er sich aus der Journalistik zurückzog. Besonderes Verdienst hat sich Hemann durch die Anregung zur Gründung der deutschen historischen Zeitschrift „Deutscher
Pionier" erworben. Er wohnt gegenwärtig in Canton, Ohio, und redigirt
die dort erscheinende „Ohio Volkszeitung".

Auch von den deutschen Katholiken wurde in 1845 eine deutsche Bibliothek in's Leben gerufen und von dem „Deutschen katholischen Schul- und
Leseverein" geführt. Diese gleichfalls viertausend Bände zählende Bibliothek, wurde später dem „Katholischen Institut" einverleibt.

Wir haben schon früher gelegentlich die Herren Molitor und Walker
erwähnt, und in der Geschichte der deutschen Presse verdienen beide einen
achtungswerthen Platz. Stephan Molitor, geboren 5. Januar 1806,
in Cheslitz, Oberfranken, studirte von November 1823 an Philosophie und
Jurisprudenz zu Würzburg. Sein munteres und freies Studentenleben
hielt ihn nicht ab, Tüchtiges zu lernen, und schon wenige Jahre, nachdem er
seine Studien vollendet hatte, erhielt er eine Anstellung als Referent im
Polizeifache zu München. Die Motive seiner Auswanderung sind uns
unbekannt geblieben. Schon im Jahre 1830 kam er nach den Vereinigten
Staaten, und wir finden ihn Anfangs 1835 als ersten Redakteur der kurze
Zeit zuvor gegründeten „New Yorker Staatszeitung". Doch nicht lange
darauf begegnen wir ihm in Buffalo, wo er die Redaktion des „Weltbürgers" übernahm, bis er 1837 Cincinnati zu seiner zweiten Heimath
machte. Er arbeitete dort mit Heinrich Röhter eine zeitlang an
dem „Volksblatt", brachte es nach einem Jahre in seinen alleinigen Besitz
und redigirte dasselbe mit großem Geschick und gutem Erfolge bis zum
Jahre 1863. Seine juristische Bildung und Erfahrung im Staatsdienst,
gaben ihm bedeutende Vortheile über die meisten seiner journalistischen
Nebenbuhler. Er ward bald sehr vertraut mit der amerikanischen Geschichte
und Politik und konnte die vorkommenden national-ökonomischen und politischen Fragen mit einer Sachkenntniß besprechen, die selbst heut' zu Tage
noch manchen sonst talentvollen Redakteuren viel gelesener deutsch-ameri-

tanischer Blätter abgeht. Im Jahre 1863 verkaufte er sein Blatt, zog sich ganz vom öffentlichen Leben auf ein ländliches Besitzthum zurück und starb am 25. Juli 1873 in Cincinnati.

In dem langen Zeitraum von 1837—1863 wirkte er in seiner Presse für die geistige Erhebung seiner Landsleute und für Alles das, was er für das Beste des ganzen Volkes hielt. In einem Nachrufe, welcher bei seinem Tode im „Deutschen Pionier" (5. Jahrg., S. 191) erschien, heißt es:

„Nur so viel sei an dieser Stelle angeführt, daß er den größten Einfluß in Staats- wie Lokal-Angelegenheiten ausübte, für die Gestaltung unserer deutsch-amerikanischen Freischulen unermüdlich wirkte, und nie zurückschreckte, für die öffentliche Wohlfahrt, wie für das individuelle Recht eine Lanze zu brechen."

Sein Freund Rümelin ist der Meinung, daß Molitor durch seine Wirksamkeit in der Presse selbst auf die allgemeine Politik des Bundes beträchtlichen Einfluß ausgeübt habe. Er hebt auch dessen Geschäftssinn hervor, der ihm eine gesicherte Stellung verschaffte und, ohne ihm Reichthümer in den Schooß zu werfen, es ihm erleichtert habe, seine Unabhängigkeit als Eigner einer Presse stets zu bewahren. „Man wußte wohl, daß er Erwerb liebte", fährt Rümelin fort, „aber auch, daß er es mit Maaß und Ziel that. Er war frei von Aemterjägerei. Sein Streben nach Ruhm und Ehre war bekannt, aber auch, daß er es in den Schranken eines Volksmannes that, wie es der Spitze einer republikanischen Presse ziemt."

Georg Walker, geboren in Urach bei Reutlingen, Würtemberg, um das Jahr 1808, war einer von den Leuten, die ihre Existenz verfehlt haben. Ein im Tübinger Stift gründlich gebildeter Theologe, war er, von den Ideen eines Hegel und Strauß angehaucht, von der Orthodoxie abgekommen. Wie Andere auch, hätte er doch wohl in der Heimath sich nach und nach in seine Stellung eingewöhnt und mit der Rechtgläubigkeit eine Art Konkordat abgeschlossen. Es war aber von der lutherischen Synode von Baltimore eine Aufforderung an die theologische Fakultät zu Tübingen ergangen, ihr einige fähige junge Theologen herüberzuschicken, um in dem theologischen Seminar zu Gettysburg oder als Prediger verwendet zu werden. Walker war einer der jungen Männer, welche gesandt wurden. Im Jahr 1833 oder 1834 hier angekommen, fand er, daß, was man in Deutschland Orthodoxie nennt, hier schon fast als Ketzerei galt, und es konnte nicht fehlen, daß man ihn, der noch obendrein den burschikosen Studenten in Tracht und Manieren herauskehrte, nicht sehr brauchbar fand und ihn so bald wie möglich in eine kleine würtembergische Gemeinde relegirte, die sich in Tuscarawas County, Ohio, gebildet hatte. Aber auch dort stieß er mit der lutherischen Synode in Columbus zusammen, und als er sich nun auch auf die Politik warf und ein entschiedener Demokrat der Jackson Schule wurde, verließ er seine kleine Gemeinde, zog nach Germantown, nicht weit von Dayton (1838) und gründete daselbst im Verein mit

Dr. Christian Espich den „Protestant". Zu gleicher Zeit übernahm er den Druck der Statutar-Gesetze von Ohio in deutscher Sprache.

Er verlegte den „Protestant" nach Cincinnati, und wurde zugleich auch Hülfsredakteur am „Volksblatt", damals in Röhter's Hand. Der „Protestant" hauchte aber bald sein junges Leben aus. Im selben Jahr übernahm er die Redaktion eines neu gegründeten politischen Blattes, des „Deutsch-Amerikaner", der nach anfänglichem günstigen Erfolg, bald wieder einging. Walker schüttelte nun den Staub Cincinnati's von seinen Füßen und zog nach Louisville, und bald darauf redigirte er dort ein neu gegründetes Blatt (1840) „Die Volksbühne", welche indessen ihren Geburtstag nicht feiern konnte, wenigstens nicht in Louisville, denn schon nach einiger Zeit sehen wir diese „Volksbühne" in Cincinnati wieder, ebenfalls unter der Leitung von Walker. Wie lange er auf dieser „Bühne" spielte, bleibt unermittelt, aber er mochte doch wohl zuletzt eingesehen haben, daß die eigentliche Politik sein Feld nicht sei, und so gründete er ein religiös-politisches Blatt, den „Hochwächter" (1845—1849), der mehr seinen Neigungen entsprach, und in dem er sich, von Freunden unterstützt, bis zu seinem Tode hielt. Er starb im Jahre 1849 an der Cholera.

Bei seinen Kenntnissen und nicht gewöhnlichen geistigen Gaben hätte Walker viel bedeutender wirken können, wäre es ihm möglich gewesen, sich selbst weiter zu entwickeln, sich mit der Geschichte, der Politik und dem Rechtswesen seines neuen Vaterlandes vertrauter zu machen. So aber gehörte er zu der nicht kleinen Zahl eingewanderter Deutschen, welche, obgleich oft mit guten Anlagen und umfassenden Kenntnissen ausgerüstet, sich der Umgebung anderer als ihrer Landsleute verschließen, und für welche die amerikanische Welt als solche gar nicht existirt. Insofern sie sich an deutschen Unternehmungen betheiligen oder bei Vereinen, welche Wohlthätigkeit zum Zwecke haben oder die der Geselligkeit und Bildung gewidmet sind, üben sie immerhin eine nützliche Wirkung aus, zum Ausbau aber unserer amerikanischen Nationalität, tragen sie nur sehr mittelbar bei.

Viel thätiger griff ins öffentliche Leben Ludwig Rehfuß ein, ein Freund Walker's und auch ein schwäbisches Kind, denn er war zu Ebingen am 26. Januar 1806 geboren. Tüchtig auf der Landesuniversität als Chemiker, Pharmaceut und Botaniker ausgebildet, hatte er in den bedeutenderen Städten seines schwäbischen Vaterlandes in den besten Apotheken die Stelle eines Provisors bekleidet, zu gleicher Zeit aber lebhaften Antheil an den freisinnigen politischen Bestrebungen und Bewegungen genommen, welche nach der Julirevolution auch in Deutschland sich zeigten. Im Jahre 1833 verließ er, wohl weil er an einer politischen Reform verzweifelte, Deutschland, ließ sich dann in Cincinnati nieder und errichtete dort eine Apotheke, welche sehr bald eines bedeutenden Rufes sich erfreute. Er wurde einer der thätigen Mitgründer der „Deutschen Gesellschaft", nahm 1836 an dem Inslebenrufen des „Volksblatt" Theil, wurde ein eifriger Demokrat, und war einer derjenigen, welche bei dem Streite über deutsche Schulen seine Partei dahin drängte, sich fest für Aufrechthaltung der deutschen Schulen zu erklären, bei Strafe des Abfalls der deutschen Stimmen in der nächstbevorstehenden Wahl.

Auch an der Errichtung der „Lafayette Garde" im Jahre 1836 betheiligte sich Rehfuß und wurde 1842 Kapitän derselben. Im Jahre 1843 gehörte er zu den Gründern des „Lese- und Bildungsvereins", und trug überhaupt durch seine gesellschaftlichen Talente sowie durch die, ihm durch reiche Mittel ermöglichte ausgedehnte Gastlichkeit seines Hauses, sehr viel zur Hebung und Belebung des geselligen Verkehrs in Cincinnati bei. Seine Fachwissenschaft trieb er mit Eifer fort und veröffentlichte die Resultate seiner Forschungen und Erfahrungen in mehreren Broschüren, so über Weinbau und Pflanzenkunde. Er wurde Mitglied der Assoziation für Naturwissenschaften in den Vereinigten Staaten, und bei einer Konvention der bedeutendsten Physiker Amerika's, die in Cincinnati abgehalten wurde, stand sein Landhaus den Mitgliedern gastlich offen. Agassiz und Professor Henry waren seine Gäste. Die Revolution von 1848 mußte einen Mann wie Rehfuß begeistern. Er schenkte ihr die lebhafteste Sympathie und namentlich war er einer der thätigsten Befürworter der von Gottfried Kinkel angeregten Anleihe zur Unterstützung neuer Revolutionen in Deutschland. In der Politik behauptete er stets eine gewisse Unabhängigkeit. Noch nicht fünfzig Jahre alt, starb er am 31. Juli 1855.

Die „Lafayette-Garde", von der so eben die Rede war, gab nun den Anstoß zu der Bildung noch anderer deutschen Bürgergarden-Kompagnien. Bald bildete sich eine „Jäger-", eine „Schützen-Kompagnie", sowie eine „Steuben-", „Kosziusko-" und „Jackson-Garde". Einige Jahre später formirten sich verschiedene dieser Kompagnien zu einem Bataillon unter Oberstlieutenant August Moor.

August Moor, am 28. März 1814 zu Leipzig geboren, war anfangs der dreißiger Jahre Zögling der königlich-sächsischen Forstakademie, die nach militärischen Grundsätzen geleitet wurde. Seine Neigung zum Kriegerstande mag wohl dort entstanden sein. Auf eine oder die andere Weise wurde er in die Septemberunruhen zu Leipzig oder Dresden (1830) verwickelt, gerieth in Untersuchung, saß lange in Haft und wurde zu achtmonatlichem Gefängniß verurtheilt. Nach seiner Entlassung blieb ihm wohl nichts Anderes übrig, als sein Glück hier in den Freistaaten zu suchen. Im November 1833 landete er in Baltimore. In Philadelphia fand er Beschäftigung, wurde Lieutenant in der dortigen „Washington-Garde" unter Hauptmann Koseritz, und im Seminolen-Kriege (1836) schloß er sich einer freiwilligen Dragoner-Kompagnie an, in welcher er Oberlieutenant wurde. Nach Verfluß der kurz anberaumten Dienstzeit der Kompagnie wurde dieselbe aufgelöst und wir finden Moor im Jahr 1838 zu Cincinnati, wo er das Bädereigeschäft mit Erfolg mehrere Jahre lang betrieb. Der mexikanische Krieg 1846 übte natürlich eine große Anziehungskraft auf ihn aus. Hauptmann einer Kompagnie im vierten Ohio Freiwilligen Infanterie Regiment, zeichnete er sich in mehreren Schlachten und Gefechten durch Klugheit und Tapferkeit aus, so daß er bald zum Major, zum Oberstlieutenant und Obersten des Regiments stieg. Einige Jahre nach seiner Rückkehr wurde er zum Generalmajor der ersten Division der Ohio Miliz ernannt, welche Stelle er indeß nach einigen Jahren niederlegte, da die Milizorganisation viel zu wünschen übrig ließ, und eigentlich mehr aus dem Stab als aus Soldaten bestand. Beim Ausbruch des Secessionskrieges war Moor einer der Ersten die sich unter die Unionsfahne stellten. Er wurde zum Obersten des achtundzwanzigsten Ohio Freiwilligen Regiments (zweites deutsches Regiment) ernannt. Der Armee des Generals Rosecrans einverleibt, zeichnete er sich in West Virginien ruhmvoll aus, kämpfte unter Hunter im Shenondoah-Thale und galt für einen der besten und tapfersten Offiziere des Heeres. Er führte während der ganzen dreijährigen Dienstzeit eine Brigade, wurde aber bennoch erst bei seinem Abgang zum Titular-Brigadegeneral ernannt.

Sein offener, gerader Charakter, seine Widersetzlichkeit gegen alle Günstlingswirthschaft, welche leider in unserer Armee während des Bürgerkriegs in höchster Blüthe stand, sein Mangel an Schmiegsamkeit, und die Eifersucht gegen Nichteingeborene, welche in höheren militärischen Kreisen herrschte, obgleich der Präsident selbst frei von solchen Vorurtheilen war, mochten sein Avancement verhindert haben. Schon gleich nach seinen ersten Beweisen von militärischer Tüchtigkeit, hätte er zum Brigadier- und später zum Generalmajor befördert werden müssen. Von den ihm übergeordneten Generalen, wie Rosecrans, Averill, Burnside und Hunter wurde er sehr geschätzt und vielmals zur Beförderung vorgeschlagen. In „Sonst und Jetzt" von Armin Tenner, Cincinnati, O., 1878, heißt es von General Moor:

„Bescheiden, wie Alle, die sich des inneren Werthes und wirklichen Verdienstes bewußt sind, haschte er nicht nach der wetterwendischen Volksgunst und dem Beifall der Menge; sein Name nimmt in den Annalen der Union einen wohl verdienten und dauernden Rang ein. Sein ernstes militärisches Wesen, welches er auch im Privatleben nicht verleugnen kann, wird nicht selten für Stolz und Hochmuth ausgelegt, jedoch von seinen zahlreichen Freunden gewürdigt, die den edlen Kern in einer rauhen Schale zu erkennen und würdiges Benehmen von blasirtem Hochmuth zu unterscheiden wissen."

Eine andere ausgezeichnete militärische Persönlichkeit, die Ohio angehört, ist General August V. Kautz, jetzt Brigade-General in der Vereinigten Staaten Armee. Zu Pforzheim, Baden, im Jahre 1828 geboren, kam er noch jung mit seinen Eltern nach den Vereinigten Staaten. Diese ließen sich in Ripley, Brown County, Ohio, nieder, wo sie im Jahre 1846, als der Krieg mit Mexiko ausbrach, wohnten. Der junge achtzehnjährige Kautz trat als Gemeiner in das erste Freiwilligen-Regiment von Ohio. Er war in der Schlacht von Monterey und vielen anderen Gefechten und erhielt bald nach dem Kriege eine Anstellung als Lieutenant in der regelmäßigen Armee der Vereinigten Staaten. Er war Kavallerie-Kapitän beim Ausbruch des Secessionskriegs, kommandirte aber sein Regiment in den denkwürdigen Tagen vor Richmond 1862 unter McClellan. Er bewährte sich hier schon als ein ganz ausgezeichneter Reiteroffizier und wurde bald darauf Oberst des zweiten Ohio Reiterregiments, später kommandirender General der Kavallerie des dreiundzwanzigsten Armeekorps. Seine kühnen Reiterzüge erregten allgemeines Aufsehen. Er wurde zum Titular Generalmajor in der freiwilligen sowohl als in der regelmäßigen Armee ernannt. Nach Beendigung des Krieges kehrte er in die reguläre Armee zurück als Oberstlieutenant des fünfzehnten Infanterie-Regiments. Er ist der Verfasser mehrerer kleinen militärischen Schriften, welche sich besonders auf den Dienst beziehen.

Ihm reiht sich würdig an General Gottfried Weitzel, der freilich von den Eingeborenen als ein solcher reklamirt worden ist, in der That aber in Deutschland geboren wurde, und ebenfalls schon in früher Jugend hierher kam. Er ist am 1. November 1835 zu Winzlen in der Rheinpfalz geboren. Seine Eltern wohnten in Cincinnati; in seinem siebenzehnten Jahre wurde ihm eine Kadettenstelle in Westpoint ertheilt und 1855 verließ er die Anstalt, nachdem er ein ausgezeichnetes Examen bestanden hatte, denn er wurde als Unterlieutenant dem Ingenieurkorps zugetheilt, welches nur mit den besten Zöglingen geschieht. Beim Ausbruch des Krieges war er schon Hauptmann, wurde dem Stabe des Generals Butler einverleibt, als derselbe New Orleans besetzte und erhielt das Kommando einer Brigade in dem Armeekorps des Generals Banks, als dieser seine unglückliche Expedition den Red River hinauf unternahm. Der Potomac-Armee unter General Grant zugetheilt, erhielt er die Führung einer Division, zeichnete sich namentlich in den Operationen gegen Petersburg aus, dessen Einnahme den Fall von Richmond herbeiführte. Er war der Erste, der an der Spitze seines Kommando's, an der Seite des Präsidenten Lincoln in Richmond einzog. Seltsames Zusammentreffen! Der deutsche General Schimmelpfennig war der Erste, der seine Brigade nach Charleston führte, ein anderer deutscher General trug das Banner der Union zuerst in das langumkämpfte mächtigste Bollwerk der Konföderirten. Weitzel ist jetzt Major im Ingenieurkorps der Vereinigten Staaten Armee mit Brevet-Rang eines General-Majors. Für Weitzel's Geburt in Deutschland bürgt schon die Thatsache, daß er ein Mitglied des „Deutschen Pionier

Vereins" von Cincinnati ist, in den nur geborene Deutsche sich aufnehmen lassen können.

Aus unserer kurzen Schilderung der Presse in Cincinnati kann man schon schließen, wie lebhaft sich die Deutschen in die Landespolitik geworfen hatten. Doch erst mit dem Jahre 1840 machte sich das deutsche Votum besonders geltend, indem es seit 1836 außerordentlich an Stärke gewonnen hatte. Bei Weitem die meisten Deutschen waren auch hier, wie fast in allen anderen Staaten, besonders den westlichen, in die Reihen der Demokratie getreten. Es war dies kaum anders möglich. Schon ehe der Nativismus sein drohendes Haupt erhob (1836), hatte sich die nationale demokratische Partei die Anhänglichkeit der Einwanderung gesichert. Die liberalen Naturalisitionsgesetze verdankte man ihr schon unter der Regierung Jefferson's. In den zwanziger Jahren gelang es den Demokraten im Kongreß den Preis des Staatslandes herabzusetzen, ferner das öffentliche Land in kleineren Parzellen (40 Morgen) an die wirklichen Ansiedler verkaufen zu lassen. Nach langem heftigem Kampfe wurden in den dreißiger Jahren höchst liberale Vorkaufsgesetze angenommen, welche es dem Ansiedler ermöglichten, mit dem Ertrag einer mäßigen Ernte schon für sein Land zu bezahlen. Alle diese Gesetze waren nur mühsam gegen die Abgeordneten des Ostens erkämpft worden, welche zumeist der früheren föderalistischen und dann der Whig-Partei angehörten. So eiferte namentlich H e n r y C l a y , der bedeutendste Führer der Whigs, dagegen, daß Ansiedler, welche noch nicht Bürger waren, also noch nicht wenigstens fünf Jahre in den Vereinigten Staaten gelebt, sich des Vortheils des Vorkaufsrechts erfreuen dürften.

Man hat oft gesagt, die Deutschen und Einwanderer anderer Nationen hätten sich durch den bloßen Zauber des Wortes „D e m o k r a t i e" zur Partei hinreißen lassen, und durch allgemeine Redensarten über Freiheit und Gleichheit, welche die Demokraten im Munde geführt hätten. Zugegeben, daß Manche sich durch glänzende Worte bestechen ließen, soviel ist gewiß, daß die große Masse der Deutschen und Irländer die reellen Vortheile der demokratischen Parteimaßregeln wohl zu würdigen wußten. Mit ihren meist geringen Mitteln hätten sie große Landstücke gar nicht von der Regierung erwerben können, sondern wären in die Hände von Landspekulanten gefallen; fast ohne Mittel konnten sie an den Anbau von Land gehen, weil sie als Ansiedler des Vorkaufsrechts genossen. Auch den Schutzzöllen zum Besten weniger Fabrikanten im Osten, von der Whigpartei befürwortet und eingeführt, konnten die neuen Einwanderer nach dem Westen ihre Billigung nicht geben.

Die glühendsten Reden demokratischer Politiker hätten die deutsche Bevölkerung nicht dreißig Jahre lang fest bei der Demokratie halten können, wenn nicht die materiellen Interessen sie denselben Weg geführt hätten.

Die widerwärtige, den Mannesstolz auf's Tiefste kränkende Nativisten-
bewegung, welche in den Jahren 1835—1837 zuerst sich organisirt zeigte,
dann von Neuem 1842—1844 den Kampf mit Mord und Brand erneuerte,
und mit welcher Fraktion die Whigpartei hier und dort stark liebäugelte,
während die Demokraten in allen ihren öffentlichen Erklärungen wenigstens
ihr entschieden entgegentraten und die Rechte der Fremdgeborenen kräftigst
zu schützen versprachen, mußten die Deutschen, die noch schwankten, fast
nothgedrungen in die Arme der Demokratie treiben.

Wie in andern großen Städten organisirten sich denn auch die
Deutschen in Ohio zu einer festgeschlossenen Partei, und es entstand (1843)
in Cincinnati der „Deutsche demokratische Verein von
Hamilton County". Derselbe erließ ein Manifest, in welchem er
auch der eigenen Partei gegenüber seine Unabhängigkeit wahrte, indem es
betonte, daß wenn die von der demokratischen Partei aufgestellten liberalen
Grundsätze nicht ernstlich gemeint seien, die Deutschen derselben den Rücken
kehren würden. Sollte sich Aemtersucht und den Fremden gegenüber
gehässige Vorurtheile auch in der demokratischen Partei geltend machen, so
würden die deutschen Demokraten den Kampf gegen solche unwürdige
Mitglieder der Partei aufnehmen. In diesem Programm erklärt sich der
Verein für Aufrechthaltung des obersten Grundsatzes der Demokratie:
Gleiche Rechte und volle Gerechtigkeit aller Menschen ohne Unterschied des
religiösen oder politischen Glaubens, und trat dem Geiste des Nativismus
mit der äußersten Schärfe entgegen.

Das Direktorium des Vereins wurde in die Hände von dreißig Mitgliedern gelegt, und unter den Beamten finden wir die Namen Stephan
Molitor, Nikolaus Höffer und Heinrich Rödter. Dieser
Verein war in vielfacher Hinsicht thätig. Er verschaffte den Deutschen
allerwärts Anerkennung, sicherte ihnen eine volle Vertretung bei den
Partei-Konventionen und schützte den oft bedrohten Unterricht in der
deutschen Sprache in den öffentlichen Schulen.

Ganz besonders wirksam war aber der Verein in der Präsidentenwahl
von 1844, in welcher die Demokraten ihren Kandidaten Polk erwählten.
Deutsche Wahlversammlungen wurden gehalten, politische Klubs und
Gesangvereine gestiftet, und von dieser Zeit an fiel das deutsche Votum in
Ohio bei jeder Wahl schwer in die Wagschale.

Die Nachrichten von dem Sieg der Native-Partei in der Stadt New
York im April 1844 und von den mordbrennerischen Handlungen einer
nativistischen Pöbelrotte, die damals katholische Kirchen in Philadelphia
niedergebrannt hatte, wurden von den Deutschen in Cincinnati mit tiefem
Ernste aufgenommen. Das Exekutiv-Kommittee des deutschen demokratischen Vereins berief alsbald auf den 29. April in der Halle von Landfried's
„Napoleon Taverne" eine Massenversammlung der Deutschen zusammen.

14

in welcher die Lage der eingewanderten Bürger des Landes in ernster Berathung genommen wurde. In den gehaltenen Reden, welche die empörenden Handlungen der „Natives" in den östlichen Städten entschieden verdammten, spiegelte sich ein Geist der Entschlossenheit ab, der stets mit der Seite des Rechts Hand in Hand zu gehen pflegt. Die Deutschen wurden zum vereinten Handeln ermahnt und aufgefordert dem finsteren Nativismus keck entgegenzutreten. Ein Ausschuß, an dessen Spitze Georg Walker stand, berichtete Beschlüsse ein, welche empfahlen: Ein Kommittee zu ernennen, um bei den verschiedenen Kandidaten für Präsident, Vice-Präsident, Gouverneur und Staatsämter anzufragen, „ob sie die Grundsätze und Maßregeln der sogenannten „Amerikanischen Republikaner" (so nannten sich die „Natives") billigten, oder ob sie unter allen Umständen und in allen Fällen denselben durch offiziellen oder Privateinfluß opponiren würden?" Ferner, einen Ausschuß zu erwählen, der eine Adresse an die Deutschen der Union und eine andere an das eingeborene Volk der Vereinigten Staaten abfassen und diese einer Volksversammlung, die mit einem Frühlingsfest am darauffolgenden 1. Mai verbunden werden sollte, zu unterbreiten habe; ebenso solle die Zweckmäßigkeit der Abhaltung einer allgemeinen Konvention der Deutschen von Ohio auf den 4. Juli 1844, dieser Volksversammlung zur Entscheidung vorgelegt werden. Auch der Zank und Hader, welcher unter den deutschen Zeitungen damals obwaltete, wurde von der Versammlung in Erwägung gezogen. Der darauf bezügliche Beschluß lautete:

„Beschlossen, daß wir, die Deutschen Cincinnati's, schon längere Zeit mit tiefem Mißvergnügen die persönlichen Streitigkeiten der hiesigen deutschen Journale bemerkt haben, und wir erklären hiermit bestimmt, daß wir denjenigen Redakteur in Zukunft als gemeinsamen Feind der Eingewanderten betrachten, der je wieder zu solchen Reibungen Anlaß gibt; denn um gegen den allgemeinen Feind zu siegen, bedürfen wir mehr als je der Einheit."*)

Andere Beschlüsse bezogen sich auf die Betheiligung der deutschen Militärkompagnien — auch die derartigen Organisationen von Louisville und Columbus wurden eingeladen — und auf die übrigen Arrangements des Festes.

Die Einzelnheiten des Festes vom ersten Mai, welches als eine der imposantesten je in Cincinnati abgehaltenen öffentlichen Demonstrationen geschildert wird, gehören nicht in unseren Bereich. Pastor August Kröll hielt die Festrede, die als ein Meisterwerk der Beredtsamkeit geschildert wird. Das Kommittee, welchem die Ausarbeitung der bereits erwähnten

---

*) Hier mag beigefügt werden, daß der Vorsitzer der Versammlung, Molitor, Redakteur des „Volksblatt", der Sekretär, Dr. C. F. Schmidt, Herausgeber und Redakteur des „Republikaner", und Walker, Redakteur der „Volksbühne", waren.

Adressen übertragen worden war, stattete seinen Bericht ab, es wurde jedoch die Beschlußnahme, „um die Festfreude des Tages nicht durch die trübe Erinnerung an die von unseren Landsleuten im Osten erduldeten Mißhandlungen zu kümmern", an eine Massenversammlung, welche am 11. Mai abgehalten werden sollte, übertragen.

Die Adresse: „An die Deutschen der Union", macht in ihrem Eingang auf die über das Land und die Freiheiten desselben hereingebrochenen Krise, durch das Entstehen einer auf nativistischen Prinzipien resp. Nationalunterschiede und auf religiösem und politischem Fanatismus begründeten Partei aufmerksam; stellt es als die Pflicht aller wohlmeinenden Bürger des Landes hin, diesem Unwesen ernsthaft, „jedoch mit Würde", zu begegnen; ermahnt die Deutschen, nicht ihr eigenes Nationalgefühl, sondern „die Erhaltung der freien Institutionen des angenommenen Vaterlandes" als Leitstern gelten zu lassen, damit die Achtung der gutmeinenden Amerikaner und dadurch der Erfolg ihnen gesichert werde, und fordert sie dann auf, sich der demokratischen Partei anzuschließen, die bereits „vor vierzig Jahren, ohne damals zu erwartenden Vortheil, den Widerruf der Fremden-Gesetze durchgesetzt und seit jener Zeit diesen Grundsätzen treu angehangen", und „die Einwanderer und deren Rechte stets unter ihrem schirmenden Schilde in Schutz genommen habe". Es wird darauf hingewiesen, daß es unter den deutschen Landsleuten auch Mitglieder der Whigpartei gäbe, diese aber ermahnt: „mit ihrem Gewissen und ihrer Vaterlandsliebe zu berathen, ob Parteirücksichten stärker bei ihnen sein sollten, als das Wohl und die Ansprüche kommender Generationen in Amerika. Laßt sie eins bleiben mit ihrer eigenen Partei", fährt die Adresse fort, „wenn sie es können, aber uns bleibt die angenehme Hoffnung, daß diese unsere Landsleute bald erkennen werden, daß Liebe zum neuen Vaterlande stärker ist, als Liebe zum Cäsar."

Wenn wir bedenken, daß Molitor der Verfasser der anderen Adresse, „An das Volk von Ohio", war, so dürfen wir uns nicht wundern, daß neben der überzeugendsten Gründlichkeit, mit welcher die Adresse die Fragen vom natur- und völkerrechtlichen Standpunkte aus behandelt, sich auch eine eingehende Kenntniß der politischen Geschichte Amerika's darin kundgibt, außerdem aber ein Geist der Besonnenheit und Mäßigung in derselben waltet, der Molitor in allen seinen Handlungen charakterisirte. Die Adresse schließt mit den Worten:

„Wir werden ruhig und ohne Leidenschaft beobachten, welche Richtung diese Bewegung nehmen wird, und wie immer, wird auch in Zukunft das Beste unseres angenommenen Vaterlandes und die Erhaltung seiner freien und glorreichen Staatseinrichtungen unser erstes und einziges Ziel sein."

Damit aber das deutsche Element in dem gesetzgebenden Körper des Staates eine Vertretung habe, so wurde vom demokratischen Verein in seiner Versammlung am 20. Juli 1844 beschlossen, Karl Rümelin als

Kandidaten für das Repräsentantenhaus von Ohio der abzuhaltenben demokratischen Konvention vorzuschlagen. Die Konvention ging auf den Vorschlag des Vereins ein und Rümelin wurde im Herbste mit beträchtlicher Mehrheit erwählt. Auch wurde vom Verein, ähnlich der bereits früher in Pennsylvanien gestellten Forderung, das Ansuchen gemacht, die „öffentlichen Dokumente, die zum Gebrauch der Bürger in englischer Sprache gedruckt werden, ebenfalls in der deutschen Sprache im Druck zu erhalten", was von den zuständigen Autoritäten des Staates auch seitdem stets bewilligt worden ist. Ebenso wurden an die Kandidaten für die Staats- und National-Gesetzgebung die Fragen gestellt, „ob sie dafür oder dagegen seien, daß sich die Gesetzgebung in Angelegenheiten des Temperenz-Unwesens mische, und ob sie, wenn erwählt, den Endzwecken und Umtrieben der "Native-American" Partei in ihren politischen und religiösen Tendenzen sich widersetzen würden."

Wir haben bereits wiederholt den Namen von Nikolaus Höffer, als einen der bedeutendsten Führer der Deutschen Ohio's, genannt. Derselbe war im Jahre 1810 zu Rülzheim in der Rheinpfalz geboren, kam in 1832 nach Cincinnati, betrieb dort hauptsächlich Gärtnerei und war schließlich Grundeigenthums-Agent und Verwalter der ausgedehnten Ländereien des Generals Findlay. Er war thätig betheiligt an allem gemeinnützigen Streben der Deutschen, bekleidete das Amt eines Stadt-Kommissärs, und wirkte lebhaft für die Errichtung der deutschen Schulen. Er war der erste Vice-Präsident des demokratischen Vereins, wiederholt Abgeordneter in den Staats- und Lokal-Konventionen dieser Partei und übte bei Amerikanern und Deutschen einen mächtigen Einfluß aus. Der geniale und eifrige Röbter pflegte oft zu sagen, „daß Nikolaus Höffer seine rechte Hand in allen politischen Angelegenheiten sei". Er starb im Januar 1875 und widmeten ihm die gesammte Presse der Stadt ausgedehnte und ehrenvolle Nachrufe. H. A. Rattermann in seiner Lebensschilderung Höffers*) sagt über ihn:

„Unter den alten Pionieren, welche seit Anfang der dreißiger Jahre, als Vorkämpfer auf dem Felde der deutsch-amerikanischen Kulturbestrebungen in unserer Stadt thätig waren, ragte er, vermöge seiner klaren Einsicht in die Verhältnisse des sozialen und politischen Lebens, hoch empor, gleich einer mächtigen Eiche über das sie umgebende niedrige Gebüsch. Obschon er keine höhere Schulbildung genossen hatte, so galt er doch, wegen seiner Erkenntnißgabe der hiesigen politischen Verhältnisse, lange Jahre als Führer des deutschen Elementes im oberen Stadttheil und bis zu einem gewissen Grade in der ganzen Stadt. Hätte Höffer neben seinen natürlichen Anlagen auch eine schulgemäße Ausbildung erlangt, er wäre einer der bedeutendsten Führer des amerikanischen Deutschthums geworden."

Bei Gelegenheit des eben genannten Maifestes bemerkten wir, daß

---

*) „Deutscher Pionier" Jahrgang 6, Seite 419.

Pastor August Kröll die Festrede gehalten habe. Geboren zu Rohrbach, im Großherzogthum Hessen, (22. Juli 1806) war derselbe von seinen Eltern für den geistlichen Stand bestimmt, besuchte das Gymnasium in Büdingen, und studirte später auf der Universität Gießen Theologie, und wurde dann Pfarramtsgehülfe zu Eckardtshausen. Das karg besoldete Vikariat einerseits und andererseits die damals in Deutschland im Druck erschienene überschwängliche Schrift Dudens, über das amerikanische Wunderland bewogen Kröll, sich der Follenius'schen Auswanderungs-Gesellschaft im Frühjahr 1833 anzuschließen, mit welcher er im folgenden Jahre nach Amerika auswanderte. In Gemeinschaft mit dem Arzt der Reisegesellschaft, Dr. Brühl, begab sich Kröll nach Cap Girardeau County, Missouri, woselbst sie zusammen ein Grundstück pachteten und dasselbe bewirthschafteten. In 1838 indessen folgte Kröll einem Rufe als Prediger an eine deutsche evangelische Kirche nach Louisville, welche Stelle er 1841 mit dem Pastorat an der protestantischen Johannis-Kirche — der ältesten deutschen Gemeinde Cincinnati's — vertauschte. Er wirkte mit großem Erfolg an dieser Gemeinde bis zu seinem Tode (25. November 1874).

Außer dem Obliegen seiner geistlichen Pflichten war Kröll, neben Prediger Friedrich Bötticher (geboren zu Mackerock, Preußen, 1800, gestorben zu Newport, Kentucky, 1849) der Hauptbegründer der „Protestantischen Zeitblätter", einer Zeitschrift, welche den freisinnigen Protestantismus in den Vereinigten Staaten vertrat. Bötticher, ein auf der Universität Halle gebildeter Theologe, dann Dozent am Gymnasium zu Nordhausen und später Prediger in Habernegen, war bereits in 1832 nach Amerika gekommen. Er darf als der Begründer des hiesigen rationellen Christenthums, welches neben und nach ihm hauptsächlich Kröll vertrat, betrachtet werden. Kröll redigirte die „Protestantischen Zeitblätter" bis zu seinem Tode mit vielem Geschick und großem Eifer.

In der amerikanischen Künstlergeschichte nimmt der Name Hiram Powers, des Schöpfers der „Griechischen Sklavin", und „Eva an der Quelle" eine der hervorragendsten Plätze ein. Wohl Wenige aber werden es wissen, daß dieser Sohn eines Connecticut Landwirths, der Lehrling eines Uhrmachers, seine Künstlerlaufbahn einem deutschen Bildhauer verdankt, dessen Schüler er war. Friedrich Eckstein, zu Berlin um das Jahr 1787 geboren, besuchte die „Akademie der Künste" in seiner Vaterstadt und machte unter dem Begründer derselben, Johann Gottfried Schadow, seine künstlerischen Studien. In 1825 oder 1826 nach Cincinnati kommend, begründete er hier im letztgenannten Jahre, eine „Akademie der schönen Künste," welcher er bis zu seinem, leider zu frühen Tode als Direktor vorstand. Eckstein starb an der Cholera im Jahre 1832. Mit ihm ging auch die blühende Akademie zu Grabe. Eigene

Werke werden, außer Portrait-Büsten von Gouverneur Morrow und dem späteren Präsidenten Wm. H. Harrison nur wenige genannt. Diese sind jedoch von künstlerischem Werthe und befinden sich erstere in der Staatsbibliothek in Columbus, und letztere im Besitz der Nachkommen Harrison's. Sein hoher Künstlerruf hat sich indessen auf seinen bereits genannten Schüler übertragen, der wohl den ersten Rang unter den Bildhauern Amerika's einnimmt.

Um dieselbe Zeit traten auch die beiden Brüder Johann Peter und Gottfried N. Frankenstein als Maler auf, von denen besonders der Letztere einen bedeutenden Ruf erlangte. Sein großes landschaftliches Gemälde, „Die Niagara Fälle", ist in Lithographie und Stich vervielfältigt worden, während eine Büste des Vereinigten Staaten Oberrichters McLean, von ihm in Marmor ausgeführt, den Saal des Bundesgerichtes in Cincinnati ziert. H. A. Rattermann, in einem Vortrag über „Kunst und Künstler von Cincinnati", gehalten vor dem "Cincinnati Literary Club", sagt über ihn: „Seine Gemälde bekunden Individualität in ihrer Auffassung, verbunden mit einem lebhaften Kolorit, welches später nur von dem genialen Wilhelm Sonntag, der sein Schüler war, übertroffen wurde."

In 1838 war Gottfried Frankenstein der Anreger und erste Präsident der wiederbelebten „Akademie der schönen Künste" in Cincinnati, die indessen ebenfalls nur einen kurzen Bestand hatte. Ein anderer Künstler, Friedrich Franks, war in 1828 der Begründer einer Gallerie der schönen Künste in Cincinnati, und der spätere Besitzer des „Western Museums." Es ist bemerkenswerth, daß die mannigfachen Versuche der Begründung von Kunstakademien in Cincinnati immer von Deutschen ausgingen, denn auch Franks galt allgemein für einen solchen. Ueber die Leistungsfähigkeit dieser Kunstschulen kann man nur das sagen, daß aus denselben mehrere der bedeutendsten amerikanischen Künstler hervorgegangen sind, wie Miner K. Kellogg, William H. Powell, die Gebrüder Beard, der amerikanische Künstler und Poet Thomas Buchanan Read und Andere. Rattermann in dem bereits erwähnten Vortrag, sagt über den künstlerischen Werth derselben:

„Die Künstler dieser ersten Periode der Kunstgeschichte Cincinnati's waren meist aus der Schule der Natur hervorgegangen, und erst in ein Studium gelangt, wo man noch der Wirklichkeit größere Gerechtigkeit wiederfahren läßt, als dem Ideal. Sie gehörten deshalb zumeist der realistischen Schule an, wenn ich mich so ausdrücken darf. Nur Eckstein der unter dem berühmten Schadow seine Studien gemacht hatte, und den die Amerikaner dafür mit dem hierzulande gang und gäben fadeu Titel „Professor" beehrten, war ein Idealist. Seinem Schüler, Powers, aber klebt trotz allem Streben nach Idealem doch der Realismus so fest an, daß dieser sich in seinen sämmtlichen Erzeugnissen niederspiegelt. Sein Haschen nach dem göttlichen Zauber läßt seine Werke, statt im höheren Lichte des warmen Gefühls zu schimmern, in fast nüchterner, eisiger

Kälte erscheinen. Seine Figuren sind rein wie Schnee und glatt wie Eis, aber auch kalt wie Eis und Schnee".

Daß die Musik von den Deutschen in Cincinnati eingeführt und besonders gepflegt wurde, wie ja überall in Amerika, ist selbstverständlich. Bereits in 1823 bestand hier ein Musikverein, die „Apollonische Gesellschaft" und in 1839 wurde ein Gesangverein begründet, dem in 1844 die „Deutsche Liedertafel" entsprang. Schon von 1816 an feierten die damals bestehenden drei deutschen Singvereine in Cincinnati alljährliche Sängerfeste, und in 1849 wurde hier das erste große Gesangfest in den Vereinigten Staaten abgehalten, bei welcher Gelegenheit der noch bestehende „Erste Deutsche Sängerbund von Nord Amerika" gegründet wurde, dessen musikalischen Feste einen Weltruf erlangt haben, und zu der herrlichen Musikhalle und dem hier unter Theodor Thomas' Direktion stehenden "Cincinnati College of Music" (Konservatorium der Musik), das Fundament gelegt haben.

Bereits in 1831 wurde zu Cincinnati von Mathias Schwab eine Orgelbauerwerkstatt begründet, aus welcher zahlreiche vorzügliche Instrumente, die in allen Theilen des Landes das Lob deutscher Tüchtigkeit verkünden, hervorgegangen sind. Die Werkstatt besteht (das älteste derartige Geschäft des Landes), unter der Führung der erfahrenen Fachmänner, Johann H. Köhnken und Gallus Grimm, beide schon in den dreißiger Jahren unter Schwab thätig, noch fort.

In derselben Zeit (1836) wurde auch der erste Versuch gemacht, Maschinerie bei der Fabrikation von Möbeln zu verwerthen. Die Erfindung der Woodworth'schen Hobelmaschine, veranlaßte Friedrich Rammelsberg, einen Hannoveraner, der in der Möbelschreinerei von Johann Geyer Werkführer war, allerhand Experimente auf diesem Gebiete zu wagen. Etliche Jahre später begann Robert Mitchell, der unter Rammelsberg's Führung seine Lehrjahre bestanden hatte, ebenfalls Versuche zu machen, ohne jedoch praktische Erfolge damit zu erzielen. Da er aber etwas Vermögen erbte, so associirte er sich mit Rammelsberg in 1846, und nun begann der Letztere seine praktischen Kenntnisse, die nicht länger, wie bei seinem früheren Prinzipal, durch allzugroße Sorgsamkeit zurückgehalten wurden und gestützt durch ein kleines Kapital, mit namhaftem Erfolg zu verwerthen. Ihm ist nicht bloß der Aufbau der Riesenanstalt, die heute noch unter dem Namen der „Mitchell und Rammelsberg Möbel-Fabrik" besteht, und über 1500 Arbeiter beschäftigt (die größte Möbelfabrik der Welt), sondern auch der Aufschwung des Möbelgeschäfts in Cincinnati und im Westen zu verdanken. Rammelsberg starb in 1863.

Wie Belmont's Name, den wir unter New York erwähnten, sein Geburtsland nicht verräth, so treffen wir in Cincinnati auf einen Mann, dessen Name, vielmehr der Name unter dem derselbe bekannt war, ihn geradezu als einen Amerikaner oder Engländer ankündigte. Selbst nur wenigen seiner näheren Nachbarn war es bekannt, daß Samuel N. Pike, der Erbauer der prächtigen Opernhäuser zu Cincinnati und New York ein Deutscher war. Ein Sohn jüdischer Eltern, Namens Hecht, wurde er im Jahre 1822 in Schwetzingen bei Heidelberg geboren und kam mit den Eltern, die sich zuerst in New York und später in Stamford, Connecticut, niederließen, im Jahre 1827 nach Amerika. In Stamford erhielt der junge Pike, wie sein Vater bereits den Namen umgewandelt hatte (Hecht heißt englisch Pike), eine gute Schulerziehung, wanderte dann 1839 nach St. Joseph, Florida, woselbst er einen Laden eröffnete, den er etwa ein Jahr lang fortführte, ging darauf nach Richmond, Virginien, wo er ein Importationsgeschäft von Weinen betrieb, zog von dort nach Baltimore, später nach St. Louis und schließlich nach Cincinnati (1844), an welchen drei Plätzen er es jedesmal versuchte ein Ellenwaarengeschäft aufzubauen. In Cincinnati heirathete er die jüngste Tochter des Richters Miller, und begann dann ein Liquör-Etablissement, in welchem Geschäfte er sich bald ein riesiges Vermögen erwarb.

Als die „schwedische Nachtigall", Jenny Lind, Amerika bereiste, gehörte Pike zu den eifrigsten Besuchern ihrer Konzerte und Bewunderern „ihrer göttlichen Stimme", wie er selber sich auszudrücken pflegte, und beschloß, wenn er je hinreichendes Vermögen erwerben würde, der Muse des Gesangs einen Tempel zu erbauen, der Cincinnati zur Ehre gereichen sollte. Als im Jahre 1856 der Unterbau zu dem späteren prachtvollen Palast begonnen wurde, ahnten nur Wenige was der Zweck des mächtigen Bauwerkes sein sollte. Durch die Geschäftskrise im Herbste dieses Jahres unterbrochen, wurde der Bau erst im darauffolgenden Spätjahr fortgesetzt und im Winter 1858—'59 vollendet. Am 22. Februar 1859 wurde das Opernhaus, damals das größte und schönste in Amerika und eins der größten der Welt, mit entsprechenden Feierlichkeiten eröffnet. Es war eine Epoche in der musikalischen und dramatischen Geschichte der Stadt; und als sich Pike's Vermögen rasch mehrte, begann er 1866 ebenfalls in der Stadt New York einen großartigen dramatischen Palast zu erbauen, das dortige "Grand Opera House", welches er indessen später an James Fisk, jr., für achthundert und fünfzig tausend Dollars verkaufte. Kaum hatte er jedoch mit dem Bau des New Yorker Hauses begonnen, als der prachtvolle Musentempel in Cincinnati im Frühjahr 1866 ein Raub der Flammen wurde. Das Gebäude wurde später von ihm wieder aufgebaut und ist noch jetzt eine der Hauptzierden der Stadt. Eine Riesen-Landspekulation in der Nähe von Hoboken, New York, trug ihm großen Gewinn ein, so daß bei seinem in 1875 erfolgten Tode sein Vermögen auf mehrere Millionen geschätzt wurde.

Pike war nicht ungebildet, ein großer Liebhaber der Musik, spielte

selber etliche Instrumente, war auch in der Literatur wohl bewandert und
schrieb mehrere englische Gedichte, die unter anonymen Namen im Druck
erschienen sind, aber mehr Gemüthstiefe als Technik verrathen. Sein
geringer Verkehr mit den Deutschen und auch wohl seine mangelhafte Befähigung in dieser Sprache zu konversiren, trugen vielleicht dazu bei, daß
er fast von Allen für ein Amerikaner gehalten wurde. „Einer kleinen Gesellschaft gegenüber", so berichtet uns Jemand, der Pike näher kannte,
„trat er jedoch eines Tages mit seiner deutschen Geburt hervor, und mit
dieser verkehrte er seitdem häufig in seiner Muttersprache". In der Politik
zählte er sich, wie Belmont, zur demokratischen Partei, war jedoch nicht zu
bewegen in 1867 die Nomination für das Amt des Mayors (Bürgermeister)
von Cincinnati anzunehmen.

In 1841 finden wir in Cincinnati eine deutsche Gesellschaft für geistige
Unterhaltung, die „Harmonia", und etliche Jahre später den Verein der
„Freunde der gesellschaftlichen Reform". Ein deutsches Theater wurde
bereits in 1845 ins Leben gerufen.

Die starke Betheiligung der Deutschen an der Politik des Landes ver-
hinderte indessen keineswegs ihre Theilnahme an den Ereignissen des alten
Vaterlandes. Mancher nationale Erinnerungstag wurde festlich begangen,
so der Geburtstag von J e a n P a u l, von G ö t h e. Ebenso wie an
andern Orten bildete sich in Cincinnati ein Verein zur Unterstützung der
Freiheitsbewegungen in Deutschland, welche den bedrängten Patrioten
W i r t h, S e i b e n s t i c k e r, J o r d a n und den Kindern des Märtyrers
W e i d i g namhafte Summen übersandten. Zur selben Zeit sah man
eine Massenvereinigung aller Deutschen ohne Ansehen der Religion und
Politik für die Nothleidenden Deutschlands achttausend Dollars zusammen-
steuern.*) Im Jahre 1848 wurde die erste Turngemeinde in Cincinnati
gegründet. Die revolutionären Bewegungen Europas und besonders
Deutschlands von 1848 fanden, wie man leicht denken kann, die lebhafteste
Sympathie einer Bevölkerung, wie die von Cincinnati war. Aus allen
Kräften suchte man die Freunde der Freiheit zu ermuthigen und zu unter-
stützen. Die Ankunft H e c k e r s und seiner Freunde im Herbst 1848, gab
Gelegenheit zu einer großartigen Ovation, an welcher sich die amerikanische
Bevölkerung lebhaft betheiligte. J. B. S t a l l o empfing mit einer Rede,
welche der Form und dem Inhalt nach meisterhaft war, die Ankömmlinge.
Vereine bildeten sich zur finanziellen Unterstützung der revolutionären
Bewegungen, und namhafte Summen wurden zusammengebracht, die aber
nach dem baldigen Umschlag der Dinge in Deutschland, meist zur Unter-
stützung der politischen Flüchtlinge verwendet wurden.

Es versteht sich von selbst, daß bei dem wachsenden Einfluß der

---

*) Klauprechts „Deutsche Chronik", S. 179.

Deutschen ihre Berechtigung zu öffentlichen Aemtern anerkannt wurde. Sowohl in der Gesetzgebung, als in den verschiedenen städtischen Verwaltungen finden wir in den vierziger Jahren Deutsche, und ihre Anzahl wäre noch größer gewesen, hätte nicht die Sprache hindernd im Wege gestanden, und wäre die Lust der eingewanderten Deutschen, welche meist erst um ihre Existenz zu ringen hatten, sich um ein Amt zu bewerben, nicht eine sehr geringe gewesen. Es bedurfte eines längeren Aufenthalts in Amerika, diese meist geringe Früchte bringende Begierde auch bei ihnen zu erwecken.

Wir haben schon mehrmals Gelegenheit gehabt, den Namen von Stallo zu erwähnen. Auf keinen Mann kann Cincinnati, der Staat Ohio, das gesammte Deutschthum der Vereinigten Staaten, stolzer sein, als auf Johann Bernhard Stallo. Sein Leben zeichnet sich nicht durch seltsame Schicksale aus, er hat keine Kerkerluft geathmet, ist nicht durch kühne Flucht den verfolgenden Gewalten entgangen, wie die Follens, Lieber und so viele andere Deutschen vor und nach ihm. Die neue Heimath hat ihn freundlich aufgenommen, und die schweren Kämpfe ums Dasein, welche so viele und oft die besten der neuen Ankömmlinge zu bestehen haben, blieben ihm erspart. Im glücklichsten Familienkreise hat er den größten Theil seines Lebens hier verbracht, wenig von den Stürmen geschüttelt, deren Männer von so hervorragender Bedeutung so oft ausgesetzt sind. Es bedarf nicht vieler Zeilen, den äußern Lebensgang Stallos zu schildern. Einst befragt, wie er sich schon in so früher Jugend, denn er wanderte in seinem siebenzehnten Jahre ein und trat hier sogleich als Lehrer auf, so gründliche Kenntnisse der alten Sprachen und ganz besonders der Mathematik, habe erwerben können, war seine Antwort:

„Es giebt in meinem Leben keine Räthsel, oder wenigstens keine, zu denen es nicht sehr einfache Schlüssel giebt. Alle meine Vorfahren, sowohl väterlicher als mütterlicher Seits, soweit ich meinen Stammbaum verfolgen kann, waren Landschullehrer. Mein Großvater, dessen Namen ich trage, war mein erster Lehrer. Er war ein ehrenwerther alter Friese (Stallo ist nicht etwa ein italienischer, sondern ein ächt friesischer Name, Förster bedeutend), der bis an das Ende seiner Tage einen Dreimaster, Kniehosen und Spangenschuhe trug. Er behielt sich meine Erziehung trotz seiner mehr als siebenzig Jahre vor und freute sich nicht wenig, als ich schon vor Ende meines vierten Jahres lesen und allerlei arithmetische Kunststücke ausführen konnte."

Stallo's eigener Vater hegte eine große Vorliebe für Mathematik und unterwies ihn darin, sowie er auch Sorge trug, daß der Sohn nicht nur die alten Sprachen tüchtig erlernte, sondern sich, hinter dem Rücken des Großvaters, welcher „Franzenthum" haßte, die französische Sprache zu eigen machte. In seinem 15. Jahre (Stallo war am 16. März 1823 zu Sierhausen, bei Damme, Großherzogthum Oldenburg, geboren) wurde er nach Vechta auf das dortige Schullehrer-Seminar geschickt, welches er frei

besuchen konnte; hatte aber zu gleicher Zeit den Vortheil, den Unterricht
von Professoren des dortigen vortrefflichen Gymnasiums sich zu Nutze
machen zu können. In kurzer Zeit schon waren seine Kenntnisse der
Sprachen und der Mathematik so erweitert, daß er zur Universität reif
war, aber zur Beziehung einer solchen fehlten dem Vater die Mittel. „Es
blieb mir", wie er selbst sagt, „nur die Wahl, entweder die Kette der
Schulmeister in meiner Familie um ein Glied zu verlängern oder nach
Amerika zu gehen. Der Gedanke, auszuwandern, lag bei mir sehr nahe,
da zu Anfang der dreißiger Jahre der Bruder meines Vaters, Franz
Joseph Stallo, den Reigen der Auswanderer aus dem Oldenburger
Lande eröffnet hatte".

Dieser Onkel war übrigens auch einer der Jugenderzieher unseres
Stallo gewesen, der ihn namentlich in der Physik unterrichtete. Er war
ein höchst exzentrischer Mann, der, obgleich er als Buchdrucker und Buchbinder in Damme, ein nährendes Geschäft betrieb, einer ihm angeborenen
Neigung zur Physik und Mechanik nicht widerstehen konnte. Er machte
manche nützliche Erfindungen. Man schreibt ihm die Erfindung des Moor-
brennens zu und die Einführung des Buchweizenbaus in seiner Gegend,
sowie das Bewässern von Haidestrecken und Besäen derselben mit Fichten-
saamen, „wodurch öde Ländereien, auf denen nicht einmal Haidekraut
wachsen wollte, zu Tannenwäldern umgestaltet wurden".*) Aber wie es so
oft geht bei solchen Autodidakten, verlor er sich häufiger noch in's Phan-
tastische und Unerreichbare. Sein Geschäft wurde vernachlässigt, er kam
wegen seiner freisinnigen politischen und religiösen Ansichten, namentlich
aber wegen seiner Thätigkeit, die Unterdrückten zur Steuerverweigerung
und zur Auswanderung aufzureizen, sowie auch wegen der Verbreitung
aufrührischer Schriften selbstverständlich mit der Landesregierung in Konflikt. Der Unruhstifter wurde eingezogen, mehrere Monate in Verhaft
gehalten, seine Druckerei konfiszirt, und so blieb ihm selbst wohl nur die
Auswanderung übrig.

Im Jahre 1831 in Cincinnati angelangt, arbeitete er zuerst auf seinem
Geschäfte. Von hier aus betrieb er erst recht durch zahlreiche Briefe nach
seiner alten Heimath seine Agitation, und wirklich erfolgte auch 1832
gerade aus Damme, Vechta, Hunteburg, Osnabrück und Umgegend eine
starke Auswanderung nach dem Westen der Vereinigten Staaten. Nun
dachte Franz Stallo an eine deutsche Ansiedlung. Ein Verein wurde gebildet, Land in Auglaize County ausgesucht und das zu erbauende Städtchen sollte (gegen den Willen von Stallo) Stallotown heißen. Wie
Rom zuerst nur ein mit einem Graben umgrenzter Raum war, so bestand

---

*) „Deutscher Pionier", Jahrgang 7, Seite 5.

Stallotown zunächst nur aus einer an einem mächtigen Eichbaum angenagelten bretternen Tafel, auf der „Stallotown" zu lesen war.

Stallo machte sich als Feldmesser der neuen Ansiedlung nützlich, überhaupt wuchs die kleine Kolonie trotz der eigentlich ungünstigen Lage, die erst später durch Austrocknungen verbessert wurde, im Sommer 1833 bereits zu hundert Seelen an. Die Cholera aber, die in diesem Jahre in Cincinnati so verheerend aufgetreten war, erreichte auch Stallotown und forderte dort verhältnißmäßig mehr Opfer als in den großen Städten, und unter diesen auch Franz Joseph Stallo. Das Städtchen, welches gegenwärtig an 2,000 Einwohner zählt, hat den Namen des Gründers nicht aufbewahrt und denselben später mit dem Namen M i n st e r vertauscht.

Unser Johann Bernhard Stallo wanderte im Jahre 1839 nach Amerika aus. Von seinem Vater und Großvater mit Empfehlungsbriefen an mehrere Geistliche und Lehrer in Cincinnati versehen, fand er alsbald eine Anstellung an einer Privatschule. In dieser Stellung verfaßte er sein erstes literarisches Produkt, ein deutsches A. B. C.-Buchstabir- und Lesebuch, welches ohne den Namen des Verfassers erschien, aber schon durch diese Erstlingsschrift bewies er, daß er einen tiefen Einblick in die Begriffsfähigkeit der Kinderwelt besaß. An einem solchen Buch für die unteren Klassen war ein absoluter Mangel gewesen, und so wurde denn dasselbe bald populär, und ist in vielen Stereotypauflagen erschienen. An dem eben zu Cincinnati neugegründeten katholischen „St. Xavier's Kollegium" suchte man Lehrkräfte, und die Direktoren waren gerade durch diese Arbeit des jungen Stallo auf ihn aufmerksam geworden, und da sie dann bald dessen vorzügliche Kenntnisse, namentlich in der Mathematik, wahrnahmen, so wurde ihm eine Anstellung als Lehrer der deutschen Sprache am genannten Kollegium (Gymnasium) ertheilt. Dieses war sein nomineller Titel, in der That aber wurde ihm sogleich eine Klasse angewiesen, welche er in den alten Sprachen und der Mathematik zu unterrichten hatte, und mit welcher er die nächsten drei Jahre hindurch die Stufen des Kursus hinaufrückte. Mit einem Kollegen, der sich mit großem Eifer physikalischen und chemischen Studien gewidmet hatte, unterstützt von einer reichhaltigen Bibliothek der Anstalt, verwendete Stallo fast jede freie Stunde ebenfalls auf Studien in dieser Wissenschaft. Mit all' der ihm innewohnenden Lernbegierde und mit einer gewissen Leidenschaftlichkeit betrieb er drei Jahre lang, von 1841—1843, Physik und Chemie, deren Pflege ihm zur höchsten Befriedigung gereichte. Im Herbst 1843 erhielt er einen Ruf auf das "St. John's College" in der Stadt New York, als Lehrer der höheren Mathematik, Physik und Chemie, welche Stelle er bis Ende des Jahres 1817 ausfüllte. Das Studium der höheren Mathematik führte ihn auf die deutsche Philosophie, und schon im Jahre 1848 erschien als Frucht seiner Studien ein philosophisches Werk: "General Principles of the Philosophy of Nature", Boston, Crosby und Nichols.

Wenn auch der später von Stallo gewählte Beruf ihn von seinen Forschungen auf dem Gebiete der philosophischen Disziplin etwas entfernen mochte, der Philosophie ist er stets treu geblieben. Zahlreiche philosophische Aufsätze sind in den bedeutendsten amerikanischen wissenschaftlichen Zeitschriften, namentlich in dem "Scientific Monthly", mitgetheilt. Eine philosophische Bibliothek, wie sie wohl außer ihm kein Privatmann in Amerika besitzen mag, bezeugt das weite Feld seiner Forschungen. Nach Cincinnati zurückgekehrt, beschloß er sich dem Rechtsstudium zu widmen. Einem so reifen Geist war es leicht, sich sehr bald mit den Grundsätzen des Rechts in der weitesten Bedeutung, Staatsrecht und Nationalökonomie einschließend, vertraut zu machen. Zur Rechtspraxis im Jahre 1849 zugelassen, zeichnete er sich in seinem neuen Berufe so aus, daß er schon im Jahre 1853 vom Gouverneur von Ohio zum Richter des Civilgerichts von Hamilton County (Court of Common Pleas) ernannt wurde, um eine Balanz auszufüllen. Das Volk erwählte ihn in demselben Jahre zu dem regelmäßigen Termin jener Stelle. So ehrenvoll und hochangesehen das richterliche Amt in den Vereinigten Staaten ist, so ist oder war es doch in den meisten Staaten nicht lohnend genug für Männer, denen eine reiche Praxis in Aussicht stand. Stallo, der sich inzwischen glücklich verheirathet hatte, legte deshalb schon im Jahre 1855 die Richterstelle nieder, welche er zur hohen Zufriedenheit des Advokatenstandes und des Publikums ausgefüllt hatte und ergriff abermals die Rechtspraxis, in welcher er seit dieser Zeit mit dem größten Erfolg gewirkt hat.

Wenn „die Nachwelt dem Mimen keine Kränze flicht", so kann man dies ebenso gut von denen sagen, welche auf dem Felde advokatischer Thätigkeit sich unter den Zeitgenossen hohen Ruhm erworben haben. Die Entscheidungen der Richter hoher Gerichtshöfe leben allenfalls in den hierzulande regelmäßig und mit einem gewissen Luxus veröffentlichten Sammlungen von Entscheidungsgründen (Reports) fort, die Worte aber des beredtesten Advokaten, so sehr sie auch im Augenblicke wichtige Erfolge bestimmen, verwehen wie die herbstlichen Blätter. Es war indeß Stallo vorbehalten, sich in einem Falle der nicht nur die allgemeine Aufmerksamkeit in seinem, sondern in vielen andern Staaten erregte, durch eine Rede an den höheren Gerichtshof in Cincinnati einen glänzenden Ruf zu erwerben.

Die Schulkommission von Cincinnati hatte nämlich durch Beschluß das Vorlesen von religiösen Schriften, einschließlich der Bibel, sowie die Regulation, bei Eröffnung der Schulstunden jeden Tages ein Kapitel der Bibel verlesen und angemessene religiöse Gesänge singen zu lassen, als dem Zweck der Freischule, die Kinder aller Eltern, welcher religiösen Meinung sie auch

angehören mochten, zuwiderlaufend, verboten. Diese Handlungsweise des
Schulraths hatte nun allerwärts unter den verschiedenen protestantischen
Sekten eine große Entrüstung hervorgerufen, die religiösen Blätter sahen
schon Zion in Gefahr und den Atheismus und Katholizismus im Begriff,
Besitz von unserem christlichen Lande zu nehmen. Eine gerichtliche Proze-
dur wurde gegen die Schulbehörde eingeleitet, um die Ausführung des
Beschlusses zu sistiren. Stallo, berufen, diese Maßregel der Behörde zu
vertheidigen, that dies mit einer hinreißenden Beredtsamkeit. Gestützt auf
den Geist und den Wortlaut der Verfassung von Ohio, auf hohe richterliche Entscheidungen, besonders auch auf Gründe der Moral und der Gerechtigkeit gegen Alle, mußte diese mehre Stunden in Anspruch nehmende
Rede alle Unbefangenen überzeugen, nur die Mehrzahl der Richter nicht,
welche selbst wohl Mitglieder von Sektenkirchen und umringt von der
ganzen Kirchlichkeit Cincinnati's, mit dem besten Willen vielleicht nicht
unparteiisch sein konnten.

In dieser Rede bekämpfte Stallo den von manchen Lehrern der Jurisprudenz oft früher wohl ohne Rücksicht auf die Folgerungen gemachten
Anspruch, daß unser Staat ein „christlicher" sei. Er bekämpfte die Ansicht,
als ob unsere ganze heutige Civilisation einzig und allein auf dem Christenthum beruhe. Er verlangt scharfe Scheidung der Kirche von dem
Staat, als allein mit unserer Verfassung und dem Geist der Zeit im Einklang. Er erinnert den Gerichtshof daran, daß die Kirchenväter auf die
berühmten alten heidnischen Philosophen weiter gebaut hätten, daß das
Zeitalter der Reformation auch das Zeitalter des Humanismus und des
Auflebens der Künste und der Wissenschaften des Alterthums gewesen, daß
unsere Unabhängigkeits-Erklärung und unsere Konstitution in der skeptisch
philosophischen Zeit entstanden, welche der französischen Revolution vor-
ausging, daß Thomas Jefferson, welcher den Orthodoxen als
ein Gottesläugner gelte, die erstere entworfen, der alte „fromme Heide"
Franklin mit andern Gleichgesinnten die letztere habe machen helfen,
und daß die Väter unserer Republik „die Rechte des Menschen" des
ungläubigen Thomas Paine, als Evangelium gepriesen.

„Ich bestreite nicht nur," rief Stallo aus, „daß das Christenthum das Gesetz des
Staates ist und daß unsere freiheitlichen Institutionen auf christlicher Civilisation
beruhen; ich bestreite auch, daß unsere heutige Civilisation in irgend einem passen-
den Sinne eine christliche genannt werden kann. Mit Civilisation bezeichnen wir die
gesammten Kräfte und Wirkungen der physischen, geistigen und moralischen Kultur
eines Volkes. Aber die großartigen Errungenschaften, die, welche unsere Kultur
bilden, sowie die ihnen entsprechenden Vortheile, sind nicht durch, sondern trotz des
Christenthums, gewonnen worden. Es ist nicht das Christenthum, das uns einen
intellektuellen Horizont eröffnet hat, welcher der Unendlichkeit des Raumes entspricht;
es ist nicht das Christenthum, welches uns die Gesetze offenbart hat, nach welchen sich
die Sterne und ihre Satelliten formen und entwickeln in der Weite des Aethers und

dann gehorsam sich drehen in jährlichem Laufe unter der unsichtbaren Führung unveränderlicher Anziehung; es ist nicht das Christenthum, welches die Geheimnisse unseres Planetensystems entschleiert oder uns mit der Kraft gewaffnet hat, die Elemente dem menschlichen Willen zu unterwerfen. Kopernikus widmete sein unsterbliches Werk dem Papste, aber der Papst versiegelte es den Augen der Gläubigen, und seine Inquisitoren schlossen durch Gefängnißmauern Gallilei vom Betrachten des Himmels ab, weil er es gewagt, ihn durch den Teleskop zu betrachten und die Wahrheit der Sonnenkonzentrität zu erkennen. Aber nicht der Papst allein oder die katholische Kirche suchten das Morgenlicht der neuen Aera auszulöschen, oder der erwachenden Menschheit den Gesichtskreis zu verschließen, nein, Luther und Melanchton verdammten das System des Kopernikus so heftig wie die römischen Inquisitoren. Wann hat im Schooße der Zeiten, nach den ersten Jahrhunderten des apostolischen Zeitalters, das Christenthum eine der neuen Wahrheiten, die geboren wurden, um die Welt um einen Theil ihrer Bürde oder ihres Wehe's zu erleichtern, über die Taufe gehoben? Wo nur immer jetzt, oder vor Jahren, sich ein andeutender Schimmer eines ungewöhnlichen Lichtes am Himmel gezeigt hat, war es der sicherste Weg, diesen Schein zu entdecken, wenn man nach der Richtung spähte, nach welcher hin der Papst und seine Kirche ihr letztes Anathema, oder das protestantische Kirchenthum seine letzten Flüche geschleudert hat. In diesem Augenblick hallt ganz Europa wieder von dem Schall der kirchlichen Artillerie, welche auf die abgefeuert wird, die den Versuch machen, die Entwickelung organischer Wesen denselben unwandelbaren organischen Gesetzen zuzuschreiben, welche über die Erzeugung aller Erscheinungen des Universums gewaltet haben."

„Hier unterbrach einer der Richter, Storer, den Redner mit den Worten:

„Spielen Sie auf den Mann an, der der Meinung ist, daß unsere Vorfahren in die Thierwelt zurücklaufen?"

Worauf Stallo erwiederte:

„Ich spiele allerdings auf Charles Darwin an, der, und zwar wie ich glaube, nicht überzeugend genug, die Lehre aufgestellt hat, daß auch der Mensch nicht durch ein Wunder auf die höchste Sprosse der Leiter organischen Fortschritts gestellt worden ist, sondern auf eine oder die andere Weise diese Leiter, Schritt vor Schritt, zu erklimmen hatte".

Es ist unmöglich, die schlagende Logik, den Reichthum philosophischer Wahrheiten und geschichtlicher Illustrationen dieser Rede durch Auszüge anschaulich zu machen. Dem schönen Inhalt entspricht die außerordentlich schöne Form. Stallo und die ganze liberaldenkende Bevölkerung des Landes hatte die Genugthuung, daß der oberste Gerichtshof von Ohio, an den er von dem Gericht in Cincinnati appellirte, den Spruch des letztern umstieß.

Siebenzehn Jahre lang war Stallo Examinator der Lehramts-Kandidaten für die öffentlichen Schulen, und später einer der Kuratoren der Universität von Cincinnati, wie er denn überhaupt für die Volkserziehung sich auf das lebhafteste interessirte.

Daß ein Mann wie Stallo der Politik nicht fremd bleiben konnte, ist selbstverständlich. Wir meinen der Politik im höheren Sinne. Was man hier gewöhnlich so nennt, hatte keinen Reiz für ihn. Bei ihm handelte es sich stets um Grundsätze. Personen waren ihm nur dann wichtig, wenn sie seine Ansichten vertraten, oder ihnen opponirten. Das Parteigetriebe, die Maschinerie der Organisation einer Partei, in welcher so viele öffentliche Charaktere hier ihren besondern Beruf suchen, das Gewebe von Intriguen, die künstliche Zusammenstellung von Primär- und andern Wahlversammlungen waren Gegenstände seines entschiedenen Widerwillens. Nur einmal ließ er sich zu einem politischen Ehrenamte ernennen, nämlich zum Präsidentenwahlmann für den republikanischen Kandidaten Fremont im Jahre 1856. Nie bewarb er sich um irgend eine politische Stelle. Ehrgeiz ist ihm gänzlich fremd. Wie die Tangente den Kreis nur an einer Stelle berührt, so trat Stallo an die Politik heran von Außen gleichsam, nur bei großen Lebensfragen, dann aber wirkte er durch Wort und Schrift unermüdlich. Der liberalen Reformbewegung im Jahre 1872 schloß er sich mit Enthusiasmus an, trat aber zurück, als die liberale Konvention Greeley ernannte, in welchem er namentlich in der Freihandelsfrage den Repräsentanten seiner Grundsätze nicht erkennen konnte. Die Erwählung Tildens hingegen 1876 befürwortete er auf die glänzendste und wirksamste Weise. Kurz vor der Wahl schrieb er eine Reihe von Briefen an die „Staatszeitung" von New York, die einen wahren Schatz gesunder staatsmännischer Ansichten enthalten, durch ihren Inhalt sowohl als der wundervoll schönen Form die größte Aufmerksamkeit erregten und vielfältig in den Journalen abgedruckt wurden.

Man hat öfter den Vorwurf gehört, Stallo sei in der Politik zu sehr Idealist, trage den Umständen nicht hinreichend Rechnung, tauge deshalb nicht zu einem politischen Führer. Nach der Rolle eines solchen Führers hat Stallo nie gestrebt, er ist kein Leiter, sondern eher ein Lehrer der Parteien. Der realistischen Politiker, denen es um jeden Preis nur um die Macht und die aus dieser entspringenden Beute zu thun ist, giebt es hier genug und zu viele. Männer, welche die Grundsätze den Personen opfern, oder manche Grundsätze nur bekennen, um Personen zu unterstützen, sogenannte praktische Staatsmänner braucht man hier nicht mit der Laterne zu suchen. Um so erfreulicher ist es, von Zeit zu Zeit Charakteren zu begegnen, welche nicht an die Vorurtheile, Leidenschaften und die Selbstsucht der Menge appelliren, sondern an deren Verstand und Gewissen, die darauf bringen, daß es für die Staaten keine andere Moral giebt, als für den einzelnen Bürger, welche uns beständig die großen Grundwahrheiten, auf welchen freie Staaten beruhen müssen, ins Gedächtniß rufen, welche sich und Anderen hohe Ziele stecken, deren Erreichung wenigstens anzustreben ist, damit nicht das öffentliche Leben im Sumpfe der Gemeinheit ersticke.

Ist Stallo in beiden Sprachen ein Meister der Rede in den Gerichtssälen, auf der Tribüne, dem Lehrstuhl, so ist er es auch in der geselligen

Unterhaltung, eine seltene Eigenschaft gerade unter den Deutschen. Und dieser Mann der exakten Wissenschaften und der Staatskunst, ist zu gleicher Zeit mit dem feinsten Sinn für die Künste, namentlich für die Musik begabt worden, welche in seinem Hause stets die treueste Pflege gefunden hat. Ein sehr gewinnendes Aeußere verräth auf den ersten Anblick die reiche innere geistige Begabung dieses seltenen Mannes.

Keinem zu Liebe, keinem zu Leide, aber kein Deutscher, auf den in unserem Lande das Licht der Oeffentlichkeit gefallen ist, verbindet so wie Stallo ein umfassendes Wissen mit ungemeiner Schärfe des Verstandes, tiefes Denken mit feinem Sinn für die Kunst, rastlosen Fleiß mit liebenswürdiger Gemüthlichkeit, richtiges Verständniß der Zeitfragen mit der Gabe, dieses Verständniß durch Schrift und Rede zum klarsten und schönsten Ausdruck zu bringen. Und was das Erfreulichste in dieses Mannes Erscheinung ist und seinem Wirken erst die rechte Weihe verleiht, nie hat Jemand an der Reinheit seiner Motive gezweifelt, nie Jemand geglaubt, daß sein reges Interesse an der Politik des Landes selbstsüchtige Zwecke oder Befriedigung seines persönlichen Ehrgeizes zum Hintergrund habe.

Elftes Kapitel.

Ohio. — (Schluß.) — Indiana.

Columbus. — Christian Heyl. — Deutsche Presse. — Jakob Reinhard. — Friedrich Fieser. — „Germania College." — Wilhelm Schmidt. — Deutsche Kirchen. — Dayton. — Canton. — Peter Kaufmann. — Seraphim Meyer. — Cleveland. — Die Familien Umbstädter und Wangelin. — Wilhelm Steinmeyer. — Eduard Hessenmüller. — Deutsche Zeitungen. — Prediger Allardt. — Deutsches Gesellschaftsleben. — Richter Wilhelm Lang. — Johann Weiler. — Johann Sahler. — Karl Bösel. — Die Deutschen in der Ohioer Politik. — Richter Georg Rex. — Gustav R. Tafel. — Joseph E. Egly. — Indiana. — Mangel eines deutschen Mittelpunktes. — Deutsche Zeitungen. — Albert Lange. — Johann B. Lutz, (Mansfield). — Wilhelm Heilmann. — Bischof J. H. Luers.

Die im Mittelpunkt des Staates so außerordentlich günstig gelegene politische Hauptstadt von Ohio, Columbus, verdankt ihr Emporblühen in nicht geringem Grade der deutschen Bevölkerung, welche sich seit dem Anfang der zwanziger Jahre nach und nach daselbst niederließ. Einer der erſten Bahnbrecher war dort ein Deutſcher, Chriſtian Heyl, welcher ſich ſehr bald des Zutrauens aller ſeiner Mitbürger in hohem Grade erfreute. Er war vierzehn Jahre lang Mitglied des Stadtraths, acht Jahre Schaßmeiſter der Stadt, ſieben Jahre lang Schaßmeiſter des Countys und vierzehn Jahre beiſißender Richter der "Common Pleas Court" von Franklin County.

Wir haben ſchon erwähnt, daß Heinrich Röbter bereits im Anfang der dreißiger Jahre dort eine demokratiſche Zeitung redigirte. Der jeßt noch beſtehende „Weſtbote" wurde im Jahre 1842 von Jakob Reinhard und F. Fieſer gegründet und gehört zu den geleſenſten deutſchen Blättern des Weſtens.

Jakob Reinhard, geboren zu Niedernberg am Main, in Unterfranken (1815), kam im Jahre 1833 mit ſeinen Eltern, die ſich in Ohio anſiedelten und Landwirthſchaft betrieben, nach Amerika. Auf einem Gymnaſium in Deutſchland erzogen, trat Reinhard in Columbus in das Advokatenbureau des damaligen Kongreßabgeordneten Moore ein, um ſich auf eine juriſtiſche Laufbahn vorzubereiten, erhielt jedoch bald darauf eine Anſtellung als Geometer und Aufſeher bei dem Bau der National-Straße, und begann im Jahre 1843, im Verein mit Fieſer, die Herausgabe des „Weſtboten", indem ſie das Material der Druckerei des „Ohio Adler", welcher damals im Sterben begriffen war, ankauften. Ihr Geſchäft, welches ſie mit der größten Umſicht leiteten, blühte empor und ſo wurden ſie bald wohlhabend. In 1868 eröffneten ſie, im Verein mit Joseph Faltenbach und dem bekannten Kongreßabgeordneten S. S. Cox (als ungenannten Theilhaber), in Columbus, neben der Zeitungsherausgabe, ein Bankgeſchäft unter der Firma Reinhard und Co. Reinhard betheiligte ſich als Mitglied der demokratiſchen Partei ſtets aktiv an der Politik ſeines Staates, bekleidete, von 1852 an, ſeit mehr als fünfundzwanzig Jahren, die Stelle eines Mitglieds des Stadtrathes von Columbus, war zweimal, in 1857 und 1859, demokratiſcher Kandidat für das Staatsſchaßmeiſteramt von Ohio, und ſteht ſeit Jahren dem Schaßmeiſterpoſten des demokratiſchen Staats-Central-Kommittees von Ohio vor.

Sein Kompagnon, Friedrich Fieſer, wurde im Jahre 1817 in Wolfenbüttel geboren, beſuchte die Gymnaſien zu Wolfenbüttel und Braunſchweig, und wanderte im Jahre 1836 nach Amerika aus, hielt ſich eine zeitlang in Baltimore auf, kam in 1839 nach Ohio und übernahm kurz nachher in Lancaſter die Redaktion des „Lancaſter (Ohio) Volksfreund", welcher in 1841 nach Columbus überſiedelte und dann unter dem neuen Namen „Ohio Adler" erſchien. Fieſer redigirte das Blatt bis zum Herbſte des genannten Jahres, worauf er dann, in der Abſicht nach St. Louis zu gehen, in Louisville mit Georg Walker in Berührung kam, und von diesem mit der Redaktion der von ihm herausgegebenen „Volksbühne" betraut wurde. Die „Volksbühne" gehörte zu den „fahrenden" Bühnen, und siedelte mit sammt ihrem Redakteur, in 1842 nach Cincinnati über, woselbst ihre Vorstellungen jedoch nur auf eine kurze Zeit beschränkt waren. Fieser kam dann als Redakteur in das „Volksblatt" unter Stephan Molitor, bis er im Herbste 1843 im Verein mit Jakob Reinhard das Material des entschlafenen „Ohio Adlers" ankaufte und den „Westbote" begründete, den Fieser seitdem mit vielem Geschick redigirt und zu einer der bedeutendsten deutschen Zeitungen des Landes emporgehoben hat. Eine Art humoristische Autobiographie seiner anfänglichen literarischen Karriere hat Fieser im „Deutschen Pionier", (Jahrgang 1, Seite 273) unter dem Titel „Aus meinen Erinnerungen" mitgetheilt. Fieser bekleidet seit vielen Jahren den Posten des Präsidenten der Erziehungsbehörde der Stadt Columbus, und hat in dieser Eigenschaft bedeutend für die Einführung und Hebung des deutschen Unterrichts in den Schulen der Staatshauptstadt von Ohio gewirkt.

Schon im Jahre 1830 wurde hier von der lutherischen Synode von Ohio ein theologisches Seminar gegründet, für deutsch und englisch sprechende Studirende, womit im Jahre 1842 eine Vorbereitungsschule verbunden wurde, die einen Freibrief unter dem Namen "Germania College" erhielt.

Der erste Rektor dieses Seminars war Dr. Wilhelm Schmidt. Der Sohn eines protestantischen Predigers und geboren 1803 zu Dünsbach bei Kirchheim unter Teck in Würtemberg, erhielt er eine wissenschaftliche Erziehung auf dem Gymnasium in Schleusingen, Sachsen, und auf der Universität in Halle, woselbst er den Doktorgrad erhielt. In 1826 kam er nach den Vereinigten Staaten, redigirte in Philadelphia etwa ein Jahr lang eine deutsche Zeitung, den „Amerikanischen Korrespondent", und schloß sich im Jahre 1827 seinen beiden Brüdern Christian und Friedrich, sowie Dr. Scheurer und Nikolaus Joß, an, um gemeinschaftlich mit denselben in Holmes County, Ohio, eine deutsche Niederlassung zu begründen, das heute blühende deutsche Städtchen Weinsberg. In 1828 wurde er lutherischer Prediger in Canton, Ohio, und in 1830 von der damals in Zanesville tagenden Synode von Ohio einstimmig zum Rektor des Seminars erwählt, welchem Posten er bis zu seinem Tode (1839) vorstand. Dr. Schmidt wurde zugleich der Begründer der deutschen lutherischen Paulus Gemeinde in Columbus, an welcher er Prediger war.

In den Jahren 1843 und 1844 wurden noch andere evangelische Kirchen erbaut und im Jahre 1837 wurde eine deutsche römisch-katholische Gemeinde gegründet. Alle diese Kirchengemeinden hatten Gemeindeschulen, in welchen die deutsche Sprache vorzugsweise gepflegt und erhalten

wurde. Ebenfalls bestanden dort schon seit den dreißiger Jahren Gesang-
und Redevereine, sowie ab und zu deutsche Militärkompagnien. In dem
benachbarten Zanesville war ebenfalls seit dem Anfang der zwanziger
Jahre ein reges deutsches Leben. Deutsche reformirte und lutherische Gemeinden bestanden schon vor 1830. Wie bereits erwähnt, tagte hier im
Jahre 1830 die deutsche lutherische Synode von Ohio, welche das „Germania Seminar" in Columbus errichtete. Etwa seit 1843 wirkte hier als
Prediger an der lutherischen Gemeinde Karl Aulenbach, der als
deutsch-amerikanischer Dichter vielfach bekannt geworden und von dem
in 1879 ein Bändchen Gedichte in Allentown, Pennsylvanien, in Druck
erschienen ist. Aulenbach ist im Jahre 1813 in Homburg, in der Rheinpfalz, geboren, studirte in Erlangen Theologie, wurde Pfarrer in Schnee-
heim bei Lahr und wanderte, in Folge der Betheiligung an der Befreiung
Dr. Wirths flüchtig, in den vierziger Jahren nach Amerika aus. Heinrich L. Korte, aus dem Olbenburg'schen oder Hannöver'schen gebürtig,
und in den dreißiger Jahren eingewandert, bekleidet hier seit vielen Jahren
das Amt eines Richters des Waisengerichts (Probate Court).

Auch in Dayton, etwa fünfzig Meilen von Cincinnati in nordöstlicher
Richtung, zeigte sich schon früh eine rührige deutsche Bevölkerung. Im
Jahre 1839 publizirte dort Georg Walker eine deutsche Zeitung,
„Der Deutsch-Amerikaner", und in demselben Jahre wurde ein deutscher
Gesangverein gegründet. Im Jahre 1841 erschien daselbst der „Freiheitsfreund". Auch Canton, Ohio, scheint schon früh eine bedeutende und
intelligente deutsche Bevölkerung gehabt zu haben. In der That war
Canton der erste Ort in Ohio, in welchem eine deutsche Zeitung erschien,
d. h. eine Zeitung welche nicht im pennsylvanisch-deutschen Kauderwelsch
geschrieben wurde. Sie hieß der „Canton deutsche Beobachter" und wurde
von Eduard Schäffer aus Frankfurt am Main herausgegeben und
zwar von 1821 bis 1826. Von letzterem Jahre an ging sie in die Hände
von Johann Sala und in 1828 in den Besitz von Peter Kaufmann
über, veränderte aber seither mehrmals ihren Namen. Ein im Jahre 1835
dort erscheinendes Whigblatt ging bald wieder ein.

Peter Kaufmann, ein höchst gebildeter Schulmann, geboren in
Frankfurt am Main, ließ sich in 1826 in Canton nieder, redigirte die von
Sala herausgegebene Zeitung, brachte sie später käuflich an sich und gab
sie über zwanzig Jahre lang heraus. Zugleich publizirte er jährlich
Kalender in denen er die Hegel'sche Philosophie in populärer Weise unter
das Volk zu verbreiten suchte. Dem unverbauten Hegelianismus gab Kaufmann in einem Buche Ausdruck, das unter dem Titel, „Tempel der Wahrheit", zugleich deutsch und englisch, in Cincinnati in 1857 erschien. Kaufmann betheiligte sich an der großen Politik, war Delegat in den demokratischen National-Konventionen von 1836, 1840 und 1844, wurde von Van

Buren in 1837 zum Postmeister von Canton ernannt, vertrat Canton und Umgegend in den Pittsburger Konventionen zur Gründung eines deutschen Lehrerseminars, und war in den beiden letzten, wie bereits mitgetheilt, Präsident derselben. Er ist um die Mitte der sechziger Jahre in Canton gestorben.

Seraphim Meyer, geboren in St. Gallen, und seit 1828 in Canton wohnhaft, wurde im Jahre 1876 zum Richter des Civilgerichts (Common Pleas Court) von Stark County erwählt, welches Amt er noch zur Zeit bekleidet. Meyer schloß sich beim Ausbruch des Bürgerkrieges den sogenannten Kriegsdemokraten an und machte als Oberst des 107. Ohio Voluntär Infanterie-Regiments den Krieg in West und Ost Virginien bis nach der Schlacht von Gettysburg mit, worauf er, durch Krankheit veranlaßt, seinen Abschied erhielt. Seitdem ist er wieder zu seiner juristischen Praxis zurückgekehrt, welcher er seit mehr als einem Drittel Jahrhundert in Canton obgelegen hat. — Das Guttenbergfest wurde auch in Canton gefeiert, und schon im Jahre 1842 ein Verein zur Unterstützung deutscher Einwanderer errichtet. Auch für Jordan wurden Sammlungen veranstaltet.

War Cincinnati der Sammel- und Bewegungspunkt des deutschen Elements in Ohio in dem südlichen Theile des Staates, so wurde das am Erie-See gelegene Cleveland sehr bald nach seiner Entstehung der Mittelpunkt deutschen Lebens und Strebens im Norden Ohio's. Wie Buffalo, hob sich Cleveland erst nach der Vollendung des Erie-Kanals (4. Juli 1827), der New York mit dem Erie-See verbindet, und besonders durch den in 1832 vollendeten Ohio-Kanal, welcher von Cleveland aus Ohio vom Norden nach Süden durchzieht und bei Portsmouth in den Ohio-Fluß einmündet. In Cleveland selbst wohnten zu dieser Zeit, 1832—1833, nur wenige Deutsche. Dagegen siedelten sich schon im Jahre 1833 mehrere deutsche sehr gebildete Familien in der Nähe auf dem Lande an. Die Idee, ohne Rücksicht auf frühere Lebensstellung, sich als „Farmer" in den Vereinigten Staaten niederzulassen, war zur Zeit ganz allgemein, und nur wenige wohlhabende Familien ließen sich anfänglich in den Städten oder Städtchen nieder. Trübe Erfahrungen brachten indessen die meisten jener "gentlemen farmers" wieder in ihre früheren Berufskreise, oder doch in ähnliche, in die Städte zurück. Die Familie Umbstädter, aus der Rheinpfalz, war eine der ersten, welche sich etwa sechs Meilen von Cleveland ansiedelte. Das Haupt der Familie, Johann Umbstädter, war Posthalter in Neustadt a. d. Hardt gewesen, hatte sich mit Eifer an liberalen Bewegungen betheiligt — er war einer der Unterzeichner des Aufrufs zu dem Hambacher Fest, Mai 1832 — und brachte vier kräftige Söhne mit sich, von denen der eine, Theodor Umbstädter, sich der Jurisprudenz widmete, ein vielgesuchter Abbokat in Cleveland wurde und sich später in Pittsburg niederließ, wo er sich eines ausgezeichneten Rufes in seinem Fache erfreute, auch zu Zeiten sich lebhaft an der Politik betheiligte.

Im Jahre 1834 ließ sich nicht weit von Umbstädter eine Frau von Wangelin nieder. Die sehr alte Familie stammte ursprünglich aus Mecklenburg, wo sie mehrere hundert Jahre auf ihrem Stammgute Groß-Schwerin ansäßig gewesen war. Aber schon 1781 war Frau von Wangelin's Gatte in sächsische Dienste getreten, hatte die Feldzüge der Sachsen unter Napoleon mitgemacht, war als Hauptmann aus dem russischen Feldzuge mit zerrütteter Gesundheit zurückgekehrt, hatte seinen Abschied genommen, und war im Jahre 1824 gestorben. Die zwei ältesten Söhne waren vor ihrer Auswanderung beide Lieutenants im 37. preußischen Infanterie-Regiment gewesen. Hugo, einer der jüngeren Söhne, ging nach einigen Jahren nach Illinois, wo wir ihm wieder begegnen werden. Die anderen Brüder mit wechselvollen Schicksalen blieben theils in Ohio, theils ließen sie sich auch in Illinois nieder.

Andere tüchtige und gebildete deutsche Familien schlugen ihre Wohnsitze nicht weit von den Wangelin'schen Farmen auf, (auch einer der älteren Söhne hatte sich eine Farm gekauft) und unter diesen sind besonders zwei zu nennen, deren Häupter sich eine höchst geachtete und einflußreiche Stellung erwarben, die Familien Steinmeyer und Hessenmüller. Beide waren politische Flüchtlinge des Jahres 1833. Wilhelm Steinmeyer war Theologe, Eduard Hessenmüller Jurist. Beide hatten ihre Zeit auf der Hochschule gut benutzt, beide ihr Staatsexamen gemacht und beide würden in Deutschland die schönsten Aussichten gehabt haben, hätten sie sich nicht mehr oder minder bei den revolutionären Bewegungen von 1832 und 1833 betheiligt gehabt. Ihre persönliche Freiheit ging ihnen aber über Alles. Sie wollten die besten Jahre ihres Lebens nicht hinter eisernen Gittern vertrauern, und von ihren jungen Frauen begleitet, die mit ihnen jedes Schicksal theilen wollten, eilten sie unseren Gestaden zu. Steinmeyer verließ indessen die gemeinschaftlich mit Hessenmüller angekaufte Farm im Jahr 1836, um in Cleveland die Stelle eines Predigers bei der dort bestehenden kleinen deutschen Gemeinde anzunehmen. Er war ein Mann von bedeutender Rednergabe und von sehr liebenswürdigem Charakter, und so gelang es ihm bald, die Gemeinde zu vergrößern. Er trug sehr viel dazu bei, unter den Deutschen Cleveland's Freundschaft und Einigkeit zu befördern. Er nahm ebenfalls an einer der Konventionen Theil, welche in Pittsburg die Gründung eines Lehrerseminars in's Werk zu setzen suchten. Im Jahr 1838 aber von der Braunschweig'schen Regierung amnestirt, kehrte er nach Deutschland zurück, wo er in seinem engeren Vaterlande die höchste geistliche Stelle bekleidet.

Aber auch Hessenmüller konnte auf der Farm auf die Dauer keine Ruhe finden. Er war zu Göttingen und Jena ein außerordentlich lebensfroher Student gewesen. Seine heitere sanguinische Natur, seine fast naive Offenherzigkeit, seine Rechtlichkeit und sein Ehrgefühl hatten ihn bei den Burschenschaften höchst beliebt gemacht, und er hatte den „Reiz des Lebens" auf der Hochschule in vollen Zügen genossen. Kein Wunder, daß es ihm auf der Farm „zu eng im Schloß ward", und er sich nach einer besseren, geselligeren und geistig anregenderen Stellung sehnte. Im Jahr 1840 verließ er seine Farm und siedelte nach Cleveland über, um seine juristische Laufbahn wieder aufzunehmen. Es wurde ihm leicht, mit den hiesigen Gesetzen sich bekannt zu machen, und nachdem er die gesetzliche Frist von zwei Jahren in dem Bureau eines dortigen Advokaten mit Studiren zugebracht hatte, wurde er in die Reihen der Advokaten aufgenommen.

Von da an griff Hessenmüller lebhaft in die Politik ein. Als Demokrat bekämpfte er Jahre lang an der Spitze der Deutschen die Whigpartei, und trotzdem er treu zur Union hielt, konnte er sich nicht entschließen, sich der republikanischen Partei später zuzuwenden. Sein ganzes Streben war aber vorzüglich darauf gerichtet, die Deutschen in der Achtung ihrer amerikanischen Mitbürger zu heben und für ihr Wohl zu wirken. Er schrieb deutsch ein kleines Werk über die Rechtspflege in den Vereinigten Staaten, und um seine Landsleute dem Verständniß amerikanischer Institutionen näher zu bringen, übersetzte er nicht blos die Konstitution der Vereinigten Staaten und des Staates, sondern auch die Statuten und Verordnungen der Stadt Cleveland in's Deutsche, und gab diese Sammlung in Buchform heraus. Er war einer der Mitbegründer eines deutschen Unterstützungsvereins. Eine Deutsche Gesellschaft war schon am 22. Februar 1836 dort gestiftet worden. Im Jahre 1843 erwählten ihn seine Mitbürger zum Friedensrichter, und er bekleidete dieses Amt, selbst zur Zeit des tobendsten Nativismus stets wiedergewählt, nicht weniger als fünfundzwanzig Jahre lang. Nachdem er diese Stelle aufgegeben, verwaltete er den in der immer größer werdenden Stadt höchst wichtigen Posten eines Polizeirichters während eines Zeitraumes von vier Jahren.

Seine kräftige unabhängige Verwaltung dieser Aemter, seine unbezweifelte Rechtlichkeit mußten viel dazu beitragen, die Stellung der Deutschen in Cleveland zu heben und ihnen in geistiger Beziehung den Platz zu geben, den sie verdienten und jetzt unbestritten inne haben. Im Jahre 1847 gründete er im Verein mit L u d w i g v o n W a n g e l i n, Sohn der oben erwähnten Frau von Wangelin, unter dem Titel „C l e v e l a n d G e r m a n i a", eine deutsche Zeitung. Dieses Blatt kämpfte für die Grundsätze der demokratischen Partei, widmete aber dem Deutschthum und dessen Entwickelung besonderes Interesse, und ihm gebührt der Ruhm, die Bewegung zur Einführung des deutschen Unterrichts in den Elementar-Schulen Cleveland's in's Leben gerufen zu haben. Im Jahre 1850 trat

Heffenmüller indeffen von der Redaktion diefes Blattes zurück. Heffenmüller war in Braunfchweig 1811 geboren, ift felbft noch in feinem Alter von imponirendem Aeußeren, eine teutonifche über das gewöhnliche Maaß hinausreichende Geftalt. Trotz feines tiefen Eingehens in amerikanifche Politik und feines Lebens in amerikanifchen Kreifen, hat er feinen urfprünglichen, frifchen, frohen und derben Sinn bewahrt. Er ift einer der beften Typen eines ächten und rechten Deutfch-Amerikaners.

In allen diefen Beftrebungen wurde Heffenmüller befonders von Herrn Dr. W. M e y e r, einem fehr gebildeten Arzte, fowie von Herrn Prediger A l l a r d t, welcher Steinmeyer's Stelle an der deutfchen proteftantifchen Gemeinde übernommen hatte, auf's Befte unterftützt. Von Allardt wird gefagt, daß er ein fehr kenntnißreicher Theologe, überhaupt ein umfaffend gebildeter Mann war, ein Mann ohne Falfch und von reinen Sitten. Die Mufik wurde ebenfalls von Anfang an gepflegt, und Allardt's Frau, eine bedeutende Künftlerin, ertheilte in amerikanifchen Kreifen die erften Mufikftunden. Zu derfelben Zeit (1840) organifirte fich ein deutfches Mufikchor und machte am 4. Juli fein erftes öffentliches Erfcheinen. Auch die Blumenzucht und Gärtnerei wurden zuerft von den Deutfchen eingeführt und fanden unter den Amerikanern die befte Aufnahme.

Hier, wie überhaupt allerwärts in den Vereinigten Staaten, wo viele Deutfche zufammenwohnen, übte namentlich das gefellfchaftliche Leben der Deutfchen, ihre Fefte, (befonders das Weihnachtsfeft, was hier im Anfang der dreißiger Jahre etwas ganz unbekanntes war,) ihre Vergnügungen im Freien, ihre mufikalifchen Unterhaltungen, den merklichften Einfluß auf Umbildung der Sitten aus. Die fpätere maffenhafte Einwanderung der Deutfchen, unter denen fich Intelligenzen befanden, welche das alte Vaterland nur fchmerzlich vermiffen konnte, ließ natürlich die Beftrebungen ihrer Vorgänger nicht verloren gehen, fondern brachte fie zur größeren Blüthe und reiferen Frucht.

Werfen wir nun unfere Augen auf andere Theile des Staates Ohio, in welchen fich Deutfche zu bedeutender Geltung brachten, fo begegnet uns zuerft in Tiffin, Seneca County, Wilhelm Lang. W i l h e l m L a n g, geboren 1811 im Kanton Winweiler, Rheinpfalz, war der Sohn des Revierförfters Lang; erft zum Schullehrer beftimmt, befuchte er das Seminar zu Kaiserslautern und fpäter das Gymnafium zu Zweibrücken auf einige Jahre, entfchloß fich aber, ein Handwerk zu erlernen, und ging deshalb bei einem Onkel, der Drechsler war, in die Lehre. Sein Vater, ein Mann der freifinnigften Anfichten, fürchtete von der Regierung chikanirt zu werden und entfchloß fich 1833 zur Auswanderung. Wilhelm, der militärpflichtig war, konnte keinen Paß zur Auswanderung erhalten, doch gelang es ihm, nach Beftehung vieler Abenteuer, über die Grenze zu flüchten und fich dem Auswanderungszug feiner Eltern anzufchließen. In Baltimore gelandet, begab sich die Familie nach Tiffin, im nordwestlichen Ohio, wo bereits ansässige Verwandte sie erwarteten und wo sein Vater in der Nähe von Tiffin eine Farm kaufte. Wilhelm arbeitete als Schreiner und Zimmermann und machte eine harte Zeit durch. Zufällig wurde er mit einem Rechtsgelehrten bekannt, der, nachdem er erfahren, daß Lang der französischen und lateinischen Sprachen kundig war, auch das Englische schon leidlich sprechen konnte, ihn ermuthigte, sich dem Rechtsstudium zu widmen. Er trat in das Bureau eines wohlrenommirten Advokaten, um theoretisch und praktisch sein Fach zu studiren und wurde einige Jahre später zur Advokatur zugelassen. In Tiffin, einem lebhaften Orte, dem Gerichtssitze von Seneca County, begann er eine erfolgreiche Praxis. Zweimal, 1855 und 1857, wurde er zum Anwalt des County's gewählt, 1859 zum Sekretär des Gerichtshofs, nachdem er in den vierziger Jahren mehrmals Mayor von Tiffin gewesen war. Die Politik hatte ihn von jeher sehr in Anspruch genommen. Schon im Jahr 1848 gab er ein demokratisches Feldzugsblatt heraus: „Der Tiffin Adler". Beider Sprachen mächtig und ein guter Redner, waren seine Dienste für die Partei sehr gesucht. Ein warmer Anhänger von Stephan A. Douglas, arbeitete er für diesen unermüdlich in dem heißen Wahlkampf von 1860. Von den Counties Seneca, Wyandot und Crawford wurde er 1861 und 1863 in den Staatssenat gewählt.

Die demokratische Partei war in diesen Jahren in der Gesetzgebung auf ein kleines Häuflein zusammengeschmolzen, und es erforderte für Lang, zumal da das deutsche Element sich fast einstimmig den Republikanern angeschlossen hatte, keinen geringen Grad von Festigkeit und Unerschrockenheit, sich dem Strom entgegen zu stemmen. Im Herbst 1865 von seiner Partei zum Kandidaten für Vice-Gouverneur ernannt, unterlag er, obgleich er mehr Stimmen als seine Kollegen auf dem Wahlzettel erhalten hatte, selbstverständlich, denn Ohio war damals noch ein republikanisches Bollwerk. Zum Richter des Vormundschafts- und Nachlaßverwaltungs-Gerichts (1866) erwählt, bekleidete er diesen wichtigen Posten sechs Jahre lang zur hohen Zufriedenheit seiner Mitbürger, und im Jahre 1873 wurde ihm das ebenso verantwortliche wie einträgliche Amt des Schatzmeisters seines Countys übertragen. Nach Beendigung seines Amtstermins, 1875, lebt er auf seiner Villa „Weidenthal", eine Meile von Tiffin, seiner Muße. Eine ansehnliche Bibliothek, meist juristische und philosophische Schriften, in englischer, französischer und deutscher Sprache, sowie der alten Klassiker, bietet ihm Gelegenheit sich geistig frisch zu erhalten. Es braucht wohl kaum gesagt zu werden, daß Richter Lang ein Mann von Kenntnissen und ungewöhnlichem Verstande und von einem so ehrenhaften und liebenswürdigen Privatcharakter ist, um sich die Volksgunst dauernd zu erhalten. Die vielfachen und wichtigen von ihm bekleideten Aemter, die ihm alle durch Volkswahl zufielen, geben davon das sprechendste Zeugniß.

In Mansfield, Richland County, siedelte sich schon im Jahre 1819 Johann Weiler an. Derselbe ist in Herisau, Kanton Appenzell, in der Schweiz, im Jahre 1780 geboren und kam bereits im August 1816 nach Amerika. Weiler war einer der Hauptanreger für den Bau der „Atlantic und Great Western Eisenbahn", an welcher er sich, da er im Laufe seines Lebens ein gewaltiges Vermögen erworben, als einer der bedeutendsten Aktionäre betheiligte. Als der Bau der Bahn in Angriff genommen wurde, gestattete man dem alten deutschen Herrn den ersten Spatenstich zu thun. Ueberhaupt war Weiler lange Jahre, besonders bei den Amerikanern, eine angesehene Persönlichkeit in Richland und den benachbarten Counties. Seinen guten Ruf erwarb er sich durch strenge Rechtlichkeit und ein offenes biederes Wesen. Durch ihn gewann das Deutschthum in Mansfield und Umgegend einen großen Einfluß, so daß selbst in den Zeiten des Temperenz-Fanatismus 1874 ein Deutscher, Johann Bernhard Netscher, aus Dieburg, Hessen-Darmstadt, und seit 1847 in der Stadt ansässig, zum Mayor von Mansfield wiederholt gewählt wurde, trotzdem das deutsche Element dort nur in verhältnißmäßig geringer Zahl vertreten ist.

Oestlich von Cincinnati, in Preble County, hatte sich schon sehr frühe ein Mann niedergelassen, der in der Politik Ohio's keine geringe Rolle gespielt hat, und der Stammvater einer Familie geworden ist, deren Namen den besten Klang im Staate hat, wir meinen Johann Sayler. Geboren auf einem Landgute bei Ludwigshafen am Ueberlinger See, in der Markgrafschaft Baden, etwa um 1780, wanderte er schon im Jahre 1805 nach Amerika aus. Erst in Pennsylvanien Landwirthschaft betreibend, siedelte er 1812 nach Preble County, Ohio, über, ebenfalls sich dem Landbau widmend. Die Politik beschäftigte ihn schon sehr früh, und da er sich mit der englischen Sprache und Literatur vertraut gemacht hatte, namentlich liebte er die klassischen englischen Dichter, galt er bald als eine bedeutende Persönlichkeit im County. Schon 1820 war er einer der Abgeordneten in der Gesetzgebung von Ohio. In 1824 unterstützte er William H. Crawford für die Präsidentschaft gegen Jackson und Clay. Crawford war der Führer desjenigen Theils der Demokratie, die man heute den radikalen nennen würde. Vielleicht besser gesagt, Crawford war der Ernannte des demokratischen „Caucus" des Kongresses, der früher allein die Aufstellung von Kandidaten für die Präsidentschaft in Anspruch genommen hatte. Er war der Liebling der Maschinenpolitiker, wie man heute sagen würde. Crawford hatte keinen Erfolg und Sayler hatte es mit den Jacksonleuten verdorben, so daß er für eine zeitlang unmöglich wurde. Im Jahre 1834 waren indessen diese Spaltungen vollständig geheilt. Alle Demokraten waren Anhänger des „Alten Hickory" geworden. Sayler wurde darauf zweimal wieder in das Repräsentantenhaus gewählt. In den Jahren 1837 und 1838 war er wiederholt Kandidat für den Staatssenat, da aber Preble County mit zwei andern Counties einen Senatsdistrikt bildete und die Whigs im ganzen Distrikt in der Mehrheit waren, mißglückte seine Kandidatur. Doch 1839 wurde er zum Senator gewählt. Sayler war der Führer seiner Partei im County und blieb derselbe auch bis zu seinem Tode, 1844.

Im Jahre 1826 legte er das Städtchen Ludwigsburg im nordöstlichen Theile von Preble County aus, ein Anklang an Ludwigshafen, da bei dem Städtchen mit aller Phantasie kein Hafen zu finden war. Wir erwähnen hier noch, daß sein Sohn Johann Sayler, jr., ebenfalls ein starker demokratischer Politiker, und einer seiner Enkel, Milton Sayler, geboren 1821 zu Lewisburg, mehre Termine Mitglied des Kongresses vom ersten Distrikt von Ohio war, nachdem er von 1861 bis 1863 einen Sitz im Repräsentantenhause von Ohio eingenommen hatte. Er ist ein ausgezeichneter Jurist und hat einen Theil seiner juristischen Bildung in Heidelberg erlangt. Ehe er in die Advokatur eintrat, war er etliche Jahre Professor der Literatur und Geschichte an mehreren "Colleges" und ist der deutschen Sprache vollkommen mächtig.

In Auglaize County, etwa 120 Meilen nördlich von Cincinnati, hatten einige deutsche Familien im Jahre 1832 eine kleine Niederlassung gegründet, die sie Neu-Bremen nannten. Der 1833 ausgewanderte Karl Bösel, geboren 1. Februar 1814, hatte Verwandte dort, besuchte diese und ließ sich selbst als Farmer in der Umgegend nieder. Bösel gehörte zu den zahlreichen Auswanderern aus der Rheinpfalz, welche aus Mißstimmung über die politischen und wirthschaftlichen Verhältnisse ihre schöne Heimath verließen. Das Wirthschaften auf einer Farm glückte ihm nicht. Er fing in dem sich bald günstig entwickelnden Städtchen Neu-Bremen ein kleines Handelsgeschäft an, und es gelang ihm nach und nach bedeutendere Geschäfte zu machen, so daß er, freilich im Lauf langer Jahre, jetzt daselbst ein Bank- und Wechselgeschäft betreibt. In den Jahren 1863—1865 und 1866—1867 wurde er zum Mitglied des Repräsentantenhauses und 1868—1871 des Senats seines Staats gewählt. Er ist gegenwärtig Mitglied und Präsident der öffentlichen Wohlthätigkeits-Institute von Ohio.

Es würde uns viel zu weit führen, alle die deutschen Männer zu nennen, welche vor 1850 hier eingewandert und in Ohio bedeutende amtliche Stellungen eingenommen haben. Wir erwähnen nur noch Philipp V. Herzing, geboren 1809 zu Karlstadt, Rheinpfalz, der im Jahre 1834 nach Amerika gekommen, in St. Marys, Mercer County, wohnt und der 1865—1874 Mitglied der Staatsbehörde öffentlicher Bauten von Ohio war. Georg Rex, geboren zu Pyrmont 1815, kam mit seinen Eltern

1819 nach den Vereinigten Staaten, wohnte in Wooster, Wayne County, studirte die Rechte, wurde bedeutender Advokat und 1874 zum Richter des obersten Gerichtshofs von Ohio erwählt. Johann Bettelon, geboren 1829 zu Steinweiler, in der Rheinpfalz, kam 1839 nach Dayton, Ohio, war Mitglied des Repräsentanten-Hauses 1869—1870. Joseph Heinrich Böhmer, aus Damme, im Oldenburg'schen, geboren im Anfang des Jahrhunderts, kam als Schullehrer 1834 nach Fort Jennings, Putnam County, und war Repräsentant 1855—1857, 1863—1865, 1867—1868, in welchem Jahr er sehr geachtet starb. Ebenso waren Mitglieder der Gesetzgebung die Herrn Heinrich Brachmann, Johann M. Braunschweig, Leopold Burkhardt, Johann Joseph Dobmeyer, G. F. Göbel, Michael Göpper, Ernst F. Kleinschmitt, Ferdinand Klimper, Johann Schiff, Heinrich Warnking und Jakob Wolf, alle von Cincinnati, sowie Johann Mesloh aus Neu-Bremen, Karl Oesterlen aus Hancock County, Johann Seitz aus Tiffin, Johann Zumstein aus Hamilton County.

Rudolph Gustav Tafel, geboren den 13. Oktober 1830 in München, kam im September 1847 nach Cincinnati, beschäftigte sich erst eine zeitlang literarisch, studirte dann auf der Rechtsschule in Cincinnati die Rechte, reihte sich als Freiwilliger in das 9. Ohio Regiment beim Ausbruch des Bürgerkriegs ein, diente in demselben als Lieutenant, wurde später Oberstlieutenant des 106. Ohio Freiwilligen-Regiments und 1867 in die Gesetzgebung seines Staates gewählt. Er lebt in Cincinnati als erfolgreicher Advokat.

Joseph E. Egly, geboren in St. Gallen, 19. Februar 1828, wanderte, nachdem er eine gute Schul- und Gymnasialbildung genossen hatte, 1845 nach Cincinnati, und fand alsbald eine Stelle an der katholischen St. Johannes Schule. Er vertauschte den Lehrerstand mit dem eines Advokaten, nachdem er auf der Cincinnatier Rechtsschule seine Studien gemacht hatte. Er lebte durchaus in deutschen Kreisen, und ward bald durch seine Gemüthlichkeit und seinen Hang zur fröhlichen Geselligkeit populär. Er warf sich früh in die Politik, oder wurde vielmehr von Andern, welche seine Beliebtheit ausbeuten wollten, hineingeworfen. Im Jahre 1853, sowie 1855, wurde er von der demokratischen Partei in die Gesetzgebung gewählt. Während der letzteren Sitzungsperiode hielt er eine glänzende Rede gegen die Nativisten, welche allgemeines Aufsehen erregte, in beiden Sprachen gedruckt wurde, und seinen Ruf als Redner begründete. Noch andere Reden von ihm erschienen seitdem im Druck, sowie auch politische und wissenschaftliche Aufsätze von ihm in verschiedenen Cincinnatier Zeitungen erschienen sind.

In Erlangung anderer Aemter war er weniger glücklich, überhaupt schwebte eine Art Unstern über ihn, nachdem er seine Laufbahn so glänzend begonnen hatte. Er war ein liebenswürdiger und begabter Mann, von dem es indessen hieß, daß es gerade sein Unglück sei, keine Feinde zu haben, als vielleicht sich selbst. — Im besten Mannesalter starb er 1873.

Indiana.

In Indiana fehlte es wie auch in Illinois an einem Mittelpunkte des Handels und Gewerbes, um die deutsche Einwanderung in größerer Anzahl zu vereinigen. Am Ohio finden sich zwar schon frühe einige wohlgelegene und blühende Städtchen, wie Vevay, welches zuerst den Weinbau im Ohiothale einführte, New Albany, (Louisville gegenüber), Madison und weiter hinunter am Ohio, Evansville; aber Cincinnati und Louisville waren ihnen weit vorausgeeilt und hatten sich des Handels und der Industrie bemächtigt. Die politische Hauptstadt, Indianapolis, zählte im Jahre 1840 nur etwa 2,500 Einwohner und obgleich durch Kanäle mit den schiffbaren Flüssen Ohio und Wabash verbunden, entwickelte sie sich erst seit sie ein Knotenpunkt für Eisenbahnen wurde, und besonders noch während und nach dem Bürgerkrieg. Allerdings strömten von den dreißiger Jahren an viele Deutsche in den Staat und namentlich nach dem nördlichen Theil desselben, besonders nach Fort Wayne, welches später ein so bedeutender Anziehungspunkt für Deutsche geworden ist und selbst schon im Jahr 1840 ein theologisches lutherisches Seminar besaß, welches unter dem Namen "Concordia College" sich zu einer blühenden Anstalt entwickelt hat. Auch in den am Wabash so schön gelegenen Städten, Vincennes, Terre Haute und Lafayette ließen sich Deutsche nieder. Nirgends aber konnte sich der Zersplitterung wegen das deutsche Element besonders geltend machen, wenn es auch schon allerwärts zur Hebung des Landbaues, der Industrie und Förderung der schönen Künste beitrug.

Von dem Aufenthalt der Rapp'schen Kolonie in New Harmony am Wabash haben wir schon früher gesprochen. Sie hinterließ ohne Zweifel segensreiche Spuren, da sie in die Wildniß einen tüchtigen Ackerbau und die ersten industriellen Anstalten getragen hatte.

Die erste Spur einer deutschen Zeitung finden wir in Indianopolis, wo der vielfach umherirrende Georg Walker 1845 eine Zeitlang den „Hochwächter" erscheinen ließ. In 1847 erschien wöchentlich das „Indiana Volksblatt" von Julius Böttcher. Erst in den fünfziger Jahren beginnt für das Deutschthum in Indiana die eigentliche Aera in Folge der starken und intelligenten deutschen Einwanderung, welche den

Jahren 1848 und 1849 folgte. Die Entwickelung ging nun rasch vor sich, und hat das deutsche Element jetzt eine wichtige Stellung eingenommen und sich in jedem Fache des Wissens, der Industrie und der Politik einen rühmlichen Namen gemacht. Einige Männer jedoch, welche der früheren Periode angehören, dürfen hier nicht unerwähnt bleiben.

Fast gleichzeitig mit Franz Lieber, nämlich am 16. Dezember 1801, wurde zu Charlottenburg, bei Berlin, **Albert Lange**, geboren. Er war der Sohn eines ausgezeichneten Arztes, und sein einziger Bruder, ein höherer Offizier in der preußischen Armee. Wie Lieber in Berlin, so wurde Lange in dem nahen Charlottenburg schon in seinen Knabenjahren ein Hasser der Fremdenherrschaft, welche Preußen bedrückte, und der despotischen Herrschaft überhaupt. Es ist anzunehmen, daß, während er in Berlin seine Gymnasialstudien machte, er zur großen Schaar der Turner gehörte, welche unter Jahn's und Anderer Leitung Geist und Körper stärkten, um dem Vaterlande nützliche und zugleich patriotische Bürger zu werden. Gewiß ist es, daß er etwa im achtzehnten Jahre die Universität Halle bezog, angefüllt mit den freiheitlichen und idealen Gesinnungen, welche damals so viele deutsche Jünglinge beseelten, die zum Theil die Freiheitskriege gegen Napoleon mitgemacht oder doch in der heroischen Zeit dieser Kämpfe gelebt hatten. Auf der Universität hatte er nicht nur die Rechtswissenschaft, sondern auch Geschichte und Philosophie studirt. Er war dort Mitglied der deutschen Burschenschaft geworden, welche allerdings für die Einheit und Freiheit Deutschlands begeistert war, aber zu dieser Zeit nichts weniger als bestimmte revolutionäre Absichten hegte, am allerwenigsten aber hochverrätherischer Verschwörungen sich schuldig gemacht hatte. Einige wenige der begeistertsten der deutschen Jugend mögen wohl unpraktische Pläne zu partiellen Aufständen geschmiedet haben, aber nur das böse Gewissen der Regierungen und ihr dadurch entstehender Argwohn konnte in der Burschenschaft von 1817—1824 eine Gesellschaft von hochverrätherischen Verschwörern entdecken. Nichtsdestoweniger verfielen viele der besten jungen Männer Deutschlands den reaktionären Demagogenverfolgungen der deutschen, besonders der preußischen, Regierungen.

Wir haben schon von mehreren derselben, die zuletzt in unserm Lande eine Zufluchtsstätte fanden, zu sprechen gehabt, wie von **Fehrentheil**, den **Wesselhöfts**, **Karl Follen**, Dr. **Beck**, **Franz Lieber**. Auch unser Lange wurde ein Opfer dieser unheimlichen Reaktion. Wegen angeblicher demagogischer Umtriebe eingezogen, wurde er zu fünfzehnjähriger Festungsstrafe verurtheilt. Die Festung Glogau wurde ihm zum Gefängniß angewiesen. Während des ersten Jahres war seine Haft sehr hart, später verschaffte man ihm Erleichterungen. Er durfte sich mit geistigen Arbeiten beschäftigen, Spaziergänge innerhalb der Festung machen. Nach fünf Jahren wurde er endlich durch eine Kabinetsorder des

Königs auf freien Fuß gesetzt. Schon im Gefängniß faßte er den Plan nach den Vereinigten Staaten auszuwandern, erlernte die englische Sprache nicht nur, sondern las auch Werke, die sich auf Amerika bezogen. Es wird mitgetheilt, daß er schon damals die Verfassung der Vereinigten Staaten eifrig studirte, sowie Reden amerikanischer Staatsmänner gelesen und übersetzt habe. Kurze Zeit nach seiner Freilassung hielt er sich noch im Vaterlande, welches man ihm so verleidet hatte, auf, und das Jahr 1829 sah ihn an unsern Gestaden.

Nach kurzem Aufenthalt in Cincinnati, ließ er sich in Hancock County, zehn Meilen westlich von Indianapolis, nieder, um, wie das einmal üblich war, Landbau zu treiben. Hier verheirathete er sich mit der Tochter eines alten Ansiedlers. Ob ihm das Landleben glückte oder nicht, hat nicht ermittelt werden können, wir wissen nur, daß er bereits 1836 sich in der so günstig gelegenen Stadt Terre Haute, am Wabash Fluß, niederließ, welche mit kurzen Unterbrechungen sein bleibender Wohnsitz geworden ist. Er wurde dort zum Friedensrichter gewählt, behielt das Amt viele Jahre lang, und zeichnete sich durch Rechtskenntniß und gewissenhafte Führung seines Amtes sehr vortheilhaft aus.

Lange hatte sich von vornherein auch lebhaft an der Politik betheiligt und zwar gehörte er, eine seltene Ausnahme unter den Deutschen, der Whigpartei an. Er wurde ein anerkannter Führer dieser Partei, und um so mehr von seinen Parteigenossen geschätzt, weil er ein Deutscher war, und man seinen Einfluß auf seine Landsleute, die sich fast alle der Demokratie zuneigten, zu verwerthen hoffte. Henry Clay galt ihm als der bedeutendste Staatsmann des Landes. Es war daher natürlich, daß, als im Jahr 1849 die Whigpartei durch die Wahl von General Taylor und Millard Filmore auf eine kurze Zeit zur Herrschaft kam, Lange eine Anstellung als Konsul für Amsterdam erhielt. Für den gleichsam Verbannten war die Rückkehr nach Europa in einer geachteten Stellung allerdings eine Art Befriedigung. Das Amt selbst aber war in finanzieller Hinsicht nicht lohnend und er legte dasselbe bald wieder nieder, um eine Stellung als Beamter im Departement des Innern einzunehmen. Auch diese Stelle sagte ihm nicht zu. Er kehrte nach Terre Haute zurück, und bald darauf wurde er in seinem County zum Kontrolleur der Finanzen des County's (Auditor) gewählt, welche verantwortliche Stelle er durch Wiederwahl acht Jahre lang bekleidete. Obgleich er in politischen Fragen stets sehr entschieden dachte und sich aussprach, so war er doch wegen seines ebenso liebenswürdigen als ehrenhaften Charakters allgemein beliebt, nicht nur in seinem County, sondern auch im Staate.

Wie sehr Viele der alten Whigpartei, hatte er sich schon im Jahre 1856 der neuen republikanischen Partei angeschlossen, und wurde er im Jahre 1860 zum Staatsauditor (Finanzkontrolleur) durch die republikanische Partei gewählt. Dies machte seine Uebersiedlung nach Indianapolis, der Hauptstadt des Staates, nothwendig. Der bald darauf ausbrechende Krieg machte sein Amt zu einem sehr schwierigen, denn es galt, eine dem Aufruf des Präsidenten entsprechende Kriegsmacht aufzustellen, und die Rekrutirung, Verpflegung und Ausrüstung der Truppen, ehe sie in's Heer der Vereinigten Staaten selbst eintraten, zu bewerkstelligen. Dem sehr energischen Gouverneur Morton, lebhaft und kräftig unterstützt von dem kleinen Kreis der höheren Staatsbeamten, welche gleichsam das Kabinet eines Gouverneurs ausmachen, gelang es, nicht nur die erste Quota von 5000 Mann, sondern im Laufe des Sommers 1861 noch 40,000 Mann weitere Truppen in's Feld zu senden. Lange zeichnete sich ganz besonders durch seinen Eifer und seine Thatkraft aus.

Nach Ablauf seiner Amtszeit (1863), kehrte er nach Terre Haute zurück, in welcher Stadt man ihn alsbald wiederholt zum Mayor wählte. In den letzten Jahren seines Lebens widmete er sich der Rechtspraxis, namentlich der Untersuchung von Rechtstiteln des Grundeigenthums. Nach kurzer Krankheit starb er am 25. Juli 1869. Sein Tod wurde allgemein tief betrauert, und sein Leichenbegängniß war das großartigste, welches Terre Haute je gesehen hatte. Von der Hauptstadt waren der Gouverneur und alle hohen Staatsbeamten erschienen. Der Mayor, der Stadtrath, alle anderen öffentlichen Behörden der Stadt und des County's folgten dem Sarge, sowie die verschiedenen Logen, die deutschen Gesangvereine und die Turner. R. W. Thompson, einer der ältesten, geachtetsten und zu gleicher Zeit beredtesten Männer von Indiana, jetzt (1879) Marine-Minister, als Vertreter der Freimaurer-Loge, zu der Lange gehörte, sprach an seinem Grabe. Einer der Beileidsbeschlüsse des Stadtraths schilderte den Charakter von Lange so treffend, daß wir den Inhalt desselben völlig als unser eigenes Urtheil über ihn adoptiren können. Es heißt in diesem Beschluß:

„Lange war ein ungewöhnlicher Mensch. Er war höchst gebildet, edel und gerecht. Im politischen Leben von großem Einfluß, ehrte er die Stellen, die er bekleidete. Im gesellschaftlichen Leben durch Umgänglichkeit und Urbanität ausgezeichnet, war er wohlthätig und eine Stütze aller Armen und Unglücklichen."

Johann B. Lutz (Mansfield), geboren in den ersten Jahren dieses Jahrhunderts, wahrscheinlich zu Braunschweig oder Hannover, hatte eine klassische Bildung erhalten und die Universität Göttingen besucht. In Studentenunruhen verwickelt, hatte er Deutschland verlassen und sich nach den Vereinigten Staaten geflüchtet. Im Anfang der dreißiger Jahre finden wir ihn als Professor der Mathematik an der „Transylvania Universität" zu Lexington, Kentucky. Er war, wie einst Jahn von dem in Frankreich gefallenen Lützower Friesen sagte, „eine Siegfriedsgestalt, von hohen Gaben und Gnaden". Ueber sechs Fuß hoch, war er schlank und doch sehr kräftig gebaut. Reiche braune Locken bedeckten sein Haupt. Sein Gesicht war von regelmäßiger Schönheit, seine Augen groß und vom dunkelsten Blau. Kein Strom war ihm zu breit zum durchschwimmen, er war ein vorzüglicher Turner, Fechter und ein geübter Schütze, sowie unermüdlicher Tänzer. Dabei galt er als ein sehr guter Lehrer, war persönlich und ganz besonders in den Frauenkreisen des aristokratischen Lexington's sehr beliebt. Hier verlebte er viele Jahre, verheirathete sich indessen in den vierziger Jahren mit einer Amerikanerin, deren Name Mansfield war, und welche es zu einer Bedingung gemacht zu haben scheint, daß er ihren Namen annehmen solle. Als er im Jahr 1850 Kentucky verließ und sich in Madison, am Ohio, im Staate Indiana, niederließ, führte er bereits diesen Namen. Bei Madison nun, damals in sehr glänzenden Verhältnissen lebend, baute er sich ein schönes Landhaus, und lange Zeit hindurch war dasselbe der Aufenthalt vieler interessanter und gebildeter Männer und Frauen, und ward so ein Anziehungspunkt für die Gesellschaft von Madison und Umgegend. Er nahm auch lebhaften Antheil an der Politik und war, wenn wir nicht irren, einer der Delegaten von Indiana auf der Konvention von Chicago (1860), welche Abraham Lincoln zum Präsidentschafts-Kandidaten ernannte.

Während des Rebellions-Krieges wurde er vom Gouverneur Morton beim Anzug des Streifkorps des konföderirten Generals Morgan zum Kommandanten der gesammten Miliz von Indiana, mit General-Majors-Rang, ernannt und bekleidete auch später noch eine militärische Stellung, welche seine zeitweilige Niederlassung in Indianapolis zur Folge hatte. Nach Beendigung des Krieges, im Jahr 1865, verkaufte er seine Besitzung am Ohio und ging mit seiner Familie nach Indianapolis, wo er bereits sehr im Alter vorgerückt, still und zurückgezogen lebte. Im Jahr 1870, als in Illinois eine neue Eisenbahn von Bloomington nach Danville angelegt wurde, kaufte Mansfield Land an derselben in Piatt County und legte ein Städtchen aus, welches nach ihm den Namen M a n s f i e l d führt. Hier baute er sich auch selbst einen Wohnsitz und lebte im Kreise seiner Familie bis 1876, in welchem Jahre er am 20. September starb.

Noch in voller Wirksamkeit stehend, finden wir einen Mann, an dessen Wiege Niemand die Zukunft prophezeit haben würde, welche ihm bevorstand, wir meinen Wilhelm Heilmann. Wilhelm H e i l m a n n wurde zu Albig, im Großherzogthum Hessen-Darmstadt, am 11. Oktober 1824 geboren. Seinen Vater, der ein Landmann war, hatte er das Unglück, schon in seiner Jugend zu verlieren. Er erhielt indessen eine gute Schulbildung und arbeitete bei seinem Stiefvater, Peter Weintz, der ebenfalls Landmann war. Derselbe wanderte im Jahre 1843 nach den Vereinigten Staaten aus, kaufte sich in Posey County, Indiana, eine Farm, auf welcher Wilhelm ebenfalls als Farmer arbeitete. Doch suchte er sich bald eine lohnendere Beschäftigung. Mit einem kleinen Kapital versehen, ging er mit

seinem Schwager, der ein erfahrener Maschinenbauer war, in Evansville
eine Geschäftsverbindung zum Herstellen von Maschinen ein. Zu einer von
behauenen Holzstämmen errichteten Werkstätte fingen sie ihr Eisenguß-
Geschäft an. Wie wir aus einer von Heilmann im Kongreß am 9. Mai
1879 gehaltenen Rede ersehen, war dasselbe aus sehr kleinen Anfängen er-
wachsen. Heilmann sprach in dieser Rede gegen Papiergeldvermehrung
und gegen Zahlung unserer Schulden in schlechtem oder auch gar keinem
Gelde, und da man diese Art Leute, welche glauben, daß zwischen zwei
Punkten, die gerade Linie die kürzeste sei, und daß „Ehrlich am Längsten
währt", gewöhnlich als geschwollene Kapitalisten und als Maftbürger in
neuerer Zeit zu bezeichnen pflegt, nahm er Gelegenheit, von sich selbst ein
paar Worte zu sprechen. „Ich bin weit entfernt davon", sagte er, „ein mit
Staatsschuldscheinen angefüllter Kapitalist zu sein. Ich besitze gar keine
solche Scheine. Ich bin ein einfacher Fabrikant und spreche im Interesse
der Arbeit. Ich kam in dieses Land, neunzehn Jahre alt, ohne einen
Dollar in der Tasche. Ich erübrigte nach harter Anstrengung fünfhundert
Dollars von meinem Lohne. Damit begann ich eine Gießerei und Ma-
schinenwerkstätte. Die Triebkraft dieser Fabrik war ein blindes Pferd.
Es ist die richtig angewandte Arbeit, welche in diesem Lande Kapital bildet.
Im Anfang beschäftigte die Anstalt nur sechs Arbeiter, aber die Güte der
Arbeit und Ehrlichkeit im Geschäft führten bald größere Kundschaft zu.
Im Jahre 1850 wurde schon eine Backstein Werkstätte gebaut und Dampf-
maschinen ersetzten den blinden Gaul".

Heilmann zeigte sich als ein außerordentlich kluger und berechnender
Geschäftsmann; er knüpfte überall Handelsverbindungen an, seine Gießerei
dehnte sich von Jahr zu Jahr mehr aus, und statt dem kleinen Blockhaus
bedecken jetzt riesige Gebäude fast ein ganzes Häuserviertel der schönen
Stadt. Die Gießerei ist eine der allergrößten des Westens und beschäftigt
zweihundert Arbeiter. Ebenso baute Heilmann in der Mitte eines schönen
Parks eines der elegantesten Wohnhäuser, die im Staat Indiana zu finden
sind. Aber sein eigenes Geschäft, großartig wie es ist, verhinderte ihn nicht,
an Allem Theil zu nehmen, was zum Wohlstand und Emporblühen seiner
Heimathsstadt dienen konnte. Mit großen Summen betheiligte er sich an
allen dahin zielenden Unternehmungen, an welchen er meist als Präsident
oder doch als Direktor thätig war. Er ist Präsident der Gas-Kompagnie,
der Straßen-Eisenbahn und der Baumwollen-Manufaktur-Gesellschaft,
Direktor der Evansville Nationalbank, sowie mehrerer nach Evansville
führender Eisenbahnen.

Mit der Politik hatte sich Heilmann früher nicht beschäftigt. Er
gehörte der republikanischen Partei an und hat viel für dieselbe gethan.
Während des Kriegs zeigte er bei jeder Gelegenheit die wärmste Anhänglichkeit an die Union und trug mit der größten Liberalität zu all den

patriotischen Zwecken bei, welche die Wirksamkeit der nicht im Felde stehenden Bürger so häufig in Anspruch nahm. Mitglied des Stadtraths war er von 1852 an zu wiederholten Malen. Erst nach dem Kriege ließ er sich bewegen für politische Aemter sich zu bewerben. 1870 zur Legislatur gewählt, stellte ihn seine Partei 1872 zum Kandidaten für Kongreß auf, aber trotzdem er den übrigen Kandidaten seiner Partei voraus war, konnte er die demokratische Majorität nicht überwinden. 1876 zum Senator in die Gesetzgebung von Indiana gewählt, gelang es ihm 1878 zum Kongreßmitglied gewählt zu werden. Ein stark gebauter kräftiger Mann von hoher Statur und breiter voller Stirne, ist er ein Mann der That und des Schaffens, dessen angeborner gesunder Menschenverstand eine wissenschaftliche und theoretische Bildung für ihn mit Glück ersetzt hat. Er ist kein Redner, doch seine klare und urwüchsige Ausdrucksweise verschaffen ihm stets die Aufmerksamkeit und oft den Beifall seiner Hörer. Hier können wir uns wieder auf ihn selbst berufen. In der schon angeführten Rede folgen schon gleich nach der Einleitung folgende Sätze:

„Ich rühme mich keines Rednertalents; fast mein ganzes Leben war geschäftlicher Thätigkeit gewidmet und zum Theil auch grade deßwegen, weil ich Geschäftsmann bin, wurde mir Seitens der Bevölkerung des ersten Distrikts von Indiana die Ehre zu Theil, dieselbe hier zu vertreten, nachdem dieser Distrikt Jahre lang stark demokratisch gewesen. Das Volk fühlt, wie ich glaube, daß die Welt zu viel regiert wird und daß die Fabrikation von Gesetzvorschlägen nach Tausenden, die Verkleisterung des Landes mit Gesetzen und Beschlüssen und Amendements jetzt eben so gut ein Weilchen eingestellt werden könnte.

„Dieses Gesetzmachen im Großen erregt übrigens keine Verwunderung, wenn man bedenkt, daß immer ungefähr fünf Sechstel der Kongreßmitglieder Advokaten sind, die ja am Gesetzmachen eben so viel Vergnügen finden, als viele Leute am Geldmachen".

Heilmann ist ein treues Bild der Stadt und des Staates selbst, mit dessen Interessen er so eng verknüpft ist. — Wie aus einem dünn besiedelten Staate, der als ein Stiefkind unter den andern westlichen Staaten galt, und von vielen als zurückgeblieben und gliederlahm betrachtet worden war, in kurzer Zeit sich einer der blühendsten der Union entwickelt hat, so ist aus unserm Albiger Bauernsohn ein Mann geworden, der an praktischem Werthe für sein Land und an Einfluß, den große Reichthümer, wenn in den Händen eines ehrlichen und gescheidten Mannes, stets verleihen, kaum einem andern Manne seines Staates nachsteht.

Als im Jahre 1858 Fort Wayne zu einem katholischen Bisthum erhoben wurde, ward ein Deutscher als erster Bischof in diese damals noch spärlich besiedelte Gegend gesandt, Johann Heinrich Luers. Derselbe war 1819 in Lütten, bei Vechta, Oldenburg, geboren, kam als dreizehnjähriger Jüngling mit seinen Eltern nach Amerika, machte seine Studien im Seminar zu Cincinnati und wurde 1846 als Pfarrer an die neugegründete St. Joseph's Gemeinde in Cincinnati ernannt, in welcher er besonders lebendig für die Erhaltung des Deutschthums wirkte. Als er zwölf Jahre später mit dem Episkopat von Fort Wayne betraut wurde, war er anfänglich unschlüssig ob er auf seine Ernennung verzichten sollte oder nicht. Luers war stets ein eifriger Forscher auf dem Gebiete der Kirchengeschichte, besaß eine reichhaltige Bibliothek, darunter mehrere Inkunabeln und hing mit einer wahren Innigkeit an der deutschen Sprache und deutschem Wesen fest. Er starb auf einer Berufsreise in Cleveland am 28. Juni 1871.

Zwölftes Kapitel.

Illinois.

Illinois. — Kaskaskia. — Vandalia. — Niederlassung von Ferdinand Ernst. — St. Clair County. — Friedrich Theodor Engelmann und Söhne. — Johann Scheel. — Gustav Körner. — Karl Schreiber. — Dr. Gustav Bunsen. — Dr. Adolph Berchelman. — Georg Neuhoff. — Eduard Abend. — Dr. Adolph Reuß. — Dr. Anton Schott. — Georg Bunsen. — Theodor E. Hilgard und Familie. — Julius E. Hilgard. — Eugen Wolbemar Hilgard — Dr. Albert Trapp. — „Lateinisches Settlement". — Bibliothek-Gesellschaft.

Für das Deutschthum in Illinois gab es während der Jahre, die uns beschäftigen, keinen allgemeinen Mittelpunkt, wie es New York, Baltimore, Philadelphia und Cincinnati für ihre Staaten waren. Der Sitz der Regierung war in den zwanziger Jahren aus dem alten französischen Städtchen Kaskaskia nach Vandalia verlegt worden, dem ungefähren Mittelpunkte des damals allein angesiedelten Theils des Staates. Die Lage war in jeder Hinsicht so ungünstig gewählt, die Ansiedlung gerade des nördlichen Theils des Staates ging bald darauf so rasch vor sich, daß man leicht eine zweite Verlegung erwarten konnte, welche dann auch schon im Jahre 1839 stattfand. Vandalia kam deshalb nie aus einem Embryo-Zustande heraus, und es dauerte ein Jahrzent und mehr, ehe selbst Springfield, die neue Hauptstadt, sich zu einiger Bedeutung erhob.

Die jetzige Handelsmetropole des Staates und des ganzen Nordwestens, Chicago, hatte im Jahre 1837 nur etwa 4,000 Einwohner, und wurde erst in den vierziger Jahren von den Deutschen aufgesucht. Noch im Jahre 1848 mochte die Einwohnerzahl nicht über 12,000 gestiegen sein. Für das südliche und selbst das mittlere Illinois war St. Louis, Missouri, die eigentliche Hauptstadt. Aller Handel und Wandel konzentrirte sich dort, und in Illinois selbst entwickelte sich deutsches Wesen in den St. Louis zunächst liegenden Counties, Madison, St. Clair und Monroe.

In der Voraussetzung eines Aufblühens von Vandalia indessen, war von Ferdinand Ernst, aus Hildesheim, der vorher die Vereinigten Staaten schon bereist hatte, um einen geeigneten Platz für eine Ansiedlung auszusuchen, eine Kolonie, meist aus Hannoveranern bestehend, dorthin geführt worden. Allein dieselbe blieb nicht zusammen. Die bei Ernst Aushaltenden wurden von Krankheiten auf dem neu umgebrochenen Boden heimgesucht, und Ernst selbst, der ein nicht unbedeutendes Vermögen geopfert hatte, starb bald in der Kolonie (1820). Er hinterließ eine Wittwe, welche in Vandalia durch ihre gefällige Sitten und ihre feine Bildung bald der Mittelpunkt der dortigen Gesellschaft wurde, und lange Jahre in höchster Achtung lebte. Die deutschen Familien, die mit Ernst gekommen und in Vandalia und der Umgegend geblieben waren, kamen nach und nach zu Wohlstand und großem Ansehen.

Für Illinois wurde das County St. Clair, eines der fruchtbarsten des ganzen Staates, und unmittelbar der Stadt St. Louis gegenüber, ein Sammelpunkt der deutschen westlichen Einwanderung. Schon im Jahre 1818 waren einige schweizerische Familien aus Aarau eingewandert. Die bekanntesten davon waren die Familien Steiner, Harbi und Wilbi, denen um's Jahr 1822 die Familie Baumann gefolgt war. Sie hatten sich eine reizende, wellenförmige Prärie nahe am Kaskaskia Flusse ausgewählt, und ihr „Settlement", welches den Namen "Dutch Hill" erhielt, wurde eines der besten und reichsten des County's. Im Jahre 1832 folgte eine Anzahl Landbebauer aus Hessen-Darmstadt, welche sich auf einer schönen Hügelkette, die sich von Belleville aus nach Südosten erstreckt (Turkey Hill), ansiedelten und dort namentlich durch Weizenbau, in dem sie ihren amerikanischen Nachbarn vorleuchteten, meist nicht nur wohlhabende, sondern reiche Leute geworden sind. Das Jahr 1833 und die folgenden brachten aber eine ebenso zahlreiche als intelligente Einwanderung nach St. Clair.

Theodor Hilgard, sen., aus Speier, in der Rheinpfalz, der in München, Heidelberg und Paris die Rechte studirt, sowie dessen Bruder Eduard, der in Hohenheim sich der Landwirthschaft gewidmet hatte, waren schon im Jahre 1832 nach Amerika ausgewandert, um als freie Farmer ein Leben zu führen, wie es Duden idealisirt hatte. Sie hatten sich zuerst in Pennsylvanien bei einem deutschen Landwirth, Speyrer, aufgehalten und ein Jahr lang das „Farmen" praktisch betrieben, waren dann nach dem Westen gezogen, und hatten sich in der Nähe von Belleville, dem Gerichtssitz des County's, eine eben so fruchtbare als schön eingerichtete Farm von 400 Morgen gekauft. Mit ihnen war ihr Vetter Theodor

Kraft gekommen, der ebenfalls in Heidelberg die Rechte studirt hatte und für das idyllische Landleben im fernen Westen schwärmte, sowie sich auch bei ihnen Gustav Heimberger einfand, gleichfalls ein Studiosus Juris von Heidelberg und München, ein junger Mann von bestem Herzen und von übersprudelnder Lebenslust, der nachher längere Zeit sich in Mexiko und Havana aufgehalten hat, und sehr interessante und gutgeschriebene Reisebriefe veröffentlichte. Er kam später wieder nach Illinois zurück und starb 1857.

In 1833 folgte den Hilgards ihr Onkel, Friedrich Engelmann, mit einer zahlreichen Familie und engeren Freunden. Derselbe kaufte sich nahe bei seinen Neffen auf einem andern Hügelabhang an, der sich von Belleville in nordöstlicher Richtung nach Lebanon zieht. Friedrich Theod. Engelmann war zu Bacharach im Jahre 1779 geboren. Sein Vater Theodor Erasmus war erster reformirter Prediger der Stadt und geistlicher Inspektor, ein Mann von der umfassendsten Gelehrsamkeit und dem edelsten Charakter, der Stolz der Stadt, in welcher er lebte, von seiner zahlreichen Familie auf's innigste geliebt und von der Gemeinde wie ein Patriarch verehrt. Friedrich erhielt von seinem Vater, sowie gelegentlich von Privatlehrern, eine sorgfältige Erziehung, und durch seine älteren Brüder, welche bereits unter der französischen Regierung bedeutende Administrativ-Stellen im Domänenfach bekleideten und ihn auf ihren Bureaus beschäftigten, wurde er ebenfalls in die Verwaltung eingeweiht. Sein Vater, sowie alle seine Brüder und Schwestern waren glühende Republikaner geworden, und fanden sich durch das Kaiserreich sehr enttäuscht, obgleich sie natürlich die freisinnigen Institutionen, welcher sich das linke Rheinufer von der französischen Herrschaft her erfreute, den veralteten Feudalzuständen des übrigen Deutschlands vorzogen. Friedrich Engelmann fand jedoch mehr Neigung zur praktischen Mathematik und der Feldmesserkunst, als zu anderen Zweigen, und er wurde bereits in früher Jugend als Regierungsgeometer angestellt, später im Forstwesen verwendet, und war zur Zeit seiner Auswanderung Forstmeister zu Winnweiler im bairischen Rheinkreis. Er hatte sich schon jung mit einer höchst liebenswürdigen und gebildeten Frau verheirathet und in den glücklichsten Verhältnissen gelebt. Seine liberalen Gesinnungen, die er zwar nicht zur Schau trug, aber doch in den weitesten Kreisen bekannt waren, seine fast ritterliche Freimüthigkeit, die nahen Beziehungen, in welchen er mit den Führern der freisinnigen Partei im Rheinkreise stand, waren nicht nur Hindernisse seiner weiteren Beförderung, sondern hatten ihm in den aufgeregten Jahren, welche der Juli-Revolution folgten, so sehr die Ungunst der Regierungsgewalten zugezogen, daß er jeden Tag eine Versetzung aus der ihm so lieben Heimath in einen dunkeln Winkel Alt-Baierns befürchten mußte. Auch glaubte er, und mit Recht, für seine Söhne eine bessere Zukunft in Amerika finden zu können. Daß die lockenden Berichte Dudens und anderer, welche damals gerade in Deutschland grassirten, auf den, überhaupt dem Idealen sehr zugeneigten Mann, ihre Wirkung ebenfalls nicht verfehlten, ist gewiß. Friedrich Engelmann, der bei seiner Einwanderung schon etwa fünfundfünfzig Jahre zählte, fühlte natürlich keine Neigung, an die Oeffentlichkeit zu treten, übte aber in den deutschen Kreisen, die sich um ihn zogen, sowie auch über die amerikanischen Nachbarn, die ihn kennen lernten, den unwiderstehlichen Zauber aus, den ein durchaus wahrer und edler Charakter, eine freie vorurtheilslose Lebensansicht, ein unter allen Stürmen stets heiteres Gemüth, eine der neueren Zeit fast fremd vorkommende Höflichkeit stets um sich verbreiten. Dabei war seine Gestalt imponirend, sein Angesicht noch in vorgerücktem Alter von hoher Schönheit. Große feurige blaue Augen belebten seine Züge. Er hatte die größte Aehnlichkeit mit dem alten Blücher, nur waren die unteren Partien des Gesichts viel feiner und regelmäßiger als bei dem Husaren-General.

Er hatte schon seit vielen Jahren in Deutschland Oekonomie betrieben und ein eigenes Gut bewirthschaftet. Hier indessen widmete er sich besonders dem Wein- und Obstbau. Vielfache Versuche mit deutschen Reben schlugen fehl, doch gelang es ihm bald die besten einheimischen Traubensorten, Catawba und Norton zu ziehen, und seine Trauben und seine Weine wurden bei Wein- und Obstausstellungen reichlich und oft mit den ersten Preisen bedacht.

An der Politik des Landes nahm er lebhaften Antheil, ohne natürlich persönliche Vortheile dabei im Auge zu haben. Sein neues Vaterland liebte er mit einer Begeisterung, die jüngern Geschlechtern abhanden gekommen scheint.

Der Verlust eines Sohnes, der mit seiner Braut auf seiner Rückreise nach Amerika begriffen, im März 1854, mit der unglücklichen "City of Glasgow" im Meere spurlos verschwand, ergriff ihn aufs tiefste, und noch in demselben Jahre starb er nach kurzer Krankheit im sechsundsiebenzigsten Jahre, obgleich seinem Aussehen nach man ihm noch viele Jahre hätte versprechen können. Ihn kennzeichnen die Worte Wilhelm von Humboldt's, die dem marmornen Obelisk, welcher seine irdische Hülle deckt, eingegraben sind:

„Die Hand der Zeit ein Herz läßt unberührt,
Das fest und treu der Jugend Genius führt."

Der älteste Sohn, Theodor Engelmann, hatte in Heidelberg, Jena und München gerade sein Rechtsstudium vollendet, als die Familie den Plan, nach Amerika auszuwandern, gefaßt hatte. Um sich hier nützlich machen zu können, begab er sich ungefähr ein Jahr vor der Abreise zu einem Gerber in Kaiserslautern in die Lehre; betheiligte sich aber 1833 am Frankfurter Attentat, flüchtete durch Frankreich nach Havre und erreichte Havre am 1. Mai 1833 noch vor der Einschiffung der Familie nach den Vereinigten Staaten. Nach einem Versuche fand er keine Aussicht für sein neues Handwerk, in welchem er auch wohl keine bedeutende Fortschritte gemacht hatte. Auch zum Landbau hatte er wenig Neigung, desto mehr zur Jagd, welcher er leidenschaftlich oblag, wie sein Vater selbst und viele andere Mitglieder der Familie. Aber auch das größte Jagdglück konnte keinen Erwerbszweig abgeben, und so begab er sich im Herbst des Jahres 1835 nach St. Louis, errichtete dort ein Intelligenz-Bureau verbunden mit einer Land-Agentur. Bald beschäftigte er sich auch wieder mit dem Rechtsstudium und diente seinen Landsleuten als Rechtsanwalt. Häufig auch half er Wilhelm Weber in der Redaktion des „Anzeigers des Westens", und seine Mittheilungen zeichneten sich stets durch große Klarheit und einen sehr gewandten Styl aus. Im Jahre 1840 kehrte er nach Belleville zurück, setzte die Rechtspraxis fort und übernahm die Herausgabe und Redaktion des ersten deutschen Blattes in Illinois, des „Belleviller Beobachters", 1844. Indessen in demselben Jahre zum stellvertretenden "Clerk of the Circuit Court" ernannt, erlaubte es seine Zeit nicht, das Blatt fortzusetzen und dasselbe wanderte nach Quincy aus. Im Jahre 1845 wurde er selbst "Chief Clerk", und später durch das Volk zu derselben Stelle erwählt, bekleidete er das Amt bis zum Jahre 1852. zu welcher Zeit er seine Praxis wieder aufnahm und bis 1860 fortführte, alsdann aber eine schon früher von ihm angekaufte große Farm bezog, jetzt eine der schönsten im County. Auch er widmete sich mit Eifer dem Weinbau und hat zur Zeit den größten Weinberg und das größte Weinlager im County. Er war ein musterhafter Beamter, hatte jedoch keine Neigung im politischen Leben eine Rolle zu spielen. Er steht in Korrespondenz mit landwirthschaftlichen Autoritäten und Gesellschaften in Amerika sowohl als in Deutschland, und hat er dem Weinbau und den Krankheiten der Reben große Aufmerksamkeit geschenkt.

Der jüngste Sohn, Adolph Engelmann, geboren 1825, erhielt so lange er auf seines Vaters Farm war, Unterricht von den ältern Gliedern der Familie. Vom Jahre 1836 an besuchte er die Schulen zu Belleville, arbeitete bei seinem Bruder in dessen Bureau und studirte die Rechtswissenschaft theils in Belleville, theils in St. Louis, in dem Bureau von Fields und Leslie. 1845 zur Rechtspraxis in Illinois zugelassen, begann er seine Laufbahn als Advokat zu Quincy, welches damals schon eine Menge von gebildeten und wohlhabenden deutschen Einwohnern besaß; als aber der Krieg mit Mexiko ausgebrochen war und der Präsident Freiwillige aufrief, eilte er nach Belleville zurück, trat in die erste und zwar nur aus Deutschen bestehende Kompagnie von Freiwilligen, welche dann zur ersten Kompagnie des zweiten Illinoiser Regiments wurde.

Von seinen Kameraden zum Sergeanten erwählt, rückte er bald (21 Jahre alt) zum Unterlieutenant vor. Das Regiment in der Brigade des Generals Wool ging über New Orleans nach Texas, durchzog den Staat, passirte den Rio Grande und zog nach Santa Rosa im Staate Coahuila. Dort erfuhr man die bedrängte Lage von General Taylor bei Saltillo, dem Santa Anna mit dem Hauptheere entgegen geeilt war. In Eilmärschen (vierzig Meilen weit an einem Tag) ging es nach Buena Vista, wo Taylor Stellung genommen. In dieser sehr blutigen Schlacht (21. Februar 1847) wurde Engelmann gefährlich an der rechten Schulter verwundet. Im Mai wurde das Regiment nach vollendeter Dienstzeit entlassen. Noch sehr leidend kam er zurück, und erst in St. Louis gelang es die Kugel herauszunehmen. Es währte fast ein Jahr bis er völlig hergestellt war. Er begab sich nun nach Chicago um dort die Rechtspraxis aufzunehmen, als aber Friedrich Hecker im Juni 1849 auf seiner Durchreise nach Deutschland durch Chicago kam, und daselbst mit großem Enthusiasmus und vielen Hoffnungen von den neuen Erhebungen in Deutschland sprach, eilte auch Engelmann dorthin, erfuhr aber schon in London das Scheitern der badischen und pfälzischen Revolution. So nah am alten Heimathlande, in welchem er sehr viele Verwandte besaß, ging er nach Deutschland und brachte ungefähr ein Jahr in Berlin, Frankfurt und München zu. Als Schleswig-Holstein von den andern deutschen Mächten verlassen, in 1850 allein den Kampf mit Dänemark aufnahm, trat er in das vierte freiwillige Jägerbataillon als Oberjäger, kam zwar in der unglücklichen Schlacht von Idstedt nicht ins Gefecht, war dagegen beim Gefecht in Missunde und bei dem Sturm auf Friedrichsstadt.

Nachdem Schleswig-Holstein in 1851 durch Oestreich und Preußen gezwungen worden waren den Krieg aufzugeben, kehrte Adolph Engelmann nach Illinois zurück, und nachdem sein Bruder, welcher die Farm geführt hatte, bald darauf zur See verunglückt war, entschloß er sich, dessen Stelle einzunehmen. Das Kriegsjahr 1861 fand ihn als Landwirth und Obstzüchter, und namentlich als erfolgreichen Weinbauer. Er verließ sein Heim und seine junge Frau, wurde zum Oberstlieutenant des 43. Infanterie Regiments von Illinois gewählt, dessen Oberst, sein früherer Kapitän aus dem mexikanischen Krieg, Julius Raith, wurde. Das Regiment, aus Deutschen bestehend, namentlich viele Söhne der ersten Einwanderer enthaltend, wurde erst nach Missouri detachirt, dann im Frühjahr 1862 unter Grant's Kommando gestellt, kam zuerst bei Fort Henry in's Feuer und dann bei der blutigen Schlacht von Shiloh, wo der Oberst fiel und das Regiment fast ein Viertel an Todten und Verwundeten einbüßte. Engelmann wurde Oberst des Regiments, und führte von da an, so lange das Regiment diente (3 Jahre), stets eine Brigade. Es bestand ein ruhmreiches Gefecht bei Jackson, Tennessee, gegen Forrests Kavallerie, welche scharf mitgenommen und zurückgeschlagen wurde, nahm dann Theil an der damals verunglückten Belagerung von Vicksburg, wurde darauf nach Arkansas beordert, nahm Theil an der Wegnahme von Little Rock, wo es lange in Garnison lag. Im März 1864 bildete es einen Theil der Armee unter General Steele, welche durch Arkansas zog, um sich dort mit der Armee des Generals Banks bei Shreveport, am Red River, zu vereinigen. Wie es bei solchen Märschen von Weit her, die zu einer Konzentration führen sollen, meistens geht, wurde Banks schon völlig geschlagen, ehe Steele ihn erreichen konnte, und nun warfen sich die Konföderirten mit aller Macht auf Steele, der schleunigst den Rückzug nach Little Rock antreten mußte.

Bei Jenkins Ferry am Saline Fluß erreichten die Konföderirten Steele, der im Begriff war den Fluß zu überschreiten. Die Nachhut führte General Friedrich Salomon, die Brigade, welche den Schluß bildete, Adolph Engelmann. Es entspann sich ein äußerst blutiges Gefecht. Das 43. Illinois, ein Wisconsin und ein aus Negern bestehendes Regiment hatten den Uebergang zu decken. Es gelang ihnen dieses nicht allein, sondern sie trieben auch den Feind noch mehrere Meilen zurück und nahmen ihm zwei Kanonen ab. Die Neger konnten nur durch die größten Anstrengungen der Offiziere verhindert werden, keinen Pardon zu geben, und die verwundeten Gegner zu tödten. Mit dem Geschrei: „Gedenkt an Fort Pillow", stürzten sie sich wie rasend auf den Feind. Nach vollendetem Dienst wurde Engelmann mit dem Titel eines Brigadier-Generals entlassen. Seitdem lebt er wieder ruhig auf seiner Farm, und ist ein thätiges Mitglied des Agrikultur-Vereins. Sein Charakter ist hinlänglich bezeichnet, wenn man sagt, er ist ein Sohn seines Vaters.

Mit Engelmanns kam ein in die Familie aufgenommener junger Mann, Johann Scheel, der in Aschaffenburg Forstwissenschaft studirt hatte, und als Beamter bei Forstmeister Engelmann angestellt war. Er war von großer Herzensgüte, sehr praktisch und anstellig und ungemein arbeitslustig. Er fand bald eine für ihn passende Laufbahn, indem er nicht lange nach seiner Ankunft sich als Feldmesser beschäftigte und dem öffentlichen Vermesser des Countys assistirte. Als im Jahre 1836 Illinois sein riesenhaftes Unternehmen, den Staat auf öffentliche Kosten mit einem Netz von Eisenbahnen zu durchziehen begann, erhielt Scheel eine gute Anstellung als Hülfsingenieur, welche er bis zum Sturz des Systems (1839) bekleidete. Er nahm seine Stelle als Hülfsvermesser wieder auf, wurde später mehrmals zum Steuerabschätzer und Schatzmeister des Countys und dann auf acht Jahre zu der verantwortlichen Stelle eines "Clerks of the County and Probate Court" gewählt. In 1858 wurde er, während er mit seiner Familie in Deutschland zum Besuche war, in St. Clair County als Republikaner in die Gesetzgebung gewählt und 1860 einstimmig als

Kandidat für Staatssenator ernannt, unterlag aber, obgleich er in seinem eigenen County eine große Majorität erhielt, da das andere County, welches zum Senatsbezirke gehörte, fast einstimmig für den demokratischen Kandidaten wählte. Er wurde nur mit ein paar Stimmen Majorität geschlagen. In 1862 wurde er vom Präsidenten Lincoln mit der wichtigen Stelle eines Steuerassessors für den Kongreßbezirk, in dem Belleville liegt, ernannt, und bekleidete diese Stelle bis zu seinem Tode, 1864. Er erwarb sich eine große Popularität, sowohl unter Deutschen als Amerikanern.

Der Verfasser dieses, geboren den 20. November 1809 zu Frankfurt am Main, kam mit der Familie Engelmann ebenfalls nach Illinois (3. August 1833), hielt sich ein Jahr auf der Farm auf, studirte das englische Recht, ging auf die Rechtsschule nach Lexington, Kentucky (1834—1835); wurde 1835 als Advokat am höchsten Gerichtshofe zugelassen und eröffnete ein Rechtsbureau in Belleville; vermählte sich mit Sophie Engelmann 1836; wurde im Jahre 1840 vom Wahlkollegium von Illinois nach Washington geschickt, um das offizielle Resultat der Präsidentenwahl bei dem Vice-Präsidenten abzugeben, lernte dort Van Buren, Richard M. Johnson, viele Senatoren und Repräsentanten kennen, hörte die bedeutendsten Redner, wie Webster, Clay, den er in Lexington schon hatte persönlich kennen lernen, Calhoun und Preston von Süd-Carolina, Benton und andere; wurde 1842 in die Gesetzgebung von Illinois gewählt; erhielt vom Gouverneur die Anstellung als Mitglied des obersten Gerichtshofes 1845 und wurde von der Gesetzgebung 1846 zu derselben Stelle definitiv gewählt. Im Jahre 1852 zum stellvertretenden Gouverneur auf vier Jahre erwählt, trat er 1856 vom öffentlichen Leben zurück, widmete sich ausschließlich seiner Rechtspraxis, bis ihn der ausbrechende Bürgerkrieg wieder an die Oeffentlichkeit brachte. Er organisirte das 43. Illinois Infanterie-Regiment, wurde vom Präsident Lincoln im August 1861 zum Obersten in der freiwilligen Armee ernannt und zum Stabe von Fremont kommandirt. Nach der Zurückberufung Fremonts, wurde er dem Stab von General Halleck zugetheilt, aber eine langwierige Krankheit veranlaßte ihn im März 1862 zur Resignation. Im Jahre 1862 zum Gesandten nach Spanien ernannt, bekleidete er diese Stelle bis zum 1. Januar 1865, und resignirte vorzüglich aus finanziellen Rücksichten. In demselben Jahre wurde er Mitglied und Präsident der Kommission, welche das Waisenhaus für Kinder von Soldaten zu erbauen und einzurichten hatte; ein nicht salarirtes Amt, welches indessen viele Zeit in Anspruch nahm. In 1868 wurde er zum Wahlmann für die Präsidentschaft erwählt und präsidirte dem Wahlkollegium von Illinois. Im Jahre 1871 wurde er Mitglied und Präsident der neu errichteten Eisenbahn-Kommission, resignirte aber im Januar 1873. Von der Staats-Konvention der Liberal-Republikaner und ebenso von der der Demokraten, welche zu gleicher Zeit tagten, war er in 1872 zum Kandidaten für Gouverneur gegen Gouverneur Oglesby ernannt worden, unterlag aber in der Wahl.

Der Familie Engelmann hatte sich ebenfalls Karl Schreiber aus Meiningen angeschlossen, der als Mitglied der Burschenschaft zu Jena Verfolgungen fürchtend, flüchtig geworden war. Er hatte die Rechte studirt, war ein junger Mann von ruhigem liebenswürdigem Charakter, der sich einige Zeit in der Familie aufhielt und später als Jäger und Trapper zehn Jahre in den Felsengebirgen herumzog, dann zurückkehrte, eine sehr interessante Erzählung seiner Abenteuer schrieb und zuletzt in St. Clair County auf einer von ihm erkauften Farm starb. Ebenso ein junger Geistlicher, Michael Ruppelius, der sich neben Engelmann's ankaufte, aber später nach Peoria zog, wo er als Prediger und Lehrer lange Jahre wirkte.

Bald darauf kamen andere Flüchtlinge in die Nähe: Dr. med. Gustav Bunsen aus Frankfurt, welcher stark bei dem Frankfurter Attentat betheiligt war, wo er verwundet wurde, ein Mann von großer Thatkraft, scharfem Verstande, entschlossenem Muthe, aber nicht ohne große Neigung zu Extremen. Er war schon 1830 als Arzt nach Polen gegangen, dort in russische Gefangenschaft gerathen, später aber freigegeben worden. Im Jahre 1836 schloß er sich einer Freischaar an, um Texas in seinem Unabhängigkeitskampfe zu helfen. Er fiel bei einem unerwarteten Ueberfall der Mexikaner.

Dr. med. Adolph Berchelman, ebenfalls ein Theilnehmer des Frankfurter Attentats, praktizirte zuerst auf dem Lande in der Nähe der Farmen der Gebrüder Hilgard, zog dann nach Belleville, wo er bis zu seinem Tode (1873) als Arzt sich die Liebe und Achtung aller seiner Mitbürger erwarb. Liebenswürdige Menschenfreundlichkeit, aufopfernde Uneigennützigkeit und Treue in seinem Beruf waren die Hauptzüge seines Charakters.

Georg Neuhoff aus Frankfurt, Oekonom, kam mit ihm. Auch er flüchtete in Folge des Attentats, kaufte sich eine Farm, zog später nach Belleville, führte längere Zeit ein Gasthaus daselbst und zog dann wieder auf ein Landgut, ganz nahe bei Belleville. In demselben Herbste noch kam Karl Friedrich, der in Leipzig Kameralia und Landwirthschaft studirt hatte, als Flüchtling hier an. Eduard Haren aus dem Rheinkreis, und Heinrich Sandher aus Rheinhessen, welche beide Beamte gewesen waren, kauften sich nahe bei Hilgard's an. In 1834 fanden die Flüchtlinge Wilhelm Weber, Ernst Decker und Mirus am gastlichen Heerde des Herrn Engelmann Zuflucht.

Zugleich mit der Engelmann'schen Familie war auch die des Herrn Heinrich Abend von Marnheim in St. Louis angekommen. Das Haupt derselben, sowie die beiden ältesten Kinder starben aber dort bald

nach ihrer Ankunft, und die Witwe kaufte sich eine Farm nicht weit von
Engelmann's. Später zog die Familie auf eine größere Farm, an Belleville angrenzend. Einer der Söhne, Eduard Abend, der bei der
Einwanderung seines Vaters etwa elf Jahre alt war, erhielt zuerst den
gewöhnlichen Schulunterricht, brachte dann aber einige Zeit auf einem
„College" zu Lebanon zu und widmete sich dem Rechtsstudium. Er wurde
im Jahre 1842 zur Advokatur zugelassen, mußte aber bald die Verwaltung
des Vermögens seiner Mutter übernehmen, machte auch Käufe und Ver-
käufe auf eigene Rechnung, und fand so keine Muße, um Rechtsgeschäfte
fortzubetreiben. Er zeigte sich als guter Finanzmann und erwarb bedeutendes Grundeigenthum. Er nahm stets lebhaften Antheil an allen öffentlichen Angelegenheiten. Abend wurde von der demokratischen Partei im
Jahre 1847 in die Gesetzgebung gewählt, ebenfalls vier Mal zum Mayor
der Stadt Belleville. Er bekleidet seit Jahren die Stelle des öffentlichen
Nachlaßverwalters von St. Clair County, und ist Präsident mehrerer kommerziellen und gewerblichen Gesellschaften, namentlich der Belleviller Spar-
bank, welche schon 1859 von ihm begründet wurde.

Das Jahr 1834 brachte der Kolonie eine sehr werthvolle Vermehrung.
Der Doktor der Medizin, Adolph Reuß, die Doktoren der Philosophie
Anton Schott und F. Kehl, alle aus Frankfurt am Main, kamen mit ihren
jungen Familien hier an.

Adolph Reuß stammte aus einer alten angesehenen Frankfurter
Familie. Er war ein sehr tüchtiger Arzt und Naturforscher, und erhielt
bald eine sehr ausgedehnte Praxis. Aber auch als Landwirth zeichnete
er sich aus. Körperlich höchst kräftig machte es ihm eine wahre Freude
den Wald zu lichten und den Pflug in die Erde zu drücken. Noch bis
in sein spätes Alter wendete er seine von der Praxis erübrigte Zeit zu
ländlichen Beschäftigungen an. Er interessirte sich für Politik, doch ohne
je außer an der Wahlurne sich persönlich zu betheiligen. Mit einem sehr
guten Herzen verband er den größten Freimuth und die kernigste Ausdrucksweise. Er war einer der Gründer der medizinischen Gesellschaft von
St. Clair County und hielt sich überhaupt in seiner Wissenschaft stets
auf dem Laufenden. Er starb 1878 in seinem sechsundsiebzigsten Jahre.
Sein Tod riß eine große Lücke in die Reihe der besten eingewanderten
Deutschen. Doktor Kehl, der am Frankfurter Gymnasium Hülfslehrer gewesen war, kehrte Familienrücksichten halber schon nach einigen
Jahren nach Europa zurück.

Anton Schott war Professor der Geschichte am Frankfurter
Gymnasium gewesen, hatte vorher zu Halle und Jena Theologie und
Philologie studirt. Die Bibliothek von St. Clair County verdankt ihm
zumeist ihre Entstehung. Mit einer seltenen Liebe und Ausdauer hielt er
das Institut aufrecht und war lange Jahre Bibliothekar desselben. Die

Volkserziehung lag ihm besonders am Herzen. Bald wählten ihn die Bewohner seines Distrikts zum Direktor und Verwalter der Schulen, und mit der größten Aufopferung seiner Zeit verrichtete er die Pflichten seines Amtes auf's treulichste. Er gehörte zu den bedeutendsten und geachtetsten Männern des County's. Mit dem größten Interesse folgte er der Politik des Landes, ohne selber eine Stelle zu begehren. Nur einmal ließ er sich mit Widerstreben von der demokratischen Partei zum Kandidaten für die Gesetzgebung ernennen, ohne daß diese Kandidatur bei der damaligen großen Majorität der republikanischen Partei Erfolg gehabt hätte. Sein ruhiger, bescheidener, männlicher und durchaus rechtlicher Charakter, seine Theilnahme an allem, was zum öffentlichen Wohl beitrug, verschafften ihm die Achtung aller Parteien und aller Nationalitäten. Er starb 1869.

Reuß und Schott, unzertrennliche Jugendfreunde, kauften sich eine große, schön angebaute und mit einem guten Wohnhause versehene Farm, etwa eine Meile nordöstlich von Engelmann's Farm, die sie später theilten, wie denn überhaupt alle diese Deutschen darauf sahen, für ihre Familien schon gleich im Anfang eine so bequeme Wohnung und Einrichtung zu erlangen, als überhaupt unter den Umständen damals möglich war.

In demselben Jahre erfolgte die Einwanderung von Georg Bunsen, der sich etwa zwei Meilen östlich von Hilgard's Farm niederließ. Die Familie Bunsen war ein Bruchstück der gescheiterten Gießener Auswanderungs-Gesellschaft. Sie zog es vor, sich in Illinois niederzulassen. Georg Bunsen, ihr Haupt, war am 18. Februar 1793 in Frankfurt am Main geboren, wo sein Vater, ein in seinem Fach ausgezeichneter Mann, Vorsteher der städtischen Münze war, verwandt mit dem berühmten Diplomaten und Gelehrten Josias Bunsen und dem ausgezeichneten Chemiker Robert Wilhelm Bunsen. Die erste Erziehung erhielt Georg in seiner Vaterstadt, studirte 1812 in Berlin Philosophie, hörte Wolf und Fichte, trat aber in die Reihen der Frankfurter freiwilligen Jäger, und machte den Feldzug von 1814 gegen Frankreich mit. Nach Beendigung des Kriegs nach Berlin zurückgekehrt, um seine philosophischen und philologischen Studien zu vollenden, fand er eine Anstellung in der berühmten Lauter'schen Schule zu Charlottenburg, welche nach den Grundsätzen des Pestalozzi'schen Systems geführt wurde. Nachdem er in einem ähnlichen Institut in Wiesbaden thätig gewesen war, errichtete er selbst im Jahre 1820 eine Lehranstalt zu Frankfurt, im Geiste Pestalozzi's, welche er zu großer Blüthe brachte, und die bis zum Jahre 1834 bestand. Seine freisinnigen republikanischen Grundsätze, sowie der Wunsch seiner zahlreichen Familie ein mehr ansprechendes Heim zu gründen, trieben ihn zur Auswanderung.

Er nahm sehr bald Theil am öffentlichen Leben, wurde von seinen Nachbaren zum Friedensrichter erwählt, welche Stelle er viele Jahre lang bekleidete. Seinem Lehrerberuf wurde er aber keinen Augenblick untreu. Er unternahm die Erziehung seiner eigenen Kinder, und bald auch die von Kindern benachbarter Familien. Im Jahre 1847 wurde er von St. Clair County zum Delegaten der Staatskonvention erwählt, um eine neue Verfassung zu entwerfen, eine geachtete und verantwortliche Stellung. 1855 zog er nach Belleville und errichtete eine Musterschule, um praktisch seine rationellen Ansichten über Erziehung in größerem Style auszuführen. Die Lehrer an den Freischulen wurden eingeladen, von Zeit zu Zeit seine Methode zu beobachten und es währte nicht lange, so hatte er an diesen Lehrern willige Schüler gefunden. Im Jahre 1856 wurde er zum Direktor und Inspicienten der Freischulen zu Belleville erwählt, und einige Jahre später zum Superintendenten aller Freischulen im ganzen County. Ebenso war er Mitglied des Staatserziehungsraths, und einer der Gründer der Staats-Normal-Schule (Lehrer-Seminars) zu Bloomington. Er brachte einen ganz neuen Geist in das hiesige Schulwesen, und unter den amerikanischen Lehrern fand er fast noch mehr Nachahmung und Anerkennung als bei den Deutschen. Gedächtnißkram und Formelwerk wurden verbannt, Denkübungen und Selbstentwickelung an deren Stelle gesetzt. Er hat sich unstreitig hohe Verdienste um das Erziehungswesen im Staat erworben. In einer Denkschrift über ihn von einem amerikanischen Schulmann verfaßt, heißt es:

„Er war ein Mann von einem außergewöhnlichen Stoffe gemacht. Selbstlos im höchsten Grade, von unbestechlicher Ehrenhaftigkeit, von reinem Wandel, war sein Leben der Nachahmung und Bewunderung würdig. Als ein Lehrer, Direktor von Schulen, Superintendent des County Schulwesens, Mitglied des Erziehungsraths des Staates, als ein stets thätiger und energischer Arbeiter im Interesse der Erziehung, können seine ausgezeichneten Dienste kaum hoch genug geschätzt werden, und sie werden lange in der Erinnerung bleiben.

Er starb im Jahre 1874. Ihm zu Ehren ist das in Belleville neu errichtete Schulhaus die „Bunsen Schule" genannt worden, während die andern die Namen von Franklin, Washington und Lincoln tragen.

Im Jahre 1836 ließ sich auch auf einer sehr schön gelegenen, an die Stadt Belleville angrenzenden „Farm", die Familie des Theodor Hilgard, sen., aus Zweibrücken nieder. Theodor E. Hilgard, geboren zu Marnheim, in der Rheinpfalz, der Sohn eines geachteten Geistlichen, war der Neffe von Friedrich Engelmann, und erhielt seine Erziehung unter französischer Herrschaft, theils von Privatlehrern, theils auf dem Gymnasium zu Grünstadt, und dem Lyceum zu Metz, an welchem letzteren Orte er sich für die polytechnische Schule in Paris ausbilden wollte. Seine Neigung wendete sich besonders der Mathematik zu, einem Felde auf welchem er sich sehr auszeichnete. Seiner Kurzsichtigkeit wegen mußte er jedoch den Plan, Artillerie-Offizier oder Ingenieur zu werden, aufgeben, und entschloß sich zum Studium der Jurisprudenz. Zu diesem Zwecke besuchte er Göttingen, Heidelberg, die Rechtsschulen von Koblenz und Paris, wurde schon in seinem 22. Jahre Advokat bei dem kaiserlichen Obergerichtshof zu Trier, und als später ein Theil des linken Rheinufers an Bayern gefallen war, bei dem Appellationsgericht zu Zweibrücken. Nach einer sehr glücklichen und gewinnreichen Praxis an diesem Gerichtshof, und nachdem er auch mehrere Jahre Mitglied des Landrathes im Rheinkreise gewesen war, wurde er im Jahre 1824 zum Appellations-Gerichtsrath ernannt, und bekleidete diese Stelle bis zum Jahre 1836, in welchem er seinen Abschied nahm.

Er war unstreitig einer der ersten Juristen des Landes, führte vielfach das Präsidium bei den Assisen, und glänzte auch als juristischer Schriftsteller. Er gab einige Jahre lang die ihrer Zeit sehr geschätzten „Annalen der Rechtspflege in Rheinbaiern" heraus. Aber selbst die angestrengteste Berufsthätigkeit konnte seinem lebhaften Geiste nicht genügen. Er blieb ein warmer Freund mathematischer Studien und des klassischen Alterthums, und er las die römischen und griechischen Dichter und Prosaisten bis in sein hohes Alter mit besonderer Vorliebe. Auch der französischen und deutschen Literatur widmete er einen beträchtlichen Theil seiner Mußestunden, und das Französische las und schrieb er mit derselben Fertigkeit, wie seine Muttersprache. So gründlich waren seine Kenntnisse, daß er seine Söhne, welche als Knaben nach den Vereinigten Staaten gekommen waren, und natürlich nur mäßige Vorkenntnisse besaßen, selbst so weit ausbildete, daß die beiden Jüngern direkt deutsche Universitäten besuchen konnten, während der älteste, Julius Hilgard, bald eine Anstellung an den Küstenvermessungen fand, wo er jetzt schon seit langen Jahren dem Namen nach der Zweite, in der That aber der wirklich aktive Chef dieses Bureau's ist, und den Ruf eines der ersten Mathematiker in den Vereinigten Staaten, ja selbst in Europa genießt.

Von jeher mit großer Vorliebe für das Landleben erfüllt, durch seine rastlose geistige Thätigkeit nicht unbedeutend an seiner Gesundheit geschädigt, dabei von Jugend auf, wie fast alle Mitglieder seiner weitverzweigten Familie, ein Bewunderer republikanischer Staatsformen, wurde Hilgard unangenehm berührt und verletzt durch das Bestreben der baierischen Regierung, welches namentlich nach den Ereignissen in der Pfalz, von 1832—'33 zu Tage trat, die noch aus den französischen Zeiten stammenden freiern Institutionen des Rheinkreises zu verkümmern, und die höchsten Gerichtshöfe im Sinne einer argwöhnischen und bureaukratischen Regierung umzugestalten, indem man aus den alten Provinzen Räthe und Staatsanwälte herbeizog, welche wenig von den französischen Gesetzen verstanden; alles dieses wirkte aber dahin, daß sich bei ihm die Idee zu regen begann, seine Heimath mit Amerika zu vertauschen.

Der Gedanke, seiner zahlreichen Familie eine gesicherte und bedeutende Existenz, in dem großen Lande über dem Meere zu verschaffen, nebst einem gewissen, bei einem sonst so ernsten und praktischen Manne sehr ungewöhnlichen Anflug von Romantik, bestärkte ihn immer mehr in der schon lange entstandenen Idee einer Auswanderung nach den Vereinigten Staaten. Er prüfte indessen vorher sehr reiflich die hier bestehenden Verhältnisse, und konnte dies um so eher, als bereits zahlreiche nahe Verwandte seit mehreren Jahren in Illinois angesiedelt waren, die in ungeschminkten Familienberichten die Vortheile und Nachtheile ihrer neuen Lage lebhaft und einleuchtend geschildert hatten.

Im Herbst 1835 die schöne Rheinpfalz verlassend, erreichte er im Frühjahr 1836 St. Louis, in Missouri, mit seiner zahlreichen interessanten Familie. Nahe bei dem Städtchen Belleville, im Staate Illinois, kaufte er sich ein hübsches Landgut mit soliden, für jene Zeit fast eleganten Gebäuden, schönem Obstgarten, und widmete sich gleich Anfangs vorzüglich dem Weinbau und der Obstzucht. Sehr bald fing er an fast sein ganzes Land in Bauplätze auszulegen, welche er, bei dem raschen Emporblühen Belleville's, nach und nach vortheilhaft verwerthete. Auch in andern Theilen des Staates kaufte er bedeutende Landstrecken theils von der Regierung, theils von Privatleuten, und das Städtchen „Freedom" in Monroe County, 14 Meilen südlich von Belleville, ist, wie „West-Belleville", von ihm gegründet. Nach dem Tode seiner ersten Frau, einer vortrefflichen Gattin und Mutter, und seines zweitältesten Sohnes, der allein von Allen sich dem Landbau gewidmet hatte, veräußerte er nach und nach alle seine Ländereien, um die Idee auszuführen, mit welcher er sich wohl schon längere Zeit getragen hatte, seine letzten Jahre in Deutschland zu verleben. Nur den schönen Wohnsitz bei Belleville ließ er erst später, nachdem alle seine Kinder ihr Heim gegründet hatten, in fremde Hände übergehen.

Im Jahre 1850, und abermals in 1852, führten ihn Familienverhältnisse nach Deutschland, zu zeitweiligem Aufenthalt. Erst im Jahre 1854 siedelte er mit seiner zweiten Frau nach Deutschland über und wählte Heidelberg zum bleibenden Wohnsitz. Im Jahre 1863 kehrte er um seine Geschäfte definitiv abzuschließen, noch einmal nach Belleville zurück und hielt sich über ein Jahr daselbst auf, um dann endlich von seinem zweiten Vaterlande, für welches er bis zu seinem Tode, man kann fast sagen „schwärmte", auf immer Abschied zu nehmen. Im Kreise einer neu aufblühenden Familie starb er in Heidelberg in seinem 82. Jahre 1872.

Während der letzten Zeit seines Lebens konnte er sich seinem Hange zum Schriftstellerthum ausschließlicher überlassen. Sobald ihn eine Idee erfaßt hatte, beunruhigte sie ihn, wie dies ja wohl nicht allein bei Göthe vorkam, sondern wie es bei allen geistvollen Menschen, welche sich zutrauen, ihre Gedanken in gefällige Formen kleiden zu können, der Fall zu sein pflegt. In

Belleville entstanden so äußerst gelungene Uebersetzungen der „Feueranbeter" von Thomas Moore, und „Ovid's Metamorphosen" in achtzeiligen Stanzen. Beide Dichter mußten ihn besonders anziehen, denn beide waren Meister der schönen Form, ohne welche für Theodor Hilgard das Größte und Erhabenste nur von sehr bedingtem Werthe war. Spätere Versuche, „König Lear" und „Die Nibelungen", ihrer Härten und Auswüchse zu entledigen, um sie dem deutschen Publikum mundgerechter zu machen, zeugen für das ihm innewohnende starke Gefühl, das Widerwärtige von sich abzuweisen, und dem Schönen, selbst auf Kosten der Kraft, bedeutende Zugeständnisse zu machen. Er selbst dichtete viel in seiner Jugend, sowie in der neuen Heimath. Ja noch in den letzten Jahren seines Lebens blieb er den Musen treu; wie auch der sonst ganz anders physisch und geistig aufgebaute Friedrich Münch noch von Zeit zu Zeit in die Harfe greift. (Siehe Anhang No. 9.)

Doch pflegte er nicht allein die Belletristik, sondern beschäftigte sich in den Jahren unmittelbar vor 1848, während welcher die soziale Frage wieder in den Vordergrund getreten war, viel mit publizistischen Arbeiten. Seine im Jahre 1847 in Deutschland veröffentlichte Flugschrift, „Zwölf Paragraphen über Pauperismus und die Mittel ihm zu steuern", erregte Aufsehen, und wurde von den Literaturblättern, darunter das "Westminster Review", sehr günstig besprochen. Sie erschien, vom Verfasser in das Französische übersetzt, unter dem Titel: "Essai sur le droit au travail et les questions qui s'y attachent". Ferner erschien von ihm „Eine Stimme aus Amerika, über verfassungsmäßige Monarchie und Republik", 1849. In demselben Jahre veröffentlichte er noch eine Flugschrift, „Ueber Deutschland's Nationaleinheit und ihr Verhältniß zur Freiheit". Alle diese Schriften sind mit außerordentlicher Klarheit und Durchsichtigkeit geschrieben, in dem lobenswerthen, den Franzosen besonders eigenen Style, und bekunden eine mit Mäßigung gepaarte Freiheitsliebe. Auch sie durchweht indessen ein Zug von Idealismus, den selbst der scharfe Realismus in allen auf Staats- und Gemeinwesen bezüglichen Dinge, welchem er hier in Amerika begegnete, nicht ganz bei ihm verwischen konnte.

Zu persönlicher Theilnahme an der hiesigen Politik konnte er nicht bewogen werden; auch fehlte ihm trotz einer sehr bald von ihm erlangten gründlichen Kenntniß der englischen Sprache, die Fertigkeit des Ausdrucks, und seinen Ruf als gewandter Redner im Deutschen und Französischen, wollte er durch Versuche öffentlich englisch zu sprechen, nicht aufs Spiel setzen. In deutschen Kreisen jedoch war sein Wirken von großem Einfluß. Sehr bald hatte er sich mit den Institutionen des Landes vertraut gemacht und war natürlich wohl befähigt ein richtiges Urtheil abzugeben. Er schrieb viel für deutsche Zeitungen, und bald auch über wichtige politische

Fragen in die englischen Blätter von Belleville. Er pflegte mit den Vertretern des County's in der Gesetzgebung zu korrespondiren, die vorliegenden Gesetzesvorschläge zu diskutiren und neue in Anregung zu bringen. Nach beiden Richtungen erstreckte sich demnach sein Einfluß: in der Hebung und Veredlung der Deutschen seines Umkreises, und durch Mittheilung seiner Ansichten über ernste und wichtige Fragen durch die Tagespresse an die amerikanische Bevölkerung.

Das Wirken eines solchen Mannes, der von der Zeit an als er sein altes Vaterland verließ, keine öffentliche Stellung mehr bekleidete, läßt sich nicht mit dem Zirkel abmessen, man kann nicht mit dem Finger auf dessen Lebensstationen deuten und die Folgen seines Strebens mathematisch nachweisen. Daß aber ein Mann von solch allseitiger und feiner Bildung, von so reichen und umfassenden Kenntnissen, im Recht, in der Politik, in der Geschichte bewandert wie Wenige, der seine Gedanken beiden Volksstämmen so klar und zugleich so gefällig durch die Presse vermittelte, nicht umsonst gelebt und gestrebt hat, ist selbstverständlich. Sein Name, der indessen durch seine Nachkommen schon in den Vereinigten Staaten hell leuchtet, durfte hier nicht ungenannt bleiben, wo es sich darum handelt den Einfluß des Deutschthums auch der jetzigen und noch späteren Generationen zum Bewußtsein zu bringen.

Wir haben oben schon seines Sohnes Julius erwähnt; dieser aber, sowie sein Bruder Eugen, haben sich solche Verdienste um die Wissenschaften erworben, daß eine kurze Darstellung ihres Wirkens nur von Interesse sein kann. Julius E. Hilgard wurde zu Zweibrücken im Rheinkreis am 7. Januar 1825 geboren und erhielt schon dort eine ausgezeichnete Erziehung. Nachdem er im elften Jahre mit seinem Vater hier eingewandert war, nahm dieser die regelmäßige und methodische weitere Erziehung seiner Kinder in die Hand. Julius erhielt Unterricht in den klassischen sowohl als in den neueren Sprachen, und konnte schon in einigen Jahren in manchen Fächern seinen Vater bei dem Unterricht der jüngeren Geschwister unterstützen. Er zeigte ganz vorzügliche Anlagen zur Mathematik. Man konnte sagen, daß er diese Wissenschaft gleichsam instinktiv erfaßte. Sein Vater, selbst ein bedeutender Mathematiker, mußte ihn sehr bald von diesem Fache dispensiren. Er gestand ein, daß der Sohn ihn längst überflügelt habe. Es war nur natürlich, wenn er sich zum Civilingenieur bestimmte. Zu diesem Zwecke begab er sich 1843 nach Philadelphia, zuerst in das große Etablissement von Norris, welches damals mit der Konstruktion von Lokomotiven für die Vereinigten Staaten und das Ausland beschäftigt war. Seine Studien machte er unter den ausgezeichneten Ingenieuren Roberts und Trautwein. In die Familie des Richters Kane eingeführt, machte er die Bekanntschaft von Dr. Patterson und Professor Bache, so wie anderer Mitglieder der „Philosophischen Gesellschaft von Philadelphia", die bald seinen Wissensdurst und seine eminente mathematische Befähigung erkannten.

Als nun Alexander Dallas Bache, Urenkel von Benjamin Franklin, früher im topographischen Ingenieur-Korps der Vereinigten Staaten, dann Professor der Mathematik an der Universität von Pennsylvanien und Präsident des „Girard College", um diese Zeit zum Chef der Küstenvermessungs-Behörde der Vereinigten Staaten berufen wurde, warf er sein Auge auf Hilgard, nahm ihn in das Korps, welches er sich gebildet hatte, auf, und betraute ihn bald mit wichtigen Arbeiten. In dem "Popular Science Monthly, September 1875", heißt es von Hilgard:

„Hilgard wurde bald als einer der dirigenden Geister des Werkes anerkannt und durch Eifer im praktischen Dienst, unermüdlichen Fleiß und die Verbesserungen in jedem Zweig der Arbeiten, welche er in seine Hand nahm, stieg er zu der Stelle des Chefs des Bureaus der Küstenvermessung (1862), welches zu Washington seinen ständigen Sitz hat. Hilgard's wissenschaftliche Arbeit bezog sich hauptsächlich auf die Erforschung und Festsetzung der Resultate in der Geodesie und physischen Erdkunde und auf die Vervollkommnung der Methode und der Instrumente zu diesen Erforschungen. Die jährlichen Berichte der Küstenvermessung (welche mehrere starke Bände im größten Quartformate ausfüllen und reichlich mit Karten aller Art illustrirt sind) enthalten zahlreiche Artikel von seiner Hand, über Gegenstände der Geodesie, über die Bestimmung der Breitengrade, über die Methode, Gewißheit der Längenvermessungen zu erzielen, über Erdmagnetismus u. s. w. Seine Abhandlung über die „Ebbe und Fluth und ihre Bewegungen in den Häfen", welche zuerst als eine Vorlesung vor dem "American Institute" publizirt wurde, zeichnet sich durch Klarheit und prägnante Entwickelung der Prinzipien ohne Hülfe mathematischer Zeichen aus".

Ein Theil seiner Berufspflichten ist es auch, die Maaße und Gewichte, welche für die Vereinigten Staaten gelten, verfertigen zu lassen, und er hat in den letzten Jahren zur Vertheilung in den einzelnen Staaten solche gesetzliche Maaße von der größten Genauigkeit hergestellt. Als mit diesem Zweige besonders vertraut, wurde er von der Regierung in 1872 als ein Delegat zur internationalen metrischen Kommission, welche in Paris zusammenkam, geschickt. Durch dieselbe wurde ein internationales Bureau für Feststellung von Maaß und Gewicht, mit Sitz in Paris, errichtet. Zu dem Direktorium dieses Bureaus gehört Julius Hilgard. Er ist Mitglied der "National Academy of Sciences" und deren Sekretär. Ebenso ist er Ehrenmitglied der „Amerikanischen philosophischen Gesellschaft" von Philadelphia und der „Akademie der Künste und Wissenschaften" in Boston. Seine Korrespondenz mit wissenschaftlichen Journalen ist fast ununterbrochen. Außerhalb seines geschäftlichen Wirkungskreises vollführt er jetzt ein Werk von dem höchsten Interesse, nämlich eine magnetische Vermessung der Vereinigten Staaten. Die Kosten dieser großartigen Unternehmung werden aus einem Fond bestritten, welcher der verstorbene A. D. Bache der

Nationalen Akademie der Wissenschaften vermacht hat. In den letzten Jahren hat er mehrmals Europa im wissenschaftlichen Interesse besucht, und man darf wohl wichtigen Publikationen von ihm noch entgegen sehen.

Bei einem solchen mathematischen Genie erwartet man in der Regel keine gewandten Umgangsformen, keine geselligen Eigenschaften zu finden. Aber Julius Hilgard ist trotz seiner ernsten und Anderen trocken erscheinenden Wissenschaftlichkeit, ein Mann von sehr umgänglichem und liebenswürdigem Charakter. Er ist für Alle, die mit ihm zu thun haben, von der größten Zuvorkommenheit und Freundlichkeit. Trotz seines eminenten Wissens, bemerkt man bei ihm keine Selbstüberhebung, und obgleich nach Bache's Tode ihm, der während dessen langer Krankheit Jahre lange der wirkliche Chef der ganzen Küstenvermessung war, von Gott und Rechtswegen diese Stelle hätte ertheilt werden müssen, drängte er sich nicht zu und nahm keinen Anstand, Professor Pierce, selbst zum Nachfolger von Bache als geeignet zu empfehlen. Es ist ihm genug, daß man im In- und Auslande seinen wissenschaftlichen Werth anerkennt, wo man ihn unbedingt als den Ersten unter Gleichen betrachtet.

Eugen Woldemar Hilgard wurde in Zweibrücken am 5. Januar 1833 geboren und kam mit seinem Vater 1836 nach Illinois, wo er auf dessen Farm, nachdem er in das Knabenalter getreten war, sich beschäftigte und von ihm und seinen älteren Geschwistern eine treffliche Erziehung erhielt. Früh schon suchte er seine Unterhaltung in den Naturwissenschaften, speziell der Botanik, für welche Wald und Prairie reiche Ernte boten.

Im Herbste des Jahres 1848 ging er nach Philadelphia, hörte den Winter über einen Kursus Chemie und begab sich im folgenden Frühjahr, sechszehn Jahre alt, nach Heidelberg, wo ein älterer Bruder Theodor bereits Medizin studirte, vertauschte aber noch in demselben Jahre Heidelberg mit Zürich, wo er durch drei Semester seine naturwissenschaftlichen Studien fortsetzte. 1850 verließ Eugen Zürich, um die Berg-Akademie in Freiberg, Sachsen, zu besuchen, da er Metallurgie und Minenkunde als Fachstudien erwählt hatte. Zwei Jahre genoß er hier den Unterricht solcher Lehrer wie Plattner, Weisbach, Cotta und Scherer. Der Einfluß der giftigen Dämpfe in den Schmelzwerken, welchen er sich aussetzen mußte, um seinen praktischen Kursus zu vollenden, wirkte jedoch dermaßen nachtheilig auf seine Gesundheit, daß er sich genöthigt sah, dieses Fach ganz aufzugeben. Er verließ Freiberg, besuchte seinen Bruder Theodor in Wien, und nach einer Erholungsreise in die Schweiz, kehrte er nach Heidelberg zurück, beendigte seinen Kursus in Chemie in dem Laboratorium bei Bunsen, und erlangte im Herbst 1853 die Doktorwürde. Die angestrengte Arbeit in dem Laboratorium hatte abermals auf sein Befinden so schädlich eingewirkt, daß er sich genöthigt sah, für den Winter ein milderes Klima aufzusuchen. So ging er durch das südliche Frankreich nach Marseilles, wo er sich einschiffte und, nachdem er die Hafenstädte der spanischen Küste besuchte, schließlich in Malaga blieb. Dort beschäftigte er sich während eines achtzehnmonatlichen Aufenthalts mit der Geologie und Flora des Landes und kehrte nach einem Besuch in Portugal auf einem Segelschiff nach New York zurück, wo er im Juli 1855 anlangte.

Kurz nach seiner Ankunft übernahm er die Leitung des chemischen Laboratoriums am „Smithsonian Institute" in Washington, welche er bald niederlegte, um die ihm angetragene Stellung eines Assistenten bei der geologischen und landwirthschaftlichen Aufnahme des Staates Missisippi anzunehmen. Als im Winter 1856 diese Arbeit zeitweilig unterbrochen wurde, kehrte er wieder auf seinen Posten nach Washington zurück. Hier widmete er sich speziellen Untersuchungen über verschiedene chemisch-technische Gegenstände und hielt einen Kursus von Vorlesungen über medizinische Chemie an dem „National Medical College" in Washington im Winter des Jahres 1857—1858. Um diese Zeit wurden die Forschungen in Missisippi wieder aufgenommen und Hilgard bekam einen Ruf dahin als Ober-Staats-Geologe (Chief State Geologist). Zwei Jahre stand er diesen Arbeiten mit großer Energie vor. Er sammelte die Data's zu geologischen Karten, in welchen er besonders den Interessen der Landwirthschaft und der praktischen Behandlung des Bodens gründlichste Berücksichtigung schenkte. Die Resultate dieser Arbeit erregten die Aufmerksamkeit der Legislatur, welche nun dem "survey" eine feste Grundlage sicherte und den Bericht zum Druck beorderte. Dieser wurde im Jahre 1860 in Jackson ausgeführt. Während aber das Werk, um gebunden zu werden, in St. Louis war, wurde die Blokade erklärt, und so konnte es erst nach dem Kriege veröffentlicht werden. Es enthält eine vollständige geologische Karte des Staates und gibt die erste genaue Auskunft über die geologischen Formationen des Landes und die Beschaffenheit des Bodens in wirthschaftlicher Beziehung. Der zweite Theil enthält eine ausführliche Beschreibung der Bodenarten und ihres Kulturwerthes, mit besonderer Berücksichtigung und Anwendung der Boden-Analyse. Die Wichtigkeit derselben, wenn gehörig ausgeführt und richtig angewandt, vertrat Hilgard damals beinahe allein im ganzen Lande, den Vorurtheilen zum Trotz, welche durch das Fehlschlagen oberflächlicher Versuche entstanden waren. Die Boden-Analyse ist seitdem seine Spezialität geblieben und hat er besonders deren mechanischen Theil verbessert.

Im Herbst 1860 machte er eine Reise nach Spanien, um sich in Madrid mit der Tochter des spanischen Obersten Bello zu vermählen, deren Bekanntschaft er während seines Aufenthalts in Malaga gemacht hatte. Mit seiner jungen Frau kehrte er nach kurzem Verweilen in Frankreich und Deutschland nach Missisippi zurück, wo er die Sezession bereits in vollem

Gange fand. Während des Kriegs sorgte er für die Erhaltung der Sammlungen und Apparate, sowie des sonstigen Eigenthums der Universität zu Oxford, Mississippi. Da er noch immer das Amt des Staats-Geologen bekleidete, fuhr er fort in diesem Berufe zu wirken und führte solche Arbeiten aus, wie der Drang der Verhältnisse es verlangte oder wünschenswerth erscheinen ließ.

Bei der Wiedereröffnung der Universität nach dem Kriege 1865, legte er sein Amt nieder und übernahm die Professur der Chemie, welche er bis zum Juni 1872 bekleidete. Seine geologischen Forschungen setzte er jedoch während dieser Zeit unermüdlich fort. Im Jahre 1868 unternahm er im Auftrag des "Smithsonian Institute" die geologische Untersuchung der Küste Louisiana's, welche außerdem den besonderen Zweck hatte, das Alter und die Natur des merkwürdigen Salzlagers zu untersuchen, welches während des Krieges an der Vermillion Bay entdeckt worden war. Zugleich untersuchte und erklärte er das sonderbare Phänomen der Schlamm-Inseln und Kegel, welche ein Haupthinderniß für die Schifffahrt in den verschiedenen Ausflüssen des Mississippi bilden, und seiner Ueberzeugung nach dieselbe zeitweilig in jedem Hauptarm des Stromes stören werden.

Da er die geologische Aufnahme des Staates zu vervollständigen wünschte, so organisirte er im Jahre 1869 eine Expedition, mit Beihülfe der „Wissenschaftlichen Gesellschaft" und des „Staates Einwanderungs-Bureaus" von Louisiana, und führte mit seinen Begleitern eine dreißigtägige Erforschungsreise durch den Staat aus. Diese ermöglichte es ihm, die erste geologische Karte von Louisiana zu entwerfen, welche im Laufe der Zeit nur wenige Detail-Veränderungen erfahren hat. Die Resultate dieser Forschungen wurden von dem "Smithsonian Institute", dem "American Journal of Science", sowie in dem Bericht des "United States Engineer Department" veröffentlicht. Die "New Orleans Academy of Science" ließ sie in Pamphlet-Form drucken, um sie dem allgemeinen Publikum zugänglich zu machen.

Im Jahre 1872 überwies die Legislatur die Hälfte des „Morril-Fonds" der Universität. Derselbe hatte die Bestimmung, eine landwirthschaftliche und polytechnische Schule zu gründen und Professor Hilgard wurde beauftragt, die erstere zu organisiren, während er noch Staats-Geologe war. Allein die politischen Zustände jener Zeit gaben wenig Hoffnung auf eine erfolgreiche Ausführung seines Lieblingsplans. Er entschloß sich daher im Juni 1873, einem öfter wiederholten Rufe an die „Staats-Universität" in Ann Arbor, Michigan, zu folgen, wo ihm die Professur der Chemie und Naturwissenschaften angetragen war. Das Klima von Michigan war jedoch für ihn, der so lange im Süden gelebt, zu rauh. Im Herbst desselben Jahres erhielt er eine Einladung, eine Reihe von Vorträgen über Agrikultur-Chemie an der Staats-Universität von Californien zu halten; er reiste dahin, und, da ihm Land und Klima zusagten, so nahm er die Professur dieses Zweiges der Wissenschaft an und siedelte mit seiner Familie im Frühling 1875 nach der Universität zu Berkeley in Californien über, wo er noch immer wirkt.

Professor Hilgard hat dem "American Journal of Science" zahlreiche Beiträge über Geologie und chemische Gegenstände geliefert und viele seiner Vorträge über „Erziehung" und „Landwirthschaftliches" sind in die betreffenden Zeitschriften übergegangen; auch für "Johnson's Encyclopædia" hat er verschiedene Artikel geschrieben. Er ist Mitglied der "National Academy of Science". Troß seiner fast stets schwankenden Gesundheit hat er rastlos, ein Märtyrer der Wissenschaft, zu deren Förderung gearbeitet, in gelehrten Kreisen einen beneidenswerthen Ruf erlangt, und durch die Vortrefflichkeit seines Charakters die Liebe und Achtung Aller erworben, welche in nähere Berührung mit ihm gekommen sind.

Um diese Zeit und einige Jahre später wurde Belleville und Umgegend der Zufluchtsort einer Menge politischer Flüchtlinge, meistens frühere Mitglieder der Burschenschaft und anderer Europa-Müden. Aus der Schweiz vertrieben, kamen Heinrich Schleth aus Holstein, Jurist, der später in Belleville mehrere öffentliche Stellen bekleidete; Albert Trapp, Mediziner, ein Mann, in seinem Fache überaus tüchtig, der sich mit Eifer auch in das politische Leben warf, sich eine seltene Kenntniß der politischen Geschichte des Landes erwarb, und mit einem erstaunlichen Gedächtniß begabt, eine wandernde politische Bibliothek war, und der im Jahre 1854 von St. Clair County in die Gesetzgebung gewählt wurde, später aber sich in Springfield niederließ und dort seine medizinische Praxis fortsetzte. Trapp wurde 1813 zu Römhild in Sachsen-Meiningen geboren, besuchte das Gymnasium zu Schleusingen, studirte Medizin zu Jena 1832 und 1833, vertauschte Jena mit Berlin, dann mit Halle, wurde jedoch dort in die Untersuchungen gegen die frühern Mitglieder der Burschenschaft verwickelt, entfloh aber nach der Schweiz, wo er in Zürich weiterstudirte, ein begeisterter Schüler von Schönlein. Dort wurde er indessen auch ausgetrieben, und durch Frankreich nach London transportirt 1836. Im folgenden Jahre landete er hier in Amerika, und nahm seine Richtung nach dem allbekannten St. Clair County. Sein uneigennütziger, gerader und liebenswürdiger Charakter wurde dort, wie später in Springfield allgemein gewürdigt.

August Konradi, Mediziner aus Augsburg, ein Mann von geistvollem aber etwas unstätem und stürmischem Charakter, ließ sich gleichfalls in St. Clair County nieder. Es kamen ferner August Hassel, Jurist, ebenfalls aus Augsburg, der die Politik mit Wärme ergriff; die beiden Brüder Karl und Eduard Tittmann, aus Dresden, Juristen und junge Männer von hoher Bildung, **August Dilg**, Theologe, der sich aber der Landwirthschaft widmete, **Herman** und **Heinrich von Haxthausen** aus Westphalen, ebenfalls auf deutschen Universitäten gebildet, die Doktoren **Eduard Jörg** und **Eduard Kluthard**, beide junge Aerzte aus Sachsen, **Adolph Wislizenus**, Mediziner, dem wir noch später begegnen werden, Dr. **Binzens**, aus Rheinbaiern, Dr. **Nette**, aus Hannover, Dr. **Wichers**, aus Köln. Dr. Georg Engelmann, Neffe von Friedrich Engelmann, war schon 1833 auf des Letzteren Farm gekommen, siedelte aber nach mehreren Reisen im Westen nach St. Louis über. Es kam **Ewald von Massow**, wegen Theilnahme an der jenaischen Burschenschaft mit sechsunddreißig Andern, worunter **Fritz Reuter**, zum Tode verurtheilt, dann zu lebenslänglicher Festungshaft begnadigt, aber seinem Gefängniß auf der Festung Colberg entsprungen. Auch er ließ sich mit seiner Familie in der Nähe von Engelmann's Farm nieder.

Unter solchen Umständen ist es nicht zu verwundern, daß die deutsche Niederlassung in St. Clair County den Beinamen des „**lateinischen Settlements**" erhielt, und daß von diesem „Settlement" auch wohl die Bezeichnung „lateinische Bauern" stammt, die in den Vereinigten Staaten gang und gäbe geworden ist, wenn man von „Farmern" spricht, welche erst hier diesen Lebenszweig gewählt haben.

Man hätte denken sollen, daß, wo auf so verhältnißmäßig beschränktem Raum eine solche Anzahl meist junger, strebsamer, gebildeter Männer zusammengeströmt war, die nach den verschiedensten Richtungen ihre Thätigkeit entwickelten und von vielen anderen gebildeten Deutschen, die Feldbau, Kaufmannschaft und Handwerke betrieben, umringt waren, sich leicht ein Geist der Abgeschlossenheit hätte geltend machen können. Aber das gerade zeichnete diese Niederlassung aus, daß sie sehr bald Fühlung mit der amerikanischen Bevölkerung gewann und dadurch einen starken Einfluß auf die Denkart, die Sitten, die ganze Lebensführung der früher ansäßigen Bevölkerung erlangte.

Schon im Jahre 1836 bildete sich die deutsche Bibliotheks-Gesellschaft, welche einige Jahre später einen Freibrief erhielt. Die Herren **Schott, Reuß, Engelmann, Theodor, Eduard, Fritz** und **Otto Hilgard, Körner, Fritz** und **Hermann Wolf, Georg Bunsen, Adolph Berchelmann, Joseph Ledergerber** und **J. L. Hildenbrandt**, waren die Gründer. Eine liberale Schenkung aus den vielen mitgebrachten Privatbibliotheken bildete den ersten Anfang. Durch die jährlichen Beiträge wurden dann die deutschen Klassiker vervollständigt und die bedeutendsten amerikanischen Geschichtswerke, Memoiren und Lebensbeschreibungen amerikanischer Staatsmänner angeschafft, sowie auch die neuesten deutschen und englischen Novellen.

Das erste Werk was angekauft wurde, waren die sämmtlichen Schriften, Briefe und Depeschen von Georg Washington, herausgegeben von Sparks, dem bald die gesammelten Werke von Thomas Jefferson folgten. Von deutschen Zeitschriften wurden zuerst das „Morgenblatt" und „Literatur Blatt" von Cotta, dann auch die „Blätter für literarische Unterhaltung" von Brockhaus bestellt. Im Laufe der Zeit ist namentlich das Fach der amerikanischen staatsmännischen Literatur auf eine bedeutende Höhe gebracht worden. Durch die Theilnahme der Kongreßmitglieder des Bezirks sind alle wichtigen Dokumente des Kongresses, auf mehrere tausende von Bänden sich belaufend, der Bibliothek einverleibt worden. In neuerer Zeit wurde sie besonders durch Anschaffung naturwissenschaftlicher Werke bedeutend vermehrt. Von vornherein wurden einige der besten deutschen periodischen Zeitschriften, sowie die bedeutenderen englischen und amerikanischen Reviews gehalten. Im Jahre 1863 zählte die Gesellschaft über 200 Mitglieder, und 1879 belief sich die Anzahl der Bände die öffentlichen Dokumente nicht eingerechnet, auf 5500. In den ersten Jahren befand sich die Bibliothek im Hause von Dr. Schott auf dem Lande, sie wurde später nach Belleville verlegt. Auch Amerikaner wurden von Zeit zu Zeit Mitglieder. Die mehrmals im Jahre abgehaltenen Versammlungen wurden ein gesellschaftlicher Vereinigungspunkt der Deutschen und da häufig die Familien der Mitglieder sich einfanden, so erging man sich nach Beendigung der Geschäfte in geselliger Fröhlichkeit.

Jeden Sommer fanden im Settlement an vorher ausgewählten Punkten ein oder mehrere „Piknits" statt, welche bald allgemeinen Ruf erhielten und von den St. Louiser deutschen Familien mit Vorliebe besucht wurden. Der Sonntagsmuckerei wurde dadurch bedeutend Abbruch gethan, indem selbst die benachbarten Amerikaner sich häufig einstellten und mit großer Theilnahme das gesellige, ungezwungene, stets in den Schranken des höchsten Anstandes sich bewegende deutsche Leben betrachteten. An der Pittsburger Konvention zur Errichtung eines Schullehrer-Seminars betheiligten sich die Deutschen von St. Clair County soweit, als sie zu Belleville eine Versammlung abhielten und Herrn Wilhelm Weber von St. Louis zu ihrem Delegaten ernannten, und ihn mit einer Instruktion versahen. Es wurde in dieser Versammlung die Theilnahme an dem Unternehmen ausgesprochen, indem dasselbe zur Wahrung und Förderung der deutschen Sprache und Literatur dienen solle, zugleich aber mit Bestimmtheit der Wunsch geäußert, „daß die auf dem Seminar zu bildenden Lehrer eine solche Erziehung erhalten sollten, welche sie befähige, in der englischen Sprache zu lehren. Sie sollten amerikanische Lehrer werden, keine blos deutsche, doch sollten sie auf rationelle deutsche Weise erzogen werden". Es wurde hervorgehoben, sich nicht abzuschließen, sondern

„mit Beibehaltung der Sprache, der Sitten und der Liebe zum alten Vaterlande, sich mit dem neuen als gute Bürger zu verschmelzen."

Daß zu dieser Zeit in St. Clair County allerwärts deutsche Privatschulen entstanden, daß ohne grade Turnvereine zu bilden, viel geturnt und namentlich viel gesungen und musizirt wurde, in diesem „lateinischen Settlement", braucht wohl kaum besonders hervorgehoben zu werden, wenn man die darin vorherrschenden Elemente in Betracht zieht.

Dreizehntes Kapitel.

Illinois. — (Schluß.)

Politisches Leben in Illinois. — Wahlkämpfe von 1836 und 1840. — Illinoiser Zeitungen. — Oberst Hugo Wangelin. — Julius Raith. — Madison County. — Julius A. Barnsbach. — Dr. H. Ch. Gerke. — Neu-Schweizerland. — Highland. — Die Familien Köpfli und Suppiger. — Dr. Kaspar Köpfli, Salomon Köpfli, Joseph Suppiger. — Alton. — Dr. Friedrich Humbert. — J. H. Jäger. — Bischof Heinrich Damian Juncker. — Cass County. — Beardstown. — Dr. Georg Engelbach. — Joseph Kiefer. — Heinrich Göbeking. — Franz Arenz. — J. A. Arenz. — Quincy. — Dr. Stahl. — Chicago. — Deutsche Versammlungen 1843—'44. — Deutsche Zeitung 1844. — Franz A. Hoffmann.

In St. Clair County und den umliegenden von Deutschen stark besiedelten Niederlassungen entwickelte sich bald das regste politische Leben. Dies hatte seinen Grund theils in dem Charakter der Einwanderung selbst, theils in dem höchst liberalen Wahlgesetz von Illinois, welches bis 1848, als die Konstitution abgeändert wurde, bestand. Jedem, der sechs Monate im Staate gewohnt hatte, verlieh die Verfassung das volle Wahlrecht. Nur die Verfassung von Texas, die aber erst vom Jahre 1846 datirt, hatte eine ähnliche liberale Bestimmung. Mit wenigen Ausnahmen knüpfte sich in den anderen Staaten das Wahlrecht an das Bürgerrecht, welches im besten Falle erst nach einem fünfjährigen Aufenthalt erlangt werden konnte, und in den Staaten, wo dieses nicht verlangt wurde (New Hampshire, Vermont, Virginien, Ohio und Süd Carolina), bedurfte es eines weit längeren Aufenthalts und der Zahlung von Taxen oder des Besitzes von Grundeigenthum. Es liegt auf der Hand, daß die eingeborene Bevölkerung einer Einwanderung, welche alsbald mit dem Stimmrecht bewaffnet war, ganz anderes entgegen kommen mußte, als einer wenigstens für Jahre hinaus politisch machtlosen. Kein Kandidat hatte Aussicht auf Erfolg in den Gegenden von Illinois, in welchen starke Niederlassungen von Eingewanderten waren, wenn man ihn auch nur im Verdacht hatte, unfreundliche Gesinnungen diesen gegenüber zu hegen. Es ist auch so erklärlich, warum gerade in Illinois schon sehr früh viele Deutsche in die öffentlichen Aemter gewählt wurden, deren Inhaber es nicht nöthig hatten, Bürger der Vereinigten Staaten zu sein. So finden wir denn schon in den dreißiger Jahren, noch mehr in dem folgenden Jahrzehnt viele deutsche Friedensrichter und andere Beamte der Counties in mehreren Theilen von Illinois.

Schon im Jahre 1836 betheiligten sich die Deutschen lebhaft am Präsidentenwahlkampfe, und namentlich auch an der Wahl zum Kongreß. Die Kandidaten erließen schon deutsche Manifeste. 1840, in dem so aufgeregten und heftigen Wahlkampfe zwischen Van Buren und Harrison, warfen die Deutschen in Illinois schon ein bedeutendes Gewicht in die Wagschaale und retteten den Staat für die Demokratie. Es braucht wohl kaum gesagt zu werden, daß auch in Illinois die Deutschen mit kaum nennenswerther Ausnahme alle zur demokratischen Fahne schworen, und ihr treu geblieben sind, bis 1854 die Frage wegen Einführung der Sklaverei in den Territorien und der Widerruf des sogenannten Missouri-Kompromisses die große Mehrzahl in die Reihen der Republikaner führte.

Die erste deutsche Zeitung, „Der Freiheitsbote für Illinois", ein „Feldzugsblatt", wurde in Belleville 1840 herausgegeben (wiewohl in St. Louis gedruckt), und darin die schwebenden Streitfragen ausführlich und auf deutsch-gründliche Weise behandelt, besonders aber der Nativismus mit der äußersten Schärfe angegriffen. Deutsche politische Vereine und Debattir-Klubs wurden in Belleville und auf dem Lande gebildet, deutsche Reden in St. Clair, Clinton, Madison und Monroe County gehalten, theils von Illinoisern, theils von Rednern aus St. Louis. Die deutschen Politiker beschränkten sich aber nicht auf deutsche Zeitungen, sondern sie sprachen ihre Meinungen und Wünsche schon von vornherein in den englischen Zeitungen aus und bedienten sich derselben, als der angemessensten Organe, um auf die übrige Bevölkerung einwirken zu können. Im Jahr 1844 erschien der „Belleviller Beobachter", von dem wir früher gesprochen, und im Jahr 1849 die „Belleviller Zeitung", die bald ein bedeutendes Organ des Deutschthums im südlichen Theile des Staates wurde und noch fortbesteht. Ihr Gründer war ebenfalls Theodor Engelmann.

Ehe wir St. Clair County verlassen, müssen wir noch zweier Männer gedenken, welche nicht wenig dazu beigetragen haben, dem deutschen Namen Ruhm und Ehre zu verschaffen, nämlich Hugo Wangelin und Julius Raith. Von des ersteren Einwanderung und Aufenthalt in Ohio haben wir schon gesprochen. Der Sohn eines sächsischen Offiziers, dessen Familie indessen aus Mecklenburg stammte, war er zur Zeit seiner Auswanderung mit seiner Mutter, einer geborenen von Kampß, Zögling der Militärschule zu Berlin, nachdem er von seinem elften bis zum fünfzehnten Jahre die Kadettenschule zu Kulm besucht hatte. In seinem sechzehnten Jahre kam er hier an und blieb dann auf der Farm bei Cleveland bis zu seinem einundzwanzigsten Jahre. In 1839 zog er nach St. Clair County, wo schon einige seiner Freunde sich niedergelassen hatten, kaufte eine Farm im „lateinischen Settlement", verließ dieselbe aber 1846 und eröffnete zu Lebanon ein kaufmännisches-, später ein Mühlengeschäft. Beim Ausbruch des Rebellionskrieges trat er in die Reihen der Freiwilligen. Da gerade zur Zeit Illinois seine volle Quota von Regimentern schon gestellt hatte, ging er nach St. Louis mit vielen anderen jungen Männern von Illinois und trat in das 12. Infanterie-Regiment ein, welches von Oberst, später General-Major Osterhaus, der früher ebenfalls in Lebanon gewohnt hatte, befehligt wurde. Er wurde alsbald zum Major gewählt. Das Regiment, fast allein aus Deutschen bestehend, war wohl eines der besten der Unions-Armee. In seiner dreijährigen Dienstzeit focht es in achtundzwanzig Schlachten und Gefechten. Schon in der Schlacht bei Pea Ridge (März 1862), zeichnete es sich unter Sigel ruhmvoll aus. Osterhaus wurde gleich darauf zum Brigade-General befördert, Wangelin zum Obersten des Regiments. Seit Herbst 1863 kommandirte er stets eine Brigade. Bei dem verunglückten Sturm auf Vicksburg, Mai 1863, verlor das Regiment ein Drittel seiner ganzen Mannschaft. Es machte später als ein Theil der Armee von Tennessee, unter Sherman, die Schlachten von Lookout Mountain und Missionary Ridge mit. Es ereilte den Feind auf dessen Flucht bei Ringold (27. November 1863) verlor aber in einem der blutigsten Treffen des Krieges sehr viele Leute und namentlich mehrere seiner trefflichsten Offiziere. Hier fiel Lieutenant Joseph Ledergerber, ein Enkel von Friedrich Engelmann, gerade aus der Schweiz von der polytechnischen Schule zu Zürich zurückgekehrt, ein junger Mann von den ausgezeichnetsten Gaben, und sein Bruder, Major Fritz Ledergerber, wurde verwundet. Hauptmann Heinrich Kircher, Sohn Joseph Kircher's von Belleville, ein vortrefflicher junger Mann, verlor den rechten Arm und ein Bein, Oberst Wangelin den linken Arm. Noch mehrere der besten jungen Leute von St. Clair County fanden hier den Heldentod.

Die kräftige Natur Wangelin's machte ihn bald wieder dienstfähig, und im März 1864 übernahm er schon auf's Neue seine Brigade, machte unter Sherman die Schlachten um Atlanta mit, bis im September das Regiment nach vollendeter Dienstzeit entlassen wurde, nachdem er den Grad eines Brigadegenerals erhalten hatte. Kaum zu Hause angelangt, brach General

Price in Missouri ein, während Sherman auf seinem Marsch nach dem Meere war und Thomas sich in Tennessee des Feindes, den Sherman in seinem Rücken gelassen hatte, fast nicht erwehren konnte. Der Präsident erließ einen Aufruf für Freiwillige auf hundert Tage zum Schutze von Missouri. Von allen westlichen Staaten strömten diese neuen Regimenter zusammen und Wangelin wurde mit dem Oberbefehl über diese Truppen (die aber zumeist aus gedienten Leuten bestanden) die in St. Louis sich sammelten, betraut. Die Siege von Sherman und Thomas veranlaßten indessen die Konföderirten das westliche Missouri zu räumen und das neue Aufgebot wurde wieder entlassen.

Im Jahre 1865 wurde Wangelin vom Präsidenten Lincoln zum Postmeister von Belleville ernannt, welches Amt er acht Jahre lang bekleidete. Von sehr kräftiger Gestalt hat er ein entschieden militärisches Aussehen. Er ist indessen gänzlich frei von anspruchsvollem Benehmen, ein durchaus treuer, wahrer Charakter, von unbestechlicher Rechtlichkeit, und genießt die hohe Achtung seiner Mitbürger.

Julius Raith, kam im Jahre 1837 mit seinen Eltern in St. Clair County an, welche eine Farm sechs Meilen östlich von Belleville kauften. Er war 1820 zu Göppingen, Würtemberg, geboren und hatte, weil man schon früh an ihm Talente für mechanische Arbeiten entdeckt hatte, bereits die ersten Klassen einer Gewerbschule besucht. Nach kurzem Aufenthalt auf der väterlichen „Farm" begab er sich zu einem Mühlenbauer in die Lehre und wurde bald einer der geschicktesten Gehülfen.

Beim Ausbruch des Kriegs mit Mexiko 1846 trat er in die Reihen der Freiwilligen und wurde zu Belleville zum Oberlieutenant der ersten Kompagnie des zweiten Regiments gewählt. Da der Hauptmann bald befördert wurde, trat er an dessen Stelle und führte die Kompagnie während des Feldzugs mit großer Auszeichnung. Unermüdlich im Dienst und dabei höchst leutselig, gewann er sich die Beliebtheit des ganzen Regiments. In der blutigen Schlacht von Buena Vista benahm er sich mit dem größten Muthe und besonnener Kaltblütigkeit. Nach vollendeter Dienstzeit kehrte er nach Hause zurück und nahm sein Geschäft wieder auf. Sein Ruf als geschickter Mühlbauer und Ingenieur verbreitete sich in der ganzen Gegend, und er hat in St. Clair und den umliegenden Counties viele der größten Handels-Dampfmühlen erbaut. Nicht lange vor dem Ausbruch des Rebellionskrieges erbaute er eine Mühle für sich selbst, und betrieb dieselbe mit einem Geschäftstheilhaber zu O'Fallon, St. Clair County. Obgleich ein unerschütterlicher Demokrat, bot er doch seine Dienste der Union an, und er wurde zum Oberst des 43. Illinois Regiments ernannt. Nachdem das Regiment im Herbst und Winter zum Schutze der Eisenbahnen in Missouri gegen Guerilla-Angriffe verwendet worden war, stieß es zur Armee Grant's am Tennessee Flusse und nahm an der Schlacht bei Shiloh

Theil (6. April 1862). Oberst Raith, welcher eine Brigade kommandirte, wurde schon gleich beim Anfang der Schlacht so gefährlich verwundet, daß er einige Tage darauf starb. Er war ein tapferer Soldat, ein so braver rechtlicher, allgemein beliebter Mann gewesen, daß sein Tod nicht nur von seinem Regiment, sondern auch in dem großen Kreise in dem er gekannt war, aufs tiefste betrauert wurde. Unter Bezeugung des innigsten Mitgefühls der ganzen Bevölkerung Belleville's wurde seine Leiche nach seiner väterlichen Farm gebracht und dort mit allen kriegerischen Ehren bestattet.

In dem benachbarten County M a d i s o n war einer der ersten deutschen Ansiedler J u l i u s A. B a r n s b a c h. Er war der Sohn einer angesehenen Familie in Osterrode und hatte eine gute Erziehung erhalten. In einem kaufmännischen Geschäft untergebracht, verließ er dasselbe ohne Einwilligung der Eltern und ging 1797 als sechzehnjähriger Knabe zu Schiffe. Er landete in Philadelphia. Aber bald verirrte er sich nach Kentucky und soll dort auf einer Plantage Aufseher gewesen sein, was bei seinem Alter doch kaum glaublich scheint. Von Heimweh ergriffen, schiffte er sich nach einem zweijährigen Aufenthalt wieder nach Hamburg ein, erlitt Schiffbruch bei Dover und rettete nur das nackte Leben, wurde aber von den Seinigen wieder herzlich aufgenommen. Trotzdem hielt er es nicht lange bei ihnen aus. Schon 1802 war er wieder in Kentucky, wo er nach einiger Zeit ein Gut pachtete und eine Destillery errichtete. Aber schon 1809 wurde ihm Kentucky zu enge. Er zog mit seiner Familie nach Illinois, in das jetzige Madison County. Hier ließ er sich auf Kongreßland nieder und wurde ein tüchtiger Farmer. Im Kriege von 1812 nahm er Dienste unter den Freiwilligen, welche die Grenze gegen die Indianerstämme, die auf Seite der Engländer standen, zu schützen hatten. Er soll sich zwei Jahre unter diesen "Rangers" befunden haben. In Deutschland war ihm 1825 ein Erbtheil zugefallen. Er reiste dahin, um dasselbe zu erheben. Bei seiner Wiederkehr faßte er aber den Entschluß nach Missouri zu gehen und erwarb sich dort in St. François County ein größeres Gut. Es scheint, als habe er daselbst einen Abscheu vor dem Sklavenwesen bekommen. Genug, schon vor 1830 hatte er wieder in Madison County seinen Wohnsitz aufgeschlagen. Er war zur Ruhe gekommen, und widmete sich nun mit großem Eifer und Erfolg dem Landbau, so daß er bei seinem Tode eine der besten und reizendsten Farmen besaß. Ein Mann von hohem und kräftigem Körperbau, mit Gesichtszügen, welche große Energie bezeichneten, war er als Greis noch eine imposante Erscheinung. Er nahm den lebhaftesten Antheil am öffentlichen Wohl, ohne persönliche Vortheile zu suchen, bekleidete oft gegen seinen Willen mehrere wichtige County-Aemter und wurde in dem Jahre 1846, ebenfalls gegen seinen Wunsch, in die Gesetzgebung gewählt. Die Diäten, welche er als Mitglied erhielt, schenkte er nach seiner Rückkehr dem County zum Besten der Armen. Er war genau, und sah streng darauf, daß man seine Pflichten gegen ihn erfüllte. Ebenso gewissenhaft war er aber auch in jeder Beziehung gegen Andere, und es wird berichtet, daß er nie den gesetzlichen Zins nahm, sondern nur ungefähr den halben, den das Gesetz erlaubte. So ist es auch erklärlich, daß er, als er im siebenundachtzigsten Jahre 1869 starb, keine großen Reichthümer, sondern nur den Ruf eines unbestechlichen Ehrenmanns zurückließ.

Nach seiner zweiten Rückkehr aus Deutschland waren ihm mehrere Verwandte, Neffen, gefolgt. Alle siedelten sich in der Nähe ihres Onkels an, und einer derselben, Julius Barnsbach, war schon anfangs der dreißiger Jahre Friedensrichter und kam zu bedeutendem Ansehen und Einfluß im County; zog nach Edwardsville, wo er ein kaufmännisches Geschäft aufing und mit großem Erfolg betrieb, später aber durch Krankheit und andre Ursachen geschäftlich in Verfall gerieth und starb, ohne ein hohes Alter erreicht zu haben. Ein Geschäftstheilhaber von ihm, Friedrich Kraft, Bruder von Theodor Kraft in Belleville, spielte lange Zeit eine große politische Rolle im County. Er war ein Mann von sehr scharfem Verstande und praktischem Geschäftssinn, und wurde in den vierziger Jahren mehrmals zum Sheriff gewählt, verlor aber durch Spekulation und langwierige Krankheit ein großes Vermögen und starb ebenfalls in den besten Mannesjahren.

Im Jahre 1831 ließ sich in einer der schönsten Gegenden des County's, im sogenannten „Marine Settlement", Dr. H. Ch. Gerke nieder und kaufte sich ein sehr hübsches Gut. Er war ein ungemein unterrichteter, liberalgesinnter und wohlmeinender Mann, der theoretisch wenigstens auch recht umfassende Kenntnisse in der Landwirthschaft besaß. Er wurde hauptsächlich in weiteren Kreisen bekannt durch ein umfangreiches Werk, welches 1833 in Hamburg, bei Perthes und Besser erschien, unter dem Titel „Der Nordamerikanische Rathgeber". Es beschäftigte sich mit allen Phasen des amerikanischen Lebens und war eine in vieler Hinsicht lehrreiche Zusammenstellung der besten damals erschienenen Werke über die Vereinigten Staaten. Er war der Vater des talentvollen Malers Philip Gerke in St. Louis und seine Familie blüht noch kräftig in Madison County fort.

Nicht sehr weit von diesem „Marine-Settlement" im nordöstlichen Theile von Madison County, wo jetzt die blühende Stadt Highland steht, ließen sich im Jahre 1832 die Familien Köpfli und Suppiger aus dem Kanton Luzern nieder. Beide Familien haben außerordentlich viel zur Hebung deutschen Wesens in dieser Gegend beigetragen, wie denn überhaupt dieselben der Mittelpunkt einer zahlreichen und blühenden Kolonie geworden sind. Mehrere äußerst gebildete Familien aus der französischen Schweiz, von denen wir nur die Bandelier's, Rilliet's, Constant's und Bautier's erwähnen, vergrößerten dieselbe in den nachfolgenden Jahren. Unter den Söhnen von Dr. Kaspar Köpfli, dem Haupte der Familie, zeichnete sich besonders Salomon Köpfli aus. Klug und berechnend, aber auch eben so thatkräftig und unternehmend, war sein ganzes Streben darauf gerichtet, die Ansiedelung, und namentlich das Städtchen Highland, in die Höhe zu bringen. Zu jedem geschäftlichen Gewerbe bot er die Hand, war unermüdlich in der Sorge für die Verbesserung der Wege und in späteren Zeiten für die Verbindung der Stadt mit Eisenbahnen. Die Behörden des County's, die Kommitteen der Gesetzgebung wurden von ihm auf's Aeußerste in Anspruch genommen. Aber seine ungemeinen Anstrengungen waren, wenn auch oft nach langem Bemühen und zeitweiligen Mißerfolgen, immer zuletzt mit Erfolg gekrönt. Es konnte nicht fehlen, daß ein solcher Mann bald sehr großen Einfluß gewann. Die amerikanische Bevölkerung schätzte den Mann, der immer voran war, nie ermüdete, mehr, als die Deutschen es thaten. Seine Energie wurde von Vielen der letzteren bloßer Gewinnsucht zugeschrieben, und der Neid nahm manche Gelegenheit wahr, seine Motive zu verdächtigen. Es mag sein, daß er seine Rechte vielleicht zu streng geltend machte, und durch sein bestimmtes, öfters hastiges Wesen, manchen gerechten Anstoß gab. Aber er war der rechte Mann am rechten Platze, und das rasche Wachsthum der Ansiedlung, der Ruf, den sie weit über die Grenzen hinaus als eine der besten im Staate genießt, sind doch zum großen Theil sein Werk, sowie das der Suppiger, die ebenfalls durch ihre Rechtlichkeit, Gewerbthätigkeit und Urtheilsfähigkeit den Bau förderten.

Auch für Politik interessirte sich Salomon Köpfli, doch ohne je selbst Anspruch auf Aemter zu machen. Nur im Jahre 1862 gab er es zu, daß er zu einem Mitgliede der Konvention gewählt wurde, um dem Volke von Illinois eine neue Verfassung zu geben. Die unermüdliche Thätigkeit, welche er bei dieser Sitzung entwickelte, griff aber seine Gesundheit an. Er erholte sich nie recht wieder und kränkelte fast fortwährend. Doch unternahm er mehrere Reisen in seine Heimath. E. Zscholte, Sohn von Heinrich Zscholte, Pfarrer zu Aarau, schreibt über ihn.*)

„Sein letzter Aufenthalt in Zürich galt dann noch den Vorbereitungen zu einem Lieblingsplan, nämlich der Stiftung einer Universität in Highland. Er konnte jedoch denselben nicht mehr ausführen, eben so wenig das Vorhaben, eine Geschichte der von seiner Familie gegründeten Schweizer-Kolonie im Drucke herauszugeben, wozu er schon bedeutende Vorarbeiten gemacht hatte. An beiden hinderten ihn der Tod. Denn, nachdem er wieder (1869) auf seine Besitzungen in Illinois zurückgekehrt war, erneuerte sich sein altes Leiden mit solcher Heftigkeit, daß er ihm im August des genannten Jahres nach nur zweitägiger Krankheit erlag."

*) „Deutscher Pionier", Jahrgang 11, Seite 103.

Besondere Anerkennung verdient er für seine große Thätigkeit in der Verbesserung des Schulwesens. „Wie ein zweiter Pestalozzi", sagt Zscholle von ihm, „saß er Tage lang selbst unter den Kindern, unterwies sie, bildete tüchtige Lehrer heran und sorgte mit Hergabe bedeutender eigener Geldopfer für die nothwendigen Anschaffungen".

Vielleicht kann der Deutsche in den Vereinigten Staaten auf nichts mit soviel Stolz und Freude blicken, als auf das Bestreben fast aller seiner bedeutenden Männer, das Unterrichtswesen in der Volksschule und in den höheren Unterrichtsanstalten zu heben und zu verbessern. In dieser Richtung allein schon hat sich das amerikanische Deutschthum in seinem neuen Vaterlande ein unschätzbares Verdienst erworben.

Alton, in demselben County, war in den dreißiger Jahren die bedeutendste Handelsstadt von Illinois. Man schmeichelte sich, daß es vielleicht selbst St. Louis überflügeln könnte. Hätte das Eisenbahnunternehmen des Staates ausgeführt werden können, so würde allerdings die Stadt sich rasch entwickelt haben, denn alle Eisenbahnen, die nach dem Mississippi-Thale führten, hatten auf dem Papier ihren Ausgangspunkt in Alton. Mit dem Zusammenbruch des Systems schwanden auch die kühnen Hoffnungen seiner Bewohner. Doch zog sich immerhin eine ziemliche Anzahl Deutscher nach der Stadt, unter denen sich recht gebildete und in jeder Hinsicht tüchtige Männer befanden. Einer der ersten, die sich in Alton (Ober-Alton), niederließen (1836) war Dr. Friedrich Humbert aus Frankfurt am Main, der schon im Dezember 1833, wohl auch in Folge des „Frankfurter Attentats", in St. Louis angekommen war. Er hat seitdem beständig dort gelebt, sich einer großen Praxis erfreut, und war mit Leib und Seele Politiker, ein Demokrat reinsten Wassers, ohne indessen jemals, soviel wir wissen, sich um irgend ein Amt beworben zu haben. Aus einem von ihm gehaltenen recht interessanten Vortrag (4. Juli 1876) über die Geschichte der Deutschen von Alton, entnehmen wir, daß die Herren Schweppe, Homann und Weigler, welch' letzterer später in die Gesetzgebung gewählt wurde, unter die ersten und einflußreichsten Bürger von Alton zählten.

Einer der jüngern Deutschen, die sich einen Namen im Staate Illinois gemacht haben, John H. Jäger (Yager), wurde 1833 in Sachsen-Weimar geboren und kam mit seinen Eltern im Jahre 1834 nach St. Louis. Er hatte das Unglück, schon im Jahre 1840 seinen Vater zu verlieren und erhielt in den öffentlichen Schulen von St. Louis seinen Jugendunterricht. Anfangs in kaufmännischen Geschäften als Gehülfe, zog er 1854 nach Edwardsville, Madison County, studirte dort und später in Chicago die Rechte, und ließ sich in 1857 in Alton als Advokat nieder. Er betheiligte sich bald lebhaft an der Politik. In 1858 erhielt er in der Gesetzgebung eine Stelle als Sekretär und wurde 1866 selber als Abgeord-

neter von Madison County in die Gesetzgebung gewählt. Das ihm vom
Präsidenten Grant (1871) angetragene Amt eines Steuereinnehmers für
seinen Kongreßbezirk schlug er aus und wurde in 1872 in den Senat
des Staates Illinois gewählt. Er ist von großer Lebendigkeit, sehr rascher
Auffassung und hat die Stellen, zu denen er berufen worden ist, mit Geschicklichkeit und Fähigkeit ausgefüllt. Obgleich er so jung ins Land kam,
so ist er doch mit der deutschen Sprache und Literatur vertraut, und troß
der englischen Schreibweise seines Namens, der übrigens in beiden Sprachen gleich ausgesprochen wird, ist er deutschen Sinnes geblieben.

Im Jahre 1857 wurde Alton zum Siß eines römisch-katholischen
Episkopats erklärt und Heinrich Damian Juncker zum ersten
Bischof der Diözese ernannt. Derselbe war 1810 in Finstingen im Loth-
ringischen geboren, kam in 1824 mit seinen Eltern nach Amerika, studirte
Theologie in Cincinnati und wurde in 1834 zum Priester geweiht, war
dann Pfarrer an der ersten deutschen katholischen Gemeinde daselbst, begründete deutsche katholische Gemeinden in Chillicothe, Circleville, Columbus und andern Orten in Ohio, und wurde in 1857 zum Bischof von
Alton erhoben. Er starb in Alton am 2. Oktober 1868.

Wie ein Theil der Gießner Auswanderer-Gesellschaft sich nach St.
Clair County gewendet hatte, so lenkte ein anderer Theil derselben seine
Schritte in eines der reichsten Counties des mittleren Illinois, Morgan
County. Sie siedelten sich theils in dem am Illinois Fluß gelegenen
Städtchen Beardstown, theils in der Umgegend an. Die hervorragend-
sten dieser Ansiedler waren Dr. Georg Engelbach, Karl Cörper,
J. L. Cire, W. L. Schneider, Th. A. Hoffmann, sowie Jo-
seph A. Kircher und Heinrich Gödeking, welche beide letzteren
indessen nach einigen Jahren Beardstown mit Belleville vertauschten, wo
sie ein jetzt noch blühendes Handelsgeschäft begründeten.

Joseph Kircher, aus Fulda, Kurhessen, hatte die Rechte zu
Marburg und München studirt, welche letztere Universität er 1831 verließ.
Er wurde seines ebenso rechtlichen als liebenswürdigen Charakters wegen
allgemein beliebt. Heinrich Gödeking aus Berlin, war der Sohn
des Münzmeisters Gödeking, hatte eine vortreffliche Erziehung erhalten, war ein Mann von imponirender Persönlichkeit, rastloser Energie und
dem regsten Gemeinsinn. Leider starb er schon im besten Mannesalter im
Jahre 1865, tief betrauert von seinen zahlreichen Freunden und der ganzen
Bürgerschaft, an deren Spitze er als Mayor gestanden hatte. Fast alle
diese Männer wurden zuerst „lateinische Bauern", bis sie sich nach zum Theil
sehr herben Erfahrungen in passendere Wirkungskreise einlebten. Daß an
einen solchen Kern sich nach und nach noch eine größere Zahl eingewanderter Deutsche ansetzten, ist nicht zu verwundern, und Caß County, wie der
Theil von Morgan County, in welchem Beardstown liegt, jetzt heißt, besteht

jetzt zu einem vollen Drittel aus Deutschen und deren Nachkommen, welche eine sehr achtungswerthe Stellung einnehmen. Auch wurde um diese Zeit der Grund zu deutschen Ansiedlungen in den benachbarten Counties Scott und Mason gelegt.

Der erste deutsche Bewohner jener Gegend, und der wohl der Anziehungspunkt für die ganze Kolonie wurde, und dessen Name schon damals den besten Klang hatte, war Franz Arenz. Er war zu Blankenburg im Regierungsbezirk Köln am 30. Oktober 1801 geboren, erhielt eine gute Erziehung, und widmete sich dem Kaufmannsstande. Im Jahre 1827 wanderte er nach Amerika aus, und brachte die ersten zwei Jahre in Kentucky zu. Die Sklaverei stieß ihn aber ab und er ließ sich 1829 in Beardstown nieder. Er fand dort keine deutsche Bevölkerung und machte sich bald unter den Amerikanern heimisch, nahm großen Antheil an der Politik, und war ausnahmsweise ein Whig, was bei seinem längeren Aufenthalt in Kentucky, welches damals ganz unter dem Einfluß seines berühmten Staatsmannes Henry Clay stand, nicht zu verwundern war. Er errichtete in Beardstown die erste Zeitung im Staat, westlich von Springfield "The Chronicle". Im Jahre 1837 legte er das Städtchen Arenzville aus, in welchem er bis zu seinem Tode wohnte. Wie Salomon Köpfli war er ein Mann von der größten Energie und unermüdlicher Thätigkeit, namentlich wo es sich um das allgemeine Beste handelte. Er wirkte eifrig für die Einwanderung nach Illinois, und es ist seinen Anstrengungen zu verdanken, daß so viele deutsche Familien die Gegend in welcher er wohnte besiedelten. Er war es, der das erste Schulhaus in Beardstown erbaute und es der Gemeinde zum Geschenk machte, und ebenso errichtete er die erste Mahl- und Säge-Mühle in Arenzville. Bald wurde er zu den wichtigsten Aemtern im County erwählt und im Jahre 1844 repräsentirte er Morgan County in der Gesetzgebung von Illinois mit großer Auszeichnung, so daß er über den Staat hin bekannt wurde. Auch der landwirthschaftliche Verein des Countys verdankt ihm vorzüglich seine Entstehung und Arenz war lange Jahre dessen Präsident. In 1844 rief er in Springfield eine deutsche Zeitung in's Leben, den „Adler des Westens", welche er redigirte, aber nach der Präsidentenwahl im Herbst wieder eingehen ließ. Er wandte sich 1854 mit Enthusiasmus der republikanischen Partei zu, denn er war ein unversöhnlicher Feind der Sklaverei.

Mit der amerikanischen Politik war er durchaus vertraut; er war ein gewandter Redner und ein Mann von scharfem Verstande. Sein langer Umgang mit Amerikanern hatte ihn aber keineswegs seine Gemüthlichkeit und seinen deutschen Idealismus verlieren lassen. Bei Deutschen und Amerikanern genoß er die höchste Achtung und bei seiner Partei das unbedingteste Vertrauen und den größten Einfluß. Er starb im Jahre 1856. Ein Bruder von Franz, J. A. Arenz, war der erste Mayor von Beardstown, Richter des County's und steht in ebenso großer Achtung unter seinen Mitbürgern, als sein zu früh verstorbener Bruder.

Schon in den dreißiger Jahren hatten sich viele Deutsche nach der so vortheilhaft gelegenen Stadt Quincy hingezogen, in Adams County, etwa 150 Meilen oberhalb von St. Louis, am Mississippi gelegen. Wenn wir nicht irren, bestand schon 1842 eine deutsche Militär-Kompagnie dort. Mit dem raschen Aufblühen Quincy's nahm auch die Zahl der Deutschen beständig zu, und bald sehen wir sie als Kaufleute, Gewerbtreibende und Handwerksleute eine bedeutende Rolle dort spielen. Beide politische Parteien machten die äußersten Anstrengungen die Deutschen auf ihre Seite zu bringen. Aber gerade einige ausgezeichnete Persönlichkeiten unter den Amerikanern, welche durch Intelligenz, Reichthum und wirklich tüchtigem Charakter großen Einfluß hatten, und zur Whig-Partei gehörten, waren bei den Deutschen sehr populär und lichteten die Reihen der deutschen Demokratie bedeutend.

Namentlich wurde der Kampf 1844 bei der Präsidentenwahl sehr heftig. An der Spitze der deutschen Demokraten stand Dr. Stahl, ein Mann von scharfem Verstande, und doch nicht frei von großem Enthusiasmus. Er berief deutsche Volksversammlungen, Redner von Auswärts wurden eingeladen, und es wurde dann auch wirklich ein großer demokratischer Sieg erfochten. Die Macht der Whigs war für immer in einer ihrer Hauptfesten gebrochen worden, und Quincy selbst blieb seitdem unter allen Stürmen eine feste Burg der Demokratie. Dr. Stahl selbst schloß sich später der republikanischen Partei an, und lebte und wirkte noch lange Jahre in Quincy, bis zu seinem erst vor einigen Jahren, wenn wir nicht irren, in Deutschland erfolgten Tode.

Eine deutsche Zeitung: „Stern des Westens", wurde im April 1845 von Bartholomäus Hauck gegründet, und 1846 der „Deutsche Allgemeine Unterstützungs-Verein" in's Leben gerufen. Nach 1848 ist Quincy eine der schönsten, reichsten und blühendsten Städte von Illinois geworden, mit einer großen tüchtigen und einflußreichen deutschen Bevölkerung. Auch im County selbst, in welchem schon früher sich wohlhabende pennsylvanisch-deutsche Farmer niedergelassen hatten, wohnen zahlreiche Deutsche, und bildete Adams County einen Centralpunkt, von welchem aus deutsche Ansiedlungen in den außerordentlich fruchtbaren nachbarlichen Counties sich ausgebreitet haben.

In Peoria, einer ebenfalls jetzt in dem blühendsten Zustande befindlichen Stadt, begab sich die deutsche Ansiedlung etwa wie in Quincy. Doch kam auch dort das Deutschthum erst zu einer günstigen Geltung nach der Periode mit der wir uns beschäftigen. Die großen deutschen Ansiedlungen in Peru, Lasalle, Ottawa, Joliet, verdanken ihr Entstehen erst der

Vollendung des Michigan und Illinois Kanals, und fallen deswegen ebenfalls außerhalb der Grenze unserer Abhandlung.

Wir haben schon früher bemerkt, daß Chicago in den dreißiger Jahren nur von wenigen Deutschen bewohnt war. Das erste Lebenszeichen einer sich selbst bewußten deutschen Bevölkerung finden wir im Jahre 1843. Es fand am 18. Mai eine Versammlung von deutschen Bürgern statt, der Karl Sauter präsidirte und deren Sekretär Karl Stein war. Nach Erklärung des Zwecks der Versammlung, wurde ein Kommittee ernannt, bestehend aus Valentin A. Boyer, Johann Pfund, Kaspar Walter, Martin Straußel und Georg Scheirer, welche zwei Beschlüsse zur Annahme vorlegten, die von der Versammlung angenommen wurden.

In dem ersten wurde dem deutschen Repräsentanten von St. Clair County der Dank der Versammlung ausgesprochen, „für dessen wirksame Unterstützung des Gesetzes, wodurch die Vollendung des Illinois und Michigan Kanals verfügt wurde". In dem zweiten wurde hervorgehoben, daß derselbe „durch seinen mannhaften Widerstand gegen das Abschätzungs-Gesetz (wodurch die Eintreibung von Schulden fast unmöglich wurde) und seine eifrige Vertheidigung gleicher Gerechtigkeit und Heiligkeit der Verträge sich des Lobes jedes ehrlichen und braven Mannes würdig gemacht habe".

Diese Auszeichnung fand wohl deßhalb statt, weil der besagte Abgeordnete in der ersten Abstimmung sich von allen Vertretern des südlichen Illinois, in der zweiten sich von fast allen zu trennen hatte. Im Jahre 1844 begegnen wir einer andern Versammlung deutscher Bürger von Chicago. Sie bezweckte, sich gegen die Umtriebe der Nativisten zu erklären. Von den Herren Brehl und Baumeister wurden Reden gehalten. Unter Anderem wurde beschlossen:

„Da nach der Verfassung des Landes kein Unterschied besteht zwischen den Rechten der eingebornen und eingewanderten Bürger, so sind wir es uns selbst schuldig, daß wir unsere Rechte eifrig überwachen, und selbst den kleinsten Versuch solche zu beeinträchtigen mit der entschiedensten Verachtung zurückweisen."

Bis zum Jahre 1845 war indessen die deutsche Bevölkerung schon so gewachsen, daß Höffen eine deutsche Zeitung errichten konnte, den „Chicago Volksfreund". Aus ihm entstand (1847) die „Illinois Staatszeitung", zuerst von Franz A. Hoffmann, dann eine kurze Zeit von Hermann Kriege redigirt. Sie ging später in die Hände von Georg Hillgärtner über, und wurde unter der intelligenten Leitung von Georg Schneider, Brentano und Anderen bald ein sehr einflußreiches Organ der Deutschen im Nordwesten, bis dieses Blatt jetzt unter der Redaktion von Hermann Raster, eines der bestrebigirten deutschen Journale diesseits und jenseits des Oceans geworden ist.

Einer der bedeutendsten deutschen Männer, welche während der Zeit, die wir allein im Auge haben, in Chicago lebte und wirkte, war Franz A. Hoffmann, geboren zu Herford, Westphalen, auf dessen Gymnasium er seine Erziehung erhielt. Was ihn veranlaßte allein und ohne einen bestimmten Erwerbszweig ergriffen zu haben, schon in seinem 17. Jahre (1839) seine Heimath mit Amerika zu vertauschen, ist sein Geheimniß geblieben. Den Hudson hinauf durch den Erie Kanal gelangte er nach Buffalo, und ein kleiner Schooner brachte ihn über die See'n nach dem damals noch so kleinen Chicago. Da stand er nun verlassen in der Yankee Stadt, ohne Freunde, der Sprache nicht mächtig und nur noch spärlich mit Geld versehen. Doch zu seinem Glück gab es eine deutsche Niederlassung nicht weit von Chicago, in Dupage County, Dunkley's Grove genannt, in welcher man einen deutschen Schullehrer suchte. Sein Gehalt war $50 jährlich, und Kost und Logis fand er bei den Eltern der Kinder, „der Reihe herum". Das Prediger-Amt versprach ihm bessere Aussichten, und er studirte Theologie in einer deutschen lutherischen theologischen Anstalt in Michigan, wurde von der dortigen Synode ordinirt und bekam einen weitläufigen Sprengel für seine Amtsthätigkeit angewiesen, nämlich Cook, Dupage und Will Counties in Illinois und Lake County in Indiana. Der Raum war groß, etwa wie ein mittleres deutsches Großherzogthum und stand mit der Zahl der zu hütenden Schaafe in gar keinem Verhältniß.

Er erlernte die englische Sprache mit großer Leichtigkeit und spricht sie mit der größten Fertigkeit und Reinheit. Bereits früh betheiligte er sich am öffentlichen Leben und vertrat schon im Jahre 1842 das County Du Page in der einst so berühmten "River and Harbor Convention" zu Chicago. Für das Aufblühen seines Wohnorts war er sehr thätig, verschaffte seinem Township eine Poststelle, und interessirte sich für Schulen, so daß er zu einer Zeit Prediger, Postmeister, Schuldirektor und Township-Sekretär in einer Person war. Auch redigirte er eine zeitlang eine religiöse Monatsschrift, den „Missionsboten". Ebenso beschäftigte ihn die Politik damals schon, und er schrieb fleißig für den „Chicago Demokrat", zur Zeit das leitende demokratische Organ des Staates. Im Jahre 1851 legte er aus Gesundheitsrücksichten sein Predigeramt nieder und zog bleibend nach Chicago. Er wurde bald ein einflußreicher Bürger der Stadt; 1853 in den Stadtrath gewählt, errichtete er ein Bureau für Landverkäufe, in welchem er sehr erfolgreich war. In dem denkwürdigen Kampfe (1854—1860) gegen die Einführung der Sklaverei in den neuen Gebieten trat er entschieden auf die Seite der republikanischen Partei, und da er ein gewandter Redner in beiden Sprachen war, so machte er Rundreisen durch den Staat und trug soviel wie nur irgend Jemand zum Siege der Partei in Illinois bei.

Im Jahre 1854 eröffnete er ein Bankgeschäft in Chicago, welches rasch emporblühte und sehr gewinnreich war, aber, wie fast alle Banken des Westens beim Ausbruch der Rebellion, seine Zahlungen einstellen mußte.

Im Jahre 1856 von der republikanischen Staatskonvention zum Kandidaten für stellvertretenden Gouverneur ernannt, aber, da er es längere Zeit, nachdem er volljährig geworden war, versäumt hatte, sein Bürgerrecht gerichtlich zu erlangen und die bestehende Konstitution vorschrieb, daß Gouverneur und Vize-Gouverneur vierzehn Jahre lang Bürger gewesen sein mußten, konnte er die Nomination nicht annehmen. Im Jahre 1860 wurde er durch Alllamation zu derselben Kandidatur wiederernannt und mit großer Majorität erwählt. In dieser, gerade in der Periode der Rebellion so verantwortlichen Stellung, erwarb er sich durch Unparteilichkeit, würdiges Benehmen und hohe Intelligenz die Achtung und Anerkennung aller Parteien. Im Jahre 1864 zu einem der Präsidenten-Wahlmänner für den ganzen Staat ernannt, arbeitete er mit allen Kräften für Lincoln's zweite Wahl, bereiste den Staat nach allen Richtungen und hielt eine Menge von Wahlreden in beiden Sprachen.

Chicago ist ihm ganz besonders verpflichtet für seine erfolgreichen Bemühungen, die Aufmerksamkeit Deutschlands auf diese Handelsstadt zu richten. Auf eigene Kosten veröffentlichte er Jahre hindurch eine jährliche Uebersicht über die Industrie, den Handel und den Fortschritt der Stadt nach jeder Richtung hin, die dann in tausenden von Exemplaren nach den Handelsstädten Deutschlands gesandt wurden. Große Summen Geldes wurden durch seine Vermittlung in Chicago angelegt. Viele Jahre lang bekleidete er mehrere Konsulate für Deutschland.

Schon 1862 erhielt er von der Centralbahn von Illinois, welche durch Verleihung vom Staat große Landstrecken eignete, die Stelle eines Superintendenten ihres Land-Departements, welches er vier Jahre inne hatte. 1867 organisirte er im Auftrag von deutschen Kapitalisten die "International Bank of Chicago", eine der bedeutendsten Bankinstitute des Nordwestens, deren Kassirer und Präsident er wurde. Nervöse Leiden, welche ihn schon seit einer Reihe von Jahren heimgesucht hatten, zwangen ihn, im Jahre 1875 sich von dem so aufreizenden Geschäfte auf eine Farm in Wisconsin zurückzuziehen, wo er, als Landmann selbst rüstig angreifend, sein Leben zu beschließen gedenkt.

Hoffmann ist in seinem Benehmen mit einer urwüchsigen Freimüthigkeit begabt. Im Umgange durchaus liebenswürdig, belebt er die Unterhaltung durch einen frischen Humor. Das Leben in der Politik hat ihn nicht schmiegsam und biegsam gemacht, noch seine hohen geschäftlichen Stellungen hochmüthig und zugeknöpft. Als er einsam und verlassen, mittel- und freundlos, fast noch ein Knabe in dem lärmenden Geschäftsgewühl von Chicago stand, hätte es ihm wohl keine günstige Fee vorhergesagt, daß nach gar nicht langer Zeit er einer der ersten Männer eines der ersten Staaten der Union werden würde. Auf ihn gilt der Wahlspruch:

Aus eigener Kraft! —

Vierzehntes Kapitel.

Der Nordwesten.

Wisconsin. — Gründung von Milwaukee. — Frühe Theilnahme der Deutschen an der Politik. — Anschluß an die demokratische Partei. — Dr. Franz Hübschmann. — Politische Vereine. — Militär-Kompagnien. — Deutsche Unterstützungs-Vereine. Gesang-Vereine. — Deutsche Presse. — Moritz Schöffler. — Friedrich W. Horn. — Katholische Bestrebungen. — Martin Kundig. — Erzbischof Johann Martin Henni. — Michigan. — Bischof Friedrich Baraga. — Jowa und Minnesota. — Erst seit 1848 hier das deutsche Element wichtig. — Californien. — General Johann August Sutter.

Wisconsin wurde erst 1848 als ein Staat in die Union aufgenommen und hat sich seitdem mit überraschender Schnelligkeit entwickelt. Namentlich hat das deutsche Element dort eine hervorragende Bedeutung gewonnen. Indessen schon während der Zeit, als Wisconsin noch ein bloßes Territorium war, besonders seit Gründung der Stadt Milwaukee (1835), welche bald eine besondere Anziehungskraft auf die Deutschen ausübte, hatte sich eine verhältnißmäßig starke Anzahl Deutscher dort niedergelassen und sich von vornherein an allem öffentlichen Leben betheiligt. Dem eifrigen Forscher Rudolph A. Koß (Milwaukee 1872) ist es gelungen, den ersten deutschen Ansiedler in dem am gleichnamigen Flusse gelegenen Milwaukee aufzufinden, der sich 1836 dort niederließ. Schon in 1840 gab es in Wisconsin deutsche Friedensrichter und andere untergeordnete Beamte. Das Parteileben war sehr lebhaft. Es handelte sich um mehrere wichtige Fragen, namentlich darum, ob man sich für die Konstituirung des Territoriums als Staat entscheiden solle oder nicht und, was die Deutschen besonders betraf, um die Frage, ob die liberalen im Territorium herrschenden Wahlgesetze auch in die neue Staatsverfassung aufgenommen werden sollten. Die Territorial-Gesetze verliehen jedem Einwohner, gleichviel, ob er Bürger der Vereinigten Staaten war oder nicht, nach kurzem Aufenthalt schon das Stimmrecht. Die Demokraten erklärten sich für diese liberale Anschauung, während die Whigs (denn in den Territorien bestanden diese Parteien so gut wie in den Staaten, hatten ja erstere ein Recht, einen Delegaten zum Kongreß zu wählen, der zwar nicht abstimmen, aber doch mitsprechen konnte, und der die besonderen Interessen seines Territoriums zu vertreten und zu befürworten hatte,) das Wort Einwohner dahin auslegen wollten, daß darunter nur Einwohner, welche Bürger seien, verstanden werden sollten. Unter dieser letzteren Auslegung wären, als es sich um Entwerfung einer Verfassung handelte, fast alle Deutschen ausgeschlossen gewesen, denn sie waren noch nicht Bürger. Es ist also auch hier in Wisconsin die Thatsache nicht auffallend, daß das Deutschthum, wenigstens bis zur Zeit der Entstehung der republikanischen Partei, fast ausschließlich zur demokratischen Partei stand. Bis zum Jahre 1854 konnte man die deutschen Whigs in Wisconsin fast an den Fingern herzählen. Sehr richtig sagt Roß in dem angeführten Werke:

„Pflicht, Ehre, Selbsterhaltungstrieb erheischten von den Eingewanderten, sich fest vereint derartigen Anmaßungen zu widersetzen und stützten sich dieselben im Kampfe gegen ihre Gegner auf die alte ihnen freundlich entgegenkommende Partei der Demokraten, so ist ihre Sympathie wohl erklärlich und kein unparteiischer Geschichtsschreiber kann den Eingewanderten diese Zuneigung verübeln, muß vielmehr einen deutschen Whig Milwaukee's im Jahre 1844 für eine Anomalie halten".

Unter den Deutschen, welche schon im Laufe der vierziger Jahre eine bedeutende Rolle spielten, tritt uns vor Allen Dr. Hübschmann entgegen. Dr. Franz Hübschmann war im Großherzogthum Weimar am 19. April 1817 geboren, besuchte die Gymnasien zu Erfurt und Weimar und bezog die Universität Jena, um dort Medizin zu studiren. Nachdem er 1841 die Doktorwürde erlangt hatte, wanderte er aus und ließ sich schon im Jahre 1842 zu Milwaukee als Arzt nieder. Von dieser Zeit an betheiligte er sich lebhaft an allen öffentlichen Angelegenheiten, namentlich an der Politik. Nach vielen Anstrengungen von Seiten des Delegaten von Wisconsin, war es endlich gelungen, eine Geldbewilligung von Seiten des Kongresses für Anlegung eines Hafens zu erhalten. Da dies eine Lebensfrage für das Emporblühen von Milwaukee war, so wurde am 22. März 1843 ein großes Fest veranstaltet, um dieses glückliche Ereigniß gebührend zu feiern. Die deutsche Bevölkerung war schon so angewachsen, daß sie in kompakter Masse bei dieser Gelegenheit auftrat. Die Deutschen bildeten eine eigene Prozession, welche von Hübschmann und anderen angeführt wurde. Als das Klima Wisconsin's bezeichnend, fuhr ein Theil der Prozession in Schlitten. Die deutsche Prozession zu Pferde, Schlitten und zu Fuß soll der Tradition nach eine halbe Meile lang gewesen sein. In demselben Jahre schon wurde Hübschmann zu einem Mitgliede der Schulkommission gewählt und behielt diese ehrenvolle Stelle bis 1851.

Wie schon bemerkt, wurden die Deutschen sehr bald gezwungen, sich an politischen Fragen zu betheiligen. Es handelte sich bei der Territorial-Gesetzgebung, der ein Gesetzesvorschlag vorlag, eine Konvention zur Entwerfung einer Staatsverfassung zu berufen, darum, wer qualifizirt sein sollte, für Mitglieder der Konvention zu wählen, ob nur Bürger der Vereinigten Staaten oder alle Einwohner, welche unter dem Territorialgesetz das Stimmrecht ausgeübt hatten. Große Versammlungen von Seiten aller Eingewanderten wurden gehalten und die Gesetzgebung aufgefordert, ein freisinniges Wahlgesetz zu erlassen. In der bedeutendsten dieser Versammlungen am 22. Dezember 1843 fungirten Dr. H ü b s ch m a n n und von Seiten der Irländer J o h n W h i t e als Präsidenten. K a r l J u l i u s K e r n war einer der Sekretäre. Als Redner traten auf von deutscher Seite H e r m a n n H a r t e l und F r. A. L ü n i g. Die demokratische Gesetzgebung fügte sich den Wünschen der Einwohner. In einer zweiten derartigen Versammlung finden wir wieder Hübschmann als Präsidenten und M o r i tz S ch ö f f l e r als einer der Sekretäre. An der Gründung einer deutschen Zeitung von 1844 nahm er ebenfalls das größte Interesse. Er war es der Schöffler für die Presse von Milwaukee gewann. „In diesem Jahre", heißt es in dem Buche von Koß, „herrschte ein außerordentlich reges, rühriges Leben unter den Deutschen Milwaukees". Politische und soziale Festlichkeiten drängten einander förmlich. Kaum war die eine Aufregung vorüber, so zog schon wieder eine neue heran, und irgend etwas besonderes war immer los. Bei der Ankunft des neuen Gouverneurs vom Territorium, des früheren Senators von New York, N. P. T a l m a d g e, der sich sehr freisinnig namentlich in der Frage, welche die Rechte der Eingewanderten betraf, gezeigt hatte, brachten die Deutschen demselben einen glänzenden Fackelzug. Im Fest-Kommittee fehlte Dr. Hübschmaun nicht. Die Fackelzüge waren eine spezifisch deutsche Ehrenbezeichnung und Feierlichkeit, und verbreiteten sich alsbald über das ganze Land, so daß sie jetzt nicht leicht bei irgend einer Demonstration fehlen.

Wie allerwärts, war die Präsidentenwahl von 1844 auch in Wisconsin eine viel bewegte, und die Deutschen stürzten sich mit einem wahren Enthusiasmus in denselben. Klubs wurden gebildet, namentlich die „D e u t s ch e d e m o k r a t i s ch e A s s o c i a t i o n M i l w a u k e e ' s," deren erste Beamte Dr. H ü b s ch m a n n, J. T h o m s s e n, J. A. L i e b h a b e r, F r i e d r i ch N e u k i r ch, M. S ch ö f f l e r und G. F a s o l t waren. Von den Indignationsbeschlüssen dieser Association gegen Dr. „S ch a a f", der in Rede und Schrift sich beleidigend gegen die eingewanderten Deutschen ausgesprochen hatte, haben wir schon früher gesprochen.

Im nächsten Jahre bildete sich eine freiwillige deutsche Militär-Kompagnie, der bald nachher andere folgten und in die Stadtbehörden wurden schon viele Deutsche gewählt, während im Lande an Orten, wo Deutsche in größerer Anzahl sich niedergelassen hatten, Deutsche das Friedensrichteramt verwalteten. Um dieselbe Zeit stiftete Heinrich Ginal, dem wir schon öfters begegnet sind, die erste rationalistische „freichristliche Gemeinde", in der er sich durch seine Beredtsamkeit und seine allgemeine Bildung eine bedeutende Popularität erwarb. Ein Verein zur Unterhaltung und Belehrung wurde ebenfalls 1845 gebildet, der sich später in einen deutschen Hülfsverein zur Unterstützung Kranker und Wittwen und Waisen verwandelte, und noch in demselben Jahre ein „Allgemein deutscher Unterstützungsverein". Im Herbst 1846 fand die Wahl für Delegaten für die Konvention zur Entwerfung einer Konstitution statt, und Dr. Hübschmann, dem von Seiten der Gegenpartei die allergrößte Opposition gemacht worden war, ging siegreich aus dem Kampfe hervor. Noch zwei andere Deutsche aus dem Territorium, Karl Julius Kern und Eduard Jansen wurden zu Mitgliedern dieser Konvention gewählt. Eine Versammlung wurde berufen um den von der hannover'schen Regierung so schmählich verfolgten Vaterlandsfreund Seidensticker zu unterstützen.

In der Konvention, welche in zwei Monaten die Verfassung entwarf, zeichnete Hübschmann sich sehr vortheilhaft aus. Namentlich befürwortete er mit vielem Eifer und großem Talent die darin enthaltenen Bestimmungen über das Stimmrecht, um welche hauptsächlich der Kampf entbrannt war. An dem etwas zu radikalen Artikel aber, der die Errichtung aller Banken in dem neu zu bildenden Staate verbot, scheiterte bei der endlichen Volksabstimmung dieser Verfassungsentwurf.

Der mexikanische Krieg hatte die Lust an militärischen Uebungen von Neuem erregt. Eine freiwillige Kompagnie hatte im zweiten Jahre des Krieges sich in Milwaukee gebildet, in der sich sehr viele Deutsche befanden und war zur Armee unter General Scott nach Mexiko abgezogen. In der Stadt selbst existirte schon die „Washington Garde", sowie eine Jäger-Kompagnie, und formirten sich jetzt auch eine Schwadron Kavallerie und eine Artillerie-Sektion, wie auch ein Schützenverein.

An beiden deutschen Kirchengemeinden bestanden Schulen, sowie auch mehrere deutsche Privatschulen. — J. B. Höger etablirte eine kleine Buchbinderei und Buchhandlung 1847, welche eine ungeahnte Entwicklung nahm und in den westlichen Staaten jedenfalls die bedeutendste Buchhandelsfirma geworden ist.

Einer der Gründer des ersten musikalischen Vereins zu Milwaukee, des „Männer Gesang-Quartett", war ebenfalls Dr. Hübschmann. Diesem Quartett folgte bald darauf der „Soziale Männer-Gesangverein". Die Liebe zur Musik, einmal angeregt, veranlaßte die Bildung eines neuen „Allgemeinen deutschen Gesangvereins", zu dem das „Männer Gesang-Quartett" zugezogen wurde. Unter den ersten Vorstandsmitgliedern dieses

Vereins finden wir Dr. Hübschmann. Wie von da an der Männergesang nicht nur, sondern überhaupt die Musik in Milwaukee emsig gepflegt, und wie nach und nach die amerikanische Bevölkerung in diese musikalischen Kreisen gezogen wurde, wie Milwaukee Jahre lang ihren Rang als die beste Pflegestätte der Musik, namentlich der klassischen, in den Vereinigten Staaten behauptete, ist allgemein bekannt, und kann hier nicht des Weitern erörtert werden.

Die Einberufung einer zweiten Konvention zur Aufstellung einer Staatsverfassung, brachte wieder reges Treiben in das politische Leben der Deutschen. Die demokratische Association wurde neu organisirt und Dr. Hübschmann zum korrespondirenden Sekretär erwählt im November 1847. Zu dieser zweiten Konvention wurde Moritz Schöffler, der Redakteur des „Wisconsin Banner", erwählt. Inzwischen war auch ein neues deutsches Blatt entstanden, der „Volksfreund", von Friedrich Fratney redigirt. Die neue Konstitution wurde mit großer Einstimmigkeit vom Volk (März 1848) angenommen. Ueber das Stimmrecht enthielt dieselbe sehr liberale Bestimmungen.

An der in demselben Jahre stattfindenden Präsidentenwahl nahmen die Deutschen, wie allerwärts, lebhaften Antheil. Dr. Hübschmann wurde zum Wahlmann für Präsidenten von der demokratischen Partei ernannt. Bekanntlich gab es in diesem Jahre eine dritte Kandidatur, nämlich die von Van Buren, der zu Buffalo von der „Freiboden-Partei" aufgestellt worden war. Viele Deutsche Milwaukee's schlossen sich schon damals, namentlich unter der Leitung eines talentvollen und sehr redefertigen Deutschen, A. H. Bielefeld aus Bremen, dieser neuen Partei an, welche man als den Vorläufer der republikanischen Partei betrachten kann. Auch Dr. Lünig und Dr. Wunderly schlossen sich dieser "Free Soil" Bewegung an. An einem später (1851) gestifteten „Arbeiter Lese- und Bildungsverein" betheiligte sich Hübschmann ebenfalls, sowie er bei dem Empfang Gottfried Kinkel's 1851 eine bedeutende Rolle spielte. Schon seit mehreren Jahren waren Deutsche in der Stadtverwaltung thätig und Hübschmann wurde 1848 zu einem der Rathsglieder gewählt. Im Jahre 1851 und 1852 wurde er in den Senat des Staates gewählt und nochmals 1862. Im Jahre 1852 wurde Dr. Hübschmann abermals zum Wahlmann für Präsidenten von der demokratischen Partei ernannt und auch gewählt. Nach der Wahl des Demokraten Pierce zum Präsidenten, wurde er von diesem mit Rücksicht auf die vielen und ausgezeichneten Dienste, welche er der Partei in seinem Staate geleistet hatte, zum Superintendenten des nördlichen Distrikts der Indianer-Angelegenheiten angestellt, welches höchst verantwortliche Amt er bis zum Jahre 1857 bekleidete.

Beim Ausbruch des Rebellionskrieges trat er als Feldarzt in das 26.

Wisconsin-Regiment ein (1862), machte als Brigade- und Divisionsarzt die blutigen Schlachten bei Chancellorsville und Gettysburg, sowie die bei Chattanooga, Dallas, Kennesaw Mountains und Atlanta mit, bis er am 1. Oktober 1864 seinen ehrenvollen Abschied erhielt. Seit dieser Zeit ist Dr. Hübschmann von der öffentlichen Bühne, auf welcher er so lange eine bedeutende Wirksamkeit ausgeübt hatte, verschwunden. In ihm erblicken wir unstreitig einen sehr talentvollen Mann, der, mit einem impulsiven Charakter begabt, nach fast jeder Richtung hin in das Leben eingriff, dem die Oeffentlichkeit ein Bedürfniß war und welchem der Trieb zur Beschäftigung die größte Befriedigung gewährte. In einer sich neu bildenden Gesellschaft, welche aus den verschiedensten Elementen bestehend, nach Anerkennung und Entwickelung strebt und den Wettkampf mit Nebenbuhlern und Gegnern zu bestehen hat, sind solche Charaktere wie der von Hübschmann nicht nur von großem Vortheil, sondern geradezu unentbehrlich, und ihr Andenken sollte den Nachkommenden nie verschwinden.

Weniger durch äußere Erscheinung und auch durch geistige Anlagen glänzend, als Hübschmann, aber nichtsdestoweniger ebenfalls einer der wackersten Pioniere des Deutschthums in Wisconsin, war Moritz Schöffler. Geboren am 8. März 1813 zu Zweibrücken in Rheinbaiern, besuchte er das dortige Gymnasium und erlernte dann die Buchdruckerkunst. In diesem seinem Fache war er zu großer Tüchtigkeit gelangt und gab ihm seine Kunst allerwärts einen festen Boden. Er war in mehreren Buchdruckereien in seiner engeren Heimath thätig und wurde dann später nicht nur Setzer, sondern auch Korrektor in dem berühmten Druck- und Verlagsgeschäft von Cotta. Ein längerer Aufenthalt in Paris im Auftrag dieses Hauses trug zu seiner weitern Ausbildung im Druckerei-Geschäft wesentlich bei. Der Auswanderungstrieb ergriff auch ihn, und am 8. September 1842 landete er in New York, begab sich aber bald nach St. Louis, wo er Verwandte hatte und in eine Druckerei eintrat; auch arbeitete er als Setzer eine zeitlang an einer amerikanischen Zeitung in Belleville, Illinois. Diesen letztern Ort vertauschte er mit Jefferson City, der politischen Hauptstadt von Missouri, war zuerst in einer englischen Druckerei, gründete aber bald darauf (1843) eine deutsche Zeitung daselbst, die „West Chronik", welche er in der in kleinen Städtchen nicht ungewöhnlichen Weise selbst schrieb, setzte, druckte und austrug. Indessen war Jefferson City damals noch kein Platz für eine deutsche Zeitung. Die „West Chronik" erblich, und Moritz Schöffler wendete seine Schritte 1844 nach dem so rasch aufblühenden Milwaukee, welches er dann auch nie verließ. Er betheiligte sich alsbald an dem dort sehr regen öffentlichen Leben, und wir können hier, auf die Aufzeichnungen über Hübschmann Bezug nehmend, mit voller Wahrheit sagen, daß er bei alle den von uns erwähnten öffentlichen Gelegenheiten entweder die Initiative ergriff oder doch Hübschmann auf's beste sekundirt hat. Im Gegensatz zu diesem war Schöffler indessen mehr ruhigen, etwas pflegmatischeren Temperaments, und die von Hübschmann oft aufgewirbelten Stürme suchte er stets wieder zur Ruhe zu bringen.

Schöffler hatte Gemüthlichkeit, eine lebhafte Einbildungskraft und gesunden Menschenverstand. Er redete mit Wärme, bestieg häufig den Pegasus, ohne auf ihm jedoch hoch in die Lüfte zu steigen. Als eigentlicher Publizist war er weniger bedeutend, aber als Eigenthümer und Lenker eines Blattes bewies er viel Takt und Einsicht. Schon im September 1844 erschien in sehr bescheidenem Format die erste Nummer des von Schöffler in's Leben gerufenen Wochenblattes, „Wisconsin Banner", mit dem Namen des demokratischen Präsidentschafts-Kandidaten „James K. Polk" an der Spitze. In diesem Blatte verfocht Schöffler mit großer Entschiedenheit die Aufnahme des Territoriums Wisconsin in den Staatenbund und das Stimmrecht der eingewanderten Bewohner.*)

Im Jahre 1845 wurde Schöffler zum ersten deutschen Schulkommisär von Milwaukee erwählt, ein Beweis in wie kurzer Zeit er sich das Vertrauen seiner Mitbürger erworben haben mußte. In 1847 erschien das „Banner" zweimal wöchentlich und am 29. November desselben Jahres wurde er zum Mitglied der konstituirenden Versammlung von Wisconsin gewählt. Wie Hübschmann das Jahr vorher, trat hier Schöffler, der einzige deutsche Delegat, für eine freisinnige Bestimmung der Konstitution, das Stimmrecht betreffend, mit allem Eifer ein und es gelang ihm, allen den Ausländern das Stimmrecht zu sichern, welche ein Jahr im Staate gewohnt und ihre Absicht, Bürger zu werden, vor Gericht erklärt hatten. Vom Jahre 1854 an erschien das „Banner" täglich, mit dem 1855 der von F. Fratney seither redigirte „Volksfreund" vereinigt wurde. und immer mehr an Ausbreitung gewann, so daß es eins der leitenden deutschen Organe des Nordwestens wurde.

In den Jahren 1850—1851 bekleidete Schöffler durch Volkswahl das Amt eines Urkunden-Registrators für das County, worin Milwaukee gelegen ist und das eines Bundes-Steuereinnehmers, beide, namentlich das letztere, sehr wichtige und verantwortliche Posten. Was die Politik anbetraf, so war Schöffler Demokrat vom reinsten Wasser, ohne indessen die Uebergriffe der Südländer in den letzten Jahren, welche der Bildung der republikanischen Partei vorausgingen, zu verkennen. Er gehörte wie die meisten deutschen Demokraten des Nordwestens zu dem liberalen Flügel der Partei, welcher des Glaubens lebte, in der Partei selbst den Interessen der Sklavenhalter entgegentreten zu können. Der Nativismus der früheren Whigpartei, deren Widerstand gegen jede freisinnige Gesetzgebung gerade

---

*) „Deutsche Pionier", Jahrgang 7, Seite 453.

die Deutschen in Wisconsin unter der größten Anstrengung gebrochen, hatte dieselben so fest in die Arme der Demokratie getrieben, daß bei dem allgemeinen Aufbruch der demokratischen Partei im Norden, absolut die große Mehrzahl der Deutschen in Wisconsin dem Beispiel ihrer Stammesgenossen in andern Staaten nicht folgten und sich der republikanischen Partei nicht anschlossen, wenigstens in Milwaukee nicht, in welcher Stadt grade das deutsche Element eine hervorragende Rolle spielte. Das „Banner" und Schöffler blieben demnach der alten Fahne treu, selbst während des Bürgerkrieges, natürlich ohne deswegen ihrer Loyalität für die Union Abbruch zu thun.

An der Gründung des Milwaukee Schulvereins am 10. Mai 1851, aus welchem die deutsch-englische Akademie erstand, anerkannt eine der besten Lehranstalten Wisconsin's, nahm Schöffler regen Antheil, wie auch bei Organisirung des Bundes „freier Menschen", dem sich sämmtliche freisinnige Elemente anschlossen. Kränklichkeit bewog Schöffler im September 1874 sich von seinem Geschäft zurückzuziehen, welches dann in die Hände einer Aktiengesellschaft überging. Bis zum 29. Dezember 1875, seinem Todestage, lebte er in stiller Zurückgezogenheit und hat das Andenken eines tüchtigen, freisinnigen und freigebigen Ehrenmannes hinterlassen, dem sein Staat vieles zu verdanken hat.

Im eigentlichen politischen Leben in Wisconsin in den Zeiten vor 1848 tritt keine Gestalt bedeutender hervor, als die von **Friedrich Wilhelm Horn**, der am 21. August 1815 zu Linum bei Fehrbellin in der Mark Brandenburg das Licht der Welt erblickte, wo sein Vater, sowie sein Großvater, beim Bergamt angestellt waren. Mütterlicherseits von den Anneles abstammend, war er Geschwisterkind mit **Fritz Annele**, dem früheren preußischen Artillerieoffizier, einem der Führer im badischen Aufstand, Publizist in Amerika und Offizier in der Unionsarmee im Secessionskriege und später an der Presse thätig. Horn besuchte eine zeitlang zu Berlin das Gymnasium zum „Grauen Kloster", wo 1830—1831 Bismark mit ihm in derselben Klasse war. Der Kaufmannsstand, für welche ihn seine Eltern bestimmt hatten, sagte ihm nicht zu und er trat bei den Garde-Pionieren in Berlin ein, um auf Beförderung zu dienen. Nach einjähriger Dienstzeit erlaubten es ihm aber seine Vermögensverhältnisse nicht, bei dem Militär zu bleiben und er entschloß sich nun nach Amerika zu gehen, langte 1836 in New York an, wo er sich bis zum Jahre 1837 aufhielt und sich so gut es ging durchschlug. Als es nicht mehr gehen wollte, setzte er im September 1837 seinen Wanderstab nach dem Westen, besuchte Michigan, Illinois, Jowa und Missouri, um irgend eine Beschäftigung zu finden, bis er endlich im Frühjahr 1840 im Hafen von Milwaukee einlief und dort eine zeitlang als Handlungsdiener sich beschäftigte. 1841 ließ er sich in einem kleinen Städtchen Mequoan in Washington County, unfern von Milwaukee nieder und wurde dort Postmeister und Friedensrichter.

Nachdem er 1842 Bürger der Vereinigten Staaten geworden war, warf er sich lebhaft in die Politik uud wir finden ihn häufig als Redner in den öffentlichen Versammlungen zu Milwaukee. Während seines Aufenthalts dort hatte er sich schon auf das Stubium des Rechts geworfen und dasselbe in Mequoan fortgesetzt. 1846 und 1847 wurde er zum Registrator der Urkunden in Washington County gewählt, ging aber von Mequoan nach Cedarburg in demselbeu County. Nachdem Wisconsin in 1848 ein Staat geworden war, wurde er in den Staatssenat gewählt und ebenso 1849 uud 1850. Mitglied des Repräsentantenhauses von Wisconsin war er in den Jahren 1851, 54, 57, 59, 60, 67, 68, 72 und 1875, und es wurde ihm die Ehre zu Theil, während der Sitzungen von 1851, 1854 und 1875 zum Sprecher des Hauses gewählt zu werden. Während der Jahre 1854—1855 war er Einwanderungskommissär für den Staat Wisconsin und nahm in New York seinen zeitweiligen Wohnsitz. Auch dem Schulwesen, wie fast alle deutschen Männer von Auszeichnung, widmete er seine Dienste, und während der Jahre 1862—1865 war er Superintendent der Schulen in seinem County.

Die demokratische Partei betrachtete ihn lange Zeit als einen ihrer Hauptstützen und so finden wir ihn als einen Delegaten zu den beiden demokratischen Konventionen zu Charleston und Baltimore 1860, um einen demokratischen Kandidaten für die Präsidentschaft zu ernennen, sowie er auch der demokratischen Konvention von New York 1868 beiwohnte, welche Seymour zum Kaudidaten ernannte. Lange hatte Horn bei der demokratischen Partei gestanden und alle die harten Schläge ertragen, welche diese Partei seit 1860 getroffen hatte. 1872 aber, gerade als sehr viele Republikaner und namentlich deutsche Republikaner, unzufrieden mit der Grantischen Verwaltung, sich wieder der Demokratie zuneigten uud derselben neue Stärke verliehen, fand sich Horn bestimmt, sich der republikanischen Partei anzuschließen, welche Partei ihn dann auch im Jahre 1875 wieder in das Haus der Repräsentanten und zum Sprecher desselben wählte.

Daß ein Mann wie Horn, welcher so lange auf dem stürmischen Meere der Politik herumgeschifft ist und dabei nach mannigfaltigen Richtungen geworfen wurde, verschiedenen entgegengesetzten Beurtheilungen unterliegen muß, ist selbstverständlich. Soviel ist aber gewiß, daß nur eine seltene Befähigung, eine nie erschlaffende Energie und ein vertraueneinflößender Charakter, ihm eine so lang andauerude Volksgunst verschaffen konnten.

Jedenfalls haben die drei Männer, deren Lebensberuf wir hier flüchtig skizzirt haben, für die spätere deutsche Einwanderung Wisconsins, welche sich in den letzten Jahrzehnteu so glänzend entfaltet hat, nicht nur den

Boden gelichtet und geklärt, sondern ihn auch befruchtet und, fortarbeitend, zu dem Gedeihen des Deutschthums aufs Allerwesentlichste beigetragen.

Bereits um das Jahr 1840 wurden deutsche protestantische und katholische Gemeinden in Milwaukee begründet. Als einer der wirksamsten Pfarrer an der ersten deutschen katholischen Gemeinde wird der verstorbene General-Vikar Martin Kundig genannt, der bereits in 1842 nach Milwaukee kam. In der Stadt Schwyz im gleichnamigen Schweizer Kanton 1805 geboren, widmete er sich dem Studium der Theologie, zuerst in Einsiedeln und Luzern, und schließlich in der „Propaganda" zu Rom, wo er mit dem späteren Erzbischof von Milwaukee, Henni, zusammentraf. Beide reisten, auf Anregung des damals in Rom weilenden Christian Brentano, Oheim des zu Chicago wohnenden ehemaligen Kongreß-Abgeordneten Lorenz Brentano, nach Amerika (1828), um sich dem Missionsdienste zu widmen. Nachdem sie im Seminar zu Bardstown, Kentucky, ihre theologischen Studien vollendet hatten, kamen beide als Priester in die Diözese Cincinnati (1829), woselbst Kundig eine zeitlang an der deutschen Gemeinde von Cincinnati wirkte. In 1830 wurden von Kundig und Anderen in Dubois County, Indiana, die Städtchen Jasper und Ferdinand begründet, die meist von Deutschen besiedelt sind. Nach der Ernennung Reese's zum Bischof von Detroit, kam Kundig als dessen General-Vikar nach jener Stadt (1833). Als Reese in 1841 auf dem Provinzial-Konzil in Baltimore mit dem übrigen Episkopat zerfiel, indem er die Autonomie der Gemeinden und deren Fügung unter die landesüblichen Gesetze befürwortete, deswegen aber von allen übrigen angefeindet das Konzil verließ und kurz darauf nach Rom berufen wurde, ward es auch Kundig in Detroit bei dem deutsch-feindlichen Klerus zu eng. Er legte seine General-Vikars-Stelle nieder und ging nach Milwaukee, wo er, nach Henni's Ankunft abermals zum General-Vikar ernannt, bis zu seinem im März 1879 erfolgten Tode wirkte.

Der erste Deutsche, dem in den Vereinigten Staaten das erzbischöfliche Pallium der römisch-katholischen Kirche zu Theil wurde, darf gewiß in der Reihe der hier aufgeführten Deutschen nicht fehlen, besonders da er in seinen Kreisen eine so bedeutende Rolle gespielt hat. Johann Martin Henni, D. D., wurde in Obersaxen im Kanton Graubündten, in der Schweiz 1805 geboren, erhielt seine Erziehung im Knabenseminar zu St. Gallen, dann im Gymnasium und später im Priesterseminar in Luzern und schließlich auf der „Propaganda" zu Rom, wo er bereits in 1827 sein philosophisches Doktoregamen bestand. In 1828 nach Amerika ausgewandert, vollendete er seine theologischen Studien in Bardstown, Kentucky, kam dann nach Cincinnati, wo er von Bischof Fenwick zum Priester ordinirt wurde (1829), und als Professor der Philosophie an der von Reese neugegründeten gelehrten Schule „Athenaeum", zugleich aber als Pfarrer an der deutschen Gemeinde wirkte. Im nächsten Jahre jedoch finden wir ihn im Norden von Ohio als Missionär thätig, katholische Gemeinden begründend, wie in Cleveland, Akron, Massilon, Wooster, New Philadelphia, Coshocton, Zanesville und anderen Orten. In Canton faßte er bald sicheren Fuß und eine blühende deutsche Gemeinde sammelte sich hier um ihn, in welcher er nicht nur als Priester, sondern auch als Lehrer der Jugend wirkte.

Als Reese in 1833, zum Bischof ernannt, nach Detroit ging und die deutsche Gemeinde in Cincinnati mit dem bisherigen Pfarrer unzufrieden wurde, berief ihn der Bischof an diese Gemeinde und ernannte ihn zu seinem General-Vikar 1834. Nun begann Henni sein äußerst segensreiches Wirken. Eine deutsche Schule wurde alsbald in's Leben gerufen, die erste in Cincinnati, der deutsche „Aloysius Waisen-Verein", der älteste deutsche Verein dieser Art in den Vereinigten Staaten, gegründet (1837) und, wie bereits früher berichtet, der „Wahrheitsfreund", die erste deutsche katholische Zeitung Amerika's, begonnen (Juli 1837), welche er bis zum Jahre 1843 persönlich und mit vielem Takt redigirte. Bereits in 1835 hatte Henni im Interesse seiner Gemeinde eine Reise nach Europa gemacht, bei welcher Gelegenheit er eine „geschichtliche Darstellung der katholischen Kirche in Amerika, besonders der Diözese Cincinnati" schrieb, die in St. Gallen 1835 im Druck erschienen ist. In 1839 erschien ebenfalls in St. Gallen von ihm eine kurzgefaßte „Geschichte der Stadt Cincinnati", im Separatdruck, die er für den „Wahrheitsfreund" im Jahre zuvor geschrieben hatte.

Seine Bestrebungen auf dem Gebiete des Deutschthums erweiterten sich immer mehr, und so war er im Jahre 1843 beflissen ein deutsches katholisches Priester-Seminar zu begründen, wofür er auch bereits ein passendes Grundstück in Covington, gegenüber von Cincinnati, erworben hatte. Um die Zustimmung des in Baltimore tagenden Konzils zu erlangen, ging er dorthin, zugleich aber in der Absicht um nach erhaltener Beipflichtung nach Deutschland zu reisen und dort Hülfe für sein Unternehmen zu erwirken. Statt dessen wurde er zum Bischof der neu errichteten Diözese Milwaukee vorgeschlagen und im Dezember desselben Jahres von Rom bestätigt. Ihm wäre freilich sein Wirkungskreis in Cincinnati lieber gewesen, als so von seinem Lieblingsprojekt losgerissen und in die Wildniß des Nordwestens geworfen zu werden; die Disziplin in der katholischen Kirche ist jedoch bekanntlich eine äußerst strenge und derselben leistete er Folge. Was er in Cincinnati nicht zu Stande bringen sollte, das verwirklichte er jedoch in Milwaukee.

Als Henni im Mai 1844 in seiner neuen Diözese anlangte, mochte die ganze katholische Bevölkerung derselben wohl nicht über 8000 Seelen zählen und „in ganz Wisconsin waren", wie das deutsch-amerikanische

Konversations-Lexikon berichtet, „nur 5 oder 6 Priester und ebensoviele kleine hölzerne Kirchen; Henni's eigene bischöfliche Kirche in Milwaukee bestand nur in einem 30 Fuß breiten und 40 Fuß langen Brettergebäude. Unter seiner Leitung und unermüdlichen Wirksamkeit jedoch, unterstützt durch eine namhafte Einwanderung, war die katholische Bevölkerung von Wisconsin bis 1867 auf 250,000 Seelen angewachsen und Milwaukee eine der bedeutendsten und blühendsten Diözesen der Vereinigten Staaten geworden." Seinen Wunsch, in Amerika ein deutsches Priesterseminar zu begründen, führte Bischof Henni in Milwaukee in den Jahren 1854—1856 aus. Das Seminar „Salesianum" genannt, ist seitdem das größte derartige Institut im Westen geworden. Mit demselben steht außerdem noch ein Lehrerseminar in Verbindung; und ein Gymnasium (Pio Nono College), sowie ein Taubstummen-Institut wirken für allgemeine Zwecke. Gegenwärtig zählt die Diözese Milwaukee, wohl die am meisten deutsche in den Vereinigten Staaten, außerdem noch acht Kollegien und Akademien, fünf Waisenhäuser, ein Hospital, elf Ordenshäuser und über dreihundert Pfarrschulen, wovon etwa dreiviertel deutsch-englische Schulen sind. Im 1875 wurde Henni zum Erzbischof erhoben.

Das deutsche Element in Michigan war während der Periode die wir behandeln, nur schwach vertreten und bestand dann zumeist bloß aus kleineren Landwirthen. Da Michigan und vornehmlich Detroit ursprünglich von Franzosen besiedelt worden war, so herrschte hier auch die katholische Bevölkerung vor, und durch Bischof Reese veranlaßt, ließ sich zwar in den dreißiger Jahren eine kleine Anzahl Katholiken aus Westphalen hier nieder, allein außer im südlichen Michigan wollte das deutsche Element hier lange Zeit keinen festen Fuß fassen. Aber auch das kalte Klima, besonders in dem nördlichen oder „Lake Superior" Bezirk, trug dazu bei, die deutsche Einwanderung fern zu halten, und so blieb das nördliche und westliche Michigan noch lange Zeit im Besitz der Indianer. Unter diesen Verhältnissen begegnen wir indessen schon im Anfang der dreißiger Jahre im Norden Michigans einem Manne, auf dem das Wort „Missionär" wohl mit dem vollsten Rechte angewandt werden kann, Friedrich Baraga.

Am 29. Juni 1797 auf dem elterlichen Schlosse bei Treffen, etwa vier Stunden von Laibach, Unterkrain, von sehr wohlhabenden Eltern geboren, die mit der gräflichen Familie Auersperg in verwandtschaftlichen Beziehungen stand (seine Mutter war eine Tante des bekannten deutschen Dichters Auersperg, ps. „Anastasius Grün"), erhielt er eine vorzügliche Jugenderziehung, trat bereits im neunten Jahre in das Gymnasium zu Laibach ein, wo er sich durch regen Fleiß und außerordentliches Talent für Erlernung fremder Sprachen auszeichnete und bezog in 1816 die Universität Wien, sich hier fünf Jahre lang dem Studium der Jurisprudenz widmend. Nach überstandenem glänzenden Examen änderte er plötzlich seinen Sinn

und studirte, trotz der Abmahnungen seiner Verwandten, Theologie im
Seminar zu Laibach und wurde 1823 zum Priester geweiht. Im 1830
entschloß er sich dem Missionsdienst in den Vereinigten Staaten zu widmen,
und zwar den Indianern das Evangelium zu predigen. In den ersten
Tagen des Jahres 1831 nach Cincinnati gekommen, hielt er sich hier eine
kurze Zeit auf und wirkte besonders unter dem Konglomerat verschiedener
Völker, die sich hier zusammengefunden hatten, mit Erfolg, da er die
mannigfaltigsten Sprachen sprechen konnte. „Ein Missionär in Nord-
Amerika", so schreibt er an seine Schwester in Laibach, „sollte fast alle
Sprachen, die man in Europa spricht, kennen, denn man findet hier
Menschen von allen europäischen Nationen. In der kurzen Zeit die ich
hier bin, habe ich schon alle meine Sprachen (mit Ausnahme der Kraineri-
schen) in der Seelsorge gebraucht." Auch warf er sich hier sogleich auf
das Studium der Ottawa Sprache, worin ihm ein Indianer, der im
katholischen Gymnasium zu Cincinnati erzogen wurde, Unterricht gab.

Bereits im Sommer 1831 reiste er über Detroit nach dem nördlichen
Theil der Michigan Halbinsel ab, um in Arbre Crochu (Waganakisid) eine
Mission unter den Indianern zu übernehmen. Es ist hier nicht am Platze
auf die Einzelnheiten seines langjährigen Missionslebens unter den Ottawas, Pottawatomies, Chippewa und Otschipwas am Lake Superior
näher einzugehen,* und nur sein zivilisatorisches Wirken unter den wilden
Stämmen des nördlichen Michigans mag hier in gedrängter Kürze geschildert werden. Sogleich bei seiner Ankunft in Arbre Crochu war sein
Augenmerk hauptsächlich auf die Erziehung der Indianer gerichtet, unter
denen er sich seinen Wirkungskreis auserkoren hatte. In äußerst kurzer
Zeit bewältigte er die Sprache der Ottawas, und schon am 4. Januar 1832
schreibt er, daß er eine Schule unter den Kindern der Indianer begründet
habe, und die Knaben „im Lesen, Schreiben, Rechnen und in der Religion"
die „Mädchen aber bloß im Lesen und der Religion" unterrichte. Natürlich war dieses mit unendlicher Mühe verknüpft, da ein gänzlicher Mangel
an gedruckten Büchern durch von ihm selber geschriebene ersetzt werden
mußte, indem er es nicht für rathsam hielt, die in der Algonkin Sprache
von den Franzosen in Canada benutzten Bücher zu verwerthen. Im
Sommer 1832 war Baraga auch schon in Detroit und ließ hier ein selbst-
verfaßtes „Lesebuch mit angehängtem Katechismus" in der Ottawa Sprache
drucken.*)

Später verfaßte Baraga noch zahlreiche andere Werke in verschiedenen
Indianersprachen, darunter: Ein Erbauungsbuch und Katechismus in
der Chippewa Sprache, ebenso in dieser Sprache ein Auszug aus dem
alten und neuen Testament, und seine berühmt gewordene „Grammatik der

---

*) Berichte der Leopoldinen Stiftung, Heft 5, Seiten 30 und 36.

Otschipwa Sprache, nebst angehängtem Wörterbruch" (Cincinnati 1853). Im Interesse seiner Missionen schrieb er zahlreiche Berichte an die Leopoldinenstiftung zu Wien, die in den Jahresberichten dieser Gesellschaft von 1831 bis 1867 abgedruckt sind und die einen höchst umfangreichen und äußerst wichtigen Beitrag zur Geschichte und Lebensweise der nördlichen Indianerstämme bilden. Außerdem erschien von ihm im Druck: „Geschichte, Charakter, Sitten und Gebräuche der nordamerikanischen Indianer" (Wien) und ein slavonisches Erbauungsbuch (ebendaselbst).

In 1853 wurde Baraga zum Bischof der nördlichen Indianermissionen ernannt, und schlug seinen Wohnsitz zuerst in Saulte St. Marie auf, verlegte denselben jedoch später nach Marquette am Lake Superior. Er starb zu Marquette am 19. Januar 1868. Eine Lebensskizze Baraga's schrieb Dr. Gustav Brühl im „Deutschen Pionier", Jahrgang I, Seite 291, auf welche wir hiermit hinweisen. Als Sprachforscher hat Baraga sich hohe Verdienste erworben und seine Schriften über die nordwestlichen Indianer besitzen dauernden Werth. Die Indianer im gesammten Nordwesten, unter denen er überall persönlich bekannt war, gaben ihm den Namen „Großer Vater".

Obgleich Iowa schon 1846 in den Staatenbund aufgenommen wurde, und es unstreitig in seinen bedeutenderen Städten, wie Burlington, Dubuque, Davenport, schon vorher und zur Zeit der Aufnahme sehr viele Deutsche zu seinen Bewohnern zählte, welche sich in der Handelswelt und als Farmer einen sehr guten Ruf erworben und auch in den genannten und anderen Städten durch das Vertrauen ihrer Mitbürger Aemter bekleidet hatten, so datirt die Bedeutung des Deutschthums in Iowa doch erst von den fünfziger Jahren, und namentlich seit der Unterdrückung der schleswig-holsteinischen Bewegung vom Jahre 1851. Einige der ausgezeichnetsten Männer, welche in diese Bewegung verflochten waren, ließen sich in Davenport und Umgegend nieder, und zogen eine sehr zahlreiche und außerordentlich tüchtige Einwanderung aus den Herzogthümern nach sich. Ungemein rasch entwickelte sich nun der deutsche Einfluß, und wer in der Zukunft die Geschichte des Deutschthums seit 1851 zu schreiben unternimmt, wird eine lange Reihe bedeutender Männer aufzuzählen haben, welche sich um das Land und ihre Stammesgenossen große Verdienste erworben haben. Die älteste fühlbare deutsche Bestrebung in Iowa gibt sich in der Besiedelung der deutschen Stadt Guttenberg kund, welche im Jahre 1842 von dem in Cincinnati organisirten „Deutschen westlichen Ansiedelungs-Verein" begründet wurde. Indessen auch hier tritt erst nach 1848 das rege deutsche Leben ein, dem allein unsere Schilderungen zugewandt sind. Ebenso ist es mit Minnesota, welches 1849 zu einem Territorium und erst 1857 als Bundesstaat constituirt wurde. Auch dort hatten sich schon lange vorher in den Städten, namentlich St. Paul, viele Deutsche niedergelassen, ohne indessen bemerklich in das öffentliche Leben einzugreifen.

Obgleich Californien zuerst 1846 in Folge des Krieges mit Mexiko von den Vereinigten Staaten in Besitz genommen und 1850 in den Verband der Union getreten, sich unserer Betrachtung entzieht, so kann man diesen Staat nicht nennen, ohne an den Mann zu denken, dessen Name so eng mit der Geschichte dieses jetzt so wichtigen Staates verschmolzen ist, wir meinen General Johann August Sutter. Es ist ein seltsames Schicksal, daß, was einem Astor durch unvorhergesehene Ereignisse mißglückt war — die Gründung einer amerikanischen Kolonie am stillen Weltmeer — einem anderen deutschen Landsmann, der in demselben badischen Ländchen, zu Kandern, das Licht der Welt erblickt hatte, gelungen ist. Geboren im Jahre 1803, wurde er von seinem Großvater, der Pfarrer zu Lörrach war, erzogen, folgte aber seinem Vater später in die Schweiz, in welcher Letzterer sich niedergelassen hatte. In der Kadettenschule zu Thun zeigte er sich als ein sehr gelehriger Schüler, bestand ein glänzendes Abschieds-Examen und wurde als Kapitän einem Berner Bataillon zugetheilt. Ein von ihm zu Burgdorf, Kanton Bern, errichtetes Handelsgeschäft schlug fehl. Sein namentlich in der Jugend feuriger und strebender Geist, verbunden mit einem äußerst sanguinischen Temperament, konnte sich nicht leicht in die engen bürgerlichen Verhältnisse fügen. Für ihn, wie für so viele tausend Andere, wurde die neue Welt der Zielpunkt ihrer ungebändigten Thatkraft. Vorläufig seine junge Familie zurücklassend, erreichte er die Vereinigten Staaten im Jahre 1834, und kurz nachher finden wir ihn in St. Louis, wo er sich sehr bald durch seine Lebhaftigkeit, sein leichtes und einnehmendes Auftreten, seine männliche Persönlichkeit einen Kreis von Freunden erwarb. St. Louis war zu damaliger Zeit sowohl der Stapelplatz für den Handel nach Santa Fé, als auch der Sammelplatz für die Züge der Pelzhändler nach den Felsengebirgen. Dort wurden jedes Frühjahr alle Expeditionen ausgerüstet, und fanden sich Deutsche dort ein, die sich dem einen oder dem anderen dieser Züge anschlossen. Der Handel nach Santa Fé war besonders gewinnbringend; er versorgte ganz Neu-Mexiko mit Kolonial-Produkten und amerikanischen Industrie-Erzeugnissen, und die Rückfracht bestand nicht aus Pelzen, sondern aus harten mexikanischen Thalern.

Sutter schloß sich im Jahre 1835 oder 1836 einem solchen Zuge an, hielt sich längere Zeit in Santa Fé auf, und trieb einen lohnenden Handel daselbst. Nach St. Louis zurückgekehrt, schloß er sich einem Zuge der amerikanischen Pelz-Kompagnie an (1838), überstieg die Felsengebirge und erreichte Van Couver, den Hauptsitz der Hudson Bay Kompagnie am Stillen Meere im September 1838. Nach einem Besuch der Sandwich Inseln, sowie von Sitka in Alaska, landete er in Monterey, Californien, im Jahre 1839 und beschloß nun, einen schon länger von ihm gehegten Plan auszuführen, nämlich eine Kolonie am Sacramento Fluß anzulegen. Diese Gegend soll ihm bei seinem Aufenthalt in Santa Fé von Pelzjägern, welche mit der Lage des Flusses vertraut waren, ganz besonders gerühmt worden sein. Einhundertundzwanzig Meilen nordöstlich von San Francisco, am genannten Flusse, gründete er seine Niederlassung N u e v a H e l v e t i a, auf einem Landstrich, welcher ihm unter sehr günstigen Bedingungen von dem spanischen Gouverneur von Alta-Californien, A l v a r a d o, verliehen wurde (1835). Vorerst legte er ein Fort an (Fort Sutter), welches mit Mauern und Bastionen stark befestigt wurde, und welches zwölf Kanonen verschiedenen Kalibers vertheidigten.

Brennereien, Pferdekraftmühlen, eine Gerberei, wurden in der Nähe des Forts errichtet, und sehr bald mehrere hundert Acker Land in blühende Kultur gebracht. An der Vereinigung des Feather-Flusses mit dem Sacramento, ungefähr fünfundzwanzig Meilen vom Fort, wurden großartige Weideplätze angelegt, und sein Viehstand soll sich Anfangs der vierziger Jahre auf 20,000 Stück (Pferde, Rindvieh und Schaafe,) belaufen haben. Die Arbeiter und Hirten waren zumeist Indianer, welche er zu organisiren und selbst militärisch einzuschulen verstanden hatte, während die Aufseher Weiße, Amerikaner, Deutsche und Mexikaner waren. Bald wurde Fort Sutter ein Anziehungspunkt für Einwanderer, namentlich Handwerker, welche dort leicht Beschäftigung fanden, sowie für Jäger und Bieberfänger, welche dort ihre Waaren absetzten und sich dafür mit Lebensmitteln, Kleidern, Pulver und Blei versahen.

Dieser Alvarado-Grant (Länderverleihung) wurde ihm, da er die Bedingungen desselben erfüllt hatte, bestätigt, und zu gleicher Zeit wurde er vom Gouverneur zum Stellvertreter der Regierung an den nördlichen Grenzen von Californien ernannt. In dem in Mexiko im Jahre 1842 ausgebrochenen Bürgerkrieg zwischen S a n t a A n n a und dem konstitutionellen Präsidenten B u s t a m e n t o, schloß Sutter, der den Generals-Titel erhalten hatte und als eine Macht galt, sich an den von Santa Anna ernannten Gouverneur M a n u e l M i c h e l t o r e n a an, und erhielt von diesem für seine geleisteten Dienste eine neue Länderverleihung, den Sobrante-Grant, im Jahre 1845. Im Jahre 1846, nachdem die Vereinigten Staaten, nach ausgebrochenem Kriege mit Mexiko, von Ober-Californien Besitz ergriffen hatten, zog Kapitän Sutter am 11. Juli die Vereinigten Staaten Flagge auf seinem Fort auf, und er wurde alsbald von den dortigen Befehlshabern der Union zum Alkalden des Distrikts, zum Gouverneur des Forts und zum Indianer-Agenten ernannt.

Seine Landgüter und Weideplätze vermehrten sich täglich. Sein gastfreundschaftliches Fort wurde zu klein, die vielen Besucher zu fassen. Schon vorher hatte er in der Nähe ein Gasthaus errichten lassen, und im

Jahre 1844 legte er die Stadt Sutterville am Sacramento-Flusse aus, das spätere Sacramento. Auf einem seiner Landgüter am Feather-Fluß legte er auch schon 1848 Weinberge an, die ersten nördlich von Sonoma. Ein fürstlicher Reichthum schien ihm zu Gebote zu stehen. Er war der reichste und mächtigste Bürger des Landes. Seine Weizenernten allein sollen sich in manchen Jahren auf 40,000 Bushel belaufen haben, und seine großartigen Handels- und Industrie-Unternehmungen versprachen ihm eine stete Vermehrung seines ohnehin schon auf mehrere Millionen geschätzten Vermögens.

Die Entdeckung des Goldes (Januar 1848), an einer Mühle von Sutter, die ein Agent von ihm, J. W. Marshall, am American-Flusse, einem Nebenfluß des Sacramento, eben erbaut hatte, ein Fund, der so Vielen eine Quelle des Reichthums wurde, kann als die Ursache von Sutter's finanziellem Unglück betrachtet werden. Trotz der Bemühungen Sutter's, die Entdeckung eine Weile geheim zu halten, bis seine Mühle fertig gebaut und seine Felder bestellt seien, verbreitete sich die Nachricht mit unglaublicher Schnelligkeit. Alles eilte, Gold auszuwaschen, und weiter hinauf in den Bergen zu graben. Alle Arbeitspreise stiegen auf eine unerschwingliche Höhe. Kein Landbau, keine Industrie konnte weiter betrieben werden, aus Mangel an Arbeitskräften. Abenteurer strömten zu Tausenden herbei und ließen sich ungefragt auf seinen Ländereien nieder. Bald machte man ihm seine Besitztitel streitig. Unzählige Prozesse mußten angestrengt werden, und sein Eigenthum belastete sich nach und nach mit Hypotheken.

Nach weitläufigen Prozessen wurde ihm zwar schließlich vom Oberbundesgericht die erste Landverleihung von Alvarado zuerkannt, ihm aber der bei weitem größere Grant von Micheltorena abgesprochen. Andere Unglücksfälle traten hinzu, und so sah er sich nach der letzten Entscheidung des Bundesgerichts fast seines ganzen kolossalen Vermögens beraubt. Seine Auslagen für Vermessungen und Verbesserungen des verlornen Landstrichs, sowie Entschädigungen, welche er an solche die von ihm gekauft, zurück bezahlen mußte, sollen sich auf 325,000 Dollars belaufen haben. Doch bewilligte ihm der Staat Californien für sieben Jahre eine jährliche Geldsumme von breitausend Dollars für Steuern, welche er bezahlt hatte auf Land welches die Vereinigten Staaten Regierung als ihr gehörig zurück genommen hatte und demnach steuerfrei gewesen war.

Im Jahre 1865 verließ er Californien und lebt seitdem in Pennsylvanien, und er ist noch immer bemüht, beim Kongresse seine Ansprüche auf Entschädigung geltend zu machen.

An bloßen Ehrenbezeugungen hat es ihm indessen nicht gefehlt. Man belegte Städte, Flüsse und Counties mit seinem Namen, schmückte die Halle der Gesetzgebung von Californien mit seinem Bilde, machte ihn zum

Generalmajor der Staatsmilizen, erließ Dankesbeschlüsse u. dgl. Es ist schon früher bemerkt worden, daß er von der mexikanischen sowohl wie von der Regierung der Vereinigten Staaten, zum Kommandanten und Richter über die nördlichen Grenzdistrikte von Californien ernannt worden war. Im Jahre 1849 wurde er zum Mitglied der konstituirenden Versammlung von Californien gewählt, und wirkte besonders kräftig dafür, daß durch die Verfassung die Sklaverei für immer verboten wurde.

Im Krieg und im Frieden war er jeder ihm zugefallenen Stellung gewachsen. Von Haus aus ein herzlich guter, gastfreier und leutseliger Mann, dessen Hand und Herz gleich offen war, stak wohl in ihm nicht das Zeug, aus dem ein Cortez oder ein Clive geschaffen war. Aber dennoch stellt ihn sein Muth, seine Klugheit und Ausdauer, sein ins Große und in das Ganze gehender Unternehmungsgeist in die vordere Reihe der Entdecker und Begründer neuer Regionen. Man hat ihm namentlich von deutscher Seite viel zu wenig Anerkennung gezollt und — vielleicht an ihm zu sehr das Abenteuerliche, welches solchen Charaktern nie fehlt und nie fehlen darf, hervorgehoben. Die Amerikaner erkannten die Bedeutung des Mannes besser. Eine Gedenkrede bei einem Feste der „California Pionier Gesellschaft" (9. September 1854), gehalten von Edward J. Kewen, schließt mit folgenden beredten Worten, welche mit dem größten Beifall der versammelten Menge aufgenommen wurden:

„Im Kreislauf kommender Jahre, wenn die Feder des Geschichtschreibers die Gründung und Besiedelung dieses westlichen Staates darstellen, wenn sie die Tugenden, die Beschwerden, die Entbehrungen, den Muth, die Unerschrockenheit, die alles dies zu Stande gebracht hat, schildern, wenn sie den mächtigen Impuls beschreiben wird, den dieses Gemeinwesen auf den Fortschritt der freien Regierungsform und die Ausdehnung freiheitlicher Grundsätze ausgeübt, und wenn sie die Annalen mit den Namen der heroischen Gründer seines Ruhms zieren wird, dann wird kein Name den Bericht mit hellerem und dauerndem Glanze erleuchten, als der des unsterblichen Sutters, — des erhabenen Vorbildes für die Pioniere Californien's".

General Sherman, selbst einer der ersten Bürger von Californien und der mit Sutter's Wirken durch eigene Anschauung völlig vertraut ist, schrieb von ihm noch vor Kurzem:

„Dem General John A. Sutter, mehr als irgend einem anderen Manne, verdankt unser Land Californien und alle seine Reichthümer".

Fünfzehntes Kapitel.

Missouri.

Missouri. — Duden's Ansiedlung. — Deutsche daselbst in 1832 und 1833. — Gießener Auswanderungs-Gesellschaft. — Friedrich Münch. — Paul Follenius. — Ernst Karl Angelrodt. — Heinrich Kayser. — Professor David Göbel. — Gert Göbel. — Gründung von Hermann. — Weinbau. — Michael Pöschel, Hermann Burkhardt, Georg Husmann. — Deutsche Vereine und Militär-Kompagnien. — Eduard Mühl. — St. Charles. — Protestantische Synode. — Arnold Krekel.

In einer waldigen Hügelgegend, auf der Nordseite des Missouri gelegen, etwa achtzig Meilen von St. Louis entfernt, in Montgomery, jetzt Warren County, hatte Gottfried Duden schon im Jahr 1824 sich eine Wohnstätte bereitet, in welcher er einige Jahre mit Muße lebte, und von wo er seine verlockenden Briefe schrieb und veröffentlichte, die um so mehr in Deutschland großen Eindruck machen mußten, als Duden ein in jeder Hinsicht achtungswerther Charakter war. Einem Manne, der eine vorzügliche gelehrte Bildung genossen, die Freiheitskriege mitgemacht, in Preußen hohe Stellungen im Staatsdienste eingenommen hatte, konnte man nur das größte Vertrauen schenken. Aber Duden's Unglück war, daß er zu den damals so in Blüthe stehenden Doktrinären gehörte, die sich erst ihre Theorien aufbauen und nachher die Erscheinungen der Wirklichkeit in diese Theorien hineinzwängen. Nach zweijährigem Aufenthalt sagte er indessen seinen idyllischen Bergen, klaren Quellen und duftenden Wiesen für immer Lebewohl. Er war ein Wegweiser, der zeigt wohin man gehen soll, aber den Weg nicht selber geht.

Angelockt von den günstigen Berichten Duden's, in der Hoffnung das reichste Land unter einem neapolitanischen Himmel zu finden, hatten sich schon 1832 mehrere höchst gebildete Familien nahe an dem verlassenen Landsitze Duden's angesiedelt. Wir erwähnen hier nur der Familie von Bock, dessen Haupt ein ebenso liebenswürdiger, jovialer als excentrischer Mann war, der Familie von Martels, von der noch ein Glied, Heinrich von Martels, früher hannover'scher Offizier, in Cincinnati lebt, sich mit literarischen Arbeiten beschäftigt und allgemein beliebt ist. Bock legte einige Zeit später das Städtchen Dutzow aus. Am 18. Mai 1834 bildeten die Deutschen dieser Gegend einen deutschen Verein, der hauptsächlich Geselligkeit zum Zweck hatte, und unter den Stiftern finden wir Namen, welche in der Geschichte der deutschen Einwanderung in Missouri guten Klang haben, wie die von Rasmus, Behrens und Huttawa. Ob bei der wenig günstigen Lage dieser Gegend, denn sie versprach weder baldige Kommunikationen für Absatz von Produkten, noch zeichnete sie sich durch Fruchtbarkeit des Bodens aus, diese Ansiedlung einen großen Aufschwung genommen haben würde, ist sehr zweifelhaft, wenn nicht mehr Zufall als Wahl viele der Familien, welche sich der Gießner Auswanderungsgesellschaft angeschlossen hatten, hierher geworfen hätte.

Diese Gesellschaft war eine der best organisirtesten, die wohl je in Deutschland entstanden waren; sie war von gescheidten, ehrenhaften, dem Volke zu Theil wohl bekannten Männern gestiftet worden. Nur gut bekennbete Familien wurden aufgenommen, und nur solche, welche die Mittel einer ersten Niederlassung nachweisen konnten. Eine Kommission hatte vorher den Westen bereist. Duden und andere Quellen waren eifrig studirt worden. Die Verfassung und Regeln der Gesellschaft waren auf Gleichheit und Billigkeit gegründet, und trotz alledem scheiterte sie, wie alle ähnliche Unternehmungen, an Unkenntniß des Landes und der daselbst herrschenden Verhältnisse. Sie scheiterte nicht allein hauptsächlich an der unausführbaren Idee, ein neues Deutschland zu gründen, sondern als blos größere deutsche Kolonie mit weniger hochfliegenden Plänen. In Broschüren, die in Deutschland vor der Einwanderung erschienen und von den Leitern derselben verfaßt waren,*) war als Zweck der Gesellschaft ausgesprochen:

„Die Bildung eines deutschen Staates, der natürlich ein Glied der Vereinigten Staaten werden müßte, doch mit Aufrechthaltung einer Staatsform, welche das Fortbestehen deutscher Gesittung, deutscher Sprache sichern und ein ächtes, freies und volksthümliches Leben schafft."

Man hatte, damit sich ein „deutscher Freistaat, ein verjüngtes Deutschland in Nordamerika" gestalte†) zuerst im Sinne, die ersten Züge nicht nach einem schon bestehenden Staate, sondern nach einem noch nicht als Staat organisirten Territorium zu lenken.

Warum eine solche Staatengründung scheitern mußte, ist hier nicht der Ort nachzuweisen. Aber selbst die Gründung einer ausschließlich deutschen Ansiedlung von großem Umfang ist ebenso wenig ausführbar gewesen. Je größer die Anzahl selbstständiger, gebildeter, thatkräftiger Männer in einer solchen Gesellschaft ist, desto rascher eilt sie ihrem Verfall entgegen.

---

*) „Aufforderung und Erklärung in Betreff einer Auswanderung im Großen aus Deutschland in die Nordamerikanischen Freistaaten." Gießen, 1833.

†) Ebendaselbst.

Wer soll befehlen, wer gehorchen, da es darin keinen Propheten, keinen Heiligen giebt, dem sich die Gottheit offenbart hat und denen die gläubige Heerde ein Recht von Gottes Gnaden zugesteht!? Der Erfolg, wenn wir von einem solchen, außer bei den Mormonen sprechen können, den die Sektenführer hier gehabt haben, konnte kein Leitstern für Männer sein, welche auf dem Boden des bürgerlichen Rechts und der weltlichen Gesellschaftsordnung standen.

Schon gleich bei der Ankunft eines Theiles der Gesellschaft in New Orleans mußte die Absicht, sich in Arkansas niederzulassen, aufgegeben werden. Man zog nach St. Louis, wo sich die Gesellschaft in der That auflöste, ein Theil in St. Louis blieb, ein anderer nach Illinois übersiedelte, und wieder ein anderer an beiden Ufern des Missouri, in einiger Entfernung von St. Louis sich niederließ. Zu den letztern gehörten die Familien M ü n c h und F o l l e n i u s.

Unter den Männern, welche die Gießener Auswanderung nach Missouri führte, war es wohl F r i e d r i c h M ü n c h, welcher in doppelter Hinsicht, erstens als auf das deutsche Element selbst, und in zweiter Linie auf die vorgefundene Bevölkerung einwirkend, die größte Beachtung verdient. Durch die verschiedenen Mittheilungen über sich selbst, welche sowohl in Deutschland als in mehreren periodischen Blättern in den Vereinigten Staaten veröffentlicht worden sind, und durch sein öffentliches Auftreten in der Gesetzgebung, sowie auch besonders durch seine zahlreichen und vielverbreiteten Schriften über Religion, Ethik, Politik, Landwirthschaft, liegt sein Leben gleichsam wie ein aufgeschlagenes Buch vor uns. Und das Buch ist ein klar und deutlich gedrucktes, das kein Leser, ohne sich erfreut, belehrt und gestärkt zu haben, aus der Hand legen wird.

Unter den mit mannigfachen Uebeln begleiteten Segnungen der Reformation in Deutschland, ist vielleicht keine von größerer Bedeutung für unsere Kultur und besonders unsere Literatur geworden, als die Segnung des deutschen protestantischen Pfarrhauses. Kein Volk hat auch nur im entferntesten eine solche Pflanzstätte der Bildung, der Tüchtigkeit des Mannessinnes aufzuweisen. Seine Wirkungen in den drei Jahrhunderten, welche dem Auftreten des kühnen Mönches von Wittenberg folgten, auf das sittliche Leben in Deutschland, sind in ihrem Zusammenhange noch viel zu wenig gewürdigt worden. Wohl ist es weltbekannt, wie viele unserer größten Männer und vorzugsweise Schriftsteller in dem ländlichen Pfarrhause das Licht zuerst erblickt haben. Aber auch die weniger begabten Landgeistlichen haben nach oben und nach unten mehr an dem Aufbau des deutschen Volks gearbeitet und ihm seinen eigenthümlichen Charakter aufgedrückt, als irgend eine andere Klasse der Bevölkerung. Die auf der Schule, dem Seminar, der Universität erlangte tüchtige gelehrte Bildung, stieß in dem Pfarramt in den kleinen Städten und Dörfern mit dem praktischen, rauhen egoistischen Wesen des Landbewohners zusammen. Der Idealismus mußte sich nothgedrungen mit dem Realismus, wenn auch nicht verschmelzen, doch abfinden. Die Abwechselung, welche das Studirstübchen mit Gottes freier Natur, die geistige Beschäftigung mit oft mühseliger Handarbeit gab, bildete in der Regel einen kernigen und doch zu gleicher Zeit nach Höherem und dem Höchsten strebenden Stand. Schon durch die irdische Noth zur Mäßigkeit angehalten, wurde diese eine erbliche Eigenschaft, die auf Kind und Kindeskinder, selbst wenn sie eine andere Laufbahn einschlugen, ihre Wirkung äußerte. Und diese Mäßigkeit wurde die Mutter vieler anderer Tugenden. Diese, durch das ganze protestantische Deutschland verbreiteten Pfarrhäuser, in denen die verständige und liebevolle Hausmutter selten fehlte, säeten Kultur in Millionen von Landbauern und Arbeitern und steuerten der Rohheit und Verwilderung, die wir selbst heute noch in den Ländern sehen, deren Geistlichkeit familienlos und deswegen auch vaterlandslos ist. In einem solchen ächt deutschen Pfarrhause, in der Provinz Oberhessen, welche so viele brave Männer erzeugt hat, war die Geburtsstätte von Friedrich Münch. Er selbst sagt in seinen „Erinnerungen aus Deutschland's trübster Zeit":

„Ich wurde am 25. Juni 1799 in Niedergemünden geboren und lebte bis zum 15. Jahre in dem einsamen Dorfe, allein von meinem Vater, nur zuletzt noch zugleich von einem älteren Bruder unterrichtet. Daß es irgendwo in der Welt schöner sein könnte als an dem Bache, welcher das Dorf durchfließt, in den Wiesengründen, in den Wäldern und auf den Bergen, welche es umgeben, fiel mir nicht ein. In unsere Freistunden halfen wir fleißig mit in manchen ländlichen Arbeiten, wir Knaben lernten Axt und Säge und andere Werkzeuge gebrauchen, graben, hacken, pflanzen, propfen und in Vielem uns selbst helfen, was Alles mir später trefflich zu Statten gekommen ist".

Im Jahre 1814 bezog er das Gymnasium zu Darmstadt, machte seinen Kursus rasch durch und bezog schon im Jahre 1818 die Universität Gießen, um dort Theologie zu studiren, weil es das wenigst kostspielige Fach war und mehr Aussicht auf ein rascheres und selbstständiges Fortkommen darbot. Er streifte dort zum Theil unter dem Einfluß von Karl Follen, die schon von seinem wackeren Vater nicht streng gepflegte Orthodoxie ab, und bildete sich seine Theologie ganz im Sinne des damaligen Rationalismus aus. Schon im zwanzigsten Lebensjahre war er ordinirter Prediger und wurde seinem alten Vater als Hülfe beigegeben. In dieser Stellung widmete er seine Muße mit rastlosem Fleiße der deutschen Sprache, der Philosophie und den Naturwissenschaften. Daß Kant und Fries besonders seine Führer waren, beweist sein ganzes späteres Leben, welches stets unter der Macht des „kategorischen Imperativs" stand. Auch die Muse der Dichtkunst kehrte gelegentlich bei ihm ein. Er gründete sich bald seinen eigenen Hausstand, hatte aber den Schmerz, seine erste Frau schon nach einigen Jahren zu verlieren. Seine zweite Ehe war eine ebenfalls sehr glückliche und noch lebt diese treue Genossin seiner Freuden und Leiden. Seinem Berufe pflichtgetreu nachkommend, fortwährend sich ausbildend, blieb er auch selbst während den traurigen Reaktionsjahren und der Zeit der Demagogen-Verfolgungen, den Grundsätzen politischer Freiheit und geistiger Unabhängigkeit, die er als Burschenschaftler in Gießen sich zu eigen gemacht, getreu, und zeigte stets ein hohes Interesse an öffentlichen Angelegenheiten.

Natürlich mußte ihn die Juli-Revolution und die in Deutschland wieder aufflammende politische Erregung tief ergreifen. Viele seiner besten Freunde betheiligten sich an den Bewegungen, welche die deutschen Preß-Vereine, die zahlreichen Volksversammlungen in der Pfalz, Baden und Hessen hervorriefen, und waren auch dem Frankfurter Aufstand vom 3. April 1833, nicht fremd. Obgleich Friedrich Münch jeder aktiven Betheiligung ferne stand, regte sich doch in ihm die Sehnsucht, sich den unerquicklichen und ihm hoffnungslos erscheinenden Zuständen Deutschlands zu entziehen. Er faßte in seiner Umgebung zuerst den Gedanken der Auswanderung nach Amerika. Sein Freund Paul Follenius ging lebhaft auf diese Idee ein, erweiterte sie aber zu dem Plan einer Auswanderung im Großen, „um deutschem Volksleben über dem atlantischen Meere eine würdige Heimstätte zu verschaffen". Der deutschthümliche Zweck sollte ihm gleichsam zur Entschuldigung für seine Entfernung vom Vaterlande dienen, welche er sonst als eine Art von Fahnenflucht betrachtet hätte. Münch ließ sich durch den phantasievollen und geistreichen Mann zu dieser Unternehmung bereden, welche den bekannten ungünstigen Ausgang nahm.

Da Dudens Berichte und besonders dessen mündliche Darstellungen starken Eindruck auf ihn gemacht hatten, so siedelte er sich in Montgomery, jetzt Warren County, in der Nähe des vormaligen Duden'schen Wohnplatzes an. Nur einem so gestählten Körper und so eisernem Willen konnte es gelingen, sich mit unsagbaren Mühen und trotz wiederholter, heftiger Krankheitsfälle, in einem hügeligen und meist mit Wald bestandenen Landbesitz, sich ein neues Heim, eine mit Obstgärten und Weinbergen umgebene freundliche Wohnstätte zu schaffen. Trotz aller Mühe, Sorgen und Entbehrung verlor er, ungleich so vielen Anderen, seinen geistigen Gehalt nicht. In den wenigen, angestrengtester Arbeit abgerungenen, Freistunden, unterrichtete er nicht nur seine eigenen Kinder, sondern die der Nachbarn, und wurde ein thätiger Mitarbeiter an deutschen Blättern. Schon sehr bald nach seiner Ankunft erschienen belehrende Artikel von ihm im „Anzeiger des Westens". An dem von Eduard Mühl zu Herrmann herausgegebenen „Lichtfreund" (1840) wurde er Mitarbeiter, später Korrespondent von Eichthal's „Schnellpost", sowie des „Belletristischen Journals", und der „Atlantis". Besonders fruchtbar war er in der Flugblätter-Literatur. Es erschien von ihm im Jahre 1846 „Ueber Religion und **Christenthum**", in 1847 "A Treatise on Religion, Christianity, Orthodoxy and Rationalism," durch Vermittelung von Theobor Parker in Boston gedruckt. Auch Gedichte und Novellen entflossen seiner Feder, nachdem er die ersten Schwierigkeiten seiner Lage überwunden hatte. Es folgten „Der Staat Missouri" (Bremen); „Die Weinbauschule", öfters aufgelegt, (St. Louis); „Geisteslehre für die heranwachsende Jugend", (St. Louis); „Die sinnliche und geistige Lebensansicht", (Philadelphia); Preisschriften und gedruckte Vorlesungen.

Nachdem er im Interesse des Staates Missouri im Jahre 1859 eine sehr interessante und genußreiche Reise nach Deutschland unternommen, theilte er seine dabei gemachten Beobachtungen in mehreren Blättern mit, und setzt seine fast erstaunliche literarische Thätigkeit bis auf den heutigen Tag fort. Im Jahre 1873 erschien von ihm eine ganz vorzügliche Arbeit unter dem Titel: „**Erinnnerungen aus Deutschland's trübster Zeit, dargestellt in den Lebensbildern von Karl Follen, Paul Follen und Friedrich Münch.**" Sie war eine reiche Quelle für unsere eigene Bearbeitung.

Aber auch auf dem politischen Felde finden wir ihn in voller Arbeit. Begreiflicherweise beschäftigte ihn mehr die ethische und theoretische Seite der Politik, wozu ihn seines Lebens ganze Führung und seine Vorstudien drängten. Im Jahre 1856 in dem Präsidenten-Wahlkampfe zwischen Fremont und Buchanan, bestieg er die Volkstribüne, nicht nur in seinem eigenen Staate, sondern auch in New York, Pennsylvanien, Ohio und Indiana. Es handelte sich hier beim Entstehen der republikanischen Partei um Grundsätze, ohne Hintergedanken an persönliche Vortheile, die aus der zu erringenden politischen Macht entspringen könnten. Im Mai 1860 begegnen wir ihm als einem Abgeordneten von Missouri zur Konvention in Chicago, die Lincoln zum Präsidentschafts-Kandidaten ernannte, zu gleicher Zeit mit Richter **Krekel** von Missouri, **Körner** von Illinois, **Schurz** von Wisconsin, **Hassaurek** von Ohio, und mehreren anderen deutschen Abgeordneten aus New York, Pennsylvanien, Indiana, West-Virginien, Kansas und Texas.

Der Ausbruch der Rebellion, welche mit Ausnahme von St. Louis und den übrigen von Deutschen vorzugsweise besiedelten Gegenden, äußerst zahlreiche Anhänger in Missouri zählte, mußte den alten Kämpfer gegen die Sklaverei in eine sehr gefährliche Lage bringen, da es auch in seiner nächsten Nähe nicht an Sezessionisten fehlte, welche selbst sein Leben bedrohten. Nichtsdestoweniger wich er nicht von seinem Wohnsitze. Seine beiden älteren Söhne schlossen sich den zum innern Schutz errichteten Kompagnien der "Home Guards" an, die beiden jüngeren traten in die freiwillige Armee der Vereinigten Staaten ein. Einer von diesen, ein lieblicher Jüngling von 18 Jahren, fand den Heldentod in der Schlacht von

Wilson's Creek, September 1861; der andere hielt bis zum Schlusse des Krieges in der Unions-Armee aus. In demselben Herbste wurde Friedrich Münch von den drei Counties, Warren, Montgomery und St. Charles, in den Senat des Staates Missouri gewählt. Er sagt von dieser Zeit:

„Gerade die vier Jahre, während welcher ich diese Stelle bekleidete, waren die wichtigsten und entscheidendsten für unsern Staat, indem unter schweren Mühen und steten Kämpfen die neue Ordnung festgestellt werden mußte."

Einem ihn im Jahre 1874 Besuchenden äußerte er, indem er aufstand und seine Hand auf die Brust schlug: „Ich bin trotz meiner nahen achtzig Jahre rüstig und gesund, ich habe starke Muskeln und rüstige Arme, und jede Sehne ist noch kräftig". Und auch jetzt noch, nachdem er die achtzig erreicht und hinter sich hat, ist er noch immer mit Wort und Schrift thätig, arbeitet mit stetem Eifer an einer landwirthschaftlichen Zeitung („Agriculturist") und widmet vorzüglich dem Weinbau seine sachkundige Feder, ohne die Politik und Philosophie zu vernachlässigen. Daß es einem solchen „ganzen Mann", an Anerkennung sowohl bei der deutschen als der amerikanischen Bevölkerung in weiten Kreisen nicht gefehlt hat, noch fehlen wird, ist begreiflich und bietet ihm dieses, wie wir ihn kennen, reichen Ersatz für die Leiden, Mühsale und Opfer, welche seinen Lebensweg oft zu einem Leidensweg gemacht haben.

Es ist hier auch wohl am Orte zu erwähnen, daß Herrn Friedrich Münch im Jahre 1837 sein um zwei Jahre jüngerer Bruder G e o r g
M ü n c h nach Missouri gefolgt ist, ein Charakter, der, wie es bei solchen Eltern kaum fehlen konnte, dem älteren Bruder nahe verwandt war. Nach harten Jahren der Arbeit und der Entsagung, hatte er sich ein schönes landwirthschaftliches Heim bei Augusta in St. Charles County gegründet, und betrieb namentlich den Weinbau mit Erfolg. Auch er war ein Mann von gediegener wissenschaftlicher Bildung. In Deutschland war er Pfarrer gewesen und hatte in Hamburg eine Erziehungsanstalt gegründet. Er betheiligte sich lebhaft an dem Wohl seines neuen Vaterlandes und zeigte den gleichen Bürgermuth, wie sein Bruder Friedrich in der gefahrvollen Zeit als es galt Missouri der Union zu erhalten. Er war ebenso wie letzterer ein gewandter Redner und Schriftsteller, und bis in sein hohes Alter ein unermüdlicher Kämpfer auf dem Felde des Fortschritts. Im 77. Jahre starb er im April 1879 zu Augusta, betrauert in weiten Kreisen, als einer der besten und edelsten deutschen Pioniere des Westens.

Der eigentliche Vater des Planes einer Auswanderung im Großen, der in der Begründung der Gießner Gesellschaft gipfelte, war P a u l F o l l e n i u s , Bruder des unter New England erwähnten K a r l F o l l e n i u s . Auf dem Lande bei seinem Großvater, einem Forstmann, aufgewachsen, war er stark an Geist und Körper, und noch nicht fünfzehn Jahre alt, trat er, damals Schüler auf dem Gießner Gymnasium, in ein hessisches Linien-

Regiment ein, um gegen Napoleon zu fechten, dem Beispiele seiner nur wenig älteren Brüder folgend. Er brachte es in den beiden Feldzügen von 1814 und 1815 zum Korporal, wurde schwer verwundet und vor der Fronte mit dem hessischen Militärverdienstorden ausgezeichnet. Das Soldatenleben selbst, nachdem sein Vaterland von der Fremdherrschaft befreit war, hatte für ihn keinen Reiz, und so bezog er in seinem achtzehnten Jahre die Universität und widmete sich dem Rechtsstudium, welches er mit solchem Eifer betrieb, daß er später ein sehr gewandter, tüchtiger und viel gesuchter Advokat wurde. Ein trefflicher Turner und Fechter, war er auch ein lebensfrischer Student. Seine Vaterlandsliebe dehnte sich bei ihm in der Umgebung seiner Brüder und anderer exaltirten Jünglinge vielleicht zu einer Art Fanatismus aus, der sich indessen in späteren Jahren zu dem entschiedenen und praktischen Liberalismus der dreißiger Jahre milderte. Er war ein eifriges Mitglied des deutschen Preß-Vereins, wußte auch wohl von dem Frankfurter Attentat, ohne daran Theil nehmen zu wollen, benahm sich aber stets mit solcher Vorsicht und Klugheit, daß er gerichtlichen Verfolgungen entging.

Verzweifelnd an einer Besserung der politischen Zustände, dem Beispiele vieler seiner Gesinnungsgenossen folgend, damit er für sich und seine Kinder Raum für eine freiere Lebensbewegung fände, gab er eine geachtete und lohnende Stellung auf, um im fernen Westen das Land zu bebauen, zu gleicher Zeit aber zur Bildung eines deutschen Freistaates den Grund zu legen. Daß der große Plan fehlschlug und fehlschlagen mußte, konnte nur Denjenigen ganz klar sein, welche eine genaue Kenntniß des Landes, seiner Verfassung und seiner vorgefundenen Bevölkerung hatten, eine Kenntniß, die damals, ja sogar noch heute, in Europa eine seltene ist.

Besondere Unglücksfälle begleiteten seine Reise, und bei seiner Ankunft in St. Louis hatte sich die Gesellschaft schon aufgelöst, und die verwickeltsten und unangenehmsten Geschäfte, welche durch die Auflösung hervorgerufen wurden, lasteten schwer auf ihm. Er kaufte sich eine wohlgelegene schöne Farm in Warren County, nicht weit von Duden's früherem Wohnsitze, und hatte dadurch wenigstens den Vortheil, viele gebildete und interessante deutsche Familien in seiner Nähe zu haben.

Mit ungemeiner Willenskraft warf er sich in sein neues Leben, arbeitete vom frühesten Morgen bis zur späten Nacht, wurde in der That ein guter und tüchtiger Farmer, und blieb dabei dennoch ein geistvoller, heiterer Gesellschafter, der bei aller Einfachheit ein stets gastfreies Haus hielt. Indessen war doch auf die Dauer auch seine Konstitution solchen Anstrengungen in einem ungewohnten Klima und unter vielen Entbehrungen nicht gewachsen, und er sowohl, wie seine Freunde, fanden es räthlich, eine andere, wo möglich lohnendere Beschäftigung zu suchen. Er hatte sich mit der Politik des Landes durch fleißiges Lesen vertraut gemacht und „seine schriftlichen Arbeiten", sagt Herr Münch, „waren, was Schärfe und Gründlichkeit des Urtheils, Witz und gefällige Einkleidung betrifft, so vortrefflich, daß sie ihres Gleichen suchten." Er knüpfte im Frühling 1844 mit dem Redakteur des „Anzeiger des Westens", Wilhelm Weber, Verhandlungen über die Uebernahme der Redaktion dieses Blattes an, verpachtete seine Farm und zog nach St. Louis. Der Eintritt in die Redaktion kam nicht zu Stande. Er gründete hierauf ein neues Blatt, „Die Waage", mit Talent und Geist geschrieben, aber allerdings den einmal bestehenden Parteiverhältnissen nicht Rechnung tragend. Für ein Blatt der Art gab es damals in der englischen sowohl als deutschen Presse in Amerika noch keinen Leserkreis, der groß genug war, um ihm ein Bestehen zu sichern; sind ja selbst heutigen Tages noch Journale, die einen völlig unabhängigen Standpunkt einnehmen und Erfolg haben, eine Seltenheit. Namentlich war St. Louis, als in einem Sklavenstaate gelegen, ein wenig günstiger Platz für eine völlig freimüthige und radikale Behandlung der Politik. Nach wenigen Monaten mußte Paul Follenius die Herausgabe der „Waage" einstellen, und schon im Herbst des Jahres 1844 kehrte er nach seinem Heim zurück, wurde aber bald von einem nervösen Wechselfieber ergriffen, dem er schon am 3. Oktober unterlag.

Mit ihm starb einer der besten deutschen Männer, welche je die Gestade Amerika's betreten haben. Wenn auch nicht für sich, so hat er doch für seine zahlreichen Nachkommen, die in ehrenvollen und geachteten Stellungen leben, eine glückliche Heimath begründet.

Auf der Südseite des Missouri-Flusses bei Lewis' Ferry, im Bonhomme Bottom, hatte sich Angelrodt eine Farm gekauft (1832). Ernst Karl Angelrodt war in der Nähe von Mühlhausen, in Thüringen, im Jahre 1799 geboren, hatte eine tüchtige kaufmännische Erziehung erhalten und war vor seiner Auswanderung Eigenthümer einer Wollspinnerei. Seine scharf ausgesprochenen liberalen Gesinnungen machten ihn bei der Regierung um so unbeliebter, als er ein Mann von Einfluß und einige zeitlang selbst Mitglied des Provinzial-Landtags der preußischen Provinz Sachsen war.

Er entschloß sich zur Auswanderung, und es bildete sich, wie es damals in der Luft lag, eine Auswanderungs-Gesellschaft, die Thüringische, gewöhnlich aber die Mühlhauser genannt, zu der auch die Gebrüder Röbling gehörten. Die Röbling's, welche als Pfadfinder vorausgeschickt worden waren, hatten Land in Pennsylvanien ausgesucht. Die Mehrzahl der nachfolgenden Mitglieder waren aber mit der Wahl nicht zufrieden, trennten sich, und Angelrodt ging weiter westlich nach Missouri. Aber er konnte dem einsamen Landleben keinen Geschmack abgewinnen, verkaufte seine Besitzungen und trat bald darauf in das erste deutsche Engros-Geschäft in St. Louis, das von Karstens und Eggers, welches später unter der Firma Angelrodt, Eggers und Barth, dann Angelrodt und Barth geführt wurde. Nachdem er das preußische Konsulat für St. Louis erhalten hatte, verband er ein ausgedehntes Bankgeschäft mit seinen Handelsgeschäften, wurde noch General-Konsul für Sachsen, Konsul für Baiern, Würtemberg, Kurhessen, Braunschweig, Baden, die sächsischen Herzogthümer, Oldenburg, Mecklenburg und Vize-Konsul für Oesterreich. Man sieht, er war eigentlich schon Konsul nicht nur für fast das ganze Klein-, sondern auch für Groß-Deutschland, und wie es Sitte ist, hatte er für treue Erfüllung seiner Pflichten Orden von fast allen Herrschern Deutschland's erhalten. Seine bereits in den letzten Jahren seines Hierseins sehr schwankende Gesundheit verbesserte sich wenig, nachdem er 1860 zu deren Herstellung Missouri mit Deutschland vertauscht hatte. Schon 1864, als er den Gedanken zur Rückkehr aufgeben mußte, legte er alle seine Stellen nieder und starb zu Karlsruhe am 18. Juni 1869, in welcher Stadt er sich mit Vorliebe aufgehalten hatte.

Angelrodt war ein Mann von ungemeinem Scharfsinn, von bedeutender Gabe der Rede, namentlich der Konversation, rasch auffassend, lebendig, oft von schlagendem Witze. Er durchschaute augenblicklich jede Sache, war unternehmend und doch klug berechnend. Trotz seiner oft sehr schneidigen Weise, fühlte man sich wohl in seinem Umgang. In seinen Gesinnungen war er höchst liberal und für alles Gemeinnützige war seine rührige Wirksamkeit sicher. Wir finden ihn überall, wo es galt, das Wohl seiner Mitbürger, namentlich der Deutschen, zu fördern. Nicht mit Unrecht hat man ihn „als einen der ersten und ausgezeichnetsten Begründer deutschen Wesens in St. Louis" bezeichnet. Auch für das geistige Leben interessirte er sich. Er war bei seinem Tode Mitglied der „Akademie der Wissenschaften" in St. Louis, des „Naturhistorischen Vereins" vom Staat Jowa, Ehrenmitglied der „Zoologisch-botanischen Gesellschaft" und der „Geographischen Gesellschaft" in Wien.

Nicht weit von Angelrodt's Niederlassung siedelten sich im Jahre 1833 Heinrich und Alexander Kayser an. Sie waren die Söhne eines sehr angesehenen Beamten in St. Goarshausen, der aber im Jahre 1817 nach Dillenburg, später nach Wetzlar zog. Heinrich Kayser war am 9. August 1811 geboren, besuchte, wie sein Bruder Alexander, die gelehrten Schulen der beiden letztern Orte und wählte dann den Beruf eines Architekten, zu dem er sich unter ausgezeichneten Lehrern in Koblenz und Darmstadt ausbildete. Auch hörte er zu Darmstadt Vorlesungen über höhere Mathematik und Hydraulik. In seinem sechzehnten Jahre begab er sich nach Frankfurt a. M., und besuchte daselbst das polytechnische Institut.

Im Jahre 1832 ergriff beide Brüder die Auswanderungslust, besonders durch Duden's Briefe angeregt, und so war es auch nur natürlich, daß

sie sich nach der Gegend hinwendeten, welche gerade der Gegenstand von
Duben's besonderer Bewunderung geworden war. In Begleitung einer
Schwester reisten sie auf dem „Olbers", welcher auch die nach Arkansas
bestimmte rheinhessische oder Wormser Gesellschaft trug, nach New Orleans
und nach manchen Schrecknissen (die Cholera war auf dem Dampfer ausgebrochen) kamen sie im Mai 1833 in St. Louis an, kauften mit ihrer
nicht unbedeutenden Baarschaft eine Farm 32 Meilen von St. Louis,
zwei Meilen südlich vom Missouri. Wie tausend Andere, die in gleichen
Verhältnissen geboren und erzogen worden waren, mußten sie nach frucht-
loser, harter Arbeit, großen Entbehrungen und Erschütterung ihrer
Gesundheit, nach nicht ganz zwei Jahren das Farmerleben aufgeben.

Heinrich ging nach St. Louis mit kranker Börse aber frohem Muthe,
eröffnete eine Zeichenschule für Gewerbsleute, erhielt bald eine ansehnliche
Zahl von Schülern und zu gleicher Zeit Beschäftigung von Seiten des Superintendenten der Indianer-Angelegenheiten im Kartenzeichnen von dem
den Indianern reservirten Gebiete im Nordwesten. Um seine Einnahmen
noch zu erhöhen, verwerthete er seine Fertigkeit auf dem Klavier und gab
Musikstunden. Auch beschäftigte er sich mit architektonischen Zeichnungen.
Schon neun Monate nach seiner Ankunft in St. Louis wurde er ohne sein
Zuthun als Zeichner in dem Generalvermessungsbüreau der Vereinigten
Staaten mit sehr gutem Gehalte angestellt (1835). Außer seiner regelmäßigen Beschäftigung auf dem Büreau, verfertigte er Kopien von Land-
vermessungen und von den Notizen der Feldmesser, und da gerade die
Landspekulation den höchsten Gipfel erreicht hatte, so gab es in diesem
Geschäft unendlich viel zu thun und sehr viel zu verdienen. Auch entwarf
er Pläne für neue und große Gebäude in St. Louis. Schon früher
im Dienste der Vereinigten Staaten als Ingenieur bei den Flußregu-
lirungen gelegentlich behülflich, erhielt er, ihm unerwartet, eine feste Anstellung als erster Assistent des später so berühmt gewordenen konföderirten
Generals Robert E. Lee, vom Ingenieurkorps, an den Flußvermessungen und der Regulirung des Mississippi bei St. Louis, Desmoines und
Rock Island; er legte deshalb seine Stelle in dem Landvermessungs-
Büreau zu St. Louis nieder. In diesem Dienste blieb er von 1837—'39.
Gleich darauf wurde er als Civil-Ingenieur der Stadt St. Louis angestellt. Dies war ein neu geschaffenes Amt, und für eine so rasch anwach-
sende Stadt, welche ein sehr hügeliges, von Teichen und großen Bächen
durchschnittenes Terrain bedeckt und in ihrer Ausbreitung zu bedecken hatte,
höchst wichtiges Amt. Er hatte das Amt, oder vielmehr das System dafür,
erst zu schaffen. Die Strenge der Rechnungsführung, die gewissenhafte
Kontrolle der ausgegebenen Arbeitskontrakte, die Bekämpfung der herrschenden Korruption, sein oft derbes, grades und deutsches Wesen, welches
jedes Ding bei seinem rechten Namen nannte, mußten ihm viele Wider-

sacher und Feinde erwecken. Aber unbekümmert, ging er seinen geraden Weg fort und vereitelte dadurch alle Intriguen. Wie sehr es ihm gelang durchzubringen und seine Kenntnisse und seine Rechtschaffenheit geltend zu machen, ist hinreichend dadurch bewiesen, daß er dieses Amt, welches jährlich vom Mayor mit Beistimmung des Stadtraths zu besetzen war, und um welches sich stets sehr viele und einflußreiche Männer bewarben, mit Ausnahme eines Jahres, 1846, wo es der Partei der „Natives" gelungen war, einen Mayor zu wählen, von 1839 bis 1850 bekleidete. Und zwar wurde bei ihm kein Unterschied gemacht, ob die Whigs oder die demokratische Partei am Ruder war. Bei beiden überwog sein Werth jede Parteirücksicht. Er war zwar, und ist es immer geblieben, entschiedener Demokrat, aber nie nahm er selbst bei den vielen Anstellungen die er zu machen und den Kontrakten die er zu vergeben hatte, Rücksicht auf die Parteistellung, sondern wer tüchtig war, war sein Mann. Ein langer Urlaub befähigte ihn, bedeutende Reisen in Amerika und Europa zu machen, sowie er auch, nachdem er sein Amt freiwillig (1850) niedergelegt hatte, wiederum Europa mit seiner Familie besuchte und sich ein Jahr dort aufhielt. Doch wurde er 1853 abermals zu dieser Stelle berufen und behielt sie bis zum Jahr 1857, mit Ausnahme von 1855, wo wieder ein "Native American" zum Mayor gewählt worden war. 1857 lehnte er eine Wiederanstellung ab.

In den Jahren 1858 und 1860 wurde er zum Mitglied des Stadtraths gewählt. Von da an trat er eine lange Zeit von öffentlichen Stellen zurück. Er hatte in der rasch wachsenden Stadt Gelegenheit gehabt, vortheilhafte Ankäufe von Ländereien zu machen. Die Verwaltung eines sehr ansehnlichen Vermögens nahm seine Zeit hinreichend in Anspruch. Doch im Jahre 1871 ließ er sich zum Kontrolleur der Stadt erwählen, ein äußerst verantwortliches und wichtiges Amt, indem die ganze Finanzverwaltung der großen Stadt unter seine Aufsicht gestellt war. In 1873 wieder zu diesem Amte erwählt, sah er sich genöthigt, Gesundheitsrücksichten wegen, dasselbe niederzulegen. In 1874 machte er nochmals eine europäische Reise und lebt seit dieser Zeit ganz seinen eigenen Geschäften.

Außer den öffentlichen Aemtern, welche Heinrich Kayser bekleidete, finden wir ihn auch in vieler anderer Hinsicht thätig. Er war im Direktorium von Versicherungs-, Eisenbahn- und Gasbeleuchtungs-Gesellschaften, präsidirte mehrere Jahre lang der „Polyhymnia", der ersten deutschamerikanischen musikalischen Gesellschaft in St. Louis und ebenso der „deutschen Einwanderungs-Gesellschaft", zur Zeit der stärksten Einwanderung, und dem „ersten deutschen gesellschaftlichen Klub", 1834—1835, sowie er sich auch an der Begründung des „Anzeigers des Westens" lebhaft betheiligt hat. — Wenn wir das Leben dieses Mannes in's Auge fassen, so dürften sich die trüben Ansichten, die jetzt so vorherrschend sind, über den Verfall unserer Institutionen, den überhand nehmenden Demagogismus, die um sich greifende Korruption doch einigermaßen als zu weit gehend erweisen. Hier sehen wir einen Mann, der sich nie um die Volksgunst bewarb, dem politische Intriguen eben so fremd als verhaßt waren, der seine eigene Meinung stets fest behauptete, vielleicht öfter zu wenig Nachgiebigkeit selbst in minder bedeutenden Sachen zeigte, der ein Heer von Blutigeln und ehrgeizigen Aemterjägern zu bekämpfen hatte, noch obendrein nicht im Lande geboren war, doch gerade durch seine Tüchtigkeit und seine unerschütterliche Ehrlichkeit durch Volksgunst zu den höchsten, wichtigsten und verantwortlichsten Aemtern wiederholt berufen. Wenn unsere ehrgeizigen Politiker nur endlich einmal an so einem Beispiel lernen wollten, daß „Ehrlichkeit am längsten währt", so stände es besser um sie und um das Volk.

Etwas weiter westlich von der Angelrodt'schen Ansiedlung in Franklin County, nahe bei dem Städtchen Washington, ließ sich die Familie Göbel, welche mit einer Abtheilung der Gießener Gesellschaft über Baltimore nach St. Louis gekommen war, nieder. Das Haupt dieser Familie war David Göbel, der früher zu Koburg an dem dortigen Gymnasium Professor der Mathematik gewesen war. Im 1788 geboren, war er bei seiner Einwanderung schon sechsundvierzig Jahre alt. Von all den vielen gebildeten Deutschen, welche im Anfang der dreißiger Jahre, mißmuthig über die Geschicke des Vaterlandes, das Ideal einer freieren Existenz und eine etwas idyllische Lebensweise im Urwald suchten, waren nicht Viele weniger geeignet, sich in diesem Lande heimisch zu machen als gerade David Göbel. Mit den reichhaltigsten Kenntnissen in seinen Fächern, der Mathematik, Astronomie, Chemie und Erdkunde ausgerüstet, war er ein vortrefflicher Lehrer dieser Wissenschaften auf dem Katheder gewesen, und hatte sich in seiner Heimath die Liebe und Achtung seiner Schüler und Mitbürger in hohem Grade errungen. Aber gegen die rauhe Wirklichkeit hier anzukämpfen, wie sie ihm in der waldigen und hügeligen, dem Pfluge und der Axt widerstrebenden Gegend entgegen trat, hatte er keine Waffen. Der theoretische Mathematiker und Meßkünstler verirrte sich bei jedem Schritt in dem seine kleine Lichtung umgebenden Walde, und wenn er von einer ihm noch neuen Seite sein Blockhaus erblickte, hielt er es für das eines Andern. Selbstverständlich suchte er bald St. Louis wieder auf, seine Farm seiner Familie überlassend. Er ertheilte dort Unterricht in Mathematik und Astronomie, und erhielt später eine Stelle in dem Büreau des General-Vermessungsamts für die westlichen Staaten, bis dieses Büreau aufgehoben wurde. Abwechselnd auf der Farm und in St. Louis lebend, ließ er im Jahre 1844 sich längere Zeit in St. Louis nieder, setzte seinen Unterricht in der Mathematik fort und hielt Vorlesungen über

Astronomie. Seine umfassenden Kenntnisse wurden allgemein anerkannt, und er erwarb sich einen großen Kreis von Freunden. Im Sommer 1849 nahm er indessen die Anstellung als öffentlicher Geometer und Vermesser für Washington County von Seiten des Gouverneurs an. Nachdem er dieses Amt bis 1851 bekleidet hatte, lehrte er in St. Louis in den öffentlichen Schulen, wie an Privatlehranstalten. 1861 und nochmals später 1862 besuchte er Deutschland, das letzte Mal 1868, ohne wieder zurückzukehren, denn er starb in seiner Vaterstadt Koburg am 5. Februar 1872 im vierundachtzigsten Jahre.

Bei allen Gelegenheiten, wo es sich um geistigen Fortschritt handelte, finden wir ihn thätig; wo es galt die Wissenschaften zu fördern, war er voran. Er selbst galt als ein vorzüglicher Lehrer. Von ihm schreibt Friedrich Münch: „Professor Göbel war einer der gebildetsten und bravsten Männer, die jemals ihren Fuß auf den Boden der neuen Welt gesetzt haben".

Sein Sohn G e r t G ö b e l war, was praktische Lebensführung betrifft, ein weit vom Stamme gefallener Apfel. Wenn der Vater in der Wildniß sich jeden Schritt verirrte, war der Sohn dort zu Hause, ein „mächtiger Jäger vor dem Herrn", der die Axt zu schwingen so gut erlernte, als er die Büchse zu führen wußte, und darum bald bei seinen amerikanischen „Backwoods"-Nachbarn zu hohem Ansehen kam. In Koburg geboren, 1. April 1816, hatte er in seinem sechzehnten Jahre eine landwirthschaftliche Schule bezogen, trieb aber zugleich auch Mathematik, Französisch, Zeichnen u. s. w. Einige Jahre später (1835) wanderte er mit der Familie aus. Als Farmer, und mehr noch als Jäger, wohnte er auf dem väterlichen Gute. Während der Vater öffentlicher Vermesser war, begleitete er ihn als Gehülfe, und seine Vertrautheit mit dem Walde und dem Felde befähigten ihn dazu in außerordentlicher Weise. Vom Jahre 1851 bis 1855 bekleidete er das Amt selbst. Beim Ausbruch der Rebellion war er sehr thätig in der Organisirung der "Home Guards". Im Herbst 1862 wurde er zum ersten Mal von seinem County in die Gesetzgebung gewählt als entschiedener Befürworter der Emanzipation der Sklaverei durch die Staatsverfassung von Missouri. 1864 wurde er in den Senat gewählt und wiederum im Jahre 1866 von dem Wahlkreis, der aus den Counties Franklin, Gasconade und Osage bestand. Schon die öftere Wiederwahl beweist seine Thätigkeit und Intelligenz in dieser so hochwichtigen Stellung, gerade zur Zeit, wo Missouri aus einem Sklavenstaat in einen freien umzumodeln war.

Im Anfang der siebziger Jahre finden wir ihn als Hauptsekretär (Chief Clerk) in dem Amt des Landregistrators für den Staat fast zwei Jahre lang thätig. Er zog sich dann aber auf das Land zurück und beschäftigt sich hauptsächlich mit literarischen Arbeiten. Bis jetzt ist von ihm nur ein Werk erschienen in einem ansehnlichen Bande: eine Aufzeichnung seiner Eindrücke und Erlebnisse während seines Lebens in Missouri, sowie der wichtigsten Ereignisse, die sich im Staate, besonders aber in seiner näheren Umgebung, zutrugen. Es führt den Titel: „Länger als ein Menschenleben in Missouri", und ist eine unvergleichliche Schilderung namentlich des Lebens der ersten deutschen Eingewanderten und der amerikanischen Hinterwälbler. Die größte Wahrheitstreue verbindet sich hier mit der lebhaftesten und interessantesten Schilderung. Ohne besonders darauf auszugehen, fehlte es nicht an humoristischen Bemerkungen. Für die alten deutschen Pioniere und für deren Nachkommen ist das auch sehr fließend geschriebene Buch ein wahres Schatzkästlein, aber auch für den allgemeinen Leser ein interessanter Beitrag zur Kulturgeschichte der westlichen Staaten und zur politischen Geschichte von Missouri.

In der Nähe der Göbel's siedelte sich im Jahre 1839 Dr. Karl Ruge aus Schleswig-Holstein an, ein vorzüglicher Arzt, der schon in den vierziger Jahren einer Anzahl junger Leute den vorbereitenden Unterricht, der dem Besuch von amerikanischen Kollegien vorausgehen muß, ertheilte. Er schickte häufig Einsendungen an die St. Louiser Zeitungen, und ließ auch eine kurzgefaßte Weltgeschichte für amerikanische Schulen veröffentlichen. Er war, wie ein Freund berichtet, ein entschiedener Fortschrittsmann in des Wortes weitester Bedeutung, und da ihm seine rege Geistesfrische bis zur letzten Krankheit ungetrübt blieb, so hat er durch Wort und Schrift und durch seinen persönlichen Einfluß sehr viel zum Wohl seiner Mitbürger beigetragen und bei den Vielen, die ihn gekannt und hoch geachtet haben, wird ihm immer ein dankbares Andenken erhalten bleiben.

Schon am Anfang der dreißiger Jahre hatte sich ein anderer Arzt am Mary's Creek, zwischen dem Osage und Gasconade, angesiedelt, Doktor Bruns. Derselbe verlegte aber später seinen Wohnsitz nach der politischen Hauptstadt von Missouri, Jefferson City, wo er bis zu seinem Tode in jeder Hinsicht belebend und fördernd thätig war.

Von der Gründung des Städtchens Hermann in Missouri, etwa achtzig Meilen von St. Louis entfernt, welche von einer Gesellschaft in Philadelphia ausging, haben wir schon früher gesprochen. Die erste Bevölkerung bestand meist aus gebildeten Familien und gab so den Kern für eine deutsche Niederlassung, welche stets in einem wohlverdienten Rufe gestanden hat. Bald bildeten sich Vereine zu verschiedenen Zwecken und schon im Jahre 1840 wurde dort eine deutsche Freischule errichtet. War Hermann weder besonders gut für eine Handelsstadt gelegen, noch auch die Umgegend zum eigentlichen Ackerbau sehr geeignet, so bot doch seine Lage am Flusse und zum Theil auf den den Fluß begrenzenden Hügeln entschiedene Vortheile für Obst- und besonders für Weinbau. Deutscher Fleiß und Beharrlichkeit brachten schon nach einigen Jahren die Hermanner Reben und die Hermanner Weine zu einem hohen Rufe. Es wurde die Wiege für den Weinbau in Missouri. Michael Pöschel und Hermann Burkhardt waren die ersten erfolgreichen Rebenpflanzer. Die Reben (Katawba) wurden von Nikolaus Longworth in Cincinnati bezogen. Pöschel wurde bald ein bedeutender Weinzüchter. Georg Husmann betrieb ebenfalls den Weinbau und den Weinhandel im Großen und hat zahlreiche Schriften über den Weinbau geschrieben, auch in englischer Sprache. Er zeichnete sich später im Rebellionskriege als Offizier in der Unionsarmee aus und war Mitglied zweier Konventionen zur Umgestaltung der Staatsverfassung. Er war als sehr junger Mann im Jahre 1834 hier eingewandert.

Von Hermann aus breitete sich der Weinbau noch nach anderen Orten in Missouri aus, wie Marthasville, Augusta, Washington. Die Anpflanzung der Rebe und das Erzeugniß von Wein im Großen, wie es die Deutschen in Ohio, Missouri und Illinois betrieben, ist von kulturhistorischer Bedeutung für die Vereinigten Staaten geworden. „Sage mir, was Du ißt, und ich sage Dir, was Du bist", ist vielleicht ein anfechtbarer Spruch. Gewiß ist es aber, daß man ein Volk nach dem beurtheilen kann, was es trinkt.

Im Anfang der vierziger Jahre bildete sich dort eine Jäger-Kompagnie, von der die meisten Mitglieder später am mexikanischen Kriege Theil nahmen. Die erste Zeitung in Hermann war „Der Lichtfreund", der früher in Cincinnati, von Eduard Mühl redigirt, erschienen war, mit dem Verfasser selbst aber nach Hermann auswanderte. Mühl war im Königreich Sachsen, in Ullersdorf bei Zittau, am 4. August 1800 geboren, ein Sohn des dortigen Predigers, studirte Theologie in Leipzig und stand seinem Vater als Amtsgehülfe bei. Durch seine freisinnige Ansichten bei der Regierung Anstoß erregend, verließ er Deutschland, hielt sich in New York, Philadelphia, Pittsburg, Germantown auf, und arbeitete sich theils als Journalist, theils als Lehrer und Prediger durch. Als letzterer trat er zuerst in Cincinnati auf, unternahm aber 1840 schon die Herausgabe des „Lichtfreund", eines freireligiösen Blattes. In der Redaktion desselben in Hermann wurde er von Friedrich Münch unterstützt. Neben dem „Lichtfreund" gründete er das „Hermanner Wochenblatt", in welchem er seine freisinnigen Ansichten, namentlich über die Sklaverei, muthig vertrat. Er starb am 7. Juli 1864. Wie Friedrich Münch berichtet, waren seine letzten Worte:

„Der Freiheit war mein ganzes Leben geweiht und ich sterbe als freier Mann. Ich habe meine Schuldigkeit zu thun gesucht, thut Ihr die Eurige, und möchtet Ihr die Freiheit voller und schöner erblühen sehen, als mir leider vergönnt war".*)

---

*) Deutsch-amerikanisches Konversations-Lexikon, Band 7, Seite 581.

Mühl war ein Mann von Kenntnissen und großer Tiefe des Gemüths, für den Strubel des amerikanischen Lebens aber nicht geschaffen. Was er für Recht hielt, suchte er auf dem geradesten Wege durchzusetzen. Er machte eine harte Schule durch und sein Aeußeres trug die Spuren eines schweren Ringens um das Dasein.

Auch in St. Charles auf der Nordseite des Missouri, einer alten französischen Ansiedlung, 20 Meilen westlich von der Missouri Mündung, hatten sich schon Anfangs der dreißiger Jahre gebildete deutsche Familien niedergelassen, wie die des Hofrath Weber's, Bertram Kribben's, Dr. Krug's, Dr. Behrens', aus Mecklenburg, früher Jurist und perennirender Student zu Jena, hier aber Mediziner geworden.

In St. Charles wurde der erste Versuch gemacht, eine protestantische Synode zu gründen. Dieses gab Veranlassung zu bedeutenden Kontroversen in der Presse, indem sowohl rationalistische Geistliche in St. Louis, als auch die Lichtfreunde überhaupt sich scharf gegen eine solche Organisation erklärten. An der Bildung von Vereinen fehlte es auch dort nicht, und als 1846 der mexikanische Krieg ausbrach, organisirte sich eine Husaren-Kompagnie, welche an dem Zug nach Santa Fé unter Doniphan Theil nahm.

Unter allen deutschen Bewohnern von St. Charles hat sich Arnold Krekel den bedeutendsten Ruf erworben. Seine Eltern, aus dem Regierungsbezirk Düsseldorf, wanderten schon im Jahre 1832 nach den Vereinigten Staaten aus, und ließen sich als Farmer in St. Charles County nieder. Arnold war siebzehn Jahre alt, als er hier ankam, und hatte in Deutschland nur den Unterricht genossen, den eine Dorfschule bot. Indessen war in Preußen selbst dieser Unterricht ein guter. Bis zu seiner Volljährigkeit half er mit den jüngern Brüdern wacker seinen Eltern auf der Farm, machte sich aber bald mit der Landessprache vertraut, fand Lust an gerichtlichen Verhandlungen und diente, wo es sich traf, seinen Landsleuten als Dolmetscher und selbst, so gut es ging, als Anwalt, ohne indessen aufzuhören, als Farmer zu arbeiten. Im Jahre 1842 schon wurde er wegen seiner Intelligenz und Rechtskenntnisse zum Friedensrichter gewählt, und zwei Jahre später finden wir ihn in der höheren Schule (College) von St. Charles, wo er sich aber hauptsächlich mit mathematischen Studien beschäftigte und sich zum praktischen Feldmesser ausbildete. Er fand dann auf mehrere Jahre eine Anstellung als Vermesser für die Vereinigten Staaten. Erst 1843, also in seinem 28. Jahre, beschloß er, sich dem Rechtsstudium zu widmen, studirte in dem Bureau einer renommirten Advokaten-Firma, und ward 1845 zur Praxis zugelassen. Es gelang ihm nichtsdestoweniger bald, eine ansehnliche Klientel zu gewinnen, denn Fleiß, Pünktlichkeit und Rechtlichkeit waren bei ihm hervorragende Charakterzüge. Er gründete 1850 den „St. Charles Demokrat", den er lange Jahre hindurch redigirte, und welches Blatt eine entschiedene Antisklaverei Richtung einschlug. In 1852 wurde er zum Mitglied der Gesetzgebung gewählt, war 1860 ein Delegat des Staates Missouri zur Konvention von Chicago, welche Lincoln zum Kandidaten für die Präsidentschaft aufstellte, und wirkte, soweit es in Missouri möglich war, durch Rede und Schrift für dessen Erwählung. Beim Ausbruch des Kriegs half er die "Home Guards," eine Art Bürgergarde zum innern Schutz des Landes, gegen Streifzüge der Konföderirten und Ueberfälle von Guerillas organisiren, wurde zum Obersten erwählt und diente als solcher fast bis zum Ende des Krieges. Seine bedeutendste politische Rolle spielte er aber, als er, ein Mitglied der verfassungsgebenden Versammlung, welche zu St. Louis tagte und die unbedingte Emanzipation der Sklaven zum konstitutionellen Gesetze des Staats erhob, zu deren Präsident gewählt wurde. Er führte den Vorsitz mit Intelligenz und Würde. Noch während der Sitzung wurde er von Präsident Lincoln (1865) zum Richter der Vereinigten Staaten für den westlichen Distrikt von Missouri ernannt, ist aber auch zugleich mit dem Richter für den östlichen Distrikt (St. Louis) Beisitzer dieses letzteren Gerichtshofes. Diese höchst verantwortliche Stelle hat er nun schon seit fünfzehn Jahren bekleidet und sich als Richter, dem die wichtigsten und bedeutendsten Fälle zur Entscheidung unterliegen, durch seine Intelligenz, unermüdliche Thätigkeit und vor allem durch strengen Rechtssinn und Unparteilichkeit einen hohen Rang gesichert.

Sechzehntes Kapitel.

Missouri. — (Fortsetzung).

St. Louis. — Christian Bimpage, B. J. von Festen. — Der „Anzeiger des Westens". — Wilhelm Weber. — Lynch-Gericht. — Stellung des „Anzeigers". — Friedrich Kretschmer. — Eduard Warrens. — Heinrich Koch (Antipfaff.) — Die deutsche Presse in den Sklavenstaaten. — Dr. Johann Gottfried Büttner. — Interesse für Begründung von deutschen Schulen. — Hauptmann Karl Neyfeld. — Deutsche Akademie. — „Das Westland." — Dr. Georg Engelmann. — Deutscher Buchhandel in St. Louis. — Gesang-Verein. — Singakademie. — Der Maler Johann Philipp Gerke.

Vor 1833 war die deutsche Bevölkerung von St. Louis nicht groß, wie denn überhaupt die Stadt selbst zu dieser Zeit nicht mehr als etwa sieben Tausend Einwohner zählte. In den Jahren 1833 und 1834 aber waren

Bruchstücke der „rheinbaierischen Gesellschaft", die unter der Leitung des Dr. Geigers gestanden hatte, sowie der rheinhessischen und zuletzt der Gießner Auswanderungs-Gesellschaft in St. Louis zurückgeblieben, und es entwickelte sich bald ein reges deutsches Leben daselbst. Aerzte, Sprachlehrer, Kaufleute ließen sich dort nieder. Schon 1834 hatte Christian Bimpage aus Mecklenburg eine "Intelligence and Commission Office" errichtet, in welcher Kaufbriefe, Verträge und fast alle gerichtlichen Urkunden in beiden Sprachen ausgefertigt, hauptsächlich aber Landverkäufe betrieben wurden. Bimpage war ein gebildeter Mann, von bedeutender Thätigkeit, der später sich auf das Vermessen von Ländereien legte und in der Ansiedlung der einige Jahre später eingewanderten „Stephanisten" eine bedeutende Rolle spielte, aber schon früh starb. Er wurde am bekanntesten als der Gründer des „Anzeiger des Westens", den er eine kurze zeitlang in Verbindung mit B. J. von Festen herausgab. Die erste Nummer erschien 31. Oktober 1835.

Die äußere Einrichtung dieser Zeitung war der der „Alten und Neuen Welt" ähnlich. Schon gleich die ersten Nummern zeigten das verdienstvolle Unternehmen, die Deutschen mit ihrer neuen Heimath und deren Institutionen vertraut zu machen. Ein durch mehrere Nummern laufender Artikel enthielt eine aus einem größeren englischen Werke bearbeitete Geschichte der politischen Parteien, sowie eine Analyse der amerikanischen Verfassungsurkunde. Ferner eine aus dem in Boston erscheinenden "North American Review," entnommene Schilderung der Eingebornen von Nordamerika. Da viele der Deutschen in St. Louis und der Umgegend in lebhafter Korrespondenz mit Deutschland standen, so wurden viele Briefe aus Deutschland der Redaktion zur Verfügung gestellt, und mit Hülfe dieser und Auszügen aus den östlichen großen Zeitungen, gelang es, die Leser so ziemlich mit den Ereignissen in Europa auf dem Laufenden zu erhalten. Aber weder Bimpage noch sein Geschäftstheilnehmer, von Festen, fanden an der journalistischen Laufbahn Freude, und schon nach einigen Monaten schien das Blatt dem Verlangen eines so intelligenten Publikums nicht zu entsprechen. Das Bedürfniß nach einem andern Redakteur wurde laut und es gelang Wilhelm Weber für diese Stellung zu gewinnen. Am 22. Februar 1836 übernahm derselbe die Redaktion.

Wilhelm Weber, geboren 1808, war der Sohn eines Beamten zu Altenburg, der aber schon früh starb, und so fiel die Erziehung seiner Kinder der unbemittelten Mutter, einer trefflichen Frau, anheim. Auf dem Altenburger Gymnasium erhielt er eine sehr tüchtige Ausbildung. Von 1828 bis 1831 studirte er in Jena mit Unterbrechungen Jurisprudenz, denn als am 29. November 1830 die polnische Revolution ausbrach, rüstete er sich, an dem Kampfe Theil zu nehmen, gelangte glücklich durch Sachsen und Schlesien, wurde aber an der polnischen Grenze angehalten und polizeilich nach seiner Heimath zurück befördert. Auf der Universität selbst ließ er sich durch seinen Hang zur Geselligkeit und überhaupt zu einem ungebundenen Leben, häufig von seinen Studien abziehen. Der Fechtboden und der Turnplatz, sowie der alte renommirte Burgkeller zogen ihn mehr an als die dumpfen Hörsäle. Er stieß, trotz seiner Kurzsichtigkeit, eine vortreffliche Klinge, war einer der besten Schwimmer und zu jeder Kraftäußerung um so mehr geneigt, je tollkühner sie war. Und doch war sein Charakter ein so weicher, ein so gemüthlicher, für alles Ideale, besonders für Freiheit glühender, daß er trotz mancher Extravaganzen einer der beliebtesten Mitglieder der Burschenschaft war und fast immer eine Stelle im Ehrengericht oder dem Vorstand einnahm. Seine geistigen Gaben waren sehr bedeutend, was wohl mit dazu beitrug seinen Fleiß zu vermindern und sich mehr auf seine angebornen Fähigkeiten zu verlassen.

Nach seiner verunglückten Expedition nach Polen brachte er längere Zeit auf dem Lande zu, um sich der Landwirthschaft zu widmen. Schon in der letzten Zeit zu Jena hatte er sich mit der eigentlichen Jurisprudenz überworfen und Vorlesungen über praktische und theoretische Oekonomie gehört. 1834 hatte er Leipzig bezogen, um dort noch einige Vorlesungen in diesem Fache zu hören. Da ereilte ihn aber der Arm der Regierung; als alter Burschenschaftler der Demagogie verdächtig, wurde er eingezogen und vorläufig im Leipziger Stadtgefängniß festgehalten. Es gelang ihm aber durch einen sehr kühnen Streich zu entkommen, und im Herbst desselben Jahres langte er auf der Engelmann'schen Farm in St. Clair County, Illinois, an, welche damals eine Art Zufluchtsort für Verbannte, eine „Herberge der Gerechtigkeit" war. Dort faßte ein alter Universitätsfreund von ihm, Friedrich, den Entschluß nach Mexiko auszuwandern, um daselbst eine Kaffeeplantage anzulegen, und Weber und einige andere junge Leute schlossen sich ihm an. Zum Glück für Weber zerschlug sich in New Orleans der Plan und er kehrte wieder nach Illinois zurück, um bald darauf eine Stelle in St. Louis als Bibliothekar an einer Bibliothek zu finden, welche der Kern der jetzt über 50,000 Bände zählenden "Mercantile Library" war.

Wie bemerkt, wurde er Redakteur des „Anzeiger des Westens" im Februar 1836. Nicht lange darauf drohte dem jungen Leben der Zeitung, wenn nicht dem des Redakteurs selbst, eine ernstliche Gefahr. Ein beliebter Polizeibeamter, Vater einer zahlreichen Familie, war von einem freigelassenen Neger, den er wegen eines geringen Vergehens in's Gefängniß hatte bringen sollen, niedergestochen worden. Ein Gehülfe, der den Beamten beispringen wollte, wurde von dem Schwarzen lebensgefährlich verwundet. Es gelang indessen, den letzteren wieder zu verhaften und in das Gefängniß zu bringen. Bald darauf versammelte sich ein Haufen von mehr als tausend Menschen vor dem Gefängniß, unter denen sich, wie die englischen

Zeitungen berichteten, die besten und angesehendsten Bürger befanden. Etwa ein Dutzend Bewaffneter erzwangen sich trotz des Widerstandes des Sheriffs den Eingang, griffen den Schwarzen heraus, führten ihn in den oberen Theil der Stadt und im Beisein einer unabsehbaren Menge, welche durchaus nicht einschritt, ketteten sie den Unglücklichen an einen Baum und verbrannten ihn mit grünem Holz. Seine Leiden dauerten etwa fünfunddreißig Minuten. Weber's Zeitung erschien am nächsten Tage. Der Artikel, den Hergang erzählend, begann mit den folgenden Worten:

„Wir sind in der letzten Nacht Augenzeuge des Greuelhaftesten gewesen, was man zur Beleidigung der Menschlichkeit, sowie des Gesetzes nur zu ersinnen vermag. Bürger von St. Louis! Die Flecken, womit in dieser Nacht die Geschichte Eurer Stadt besudelt worden ist, wascht Ihr nicht wieder aus".

Am Schlusse gab der Artikel zu, daß die Verbrecherbande, welche thätig war, nur klein gewesen sei und daß sehr Viele voll Entsetzen vom Schauplatz der Schandthat sich entfernt hätten, machte aber den städtischen Behörden um so härtere Vorwürfe für ihr Nichteinschreiten, als die Versammlung vor dem Gefängniß, das Erbrechen desselben, die Fortbringung des Gefangenen, die Vorbereitungen zu seiner Exekution, Stunden weggenommen hätten. Darauf erschien nun eine etwas perfide Einsendung in einem amerikanischen Blatt, „Commercial Bulletin", die mehrere Angaben des „Anzeigers" in unwesentlichen Punkten in Abrede stellte. In derselben wurde dem Redakteur vorgeworfen, er habe ungerechter Weise die ganze Gemeinde geschmäht, namentlich die Behörden und die bewaffnete Bürgergarde. Der Vorgang selbst wurde natürlich etwas beklagt, aber zu gleicher Zeit gesagt, daß hier zu Lande nicht, wie in Deutschland, die Bürger gegen Bürger einschritten und Verwandte die Hände in das Blut der Verwandten tauchten. Die Behörden hätten wohl einschreiten sollen, allein sie hätten dazu nicht viel Zeit gehabt. Zu gleicher Zeit wurde dem Redakteur angerathen, in der Zukunft vorsichtiger zu sein und nicht eine Gemeinde zu schmähen, in der er selbst nur ein Fremder sei und durch deren Großmuth er begünstigt werde.

Da gerade zur selben Zeit der Geist des Nativismus in mehreren Städten des Ostens sein Haupt erhoben hatte, so machte der Artikel des „Bulletins" böses Blut. Auch die andere englische Zeitung hetzte. Von glaubwürdigen Quellen kam die Nachricht, daß in der Nacht nach dem Erscheinen des „Bulletins", das Lokal des „Anzeigers" gestürmt werden sollte. Allein Weber war nicht der Mann, sich schrecken zu lassen. Er und sein ganzes Personal bewaffneten sich gut, fünf bis sechs Freunde bezogen noch vor Abend mit Büchsen bewaffnet die Druckerei und der allerdings nur von einigen Wenigen beabsichtigte Angriff unterblieb.

In einer sehr gemäßigt geschriebenen Einsendung in das „Bulletin" bestand Weber auf der Richtigkeit aller seiner Angaben; wies nach, durch

Anziehung der Geſetze, wie es die Pflicht des Richters und der Friedensrichter geweſen ſei, den Tumult zu ſtillen und die Anweſenden zur Beihülfe
aufzufordern. Hinſichtlich der Andeutung auf die Abſtammung des Redakteurs und der Großmuth, der er ſich als Fremdling erfreue, ſprach ſich
Weber ſo aus:

„Wie ſehr wir auch die Güte und Großmuth des amerikaniſchen Volkes zu ſchätzen
wiſſen, ſo hängen wir doch keineswegs davon ab, ſondern von uns ſelbſt und von den
Früchten, die wir uns durch unſere Fähigkeiten, ſo gering dieſe auch ſein mögen, zu
verſchaffen wiſſen. Wir fordern nur, was uns die Geſetze des Landes zugeſtehen, und
wenn wir als Flüchtlinge um der Freiheit Willen an dieſe gaſtfreundlichen Ufer ſtiegen,
um unter liberalen Geſetzen, unter einer vernunftgemäßen und glücklichen Konſtitution
zu leben, ſo kommen wir nicht als Bettler, um individuelle Güte und Großmuth anzu-
ſprechen, ſondern als Männer, welche die Freiheit zu würdigen wiſſen und ſtets bereit
ſind, dieſelbe zu vertheidigen, mit Jedem im Lande".

Die männliche Sprache dieſer im vortrefflichſten engliſch geſchriebenen
Erklärung hatte eine ſehr gute Wirkung und ſicherte ihm von nun an die
Achtung grade der beſten Amerikaner.

Als ſpäter der Richter des Bezirks bei Eröffnung des Gerichts in ſeiner
an die Großgeſchworenen gerichteten Inſtruktion die Ermordung des
Negers durch einen Volkshaufen zwar nicht vertheidigte, aber den Grund-
ſatz aufſtellte, daß bei einer von einem ſo großen Volksgericht vollzogenen
Execution es unthunlich ſei, Einzelne herauszugreifen und einer gerichtlichen Anklage zu unterwerfen, alſo zu verſtehen gab, die Sache fallen zu
laſſen (was auch geſchah), unterzog Weber dieſes Verhalten des Richters
einer geharniſchten Kritik, die großes Aufſehen erregte, aber unangreifbar
war, und auch nicht angegriffen wurde.

Ein Jahr ſpäter ging der „Anzeiger" in die Hände Webers als Eigenthum über. In 1844 wurde Arthur Olshauſen, Bruder des
wohlbekannten und wohlverdienten Theodor Olshauſen aus
Schleswig-Holſtein, der nach 1848 ebenfalls nach Amerika überſiedelte,
Mittheilnehmer. Die Redaktion indeß leitete Weber, nur eine kurze Zeit
von Wilhelm Palm als Mitredakteur unterſtützt, von 1836—1850,
wo er ſich von der Redaktion zurückzog In der Führung dieſes
Blattes tritt Webers Charakter klar zu Tage. Begeiſtert für alles Schöne
und Gute, beherrſchte er ſtets ſeine Feder und blieb Extremen fern. Der
demokratiſchen Partei war ſeine Liebe zugewendet, aber er war weit entfernt davon, die Fehler der Führer zu überſehen, noch auch ſeine Gegner
verletzend zu behandeln. Gerne öffnete er entgegengeſetzten Anſichten ſeine
Spalten. Ueberhaupt zeichnete er ſich durch eine ſeltene Milde der Beurtheilung aus. Nur die Nativiſten bekämpfte er mit aller Schärfe.
Sein Styl war durchſichtig und ſeine Sprache ſtets ſo edel wie rein. Der
neuern deutſchen Literatur ſchenkte er große Aufmerkſamkeit, und die

Spalten seines Feuilletons enthielten wenigstens Auszüge aus den besten Erzeugnissen des „Jungen Deutschlands" und gediegene Rezensionen derselben.

Viele hochgebildete Männer unterstützten durch Korrespondenzen und Einsendungen das Blatt, welches auch bald große Verbreitung fand und sich durch die ganzen Vereinigten Staaten einen bedeutenden Ruf erwarb. Von 1842 an erschien es drei Mal die Woche, von 1846 an täglich. Friedrich Schnake, ein verdienstvoller St. Louiser Literat, der schon vor einigen Jahren eine recht interessante nur zu kurz gefaßte „Geschichte der deutschen Bevölkerung und der deutschen Presse von St. Louis und Umgegend", veröffentlicht hat, und jetzt eine „Geschichte des Ausbruchs des Bürgerkriegs in Missouri" schreibt, bemerkt über die Uebernahme der Redaktion von Seiten Webers:

„Der Anzeiger des Westens zeichnet sich von jetzt ab durch schöne klare Sprache, faßliche Darstellung und tiefes Eingehen in Parteifragen, so wie durch Reichthum an eigenen Gedanken vor den meisten deutschen Zeitschriften jener Periode aus. Weber war ein Schriftsteller, der nicht allein die Spalten füllen, sondern durch Vielseitigkeit und Gründlichkeit belehren und anregen wollte. Ungleich vielen unserer heutigen Journalisten haschte er nicht nach Vermengung unserer Sprache mit der englischen oder Verschönerung derselben durch häufig mißverstandene Citate aus fremden Sprachen."[*]

Trotz der persönlichen Beliebtheit des Redakteurs und der sehr allgemeinen Verbreitung des Blattes, war dasselbe in finanzieller Hinsicht kein Erfolg. Weber mußte sich wenigstens, bis er in Olshausen einen Geschäftstheilhaber gefunden, der in geschäftlicher Beziehung ihm weit überlegen war, so gut es ging, durchschlagen. Die Herstellungskosten einer Zeitung im Westen waren in jenen Zeiten unverhältnißmäßig hoch. Weber selbst hatte keine finanziellen Talente. Auch lag es seiner ehrenhaften Gesinnung gänzlich fern, die Macht, welche das Blatt bald erlangt hatte, bei dem Publikum auszunützen. Dazu kam, daß er die zum Theil liebenswürdigen Schwächen, welche auf der Universität schon einem anhaltenden ernsten Studium einer Fachwissenschaft hindernd im Wege standen, selbst nach einer glücklichen Verheirathung, nicht bemeistern konnte und zeitweise seinen Beruf, zu dem er so befähigt war, vernachlässigte. Längere Krankheiten fesselten ihn an's Haus. Nach seinem Zurücktreten von der Redaktion 1850, wurde er in seinem Stadttheile zum Friedensrichter erwählt und verwaltete das Amt zur größten Zufriedenheit. Seine juristischen Kenntnisse, sein fast unfehlbar richtiges Urtheil, seine Gutmüthigkeit, der es gelang, so viele Streitigkeiten zu vermitteln, seine Unbestechlichkeit machten ihn zu einem ausgezeichneten Richter. Ruhig und sanft starb er von einem plötzlichen Krankheitsanfall überrascht, 1852.

Außer dem „Anzeiger" machte sich kein anderes Journal auf die Dauer

---

[*] Deutscher Pionier, Jahrgang 3, Seite 231.

in St. Louis in den dreißiger und vierziger Jahren geltend. Die „Tribüne" von Friedrich Kretschmer, einem sehr gescheuten und energischen Manne, der als der erste Friedensrichter der Deutschen in St. Louis und als Stifter von Militärkompagnien und Inhaber von wichtigen Aemtern einen bedeutenden Ruf sich erworben hatte, erschien am 11. Juli 1838 in deutscher und englischer Sprache, und vertrat die Ansichten der Whigpartei, fand jedoch deshalb nur sehr wenig Anklang unter den Deutschen, die in der überwiegendsten Mehrheit damals hier wie allerwärts den demokratischen Grundsätzen huldigten. Der „Anzeiger" beantwortete die englischen Artikel der „Tribüne" ebenfalls in englischer Sprache. Allein die „Tribüne" verstummte bald. Im 1843 erschien der „Missouri Demokrat", redigirt von Warrens.

Eduard Warrens war zuerst als Dichter im „Anzeiger" an die Oeffentlichkeit getreten. Als im Jahre 1839 nativistische Bewegungen fast überall sich kund gaben, schleuderte er ihnen ein gut gemeintes, aber doch als poetisches Produkt sehr mangelhaftes Zorn-Gedicht entgegen. Er hatte dabei besonders die "Native-American Society" von Louisiana im Auge, welche durch eine die im Auslande Geborenen schmähende Adresse allerwärts, namentlich von deutscher Seite, auch von Illinois aus, und zwar in englischer Sprache, die schärfste Entgegnung fand. So heißt es in der ersten Strophe des Warrens'schen Gedichtes unter Anderem:

   Geht zu euren schwarzen Knechten,
   Spielt mit ihren Menschenrechten,
   Huldigt eurem Eigennutz.
   Deutschland's Volk ist aufgestanden,
   Die sich eig'nem Druck entwandten,
   Bieten euren Fesseln Trotz.

Der Schluß ist mehr drastig, als poetisch:

   „Geht mit euren Yankee-Uhren,
   Yankee-Pfaffen, Yankee — — —
   Nach der Hölle, die Ihr lehrt.
   Habt nur euren Haß bewiesen!
   Jeder Deutsche sei gepriesen,
   Der sich Eurer Frechheit wehrt.

Warrens war ein junger Mann von bedeutendem Talent, fertig mit der Zunge in beiden Sprachen. Er widmete sich dem Rechtsstudium und trat 1839 bereits als Advokat auf und nicht ohne Erfolg. Seine Zeitung war aber schon mehr ein interessirtes Parteiblatt, huldigte unbedingt der Administration Van Burens und fand den „Anzeiger" nicht radikal genug. Nach zwei Jahren Bestand ging es ein. Im Jahre 1845, wenn wir nicht irren, brachte ihm indessen sein entschiedenes Eintreten für die demokratische Partei, die Konsulatsstelle zu Triest, von welcher er wenigstens bleibend, nie nach den Vereinigten Staaten zurückgekehrt ist. Trotz seiner entschiedenen Fähigkeit, seiner trefflichen Rednergabe, konnte er sich indessen nie das allgemeine Vertrauen erwerben. Die Deutschen betrachteten ihn mehr als einen Politiker von Fach, während die Amerikaner ihn grade deshalb mehr bewunderten. Warrens machte nachher in Oesterreich, obwohl Norddeutscher, als Redakteur des „Oesterreichischen Lloyd's" und in anderen Stellungen eine glänzende Karriere.

Heinrich Koch, ein geborener Agitator, ließ von 1842—1845 seinen „Antipfaff" erscheinen, der später in den „Vorwärts" aufging. Koch war der erste, der in St. Louis den Kommunismus predigte, welches Feld seiner Wirksamkeit er aber verließ und nach Jowa in eine Kommunisten-Kolonie übersiedelte. Von der von Paul Follenius 1844 gegründeten „Waage" haben wir schon gesprochen. Im Juli 1844 erschien dann eine neue „Tribüne", das erste Tageblatt, herausgegeben von N. R. Cormany und redigirt von O. Beulendorf; 1852 wurde es unter der Redaktion von Gabriel Wörner zur „Demokratischen Tribüne". Mehrere andere ephemere Versuche, Zeitungen in's Leben zu rufen, mögen hier unerwähnt bleiben. Der im Jahre 1844 von Pastor L. F. Walther, einem der mit Bischof Stephan 1839 hierher gekommenen Geistlichen, gegründete „Protestant", Organ der Altlutheraner, besteht dagegen heute noch.

Es ist vielleicht hier am Orte, einem Vorwurf zu begegnen, den man der deutschen Presse und den Deutschen in Missouri, überhaupt in den sogenannten Sklavenstaaten häufig gemacht hat, nämlich dem, daß sie in der Sklavereifrage sich durchaus indifferent gezeigt hätten. In seiner Allgemeinheit ist derselbe unbegründet. Wo bei Deutschen in öffentlicher Rede oder Schrift das Institut der Sklaverei behandelt wurde, wurde dasselbe als System stets verdammt. Als schon in den dreißiger Jahren die Frage der Abschaffung der Sklaverei im Distrikt Columbia, dem Sitz der Bundesregierung, und über welchen Distrikt diese Regierung konstitutionell volle Jurisdiktion hatte, auftauchte, als zu gleicher Zeit dem Petitionsrecht Abbruch gethan werden sollte, indem der Kongreß die Gesuche der Abolitionisten zu Gunsten einer allgemeinen Abschaffung der Sklaverei zurückwies, stand die gesammte deutsche Presse auf Seiten solcher Abschaffung im Distrikt, und Aufrechterhaltung des Petitionsrechts. Schon im Jahre 1836 befürwortete der „Anzeiger" (11. Oktober 1836) die Ernennung von Van Buren zum Präsidenten, „um nicht abermals einen Präsidenten aus den Staaten zu erhalten, deren Interesse es sei, dem Prinzip der Sklaverei zu huldigen". „Nicht daß wir wünschen", heißt es in dem betreffenden Artikel, „der Präsident solle ein Abolitionist sein, nein! allein wir wissen aus Erfahrung, wie leicht dieses Interesse blind machen kann in Fragen, in welchen es sich um die Freiheit aller Bürger der Union handelt, wenn sie in geringster Beziehung zu diesem Interesse stehen oder auch nur zu stehen scheinen".

Die Annexation von Texas, die in dem Präsidentenwahlkampfe von 1844 eine so große Rolle spielte, wurde als eine südliche Maßregel betrachtet, da Texas bereits ein Sklavenstaat war, und großen Raum zur Entwickelung des Systems darbot. Van Buren hatte sich schon deßwegen, weil er einen Krieg mit Mexiko als eine nothwendige Folge dieses Schrittes ansah, zur Zeit gegen die Annexation erklärt, und er war der Mann, für dessen Ernennung zum Kandidaten fast das gesammte Deutschthum in den Vereinigten Staaten eintrat, wiewohl vergeblich.

Man muß sich zu einer gerechten Beurtheilung von Menschen und Dingen stets in die Zeit zu versetzen suchen, in welcher sie in Frage kommen. Ueber die Sklaverei waren damals in der Hauptsache die beiden großen Parteien der Whigs und Demokraten einig. Nur wo die Gesammtregierung anerkannter Maaßen eine volle Gerichtsbarkeit ausübe, könne sie sich mit der Gesetzgebung über die Sklaverei befassen. In allen Staaten dagegen stehe dieselbe einzig und allein den Gesetzgebungen derselben zu. Die Abolitionisten bildeten in den dreißiger und vierziger Jahren ein kaum bemerkbares Häuflein, auf wenige Punkte in einigen Neu-England Staaten und Ohio beschränkt. Wie sollten nun die Deutschen — namentlich da sich schon in den großen Städten die eingeborenen Handwerker und Arbeiter, durch die starke Einwanderung in ihren hohen Löhnen beeinträchtigt, regten und mit Hülfe von gewissenlosen Demagogen die Nativ-Partei gründeten, — die Vorurtheile, die man gegen sie gefaßt, noch dadurch vermehren, daß sie die Aufhebung der Sklaverei agitirten, eines Instituts, welches zur Zeit nicht nur in den Sklaven-, sondern auch in den freien Staaten, wenn nicht als ein heiliges, doch als ein verfassungsmäßiges galt, das man nicht anzurühren wagen dürfe.

Missouri namentlich hatte, wie es meinte, solche große Vortheile von dem Institut gezogen, daß man Jedem, der die Abschaffung desselben befürwortet hätte, für einen böswilligen Agitator angesehen haben würde. Und in der That konnten Kurzsichtige kaum anders denken, als daß Missouri sein rasches Emporblühen, seitdem es ein Staat geworden war (1820), der Zulassung der Sklaverei verdanke. Während die wohlhabenden Südländer aus Virginien, Maryland, Kentucky, ihre Familien in Kutschen, gefolgt von einem Haufen von Sklaven und einem Zug von schönen Pferden, überhaupt glänzend ausgerüstet, durch die verbotenen Paradiese von Ohio, Indiana und Illinois zogen, um die reichen Ufer des Missouri und seiner Nebenströme zu besiedeln, blieben die armen Weißen (white trash), welche ohne Sklaven auf ärmlichen Karren, mit ihren zahlreichen Kindern und noch zahlreicheren Hunden, mit einer alten Stute und einem Füllen, meist sogar nur mit einem Paar magerer Kühe, in den südlichen Theilen jener freien westlichen Staaten hängen und bildeten einen nichts weniger als erfreulichen Zuwachs, obgleich diese armen Weißen in der Regel recht ehrliche und, wenn nicht gereizt, äußerst gutmüthige, ja liebenswürdige Kameraden waren. Man hielt Missouri für so beneidenswerth, daß in Indiana und besonders in Illinois noch 1824 die größten Anstrengungen gemacht wurden, die Konstitution dahin abzuändern, um diese Staaten zu Sklavenstaaten zu machen!

Eine Zeitung in St. Louis, deren Redakteur E. P. Lovejoy es versuchte, auf die maßvollste Weise die Abschaffung der Sklaverei zu agitiren, wurde im Juli 1836 von einem Volkshaufen zerstört. Als Lovejoy dieses Blatt nach Alton, also in einen freien Staat brachte, geschah dasselbe, und bei einem zweiten Versuch, eine Presse dort aufzustellen, fiel Lovejoy, welcher mit einigen Freunden sein Eigenthum vertheidigte, als ein Opfer der Volkswuth. Aehnlich ging es in Cincinnati mit der von Achilles Pugh herausgegebenen Zeitschrift "The Philantropist," welche dreimal durch einen Volksaufruhr zerstört wurde, 1835 und 1841.

Wenn noch im Jahre 1830 William Loyd Garrison wegen eines unliebsamen Artikels über die Sklaverei in Massachusetts zu Gefängniß und Geldstrafe verurtheilt werden konnte, wenn derselbe Mann noch 1835 unter dem Schatten von "Fanueil Hall" in Boston selbst, nur mit äußerster Noth dem Tode entging, denn ein Haufe von zum Theil sehr einflußreichen Männern von Boston hatte die Halle, wo Garrison einen Vortrag hielt, gestürmt, ihn gepackt, einen Strick um den Hals gelegt und auf die Straße geschleift, so kann man doch wohl die Deutschen, namentlich in den Sklavenstaaten nicht der Indifferenz und Grundsatzlosigkeit anklagen, weil sie unter solchen Umständen nicht einen hoffnungslosen und für sie höchst gefährlichen Kampf unternahmen.

Als vor 1848 ein großer Theil der nördlichen Demokratie sich entschieden den Uebergriffen der Sklaveneigner entgegensetzte, als eine "free soil" Partei aus beiden Parteien gegründet war, welche Männer wie Van Buren und Ch. F. Adams an ihre Spitze stellten, und die Abolitionisten-Partei schon mit Kandidaten in's Feld trat, wurde es freilich ein Leichtes, namentlich im Norden, einen Krieg gegen die Sklaverei der ganzen Linie hin zu eröffnen, und selbst dann blieb man noch streng innerhalb der gezogenen Grenze und widersetzte sich nur mit Macht der Ausbreitung der Sklaverei in neue vorher freie Gebiete. Erst der Krieg veranlaßte die provisorische Emanzipation als eine Kriegsmaßregel, und nur die Umänderung der Verfassungen des Bundes und der einzelnen früheren Sklavenstaaten brachte die gesetzliche Emanzipation.

Am 9. November 1835 erließ Dr. Johann Gottfried Büttner als Prediger einer deutsch-evangelischen Gemeinde an die Deutschen in St. Louis einen Aufruf, ihn in der Aufrechthaltung einer schon von ihm errichteten Schule zu unterstützen. Dr. Büttner ist der Verfasser zweier Werke über die Vereinigten Staaten, einer Sammlung von Briefen, die in zwei Bänden 1845 zu Dresden erschien, und „Die Vereinigten Staaten von Nordamerika", 2 Bände, Hamburg 1844. Derselbe verweilte hier von 1834—1841 und hat in kirchlichen Kreisen eine reiche Wirksamkeit ausgeübt. Seine Briefe sind sehr gut geschrieben, und für Diejenigen, welche das amerikanische und deutsche Kirchen- und Schulwesen in jener Periode kennen lernen wollen, vom höchsten Interesse. Auch in andern Verhältnissen, wie in der Politik, der Industrie und dem Landbau hat der Verfasser klare Ansichten.

Mehrere Privatschulen bestanden schon 1835. Am 12. November 1836 fand eine große Versammlung deutscher Bürger statt, um eine allgemeine deutsche konfessionslose Elementar-Schule zu gründen, in welcher indessen auch das Englische gelehrt werden sollte. Ein Herr Pfarrer K o p f präsidirte; T h e o d o r E n g e l m a n n war Sekretär. Eine Schulkommission wurde ernannt, um die Schule zu organisiren, Lehrer anzustellen u. f. w. Hauptmann W e l k e r, früher in badischen Diensten, ein sehr gebildeter und beliebter Mann, der später eine Anstellung in dem General-Vermessungs-Bureau der Vereinigten Staaten fand, Kaufmann K a r s t e n s, T h e o d o r E n g e l m a n n, M a t h. S t e i t z, Dr. L ü t h y und H e l g e n b e r g bildeten die Kommission. Im Dezember organisirte sich die deutsche Schulgesellschaft definitiv, nahm eine Verfassung an, und alle Mitglieder verpflichteten sich zu einem Beitrag von vier Dollars jährlich. Vierzig Mitglieder unterzeichneten. Diese Beiträge sollten indessen nur die Ausfälle decken, wenn das Schulgeld, welches sehr mäßig festgesetzt war, nicht ausreichen sollte. Kinder armer Eltern sollten den Unterricht unentgeltlich genießen. Unter den Mitgliedern finden wir schon viele Namen von den hervorragendsten Bürgern, die St. Louis damals besaß, wie die der Kapitäne W e l k e r und N e y f e l d, H e i s t e r h a g e n, B e n t z e n, K a r l J a c o b i, K a r l N o r d h o f f, Dr. E n g e l m a n n, W i l h e l m W e b e r, L o r e n z D e g e n h a r d t, M. S t e i t z, H e l g e n b e r g und Andere. Im Februar 1837 wurde diese Schule eröffnet und Kapitän Karl Neyfeld hielt die Eröffnungsrede.

K a r l N e y f e l d war in Polen, wohl von deutschen Eltern geboren, hatte eine vortreffliche Erziehung genossen, war zu Warschau in der Kadettenschule erzogen worden und schon vor dem Ausbruch der Revolution im Ingenieur-Korps der polnischen Armee gewesen. Er schloß sich natürlich der Revolution von 1830 an, leistete als Ingenieur-Hauptmann die ausgezeichnetsten Dienste, hielt sich später als Flüchtling bis zum April 1833 in Frankfurt am Main auf, wo er eine treffliche Geschichte von Polen schrieb. Er war der deutschen Sprache vollkommen mächtig und nach seiner Uebersiedlung nach Amerika schloß er sich ganz an das deutsche Element an, war einer der Herausgeber des „Westlandes", fand später eine sehr gute Stelle in dem Vermessungs-Bureau der Vereinigten Staaten, heirathete eine deutsche Frau, starb aber leider im besten Mannesalter, im August 1838.

Als erster Lehrer der Schule wurde ein sehr tüchtiger in Deutschland gebildeter Lehrer, Friedrich Steines, angestellt, der später in Franklin County ein viel bekanntes Knabeninstitut errichtete.

Ueberhaupt regte sich unter den Deutschen gerade in diesen Jahren ein lebhafter Sinn zur Beförderung von Erziehung und Wissenschaft. Schon im Februar 1837 erließ die Gesetzgebung von Missouri einen Freibrief für die Errichtung einer deutschen Akademie. Dies sollte wohl eine höhere Bildungsanstalt werden, war aber doch ein verfrühtes Unternehmen, indem die pekuniären Kräfte zu der Gründung einer solchen Anstalt, ohne alle Unterstützung des Staates, nicht ausreichten. Unter den Namen derjenigen, welche die Korporation bilden sollten, finden wir fast alle Vorerwähnten, sowie die folgenden: Emil Angelrodt, Dr. Pulte, Dr. Gamp, A. E. Ulrici, Eduard Haren und G. Schütze.

In demselben Jahre machte das zwar in Deutschland (Heidelberg, Joseph Engelmann) gedruckte, aber in St. Louis redigirte, „Westland" sein Erscheinen. Diese in zwanglosen Heften erscheinende Zeitschrift hatte zunächst den Zweck, den in Deutschland wohnenden Deutschen wahrheitsgetreue und sachkundige Berichte über dieses Land und seine Leute zu geben, im Gegensatz der vielen romanhaften und phantastischen Schilderungen, welche gerade zu jener Zeit Deutschland überschwemmten; dann aber auch, um die hiesigen neuangekommenen Deutschen über ihre neue Heimath zu belehren. Die klimatischen und topographischen Verhältnisse Nord-Amerikas, das Klima der Mississippi Gegenden, das Gerichtswesen der Vereinigten Staaten, die Zeitungsliteratur, die Bodenarten von Missouri wurden darin behandelt. Reiseberichte aus Arkansas, Texas, Illinois, Rezensionen von über Amerika erschienenen Werken, Einwanderungsgeschichten, Miszellen füllten drei starke Hefte, deren letztes im Jahr 1837 erschien. Dr. Georg Engelmann und Kapitän Karl Neyfeld waren die Herausgeber, Mitarbeiter waren unter anderen Friedrich Münch, Wilhelm Weber, Theodor Hilgard, sr., und G. Körner. Die Schwierigkeiten der Kommunikation und Korrekturen, der Umstand, daß die Betheiligten sehr bald durch ihre Berufsgeschäfte hier ausschließlich in Anspruch genommen wurden, und die nicht zureichende Unterstützung von Seiten des Publikums in Deutschland, welches entweder Phantasiegebilde oder sogenannte „praktische Rathgeber" verlangte, ließen die Fortsetzung des „Westlandes" unthunlich erscheinen. Die Seele desselben war Dr. Georg Engelmann gewesen.

Dr. Georg Engelmann ward am 2. Februar 1809 in Frankfurt am Main geboren, wo sein Vater einer Erziehungsanstalt für Mädchen vorstand. Auf den Schulen und dem Gymnasium seiner Vaterstadt erhielt er seine erste Bildung, die durch den regen Sinn für Naturwissenschaften, der damals in Frankfurt herrschte und die in höchster Blüthe stehende Senkenberg'sche „Naturhistorische Gesellschaft" eine entscheidende Richtung nach dieser Seite hin bekam. Im Frühjahr 1827 bezog er die Universität Heidelberg, wo er neben den medizinischen Studien auch der Botanik, Geologie und Chemie besonders oblag, vielfach gefördert durch die Freunde L. Agassiz, A. Braun und C. Schimper, die alle einen Weltruf errungen haben und von denen er jetzt der einzige Ueberlebende dieses Kreises ist. Im Herbst 1828 siedelte er nach Berlin über, wo seine Studien mehr der Medizin selbst galten, und zwei Jahre später zog ihn der geistvolle Schönlein nach Würzburg, wo er denn auch im folgenden Jahre, 1831, promovirte. Im nächsten Frühjahr finden wir ihn in Paris, wo er seine medizinische Ausbildung vervollständigte.

Duden hatte damals die Unzufriedenen der gebildeten Stände Deutschlands angeregt und aufgeregt durch seine verführerischen Schilderungen des Ansiedlerlebens in Missouri, und im Herbst desselben Jahres 1832 verließ der junge Doktor und Naturforscher als Abgesandter einiger Verwandten die Heimath, dem fernen Westen zusteuernd. Im Februar 1833 gelangte er nach St. Louis und benutzte nun die nächsten zwei Jahre dazu, um bei Verwandten und Freunden, die diesseits und jenseits des Mississippi angesiedelt waren, Land und Lebensweise kennen zu lernen. Später machte er größere Reisen, zu Pferde einsam die südwestlichen Wildnisse bis in die Indianergebiete, durchziehend und kehrte dann im Spätherbst 1835 nach St. Louis zurück. Sein Interesse an der Eröffnung des damals noch fast ganz unbekannten großen Westens war durch diese Reisen wachgerufen worden, und mit Lebhaftigkeit betheiligte er sich mit Rath und That an den großen Expeditionen der vierziger und fünfziger Jahre, die alle in St. Louis, der letzten zivilisirten Grenzstation, ihren Ausgang nahmen und ihre Ausrüstung besorgten. Schon mit Nicollet, dem französischen Geographen, der die Gegenden zwischen dem Missouri und Mississippi erforschte, und seinem Gehülfen Fremont, war er sehr befreundet. Fremont selbst unterstützte er auf jede Weise bei den mehrfachen Expeditionen des „Pfadfinders" in den unbekannten Westen. Noch erinnert er sich mit Lebhaftigkeit der Diskussion über die Gegenden zwischen den Felsengebirgen und dem Stillen Ocean, wobei Fremont, europäischen Karten vertrauend, sein Vorhaben auseinandersetzte, in einem mitgenommenen Gummi-Boote von dem damals noch sagenhaften Salzsee in das Stille Meer zu schiffen.

Dr. Wislizenus, sein langjähriger Kollege in St. Louis, bereitete desgleichen seine große Reise in das nordwestliche Mexiko mit ihm vor, und dessen botanischen Errungenschaften wurden von ihm verwerthet.

Mit Lieutenant Emory, dem Chef der Kommission, welche die Grenze zwischen Mexiko und den Vereinigten Staaten feststellen sollte, und mit dessen wissenschaftlichem Korps stand er in den intimsten Beziehungen, und ein Theil der wissenschaftlichen Ausbeute wurde von ihm bearbeitet. Und so mit späteren Regierungsexpeditionen nach dem noch immer kaum gekannten Westen. Die Unternehmung von Dr. Parry, der auf eigene Faust den eigentlichen Kern der Felsengebirge, Colorado, erforschte, förderte er auf's eifrigste und durch sie beide wurde der wissenschaftlichen Welt erst die Kunde dieser Gebirgsformationen aufgeschlossen. Freilich sind alle diese Unternehmungen seitdem durch die großartigen neuesten Forschungen eines Hayden, Wheeler und Anderer längst überflügelt und in den Schatten gestellt und die Arbeiten und Mühen dieser Grenzpioniere ja eben so bald vergessen worden.

Als Arzt und im Interesse der Ansiedler hatte er auf's gewissenhafteste schon vorher begonnen, die klimatischen Verhältnisse zu studiren, als diejenigen, welche einen maßgebenden Einfluß auf das Gedeihen der Bevölkerung üben mußten. Ansässig in St. Louis, setzte er seine meteorologischen Beobachtungen in Verbindung mit dem Studium der Hygiene und klimatischen Krankheiten auf's gewissenhafteste fort und hat so im Laufe der Zeit eine Beobachtungsreihe niedergelegt, die sich jetzt fast auf ein halbes Jahrhundert erstreckt und um so unschätzbarer ist, als sie bis vor wenigen Jahren die einzige im engeren Mississippithale war; seitdem ist sie nun durch die Beobachtungen des "Signal Service" der Regierung überflüssig geworden, die mit großen Mitteln und ausgedehntester Verbreitung über das ganze Land betrieben werden und die Anstrengungen des Einzelnen bis auf einen gewissen Grad entbehrlich gemacht haben. Bei seinen Beobachtungen hatte er namentlich sein Augenmerk auf die große Klarheit der Luft gerichtet, das Vorwalten der Sonnentage und deren Einfluß auf Stimmung und geistige Entwicklung der Bewohner, zugleich aber auch auf die damit verbundenen großen Sprünge und die außerordentlichen Extreme der Temperatur, und ebenso auf die große Trockenheit der Luft, bei aller Heftigkeit der Regengüsse.

Zumal in der ersten Zeit seines Wanderlebens in Amerika, aber auch nachher als vielbeschäftigter Arzt hat er fortgefahren, die Naturwissenschaften zu pflegen, und wenn auch anfangs Arbeiten in Chemie, Mineralogie und Geologie ihn vielfach beschäftigten, so nahmen später die botanischen Studien alle Zeit, die er von seinem Beruf erübrigen konnte, in Anspruch. Später gab seine isolirte Stellung, fern von wissenschaftlichen Hülfsmitteln, vielleicht aber noch mehr eine besondere Anlage des Geistes, seiner Forscherthätigkeit eine ganz eigenthümliche Richtung. Er warf sich mit aller Energie auf einzelne vernachlässigte Zweige der Wissenschaft, konzentrirte sich ganz auf sie, setzte damit durch die wissenschaftliche

Welt hin die Fäden, deren ihm so viele zu Gebote standen, in Bewegung, immer aber einen Zweck verfolgend, daß es ihm gelang, manche Werke zu schaffen, „die", wie ein jetzt längst verstorbener tonangebender englischer Botaniker sich ausdrückte, „ganz überraschend von dahinten am Mississippi auftauchten". So bearbeitete er z. B. die "Cuscuten", dazumal die Stiefkinder der Botaniker, die "Cacteen", dann die „Binsen", die "Yuca" und "Agave", die „Weinrebe" und in letzter Zeit die mannigfaltigen Gattungen der „amerikanischen Eichen" und zumal mehrere Varietäten der „Nadelhölzer". Ein besonderer Charakter seiner Arbeiten liegt in der Gründlichkeit und Gewissenhaftigkeit derselben, wenn auch die Felder beschränkt sind, auf die sich seine Thätigkeit erstreckt.

Aber nicht blos selbst wollte er arbeiten, sondern immer suchte er Andern gleiches Interesse einzuflößen und zu fördernbem vereintem Streben zu gewinnen. Schon im Jahre 1836 stiftete er mit wenigen Gleichgesinnten die "Western Academy of Science". Freilich ging die junge verfrühte Anstalt schon nach wenigen Jahren aus Mangel an wissenschaftlichem Interesse und den nöthigen Hülfsmitteln wieder ein, und viele Jahre schlummerte die Idee einer solchen gemeinsamen Unternehmung, bis im Jahre 1856 zumal durch sein Betreiben eine neue "Academy of Science of St. Louis" erstand, deren Präsident er anfangs und seitdem häufig war, und die sich nun durch ihre Publikationen, die bereits zu drei stattlichen Bänden vorgeschritten sind, einen Platz in der Republik der Wissenschaften errungen hat.

Es ist hier der Platz, von seinen Verbindungen mit andern amerikanischen wie europäischen Gelehrten-Vereinen zu reden. Schon früh wurde er zum Mitglied der „Senkenbergischen Naturhistorischen Gesellschaft" in seiner Vaterstadt erwählt; später wurde er korrespondirendes Mitglied verschiedener anderer deutschen naturforschenden Gesellschaften, wie von Mainz, von Freiburg, Regensburg und Hamburg und einiger andern, vorzüglich aber der altehrwürdigen „Leopoldina-Carolina", damals zu Wien. In seinem neuen Vaterlande machte ihn bald die "Academy of Natural Sciences" in Philadelphia zu ihrem korrespondirenden Mitglied, später das "Lyceum" in New York, die "Academy of Arts and Sciences" in Boston, die "Philosophical Society" in Philadelphia. Etwas später wurde er Mitglied der "National Academy" zu Washington. Die "Linnean Society" in London ernannte ihn ebenfalls zu ihrem Mitgliede.

Drei Reisen nach Europa belebten seine Beziehungen zu alten Freunden und ließen ihn neue Verbindungen anknüpfen. Die erste war eine nur kurze im Jahre 1840, die seine Vermählung mit Dora Horstmann zum Zwecke hatte. Die beiden andern von 1856—1858 und 1868—1869 waren von größerer Ausdehnung, indem sie sich auf Frankreich, die Schweiz, Deutschland und Italien erstreckten, und erlaubten ihm, sich mit den bedeutendsten Männern seiner Wissenschaft und den wichtigsten Sammlungen und Anstalten sowohl als mit dem, was Alterthum und Kunst in so reichem Maße darbieten, vertraut zu machen. Auch in den letzten Jahren noch hat er im Interesse botanischer und geologischer Forschungen längere Reisen nach den Appalachen, der Fortsetzung der Alleghanies in Nord Carolina und Tennessee, nach Colorado und den nördlichen Seen gemacht. Ein lohnendes Feld für fortdauernde wissenschaftliche Thätigkeit fand er in der Unterstützung der Bemühungen von Henry Shaw, der mit nachahmungswerthem und großherzigem Sinn St. Louis einen botanischen Garten (den berühmten „Shaw Garten") gegeben, dessen Zweck ebenso Belehrung in der Kenntniß der interessantesten und wichtigsten Gewächse als Belebung des Sinnes für gärtnerische Schönheit ist.

Dr. Engelmann zählt in seinem speziellen Fache der Botanik unter die ersten Autoritäten. Er ist aber auch zugleich trefflicher Geolog und Chemiker und dabei ausübender Arzt ersten Ranges. Namentlich in den ersten Jahrzehnten seines Hierseins finden wir ihn auch bei allen gemeinnützigen Unternehmungen betheiligt und wir werden ihm noch öfter bei öffentlichen Gelegenheiten begegnen. Ohne je sehr aktiv in das politische Leben einzugreifen, war er entschieden der Demokratie zugeneigt und hat sie selbst, als ihre Schicksale sich trübten, nicht zu verlassen vermocht.

In der "St. Louis Library Association" befinden sich schon im Jahre 1837 mehrere Deutsche unter dem Verwaltungsrathe, und ein Deutscher war Bibliothekar. Ihr Vorsitzer, Dr. Brown, zeigte im Januar 1839 an, daß gute deutsche Werke als Zahlungsstatt für Eintrittsgelder angenommen würden, ebenso, daß schon deutsche Bücher der Bibliothek einverleibt seien; „Das Morgenblatt" nebst dem „Kunst= und Literaturblatt", „Malten's neue Weltkunde", und das „Westland" seien bereits als periodische Schriften bestellt.

Am 11. Februar 1837 zeigte W. Weber an, daß er in Kommission deutsche Bücher übernommen habe. Unter den zunächst als vorräthig angezeigten Büchern befanden sich Schiller's Werke, Uhland's Gedichte, Oken's Naturgeschichte, Brockhaus' Konversations=Lexikon, Sammlung deutscher Klassiker, Hoffmann's Phantasiegemälde, Wörterbücher, Grammatiken und medizinische Schriften. Nachdem Arthur Olshausen dieses Geschäft übernommen und auf eigene Rechnung fortführte, wurde es bedeutend erweitert und wir finden in 1838 folgende Bücher angezeigt: Menzel's deutsche Literatur, Eschenburg's Handbuch der klassischen Literatur, Gutzkow's Werke, Schleiermacher's vertraute Briefe, Börne's Leben, Görres' Athanasius, Wirth's Fragmente zur Kulturgeschichte, Blant's Handbuch der Erdkunde, Rotteck's Weltgeschichte, Schiller's, Seume's,

Körner's, Gleim's, Geßner's, Blumauer's, Mathison's sämmtliche Werke, Wagner's Uebersetzungen von Viktor Hugo's, Beranger's, Lamartine's lyrischen Gedichten u. s. w. Wir vermissen hier den Till Eulenspiegel, den bairischen Hiesel, die heilige Genoveva, den Schinderhannes, Schriften, welche doch nach den über die Deutsch-Amerikaner jener Periode bestehenden Legenden, ihre fast ausschließliche Lektüre gewesen sein sollen.

In demselben Jahre eröffnete Theodor Engelmann ebenfalls eine Buchhandlung, die nicht nur die deutschen Klassiker, sondern überhaupt eine Auswahl der besten neuesten Erscheinungen auf dem deutschen Büchermarkt enthielt. Auch eine werthvolle Auswahl von Kupferstichen und Lithographien waren bei ihm zum Verkauf. Im Jahre 1843 wurde die Buchhandlung von Franksen und Wesselhöft errichtet.

Es war am 3. Dezember 1838, als sich eine große Anzahl Deutscher vereinigte, um einen Singverein zu gründen. Unter der Leitung des tüchtigen Musikers H. Robyns stand der Verein bald in voller Blüthe. Konzerte und andere musikalische Unterhaltungen hatten schon mehrmals seit 1836 stattgefunden. Im Jahre 1840 errichtete Henry Weber, ein Sprößling der so musikalischen Familie Weber, eine Singakademie. Auch in der bildenden Kunst zeichneten sich einige Deutsche aus, so der Maler Rindesbacher, ein Landschaftsmaler, und besonders Johann Philip Gerke, der sich schon 1837 in St. Louis niedergelassen und dort ein Atelier eröffnet hatte. Er war der Sohn von Dr. Heinrich Christian Gerke in Madison County, Illinois, ein ebenso talentvoller als liebenswürdiger junger Mann. Ein Schüler von Peter von Cornelius trugen seine Bilder den Stempel der Düsseldorfer historischen Schule. Sein „Columbus", „die Rückkehr Hermanns aus der Varusschlacht", „Kaiser Max auf der Martinswand", „die sterbenden Helden" (nach Uhlands Gedicht) — zeugten von idealer Auffassung und einer vortrefflichen Ausführung. Doch war damals im Westen, ebensowenig wie im Osten, noch kein Feld für den Historienmaler. Man besuchte fleißig sein Atelier, war überrascht, lobte den jungen Meister, aber die wenigen Kenner, wohl nur Deutsche, hatten die Mittel noch nicht, solche Werke zu bezahlen. Zum Glück war Gerke zugleich ein sehr geschickter Portraitmaler oder wurde es. Die bedeutendsten Männer von St. Louis saßen ihm. Seine Portraits von Benton, Van Buren, der ihm 1844 in St. Louis saß, waren in der That Meisterwerke und wurden von den Originalen selbst als ihre besten Portraite anerkannt. Zum größten Bedauern eines zahlreichen Freundeskreises starb Gerke noch im ersten Mannesalter 1842.

Im Jahre 1838 erschien im Verlag von Wilhelm Weber das erste deutsche Buch, das in St. Louis gedruckt wurde, ein Auszug aus den Gesetzen des Staates Illinois, die wichtigsten Gesetze des Staates enthaltend, 30 Bogen stark. Die Agitation für Einführung der deutschen Sprache in den öffentlichen Schulen begann zuerst in der deutschen Presse im Jahre 1839, und ward von da an mit dem größten Eifer betrieben, bis der Erfolg erzielt war. Zur selben Zeit wurde ein Rede- und Debattir-Verein gestiftet, dessen Präsident der zum Friedensrichter erwählte **Friedrich Kretschmer**, Vicepräsident **Wilhelm Palm** und Sekretär **Theodor Kim** waren.

Siebenzehntes Kapitel.

Missouri. — (Schluß.)

Dr. Adolph Wislizenus. — Militär-Kompagnien. — Ausbruch des mexikanischen Krieges und Betheiligung der Deutschen an demselben. Deutscher Handel und deutsche Industrie. — Adolph Meier. — Deutsche Vereine und politisches Leben. — Kämpfe gegen den Nativismus. — Politischer Einfluß der Deutschen. — Alexander Kayser. — Wilhelm Palm. — Christian Kribben. — Anhänglichkeit der Deutsch-Amerikaner an die alte Heimath. — Sympathie der St. Louiser Deutschen für die Erhebungen in 1848. — Massenversammlungen im April und Dezember 1848.

Ein deutscher Unterstützungsverein, hauptsächlich von **A. Dühring** und **H. Speck** in das Leben gerufen (1837), an dem sich viele der angesehensten Bürger betheiligten, bestand nur bis zum Jahre 1841 und wurden die in Kasse befindlichen Gelder dem deutschen Schulverein überwiesen.

Von Dr. Adolph Wislizenus erschien ebenfalls im Verlage von **Wilhelm Weber** „Ausflug nach den Felsengebirgen". 1840.

Dr. **Adolph Wislizenus** war 1810 in Königsee, Schwarzburg-Rudolstadt, als der Sohn eines protestantischen Predigers geboren. Nach vollendeten Vorstudien am Gymnasium zu Rudolstadt bezog er 1828 die Universität Jena. Ein heiterer lebenslustiger Student war er allgemein beliebt, und Wenige nur konnten vermuthen, daß er schon von vornherein seine Wissenschaft sehr ernst nahm und tüchtige Studien machte. Gleich seinen zahlreichen Verwandten war er von den Gefühlen für Freiheit und Vaterland durchglüht. Er gehörte selbstverständlich zur Burschenschaft. Seine Studien setzte er später zu Göttingen und Würzburg fort, welch letztere Stadt er verließ, um sich, nachdem jede Hoffnung auf politische

Besserung in Deutschland durch die Bundestagsbeschlüsse von 1832 vernichtet war und schon einige der besten Vaterlandsfreunde, wie Behr, Eisenmann, Wirth, in Fesseln schmachteten, zu einem Versuch, eine Revolution in Deutschland durch „eine kühne That" zu erregen, in „Reihe und Glied" zu stellen. Nur wer die herrschende Aufregung kannte, welche die Juli-Revolution, die einzelnen Aufstände in Braunschweig, Kassel, Dresden und namentlich die polnische Revolution in der deutsch gebildeten Jugend hervorbrachten, vermag einigermaßen das Frankfurter Attentat zu verstehen. Wislizenus half mit gefälltem Gewehr die Hauptwache stürmen; aber glücklicher als viele seiner Kampfgenossen, gelang es ihm, nachdem das Militär die Oberhand gewonnen, aus der Stadt zu entfliehen. In der Schweiz ging er auf die neue Universität Zürich, die unter Schönlein und Oken rasch emporgeblüht war, und er war einer der ersten Doktoren, die dort promovirten.

Nach einem Aufenthalt in Paris, um die Hospitäler daselbst kennen zu lernen, reiste er im Herbst 1834 nach New York, wo er sich zur Praxis niederließ. Noch voll von den Ideen, welche ihn in Deutschland beseelt hatten, veröffentlichte er dort politische Pamphlete staatsrechtlichen Inhalts, die er „Fragmente" benannte, und war besonders thätig, die deutsche Bevölkerung zu größerer Theilnahme am politischen Leben zu bewegen. Nach zweijährigem Aufenthalt dort zog es ihn aber unwiderstehlich nach Westen, wo schon so viele seiner Schicksalsgenossen eine Heimath gefunden hatten, und St. Clair County, Illinois, nahm auch ihn freundlich auf. Er fand aber die Praxis auf dem Lande ebenso anstrengend, wie wenig lohnend, und beschloß, sich in St. Louis niederzulassen, erst aber eine Reise in den fernsten Westen zu machen.

An der Grenze des Staates Missouri schloß er sich im Frühjahr 1839 einer der Expeditionen an, welche die „St. Louiser Pelz-Kompagnie" jährlich in die Felsengebirge abschickte. Die Reise wurde zu Pferde zurückgelegt. Den Tag über im Sattel, die Nacht auf der Erde, lebte er mit seinen Gefährten lediglich von der Jagd. Zahllose Büffelheerden durchzogen damals noch die Ebenen bis zu den Gebirgen, an welchen er nach zwei Monaten anlangte. Am oberen Green River, da wo er von den schneebedeckten Gipfeln der Windriver-Gebirge herabströmt, rastete die Pelz-Kompagnie kurze Zeit zum Tauschhandel mit Tausenden von Indianern und Bibernfänger (trappers) und kehrte dann nach Missouri zurück. Wislizenus aber zog mit einem großen Lager Indianer, zu den Nez-Percés und Flatheads gehörend, über den Hauptstock der Felsengebirge, bis in die Hochebene des heutigen Utah und bis zum Fort Hall, dem damaligen südlichsten Handelsort der Engländer am Snake-River. Sein Plan, über die Sierra Nevada nach Californien vorzudringen, scheiterte an dem Mangel eines Führers oder Begleiters. Er kehrte mit einigen Gefährten, den unteren Green-River und die Southfork des Platte-Flusses überschreitend, dem Arkansas entlang nach der Grenze von Missouri zurück. Die Reise betrachtete er als eine „Erholungsreise" und er hatte bei der Art, wie sie stattfand, keine Gelegenheit, sie wissenschaftlich auszubeuten. In St. Louis angekommen, widmete er sich wieder mit aller Kraft einer bald gewinnreich werdenden Praxis.

Im Jahre 1846 trieb es ihn aber wieder zu einer neuen fernen Reise. Es galt diesmal dem nördlichen Mexiko, und wo möglich einem Besuch von Californien auf einem südlichen Wege. Diesmal sollte die Reise eine wissenschaftliche sein, und sie ward wohl ausgerüstet angetreten. In Independence vereinigte er sich mit einer der großen Handelskarawanen, welche mit New Mexiko und den Staaten Chihuahua und Coahuila den amerikanischen Handel vermittelten und deren Leiter der wegen seiner erfolgreichen Karavanenführung und seinen Handelsunternehmungen in großem Rufe stehende A. Speier, ein Deutscher, war. Nach einer langen aber für Wislicenus' Zweck desto mehr lohnenden Reise machte der Zug Halt in Santa Fé, und dort erfuhr man denn auch den wirklichen Ausbruch des Krieges zwischen den Vereinigten Staaten und Mexiko. Dennoch erhielt er einen Paß zur Weiterreise vom mexikanischen Gouverneur Armigo.

Im Herbst endlich nach Chihuahua, der Hauptstadt des Staats gleichen Namens, gelangt, fand er Alles in der größten Aufregung. Doniphan's Zug dahin, die Niederlage der Mexikaner bei Sacramento waren dort grade bekannt geworden. Ein lärmender Volkshaufen belagerte das Hotel, worin Wislizenus und noch einige Amerikaner sich befanden, und machten Mienen es zu stürmen. Die Amerikaner verbarrikadirten sich, luden ihre Büchsen und Pistolen, bereit ihr Leben so theuer wie möglich zu verkaufen. Es gelang dem Gouverneur indessen, nach einiger Zeit die Ruhe wieder herzustellen. Die Amerikaner aber wurden als Gefangene behandelt und nach einem entlegenen Orte internirt, und so mußte Wislicenus unfreiwillig bis zum Frühjahr 1847 dort bleiben, was ihn aber befähigte, genaue Studien über den Staat zu machen und seine bisherigen Sammlungen zu ordnen. Im Frühjahr rückten die amerikanischen Truppen in Chihuahua ein und befreiten ihn.

Unter diesen Umständen nach Westen vorzudringen, wurde unthunlich, und er schloß sich dem Weiterzug der Truppen an, die Befehl hatten, sich mit General Zachary Taylor bei Saltillo zu vereinigen. Er wurde alsbald als Militärarzt angestellt und gelangte im Sommer 1847 wieder nach St. Louis zurück. Er publizirte einen ausführlichen Bericht dieser Reise, welcher um so interessanter war, als zur Zeit das Land namentlich zwischen Sante Fé und der Mündung des Rio Grande del Norte, eine "terra incognita" war. Wislizenus hatte reiche Sammlungen von Mineralien und Pflanzen mitgebracht. Die letzteren wurden von Dr. Georg Engelmann klassifizirt und beschrieben. Er hatte ferner die genauesten meteorologischen und astronomischen Beobachtungen gemacht und namentlich den Höhemessungen große Aufmerksamkeit gewidmet. Eine vortreffliche Karte der von ihm durchreisten Länder, sowie eine geologische Skizze derselben und eine Profil-Karte der Erhöhungen begleiteten das von ihm veröffentlichte Werk. Nach Prüfung desselben von Sachverständigen hielt es der Senat der Vereinigten Staaten für so wichtig, daß 5,000 Exemplare davon zum Druck beordert wurden.*)

Vieles in dem Werk ist jetzt veraltet, während andere Resultate wie z. B. das Profil von Höhen, auf tägliche barometrische Beobachtungen gegründet, von der Grenze von Missouri durch das nördliche Mexiko bis zur Mündung des Rio Grande in den Golf von Mexiko, noch heute zu Tage werthvoll sind. Diese Vermessungen füllen eine große Lücke in der Hydrographie von Mexiko aus, wie selbst Alexander von Humboldt öffentlich anerkannte.

Die furchtbare Cholera-Epidemie in St. Louis 1849 nahm Wislizenus' volle und aufopferndste Thätigkeit in Anspruch. Zur Erholung reiste er im Jahre 1850 nach Europa, besuchte Frankreich und Italien, machte einen Abstecher nach Konstantinopel, erneuerte dort seine Bekanntschaft mit einer jungen Dame, die er bereits in Washington hatte kennen lernen, der Schwägerin von Georg P. Marsh, damals unser Geschäftsträger in Konstantinopel, jetzt schon seit langen Jahren unser Gesandter in Italien, und wurde mit ihr im Gesandtschaftshotel getraut. Ueber das Schwarze Meer, die Donau hinauf, besuchte er Wien und seine alte Heimath Thüringen, und kehrte dann nach den Vereinigten Staaten zurück. Von New York machte er eine flüchtige Reise über Panama nach Californien, um zu sehen, ob für ihn dort ein passender Platz sei, die Praxis wieder zu beginnen. Er fand zuletzt, daß für ihn zur Zeit der Aufenthalt in Californien nicht geeignet sei, und so finden wir ihn im Jahre 1852 wieder in St. Louis, aus welcher Stadt er sich seitdem nur zeitweise entfernt hat.

Er nahm seine Praxis wieder auf, setzte aber unermüdlich seine naturhistorischen Studien fort, namentlich seine meteorologischen Forschungen und verwendete besondern Fleiß auf die Elektrizität der Luft als eines sehr wichtigen Faktors in der Meteorologie. Die Resultate dieser Forschungen sind in den Transaktionen der "Academy of Science" niedergelegt, eines Instituts, zu dessen Begründern er gehörte. Eine Abhandlung in denselben Transaktionen, „Gedanken über Kraft und Stoff," entsprang einer

---

*) Memoir of a Tour to Northern Mexico in 1846—1847, by A. Wislizenus, M. D., Washington, 1848.

eingehenden Beobachtung von der ebenso konstanten Erhaltung der Kraft wie der Materie, mit bloß abwechselnder Form.

Dr. Wislizenus ist Mitglied vieler gelehrten Gesellschaften, und nach wie vor ein eifriger Arbeiter auf dem Gebiete der Naturkunde. In der Politik ist er selten öffentlich aufgetreten. Der Demokratie hat er seine Jugendliebe bis heute bewahrt. Die Reisen, die er unternommen, oft auf sich selbst allein gestellt, mitten unter Pelzjägern, Biberfängern und Indianern, zeigen eine Energie und Entschlossenheit des Charakters, welche man kaum bei einem Manne suchen würde, dessen milde Gesinnung und liebenswürdiger gesellschaftlicher Umgang ihm auch in weiteren Kreisen eine große Anzahl von Freunden erworben haben.

Das Bestreben, Militärkompagnien zu gründen, zeigte sich verhältnißmäßig erst spät in St. Louis und stieß auf manchen Widerspruch. Im Jahre 1842 bestanden jedoch schon drei Kompagnien, eine „Füsilier-Kompagnie", eine „Washington-Garde" und eine „Dragoner-Kompagnie", denen einige Jahre später noch eine „Artillerie-Kompagnie" folgte. Diese militärischen Organisationen hatten indessen den Vortheil, daß, als bei dem im Frühjahr 1846 ausbrechenden Kriege, nach einer kleinen Schlappe, welche die Vorhut des Generals Taylor, auf seinem ausgesetzten Posten am Rio Grande erlitten hatte, der das westliche Departement kommandirende General Gaines einen Aufruf an Freiwillige zur schleunigsten Hülfe erließ, es grade die Deutschen waren, welche die ersten drei Kompagnien stellten, die dann unter dem allgemeinen Jubelruf des versammelten Volkes den Vortrab bildeten, welcher den Mississippi hinabdampfte. In Texas wurden sie in ein Regiment eingereiht, aber bald wieder entlassen, da der Präsident selbst einen Aufruf an die Staaten erließ, Regimenter zu organisiren und zwar für die Dauer des Krieges oder wenigstens für ein Jahr, während die von Gaines aufgerufenen nur sechs Monate dienen sollten. Schönthaler, ein eben so bekannter als beliebter Mann, war Major des Bataillons, Alexander Kayser und Heinrich Koch waren zwei der Offiziere.

Diese rasche Kriegsbereitschaft der Deutschen, ihr militärisches Aussehen, denn sie waren meist Mitglieder der Milizkompagnien gewesen, der Umstand, daß sie allein und als die Ersten von St. Louis abzogen, trug außerordentlich viel dazu bei, die Achtung und das Ansehen der deutschen Bevölkerung zu erhöhen. Die Dienste, welche dann später deutsche Kavallerie- und Artillerie-Kompagnieen unter der Leitung von Major Woldemar Fischer in dem denkwürdigen Zug durch Neu Mexiko und Chihuahua leisteten, trugen dazu bei, die Popularität der Deutschen in Missouri noch zu vergrößern.

Die deutsche Bevölkerung von St. Louis übte bald einen gewaltigen Einfluß auf Handel und Industrie aus. Deutsche Handwerker hatten

22

schon sehr früh durch ihren Fleiß und gute Arbeit sich zu Wohlstand erhoben. Bald entwickelten sich bedeutende Handelsgeschäfte sowohl im Großen als im Kleinen, und direkte Einfuhr von europäischen und besonders deutschen Waaren fand von Seiten vieler dieser Handelshäuser statt. Wohl einer der bedeutendsten Männer sowohl in amerikanischen als deutschen Kreisen, denen St. Louis sein rasches Aufblühen verdankt, ist **Adolph Meier**. Geboren den 8. Mai 1810 zu Bremen, wo sein Vater Doktor der Rechte und Obergerichtssekretär war, erhielt er seinen ersten Unterricht auf den Schulen seiner Heimathstadt, besuchte dann eine Unterrichtsanstalt in Orbe bei Yverdun in der französischen Schweiz, in welcher er sich mit der französischen Sprache völlig vertraut machte. Auf Komptoiren seiner Vaterstadt zum Kaufmann ausgebildet, etablirte er im Mai 1831 ein eigenes Geschäft unter der Firma A. Meier und Kompagnie, welches die Ausrüstung und Befrachtung von Schiffen nach den Vereinigten Staaten zum Gegenstand hatte. Die Beziehungen, welche er dadurch zu diesem Lande erhielt, sowie die Kenntnisse, die er sich über dasselbe erwarb, veranlaßten ihn, nachdem er sich in 1835 verheirathet hatte, zu dem Entschluß, in einer der größeren Städte des Westens ein kaufmännisches Geschäft zu gründen. 1837 im Februar zu New Orleans angelangt, wählte er St. Louis zu seinem künftigen Aufenthalt und fing eine Eisen- und Stahlwaaren-Handlung an, in welchem Geschäft sich etwas später sein Schwager Johann F. Rust betheiligte, unter der Firma **Adolph Meier und Kompagnie**.

Zu gleicher Zeit betrieb die Firma auch die Exportation von Tabak nach Europa. Das Etablissement nahm sehr guten Fortgang, indem es auch Wechselgeschäfte besorgte. Wodurch aber Adolph Meier sich ganz besondere Verdienste erwarb, war das damals als kühn angesehene Unternehmen, eine Dampfspinnerei und Weberei zu errichten, die erste westlich vom Mississippi. Beständig erweitert und verbessert ist diese Baumwollenfabrik in die Hände der „St. Louis Cotton Factory", einer Gesellschaft, in der die Firma den größten Theil des Kapitals eignet, übergegangen.

Die reichen Kohlenlager von Illinois waren im Winter und Frühjahr oft unzugänglich, und so wurde der Preis der Kohlen für Fabriken und häuslichen Bedarf bedeutend erhöht. In Verbindung mit Freunden in Europa und hier gründete Meier sodann die „St. Clair County Turnpike Company", zur Erbauung einer Chaussee, die von Belleville nach dem Ufer des Mississippi führt (1848). Diese Chaussee, unter der Direktion des Ingenieurs Heinrich Kayser gebaut, war die erste im Staate Illinois und ist für St. Louis und das County St. Clair von größtem Nutzen gewesen. Ganz ungemeine Thätigkeit entwickelte A. Meier im Bau von Eisenbahnen. Er war einer der Gründer und Direktoren der „Missouri Pacific" und ebenso der „Kansas Pacific" Eisenbahn, deren Präsident er längere Zeit war. Auch von der „North Missouri" Eisenbahn („St. Louis, Kansas City und Northern") war er einer der Direktoren, sowie Präsident der „Illinois und St. Louis" Eisenbahn, welche einen außerordentlichen Kohlentransport vermittelt. Versuche, die er machte, um aus den bituminösen Kohlen von St. Clair County Coke herzustellen, waren zwar befriedigend, aber bei der gedrückten Eiseninbustrie sind die Werke augenblicklich nicht im Betriebe. Im Jahre 1873—1874 errichtete er das Bessemer Hochofenwerk zu Ost-Carondelet, in St. Clair County, Illinois, was als ein Meisterwerk hinsichtlich aller neueren Verbesserungen und solider Ausführung geschildert wird. Er ist betheiligt an dem größten Tabaks-Lager-Haus in den Vereinigten Staaten, und erbaute 1878 mit anderen Kapitalisten die „Pepper Cotton Preß", mit zwei hydraulischen Pressen zum Komprimiren der Baumwolle, nach einem Patente seines Sohnes Eduard D. Meier, ebenfalls eine der großartigsten Anstalten der Art. Es würde zu weit führen, alle die Banken, Versicherungsgesellschaften und ähnlichen Institute aufzuzählen, deren Präsident oder Direktor er ist oder war, nur so viel sei noch gesagt, daß er auch Präsident einer der ersten in St. Louis gegründeten „Hospitalgesellschaften" ist.

Bei allen öffentlichen Gelegenheiten, das allgemeine Wohl betreffend, durfte Adolph Meier nicht vermißt werden. Mit der Stadt, welche bei seiner Ankunft kaum 10,000 Einwohner hatte und jetzt an 400,000 zählt, aufgewachsen, ist er gleichsam auf dem Gebiete des Handels und der Industrie einer ihrer ältesten und geachtetsten Repräsentanten. Von kräftig gebautem Körper und die gewöhnliche Manneshöhe weit überragend, noch im Alter von den einnehmendsten Gesichtszügen, macht er den Eindruck von Würde und Güte zugleich.

Seine vielfältigen Reisen nach Europa und in den Vereinigten Staaten haben ihn mit den bedeutendsten Geschäfts- und Staatsmännern bekannt gemacht. Sein Blick geht stets auf's Große und Weite, und eine ruhige Energie belebt alle seine Handlungen. Man erzählt, als bei dem großen Feuer im Mai 1849 er Morgens sechs Uhr sein Geschäftshaus einstürzen sah, er schon um acht Uhr desselben Morgens einen Plan zum Neubau entworfen und die Kontrakte für Holz- und Ziegellieferungen abgeschlossen hatte. So hat nun Adolph Meier mehr als zweiundvierzig Jahre segensreich für seine Stadt und seinen Staat gewirkt, in den letzten Jahren kräftig unterstützt von vier in dem besten Mannesalter stehenden Söhnen.

Gegen Ende der dreißiger Jahre waren schon eine große Anzahl von Deutschen Bürger der Vereinigten Staaten, und demnach in Missouri stimmfähig geworden. Durch Mittheilungen der wichtigsten Staatsschriften, durch eine übersichtliche Zusammenfassung der Debatten sowohl des Kongresses als der einzelnen Gesetzgebungen, durch eine ruhige und eingehende Besprechung der Tagesfragen, hatten die deutschen Blätter von

St. Louis ihre Landsleute zu intelligenten Stimmgebern herangezogen. Schon bildeten sich politische Vereine unter den Deutschen und nahmen Viele lebhaften Antheil an den allgemeinen politischen Versammlungen. Die Kandidaten fingen an, sich in den deutschen Zeitungen anzeigen und hie und da ihre Wahlprogramme in der deutschen Sprache veröffentlichen zu lassen.

Bereits im Jahre 1838 (17. Februar) versammelten sich eine Anzahl Deutscher in Cape Girardeau, etwa 100 Meilen südlich von St. Louis gelegen, und faßte sehr energische Beschlüsse gegen den Versuch der „Native Americans" die liberalen Naturalisationsgesetze zu ändern, welche Beschlüsse in der Form eines Memorials an den Kongreß der Vereinigten Staaten eingeschickt wurden. Ein Wachsamkeits- und Korrespondenz-Ausschuß wurde ernannt, dessen Aufgabe es war, sich mit den Deutschen der Vereinigten Staaten allerwärts in Verbindung zu setzen, um ähnliche Protestationen zu erlassen. Diese Beschlüsse athmeten den männlichsten Geist und bezeugten ein schätzenswerthes Selbstbewußtsein. Bimpage, der sich zu dieser Zeit im Süden von Missouri niedergelassen, hatte die Versammlung angeregt. Friedrich Kretschmer war Präsident, Friedrich Flach Sekretär. Unter den Namen der Ausschuß-Mitglieder begegnen uns mehrere, welche in weiten Kreisen bekannt geworden sind, wie die von Dr. Gerlach Brühl, Pfarrer Friedrich Piter, L. Block und Franz Ziegler.

Aus dem Deutschen Redeverein von St. Louis war nach und nach ein demokratischer Verein entstanden, der am 4. März 1840 eine Verfassung annahm. In den Beschlüssen, die bei dieser Gelegenheit angenommen wurden, verpfändeten die Mitglieder ihr Wort „diesen demokratischen Verein aufrecht zu erhalten in den Stürmen der Zeit, in guten und bösen Tagen, wenn die Majorität für oder gegen uns ist, wenn wir siegen oder unterliegen!" Sehr bezeichnend ist auch folgender Beschluß:

„Beschlossen, daß wir durch die Gründung dieser Gesellschaft uns von unsern amerikanischen Mitbürgern nicht abschließen, sondern vielmehr ihnen anschließen wollen; daß wir ihnen durch dieselbe Achtung vor dem deutschen Namen einflößen wollen, wie wir unserer Seits unsere Bürgerpflichten kennen und erfüllen; nichts desto weniger aber wollen wir niemals verbergen oder aufhören, stolz zu sein, daß wir Teutsche sind und deutsche Sprache und Sitten uns erhalten".

Vorsitzer dieser Versammlung war Wilhelm Weber, Sekretär A. Wislizenus. Der Ausschuß, eine Verfassung zu entwerfen, bestand aus Wilhelm Palm, Jacob Schmidt, Ed. Warrens, Julius Wehse, Mathias Steitz. — In demselben Jahre bildete sich ein ähnlicher Verein in St. Charles County. In dem bald darauf folgenden, so aufgeregten und stürmischen Kampf um die Präsidentenwürde, zwischen Van Buren und Harrison (1840), traten die

Deutschen Missouri's zum ersten Mal in großer Anzahl und mit eben so großem Enthusiasmus in die Schranken und halfen, wie die Deutschen in Illinois, dem demokratischen Ticket in ihrem Staat den hart bestrittenen Sieg zu erringen, obgleich Harrison in der Nationalwahl die Oberhand gewann.

In der Wahl Harisons hatte der Nativismus neue Kräfte gesammelt, und immer heftiger und verletzender wurden die Angriffe gegen die Eingewanderten. In St. Louis waren verleumderische und aufregende Reden von Nativ-Amerikanern gehalten worden. Die Deutschen beriefen am 8. Dezember 1840 eine Versammlung, welche ebenso zahlreich wie enthusiastisch war. Dr. Georg Engelmann wurde zum Präsidenten, Eduard Hutawa und A. Krug, sehr wohlbekannte und einflußreiche Deutsche, zu Sekretären ernannt; Friedrich Welker, Theodor Kim und Jakob Schmidt fungirten als Vizepräsidenten. In dem Kommittee, Beschlüsse abzufassen, befanden sich Wilhelm Palm, W. Weber, Ernst Angelrodt, A. Wislizenus, Karl Meier, Julius Weyse. Zuerst bat ein Amerikaner, Victor Monroe, ums Wort und hielt eine glänzende Rede, dann wurden die Herrn Körner von Illinois und Eduard Warrens stürmisch gerufen, welche, wie das Protokoll bemerkt, in glücklicher und eindringlicher Weise die Versammlung anredeten. Alle Anwesenden waren nur von einem Gefühle erfüllt, die Verleumdungen der Gegner mit der größten Schärfe zurückzuweisen und den Eingewanderten, namentlich den Deutschen, ihre völlig gleiche Stellung mit den Eingeborenen zu vindiziren. Es hat größere, aber gewiß nie enthusiastischere Versammlungen in St. Louis gegeben. — In den gefaßten Beschlüssen wurden die speziellen Vorwürfe, die man den Eingewanderten machte, für unbegründet erklärt und namentlich die Anklage, daß die Eingewanderten hier Werkzeuge europäischer Despoten seien, mit großer Entrüstung zurückgeschleudert.

Auf einer Reise nach dem Westen war Martin Van Buren auch nach St. Louis gekommen. Er wurde dort am 23. Juni 1842, namentlich von der deutschen Bevölkerung, die 1836 und 1840 so warm für ihn gekämpft hatte, sehr herzlich empfangen. Die letztere brachte ihm eine Serenade und einen glänzenden Fackelzug. An zweitausend Personen betheiligten sich am Zuge, der von vielen hundert Fackeln begleitet wurde. Wilhelm Palm hielt eine zwar kurze, aber sehr kräftige Rede an den Expräsidenten. In seiner Antwort bemerkte dieser:

„Seien Sie versichert, mein Herr, daß unter den vielen und großen Freundschaftsbezeugungen, welche ich während meiner langen Reise empfangen, keine meinem Gemüth so wohl gethan haben, als die, welche mir von meinen Mitbürgern deutscher Abkunft dargebracht wurden. Sie waren von so stiller anspruchsloser Art und dabei so offenbar aufrichtig, daß sie auf mich einen tiefen und, wie ich hoffe, dauernden Eindruck gemacht. Der Zuwachs von Bürgern, die so sehr und mit Recht, wegen ihrer Mäßigkeit und Sittlichkeit, wegen ihres ausdauernden Fleißes und, was nicht minder wichtig ist, wegen ihrer unbeugsamen, festen Anhänglichkeit an republikanische Grundsätze ausgezeichnet sind, wie die Masse Ihrer Landsleute, die sich unter uns niedergelassen haben, muß von allen unparteiischen und aufgeklärten Männern als ein Glück für die Vereinigten Staaten angesehen werden."

Es ist kaum nöthig zu sagen, daß mit der wachsenden Macht der deutschen Stimmen, der Einfluß derselben sich täglich vermehrte. Im Jahre 1844 warfen die Deutschen schon bei der Präsidentenwahl in Missouri, wie allerwärts, wo sie in größerer Anzahl sich befanden, ein bedeutendes Gewicht in die Wagschaale zu Gunsten der Demokratie. Der Nativismus wurde durch jenen Sieg wenigstens auf lange Jahre hin abgethan. Deutsche füllten schon bedeutende Stadt- und County-Aemter, und im Jahre 1848 hatten sie sich bereits eine so Achtung gebietende und mächtige Stellung in Missouri und den andern westlichen Staaten erkämpft, daß auf ihr die in dem Anfang der fünfziger Jahre neu und stark einströmende Einwanderung, die so viele ausgezeichnete Kräfte enthielt, welche das alte Vaterland gewiß nur schmerzlich vermißte, mit großem Erfolg weiter bauen konnte. Unter den Deutschen, welche nun während unserer Periode in der Politik eine hervorragende Rolle spielten, haben wir Männer wie Wilhelm Palm, Alexander Kayser und Christian Kribben besonders hervorzuheben.

Nachdem, wie schon früher erwähnt, die beiden Brüder Kayser das Farmen am Missouri aufgegeben hatten, wendete sich der jüngere Bruder Alexander Kayser, (geboren 1. Februar 1815) zuerst nach Beardstown, Illinois, wo er nicht zu stolz war, auf dem Taglohn zu arbeiten. Bald aber veranlaßten ihn die amerikanischen Farmer der Umgegend in einem von ihnen errichteten Schulhause ihren Kindern Unterricht zu geben. Er hatte sich schon früher mit der englischen Sprache einigermaßen vertraut gemacht und nun als lernender Lehrer hatte er die beste Gelegenheit unter lauter Eingebornen, sich der Sprache zu bemächtigen. Man sollte es kaum glauben, und doch ist es so, daß er durch seine Arbeit und den Ertrag des Schulgeldes, sich nicht blos erhielt, sondern auch sich vierzig Acker Kongreßland kaufte und noch eine kleine Summe übrig hatte, als er Anfangs 1836 sich zu seinem Bruder nach St. Louis begab. Dort wurde er in dem General-Vermessungsbureau der Vereinigten Staaten als Gehülfssekretär angestellt, und half seinem Bruder in den Freistunden im Kopiren der Karten für die einzelnen Feldmesser der verschiedenen Staaten.

In 1836—1837 erhielt er eine Stelle als Registrator in dem Landverkauf-Bureau der Vereinigten Staaten, welche er später mit dem städtischen Amt eines Straßen-Inspektors vertauschte. Er gab dasselbe 1840 auf, um sich (in seinem 25. Jahre) der Rechtswissenschaft zu widmen.

Nach zweijährigem Studium wurde er 1842 in die Zahl der Advokaten aufgenommen, und erhielt bald, namentlich unter den Deutschen, eine ausgebreitete Praxis. Seine Bekanntschaft aber mit den französischen, spanischen und amerikanischen Landgesetzen, sowie die Kenntnisse des Vermessungssystems, die er sich in dem Vermessungs- und dem Landverkaufs-Bureaus erworben hatte, befähigten ihn bald, in den wichtigsten und einträglichsten Prozessen, die über Landverleihungen, über die Grenzen derselben, ihre Identität mit der Beschreibung in den verschiedenen "Grants" der spanischen und französischen Regierungen geführt wurden, mit Erfolg aufzutreten. Sein eiserner Fleiß, sein Eifer für die Sache seiner Klienten, seine Ehrenhaftigkeit wurden sehr bald anerkannt.

Ohne indessen seinem Fach untreu zu werden, warf er sich mit dem ihm eigenen Enthusiasmus in das politische Leben, und wurde bald einer der Führer der demokratischen Partei in Missouri. Für den Staatsmann Thomas H. Benton, der 30 Jahre lang seinen Staat im Senate der Vereinigten Staaten vertrat, faßte er die unbegrenzteste Bewunderung. Er hielt zu ihm, als die extremen Befürworter der Sklaverei und der Staatenrechte in Missouri 1851 die Oberhand erhielten und sich die Benton-Partei, hauptsächlich von den Deutschen unterstützt, in Missouri bildete. Für den Senat unterliegend gelang es in St. Louis, Benton für das Unterhaus zu erwählen. Der Versuch aber, ihn zum Gouverneur zu erwählen (1855) scheiterte. Auch Benton schätzte Kayser hoch und äußerte sich oft, er führe seinen Namen Kayser (Cäsar) mit Recht, denn er sei ebenso kühn und ebenso energisch als Julius Cäsar gewesen sei. Und doch folgte Kayser dem großen Staatsmanne nicht blindlings, denn als Benton, der Buchanan für viel fester und konservativer hielt, als er es wirklich war, im Jahre 1856 Fremont, seinen eigenen Schwiegersohn, nicht für die Präsidentschaft unterstützte, trat Kayser, wie so viele andere demokratische Deutsche, in die republikanische Partei und suchte durch Wort und Rede dessen Wahl zu befürworten. Er war einer der Kandidaten für Wahlmänner für Fremont, wenn wir nicht irren, der Einzige im ganzen Staate. Kayser mochte zuweilen sich zu weit hinreißen lassen, denn obgleich er in allen Privatgeschäften ruhige Ueberlegung und kluge Berechnung vorwalten ließ, war er ein Enthusiast in der Politik, der seine Ansichten trotz allem Widerstand und oft gegen jede Möglichkeit durchzusetzen suchte.

Kayser war nie ein Bewerber für ein lukratives Amt. Im Jahre 1844 schon war er einer der Delegaten von Missouri zur demokratischen Konvention von Baltimore, welche James K. Polk zum Kandidaten für Präsidenten ernannte. Kayser selbst, wie fast alle nördlichen Delegaten, war für die Kandidatur von Van Buren; er sprach auf's wärmste für dessen Ernennung, aber Polk hatte sich für die unbedingte Annexation von Texas an die Vereinigten Staaten ausgesprochen, während Van Buren dieses nicht gethan, und so gelang es den südlichen Delegaten, welche einstimmig für die Annexation waren, Van Buren zu verdrängen und Polk an dessen Stelle zu setzen. In 1852 wurde Kayser von der demokratischen Partei seines Staates zum Präsidenten-Wahlmann erwählt.

Im Jahre 1846, beim Ausbruch des mexikanischen Krieges trat er in eine der ersten Freiwilligen-Kompagnien, wurde zum Lieutenant erwählt und machte die Expedition nach Corpus Christi mit. Sein impulsiver Geist ließ ihn an allen öffentlichen Angelegenheiten, mochten sie die Stadt, den Staat oder den Bund betreffen, den lebhaftesten Antheil nehmen. Den Nativismus bekämpfte er stets mit aller Macht und offenem Visir. Um den Weinbau zu heben, setzte er mehrere Jahre hindurch Preise aus für den besten hier produzirten Wein und zeigte überall regsten Bürgersinn, namentlich auch für die Begründung und Entwickelung der Freischulen. Nach dem Ausbruch des Bürgerkriegs zog er sich aus dem öffentlichen Leben zurück. Eine zahlreiche Familie, — er hatte sich bereits 1843 mit einer Amerikanerin aus einer der ältesten und reichsten Familien von Illinois verheirathet — sowie die Verwaltung seines bedeutenden Vermögens, nahmen alle seine Zeit in Anspruch. Nur gelegentlich schrieb er für die Tagesblätter. Er mochte vielleicht auch fühlen, daß er sich zu sehr aufgerieben hatte und die Folgen längerer Aufregung, bei seinem schon von Natur exzentrischen Gemüthe, gefährlich sein könnten. Bei ihm war das öffentliche Leben, die Politik, immer auch eine Sache des Herzens und ging deshalb nicht oberflächlich und spurlos an ihm vorüber. Er starb während des Bürgerkriegs.

Ein Charakter wie der Kayser's bot sich natürlich verschiedener Beurtheilung dar. Aber Alle, die ihn näher kannten, oder auch nur seiner Laufbahn aufmerksamer gefolgt sind, betrachteten ihn als einen Mann, der das Beste wollte, der dem Gesetze, welches er sich im Innern aufgebaut hatte, unbedingt folgte, der eine Arbeitskraft und Energie besaß, wie Wenige, und dessen Andenken den Deutschen Missouri's nie verloren gehen sollte.

Wilhelm Palm war im Jahre 1811 zu Berlin geboren, wo er eine gediegene Gymnasial- und Universitäts-Bildung erhielt. Sein Studium war Philologie, aber er betrieb mit Vorliebe mathematische Studien, für die sein klarer Verstand und seine egalte Denkweise wie geschaffen waren. Er zählte in Deutschland zu den Liberalen; ohne jedoch in politische Prozesse verwickelt worden zu sein, verließ er Deutschland und kam in der Mitte der dreißiger Jahre nach dem Westen. Für sein Wissen vorläufig keinen Wirkungskreis findend, fing er in einem kleinen Städtchen am Illinois Fluß ein Handelsgeschäft an, was aber scheiterte. Er nahm hierauf seinen Wohnsitz in St. Louis und fand bald eine ihm angemessene Stellung als Zeichner im Büreau des General-Landvermessers für den Westen, wo so viele gebildete Deutsche Beschäftigung gefunden hatten.

Später widmete er sich wieder kommerziellen Geschäften, übernahm dann eine Eisengießerei, die er mit großer Energie, Ausdauer und Umsicht betrieb. Mit seinem Geschäftstheilnehmer Robertson baute er unter der Firma Palm und Robertson die ersten Locomotiven im Westen, unter andern die zehn ersten für die „Ohio und Mississippi" Eisenbahn, dann für andere Eisenbahnen in Missouri. Er erwarb sich bei diesen Unternehmungen ein beträchtliches Vermögen, zog sich aber, da er schon seit Jahren leidend war, 1866 von allen Geschäften zurück und versuchte eine Herstellung seiner Gesundheit in Deutschland und Italien, in welchem letzteren Lande er sich viele Jahre aufhielt. Sein Wunsch, nach Amerika zurückzukehren, gestattete ihm sein Leiden nicht. Er starb im Jahre 1877 in Dresden und hinterließ einen sehr bedeutenden Theil seines Vermögens der „Washington Universität" zu St. Louis zu Erziehungszwecken.

Mehrmals Mitglied des Stadtraths, leistete er die wichtigsten Dienste. Ein Mann des Wissens und zugleich rührig und thätig in Geschäften, hätte man kaum denken sollen, daß die Politik für ihn großen Reiz haben würde. Dennoch war dies der Fall. Er schrieb nicht nur für die Tagesblätter englischer und deutscher Zunge sehr gediegene und durchdachte politische Artikel, sondern er nahm den lebhaftesten Antheil an Parteiorganisationen, öffentlichen Versammlungen und bestieg nicht selten die Volkstribüne. Bei den Führern seiner Partei stand er in höchstem Ansehen und sein Einfluß war sehr oft maßgebend. Bei den Massen selbst konnte er keine Popularität erlangen, weil er dieselbe nicht suchte und er es verschmähte, anders als durch seinen kalten berechnenden Verstand auf das Volk zu wirken. Er war ein starrer Anhänger der Lehre von einer strikten Auslegung der Bundesverfassung und sah nur in der größtmöglichsten Selbstregierung der einzelnen Staaten die Rettung vor einem zentralisirenden Despotismus. Selbstverständlich führten ihn diese Ansichten zur demokratischen Partei, der er dann auch mit der Zähigkeit, Festigkeit und Kaltblütigkeit seines Charakters unter den ungünstigsten Umständen treu geblieben ist. Es war nur natürlich, daß er besonders unter den Deutschen, welche in hellen Haufen sich unter die republikanischen Fahnen gereiht hatten, sich in dem letzten Jahrzehnt seines Hierseins bittere Gegner gemacht hatte. Doch hat wohl Niemand an der Ehrlichkeit und Aufrichtigkeit seiner Gesinnung gezweifelt. Nach Ehren und Aemtern hatte er nie gestrebt so lange seine Partei in der Uebermacht war; als sie zeitweise unterlag, fiel aller Verdacht selbstsüchtiger Motive weg, die man ihm hätte unterschieben können.

Als Geschäftsmann und Politiker völlig zum Amerikaner geworden, war er in Gesinnung stets ein Deutscher geblieben. Bei jeder Gelegenheit, wo es galt, die Deutschen zu gemeinnützigen und wissenschaftlichen Zwecken zu vereinen oder für die Rechte derselben aufzutreten, finden wir ihn stets im Vordergrund und welche Ecken und Härten man auch in seinem Charakter finden mochte, für den Aufschwung des Deutschthums in Missouri hat er sein redliches Theil gethan.

Unter allen politischen Charakteren von St. Louis nimmt wohl **Christian Kribben** unter den Deutschen den ersten Rang ein. Am 5. Mai 1821 zu Glevel bei Köln am Rhein geboren, besuchte er sieben Jahre lang eine Schule zu Köln, und kam mit seinen Eltern 1835 nach den Vereinigten Staaten. Seine Familie lebte zuerst eine zeitlang in St. Louis County auf dem Lande, zog aber 1838 nach St. Charles, an welchem Orte sein Vater ein Handelsgeschäft betrieb. In seinem siebzehnten Jahre begann Christian das Rechtsstudium in dem Bureau des Advokaten **Cunningham** und fing dann einige Jahre später zu praktiziren an. Wir finden ihn 1843 als Advokat in St. Louis, wo ihm seine Gewandtheit in beiden Sprachen eine zahlreiche Klientel verschaffte. Sehr bald schon interessirte er sich für Politik. Die bloße Rechtswissenschaft konnte ihn nicht allein fesseln. Von der Natur hoch begabt, hatte die Schön-Literatur für ihn großen Reiz. Er machte sich mit den deutschen und englischen Meisterwerken völlig vertraut, schrieb für verschiedene Zeitungen und übersetzte auf's Trefflichste mehrere der bekanntesten deutschen Gedichte. In späteren Jahren war seine Bibliothek mit den besten Schätzen der deutschen und englischen Literatur angefüllt. Beim Ausbruch des Krieges mit Mexiko trat er in das freiwillige Artillerie-Bataillon ein, wurde zweiter Lieutenant und machte, da die Batterie dem Regimente des Obersten **Doniphan** beigegeben worden war, den denkwürdigen Feldzug mit diesem durch ganz Neu-Mexiko, Chihuahua, Coahuila, Nueva Leon und Texas mit, nahm an der Besetzung von Santa Fé, den Gefechten bei Brazito und Sacramento Theil, sowie an der Eroberung der Stadt Chihuahua. In Santa Fé, wo er Monate lang in Garnison lag, eignete er sich rasch eine Kenntniß der spanischen Sprache an. Von da richtete er eine Reihe von Briefen an den "Missouri Republican", den Zug der Truppen über Independence nach Santa Fé und den Aufenthalt daselbst beschreibend. Diese Briefe stellten seine Reiseeindrücke in einer so fesselnden Sprache dar, sprudelten über von witzigen und humoristischen Bemerkungen, während sie eine ebenso richtige als rasche Auffassungsgabe zeigten, daß sie das allgemeinste Aufsehen erregten und seinen Ruf als den eines talentvollen Schriftstellers begründeten.

In Chihuahua, wo das Regiment, von aller Verbindung mit seiner Operationsbasis, Santa Fé, abgeschnitten, und ohne eine solche mit den Truppen, die unter General **Taylor** bei Saltillo standen, hergestellt zu haben, völlig in der Luft stand, und etwa Tausend Mann stark im Herzen der nordmexikanischen Staaten eingeschlossen war, mußte es wieder eine geraume Zeit liegen bleiben. Kribben, um seine Muße zu füllen, ließ eine Zeitung in's Leben treten, welche in spanischer und englischer Sprache geschrieben war, jedenfalls eine seltene Erscheinung. Nach Beendigung des Krieges besuchte er sein altes Heimathland, brachte fast zwei Jahre in Europa zu, und eine Reihe höchst interessanter und geistreicher Briefe wurden im "Republican", der bedeutendsten englischen Zeitung in St. Louis, veröffentlicht, welche seinen bereits populären Namen als den eines der besten Reise-Korrespondenten noch erhöhten. Von Natur mit bedeutendem musikalischem Gefühl begabt und die Kunstschätze Europa's mit offenem Sinne in sich aufnehmend, berichtete er über Musik und Kunst mit dem feinsten Verständniß. Nach seiner Rückkehr nahm er das Advokaturgeschäft wieder auf, und heirathete 1854 eine höchst gebildete und liebenswürdige Dame, Edith Delafield, die Tochter eines St. Louiser Advokaten. Von nun an wird seine Laufbahn eine fast ausschließlich politische. Bei der Trennung der Demokratie in 1854, blieb Kribben bei der regulären Partei. Schon längst war er als ein ausgezeichneter politischer Redner bekannt. Die überwiegende Mehrzahl der Deutschen, die im öffentlichen Leben schon aufgetreten waren, hatten sich der republikanischen Partei zugewendet. So kam es denn, daß die Redner auf der demokratischen Seite nur dünn gesät waren und Kribben's Dienste wurden von den demokratischen Wahl-Kommitteen seines eigenen und anderer Staaten auf das Lebhafteste in Anspruch genommen.

An den denkwürdigen Kämpfen zwischen Fremont und Buchanan 1856, zwischen Douglas und Lincoln um die Senatorenwürde von Illinois in 1858, sowie endlich in dem großen und entscheidenden Kampfe zwischen Lincoln und Douglas für die Präsidentschaft 1860, nahm er den wärmsten Antheil. Es fiel ihm die besondere und recht schwere Aufgabe zu, die Deutschen bei ihrer früheren Partei zu erhalten.

Von Natur schon sehr geneigt, sich in geselligen Kreisen, welche er durch seine Laune und seinen Humor stets zu beleben wußte, zu erholen, brachten ihn diese Wahlfeldzüge, in welchen man ihm vielfach Ovationen bereitete, weit ab von der eigentlichen Bahn seines Berufsgeschäfts, welches ohnehin einem Manne von so beweglichem Geiste, von so genialer Anlage, keinen großen Reiz bringen konnte. So gewandt und schlagfertig er auch in der mündlichen Verhandlung eines Prozesses und so beredt er in seinen Ansprachen an die Geschworenen war, so vernachlässigte er doch den ebenso wichtigen, wenn auch trockenen Theil seines Geschäfts. Man sah, die Advokatur war ihm eine Bürde und er machte auch kein Geheimniß daraus. Im Jahre 1858 von der Stadt St. Louis in die Legislatur gewählt, wurde er Sprecher des Hauses. Der bald darauf ausbrechende Krieg beendigte zur Zeit seine politische Laufbahn, und nicht lange, nachdem ihn das Unglück betroffen hatte, seine Frau zu verlieren, starb er selbst am 15. Juni 1864.

Wäre es ihm vergönnt gewesen, den Krieg zu überleben, und die Zeiten wieder zu sehen in welchen Missouri aufs Neue in geordnete Verhältnisse trat, und die demokratische Partei daselbst abermals die Oberhand gewann, so wäre ihm wahrscheinlich noch eine glänzende Laufbahn eröffnet worden. Hätte er sich von vornherein auf ein ernstes Studium der Rechte beschränken können, so würde ihn sein außerordentlich scharfer Verstand, sein vortreffliches Gedächtniß und seine glänzende Rednergabe zu einem der ersten Advokaten seines Staats gemacht und ihm ein unabhängiges Vermögen gesichert haben. Aber gerade seine so reiche und mannigfaltige Begabung führten ihn von dem Wege, der ihm eine eben so glänzende wie geachtete Stellung verschafft haben würde, in das Labyrinth der Politik, aus dem sich nur Wenige wieder herauszufinden vermögen.

Wer unserer Schilderung der deutschen Bevölkerung von Missouri mit einiger Aufmerksamkeit gefolgt ist, wird es nur begreiflich finden, daß dieselbe eine lebhafte Verbindung mit dem alten Vaterlande unterhielt und an dessen Wohl und Wehe den regsten Antheil nahm. Wie in andern Städten, so in St. Louis, erregte der Brand Hamburg's große Sympathie. Eine Versammlung von Deutschen (1842) fand statt und Komittees wurden eingesetzt, um Beiträge zu sammeln. Eine nicht unbedeutende Summe wurde aufgebracht. Ebenso, vorzüglich auf Antrieb von Alexander Kayser, wurden in St. Louis, sowie in der Umgegend in Illinois, Sammlungen für die Familie Jordan eröffnet. Herr Jordan dankte in einer sehr tiefgefühlten Adresse.

Der „Anzeiger des Westens" theilte mit Bezug auf die Sammlungen für die Familie Jordan folgenden Artikel aus der „Augsburger Allgemeinen Zeitung" mit, welcher sehr anerkennende Worte für die Deutschen Amerika's enthielt.

„In den letzten Sendungen deutsch-amerikanischer Zeitungen, die wir erhielten, finden wir eine bemerkenswerthe Thatsache — die allgemeine Theilnahme, die ein Aufruf zur Unterstützung der Familie Jordan's unter den Deutschen der Vereinigten Staaten gefunden hatte, eine Erscheinung, die in Deutschland wohl alle Parteien eine erfreuliche nennen dürfen, da die dortigen Deutschen fast alle fest angesiedelt in den Ländern, von denen der atlantische Ocean uns trennt, an die diesseitigen Meinungskämpfe weder persönliche noch Parteiinteressen mehr knüpfen können, ihre Theilnahme also ein um so unbefangenerer Ausdruck herzlicher Erinnerung an ihr einstiges Vaterland ist. Der erste Aufruf ging von den Herausgebern der in New York erscheinenden „Deutschen Schnellpost" aus. Alsbald bildete sich in New York ein Kollektions-Komittee, das mit dem unter'm 13. Oktober abgehenden Dampfschiff „Great Western" als erste Sendung eine Summe von 14,000 Gulden an Jordan's Familie abgehen ließ. In allen Städten der Union, von Boston bis New Orleans, hatten sich Vereine zu Sammlungen gebildet, namentlich in Cincinnati, Philadelphia, Baltimore, Washington, New Orleans, Louisville, Belleville, St. Louis, Buffalo, Pottsville, Cambridge (Massachusetts). Die Namen dieser Städte scheinen die Lokalitäten zu bezeichnen, in denen deutsche Elemente hauptsächlich thätig sind. Selbst viele Amerikaner hatten sich angeschlossen, am eifrigsten der Sohn des Präsidenten der Vereinigten Staaten, Herr Robert Tyler. Wir berühren diese Details (die man aus den vielen deutsch-amerikanischen Blättern in Prosa und in Versen in's Unendliche vervielfältigen könnte), weil sie am besten die da und dort verbreitete Meinung widerlegen, der Deutsche in Amerika schäme sich seines Ursprungs und habe jede Erinnerung an sein Vaterland wie Staub von den Füßen geschüttelt."

Der Ausbruch der Februar-Revolution und die darauf erfolgenden Erhebungen in Deutschland wurden mit dem größten Enthusiasmus begrüßt. Am 15. April 1848 fand zuerst eine deutsche Massenversammlung statt, der Dr. Georg Engelmann präsidirte. Die Versammlung war so außerordentlich zahlreich, daß die größte Halle in der Stadt nicht geräumig genug war, und man sich auf den großen Platz vor dem Gerichtshause begeben mußte. Unter den Vicepräsidenten finden wir die Namen Heinrich Kayser, Dr. Gempp und N. Cormany. Lorenz Degenhardt und Arthur Olshausen waren Sekretäre. Eine Adresse an die Deutschen wurde votirt, verfaßt von Dr. Häußler. Die Herren Christian Kribben, Woldemar Fischer und Andere hielten feurige Reden. Ausschüsse wurden ernannt für Finanzen, für Ausarbeitung und Verbreitung von Flugschriften u. s. w. Ferner wurde der Mayor und die Bürgerschaft von St. Louis aufgefordert, am 20. April eine große Demonstration zu Gunsten der europäischen Freiheitsbestrebungen zu veranstalten. Die Versammlung war eine höchst enthusiastische und aufgeregte. Der amerikanischen Bevölkerung theilte sich die Begeisterung mit, und am 19. wurde schon, wie es die deutsche Versammlung gewünscht hatte, eine allgemeine Bürgerversammlung gehalten, welche eine große Festlichkeit aller Nationalitäten vorbereitete. Am 26. fand dann eine der großartigsten Volksdemonstrationen statt, welche St. Louis je gesehen hatte. Drei deutsche Militär-Kompagnien eröffneten den Zug, indessen die deutsche Artillerie-Kompagnie während des Marsches Saluten abfeuerte. Viele Franzosen betheiligten sich an dem Zuge; französische, deutsche, polnische, italienische Fahnen wehten überall, die deutschen Gesangvereine und mehrere irische Gesellschaften, ja selbst der „deutsche römisch-katholische Unterstützungs-Verein" schlossen sich an. Bryant Mulanphy, einer der hervorragendsten Bürger von St. Louis, hielt die Festrede. Abends veranstalteten die Deutschen einen großartigen Fackelzug. Mehr als zweitausend Männer marschirten in der Prozession von fünfhundert Fackeln begleitet. An dem Gerichtshaus nahm der Zug seinen Stand. Nach dem Gesang „Was ist des Deutschen Vaterland", hielten Christian Kribben und Wilhelm Palm ausgezeichnete und begeisterte Reden.

Von Friedrich Hecker, der sich im Herbst 1848 in dem benachbarten Belleville niedergelassen hatte, war die Idee angeregt worden, in den Vereinigten Staaten Vereine zu gründen, um Mittel zur Agitation in Deutschland für eine neue Bewegung im freiheitlichen Sinne zusammenzubringen. Allerwärts war dieser Gedanke mit Bereitwilligkeit aufgenommen worden. St. Louis blieb natürlich hierin nicht zurück. Am 28. Dezember 1848 füllte sich die Rotunde des Gerichtshauses, welche mehrere tausend Menschen faßt, in solchem Grade, daß die Hälfte keinen Zutritt mehr fand. Die Gegenwart Hecker's, der um den Plan ausführlich zu besprechen, gekommen war, mochte wohl die stärkste Anziehungskraft auf die Menge ausüben. Wilhelm Palm war Präsident dieser Versammlung, viele der angesehendsten Bürger, wie Wilhelm D'Oench, Lorenz Braun, Karl Huth, G. A. Krug, Karl Mügge, waren Vicepräsidenten; Arthur Olshausen, Sekretär. Hecker's Rede wurde mit stürmischem Beifall aufgenommen. Die Versammlung beschloß einen Unterstützungs-Verein zu bilden, und eine Adresse an die Deutschen in Deutschland zu erlassen. Das Kommittee zur Abfassung einer solchen Adresse bestand aus Dr. Häußler, Dr. Wislizenus, Dr. G. Engelmann, Christian Kribben, Anton Eichhoff, F. Kretschmer, Mathias Steitz, W. Palm, W. D'Oench, Dr. Hammer, O. Benkendorf und A. Krug. Christian Kribben folgte Friedrich Hecker in einer sehr beredten Ansprache.

Wie an allen Orten, wo nur immer eine größere Anzahl Deutsche wohnten, sich ähnliche Vereine bildeten, wie die Frauen und Mädchen Bazare errichteten, Konzerte veranstaltet wurden, um Geldmittel zu einer neuen Agitation zu sammeln, ist bereits früher angedeutet worden. Die Summen, die flüssig gemacht wurden, erreichten Deutschland indessen erst nach Niederwerfung der pfälzischen und badischen Revolution von 1849, und wurden dann zumeist zum Besten der Flüchtlinge in der Schweiz und Frankreich verwendet.

Die Bestrebungen der Deutschen, allerwärts in Wort und Schrift, namentlich durch die bedeutendsten englischen Journale, ihren Mitbürgern anderer Nationalitäten Verständniß und Theilnahme für die Bewegungen in Deutschland beizubringen, waren unausgesetzt und von vielem Erfolg begleitet. Sie waren zu ihrer Zeit, was bei dem Ausbruch und während dem Verlaufe des deutsch-französischen Krieges 1870 ähnliche Bestrebungen von Seiten der hiesigen deutschen Bevölkerung waren. Sie legten Zeugniß ab von der unverwelklichen Liebe, mit welcher die große Mehrzahl der Deutschen, trotzdem sie treue amerikanische Bürger sind, an ihrem alten Heimathlande hängen.

Achtzehntes Kapitel.

Die Südstaaten.

Kentucky. — Louisville. — Deutsche Kirchengemeinden. — Johann H. Röpke. — G. W. Barth. — Johann Schmidt. — Philipp Tomppert. — Die deutsche Presse in Louisville. — Anschluß der Deutschen an die demokratische Partei. — Kampf gegen den Nativismus. — Blutige Scenen an der Wahlurne. — Deutsche Militär-Kompagnien. — Reger Antheil an den Ereignissen in Deutschland. — Gründung von Gesangvereinen. — Andere Städte Kentucky's. — Tennessee. — Nashville. — Deutsche daselbst. — Die deutsche Kolonie Wartburg in Ost Tennessee. — Dr. Gerhard Troost. — Natchez, Mississippi. — Leseverein daselbst 1839. — Mobile „Freundschaftsbund." — Rheinhessische Gesellschaft in Arkansas. — Texas als unabhängiger Staat. — Bastrop. — Castroville. — Austin. — Teutonia Orden. — Adelskolonie. — Wilhelm Langenheim. — Hermann Ehrenberg. — Dr. Ferdinand Jakob Lindheimer. — San Antonio. — Gustav Schleicher.

Für die Deutschen, welche sich in Kentucky niederließen, bildete natürlich die rasch emporblühende Handelsstadt Louisville an den Fällen des Ohio den anziehendsten Punkt. Während im Jahr 1820 Louisville nur etwa 5000 Einwohner besaß, zählte es schon 1832 über 10,000 und im Jahre 1848 über 40,000. Die älteste deutsche Kirchengemeinde war eine Protestantische, aber eine Kirche erbaute sie erst 1841, während die 1837 gegründete katholische Gemeinde schon 1838 die Bonifazius Kirche erbaut hatte. Unter dem Handels- und Gewerbestande nahmen die deutschen Louisvilles schon in den dreißiger und vierziger Jahren eine bedeutende Stelle ein, wir nennen hier nur die Herren Schrodt und Laval; J. H. Schröder, von dem gesagt worden ist, daß jedes edle Unternehmen einen eifrigen Unterstützer und die schönen Künste einen Beschützer in ihm fanden; Johann H. Röpke, der sich aus der tiefsten Armuth zu einem der bedeutendsten Geschäftsmänner aufschwang, Präsident einer Versicherungsanstalt war, und von seinen Mitbürgern mit mehreren wichtigen Vertrauensposten beehrt ward; Georg W. Barth, Kaufmann und Farmer, der im Jahre 1861 eine Freiwilligen-Kompagnie anwarb und mit ihr in das 28. Kentucky Regiment eintrat. Zum Major befördert, führte er sein Regiment in der Schlacht bei Kennesaw Mountain in Georgia, zeichnete sich besonders in der Schlacht am Peachtree Creek aus, wo er sein Regiment, ohne Ordre, einer geschlagenen Brigade zu Hülfe führte, und derselben ermöglichte, sich zu stellen und den Feind zurückzutreiben. Ebenso zeichnete er sich gegen Ende des Kriegs bei Franklin und Nashville in den blutigen Schlachten gegen Hood aus. Er erhielt am Schluß des Kriegs die Bestallung als Brevet Oberst.

Im Jahre 1839 war Johann Schmidt, Sohn des im Jahre 1857 verstorbenen Bürgermeisters von Bremen und bis zur Auflösung des Bundestags Gesandter der vier freien Städte bei demselben, nach Louisville gekommen, nachdem er sich auf der Bremer Handelsschule und auf dem Komptoir des Bremer Hauses Kalten zum Kaufmann ausgebildet hatte, trat bald mit Herrn Theodor Schwarz in eine Handelsverbindung und eröffnete ein Tabaksgeschäft, welches den Grund zu dem gegenwärtigen bedeutenden Tabakshandel in Louisville legte.*) Sie waren es, die zuerst den Kentucky, Tennessee, Indiana und Illinois Tabak in Europa auf den Markt brachten, der unter dem Namen Kentucky Tabak so beliebt geworden ist. Seit sie anfingen, hat sich der Tabakshandel Louisville's um mehr als das Zehnfache vermehrt. Ebenso eröffneten sie, als die ersten, dem gepökelten Rindfleisch einen Markt in Europa. Beide gründeten (1855) die erste deutsche Bank in Louisville. In 1844 erhielt Schmidt das bairische Konsulat, sowie im Laufe der Zeit fast alle anderen deutschen Konsulate, mit Ausnahme des preußischen, welches ein anderer hervorragender Bürger Louisville's, Julius von Borries, lange Jahre bekleidete. Schmidt machte öfter Reisen nach England und Deutschland, theils in Geschäften, theils seiner Gesundheit wegen. Er starb während seines Aufenthalts in Deutschland, wo er einer Operation sich unterzogen hatte, am 8. August 1871.

Schmidt war ein ächter Sohn seines tüchtigen und ausgezeichneten Vaters, obgleich er nicht wie dieser sich zum Staatsmann ausgebildet hatte und nicht in die hiesige Politik aktiv eingriff. Aber ein sehr unternehmender und zugleich ehrenhafter Geschäftsmann, hatte er ein stets offenes Herz und eine offene Hand, und für Freunde war er opferungsfähig bis zum Exzeß.†) Für Deutschland und dessen Größe und Einheit fühlte er lebhaft, und wie viele andere Deutsche hier, steuerte er auf die freigebigste Weise für die Verwundeten und Hinterbliebenen gefallener deutscher Krieger bei.

Im Jahre 1836 war Philipp Tompert nach Louisville gezogen, ein Mann, der bald bedeutenden Einfluß erlangte. Wir finden ihn häufig in den öffentlichen Versammlungen, die zu verschiedenen Zwecken gehalten wurden, als aktiven Theilnehmer. Da er der demokratischen Partei angehörte, so hatte er natürlich in der Stadt Louisville, in welcher

---

*) L. Stierlin, „Der Staat Kentucky und die Stadt Louisville". Seite 74.
†) Stierlin, „Kentucky und Louisville". Seite 75.

das Whig-Element stark vorherrschte, keine Aussicht auf öffentliche Stellungen, und nachdem das Whigthum im Anfang der fünfziger Jahre durch die rohe und gewaltthätige „Native American-Partei" ersetzt worden war, und Louisville Jahre lang unter dem Joche dieser engherzigen Partei schmachtete, konnte kein Deutscher, welcher Partei er auch angehören mochte, je Aussicht auf politischen Erfolg haben. Nach dem Untergang des Knownothingthums aber, war Tomppert einer der ersten, dem Vertrauensposten zufielen, und er wurde von 1856 an zu wiederholten Malen zum Mayor der Stadt gewählt, die zur Zeit über hunderttausend Einwohner zählte, Beweis genug, wie hoch Tomppert in der Achtung seiner Mitbürger gestanden haben muß.

Was die deutsche Presse in Louisville anbetrifft, so war das erste Organ derselben die von dem genialen **Georg Walker**, den wir schon früher haben kennen lernen, redigirte „**Volksbühne**", welche 1841 zum ersten Male erschien. Sie wurde in einem sehr unscheinbaren Lokale gedruckt und der Redakteur spielte zu gleicher Zeit den Druckerteufel. Ein Besucher Louisville's, welcher an dem Blatte gewirkt hatte, berichtet darüber Folgendes:

„Das Blatt wurde vom philosophischen Standpunkt aus gesetzt, gedruckt und geschrieben. Demokratisch in seiner Tendenz, war es jedoch in jeder andern Beziehung unabhängig und ließ sich von keiner sklavischen Regelmäßigkeit einengen. Selbst das Format hing von keiner bestimmten Regelmäßigkeit ab, sondern richtete sich oft nach der Papiersorte, die am leichtesten aufzutreiben war. Die Publikationstage standen auf dem Blatte, wurden aber selten eingehalten".*)

Nach einem Jahre schon segelte die „Volksbühne" per Dampfboot nach Cincinnati ab. Im Jahre 1844 wurde indessen Louisville mit einer neuen deutschen Zeitung beschenkt, dem von **Heinrich Beutel** herausgegebenen „**Beobachter am Ohio**", der zweimal die Woche, nach einigen Jahren aber täglich erschien. Im Frühjahr 1846 gründete Dr. **Albers**, der von Cincinnati gekommen war, ein zweites Blatt, die „**Lokomotive**", welche aber nach einigen Monaten einging, da Albers in eine Freiwilligen-Kompagnie trat und den Krieg gegen Mexiko als Feldwebel mitmachte. Albers ging nach dem Kriege wieder nach Cincinnati zurück und nahm dort an der Redaktion des „Demokratischen Tageblattes" Theil, und hier gerieth er 1852 mit Emil Klauprecht in den Konflikt, über den wir bereits gesprochen. 1847 versuchte Walker noch einmal sein Glück in Louisville mit dem „**Patrioten**", der indessen nur einige Monate vegetirte. Ein anderes Blatt der „**Louisville Bote**" wurde von einem Herrn **Rohrer** und dessen Familie redigirt, gedruckt und herumgetragen. Der „Beobachter" bestand bis zum Jahre 1855.

---

*) Friedrich Fieser im „Deutschen Pionier", Jahrgang 1, Seite 308.

23

Die Deutschen in Louisville gehörten der überwiegenden Mehrzahl nach zur demokratischen Partei. Waren sie schon im Präsidenten-Wahlkampf von 1840 zumeist auf dieser Seite, so blieben 1844 nur Wenige derselben fremd. Die Greuel, welche in diesem Jahre die „Nativ-Amerikaner" in Philadelphia in Scene gesetzt hatten, wo sie Tage lang mit Mord und Brand durch die Straßen wütheten, hatten, obgleich sie vorgeblich nur gegen die irischen Katholiken gerichtet waren, doch alle Fremdgeborenen aufgeschreckt und gewarnt. Die demokratische Partei mochte wohl auch eine nicht geringe Zahl unwissender, bigotter und engherziger Menschen in sich schließen, welche nativistische Gelüste hegten, aber die Partei selbst und eine große Mehrzahl ihrer Mitglieder hatten sich in den Wahlprogrammen für die Rechte der Adoptivbürger und gegen die Grundsätze der „Native"- Partei entschieden erklärt. Zudem war gerade in Kentucky die Whigpartei durchaus nativistisch angehaucht. Der ebenso geniale und geistreiche, als unmoralische und charakterlose George D. Prentice, der Inhaber und Redakteur des "Louisville Journal", eines der einflußreichsten Whigblätter, nicht nur in Kentucky, sondern in den Vereinigten Staaten, hatte den Haß gegen die Fremden durch die Appellationen an die niedrigsten Leidenschaften der Menge, durch Satyre und die allergemeinsten Schimpfereien, auf's Aeußerste angefacht. Bettler, Landstreicher, Lumpen, Schurken waren noch die glimpflichsten Bezeichnungen, die er den Eingewanderten beilegte.

Es war daher nur natürlich, daß auch die Adoptivbürger gegen solche Angriffe in Wuth gerathen mußten. Schon vor der Wahl kam es zu Reibereien, und fand es sich, daß die Deutschen sich hier und dort mannhaft gewehrt und ihre Gegner niedergeschlagen und vertrieben hatten, so suchten die Organe der „Nativisten" sie als gottlose Friedensbrecher, als Verschworene gegen die ächten und wahren Kinder und Herrscher des Landes der Rache des Volkes zu denunziren. Am Wahltage (4. August 1814) selbst kam es zu den tumultuarischsten Auftritten. Mehrere deutsche Demokraten wurden am Morgen durch die angestellten Raufbolde von den Wahlurnen vertrieben. Der Redakteur des „Beobachters", nachdem er dies in Erfahrung gebracht, erließ einen gedruckten Aufruf an die Deutschen, sich zu bewaffnen und Gewalt mit Gewalt zu vertreiben. Das „Journal" hatte sich sogleich diesen Aufruf übersetzen und drucken lassen und ließ ihn mit den gehässigsten Bemerkungen begleitet durch die Stadt vertheilen. Ein starker Pöbelhaufen zog vor die Druckerei des „Beobachters" und forderte Auslieferung des Redakteurs. Dieser indessen hatte sich, als er von dem „herannahenden Sturm" hörte, in Sicherheit gebracht. Dr. Holland, ein begabter Redner, der eine zeitlang eine bedeutende Rolle als demokratischer Redner und Schriftsteller in den westlichen Staaten spielte, sowie Philipp Tomppert, welche beide durch ihre Wahlreden den besonderen Haß der „Whigs" auf sich gezogen hatten, wurden dann von dem wüthenden Haufen aufgesucht, doch auch sie hatten den rettenden Fluß zwischen sich und ihre Verfolger gesetzt und warteten mehrere Tage in Indiana die wiederkehrende Ruhe ab. An mehreren Stimmplätzen kam es indessen zu blutigen Raufereien.

Unter dem Namen „National Garde" hatte sich auch in Louisville 1840 eine deutsche Miliz-Kompagnie gebildet. Einige der angesehensten Bürger der Stadt waren Mitglieder derselben. Dieselbe theilte sich bald in zwei Kompagnien. Im Jahre 1847 wurde ebenfalls eine „Artillerie-Kompagnie" gebildet, sowie eine neue Infanterie-Kompagnie, die den Namen "United States Union Guard" annahm. Im Jahre 1850 und später, bildeten sich noch mehrere Kompagnien. An dem Kriege mit Mexiko (1846) betheiligten sich viele Deutsche Louisville's, welche kompagnienweise in ein Infanterie-Regiment, einzelne in das von Kentucky gestellte Kavallerie-Regiment traten.

Auch hier wie anderwärts nahm man den regsten Antheil an den Ereignissen im alten Vaterlande. Gleich bei dem Ausbruch der Revolution von 1848 bildeten sich Vereine zu deren Unterstützung, wobei sich, wie uns L. Stierlin erzählt, der vor einigen Jahren verstorbene Dr. Caspari, der überhaupt in Louisville eine bedeutende Persönlichkeit und einer der edelsten und aufopferndsten Menschen, die es je gegeben, insbesondere hervorthat, welche Vereine die bald darauf nach Besiegung der Revolution einströmenden Flüchtlinge mit offenen Armen empfingen. Louisville wurde von da an eine zeitlang, man kann wohl sagen zufälliger Weise, der Sammelplatz vieler der intelligentesten, aber auch der phantastischsten Elemente, welche die Wogen der Reaktion an unsere Ufer geworfen hatten. Doch fällt diese hochinteressante Zeit und ihre Bestrebungen, welche später für Louisville in dem Aufruhr von 1855 so bittere Früchte trugen und das Wohl der Stadt auf ein Jahrzehnt erschütterten, nicht in den Kreis unserer Besprechung.

„Das bemerkenswertheste Ereigniß des Jahres 1848", sagt L. Stierlin in dem erwähnten Buche über Louisville, „war übrigens für die Deutschen Louisville's die Gründung des Sängervereins „Liederkranz", um so bemerkenswerther, als er nicht wie die meisten deutschen Singvereine in diesem Lande den Bestrebungen der Acht und Vierziger (zu denen Stierlin selbst gehörte) sein Dasein verdankt, sondern noch vor der französischen Revolution, der Mutter aller der nachfolgenden Revolutionen jenes Jahres, nämlich bereits am 12. Februar 1848 entstand." Gewiß ein schönes Zeugniß für die damaligen Bewohner Louisville's ist es, daß die Gründer des Vereins zugleich mit der Pflege des Gesanges die der Kunst und Wissenschaft zu verbinden trachteten. Sie überzeugten sich jedoch bald, daß ein Verein nicht beide Ziele zu gleicher Zeit in's Auge fassen könne und so ward für den letzteren Zweck ein besonderer Verein, der „**Hermann-Verein**" gegründet, der noch gegenwärtig, jedoch nur als Unterstützungsverein besteht. Noch in demselben Jahre bildete sich ein geselliger Verein unter dem Namen „Freier Gesellschaftsbund", der auch eine Gesangsektion besaß.

Wir fügen hier bei, daß im Jahre 1848 selbst nur einzelne deutsche Flüchtlinge hier anlangten, von denen mehrere 1849 wieder nach Europa zurückeilten. Auch im Jahre 1849 war der Zuzug noch verhältnißmäßig schwach. Erst 1850 und 1851 vergrößerte sich die Zahl derer, die hier ein Asyl suchten. In Rede und Schrift fühlte man dann alsbald ihre Wirkung nach verschiedenen Richtungen hin, und ihr Einfluß, nachdem die ersten Illusionen und unreifen kommunistischen und sozialen Phantastereien verflogen waren, zeigte sich als höchst belebend, befruchtend und heilsam. An der Stimmurne selbst konnte sich ihr Einfluß in den allermeisten Staaten erst in der Mitte der fünfziger Jahre geltend machen, und die republikanischen Siege, welche mit großer Beihülfe der Deutschen in 1854, 1855 und 1856 in heißem Kampfe erfochten werden mußten, beruhten auf den Stimmen der früher eingebürgerten Deutschen, denen es keine geringe Opfer kostete, die alte **Demokratie**, unter deren Fahnen sie so lange Jahre gefochten, gegen die Partei der **Republikaner** zu vertauschen, in welchen ihre alten Gegner die „**Whigs**" und ihre gehaßtesten Feinde, die „**Knownothings**", das bedeutendste Element bildeten. Wie viel leichter wurde es den neuen Ankömmlingen, sich der jungen republikanischen Partei anzuschließen, welche in ihrem Entstehen die Ideen der neuen Zeit und des Fortschritts, wenn auch zuerst nur unvollkommen, doch immerhin bis zu einem gewissen Grade repräsentirte.

In anderen Städten Kentucky's, wie Lexington, Maysville, Paducah, waren in den früheren Jahren, namentlich in Paducah, allerdings deutsche Bewohner, allein ohne auf das Leben ihrer Mitbürger irgend einen Einfluß zu äußern. Newport und Covington, Cincinnati gegenüber, hatten eine größere und zum Theil recht rührige deutsche Bevölkerung, aber Cincinnati war für sie die Hauptstadt und ließ dort kein selbstständiges deutsches Leben aufkommen.

Die ländlichen Gegenden Kentucky's blieben unbeachtet. In früheren Jahren hatten sich allerdings Deutsche aus Pennsylvanien in einigen Theilen Kentucky's niedergelassen, aber Ackerbauern, welche von Deutschland kamen, boten die Sklavenstaaten keine Aussicht.

In dem von uns besprochenen Zeitabschnitte war die Anzahl der eingewanderten Deutschen in den Staaten Tennessee, Mississippi, Alabama, Georgia, Nord Carolina und Arkansas nicht bedeutend genug, um sich einigermaßen in der Politik zu einer direkten Geltung bringen zu können.

In Nashville, der Hauptstadt von Tennessee, ließen sich bereits um die Mitte der dreißiger Jahre viele Deutsche nieder, darunter die Familien Buddicke, Rattermann, Wallmann und Andere, die im Handel und in der Industrie sich bald emporschwangen. Ihnen folgten später größere Züge, besonders aus Norddeutschland und dem Rheinlande nach, so daß sich um die Mitte der vierziger Jahre ein reges deutsches Leben in Nashville zeigte. Um diese Zeit kamen auch zahlreiche deutsche Kolonisten nach Tennessee, besonders nach Ost Tennessee.

Im Jahre 1843 wurde der Versuch gemacht, hier eine belgische*) und deutsche Kolonie zu begründen, wovon sich jedoch die erstere wieder, durch die Thorheit der Legislatur des Staates, welche der Gesellschaft den gewünschten Freibrief verweigerte, zerschlug. Auch die deutsche Kolonie wurde nicht so bedeutend wie ihre Unternehmer erwartet hatten. Indessen zogen doch im Jahre 1845 bereits sechzig Familien, meistens aus dem sächsischen Erzgebirge, nach Ost Tennessee und begründeten dort die Kolonie Wartburg, welches Städtchen — gegenwärtig der Gerichtssitz von Morgan County — bereits 1848 gegen achthundert deutsche Ansiedler besaß. Durch den Ausbruch des Bürgerkrieges, der besonders heftig in jener Gegend Jahre lang wüthete, ging Wartburg zurück, hat sich indessen seitdem wieder merklich gehoben, besitzt zur Zeit ein gutes Hotel, drei Kirchen, mehrere ansehnliche Kaufläden und eine wohlhabende Ackerbau- und Viehzucht treibende deutsche Bevölkerung, die mit dem Nachwuchs bei 3000 Seelen zählt. Früher war dort ein ansehnlicher Industrietrieb bemerkbar, eine bedeutende Tabaksfabrik wurde von Otto G. Kienbusch geeignet, eine Piano-Fabrik von F. W. Gerding, ebenfalls eine Wollenfabrik und Tuchweberei, die der in der Gegend stark betriebenen Schafzucht ihr Entstehen verdankte. Der Begründer dieser Kolonie, Georg F. Gerding, war bereits in 1825 ein hervorragender Kaufmann und Schiffsrheder in der Stadt New York, Senior der Firma Gerding und Simon.

An der Staats-Universität von Tennessee in Nashville begegnen wir bereits in 1828 einem Manne, dessen Name in der Gelehrtenwelt einen bedeutenden Ruf erlangt hat, Gerhard Troost. Derselbe war in Herzogenbusch in Nordflandern 1776 geboren, studirte Medizin in Amsterdam und Leyden, und später Chemie und Physik in Köln, woselbst er ein glänzendes Examen bestand und promovirte. Einer Neigung für naturwissenschaftliche Studien, besonders Mineralogie und Metallurgie, folgend, begab er sich hierauf an die Bergbau-Schule Freiberg in Sachsen, die damals durch den berühmten Albrecht Gottlob Werner in diesem Fache einen vorzüglichen Ruf erlangt hatte und hörte dessen Vorlesungen, wie

---

*) Diese Gesellschaft, an deren Spitze der König von Belgien stand, begründete später die Kolonien Sao Thomas de Guatemala und St. Katharina in Brasilien.

er auch in der praktischen Chemie, besonders der Krystallographie, sich hier übte. In 1804 ließ er sich in Amsterdam und ein Jahr später im Haag als praktizirender Arzt nieder, machte aber bald darauf die Feldzüge mit und schwang sich zu hohem Rang im medizinischen Departement des holländischen Heeres empor. Von dem König Louis Bonaparte 1807 nach Paris gesandt, um daselbst an dem "Institut Imperiale de France" seine naturwissenschaftlichen Studien noch weiter fortzusetzen, verwandte er hier seine meiste Zeit darauf Humboldt's „Ansichten der Natur" ins Holländische zu übertragen und zwar unter Humboldt's eigener Aufsicht, der sich gerade in Paris aufhielt.

Im Herbste 1810, nachdem sein Vorhaben einer wissenschaftlichen Reise nach Ostindien vereitelt worden war, kam er nach den Vereinigten Staaten und ließ sich in Philadelphia nieder, woselbst er einer der Anreger für Gründung der "Academy of Natural History" war, deren erster Präsident er wurde (1812—1817). In 1821 ward er zum Professor der Mineralogie an das Philadelphia Museum berufen, verließ diese Stelle jedoch, um sich der Owen'schen Kommunisten-Kolonie „New Harmony" in Indiana anzuschließen (1825), die er Krankheits halber 1827 wieder verließ, worauf er eine Professur der Physik, Chemie und Mineralogie an der neuerrichteten „Cumberland Universität" zu Nashville annahm. In 1832 zum Staats-Geologen von Tennessee ernannt, stand er diesem Posten achtzehn Jahre lang, bis zu seinem 1850 erfolgten Tode, vor. Er schrieb die Berichte über die Geologie des Staates Tennessee, die in den "Transactions of the Geological Society of Philadelphia" veröffentlicht wurden. Eine vom Verfasser gemachte Uebersetzung in das Französische wurde von der geologischen Gesellschaft in Paris publizirt. Sein mineralogisches und geologisches Kabinet, sowie seine naturwissenschaftliche Sammlung, sollen die größten und schönsten in den Vereinigten Staaten gewesen sein.

Als Holländer hätte uns Troost eigentlich nicht interessiren sollen, wenn er nicht durch seine deutsche Erziehung sowie durch seinen Verkehr in Philadelphia und in Nashville sich wenigstens geistig zu einem Deutschen gestempelt hätte. Das war er jedoch und zwar aus vollem Herzen. So war es hauptsächlich Troost der die erste Anregung zu Begründung der „Deutschen Gesellschaft" von Nashville gab (1841), deren Präsident er mehrere Jahre lang war. Auch für einen deutschen Leseverein wirkte Troost und gab zur Begründung der Bibliothek desselben eine beträchtliche Anzahl Bücher zum Geschenke her. Das geistige Leben der Deutschen Nashville's, welches unter seiner Führung zur höchsten Blüthe gelangt war, sank nach seinem Tode allmählig zurück. Erst nach dem Bürgerkriege hat sich dasselbe durch eine neue Einwanderung wieder gehoben.

In Natchez, der Haupthandelsstadt von Mississippi, finden wir schon in den dreißiger Jahren eine größere Anzahl von Deutschen. Im Jahre 1839 wurde dort ein deutscher Leseverein gegründet. In Mobile, Alabama, bestand bereits 1841 ein Verein, der den Namen **Freundschafts-bund** führte, und der zur „Aufrechthaltung deutscher Literatur und zur gegenseitigen Unterstützung" gestiftet war. Wesselhöft fand schon 1842 verhältnißmäßig viele Deutsche dort. Arkansas wurde erst 1836 aus einem von der Bundesregierung regierten Gebiete, ein Staat, und die einzige deutsche Auswanderung dorthin, von der wir etwas wissen, war die der sogenannten Rheinhessischen oder Wormser Gesellschaft im Jahre 1833. Sie bestand aus etwa sechzig Familien und 160 Personen. Ihre Führer waren der schon in Deutschland seiner freisinnigen Ansichten wegen verfolgte Pfarrer Klingenhöfer, die Gebrüder Sandherr, von denen der eine Notar zu Alzei, der andere Rittmeister in der hessischen Kavallerie gewesen war, ein ehemaliger nassauischer Hauptmann Wilhelm und ein Herr von Grollmann. Doch löste sich dieselbe sehr bald auf, Rittmeister Sandherr starb kurz nach seiner Ankunft in Arkansas, Notar Sandherr und Hauptmann Wilhelm kauften sich Farmen in St. Clair County, Illinois; Pfarrer Klingenhöfer dagegen blieb in Arkansas und siedelte sich nicht weit von Little Rock an.

In Texas wurden schon unter der mexikanischen Regierung Versuche gemacht, deutsche Ansiedlungen zu begründen. Als Vorläufer derselben darf wohl das im Jahre 1823 begonnene Städtchen Bastrop am Coloradofluß, nach dem Gründer desselben, dem oldenburgischen Baron von Bastrop genannt, angesehen werden. Vor der Gründung von Austin war die Stadt längere Zeit die nördlichste Niederlassung im Coloradothal, und als solche fast fortwährenden Beunruhigungen seitens der Indianer ausgesetzt, so daß die Einwohner, meistens Oldenburger aus der Grafschaft Delmenhorst, sich mehrmals genöthigt sahen, die Kolonie zu verlassen. Etwas später wanderte unter der Leitung eines Franzosen, Henry Castro, der unter der üblichen Bedingung, innerhalb einer bestimmten Zeit eine gewisse Anzahl Kolonisten in den Staat einzuführen, zwischen den Jahren 1840—1846 einen großen Landstrich westlich von San Antonio erhalten hatte, eine nicht unbedeutende Anzahl Elsässer, Deutsche und Schweizer nach Texas. Sie hatten sich in und bei dem Städtchen Castroville unfern von San Antonio niedergelassen, nach Ueberwindung nicht geringer Schwierigkeiten. Es mögen wohl von diesen Kolonisten gewesen sein, welche in Austin, Texas, schon im Oktober 1841 einen Bund gestiftet hatten, der den Namen „**Teutonia Orden**" führte. Die Verfassung desselben hatte einen etwas freimaurerischen Anstrich. Der erste Artikel derselben lautete: Zu dem Hauptzwecke des Ordens gehört: „Erhaltung der Deutschen National-Eigenthümlichkeit, Beförderung der deutschen Einwanderung und Erleichterung der Korrespondenz zwischen Texas und Deutschland." Als bemerkenswerth ist hervorzuheben, daß auch Frauen Mitglieder dieses Ordens werden konnten.

Vielleicht durch diese Kolonisation angeregt, welche Castro in glänzenden Farben in den europäischen Zeitungen geschildert hatte, faßte 1844 eine Gesellschaft deutscher Fürsten und Standesherrn den Plan der Anlage einer deutschen Kolonie im Großen, welche sich unter dem Namen des „Vereins zum Schutze der deutschen Auswanderer in Texas," zu Mainz konstituirte. Abgesandte des Vereins hatten günstig berichtet, und so schritt man zur Ausführung. Es scheint dabei auch der Gedanke vorgeschwebt zu haben, einen wirklich deutschen Staat zu begründen. Allerdings schienen Zeit und Ort günstig. Texas, welches im Jahr 1836 seine Unabhängigkeit erklärt hatte, war zur Zeit ein Staat für sich, besaß nur, namentlich im Verhältniß zu seinem Territorium (es ist bei weitem größer als das heutige Frankreich), eine sehr schwache Bevölkerung, die sich kaum auf Hunderttausend belief und konnte wohl, wenn man über große Mittel verfügte, in einigen Jahren eine bedeutende Menge deutscher Einwanderer aufnehmen und so ein Mittelpunkt für eine spätere großartige deutsche Ansiedlung werden, welche vielleicht hoffen durfte, mit der Zeit den Staat völlig zu germanisiren.

Wenn man bedenkt, wie viele ähnliche Pläne in den Köpfen sehr gescheuter Männer gespukt haben, ohne den Rückhalt zu finden, den dieser Verein, dem einige der reichsten Fürsten Deutschlands angehörten, denn doch hatte, so kann man den Gründern dieses Vereins, von denen auch manche durch rein humane Absichten geleitet wurden, keine zu großen Vorwürfe machen. Allein sie bedachten nicht, daß die Männer, welche die Unabhängigkeit des Landes von Mexiko erkämpft, diejenigen, welche das Land unter den größten Schwierigkeiten bis jetzt regiert hatten, Bürger der Vereinigten Staaten waren oder gewesen waren, daß, wenn auch zumeist Abenteurer, es dennoch Männer von Energie, Klugheit und rücksichtsloser Selbstsucht waren, daß die Bewohner, namentlich der Südstaaten, in einer Vergrößerung der Vereinigten Staaten nach Süden eine erwünschte Kräftigung des Instituts der Sklaverei und der Macht des Südens überhaupt erblickten, daß mannigfache, zum Theil nichtswürdige Intriguen, die zumeist pekuniären Vortheil und Landspekulation im Auge hatten, bereits seit Jahren zwischen den Texanern und Bürgern der Vereinigten Staaten angesponnen worden waren, mit einem Wort, die Mitglieder des „Adelsvereins" und die von ihnen eingeführten Kolonisten, welche von einem freien deutschen Staate träumen mochten, ließen eine Hauptsache außer Betracht und Berechnung, nämlich, daß der Anschluß von Texas an die Vereinigten Staaten, ein unabwendliches Schicksal sein würde. Schon im Jahre 1845 vollzog sich nicht ohne heftigen Widerstand von Seiten des Nordens diese Vereinigung unter der Präsidentschaft von John Tyler.

Die Geschichte der Einwanderung unter den Auspizien des „Adels=
vereins", welche eine Fülle der traurigsten Erlebnisse in sich schließt, wäh=
rend sie zu gleicher Zeit auch nicht wenige Beispiele von lobenswerthen
Kraftäußerungen und von Seiten einiger der Führer von administrativer
Tüchtigkeit aufweist, kann nicht der Gegenstand unserer Schilderung sein.
Zudem ist sie von gewandten Federn theils hier, theils in Deutschland,
schon ausführlich behandelt worden.

Wie überall in der neueren Geschichte, wo sich ein Volk von Unter=
drückung zu befreien bestrebt.war, wie in Griechenland, Polen, Schleswig=
Holstein ꝛc., so finden wir auch im texanischen Befreiungskriege (1834—
1836) eine Schaar von Deutschen, die voller Begeisterung unter die
Fahnen des "Lone Star", Staates geeilt waren, um hier für die Freiheit
ihr Leben einzusetzen. Mehrere derselben waren ehemalige Burschenschaftler
und Theilnehmer an revolutionären Bewegungen gewesen, wie der bereits
erwähnte Dr. Gustav Bunsen und Peter Mattern, beide aus
Frankfurt, die Hamburger Georg Curtmann und Georg Voß,
die als jenaische Studenten Verfolgungen fürchtend nach Amerika entflohen
waren, von denen die drei letzteren als Opfer des Blutbades von Goliad
(27. März 1836) den meuchlerischen Kugeln der Mexikaner zum Opfer
fielen; Dr. Wilhelm Langenheim und Hermann Ehren=
berg.

Langenheim kam im Jahre 1830 nach Amerika, nachdem er bis dahin
schon mehrere Jahre die Advokatur in seiner Vaterstadt Braunschweig
ausgeübt hatte. Nicht lange nach seiner Ankunft in New York schloß er
sich einer größtentheils aus Irländern und einigen Deutschen bestehenden
Gesellschaft an, welche im südlichen Texas an der Aransas Bay eine
Kolonie gründen wollte. Die Niederlassung erfolgte wirklich, und Langen=
heim fing gerade an, die Annehmlichkeiten einer neugegründeten Heimath
auf der mit eigener Hand eingerichteten Farm zu genießen, als der Krieg
zwischen Mexiko und Texas ausbrach und jeden waffenfähigen Mann in
das Feld rief. Er verließ Haus und Hof und schloß sich der texanischen
Armee zur Vertheidigung seines neuen Vaterlandes an. Bei der Belage=
rung von San Antonio de Bexar durch die Texaner, zeichnete er sich durch
Kühnheit und Entschlossenheit aus und war, besonders bei der Bedienung
des einzigen Geschützes, welches die Texaner besaßen, mit großem persön=
lichen Muthe thätig. Im folgenden Jahre gerieth er mit der Expedition
des Obersten Grant bei San Patrizio in die Hände der Mexikaner,
welche die Schaar, darunter auch Bunsen, trotz der versprochenen
Gnade, unter welcher Bedingung sie sich ergeben hatten, sämmtlich nieder=
metzelte. Nur zwei davon, Langenheim und ein Creole aus Missouri, die
spanisch sprachen, wurden nach Matamoras geschleppt. Hier hatte Langen=
heim eine zehnmonatliche Gefangenschaft zu erdulden, während welcher er

in reichlichem Maße die rohen Grausamkeiten, mit welchen die Mexikaner
ihre Kriegsgefangenen stets behandelt haben, zu fosten bekam. Erst nach
der Niederlage Santa Anna's am San Jacinto-Flusse, wurde er nebst
seinen Leidensgefährten in Freiheit gesetzt, und schiffte sich gleich darauf
nach New Orleans ein, da sein von den Mexikanern gleich im Anfang des
Krieges niedergebranntes und zerstörtes Gehöft ihn nicht mehr nach Texas
zurück zog. In New Orleans aller Geldmittel entblößt und gerade in
dem Zeitpunkte der unheilvollen Krisis von 1837 angelangt, jeder Aussicht
beraubt eine Beschäftigung zur Erwerbung seines Lebensunterhaltes zu
gewinnen, schloß er sich einem nach Florida zur Bekämpfung der Seminolen
abgehenden Vereinigten Staaten Dragoner-Regiment an, bei welchem
er die Stelle eines Gehülfs-Quartiermeisters erhielt. Eine Krankheit befreite
ihn nach anderthalbjährigen Strapazen von dem beschwerlichen
Dienst. Nicht lange nachher finden wir ihn als Herausgeber einer deutschen
Zeitung in Philadelphia wieder, welchem Geschäfte er sich etliche
Jahre lang widmete. Nachher wandte er sich der soeben auftauchenden
Daguerrotypie zu. In Gemeinschaft mit einem ihm aus Europa nachgefolgten
Bruder, gründete er in Philadelphia eine Lichtbilder-Anstalt,
welche durch Herstellung höchst vollkommener daguerrotypischer Portraits
und anderer Darstellungen, zum Theil durch Anwendung eigenthümlicher
Verbesserungen sich lange Zeit eines vorzüglichen Rufes in den Vereinigten
Staaten erfreute. Seiner Betheiligung an den geistigen Bestrebungen
der Deutschen Philadelphia's ist bereits früher Erwähnung gethan.

Hermann (von) Ehrenberg, geboren zu Marienwerder, war
der Sohn des königlich-preußischen Regierungsraths Wilhelm von
Ehrenberg. Als jenaischer Burschenschaftler in Folge des Attentates
vom 3. April verfolgt, war er nach Amerika entkommen, wo er sich eine
zeitlang in New York aufhielt. Zur Zeit des Ausbruches des texanischen
Krieges befand er sich in New Orleans und ohne Beschäftigung, weshalb
er sich beim ersten Aufruf zur Gründung von Freiwilligen-Truppen für
Texas mit den genannten Bunsen, Mattern, Curtmann, Voß, und etlichen
anderen Deutschen der ersten Kompagnie der "New Orleans Greys",
unter Befehl des Kapitäns Grant anschloß. Auch er war neben Langenheim
bei dem Sturm auf San Antonio und der „Alamo" thätig. Nach
wechselvollen Schicksalen kam Ehrenberg mit den "Greys" unter das
Kommando des unglücklichen Obersten Fanning, und war dann einer
der Wenigen, welche dem meuchlerischen Blutbade bei Goliad entrannen.
Nach erkämpfter Unabhängigkeit scheint sich Ehrenberg irgendwo in Texas
niedergelassen zu haben. Er schrieb dann die Geschichte jenes Krieges,
welche im Jahre 1843 unter dem Titel: „Texas und die Revolution, von
Hermann Ehrenberg, Bürger der Republik", in Leipzig erschienen ist.
Später finden wir ihn als topographischen Ingenieur bei dem Grenzver-

messungs-Korps der Vereinigten Staaten in Arizona wieder, woselbst er dann der Besitzer von ausgedehnten Minenländereien wurde, die er an die "Sonora Exploring and Mining Company", deren Präsident der aus dem letzten Kriege wohl bekannte General S. P. Heinzelmann war, veräußerte, von welcher Gesellschaft er einer der Haupttheilhaber und deren Mineralogist und topographischer Ingenieur wurde. Seine zahlreichen Briefe und Abhandlungen über das südliche Arizona, dessen Topographie und Minerallandereien, sowie mehrere ausgezeichnete Karten jenes Landestheiles, sind in den Jahresberichten der "Sonora Exploring and Mining Company" (1855—1860) abgedruckt.

Kurz nach Beendigung des texanischen Freiheitskrieges ließ sich in San Antonio ein deutscher Arzt und Naturforscher, Doktor Lindheimer, aus Frankfurt am Main, nieder, der sich später lebhaft mit der Politik beschäftigte.

Ferdinand Jakob Lindheimer, geboren 1802, stammt aus einer angesehenen Frankfurter Familie. Er erhielt eine sehr sorgfältige Erziehung, theilweise in dem berühmten Schweizer Institut zu Yverdun, theilweise auf dem Gymnasium seiner Vaterstadt. Schon frühe zeigte sich bei ihm eine Vorliebe für philologische und philosophische Studien, so wie auch für Botanik und Entomologie. Auf der Universität Berlin bildete er sich zum Lehrfach aus. Er wurde dann Hülfslehrer an mehreren pädagogischen Anstalten, wie in Dresden, Wiesbaden, Frankfurt, in welchem letzteren Orte er an dem Institut von George Bunsen (siehe Illinois) thätig war. Längere Zeit bekleidete er auch eine Hauslehrer-Stelle in dem Johann Andräischen Hause zu Frankfurt, wo er mit Marianne Willemer, (Göthe's Suleika) bekannt und vertraut wurde, und mit dieser geistreichen und talentvollen Frau bis zu ihrem Tode einen Briefwechsel unterhielt.

Mit dem Frankfurter Attentate hatte Lindheimer nichts zu thun. Er strebte aus der Alltags-Welt hinaus, und fühlte sich in Frankfurt nicht glücklich, obgleich er wegen seines liebenswürdigen und sanften Charakters von seinen Schülern und Freunden innig geliebt wurde. So beschloß er denn im Jahre 1834, mit seiner Mutter, welche nach dem Tode von Lindheimers Vater sich wieder verheirathet hatte und seinem Stiefvater, seinem früheren Prinzipal, G. Bunsen, nach Amerika zu folgen und so wurde er auf einige Zeit ein Bewohner des sogenannten „lateinischen Settlements" von St. Clair County, Illinois. Aber das Land war ihm für eine neue Welt zu zahm. Büffel und Bären gab es keine mehr; die Wölfe waren zu klein und die Panther zu selten, und der Urwald nicht dicht genug.

Nach kurzem Aufenthalte machte er sich nach Mexico auf, in die bei Jalappa gelegene Kolonie und Kaffeepflanzung von Sartorius, aus Hessen Darmstadt. Aber auch dort war sein Aufenthalt nur kurz; 1835 zog er nach Texas, um den Texanern ihre Unabhängigkeit erkämpfen zu helfen. Ein Jahr lang war er in Houstons Armee, und focht die Schlacht bei San Jacinto mit, welche thatsächlich Texas von Mexiko frei machte. Lindheimer war ein Mann von ungewöhnlichem Muth, oder vielleicht besser gesagt, er hatte durchaus kein Gefühl für Furcht. Nach Beendigung des Feldzuges blieb er mit seinen Eltern in Texas, und gemeinschaftlich mit ihnen betrieb er allerlei Geschäfte, besonders Gartenbau, machte auch schon von Zeit zu Zeit Pflanzen-Sammlungen.

Den Winter 1842—1843 brachte er in St. Louis bei seinem Freunde Georg Engelmann zu, der ihn ganz besonders anregte, das interessante Texas botanisch zu untersuchen, und aus den Pflanzen-Sammlungen für amerikanische und europäische Herbarien ein Geschäft zu machen. Erst nach seiner Rückkehr warf er sich mit dem größten Eifer und bewundernswerther Ausbauer in diese Laufbahn. Acht bis zehn Jahre lang durchzog er Texas kreuz und quer als Sammler, ohne je sich durch Gefahren abschrecken zu lassen. Selbst die Indianer ließen den kühnen "Medicine-man" unangefochten unter sich herumziehen. Er trug außerordentlich viel zur Kenntniß der texanischen Flora bei, und mehrere Pflanzen tragen jetzt in der Wissenschaft seinen Namen. Manche von ihm entdeckte Pflanzen blühen jetzt in den Gärten des Ostens sowohl, als in denen an der Bergstraße in Deutschland.

Als ein Pionier im Lande, war sein Erscheinen bei der Adelskolonie (1844) nur erwünscht. Er half hier mit Rath und That. Zu Neu Braunfels am Comal ließ sich Lindheimer nieder, dabei immer seine botanischen Streifzüge fortsetzend.

Im Jahre 1850 stellte indessen Lindheimer seine Thätigkeit auf dem Felde der Botanik ein. Er wurde in Braunfels zum Friedensrichter gewählt und gründete am 30. November 1852 das erste deutsche Journal in Texas, die „Neu Braunfels Zeitung". Er war ein strammer Demokrat, und wurde seine Stellung namentlich den Deutschen gegenüber, welche zumeist der Union anhingen, eine sehr schwierige. Seine Unabhängigkeit veranlaßte ihn aber auch öfters den Konförderirten scharf entgegenzutreten, und nur seinem bekannten Muthe verdankte er es, daß er der Volksjustiz entging. Er redigirte nicht blos seine Zeitung, sondern setzte und druckte sie auch.

Sein vorgerücktes Alter nöthigte ihn indessen von der für ihn so dornenvollen journalistischen Laufbahn zurückzutreten. Sein Amt als Friedensrichter übte er jedoch bis zu seinem Tode, der am 8. Dezember 1879 erfolgte, aus, in freundlichem Verkehr mit seinen Mitbürgern, die den Greis im dürftigen Anzuge, und der in seinen besten Jahren in Gestalt und Wesen einem deutschen Gelehrten ähnlicher war, als einem kühnen Pfadfinder der er doch war, mit der Achtung behandelten, welche sein liebenswürdiger, rechtlicher und zu gleicher Zeit so energischer Charakter es wohl verdiente.

In Galveston, dem Haupthafen von Texas, befand sich bereits vor 1846 eine ziemlich große deutsche Bevölkerung, wenigstens müssen wir so schließen, denn in diesem Jahre wurde daselbst eine deutsche Schule feierlich eingeweiht und eine Beschreibung der Festlichkeiten in den Zeitungen der nördlichen Staaten veröffentlicht. Von den Deutschen, welche zwischen 1845 und 1846 als Kolonisten der Mainzer Gesellschaft gekommen und meistens pekuniären Schiffbruch gelitten hatten, traten viele als Freiwillige in die Bundesarmee und kämpften gegen die Mexikaner. Erst seit dem Friedensschluß mit Mexiko zu Guadaloupe Hidalgo 1848, wodurch Texas förmlich an die Vereinigten Staaten abgetreten wurde, kann man Texas als wirklich zur Union gehörend betrachten. Von da an entwickelte es sich schnell und hat auch die deutsche Bevölkerung eine überraschend einflußreiche Stellung eingenommen, indem sie schon zweimal deutsche Repräsentanten, Eduard Degener und Gustav Schleicher in den Kongreß geschickt hat. Degener gehört der spätern Einwanderung an, Gustav Schleicher war aber bereits im Jahr 1847 nach Texas eingewandert.

Am 19. November 1829 in Darmstadt geboren, besuchte er das Gymnasium seiner Vaterstadt, dann die Universität Gießen, auf welcher er das Baufach und die Ingenieurkunde studirte. Er fand bald eine Anstellung als Ingenieur bei dem Bau der Eisenbahn von Heidelberg nach Frankfurt, fühlte sich aber in den beengten Verhältnissen des alten Vaterlandes nicht wohl und beschloß mit einer Gesellschaft junger Männer, meist aus den gebildeten Ständen, in dem fernen Texas eine neue Heimath zu gründen, welche noch nicht angekränkt von Ueberkultur, seine und seiner Genossen etwas utopisch gefärbten Ideen verwirklichen sollte. Ein Ikarien nach Cabet's Idee sollte an den Grenzen aller Civilisation am Rio Grande gegründet werden. Es waren ihrer gerade vierzig an der Zahl, lauter junge Männer, weshalb es kam, daß die wunderliche Kolonie die der „Vierziger" genannt wurde. Die rauhe Wirklichkeit trat aber bald an diesen Versuch, in einer solchen Gegend gemeinschaftlich Land zu bebauen und Viehzucht zu treiben, so hart heran, daß er aufgegeben werden mußte. Die wilden Comanches stahlen ihnen die Heerden, welche ihnen die etwas gebildeteren amerikanischen Grenzstrolche noch gelassen hatten; der Ackerbau scheiterte an der Ungeschicklichkeit der Sonntagsfarmer und am gänzlichen Mangel an Absatz von Produkten, wenn solche überhaupt erzielt worden waren. Die Gesellschaft löste sich auf. Schleicher zog in die Nähe des Städtchens Bettina, wo er auf eigene Faust zu farmen anfing.

In der Zwischenzeit waren ihm sein Vater und seine zwei Schwestern gefolgt, hatten sich in dem schönen San Antonio niedergelassen und dort ein Privat-Gasthaus errichtet. Schleicher vereinigte sich hier mit seiner

Familie und erwarb sich bald durch seinen ebenso männlichen als liebenswürdigen Charakter, eine große Anzahl von Freunden. Ernst wie er war und alles gründlich umfassend, war er doch zu Zeiten voll vom köstlichsten Humor und in der Unterhaltung fesselnd. Er warf sich bald auf sein eigentliches Fach, arbeitete als Feldmesser und ward Ingenieur an den in Texas erbauten Eisenbahnen.

Schon im Jahre 1853 wurde er zum Repräsentanten in die Staatsgesetzgebung gewählt und erlangte bald bedeutenden Einfluß darin. 1859 wurde er Mitglied des Staatssenats, und zeichnete sich durch Klarheit der Auffassung, gründliche Kenntniß der Bedürfnisse seiner Wähler, sowie durch logischen Vortrag aus. Als 1861 die Sezessionsbewegungen in Texas ihren Anfang nahmen, war Schleicher durchaus gegen die Trennung und für Aufrechthaltung der Union, allein es war unmöglich bei der vorwiegenden Bevölkerung von Eingewanderten aus den Südstaaten, den wilden Strom zu stemmen, und als der Staat einmal sich dem Sonderbund angeschlossen hatte, hielt er es für seine Pflicht, bei ihm zu beharren. Als Ingenieur baute er mehrere Forts, darunter „Fort Sabine."

1874 wurde er auf einer Konvention der demokratischen Partei, die sich versammelt hatte, um einen Kandidaten für den Kongreß zu ernennen, ohne sein Zuthun, ohne sein Vorwissen sogar, nach langem Streite zwischen andern Kandidaten, zu dieser Kandidatur ernannt und auch vom Volke gewählt. Es hält schwer, selbst für den begabtesten Mann, namentlich wenn er aus dem fernen Westen kommt, sich schon in der ersten Sitzung des Kongresses bemerklich zu machen. Auch war Schleicher durchaus zurückhaltend und bescheiden, aber seine außerordentliche Tüchtigkeit drang doch durch. Die beständigen Einfälle der Indianer und Mexikaner über den Rio Grande, gerade in das umfangreiche Gebiet, von der Mündung des Rio Grande hinauf nach El Paso, welches Schleicher zu vertreten hatte, machten es ihm zur Pflicht, in allen militärischen und Civilfragen, welche sich dadurch aufwarfen, das Wort zu ergreifen. Seine ruhige Darstellung der Verhältnisse, gestützt auf seine ungemeine Ortskenntniß, seine eindringliche Appellation an die Regierung, aus ihrer Apathie zu treten und den Leiden der Bewohner ein Ende zu machen, seine staatsmännischen Ansichten über das Verhältniß der mexikanischen Regierung und die Rechte und Pflichten der unsrigen ihr gegenüber, zogen bald die Aufmerksamkeit der Mitglieder auf ihn und erwarben ihm die allgemeine Achtung.

Schon in der zweiten Sitzung, zu welcher er 1876 wieder gewählt wurde, befand er sich in den wichtigsten Ausschüssen, wie dem der Eisenbahnen und der auswärtigen Angelegenheiten. Es wurde im offenen Kongresse ausgesprochen, daß seine Kommittee-Berichte über die Beziehungen Mexiko's und der Vereinigten Staaten, sein Bericht über die Zahlung der vom Genfer Schiedsgericht uns zugesprochenen Entschädigungs-Summe, sein Bericht über eine ähnliche Auszahlung einer Summe von Seiten Japans, ganz vorzügliche Schriftstücke waren. „Sein Ruf," wie einer seiner Kollegen von Texas von ihm rühmte, „wurde rasch ein nationaler, und vor seinem Tode gestand man ihm allgemein einen hervorragenden Platz unter den allerersten der Staatsmänner aus dem Süden zu."

Ganz besonders aber zeichnete er sich in den Finanzfragen aus. Hier war er fest wie Eisen für eine ehrliche Zahlung aller Schulden, für eine unverrückbare Metall-Basis, für eine gleiche Währung. Seine Reden über diese Gegenstände wurden selbst von denen, die anderer Meinung waren, als mustergültig betrachtet.

Eine dritte Wahl, in der er einen furchtbaren Widerstand zu bekämpfen hatte, denn es war der Gegenpartei gelungen, die Demokratie zu theilen, brachte ihn 1878 von neuem in den Kongreß. Unerwartet setzte eine ganz kurze Krankheit, die Folge einer Verwundung bei einem Falle, diesem kräftigen Mannesleben ein Ziel. Er starb zu Washington am 9. Februar 1879.

Es ist Sitte, bei dem Tode eines Mitglieds des Kongresses Beileids-Beschlüsse zu erlassen und kurze Gedenkreden über den Verstorbenen zu halten. Oft ist dies nur eine Sache der Form, und was man bei dieser Gelegenheit zu hören bekommt, läuft meistens auf eine gewissermaßen stereotype Lobeserhebung hinaus. Anders war es jedoch bei dem Tode Schleichers, wie bei dem anderer bedeutender Männer, deren Verlust tief gefühlt wird. Nicht nur sprachen die Abgeordneten von Texas mit wahrer Bewunderung von ihm, sondern viele der ausgezeichnetsten Männer beider Parteien aus andern Staaten hielten es für ihre Pflicht, ihren Tribut dem Verstorbenen zu zollen und zwar in der tiefgefühltesten und beredetsten Weise. So Garfield von Ohio, Kelly von Pennsylvania, Harris und Banks von Massachusetts, Henderson von Illinois von republikanischer Seite. General Butler von Massachusetts, Tucker und Cabell von Virginien, Mackenzie von Kentucky, Cox von New York, von demokratischer Seite. Die deutschen Abgeordneten Müller und Eickhof von New York und Brentano von Illinios blieben natürlich nicht zurück im Wettkampfe zur Verherrlichung ihres Landsmannes und Freundes. Und nicht nur im Hause, dessen Mitglied Schleicher war, sondern auch im Senate zeigte sich gleiche Theilnahme; außer den Senatoren seines eignen Staates, sprachen von Seiten der republikanischen Partei der beredete Stanley Mathews von Ohio, und von der demokratischen Senator Bayard von Delaware, der staatsmännische „Ritter ohne Furcht und Tadel."

„Während der kurzen Jahre", sagte Bayard, „seines Wirkens im Kongreß, gab Schleicher unumstößliche Beweise seiner Fähigkeit, alle öffentlichen Fragen mit dem Auge des Staatsmanns gründlich zu prüfen und sie wissenschaftlich zu bearbeiten, sowie von seiner Ehrenhaftigkeit als wahrer Freund seines neuen Vaterlandes. Schon lange vor seinem Hinscheiden, welches uns viel zu früh erscheint, war es unverkennbar, daß irgend eine Berichterstattung über Fragen, denen er seine Aufmerksamkeit geschenkt und über die er sich ein Urtheil gebildet hatte, Etwas war, worauf Alle sich verlassen konnten, als einen Ausfluß eines weisen, gerechten und durchaus gewissenhaften Geistes. Ich selbst gestehe gerne zu, daß sein Urtheil meine Abstimmungen sehr häufig bestimmt hat."

Aus dem Munde eines solchen Mannes gewiß kein geringes Lob. Bayard war auch Vorsitzer des Kommittees, aus drei Mitgliedern des Senats und elf des Hauses bestehend, welches der Leiche des Verstorbenen von Washington nach dessen Heimath, dem zweitausend Meilen entfernten San Antonio, das Ehrengeleit gab. — In Bezug darauf bemerkte Bayard in seiner Denkrede:

„Obgleich Schleicher, wie ich schon erwähnt habe, kein Politiker war, der sich in Schaustellungen gefiel, der es verstand, allerwärts Reklame zu machen und seine Wichtigkeit an den Tag zu legen, so war doch der wahre Werth seines Charakters seinen Mitbürgern kein Geheimniß geblieben und hatte sich auf eine ruhige aber sichere und stets wachsende Weise geltend gemacht. Als einer der Begleiter, die seine Leiche nach dem fernen Grabe zu San Antonio brachten, rufe ich mir jetzt, was wenige, welche Zeugen waren, je vergessen werden, in das Gedächtniß zurück, die ebenso allgemeinen als tiefen Eindruck machenden Achtungsbezeigungen, welche den Zug des Sarges von der Grenze seines Staates an bis nach San Antonio begleiteten. Auf jeder Station, wo man den Zug nur anhalten konnte, hörte man die klagenden Töne eines Trauermarsches und lange Reihen von Bürgern drängten sich um den Sarg, der die Hülle ihres geliebten Abgeordneten barg. Alle Klassen jeden Alters, jeder Race waren hier vertreten, und Frauen kamen mit ihren Kindern, Männern und Vätern, um vereint ihre Gefühle über den großen Verlust auszudrücken. Selbst an Orten, wo die Schnelligkeit mit der wir reisten, es nicht möglich machte anzuhalten, standen lange Reihen von Bürgern, mit unbedeckten Häuptern, um wenigstens ihre stille Achtung zu bezeugen".

Dem starken kräftigen Geiste entsprach auch Schleicher's Aeußere. Um Haupteslänge ragte er über die meisten andern Sterblichen empor. — Das Deutschthum Amerika's hat gerechte Ursache, das so frühe Hinscheiden dieses einer seiner würdigsten Repräsentanten tief zu beklagen. (Siehe Anhang No. 10.)

Neunzehntes Kapitel.

Louisiana.

Louisiana. — Vinzent Nolte. — Seine Abenteuer. — New Orleans und dessen deutsche Einwanderung. — Deutsche Vereine und Militärkompagnien. — Johann Hahn's Buchhandlung in 1841. — Christian Roselius. — Seine Stellung als erster Advokat in Louisiana. — Als Professor der juristischen Fakultät der „Universität von Louisiana". — Opposition gegen die Sezession. — Dr. Karl Aloys Lützenburg. — Stiftung der „Naturhistorischen Gesellschaft". — Das „Lützenburg Spital". — Gouverneur Michael Hahn.

In Vinzent Nolte's in vieler Hinsicht sehr interessantem Buche, „Fünfzig Jahre in beiden Hemisphären" (2 Bände. Hamburg 1854, Perthes, Besser und Manke), erfahren wir gelegentlich einiges Weniges über die Deutschen, welche sich in den zehner und zwanziger Jahren in New Orleans befanden. Die, welche er kannte, scheinen meistens dem Handelsstande angehört, die wenigsten aber eigene große Geschäfte getrieben zu haben. Von Vereinen und Gesellschaften finden wir Nichts bei ihm, vielleicht weil ihn seine großartigen Geschäfte nur in die Kreise alter Bewohner brachten.

Vinzent Nolte selbst hat eine geraume Zeit in Louisiana gelebt. Seine Reminiscenzen stellen ihn uns als einen Mann von ebenso außerordentlichem Charakter dar, wie seine Lebensschicksale außergewöhnlich waren. Sie bilden einen Roman erster Klasse. Vinzent war 1799 in Livorno geboren, wo sein Vater Theilnehmer eines bedeutenden Hamburger Handlungshauses war. Seine Erziehung erhielt er zum großen Theil in Hamburg, trat aber im fünfzehnten Jahre in das Handlungshaus in Livorno als Gehülfe ein. Sein Vater hatte indessen ein eigenes Handlungsgeschäft in Hamburg errichtet; Vinzent wurde in demselben angestellt und erhielt später die Stelle eines Korrespondenten in dem Hause Labouchere und Trotereau in Nantes. Im Jahre 1805 will er in äußerst wichtigen und verwickelten Geschäften als Agent des berühmten Hauses Hope zu Amsterdam sowie der Barings zu London, die in enger Verbindung mit dem Hause Labouchere in Nantes gestanden, nach New Orleans gegangen sein.

Nach den seltsamsten Erlebnissen, gelbes Fieber, Schiffbruch, Sturz aus dem Wagen, kehrte er 1809 nach Europa zurück, um im Jahre 1811 wiederum als Agent dieser Häuser nach Amerika zurückzugehen. Bei seiner Ankunft in New Orleans 1812 war grade der Krieg mit England ausgebrochen. Er errichtete gleichwohl dort ein Handelsgeschäft auch auf seine eigene Rechnung, welches natürlich unter dem Druck der Zeit zu leiden hatte, um so mehr als New Orleans selbst streng blokirt war. Ein Sturz vom Pferde kostete ihm beinahe das Leben. Kurz darauf wurde er in einem persönlichen Streit von einem Bankkassirer zu Boden geschlagen und bedeutend verwundet, ohne Satisfaktion erhalten zu können. Er hatte dann ein Pistolen-Duell mit einem amerikanischen Offizier, focht als Freiwilliger unter Jackson die berühmte Schlacht bei New Orleans mit (8. Januar 1815), duellirte sich abermals, wurde in den Schenkel geschossen und kehrte in demselben Frühjahr nach Frankreich zurück, um die durch den Krieg unterbrochenen früheren Geschäftsverbindungen wieder herzustellen. Nachdem ihm dies gelungen und er bis zu einer bedeutenden Summe vom Haus Baring beauftragt war, für dasselbe Geschäfte zu machen, schiffte er sich wieder nach Amerika ein und sein Haus in New Orleans machte von 1818 an die bedeutendsten Geschäfte. Er verheirathete sich 1820, war sehr thätig beim Empfang des Generals Lafayette, eines alten Bekannten von ihm, zu New Orleans in 1825, lieh demselben 1200 Dollars (der Empfangschein ist in fac simile gedruckt), begleitete ihn nach Natchez und erfreute sich der vertraulichsten Mittheilungen des Generals.

Die Handelskrisis in Europa, besonders in England von 1825, führte auch für Amerika einen großen Krach herbei, in welchen Vinzent Nolte gleichfalls verwickelt wurde. Er reiste nach England, um dort seine Geschäfte zu schlichten, ging aber 1827 nach New Orleans zurück, wo er sich durch eine Intrigue seines Grundeigenthums beraubt fand. In 1828 trat er als entschiedener Gegner der Kandidatur von Andrew Jackson auf, griff denselben in öffentlichen Blättern an und zog sich dadurch eine bittere Feindschaft zu. Er beschloß nun (1829) die Vereinigten Staaten auf immer zu verlassen, nachdem er vor zweiundzwanzig Jahren zuerst dort aufgetreten war, und sechzehn Jahre nach der Eröffnung seines Etablissements in New Orleans.

In Paris kam er grade recht zur Juli-Revolution. Die ferneren seltsamen Schicksale die ihn betroffen und ihn auch für einige Zeit zum Bewohner des Londoner Gefängnisses "King's Bench" machten, da er verklagt vom vertriebenen Herzog von Braunschweig, wegen eines angeblichen Kontraktbruchs, keine Bürgschaft für sein Erscheinen vor Gericht geben konnte, können hier nicht verfolgt werden. Zwei spätere Besuche in den Vereinigten Staaten waren nur sehr flüchtige.

Vinzent Nolte stellt in seinen Reminiscenzen zweier Welten sein Licht nicht unter den Scheffel. Da er, wie Göthe, sein Leben erst in hohem Alter schrieb, so mag viel Dichtung sich zur Wahrheit gesellt haben. Allein so viel ist gewiß, daß er Jahre lang eine sehr große Rolle in der amerikanischen Handelswelt spielte, daß seine Unternehmungen kühn und großartig waren und daß er mit vielen der bedeutendsten Geschäftsmänner Amerikas und Europas in Berührung gekommen ist. Seine Schilderung der Dinge und Personen in den Vereinigten Staaten beruhen offenbar auf genauer Beobachtung und seine Beurtheilungen der Charaktere sind im großen Ganzen treffend.

Die starke Auswanderung der dreißiger Jahre ging zu einem guten Theil über New Orleans und es konnte nicht fehlen, daß viele Einwanderer, mit oder gegen ihren Willen, in New Orleans verblieben. Besonders in der Vorstadt häufte sich eine verhältnißmäßig starke Bevölkerung an. Schon im Jahre 1837 muß die Anzahl der Deutschen von einiger Bedeutung gewesen sein, denn wir finden, daß sich in demselben Jahre eine freiwillige „Scharfschützen Kompagnie" bildete. In 1838 entstand ein „Deutscher Verein" zu gegenseitiger Unterstützung, sowie auch ein „Deutscher Liederkranz", dessen Präsident Dr. Authenrieth war. Eine Sammlung von $115, welche 1840 unter den Deutschen New Orleans' zum Zweck des zu errichtenden Hermann-Denkmals bei Detmold stattfand, gemahnt uns an die lange Periode, welche zwischen dem Anfang und dem Ende dieses nationalen Unternehmens lag. In 1841 übernahm Johann Hahn eine Zweigbuchhandlung der Wesselhöft'schen zu Philadelphia. Es sollen schon über 12,000 Deutsche zu dieser Zeit in New Orleans und der Vorstadt Lafayette gewohnt haben. Eine deutsche Kirche und Schule wurden dort im Jahre 1842 gegründet, und für die Familie Jordan in New Orleans in diesem Jahre eine bedeutende Sammlung veranstaltet. Ueberhaupt regte sich ein mannigfaches deutsches Leben in New Orleans während der vierziger Jahre. Mehrere deutsche Zeitungen wurden publizirt, wie z. B. der „Deutsche Courier" (1840), und Vereine jeder Art gebildet.

Innerhalb der Zeit, die wir im Auge haben, zeichneten sich vor allen zwei deutsche Männer aus, deren Name nicht blos in Louisiana einen hellen Klang hat, sondern auch weit über die Grenzen des Staats gedrungen ist, Christian Roselius und Karl Aloys Lützenburg. Roselius wurde am 10. August 1803 zu Thedinghausen, im Herzogthum Braunschweig, geboren, und erhielt eine gute Schulerziehung. Was den siebenzehnjährigen Jüngling bewog, sich 1820 in Bremen allein und mittellos einzuschiffen, ist nicht bekannt geworden. Genug, als er sich in New Orleans am 11. Juli auf der holländischen Brigg „Jupiter" befand, zahlte der Herausgeber des "Louisiana Advertiser" das Passagiergeld für den aufgeweckten Knaben und nahm ihn als Lehrling in seine Druckerei auf. Er blieb dann drei Jahre in der Lehre und wurde darauf Gehülfe in der Druckerei des "Louisiana Courier". Während dieser Zeit machte er sich zum Meister der englischen Sprache und übersetzte alle deutschen Anzeigen während dem Setzen. Schon zur Zeit, als er in der Buchdruckerei beschäftigt war, widmete er seine Aufmerksamkeit dem Studium der Rechtswissenschaft. Im Jahre 1827 publizirte er ein wöchentliches Unterhaltungsblatt, „Halcyon", welches indessen nach sechs Monaten wieder einging.

Er begab sich nun in das Bureau eines bekannten Advokaten, D a v e z a c, der später amerikanischer Geschäftsträger in Holland war, und setzte emsig sein Rechtsstudium fort, indem er zugleich, um etwas zu verdienen, in einem Mädchenpensionat Unterricht in der englischen Sprache ertheilte. Da das „Jus" in Louisiana auf dem französischen, respektive römischen Rechte, beruht, warf er sich mit Eifer auf das Erlernen der lateinischen Sprache, um die Rechtsquellen in der Ursprache lesen zu können. Ueberhaupt hatte er ein ausgezeichnetes Sprachtalent. So studirte er eifrig den "Code Napoleon" und die Kommentare darüber (keine kleine Arbeit) und machte sich, nachdem er 1828 zur Rechtspraxis zugelassen worden war, durch seine genaue und umfassende Kenntniß des Civilrechts bald einen Namen unter den Advokaten von New Orleans. Nach einigen Jahren nahm er unbestritten den ersten Rang als Rechtsgelehrter in allen Civilfällen ein, kein geringes Verdienst, denn die ersten Advokaten des Landes setzen ihren Stolz weit mehr in eine erfolgreiche Praxis in Civilsachen, als in Criminalfällen. Einer der ersten Advokaten, in Gegenwart des gesammten Richterpersonals und des Advokatenstandes, sprach bei einer Versammlung, welche um Roselius' Andenken zu ehren, zusammenberufen war, nur die allgemeine Meinung aus, indem er sagte:

„Seine Liebe für das Civilrecht war eine Leidenschaft, der Gegenstand seiner täglichen Betrachtungen und seiner Unterhaltung. Einstimmig gesteht man zu, daß er in seinem Fache der Erste war. Er würde eine Zierde in dem obersten Gerichtshof der Vereinigten Staaten gewesen sein, und zur Erhöhung juristischer Bildung beigetragen haben."

Richter Ogden, welcher in der Versammlung präsidirte, sagte von ihm:
„Die Natur hatte C h r i s t i a n R o s e l i u s mit einem wundervollen Sinn für die Rechtswissenschaft begabt, so daß bei dem energischen Fleiß, den er darauf verwendet, sein Urtheil, wenn nicht von Leidenschaften oder Interessen getrübt, wie wir sie alle haben, einer Inspiration gleichkam. Er war ausgesprochener und anerkannter Maßen der große Jurist von Louisiana, unübertroffen als Kenner des Civilrechts. Niemand hätte ihm in den Gerichtshallen Washington's diese Ueberlegenheit streitig machen können."

Aber nicht allein als Advokat vor Richtern und Geschworenen behauptete er den ersten Rang, sondern als Lehrer des Civilrechts wirkte er mit dem größten Eifer und Erfolg durch Vorlesungen, welche er dreiundzwanzig Jahre lang auf der „Universität von Louisiana" hielt. Man könnte zweifeln, ob er auf dem Forum oder dem Katheder der Größte war. Gewiß eine seltene Vereinigung, die Kunst der praktischen Führung eines Prozesses und die des lehrenden Vortrags der Wissenschaft, welche zu dieser Führung nothwendig ist! —

Seine Lust an seinem Fache, die Verantwortlichkeit, die er seinen so zahlreichen Klienten gegenüber übernommen, machten ihn nicht geneigt, sich viel dem politischen Leben hinzugeben. Aber ganz konnte er es, wie so viele Advokaten, nicht vermeiden, dann und wann politische Stellungen einzunehmen. Sein erstes amtliches Auftreten lag indessen auf dem Wege seines Berufs. Von 1841—1843 bekleidete er das Amt des GeneralStaatsanwalts von Louisiana. Schon in 1845 war er ein Mitglied der verfassungsgebenden Konvention, sowie ebenfalls der konstitutionellen Konvention von 1852. In der Wahl für Oberst-Richter von Louisiana in demselben Jahre unterlag er, obgleich sein Gegner nur eine kleine Majorität erhielt, nicht weil man ihn nicht für den besten Juristen hielt, sondern weil gerade damals der Nativismus sein Haupt erhoben hatte und ihm, dem Deutschen, viele Stimmen entzog.

Als im Jahre 1861 eine Konvention berufen war, die den Staat durch Umänderung der Verfassung in die Sezession treiben sollte, und endlich hineintrieb, war er von einem unionsfreundlichen Distrikt zu einem Delegaten gewählt worden. Sein deutscher Verstand und sein deutsches Gemüth hielten ihn natürlich an der Union fest. Er hielt die feurigste Rede gegen Sezession, stimmte natürlich gegen die neue konföderirte Verfassung und weigerte sich, dieselbe zu unterzeichnen.

Während der militärischen Besetzung von Louisiana durch die Bundesregierung, wurde ihm von dem Oberstkommandirenden (General Sheridan) die Stelle als Oberst-Richter angetragen, aber da zu gleicher Zeit das Kriegsrecht herrschte, nahm er eine Stellung nicht an, in welcher seine richterlichen Entscheidungen von militärischen Befehlen hätten durchkreuzt werden können.

Roselius war ein Mann mittlerer Größe, keineswegs schön von Gesicht, selbst seine Stimme, obgleich sehr stark, war scharf und schrill. Während er den Argumenten seiner Gegner keine Gnade angedeihen ließ, hielt er sich gegen deren Person stets in den Schranken des höchsten Anstandes. Im Umgang war er äußerst liebenswürdig, sehr gesprächig, gefällig, nur zu gefällig, namentlich in Geldsachen gegen Jedermann. Er liebte und genoß das Landleben auf seiner Villa nahe der Stadt. Zu Pferde und zu Fuß liebte er es, sich so oft wie möglich Bewegung zu machen, und lebte vorzugsweise gern im Kreise seiner Familie. Eine reiche Bibliothek stand ihm zu Gebote und für die dramatische Kunst, hatte er wie Astor eine ganz besondere Neigung und seine hauptsächliche Erholung, namentlich im reiferen Alter, war der Besuch des Theaters. Trotz seiner großen Praxis und der oft außerordentlichen Einnahmen, sammelte er keinen außergewöhnlichen Reichthum. Erst im Jahre 1869, vier Jahre vor seinem Tode, welcher am 5. September 1873 stattfand, besuchte er sein altes Vaterland.

Als Roselius seine Laufbahn in New Orleans begann, mußte er alle Aufmerksamkeit der Erlernung der englischen und französischen Sprache widmen. In beiden Sprachen, als er später die Advokatur ergriff, wußte er sich fließend und elegant auszudrücken. Gelegenheit, sich in seiner Muttersprache weiter auszubilden, bot ihm die damalige deutsche Bevölkerung nicht. Es kann uns daher nicht sehr wundern, daß er das Deutsche soweit vergaß, um nicht als öffentlicher Redner in dieser Sprache auftreten zu wollen. Er las und sprach es indessen, obgleich nicht so fließend wie englisch und französisch.

Aus dem wahrscheinlich der Schule und dem elterlichen Hause entflohenen jungen Burschen von siebzehn Jahren, der, als er auf dem „Jupiter" in New Orleans saß, auf einen Patron harrend, der seine Ueberfahrt bezahle, kein Wort englisch oder französisch verstand, ist durch sich selbst allein einer der größten amerikanischen Rechtsgelehrten geworden, dem in seinem eigenen Staate wenigstens keiner den ersten Rang streitig machte. Die Schwächen und Fehler, die er gewiß hatte, die uns aber unbekannt geblieben sind, verschwinden gegen einen solchen Erfolg.

Wie Christian Roselius der erste Rechtsgelehrte seiner Zeit in New Orleans war, so stand Dr. Karl Aloys Lützenburg an der Spitze der Aerzte. Am 5. Juli 1805 in Verona geboren, wohin sein Vater, aus einer alten österreichischen adeligen Familie entstammend, als Kriegs-Kommissär in dem Kriege dieses Jahres gegen Napoleon der Armee gefolgt war, brachte er einen Theil seiner Jugend zu Weißenburg und Landau zu, wohin sein Vater am Ende des Kriegs sich begeben hatte, und wo Verwandte von ihm wohnten. In Weißenburg besuchte er das „Lyceum" und machte dort bedeutende Fortschritte in der lateinischen und französischen Sprache. Aber noch vor Vollendung seiner Studien wanderte sein Vater 1819 nach Amerika aus und ließ sich zu Philadelphia nieder. Dort bildete sich Karl ferner in den Sprachen und andern Wissenschaften, namentlich auch in gymnastischen Uebungen aus und wurde ein Zögling von dem damals sehr berühmten „Jefferson Medical College". Besonders zog ihn die Chirurgie an, und er war unermüdlich in dem Sezir-Zimmer. Im Jahre 1829 begab er sich nach New Orleans und fand alsbald eine Anstellung an der dortigen „Charité" als Wundarzt der Anstalt.

Kurz nach seiner Ankunft selbst vom gelben Fieber ergriffen, schlug er für sich und andere eine neue Heilmethode (Blutentziehung) ein und be-

harrte darauf mit einer keinen Widerspruch duldenden Festigkeit, zog sich
dadurch aber gleich von vornherein die Opposition vieler der Mitglieder
dieser so leicht reizbaren Fakultät zu. Ueberhaupt trat Lützenburg, sich
seiner Kenntnisse bewußt, mit großem Selbstvertrauen und Entschiedenheit
auf und lud sich dadurch den Haß und selbst Verfolgungen von Seiten
seiner Neider auf. Eine, wenn nicht gerade neue, aber von ihm hier zu
Lande zuerst angewandte Methode, die Folgen der Blattern — Entstellung
durch Narben — durch Lichtentziehung zu verhindern, und welche Erfolg
hatte, brachte ihm neue Feinde, indem man ihm vorwarf, er habe sich der
Entdeckung des Mittels gerühmt, was keineswegs der Fall gewesen war.
Durch eine glückliche Heirath (1832) erweiterte sich der Zirkel seiner Bekanntschaft und sie setzte ihn in den Stand, sich mit allen Hülfsmitteln seines
Berufs reichlich zu versehen. In demselben Jahre legte er seine Stelle in
der „Charité" nieder und begab sich mit seiner Familie auf längere Zeit
nach Europa, besuchte die Hospitäler zu London, Dublin und Edinburg und
brachte den ganzen Winter in Paris zu, wo er sich auf der dortigen medizinischen Schule und in den Spitälern den eifrigsten Studien ergab, den
beträchtlichsten Theil seiner Zeit aber auf Dupuytren's Klinik zubrachte.
Er setzte im folgenden Jahre seine Reisen durch Deutschland, Italien,
Holland und Belgien fort, überall reiche Schätze des Wissens einsammelnd,
und namentlich von dem berühmten Langenbeck in Göttingen empfing
er lehrreiche Mittheilungen.

Nach diesem langen wissenschaftlichen Ausflug finden wir ihn 1834
wieder zu New Orleans. Nach seiner Rückkehr nahm seine Thätigkeit
einen großartigen Umfang an. Man hat behauptet, daß Keiner seiner
Zeitgenossen unter den Aerzten in den Vereinigten Staaten eine so ge-
winnreiche Praxis gehabt habe wie er. Für Operationen, zu welchen er
oft nach andern Städten und Staaten gerufen wurde, soll er ganz außerordentliche Remunerationen erhalten haben. Auf der andern Seite war
er gegen Unbemittelte sehr generös und Armen gab er stets in seinem
Büreau unentgeltlich Anweisung und Rath. Das erste, was er nach
seiner Rückkehr that, war die Errichtung eines Privat Spitals („Franklin
Infirmary"), welches sich bald unter seiner Leitung des größten Zuspruchs erfreute und unter dem Namen Lützenburg Spital am
bekanntesten geworden ist. Darauf wendete er seine Thätigkeit der
Gründung einer medizinischen Schule zu. An dieser ward er Dekan und
Professor der Chirurgie und zeichnete sich, gerade wie Roselius in der
Rechtsschule, durch seine Vorlesungen vor allen Andern aus.

In 1839 wurde er als einer der Gründer der „Naturhistorischen Gesellschaft" sofort zum Präsidenten derselben gewählt. Ihr vermachte er
auch seine reichen Sammlungen von naturhistorischen Gegenständen.
Ebenso erhielt er das Präsidium der im Jahre 1843 durch die Gesetzgebung

gegründeten „Medizinisch-Chirurgischen Gesellschaft von Louisiana". In demselben Jahre wurde er von der Vereinigten Staaten Regierung als Arzt am „Marine Hospital" angestellt, verlor aber diese Stelle 1845, als die Demokraten an's Ruder kamen, da Lützenburg ein entschiedener Freund von Henry Clay gewesen war, der Polk die Wahl zur Präsidentschaft streitig gemacht hatte.

Schon seit einiger Zeit an einer Herzkrankheit leidend, wollte er im Sommer 1848 nach einem Bade in Virginien reisen, als sich in Cincinnati sein Uebel so verschlimmerte, daß er dort bleiben mußte und am 15. Juli 1848 im besten Mannesalter verschied. Seine Ueberreste wurden nach New Orleans gebracht und dort unter dem Zudrang einer großen Anzahl seiner Freunde und Schüler zur Erde bestattet. Man hielt Reden an seinem Grabe in drei Sprachen, und aus den Worten des deutschen Dr. Müller können wir entnehmen, daß Lützenburg seine Zuneigung zu seinem alten Vaterlande nie verloren hatte. Nachdem dieser hervorgehoben, wie sehr er seine deutschen Mitbürger geliebt und sie bei allen Gelegenheiten mit Rath und That unterstützt, schloß er mit den Worten: „Der einzige Lohn, den er erwartete, war die Befriedigung, die er in seinem großmüthigen Herzen fand. Denkt daran, Deutsche, das Herz, welches ihn zu dem machte, was er war, war ein deutsches Herz!"

Wenn in Louisiana, wie in den meisten südlichen Staaten, die Deutschen keine große politische Rolle gespielt haben, so lag das in den gegebenen Verhältnissen. Theils war in keinem derselben, Texas ausgenommen, die deutsche Bevölkerung der Zahl nach von Bedeutung, theils drehte sich dort schon seit den vierziger Jahren die Politik um Fragen, die mit dem System der Sklaverei zusammenhingen und in denen die wenigsten Deutschen sich veranlaßt sahen, ein großes Interesse zu zeigen. Die Sezession erst brachte eine Spaltung der Parteien hinsichtlich der Sklavenfrage in einigen dieser südlichen Staaten. So fanden sich auch in New Orleans, welches zudem schon im Frühling 1862 von den Bundestruppen besetzt wurde und unter der speziellen Regierung der Vereinigten Staaten bis zum Ende des Kriegs blieb, eine Anzahl von Männern, welche sich nicht nur von vornherein gegen die Sezession des Staates gesträubt hatten, sondern die überhaupt prinzipielle Gegner der Sklaverei waren und deren Abschaffung befürworteten. Zu diesen zählte Michael Hahn, den die politischen Wirren und Wechselfälle in kurzer Zeit in hohe politische Stellungen brachten.

Zu Klingenmünster in der Pfalz am 24. November 1830 geboren, wanderten seine Eltern im Anfang der dreißiger Jahre, zu welcher Zeit grade in der Rheinpfalz der große Zug der Auswanderung nach Amerika anfing, ebenfalls dahin aus und ließen sich in der Stadt New York nieder. Im Jahre 1835 finden wir sie jedoch in New Orleans und Michael wurde dort in die öffentliche Schule geschickt. Seine Eltern verlor er schon früh und er sah sich deshalb auf sich selbst gestellt. Doch gelang es ihm bald, sich durch seinen Fleiß, seine Anstelligkeit und Thätigkeit eine geschäftliche Stellung zu erwerben, während er zu gleicher Zeit sich mit dem Stublum des Rechts befaßte. Er trat in das Bureau des berühmten Advokaten Roselius ein, besuchte auch die Rechtsschule der „Universität von Louisiana" und wurde bald (1852) zur Rechtspraxis zugelassen.

Als Advokat und öffentlicher Notar glückte es ihm, sich in kurzer Zeit ein hinreichendes Auskommen zu erwerben. Auch an der Politik nahm er alsbald einigen Antheil und ließ sich öfters bei Volksversammlungen hören. Im Jahre 1860 ergriff er Partei gegen Breckenridge und kämpfte für Douglas. In einer Versammlung, welche die Delegaten von Louisiana, nachdem sie aus der demokratischen Konvention zu Charleston ausgetreten waren, weil das radikal südlich gefärbte Programm nicht angenommen worden war, in New Orleans abhielten, um sich zu rechtfertigen, trat Hahn entschieden gegen alle Secessions-Gelüste auf.

New Orleans wurde bekanntlich schon im Frühjahr 1862 den Konföderirten entrissen, und Hahn schloß sich alsbald der Unions-Behörde an, bildete eine „Union Association", und that Alles, um eine Unionspartei im Großen zu gründen. Da mit Ausnahme von New Orleans und Umgebung der übrige Theil des Staates sich noch unter der Autorität der konföderirten Regierung befand, so versuchte man von Washington aus, das von den Bundestruppen besetzte Gebiet einigermaßen wieder unter der Aegide der Bundesverfassung zu organisiren. Gerichte wurden eingesetzt, und schon im Herbst 1862 eine Wahl für den früheren zweiten Kongreß-Distrikt angeordnet. Hahn, dessen Opposition gegen Sezession und das System der Sklaverei überhaupt wohl bekannt war, trat als Unions-Kandidat auf, wurde erwählt und nahm seinen Sitz im Kongreß im Februar 1863 ein.

Von nun an vertheidigte er entschieden eine Reorganisation des Staates auf der Basis der Abschaffung der Sklaverei. Um diese Zeit kaufte er das Journal "True Delta" an, und wurde dessen Redakteur. Bei der zunächst stattfindenden Wahl für Gouverneur (22. Februar 1864) wurde er zum Gouverneur von Louisiana von dem loyalen Theile der Bevölkerung gewählt, welches Amt er am 4. März desselben Jahres antrat. Hier hatte er Gelegenheit, unter den schwierigsten Umständen seine Fähigkeit zu dem Amte zu beweisen, galt es doch der Reorganisation des Staates nach ganz neuen Prinzipien, und einer Durchführung der vom Präsidenten eingeschlagenen Politik hinsichtlich Louisiana's, die selbst unter den Republikanern nicht wenige Gegner fand. Starker Opposition, selbst von Republikanern und Unionsfreunden gegenüber, bestand Hahn unbedingt auf Abschaffung der Sklaverei im Staate, und es gelang ihm diese Lieblingsidee seiner Jugend, wenigstens soweit durchzusetzen, daß alle Sklaven in dem von den Unions-Truppen besetzten Theile Louisiana's, emanzipirt wurden. Seine Rechtskenntniß, sowie die Vertrautheit mit den Lokalverhältnissen kamen ihm hier sehr zu Statten. Präsident Lincoln, der schon in Washington mit Hahn bekannt geworden war, bezeugte ihm stets die höchste Achtung und ein freundliches Wohlwollen. Am 13. März schrieb er ihm von Washington:

[Im Vertrauen.]

Achtb. Michael Hahn!

Mein werther Herr! Ich wünsche Ihnen Glück, daß sie in der Geschichte Ihren Namen als den des ersten Gouverneurs des freien Louisiana's eingezeichnet haben. Sie sind im Begriffe eine verfassunggebende Versammlung zu berufen, welche das Wahlrecht zu bestimmen haben wird. Ich stelle es Ihrer besondern Ueberlegung anheim, ob nicht Farbige, welche intelligent genug sind, und speziell die, welche muthig in unsern Reihen gefochten haben, zum Stimmen zugelassen werden sollten? In Zeiten der Prüfung könnten diese helfen, um den Juwel der Freiheit in der Familie von Freien zu bewahren. Aber dieses ist nur eine Andeutung für Sie allein, nicht für die Oeffentlichkeit.

Ihr aufrichtiger

Abraham Lincoln.

Wenn auch Michael Hahn schon so früh in's Land gekommen war, bald seiner Eltern und mit ihnen auch seiner Muttersprache beraubt wurde, so hat er doch das Deutsche soweit gepflegt, daß er es lesen und, wenn auch nicht fließend, sprechen kann. Worin sich aber seine deutsche Natur am deutlichsten offenbarte, war das große Interesse, welches er an den Schulen und namentlich an der Verbesserung und Entwickelung der Freischulen nahm. Schon im Jahr 1853 und seitdem zu verschiedenen Malen bekleidete er das Amt eines Distrikt-Schulraths und eine zeitlang war er Präsident des gesammten Schulraths der Stadt. Das öffentliche Leben ließ ihn indessen seine Privatangelegenheiten nicht vernachlässigen. Er ist bis jetzt sehr glücklich in seinen Unternehmungen gewesen, besitzt eine große Zucker-Plantage in St. Charles Parish, nahe bei New Orleans, und eine sehr umfangreiche Farm in Illinois. Eine von ihm ausgelegte Stadt in St. Charles Parish trägt den Namen Hahnville und erfreut sich schon einer bedeutenden Blüthe, hat sogar, und bereits seit mehreren Jahren, den Luxus einer Zeitung "The St. Charles Herald".

Jedenfalls ist Michael Hahn ein bedeutender Charakter. Wenn ihm auch die Neugestaltung der Dinge in seinem Heimathsstaat eine Laufbahn eröffnete, welche ihm sonst wohl verschlossen geblieben wäre, so muß man auf der andern Seite bedenken, welche Schwierigkeiten zu überwinden waren, und welche Gefahren grade in einer solchen abnormen Lage sich dem, welcher die Führung übernimmt, entgegenstellen. Nur ein energischer und entschlossener Mann konnte hier durchdringen. In dem heißen Streite der Parteien, der nach dem Kriege noch heftiger brauste als während desselben, und zu einer Zeit, wo jedes entschiedene öffentliche Auftreten die heftigste Opposition herausforderte, setzte jeder Mann, der an der Spitze der Parteien stand, hundertmal sein Leben ein. Wie oft waren nicht New Orleans und andere Orte des Staates während der wirren und verwirrenden politischen Kämpfe die Wahlstätten von blutigen Zusammenstößen. Hahn selbst wurde bei Gelegenheit einer Partei-Versammlung von Delegaten (1866), bei welcher er selbst nur Zuschauer war, von einem Pöbelhaufen angegriffen und schwer verwundet.

Es konnte natürlich in dieser aufgeregten Zeit, während zwar New Orleans dem Bunde unterworfen, der übrige Theil des Staats aber in den Händen der Sezessionisten war, und in der Stadt sogar eine Mehrheit nur mit verhaltenem Ingrimm sich dem Schwert der Union fügte und selbst nach dem Kriege, wo sich die Mehrzahl der weißen Bürger von Louisiana nur mit Widerstreben in ihr Schicksal ergaben, nicht an den widersprechendsten Urtheilen über Hahn fehlen. Von der Unionspartei auf den Schild erhoben und gepriesen, wurde er das Ziel heftiger Angriffe von Seiten der Sezessionisten während des Krieges, und der konservativen Partei nach Niederwerfung der Rebellion.

An den Wirren der letzten Jahre, wo Republikaner und Demokraten um die Macht im Staate kämpften und der Welt ein so ärgerliches Schauspiel gaben, nahm Hahn keinen hervorragenden Antheil. Das Vertrauen seiner Mitbürger ist ihm trotz aller schweren Prüfungen, denen er sich nicht entziehen konnte, geblieben, und er wurde 1872 in die Gesetzgebung gewählt und zwei Mal wiedergewählt. Während zweier Sitzungen war er Sprecher des Hauses. Ebenso hat ihn die Bundesregierung im Jahre 1878 mit einem wichtigen Amte bekleidet, nämlich dem eines Direktors der Münzstätte zu New Orleans. Er bekleidete dieses Amt indessen nur sechs Monate.

Zwanzigstes Kapitel.

Süd Carolina.

Süd Carolina. — Erste Einwanderung. — Charleston. — Deutsche Füsilier-Kompagnie. — Michael Kalteisen. — Deutsche Gemeinden und Schulen. — Lutherisches Seminar in Lexington. — Dr. Johann Ernst Bergmann. — Dr. Johann Georg Schwarz. — Professor Ernst Ludwig Hazelius. — Der „Freundschaftsbund", 1832. — Deutsche Buchhandlung in Charleston. — Heinrich Schulz aus Hamburg. — Dr. Philipp Tydemann. — Christopher Gustav Memminger. — General Johann Andreas Wagener. — Sezessionskrieg. — Wagener's Charakter. — Sein Tod. — Nord Carolina. — Georgia.

Schon im vorigen Jahrhundert wanderten Deutsche, bald einzeln, bald in größeren Gesellschaften in Süd Carolina ein. Beim Ausbruch des Unabhängigkeits-Krieges im Jahre 1775 bildete sich bereits eine ganz aus Deutschen und Schweizern bestehende Freiwilligen-Kompagnie zu Charleston, die den Namen „Deutsche Füsilier-Kompagnie" annahm, bis auf den heutigen Tag besteht, und demnach die älteste militärische Organisation des Landes ist. Michael Kalteisen wird als einer der tüchtigsten Offiziere derselben genannt. Diese Kompagnie nahm an den Gefechten in Port Royal und am Sturm auf Savannah Theil, wo Pulaski fiel. Nach und nach, als die Einwanderung nach der Unabhängigkeitserklärung aufhörte, und bis zum Ende des zweiten Jahrzehnts dieses Jahrhunderts fast ganz einschlief, kamen auch nur Eingeborene an die Spitze dieser deutschen Militär-Kompagnie. Erst in 1824 wurde wieder ein Eingewanderter, Johann Mathias van Rhyn zum Lieutenant und vier Jahre später zum Kapitän gewählt. Kalteisen (aus Würtemberg) hatte auch schon am 15. Januar 1766 die „Freundschaftliche Gesellschaft von Charleston" zur Unterstützung deutscher Einwanderer und der Deutschen überhaupt, gestiftet. Er bekleidete zur Zeit seines Todes das Amt eines Vereinigten Staaten Hafenbeamten von Charleston und starb am 3. November 1807.

Gegen Ende des Jahrhunderts hatten die Deutschen in Charleston und andern Orten von Süd Carolina sich schon eine geachtete Stellung erworben, hatten ihre Gemeinden, Prediger und Schulen, und hielten deutsches

Wesen aufrecht.*) Die lange Unterbrechung der Einwanderung hatte aber auch hier, wie anderwärts, die allmälige Amerikanisirung der Nachkömmlinge zur Folge, und selbst die deutschen Kirchen, Schulen und Gesellschaften wurden nach und nach dem Deutschen mehr und mehr entfremdet.

Wenngleich aber auch die alte deutsche Gemeinde Charleston's im Laufe der Jahre zu einer englischen geworden war, so war doch der Prediger derselben, Dr. Bachmann, noch immer im Herzen ein Deutscher geblieben. Als nun durch die neu aufflackernde Einwanderung, welche bereits mit dem Jahre 1819 begann, auch das Bedürfniß der Auffrischung der deutschen Sprache nöthig wurde, da beschlossen mehrere Prediger der lutherischen Synode im Süden, — darunter besonders der deutsche Prediger zu Savannah, Georgia, Dr. Johann Ernst Bergmann (geboren zu Peritz, Sachsen, 1756, gestorben zu Savannah, 1824), ein auf der Universität Halle gebildeter Theologe, der bis zu seinem Lebensende mit unausgesetzter Festigkeit die deutsche Sprache in seinen Amtshandlungen beibehielt, — ein Predigerseminar zu begründen, in welchem die deutsche Sprache als ein bevorzugter Lehrgegenstand gepflegt werden sollte. Das Seminar kam (freilich erst viele Jahre später) durch die wirksame Mithülfe von Männern wie Dr. Tydemann und Anderen zu Stande (1830). Dr. Johann Georg Schwarz wurde zum Rektor desselben und Lehrer der Dogmatik erwählt. Durch ihn ward der Sitz des Seminars nach dem Städtchen Lexington, in der Nähe der Staatshauptstadt von Süd Carolina, in dem fast ganz von Deutschen angesiedelten „Saxe-Gotha" Bezirk verlegt. Er starb indessen nach kaum einjährigem Wirken im Jahre 1831. Sein Nachfolger wurde Dr. Hazelius.

Ernst Ludwig Hazelius, geboren zu Neusalz in der preußischen Provinz Schlesien (1777), war der Sohn des dortigen lutherischen Predigers Erich Hazelius. Seine Mutter, eine geborene Stettinerin, war eine Jugendfreundin der Prinzessin Sophia von Anhalt Zerbst, der nachmaligen Kaiserin Katharina II. von Rußland. Nachdem die Eltern ein Anerbieten der Kaiserin Katharina, den Knaben in Petersburg erziehen zu lassen, abgelehnt hatten, erhielt der junge Hazelius seinen Jugendunterricht im Herrnhuter-Seminar zu Kleinwelka, worauf er dann, behufs Vollendung seiner theologischen Studien, das Pädagogium zu Barby, damals unter Bischof Niesky's Leitung, bezog, woselbst er sich durch seine vorzüglichen Talente und den angestrengtesten Fleiß auszeichnete und zum Prediger der Herrnhuter-Sekte ordinirt wurde.

---

*) Ueber die ältere deutsche Bevölkerung von Süd Carolina, siehe interessante Artikel von J. A. Wagener im „Deutschen Pionier", Jahrgang 3, Seite 2, 36, 120 ff, 234 ff, 238 u. s. w.

Im Jahre 1800 nahm Hazelius, gegen den Rath seiner Freunde, einen Ruf als Lehrer der klassischen Sprachen und Literatur an das Herrnhuter-Seminar in Nazareth, Pennsylvanien, an, von wo er 1809 nach Philadelphia übersiedelte, um daselbst eine Privatschule zu begründen, die sich jedoch nicht erhielt. Von der New Yorker lutherischen Synode zum Prediger zugelassen, wirkte Hazelius nun mehrere Jahre in Pennsylvanien und New Jersey an verschiedenen deutschen Gemeinden. Als im Jahre 1815 das von dem Prediger Johann Christopher Hartwig gestiftete „Hartwick Seminar", in dem Städtchen Hartwick, Otsego County, New York, eröffnet wurde, ward Hazelius, der sich bereits im Seminar zu Nazareth einen guten Ruf als Lehrer erworben, und sich durch sein in 1813 in New York im Druck erschienenes „Leben Luther's" in ein günstiges Licht gestellt hatte, einstimmig zum Prinzipal des klassischen Departements dieses Seminars erwählt. Seinen Ruf als vorzüglicher Gelehrter befestigte er nun durch mehrere von ihm nach einander verfaßte historische und kritische Schriften, worunter besonders seine „Geschichte der Kirche" (Church History) in 4 Bände, New York, 1820—1824 hohe Anerkennung fand, und wofür er 1824 zugleich von den beiden gelehrten Schulen New York's "Union College" und "Columbia College" mit dem Doktortitel der Theologie beehrt wurde.

Im Frühjahr 1830 ward Hazelius zum Professor der biblischen und orientalischen Literatur, sowie der deutschen Sprache an das theologische Seminar zu Gettysburg berufen, welche Stelle er jedoch mit der des Rektorats des Seminars in Lexington, Süd Carolina, vertauschte (1833), woselbst er, mit alleiniger Ausnahme einer Ferienreise nach Deutschland (1842), bis zu seinem am 20. Februar 1853 erfolgten Tode verblieb, obgleich ihm vom König von Preußen eine einträgliche Professur an einer der Universitäten des preußischen Staates angeboten worden war. Neben seinem Lehrberuf war Dr. Hazelius ein eifriger Forscher auf dem Gebiete der Kirchengeschichte, und außer den bereits genannten Werken erschienen noch von ihm im Druck: "Materials for Catechization on Passages of Scripture" (New York 1823); "Life of Stilling" (ebendaselbst 1831); "Augsburg Confession, with Annotations". Während seiner Anwesenheit in Gettysburg (1831—1833) wurde von ihm das „Evangelische Magazin" redigirt. Besonderes Verdienst aber hat sich Hazelius durch seine "History of the American Lutheran Church, from its commencement in 1685 to 1842" (Janesville, O., 1846) erworben, welche einen äußerst wichtigen Beitrag zur Geschichte des Deutschthums in den Vereinigten Staaten bildet.

Im Anfang der dreißiger Jahre blühte das Deutschthum in Süd Carolina auf's neue empor. Im Jahre 1832 war die alte „Freundschaftliche Gesellschaft" in einen „Freundschaftsbund" verwandelt worden, als dessen Zweck „Unterstützung deutscher Einwanderer, Gesellschaftlichkeit, Aufrechthaltung der deutschen Sprache und Sitten in ihrer Reinheit" bezeichnet wurde. Im Jahre 1837 wurde am 18. Oktober der Jahrestag der Stiftung höchst feierlich begangen. Als Präsident der Gesellschaft fungirte in diesem Jahre Johann Siegling, als Vicepräsident Jakob Wineges, und als Sekretär Johann H. Bauße. Im Jahre 1836 finden wir eine Korrespondenz aus Charleston in der „Alten und Neuen Welt", in der die Lage der deutschen Bevölkerung in Süd Carolina als sehr befriedigend dargestellt wird. Unter Anderm heißt es darin:

„Der Deutsche ist durchgehends beliebt, und wird, wenn nüchtern und redlich, immer Andern vorgezogen. Man findet Deutsche in allen wissenschaftlichen Instituten, in Manufakturen und Fabriken, wo sie stets die wichtigsten Posten einnehmen, und in musikalischer Hinsicht stehen sie obenan, was von den Amerikanern einstimmig zugegeben wird."

Der Korrespondent hatte hier wohl ganz besonders Franz Lieber im Auge, der im Jahre 1835 einen Ruf als Professor der Geschichte und der politischen Oekonomie an der Universität von Süd Carolina zu Columbia angenommen hatte, und diese Stelle fast zwanzig Jahre bekleidete. Im Jahre 1812 war in Charleston schon eine ziemlich zahlreiche deutsche Bevölkerung, unter der sich viele gebildete Männer befanden. Ein Herr Karl Panlin hatte den Vertrieb der Wesselhöft'schen Buchhandlung zu Charleston übernommen.

Wir mögen hier eines Mannes erwähnen, der seiner Zeit in Georgia sowohl, wie später in Süd Carolina sehr viel von sich reden machte, und dessen Charakter die verschiedenartigste Beurtheilung erfahren hat, Heinrich Schulz von Hamburg. Als Matrosenjunge soll er schon 1806 nach Amerika gekommen sein. Im Jahre 1814 betrieb er in Gemeinschaft mit einem Amerikaner Handels- und Transportgeschäfte auf einem Flachboot auf dem Savannah Flusse. Auf der zu Georgia gehörigen Seite des Flusses zu Augusta errichtete die Firma, welche dazu einen Freibrief erhalten hatte, eine Werfte, die Schulzes Angabe nach $60,000 gekostet haben soll und schlug ferner eine Brücke über den Fluß, deren Kosten er auf $75,000 angab. Neben ihrem Handelsgeschäft hatten sie auch eine Bank errichtet und ihre Spekulationen nahmen großen Umfang an. In der allgemeinen Handelskrisis von 1818 ging die Firma unter.

Obgleich seine Schulerziehung nur ganz gewöhnlich gewesen sein soll, so war doch Schulz mit natürlichen Anlagen so reich begabt, besaß solchen Geist und solche Thatkraft, daß es ihm bald wieder gelang, sich in neue Unternehmungen einlassen zu können. Er bestrebte sich, den Hafenort Brunswick in Georgia zu einem bedeutenden Handelshafen zu machen, und kaufte dort eine große Anzahl noch unbebauter Hauspläße. Um das Gelingen seines Planes zu sichern, war es aber nöthig, Verbindungswege, namentlich Kanäle zu bauen; seine eifrigsten Anstrengungen aber, für solche Bauten Unterstützung von Seiten des Staates zu erhalten, scheiterten an der Gleichgültigkeit der gesetzgebenden Versammlung des Staates. Er schüttelte den Staub von Georgia von seinen Füßen, zog in den Nachbar-Staat Carolina, und, wie man vielfach glaubt, aus Rachsucht, legte er Augusta gegenüber eine Stadt an, die er nach seiner Vaterstadt H a m b u r g taufte. Der Staat Süd Carolina unterstützte ihn durch Darlehen und Freibriefe. Hamburg blühte unter seiner energischen Leitung wie ein Pilz über Nacht empor. Ueber diese Gründung sagt Schulz: „Hamburg ist jetzt (1850) die dritte Handelsstadt in diesem Staate mit einem Geschäft von Millionen. Sie wurde mit einem Kostenaufwand von $350,000 erbaut, wozu mir der Staat die Summe von $50,000 auf sechs Jahre zinsenfrei vorschoß, welches Geld indessen zurückbezahlt ist". Hamburg war zum Stapelplatz für die aus dem Innern kommende Baumwolle gemacht worden und that Augusta bedeutenden Abbruch.

„Hätte Georgia", so drückt sich eine der ersten Zeitungen von Georgia aus (Macon Messenger) Hundert Tausend Dollars zu keinem andern Zwecke verwendet, als blos demjenigen, diesen Mann unter der Anzahl seiner Bürger zu behalten, so wäre solches Geld ausgezeichnet gut angelegt gewesen. Sein Genie würde früher oder später, auf die eine oder die andere Art, für Georgia bewerkstelligt haben, was es nun für Süd Carolina gethan hat".

Dieses Unternehmen von Schulz, einen schon lange bestehenden Handelsplatz niederzubrechen, mußte ihm natürlich viele Feinde zuziehen. Er hatte mit allen möglichen Intriguen zu kämpfen. Aber auch seine Bewunderer konnten nicht verkennen, daß er oft keine Mittel scheute, seine Zwecke zu erreichen, und daß sein Privatleben große Schwächen und Thorheit zeigte. Während seine Gründung noch blühte, scheint er selbst wieder pekuniären Schiffbruch gelitten zu haben. Er starb in fast dürftigen Verhältnissen im Jahre 1852. Sein Lieblingskind, das neue Hamburg, fing mit seinem Tode an zu kränkeln. Es ging so rasch zurück, als es gewachsen war. Augusta zog den Binnenhandel wieder an sich. Nach dem Bürgerkrieg wurde es, wohl aus dem Grunde, weil das Eigenthum als werthlos billig zu haben war, eine Lieblingsansiedlung der freigelassenen Sklaven, die sich bei 2000 an der Zahl dort niederließen. Dieses Element verspricht kaum eine günstige Zukunft für den Ort. In den Wirren des Südens, die dem Kriege folgten, hat Hamburg eine nicht beneidenswerthe Rolle gespielt. Blutige Scenen fielen dort zwischen den Weißen und Schwarzen vor, welche in den politischen Streitfragen und Wahlen keine geringe Rollen spielten. Schulz soll ein langer, schlanker, selbst in seinem Alter sehr rüstiger Mann gewesen sein. General Wagener sagt von ihm:

„Heinrich Schulz, der Gründer von Hamburg, war zwar nicht das Ideal eines deutschen Mannes, wie wir ihn gerne haben, aber er war ein Keim des alten Stammes, voll Leben und Kraft, voll Einsicht und beharrender Wirksamkeit. Seine Fehler und Thorheiten waren zweifelsohne die Folge seiner jugendlichen Eindrücke und der Vorurtheile, die er sich in Amerika angeeignet".*)

Bei Süd Carolina verweilend, erinnern wir an zwei Männer, welche beide in verschiedenen Kreisen für den Staat von großer Bedeutung waren und deren Leben einen interessanten Gegensatz bildet. Der eine, Sohn eines Deutschen, in Charleston geboren, wird mit der Zeit wieder ein Deutscher, während der andere in Deutschland geboren, aber in frühester Jugend hierher verschlagen, sich vollständig mit den Eingebornen identifizirte.

Dr. **Philipp Tydemann** wurde am 31. September 1777 in Charleston geboren. Sein deutscher Vater, mit einer Schottländerin aus einer sehr angesehenen Familie verheirathet, starb bald, mit Hinterlassung eines bedeutenden Vermögens, und Tydemann ging mit seiner Mutter nach Schottland zu ihren Verwandten zurück. Er erhielt dort eine ausgezeichnete Erziehung, studirte Medizin zu Edinburg und London, wurde Mitglied des "Royal College of Surgeons", setzte seine Studien in Göttingen fort und erhielt daselbst das Doktor-Diplom. Es war dort, wo er ein rechter Deutscher wurde, wie General Wagener berichtet. Im Jahr 1800 kehrte er wieder nach Charleston zurück, gab aber seinen Beruf auf, da seine Besitzungen ihn zu dem Leben eines Pflanzers gleichsam zwangen.

Im Jahre 1831 war er einer der Delegaten von Süd Carolina auf der Freihandels-Konvention in Philadelphia und wurde später mehrmals in die Gesetzgebung gewählt. Doch fand er keine besondere Neigung für ein öffentliches Leben; aber den Künsten und Wissenschaften in allen ihren Verzweigungen widmete er stets die beste Unterstützung und förderte besonders alle wohlthätigen Anstalten. Er veranlaßte zuerst auf eigne Kosten auf den schönen Promenaden Charleston's öffentliche Konzerte, welche dann später von der Stadt übernommen wurden. Die alte „Deutsche Gesellschaft" beschenkte er von Zeit zu Zeit reichlich und vermachte derselben fünf tausend Dollars, ausdrücklich zur Unterstützung armer neu angekommener Deutschen. An den öffentlichen Demonstrationen der Deutschen war er stets der lebhafteste Theilnehmer. So berichtet General Wagener bezüglich der Sympathiebezeigung der Deutschen mit der Bewegung von 1848 über ihn:

„Am 4. Juli 1848 beschloß die deutsche Bevölkerung Charleston's die Wiedergeburt Deutschland's festlich zu begehen. Es waren zur Zeit drei deutsche Schiffe im Hafen, denen an diesem Tage schwarz-roth-goldene Flaggen geschenkt werden sollten. Ein glanzvoller Zug aller deutschen Militär-, Feuer- und Civil-Gesellschaften hatte sich

---

*) „Der Gründer von Hamburg in Süd Carolina". Biographische Skizze von J. A. Wagener. „Deutscher Pionier", 7. Jahrgang, Seite 485.

gebildet, um nach der deutschen Kirche zu ziehen und dort zum ersten Mal auf fremder Erde die deutschen Fahnen zu begrüßen und einzusegnen. Der ehrwürdige Präsident des Tages war Dr. Philipp Tydemann. Als nun die Orgel den vaterländischen Gesang ertönen ließ, und vom Chor „Eine feste Burg ist unser Gott" erscholl, rannen Thränen der Rührung und Andacht über die eingefallenen Wangen des Greises und er wiederholte die oft von ihm gesprochenen Worte: „In der That, ich bin ein Deutscher".

Auf einer in seinem vierundsiebzigsten Jahre unternommenen Reise, um Schottland und Deutschland vor seinem Ende noch ein Mal zu besuchen, starb er in den Bergen seiner mütterlichen Vorfahren.*)

War Tydeman in Charleston geboren, so darf sich das kleine Mergentheim, jetzt im Königreich Würtemberg, rühmen, die Geburtsstätte von **Christoph Gustav Memminger** gewesen zu sein. Als dreijähriger Knabe kam er mit seinen Eltern im Jahre 1806 in Charleston an, verlor sie aber bald nach seiner Ankunft. Er wurde in das Waisenhaus aufgenommen. Im neunten Jahre schon erregte er durch seine Gaben die Aufmerksamkeit des damaligen Gouverneurs **Bennett**, der ihn in seine Familie aufnahm, ihn ausbilden und auf der Universität von Süd Carolina studiren ließ, die er 1822 schon absolvirte. Er studirte dann Jurisprudenz, wurde 1825 Advokat in Charleston und brachte es in seinem Beruf zur höchsten Auszeichnung. Er verheirathete sich mit einer Tochter des Gouverneurs Bennett. Im Jahre 1832 war er ein entschiedener Gegner der Nullifikation, dem vorgeblichen Rechte, Kongreßgesetze, wenn sie den Staatsgesetzgebungen unkonstitutionell erscheinen, für nichtig zu erklären. Er schrieb im biblischen Chroniken-Styl eine satyrische Brochüre, "Book of Nullification", welche großen Eindruck machte. Von 1836 an war er fast zwanzig Jahre lang ein Mitglied des Unterhauses der Gesetzgebung und Vorsitzer des wichtigen Ausschusses über Finanzen. Er war ein stetiger Opponent eines unsichern Bankwesens, hatte überhaupt sehr gesunde Ansichten in allen nationalökonomischen Fragen. Ganz besonders aber (und hier finden wir doch einen den Deutschen vorzugsweise zugehörigen Charakterzug) widmete er sich der Reform des Schulwesens, und mit dem besten Erfolg. Stets ein großer Freund der Union, denn er sagte von sich selbst: „Kein Mensch auf dieser weiten Erde hat diese unsere Union mit einer treuern Seele geliebt, als ich", vermochte er dennoch, als die Stunde der Trennung für seinen Staat geschlagen hatte, sich nicht loszureißen von der Heimath, die ihm so lange ihr Vertrauen geschenkt, und von den Freunden, die ihn als hülflosen Knaben beschützt und erzogen hatten. Im Dezember 1860 wurde er zum Schatzmeister des Staates Süd Carolina ernannt. Im Februar 1861 berief ihn **Jefferson Davis**

---

*) „Dr. Philip Tydeman". Skizze von J. A. Wagener. „Deutscher Pionier", 7. Jahrgang, Seite 250.

in sein Kabinet als Finanzminister der Konföderirten Staaten. Diese unendlich schwierige und undankbare Stellung hielt er bis zum Juni 1864 inne. Natürlich fehlte es nicht an Ausstellungen und Tadel über seine Finanzverwaltung. Aber es ist gewiß, daß er „mit einem reinen Namen und einem ehrenvollen Ruf aus dieser Feuertaufe hervorgegangen ist." Nach Beendigung des Krieges kehrte er wieder zu seiner Advokatur zurück, die er trotz seines hohen Alters in bedeutenden Fällen mit großem Erfolg ausübt.*) Gegenwärtig ist er ebenfalls Präsident der im Bau begriffenen „Charleston und Ohio Eisenbahn", welche Charleston mit Cincinnati zu verbinden bestimmt ist.

Um eine Vorstellung deutschen Lebens in Süd Carolina zu gewinnen, giebt es kein besseres Mittel, als den Lebensgang eines Mannes zu verfolgen, in dem sich dieses gleichsam verkörpert hat. Wir meinen General J. A. Wagener. Was Johann Andreas Wagener, der am 23. Juli 1816 in dem Städtchen Sievern, in der Nähe von Bremerhafen, geboren wurde, schon im fünfzehnten Jahre nach Amerika trieb, wissen wir nicht. Im Jahre 1831 in New York gelandet, und nachdem er dort in einem kaufmännischen Geschäfte ein oder zwei Jahre thätig gewesen war, fand er in Charleston eine Stelle als Buchhalter. Schon nach einigen Jahren begründete er ein eigenes Geschäft, welches den Kauf und Verkauf von Grundeigenthum zum Gegenstand hatte, und mit welchem er Agenturen für Zeitungen u. s. w. verband. Auch hatte er bald die Anstellung eines öffentlichen Notars erhalten — ein Amt, welches indessen hier zu Lande durchaus nicht den Umfang und die Bedeutung hat, wie etwa in Frankreich oder den Gegenden Deutschlands, wo noch das französische Recht herrscht. Bald galt er wegen seines lebhaften Antheils an allen öffentlichen Angelegenheiten, wenigstens unter seinen Landsleuten, als ein einflußreicher Mann. Im Jahre 1838 rief er nach dem großen und verheerenden Feuer in Charleston eine deutsche Feuerwehr-Kompagnie in's Leben, deren Mitglied er bis zum Jahre 1850 geblieben ist. Auf seine Anregung wurde auch wieder 1840 eine neue deutsche evangelische Gemeinde gegründet. Vor Anstellung eines regelmäßigen Predigers, wirkte er selbst als solcher. Nach seiner Idee sollte es eine Kirche für alle Konfessionen sein, denn ihm galt nur das Werk, nicht der Glaube. Wie es aber vorauszusehen war, trat mit der Anstellung eines wirklichen Theologen eine wesentliche Aenderung ein. Eine konfessionslose Kirche konnte selbst ein so beharrlicher thatkräftiger Mann wie er nicht durchführen.

Einen ihm mehr angemessenen Wirkungskreis fand er in der Redaktion einer Zeitung, der ersten deutschen Zeitung der atlantischen Südstaaten.

---

*) „Christopher Gustav Memminger". Skizze von J. A. Wagener. „Deutscher Pionier", 7. Jahrgang, Seite 171.

Die erste Nummer dieser Zeitschrift für Literatur, Handel und Gewerbe erschien am 9. April 1844. Sie erschien zweimal die Woche und war von vornherein in einer würdigen Weise gehalten und gut redigirt. „So wurde er", schreibt H. A. Rattermann, der die Jahrgänge des „Teutonen" (dies war der Name des Blattes), durchgelesen hatte, „ein Führer und zwar ein edler Führer, der statt die niedrigen Leidenschaften zu erwecken und zu schüren, sie besänftigte, und seine Nachbarn zu edlen Menschen heranbildete."

Obgleich die deutsche Bevölkerung Charleston's sich zur Zeit kaum auf 1200 Personen belief, so wurde das Blatt doch auf das Beste unterstützt, eben weil es von einem tüchtigen und über die Verhältnisse des Landes wohlbelehrten Manne redigirt wurde. Bis zum Jahr 1853 blieb es in Wageners Händen, und ging dann an Herrn Franz Melchers über, der ihm den Namen „Deutsche Zeitung" gab.

Im Jahr 1844 gründe Wagener auch die deutsche Freimaurer-Loge „Walhalla, No. 66", eine der ersten Freimaurer-Logen des Staates, und wurde der erste Meister derselben. Unter den vielen Kindern seiner poetischen Muse befinden sich auch viele Maurer-Lieder.

Von dieser Zeit an (1844) nahm die deutsche Bevölkerung von Charleston bedeutend zu, und schon 1846 wurde ein Turnverein dort in's Leben gerufen, der erste in den Vereinigten Staaten, an dessen Stiftung Wagener den lebhaftesten Antheil nahm. Geturnt hatte man in den Vereinigten Staaten zwar schon früher. An vielen deutschen Schulen, namentlich im Westen hatte man Turnplätze, wenn grade der Lehrer ein alter Turner gewesen war. Follen hatte schon in den zwanziger Jahren Turnunterricht in Boston gegeben. Allein Turnvereine, wie man sie nach den vierziger Jahren in Deutschland wieder eingeführt hatte, bestanden hier nicht vor 1846, soweit wenigstens wir erforschen konnten. Im Jahr 1848 kam bei ihm der Gedanke, für die stark einströmende deutsche Bevölkerung eine Kolonie im Innern des Landes zu gründen. Es bildete sich eine Gesellschaft von bemittelten Männern, etwa 60 an der Zahl, welche 20,000 Morgen für den Preis von 27,000 Dollars ankauften, und bereits im Dezember 1849 das Städtchen Walhalla in den blauen Bergen auslegten. Walhalla ist aufgeblüht, zählt über 1500 Einwohner, ist, war und blieb der Stolz Wagener's bis an sein Ende.

Im Jahr 1851 rief er in Charleston die „Gegenseitige Feuer-Versicherungs-Anstalt" in's Leben, deren Präsident er bis zu seinem Tode blieb. Es war die erste deutsche noch bestehende Feuer-Versicherungs-Gesellschaft des Landes. Die deutsche Schützen-Gesellschaft verdankt ihm ebenfalls ihr Entstehen. Wie an vielen Orten, wo Deutsche wohnten, so waren auch alljährlich die Deutschen zu einem Frühjahrsfeste zusammengetreten, ohne sich zu Gesellschaften organisirt zu haben. Ein ähnliches

Maienfest (1855) gab Veranlassung zur Errichtung des Schützenbundes, dessen Präsident und später Ehrenpräsident er bis zu seinem Tode war.

Wagener ist unter dem Namen General Wagener am bekanntesten, und es war kein leerer Titel, denn nicht nur hatte er militärische Anlagen nicht gewöhnlicher Art und bedeutendes Organisationstalent, sondern er hat seinen Muth in heißen Tagen bewährt. Schon im Jahr 1835, also wenige Jahre nach seiner Ankunft in Charleston, finden wir ihn als Mitglied der alten deutschen „Füsilirgarde", deren sechzigjähriges Bestehen er 1835 in einem Gedichte feierte, das einen gewissen Schwung hat, aber in der Fassung die große Jugend des Dichters auffallend verräth. Im Jahr 1837 war er Lieutenant in einer neuerrichteten „Deutschen Jäger-Kompagnie", scheint aber nichtsdestoweniger auch Mitglied der „Füsilire" geblieben zu sein, denn auch dort war er im Jahr 1843 Lieutenant. Im Jahr 1847 wurde er Hauptmann einer von seinem Bruder schon 1842 errichteten deutschen „Artillerie-Kompagnie". Am 31. März 1860 wurde er vom Gouvernör zum Major des zweiten Bataillons des ersten Artillerie-Regiments von Süd Carolina ernannt.

Bis jetzt war er nur Soldat im Frieden gewesen. Im Süden war jedoch durchschnittlich das Milizwesen viel besser aufrecht erhalten worden als im Norden, und namentlich in den Städten waren die Bürgersoldaten gut ausgerüstet und einexerzirt, was zu den Siegen des Konföderirten Heeres in der ersten Hälfte des Krieges nicht wenig beitrug. Nun aber brach im Frühjahr des Jahres 1861 der Sezessions-Krieg aus. Sein Biograph, selbst ein treuer Anhänger der Union und ein Mann des Nordens, sagt bezüglich von Wagener's Stellung zur Sezession Folgendes:

„So sehr auch Wagener mit ganzer Seele an der Union hing, und die Trennungsgelüste bedauern mochte, Süd Carolina war einmal seine engere Heimath geworden, hier befand sich Alles, was ihm lieb und theuer war, Alles was ihn an die Erde kettete, und von der Regierung dieses Staates hielt er seine Charge als Offizier; kann man es ihm denn verargen, daß er der Fahne seiner engern Heimath folgte? Würden unter gleichen Verhältnissen wir vielleicht nicht ebenso gehandelt haben"?

Am 24. Juli 1861 wurde er von Gouverneur Pickens zum Oberstlieutenant und am 5. September desselben Jahres zum Obersten des ersten Artillerie-Regiments von Süd Carolina befördert. Das Regiment bestand fast aus lauter Deutschen. Nach Port Royal kommandirt, plante er dort das „Fort Walker" auf Hilton Head. Diese Stellung, welche von Wagener und seiner Artillerie und dem konföderirten General Drayton mit einer schwachen Division Infanterie (2,000 Mann) vertheidigt wurde, ward am 7. November von einer starken Seemacht der Vereinigten Staaten, der Dampffregatte „Wabash", 40 Kanonen, und von 14 Kanonenbooten und mehreren Segelschiffen, im Ganzen 75 Schiffen, und einer Landmacht unter General Thomas W. Sherman, 15,000 Mann stark, auf's Lebhafteste angegriffen. Außer der Hilton Head Batterie („Fort Walker") mit dreiundzwanzig schweren Geschützen armirt, die Wagener speziell kommandirte, befand sich noch eine Batterie in „Fort Beauregard" in der Bay von Port Royal, sowie mehrere Außenwerke, welche zusammen noch 25 Stück schweres Geschütz führten. Auch mehrere Rebellen-Dampfer nahmen an dem Kampfe Theil. Eine fürchterliche Kanonade begann. Aus dreihundert Feuerschlünden ergoß sich ein verheerender Hagel von Kugeln und Bomben auf „Fort Walker" fast fünf Stunden lang. Wagener gab den Kampf erst auf, nachdem „Fort Beauregard" schon drei Stunden früher die Flagge gestrichen, und das letzte Kanonenboot der Konföderirten sich lange vorher zurückgezogen hatte. In geregelter Ordnung war Wagener mit dem Reste der Besatzung erst dann abgezogen, als die Geschütze bis auf eines demolirt und fast das ganze Pulver verschossen war, und nachdem bereits der letzte Mann des übrigen Heeres längst davon geflohen war. Die Deutschen hatten selbst ihre Verwundeten und die meisten ihrer Todten mitgenommen. In dem Berichte von Seiten der Unions-Offiziere heißt es:

„Die Rebellen antworteten nur noch mit zwei Kanonen. Innerhalb zwanzig Minuten platzten in ihrer Mitte nicht weniger als 200 Bomben. Ueber den unbezwinglichen Muth, womit diese unter dem vernichtenden Bombenhagel ihre Geschütze bedient hatten, herrschte im ganzen Geschwader der Unions-Armee nur eine Stimme, derselbe wäre einer besseren Sache würdig gewesen".

Die Gesetzgebende-Versammlung von Süd Carolina erließ einen Beschluß, worin sie dem General Wagener und dem deutschen Artillerie-Bataillon „für die ausgezeichnete Tapferkeit, die sie bei der Vertheidigung von „Fort Walker" bewiesen, und welche die Versammlung mit der höchsten Bewunderung vernommen habe", ihren tiefsten Dank ausspricht. Der junge fünfzehnjährige Sohn Wagener's, Julius, der sich mit der größten Tapferkeit benommen hatte, wurde gleichfalls mit Auszeichnung erwähnt und zu einer Staatskadettenschaft ernannt. Ein älterer Bruder, Heinrich, diente in Virginien als Freiwilliger. Wagener wurde zum Titular Brigade-General und zum Platzkommandanten von Charleston ernannt. Ein seltsames Schicksal! Ein deutscher General war Kommandant in Charleston als es übergeben werden mußte, und ein deutscher General, von S ch i m m e l p f e n n i g, zog zuerst an der Spitze seiner Brigade in die Wiege der Rebellion ein.

Wagener's militärische Thätigkeit wurde auch von der Unions-Regierung anerkannt. G o u v e r n e u r O r r ernannte ihn zum Brigade-General der vierten Brigade der Miliz von Süd Carolina, welchen Posten er bis an sein Ende bekleidete. Nach dem Kriege trat Wagener wieder in seine alten Verhältnisse zurück. Im Jahre 1869 wurde auf seine Anregung „Die Deutsche Gesellschaft von Süd Carolina" gegründet, ein Verein, der es sich zur Aufgabe machte, „Neueingewanderten Deutschen in Krankheits- und Armuthsfällen hülfreich beizustehen." Im Jahre 1871 wurde er, trotz der damals bestehenden Herrschaft der sogenannten „Carpetbaggers", zum Mayor von Charleston erwählt. Im Jahr 1873 war er mit noch größerer Majorität zu derselben Stelle wieder gewählt worden, wurde aber durch die republikanische Stimm-Zählungs-Behörde (returning board) hinausgezählt. Im Jahr 1875 wurden die Demokraten und Deutschen, welche ihn mit großer Majorität wiederholt gewählt haben würden, von fünfhundert sogenannten Bundes-Marschällen, meist aus Negern bestehend, mit Gewalt von den Wahlplätzen getrieben, und sein Gegner Cunningham erwählt. Im Jahr 1876 war er Delegat zur demokratischen Konvention zu St. Louis, welche Tilden zum Präsidentschafts-Kandidaten ernannte. Er selbst stand an der Spitze der Wahlmänner von Süd Carolina, starb aber schon vor der Wahl am 28. August in seinem geliebten Walhalla. Sein Tod ersparte ihm den Kummer, die Wiederholung eines Wahlaktes zu erleben, von dem er selbst einst so hart betroffen worden war.

Beide Parteien lobpreisten ihn nach seinem Tode. Die Zeitungen Charleston's beider Parteien hüllten bei der Nachricht seines Todes ihre Spalten in Trauer-Ränder ein, und die ganze Presse des Landes verkündete allerwärts die Trauerbotschaft seines Hinscheidens. Ein Fort bei Charleston wurde ihm zu Ehren Fort Wagener genannt, die leichte Artillerie von Charleston, nach dem Kriege gebildet, trägt seinen Namen, sowie ein Township in Pickens County.*)

Wagener soll während seines Lebens oft den Wunsch ausgesprochen haben, daß man auf seinen Grabstein die Worte setze: „Er war ein ächter Deutscher und liebte seine Landsleute." Und in der That, wenn es je einen Mann gab, der Deutschland und alles was Deutsch hieß fast schwärmerisch liebte, so war es Wagener. Er war jeder Zoll ein Deutscher. Vor uns liegen eine Reihe von ihm geschriebener biographischer Skizzen von bekannten Deutschen im Süden, Gedichte und Reden in deutscher und englischer Sprache, vermischte Aufsätze verschiedenen Inhalts, und durch alle weht eine Verherrlichung des Deutschthums, die an die Zeiten von Arndt und Jahn erinnert. Ob diese idealen Vorstellungen schon im väterlichen Hause und in der Schule in ihn eingepflanzt wurden, oder ob später Lektüre deutschthümlicher Schriften sie in ihm erweckten, ist ungewiß. Er verließ Deutschland zu jung, um aus eigener Erfahrung zu sprechen. Vielleicht würde sich seine Vorliebe für alles Deutsche bedeutend gemäßigt haben, hätte er im alten Vaterlande das

---

*) Die trefflich geschriebene Skizze „General Johann Andreas Wagener" von H. A. Rattermann, Cincinnati, 1877, bildet die Grundlage unserer Darstellung.

Mannesalter erreicht. Seine Exaltation ging aber nicht so weit, um seine neue Heimath nur als eine Art Exil zu betrachten. Er widmete ihr mit aufrichtiger Treue seine besten Kräfte. Nur so läßt es sich erklären, daß er die Achtung und Zuneigung auch der amerikanischen Bevölkerung besaß, der sein etwas überspanntes Herauskehren des deutschen Mannes nicht unbekannt war. Seine Zeitung nannte er den „Teutonen;" seine Ansiedlung „Walhalla"; aber für den „Palmetto Staat" setzte er Alles, was er hatte, sein Leben und das seiner Kinder ohne Bedenken ein. In Wagener's Charakter vermischt sich ein seltener Idealismus, der oft an das Sentimentale streift, mit einem durchaus praktischen Sinne. Der Verfasser thränenschwerer lyrischer Gedichte und aufregender Kriegslieder, der schwungvolle öffentliche Redner, der kosmopolitische und konfessionslose Prediger, welcher Thor und Wodan und die Manen von Herrman und Thusnelba anruft, tritt er uns auf der andern Seite als ein tüchtiger Geschäftsmann entgegen, als der erfolgreiche Stifter vieler gemeinnütziger Anstalten, als der Präsident eines bedeutenden finanziellen Instituts, als der Begründer einer Kolonie, als der erste Executiv-Beamte einer großen Stadt, als einer der Führer einer mächtigen politischen Partei, und endlich als kenntnißreicher und kühner militärischer Befehlshaber. Wie er das Alles geworden, ist fast ein Räthsel. Kaum dem Knabenalter entwachsen, landet er, ein Fremdling, an unseren Gestaden. Unter harten Kämpfen, deren Einzelheiten uns entgehen, die wir aber als gewiß voraussetzen, gründet er nach wenigen Jahren eine eigne Existenz und lebt das reiche Leben aus, welches wir zu zeichnen versucht haben. Seine Jugendbildung muß eine sehr tüchtige, seine natürliche Anlagen ungewöhnlich und seine Lernbegierde, sein Fleiß, seine Beharrlichkeit müssen ganz außerordentlich gewesen sein. Ein sich selbst Belehrender, theilt er natürlich die Schwächen seiner Klasse, verdient aber auch alle die ihr gebührende Anerkennung.

Seine Poesie ist meist nur gereimte Prosa. Sein bestes Gedicht ist unstreitig ein in englischer Sprache geschriebenes. (Siehe Anhang No. XI.) Seine Prosa ist dagegen poetischer als seine Gedichte, wie er denn überhaupt eine stark ausgebildete Phantasie besaß, die ihn zu einem Volksredner besonders befähigte. Es fehlt indessen seiner Prosa nicht an markiger Kraft. Sein englischer Styl ist wirklich musterhaft gut, und verräth nur selten einen deutschen Gedankengang. Von starkem gebrungenem Körperbau, ein ächter Sohn Wettekind's, zeigte seine hohe Stirn den Denker, seine starken Augenbrauen und sein geschlossener Mund den entschiedenen Mann, seine feurigen Augen den lebhaften, beweglichen Geist und den kühnen Muth des Soldaten. Als er starb, starb mit ihm einer der vielen ausgezeichneten und ehrenhaften Männer, welche das alte

Vaterland an die neue Welt seit einer langen Reihe von Jahren verloren hat.

Im vorigen Jahrhundert wanderten zu verschiedenen Zeiten Deutsche und Schweizer, theilweise in Gemeinden, nach Nord Carolina aus. Aus Mangel erneuerten Zuzugs aber sind diese Ansiedler in der Bevölkerung als Deutsche untergegangen, aber in den vierziger Jahren haben sich wieder Deutsche hauptsächlich in Wilmington, Raleigh und andern Städten angesiedelt. Ein ähnliches Schicksal hatte die deutsche Einwanderung in Georgia, welche im achtzehnten Jahrhundert schon seit 1733 stattgefunden hatte. In der Periode, die wir berühren, war das deutsche Element so schwach vertreten, daß von einem Einfluß desselben auf die Mitbevölkerung nicht wohl die Rede sein kann.

Einundzwanzigstes Kapitel.

Maryland. — Virginien. — Distrikt Columbia.

Maryland. — Alte deutsche Ansiedlungen. — Baltimore. — Reges deutsches Leben daselbst. — Die deutsche Gesellschaft von Maryland. — Albert Schumacher. — Deutsche Zeitungen. — Der „Deutsche Korrespondent". — Friedrich Raine, Wilhelm Raine, sen. — Die „Allgemeine deutsche Schulzeitung". — Heinrich Scheib. — Die Zions-Gemeinde und Schule. — Philipp Mathias Wolsieffer. — Industrie. — Wilhelm Knabe. — Politische Parteinahme. — Virginien. — Früher ein von Deutschen bevorzugter Staat. — Deutsche Gesellschaften in Richmond und Wheeling. — Maximilian Schele de Vere. — Die Universität von Virginien. — Professor Georg Blättermann, L. L. D. — Dr. Karl Minnigerode. — Washington City. — Deutsches Leben daselbst. — Deutsche Vereine. — Deutsche in Bundesämtern. — Ferdinand Rudolph Haßler, der Begründer des Küstenvermessungs-Departements der Vereinigten Staaten. — Karl Ludwig Fleischmann. — Schlußbemerkungen.

Im Staate Maryland hatten sich zur Zeit, als sich der Strom der deutschen Einwanderung des vorigen Jahrhunderts nach Pennsylvanien ergoß, ebenfalls viele Deutsche angesiedelt. Es giebt Gegenden im Staate, denen man es auf den ersten Blick ansieht, daß sie ursprünglich deutsche Ansiedlungen waren. In den Städten Fredericktown, Hagerstown, Cumberland, leben oft mit etwas veränderten Namen viele Nachkommen von Deutschen. In den ersten Jahrzehnten dieses Jahrhunderts war Baltimore, der Hafen Marylands, für die deutsche Einwanderung von der größten Bedeutung, mehr selbst als New York, denn die gute chaussirte „Nationalstraße", auf Bundeskosten erbaut, war die erste und beste Verbindung mit dem Ohio Flusse, den sie bei Wheeling in Virginien, erreichte. Erst die Vollendung des Erie-Kanals in New York, sowie später die direkte Dampfschifffahrts-Verbindung New York's mit europäischen Häfen, leitete die Einwanderung von Baltimore zum größten Theile und so lange ab, bis Baltimore in den letzten Jahrzehnten ebenfalls wieder durch Dampfschiffe sich mit Europa verband.

In Baltimore selbst hatten sich deswegen zu Anfang der Periode, die wir besprechen, zahlreiche deutsche Handelsfirmen, meist Zweiggeschäfte Bremer und Hamburger Häuser niedergelassen, und die Besucher der Vereinigten Staaten in den zwanziger Jahren, wie die Prinzen **Bernhard von Sachsen-Weimar**, **Paul von Würtemberg** und andere haben sich sehr vortheilhaft über den Wohlstand und die Bildung der deutschen Kreise, mit denen sie in Berührung kamen, ausgesprochen.

Schon im Jahre 1817 bildete sich in Baltimore eine „Deutsche Gesellschaft" ganz nach dem Muster der deutschen Gesellschaften in Philadelphia und New York, und auch durch die gleichen Ursachen hervorgerufen. Ihr erster am 3. März 1817 gewählter Präsident war der Kaufmann **Christian Meyer**, Vice-Präsidenten: Dr. **A. J. Schwarz**, **L. J. von Kapf**, **Heinrich Schröder**, **General John Strider**. Unter den Verwaltern befanden sich einige der hervorragendsten Bürger von Baltimore, unter denen auch mehrere eingeborene Amerikaner von deutscher Abkunft waren, wie **Lewis Brantz**, **Jesse Eichelberger**, deren Nachkommen noch heute zu den ersten Familien gehören. Schon 1818 erhielt sie eine Inkorporationsakte von der Gesetzgebung. Anwälte wurden ernannt, um Schutz und Recht für die durch die Gesellschaft zu unterstützenden Personen zu erhalten, sowie zwei Aerzte angestellt, um den kranken und dürftigen Ankömmlingen ihre Hülfe angedeihen zu lassen. Wie ihre Kollegen in Philadelphia drangen die Mitglieder der deutschen Marylander Gesellschaft darauf, das Redemptionswesen von Staatswegen zu kontrolliren, und es gelang ihnen schon 1818 ein darauf bezügliches Gesetz zu veranlassen. Mit Energie schritt die Gesellschaft jedesmal ein, wo es galt, Ungerechtigkeiten, Bedrückungen und Betrug zu verhindern. Auch setzte sie es durch, daß an den Gerichten gesetzliche, des Deutschen kundige, Dolmetscher eingesetzt wurden (1841), und errichtete (1845) ein Intelligenz-Bureau, durch dessen Vermittelung Tausenden von Einwanderern unentgeltlich Unterkommen und Arbeit verschafft wurden. Seit ihrem 63jährigen Bestehen hat die Gesellschaft nur

4 Präsidenten gehabt. Christian Meyer 1817—1821. Justus Hoppe 1822—1835. Karl W. Karthaus 1833—1840, und Albert Schumacher von 1841 an.

Albert Schumacher war am 23. Januar 1802 in Bremen als ältester Sohn des Rathsherrn Gottfried Schumacher geboren, und genoß eine tüchtige Schulbildung. Im Alter von 17 Jahren trat er als jüngster von acht Kommis in das große Handlungs-Komptoir von H. H. Meier und Compagnie, wo er binnen sechs Jahren zum ersten Kommis und Prokuraführer vorrückte. Sein unmittelbarer Vorgänger in dieser Stellung, C. A. Heineken, war als Super-Kargo nach Baltimore gegangen und hatte dort ein Geschäft begründet. Auf dessen Veranlassung entschloß sich Schumacher, gleichfalls in Amerika sein Glück zu versuchen, und landete am 1. August 1826 in New York, wo ihn Heineken in Empfang und alsbald zum Kompagnon in sein junges Geschäft nahm. Ein Jahr später schon unternahm Schumacher an Bord des schwer befrachteten Schooners „Mad" eine Reise nach Vera Cruz, welche reichen Gewinn brachte. Das Geschäft hob sich durch die Thätigkeit der beiden Assozies, — die wechselsweise die europäischen Handelsplätze besuchten und Geschäftsverbindungen anknüpften — derart, daß bei Heineken's Austritt in 1829 die neue Firma „Albert Schumacher" hüben wie drüben einen guten Klang und unbegrenzten Kredit hatte. Von dem ausscheidenden Heineken ging das Konsulat der freien Stadt Bremen auf Schumacher über, der 1844 zum General-Konsul für Bremen und Hamburg ernannt wurde. Zeitweilig fungirte er auch als Charge d'affaire der Hansestädte und in dieser Eigenschaft negozirte er mit der Regierung der Vereinigten Staaten einen Vertrag betreffs der Jurisdiktion der beiderseitigen Konsuln.

Im Jahre 1841 wurde Schumacher zum Präsidenten der „Deutschen Gesellschaft von Maryland" erwählt, welche Stellung er in Folge steter Wiedererwählung bis zu seinem Ableben bekleidete; 1846, alsbald nach der Gründung der Baltimorer Handelskammer, wurde er Präsident des Handels-Direktoriums; 1859, Ehrenbürger von Bremen; dann Präsident der großen Zionsgemeinde und der durch den ausgezeichneten Pädagogen und Prediger H. Scheib auf musterhaftem Fuße eingerichteten und erhaltenen Zions-Schule; theils Präsident, theils Direktor einer Menge wohlthätiger Anstalten, vieler Baltimorer Banken, verschiedener Eisenbahnen u. s. w. Es häuften sich auf Schumacher der Ehrenposten und Vertrauensstellungen so viele, daß er genöthigt war, seinem ausgedehnten und stets größere Bedeutung erlangenden Geschäfte einen Theil seiner Zeit zu entziehen.

Schumacher hat den ersten Anstoß zur Etablirung der Dampferlinie Baltimore-Bremen gegeben, und dieses hochwichtige Institut mit Hülfe seines Freundes H. H. Meyer, Präsidenten des Norddeutschen Lloyd, in's Leben gerufen. Für diesen Erfolg allein ist ihm die unvergängliche Dankbarkeit Baltimore's und Tausender von Einwanderern gesichert. Allein auch in seinem Geschäfts- und Privatleben war Schumacher ein hoch angesehener und mit Recht geachteter Mann; unermüdlich thätig, streng reell, von unvergleichlich schärferer und rascher Auffassung, wußte er stets den richtigen Moment zu erfassen und erntete damit jene großartigen Erfolge, die ihn zum reichbegüterten Manne, zum drei- oder vierfachen Millionär machten; als Mensch einfach, bieder, herzlich und besonders wohlthätig gegen Arme, stets zu jeder Hülfeleistung im Großen, wie im Kleinen bereit — segneten ihn Tausende. Aus seinem Komptoir gingen Hunderte jetzt in allen Theilen der Union selbstständig gebildete Kaufleute hervor. Auf der 1869er Einwanderungs-Konvention in Baltimore (im Klub-Lokal der „Germania", deren Präsident er war) feierte Schumacher sowohl als Redner, wie als Mann von reifem Urtheile und praktischem Rathe die größten Triumphe. Zum nicht geringen Theile ist der Aufbau und die Einrichtung vieler Anstalten zum Besten deutscher Einwanderer sein Werk.

Von der Politik hielt sich Schumacher prinzipiell fern, obwohl er an allen Tagesfragen das regste Interesse nahm, diese stetig verfolgte und durch sein treffendes Urtheil manch' gewiegten Politiker in Erstaunen setzte. Beim Ausbruch des deutsch-französischen Krieges im Juli 1870 bethätigte Schumacher ein so reges patriotisches Interesse, daß er die Elite des Baltimorer Deutschthums völlig enthusiasmirte und seinen Anstrengungen ist es zu verdanken, daß, abgesehen von seiner persönlichen liberalen Beisteuer, die Deutschen Baltimore's den respektablen Betrag von $50,000 nach der alten Heimath sandten. Sein Name wird fortleben in dieser und vielleicht in noch mancher künftigen Generation als der eines „Deutschen Peabody".*)

J. G. Wesselhöft, der 1833 Baltimore besuchte, giebt die Zahl der dortigen Deutschen, d. h. in Deutschland geborenen, auf 14,000 an. Die erste deutsche Zeitung (Wochenblatt) erschien 1838 „Die Maryland Staatszeitung", herausgegeben von Hausz sche und Neumann, letzterer später Redakteur der „New York Staatszeitung". Sie ging 1836 wieder ein. 1837—1840 gab Lorenz Schwarz den „Freisinnigen Beobachter", später „Bürgerfreund", heraus, sowie auch derselbe schon 1836 einen Nachdruck von „Schiller's Werken" veranstaltet hatte. Samuel Luddvigh gab 1840—1841 den „Wahrheitsverbreiter" heraus und die Vierteljahrsschrift die „Fackel", welche er aber

---

*) „Ein deutscher Handelsfürst" von Dr. C. H. M. im „Deutschen Pionier", Jahrgang 3, Seite 137.

später bis zu seinem Tode (1869) an so vielen verschiedenen Orten leuchten ließ, daß man diese kaum aufzählen kann.

Am 2. März 1841 erschien zum ersten Male „**Der Deutsche Correspondent**", der 1844 zu einem täglichen Blatte wurde. Derselbe ward von den Brüdern Friedrich und Wilhelm Raine gegründet, später aber durch den Ersteren allein fortgeführt. Es ist ein Organ der Demokratie, und erscheint noch jetzt unter **Friedrich Raine's** erfolgreicher Leitung. Wilhelm Raine gründete später eine eigene Druckerei und gab dann den „**Täglichen Maryland Demokrat**" heraus, der jedoch nicht lange bestand, ebenso wenig wie die belletristische Vierteljahrsschrift „**Deutsch-amerikanische Didaskalia**", redigirt von dem geistreichen Samuel Maclea und gleichfalls von Wilhelm Raine herausgegeben, von welcher nur ein Jahrgang erschien. Später ist Wilhelm Raine an vielen Orten im Osten und Westen der Begründer zahlreicher deutscher Zeitungen geworden, ohne daß er irgendwo festen Fuß fassen konnte.

Der Vater der Gebrüder Raine, **Wilhelm Raine, sen.**, war bereits vor seinen Söhnen der Begründer deutscher Zeitungen in Baltimore. Am Schlusse des vorigen Jahrhunderts in der Festung Minden geboren, betrieb er dort eine Buchhandlung und Buchbinderei; auch gab er ein kleines Kreisblättchen heraus. In der ersten Hälfte der dreißiger Jahre wanderte er nach Amerika aus und ließ sich dann in Baltimore nieder, woselbst er sogleich den Versuch machte sich als Buchdrucker und Buchbinder zu etabliren. Obgleich die damaligen dürftigen Verhältnisse der Deutschen Baltimore's den Versuch zur Gründung einer deutschen Zeitung nicht besonders zu begünstigen schienen, so wagte es Raine doch ein religiös-politisches Wochenblatt herauszugeben: „**Die geschäftige Martha**", und hielt dasselbe etliche Jahre lang unter großen Mühen aufrecht. Gegen Ende der dreißiger Jahre wandelte er das Blatt in ein rein politisches um, „**Der demokratische Whig**", in welchem er Henry Clay's Interessen vertrat. Nebenbei druckte und verlegte er für die von **Wilhelm Otterbein** gestiftete Religionssekte eine religiöse Wochenschrift „**Die Vereinigten Brüder in Christo.**" Als aber Clay in 1840 von den Whigs fallen gelassen wurde, ging auch der „Demokratische Whig" bald darauf den Weg aller Whigblätter und Wilhelm Raine, sen., zog sich von der Journalistik zurück, welches Fach dann, wie bereits erwähnt, von seinen beiden Söhnen eingenommen und im „Deutschen Correspondent" mit Erfolg weiter geführt wurde. Der ältere Raine war Mitbegründer des Druiden-Ordens und einer der Reorganisatoren des Harugari-Ordens in den Vereinigten Staaten. Er starb im Februar 1879, im hohen Alter von achtzig Jahren.

Der im Jahre 1849 gegründete „Herald", ein Tageblatt, redigirt von Dr. Wiener, ging noch in demselben Jahre in die Hände des geistvollen politischen Flüchtlings Karl Heinrich Schnauffer über, der ihm den Namen „Wecker" gab und durch sein Talent und Energie es bald zu hoher Blüthe brachte. Dieser Wecker führte seinen Namen in der That.

Im Jahre 1838 sah Baltimore eine Zeitung erscheinen, welche es sich zum Zwecke gesetzt hatte, für das Entstehen, den Fortbestand und die Entwickelung der deutschen Schule in den Vereinigten Staaten zu wirken. Das war ein neues Unternehmen. Wir bezweifeln ob zur Zeit schon in der englischen Sprache ein ausschließlich der Erziehung und Schulbildung dienendes Organ bestand. Dieses also wahrscheinlich erste der Pädagogik gewidmete Journal Amerika's war die „Allgemeine deutsche Schulzeitung", herausgegeben von H. Scheib und P. M. Wolsieffer. Das Blatt, so vorzüglich es auch redigirt war, so allgemeinen Beifall es unter Denen fand, welche ein solches Unternehmen zu würdigen wußten, mußte doch von den Herausgebern, weil sie nicht im Stande waren, weitere Opfer zu bringen, nach etwa Jahresfrist wieder aufgegeben werden.

Von jeder religiösen Färbung frei, richtete es sich an den Verstand und das Herz der Erzieher und der Eltern und suchte die Lehren von ausgezeichneten und aufgeklärten Schulmännern, wie Pestalozzi, Diesterweg, Delaspe eindringlich zu machen. Allein grade der konfessionslose und rationelle Standpunkt, den die Schulzeitung einnahm, stand deren Verbreitung entgegen. Die deutschen Schulen, welche besonders als Pfarrschulen der katholischen Kirche allerwärts schon blühten, konnten ein Organ, welches nicht ihrer Kirche diente und nicht unter der bischöflichen Approbation erschien, nicht brauchen. Die Lehrer an protestantischen Sektenschulen standen ihm wenigstens kalt gegenüber, und unabhängige deutsche Schulen gab es zur Zeit nur in einigen der größten Städte. Und doch hätte das Blatt unter gar keiner bessern Leitung sein können, denn beide Männer stehen, jeder in seinem Fache, so ausgezeichnet da, daß sie in Deutschland selbst sich den größten Ruf erworben haben würden. Sprechen wir zuerst von Pfarrer Scheib.

Heinrich Scheib wurde am 8. Juli 1808 zu Bacherach geboren, einem Städtchen im heutigen Rheinpreußen, Regierungsbezirk Koblenz. Seine Eltern wurden durch die traurigen Kriegsjahre von behaglichen Verhältnissen in bedrängte herabgedrückt, noch mehr getrübt durch langwierige Krankheit und den frühzeitigen Tod der Mutter. Der älteste unter sechs Geschwistern, mußte Heinrich Scheib dem Vater schon frühe bei den Arbeiten im Weinberg, Garten und auf dem Acker zur Hand sein, und gewann mit der Fertigkeit eine wachsende Freude an diesen Arbeiten, die ihn durch sein Leben begleitete. Was ihm die Schulen des Orts, die Elementarschule und die „lateinische Schule" geben konnten, befriedigte den heranwachsenden Knaben nicht mehr. Ein unruhiger, ihn selbst wie den Vater quälender Wissenstrieb bestimmte endlich den letzteren, trotz seiner geringen Mittel, den Sohn auf das Gymnasium nach Kreuznach zu schicken. Manche in Aussicht gestellte Unterstützung und Hülfe wurde nur spärlich geleistet. Die Gymnasialjahre waren arbeits- und mühereich, aber freudenarm. Dazu kamen mancherlei Quälereien, besonders in seiner Beziehung zum Direktor, der ein sehr frommer Mann, an der Offenheit und Wahrheitsliebe des jungen Menschen, der nicht heucheln und schmeicheln konnte und allem Autoritätsglauben und frömmelndem Formelthum fremd war, starkes Aergerniß nahm. Nach Vollendung eines sechsjährigen Kursus und wohlbestandenem Abiturienten-Examen bezog der angehende "Studiosus theologiæ et philosophiæ" die Bonner Universität. Mittelloser ist selten Jemand zur Universität gezogen. Ganz auf sich selbst angewiesen, mußte er durch Nebenarbeiten und Stundengeben — oft nicht bezahlt — sein Dasein fristen und noch jetzt blickt er auf die in Bonn durchlebten Jahre mit schmerzlicher Empfindung. Sie wurden indessen glücklich überstanden. Nach vollendetem Triennium und abgelegtem Examen stand dem "Candidatus theologiæ" die Welt offen, mit wenig Aussicht auf eine baldige Anstellung.

Da bot sich ihm die Gelegenheit dar, ein Stipendium auf der Universität Utrecht zu beziehen. Sein Gesuch wurde gewährt, und es begann in Utrecht für ihn die glücklichste Zeit seines bisherigen Lebens. Frei von Nahrungssorgen und Quälereien trieb er mit erneuertem Eifer neben theologischen und philosophischen auch pädagogische und naturwissenschaftliche Studien, die ihm später sehr zu statten kamen. Aber auch dieses Glück wurde bald wieder getrübt. Seine freisinnigen Ansichten und Grundsätze auf dem Gebiete der Theologie und Politik hatten ihm in jenen elenden dreißiger Jahren berüchtigter Demagogenriecherei mancherlei Gegner erweckt, die nun, neidisch auf seine günstigere Stellung, ihn höheren Orts zu verleumden und zu denunziren begannen, und um neuen Quälereien zu entgehen, verließ er Utrecht und ging nach Amerika. Arm, wie er die alte Welt verließ, betrat er im April 1835 die Küste der neuen. In der Familie des Predigers Dr. Geissenhainer in New York fand er eine neue Heimath und einen vorläufigen Wirkungskreis. Auf den Rath dieses Freundes nahm er eine Einladung zur Verwaltung einer Predigerstelle in Baltimore an, und siedelte im September desselben Jahres dorthin über, wo er nach vielbewegtem, oft sturm- und drangvollem Jugendleben, endlich eine bleibende Heimath und einen dauernden Wirkungskreis finden sollte.

Die erste Stelle, in welcher Pfarrer Scheib uns entgegen tritt, war die eines Geistlichen an der deutsch-evangelischen „Zions-Gemeinde". Diese Gemeinde hatte schon seit einigen Jahren bestanden, war unabhängig von irgend einer Synode, befand sich aber zur Zeit des Amtsantritts von Scheib in einem Zustande der Verkommenheit. Es waren ärgerliche Spaltungen vorgekommen, und er glaubte nicht, daß es ihm gelingen würde, Friede und Eintracht wieder herstellen zu können, wo schon seit längerer Zeit „hadernde Parteien nicht mehr fähig zu sein schienen, aus der Stimmung leidenschaftlicher Gereiztheit heraus zu kommen".

Im Oktober 1835 wurde Scheib, der auf die Gemeinde in kürzester Zeit den besten Eindruck gemacht hatte, und in welchem sie den Mann erkannte, der, wenn überhaupt einer, dazu geeignet war, die widerstrebenden Elemente zu versöhnen und das Wohl der Gemeinde zu befördern, fest als Prediger gewählt.

Anfechtungen und Verdächtigungen blieben indessen für eine längere Zeit hindurch nicht aus. Freilich der untadelhafte Lebenswandel, die geistigen Fähigkeiten des jungen Seelsorgers konnten nicht angetastet werden, aber den Geistlichen der lutherischen und reformirten Kirche waren seine Religionsgrundsätze nicht rechtgläubig genug. Namentlich suchte ihn der in Baltimore erscheinende "Lutheran Observer" als Neologen und Rationalisten zu verketzern. Allein alle diese Angriffe prallten an dem Prediger ab, der sich alsbald das hohe Vertrauen und die größte Achtung seiner Gemeinde erworben hatte. Als es sich um eine Wiederwahl 1840 handelte, wurde Scheib fast einstimmig auf's Neue ernannt, trotz aller Wahlumtriebe der Gegner und Bannflüche der Synode. Nach einem Zeitraum von vier Jahren hatte er es dahin gebracht, daß eine sittlich und geistig in hohem Grade verwahrloste, blindgläubig und gedankenlos am Gängelband unverstandenen Formelthums geführte und von pergamentnem und papiernem Bollwerk gegen Licht und Luft verschanzte Gemeinde, Grundsätze und Lehren nicht blos ertragen, sondern auch liebgewinnen konnte, welche dem Boden der Vernunft, der Wahrheit, der Freiheit, der Menschenliebe entsprungen waren; daß bald die Zeit kam, wo seine besten Gedanken seiner Gemeinde die liebsten waren.*)

Mit dieser Kirche war nun auch, wie üblich, eine Schule verbunden. Auch diese fand Scheib in einem trostlosen Zustande. Der Lehrer war kein Schulmann, die Zahl der Schüler kaum zwanzig. Hier galt es zu reformiren. Eine Reihe von Vorträgen über Erziehung in der Gemeinde öffnete dieser die Augen. Trotz des Widerstrebens eines großen Theils der Gemeinde, welche in der vorgeschlagenen Maßregel den Versuch zu sehen glaubte, die Schule und dadurch die Gemeinde zu englisiren, setzte Scheib

---

*) Jahresbericht des Inspektors der „Zionsschule" zu Baltimore 1873.

es beim Schulrathe durch, eine vorher rein deutsche Schule in eine deutsch-englische zu verwandeln. Daß die beabsichtigte Reform, wie Scheib es von vornherein klar zu machen suchte, gerade der deutschen Gemeinde eine festere Grundlage geben würde, hat sich durch den Erfolg glänzend bewährt. Zwei Lehrer, ein deutscher und ein amerikanischer, wurden angestellt, deren jeder in seinen Unterrichtsstunden sich der eigenen Muttersprache bediente, und dadurch den Schülern beide Sprachen gründlich beibrachten. Bald wuchs die Zahl der Schüler auf siebenzig. Nach und nach wurden neue Schulräume gebaut. Eine noch jetzt wesentlich geltende Schulordnung wurde entworfen, eine ernste Disziplin eingeführt.

Trotz Brandunglücks, welches sowohl die Kirche als die Schule betraf, blühten beide immer kräftiger weiter. Schon 1839 war die Zahl der Schüler auf 120, 1844 auf 162 gestiegen. Höhere Klassen wurden errichtet, französische und lateinische Sprache zu Unterrichtsgegenständen gemacht. Von 315 im Jahre 1853 war sie am Anfang der 60er Jahre zu 525 angewachsen und zählt jetzt über Tausend. In dem angeführten Bericht heißt es:

„Diese bereits auf Kindeskind sich erstreckende Wirksamkeit der Schule ist am schönsten ausgesprochen in der großen Anzahl unserer Zöglinge, deren Väter und Mütter, ja deren Großeltern, Schüler und Schülerinnen der „Zionsschule" gewesen sind. Daß endlich die Schule ihrer ursprünglichen Aufgabe, eine Bildungsschule deutschen Lebens zu sein, eingedenk geblieben, beweisen die Hunderte von Familien, in deren Mitte von Vater und Mutterlippen deutsche Sprache und Sitte gepflegt wird, und die Hunderte von achtungswerthen Männern und Frauen, die im gesellschaftlichen Leben dem Volke, von dem sie abstammen und dessen Sprache sie reden, zur Ehre gereichen."

Die Leitung der Schule stand in den Händen des Pfarrers Scheib, von einem fähigen Schulrath und einer aufgeklärten Gemeinde unterstützt. Zahlreiche Lehrerkräfte wirken jetzt an dieser Schule, nur die Sittenlehre in den höhern Klassen hat sich als Geistlicher der Gemeinde und Inspektor der Schule Scheib vorbehalten.

Ein Mann, der durch freie Wahl seiner Gemeinde, ohne Rückhalt an eine Bestallung von Seiten des Staates oder einer Synode, fünfundvierzig Jahre lang als Prediger und Lehrer wirkte, und sich deren Liebe und Achtung stets erhalten hat, dürfte wohl fast einzig dastehen. Nur ein gründliches und tüchtiges Wissen, dessen Fundament auf dem Kreuznacher Gymnasium, welches zwar zur Zeit seines Besuchs sehr pietistisch angehaucht war, aber in Sprachen und der Mathematik Ausgezeichnetes leistete, gelegt worden war, und zu Bonn und Utrecht mit eisernem Fleiße erweitert wurde, nur ein kräftiger Charakter, der den Mangel äußerer Glücksgüter zu ersetzen wußte, verbunden mit der so seltenen Gabe, das Erlernte namentlich der Jugend mitzutheilen, und ein Lebenswandel ohne Tadel, konnte einen solchen Erfolg erzielen. Die Deutschen Baltimore's, ohne Unterschied der

Parteien und des Glaubens sind mit Recht stolz auf diese deutsche Schule und ihren liebevollsten Pfleger.

Des andern Herausgebers der „Schulzeitung" Philipp Mathias Wolsieffer, haben wir bei der Gründung des „Männerchors" in Philadelphia 1836 gedacht, als des eigentlichen Stifters der Gesangvereine in den Vereinigten Staaten. Derselbe, wenn wir nicht irren, zu Winweiler, im Rheinkreis, etwa 1808 geboren, war im Jahre 1832 Lehrer an der Bürgerschule zu Frankenthal, allgemein wegen seiner Fähigkeit und seiner Bescheidenheit beliebt. Seine freisinnigen Ansichten indessen brachten ihn mit den Behörden in Konflikt, und so wanderte er mit einem seiner Freunde und Gesinnungsgenossen, Jakob Schmidt, welcher ebenfalls ein tüchtiger Lehrer zu Winweiler war, und nachher eine lange Reihe von Jahren an der Zionsschule segensreich wirkte, nach den Vereinigten Staaten aus. Wolsieffer war zu gleicher Zeit ein tüchtiger Musiker und es gelang ihm, bald nach seiner Ankunft eine Stelle als Musiklehrer in New Haven, Connecticut, zu erlangen. 1836 zog er nach Philadelphia, wo sein Unterricht in der Musik bald geschätzt und gesucht wurde. Er gab dort eine „Singlehre" heraus, welche große Verbreitung fand, und selbst in Deutschland neu aufgelegt wurde. Auch als Komponist erwarb er sich einen Ruf. Von Pastor Scheib wurde er 1837 als Lehrer an die Zionsschule berufen, bekleidete das Amt aber nur zwei Jahre, da seine Gesundheit ihn zwang, eine Reise nach Deutschland zu machen. Nach seiner Rückkehr ließ er sich wieder in Philadelphia nieder, und war dort lange Jahre der anerkannte und gesuchte Leiter aller musikalischen Unternehmungen. Er war nicht nur der Direktor deutscher Gesangvereine, sondern auch von amerikanischen, die sich nach dem Muster der Deutschen gebildet hatten. Im Jahre 1853 verband er sich mit einer Gesellschaft, welche eine Kolonie zu Egg Harbor, New Jersey, gründete, deren besonderer Zweck es war, dort den Weinbau im Großen zu betreiben. Er war lange Zeit Sekretär dieser Gesellschaft und gründete sich dort eine noch jetzt bestehende schöne Weinberganlage. Auch in Egg Harbor rief er musikalische Vereine in's Leben, widmete sich indessen ebenfalls der Politik, denn er wurde zweimal als Mitglied in die Gesetzgebung von New Jersey gewählt.

Die letzten Jahre seines Lebens wurden durch Krankheit getrübt, und er sah sich veranlaßt, nach Philadelphia zurückzukehren, wo er in den sechziger Jahren im Kreise seiner Familie viel betrauert starb. Er wird von denen, die ihn kannten, als einer der liebenswürdigsten und edelsten Männer, die dieses Land mit Deutschland vertauscht haben, geschildert.

In der Industrie Baltimore's haben die Deutschen große Erfolge errungen. Wir nennen hier nur Wilhelm Knabe, geboren bei Eisenach 1803, in Deutschland Tischler, der 1835 nach Baltimore kam, dort in eine kleine Pianofabrik eintrat, sich bald aber ein eignes Geschäft gründete, welches er durch seine Geschicklichkeit und gute Berechnung im Laufe der Jahre so vergrößerte und erweiterte, daß es vielleicht nur von einer ähnlichen, der Steinway'schen Fabrik in New York, übertroffen wird, alle andern aber an Umfang und Bedeutung weit überragt. Knabe starb im Jahr 1864. Er hatte sich durch seine Menschenfreundlichkeit Tausenden verpflichtet, und seine Arbeiter hingen mit großer Liebe an ihn.

Die Tabaksfabrik von Gail, eines alten Ansiedlers, ist ebenfalls eine der größten des Landes. Im Jahre 1835 wurde von Weber eine lithographische Anstalt gegründet, vielleicht die älteste deutsche des Landes, welche jetzt ebenfalls von großer Bedeutung geworden ist. H. L. Rietz eröffnete die erste deutsche Buchhandlung zu Baltimore 1843.

In politischer Beziehung kann man nur sagen, daß das Deutschthum in den Jahrzehnten unserer Besprechung wie an andern Orten im großen Ganzen zur demokratischen Partei stand, ohne indessen im öffentlichen Leben besonders hervorzutreten.

In einer Geschichte der deutschen Einwanderung des vorigen Jahrhunderts nach den englischen Kolonien Nordamerika's dürfte Virginien keine unbedeutende Rolle spielen. Schon im Anfang jener Zeitperiode fanden deutsche Ansiedlungen, namentlich am Rappahannock und in dem Thale des Shenandoah, statt, und die Städte Fredericksburg, Lüneburg, Straßburg, New Market, Stephansburg, Christiansburg, sowie Neu-Bern, und zahlreiche andere, sind ursprünglich von Deutschen und Schweizern angelegt worden. Diese Einwanderung dauerte bis zur Mitte des Jahrhunderts hin, und an dem Unabhängigkeits-Kriege betheiligten sich die virginischen Deutschen lebhaft. Im Allgemeinen waren sie wohlhabende Ackerbauer und trieben auch schon Weinbau. Ebenfalls aus Pennsylvanien waren in nicht kleiner Anzahl dortige Deutsche nach Virginien übergesiedelt.

Dieselben Ursachen aber, die wir schon früher angegeben haben, setzten wenigstens der direkten Einwanderung ein Ziel bis zum zweiten Jahrzehnt dieses Jahrhunderts sowie auch einer Fortentwickelung des deutschen Elements. Erst nach dem Anfang der dreißiger Jahre fingen die Deutschen wieder an, sich hie und da in Virginien niederzulassen, namentlich aber im westlichen Theile des Staates, der nach Ausbruch des Sezessions-Krieges sich von dem alten Virginien lossagte, und unter dem Namen West Virginien sich als freier Staat konstituirte. Martinsburg, Wheeling und Parkersburg, beide letztere am Ohio gelegen, waren diejenigen Punkte, wo sich deutsches Leben am lebhaftesten entwickelte.

In den Zeiten, die wir behandeln, war die Zahl der neueingewanderten Deutschen in Virginien so gering, daß man einen politischen Einfluß derselben nicht erwarten konnte. Ueberhaupt war dieses in einem südlichen

Sklavenstaate fast eine Unmöglichkeit. Dort galten in der Politik nur die Nachkömmlinge alter Familien oder reiche Besitzer von Plantagen und Sklaven, und der bei den Deutschen vorherrschende Widerwille gegen die Sklaverei erregte überhaupt Mißtrauen gegen dieselben in allen andern Beziehungen, Geschäftssachen allein ausgenommen.

War aber auch die Zahl der Deutschen in den verschiedenen Städten Virginiens nicht sehr groß, so hielten sie vielleicht grade deswegen doch fest zusammen und zeigten sich ihrer Abkunft getreu. So wurde, wie bereits früher erwähnt, von den Deutschen Richmond's, der Hauptstadt des Staates, das Guttenbergfest im Jahre 1840 ebenfalls gefeiert, und 1842 bildete sich dort eine deutsche Kranken-Unterstützungs-Gesellschaft. Auch in Wheeling hatten sich schon bis zum Jahre 1848 mehrere Vereine, darunter auch Miliz-Kompagnien gebildet. Wir haben indessen einige deutsche Männer zu nennen, die in Virginien sich niedergelassen und durch ihren Charakter und ihr Wissen sich die allgemeine Achtung erworben haben und zu den Notabilitäten des Staates gehören.

Bereits früher ist der Name von M a x i m i l i a n S c h e l e d e V e r e erwähnt, der uns zuerst in Philadelphia begegnete. Er war der Sohn eines schwedischen Offiziers, dessen Familie indessen aus Pommern stammte, und der sich selbst wieder in Deutschland niedergelassen hatte. Im achten Jahre kam unser Schele de Vere, der am 1. November 1820 in Schweden geboren worden war, mit seinem Vater nach Deutschland, wo namentlich in Hannover noch Verwandte lebten, die Familie v o n S c h e l e. Nach erhaltener Gymnasialbildung besuchte er die Universitäten Bonn und Berlin, wurde darauf Regierungs-Referendar in Preußisch-Minden, in der Provinz Westphalen, und später im Department der auswärtigen Angelegenheiten als Attaché der Gesandtschaft zur Dienstleistung beordert. Sein Militär-Jahr hatte er abgedient und war Landwehr-Lieutenant geworden. Welche Gründe ihn veranlaßt haben, eine Stellung, welche Aussichten verhieß, aufzugeben, bleibt unaufgeklärt. Vielleicht war es nur unbestimmter Drang in's Weite, welcher ihn bewog, in seinem zweiundzwanzigsten Jahre nach den Vereinigten Staaten zu kommen.

Philadelphia war sein erster Aufenthalt, und er redigirte eine zeitlang die „Alte und Neue Welt", bis dieselbe in ein tägliches Journal umgewandelt wurde. Er hatte unterdessen die Bekanntschaft von Dr. R o b e r t W e s s e l h ö f t gemacht, der ihn aufforderte, zu ihm nach Cambridge in Massachusetts zu kommen, wo er damals lebte. Diesem Verlangen kam er nach. Er machte dort die Bekanntschaft des Dr. K a r l B e c k, von L o n g f e l l o w und Professor F e l t o n, welche ihn aufs freundschaftlichste aufnahmen und ihn bewogen, nach Boston überzusiedeln, um sich daselbst als Lehrer der neueren Sprachen zu etabliren. Er bekam rasch eine bedeutende Anzahl von Schülern, namentlich durch die Verwendung hervorragender Männer, wie Georg Ticknor, W. H. Prescott, Abbot Lawrence und Anderen.

Im Sommer 1844 machte Dr. Schele ausgedehnte Reisen durch fast alle Staaten der Union, um sich mit dem Lande und Volk bekannter zu machen, und namentlich auch um sich mit Sicherheit entscheiden zu können, ob die Vereinigten Staaten ihm für immer eine passende Heimath werden könnten.

Nach Boston zurückgekehrt, erhielt er einen Ruf an die "University of Virginia", das Lieblingskind von Thomas Jefferson, von diesem in's Leben gerufen, in der Nähe seines Landsitzes Monticello. Die Inschrift, welche Jefferson's Wunsche gemäß seinem Grabstein eingemeißelt ist, sagt nichts von seinen hohen Stellen und Würden, nichts von seinen beiden Präsidentschaften, sondern enthält nur die Worte: "Thomas Jefferson, Author of the Declaration of Independence, of the Statute of Virginia for religious freedom and father of the University of Virginia."

Nach den freisinnigen Grundsätzen Jefferson's errichtet, ist sie Staatsinstitut, in welchem alle Virginier über 18 Jahre alt freien Unterricht erhalten, in allen Fächern des Wissens, Religion ausgeschlossen. Für die juristischen und medizinischen Vorlesungen indessen haben die Studirenden zu bezahlen. Jefferson selber war der erste Rektor dieser Universität, welche in 1825 eröffnet wurde, und ihm folgte der ehemalige Präsident James Madison. Der Lehrkursus der modernen Sprachen umfaßte vom Anfang an auch die deutsche Sprache, in welcher Beziehung sie allen übrigen Universitäten des Landes voraus war. Der erste Professor der modernen Sprachen war Georg Blättermann, Doktor beider Rechte, ein Deutscher, der in Göttingen „Jus" studirt hatte und zur Zeit seiner Anstellung als Professor der Philologie an der Universität Oxford in England wirkte. Er hielt den Lehrstuhl bis 1840 inne, wurde als ein ausgezeichneter Philologe hochgeschätzt und war der erste der die deutsche und angelsächsische Sprachvergleichungen und zwar mit besonderem Erfolg in Amerika einführte. Nach seinem Tode folgte ihm Dr. med. Karl Kreuzer. Noch viele andere im Ausland geborene Gelehrte haben an dieser Universität seit ihrer Gründung gewirkt und vor dem Sezessionskriege zählte sie an 700 Studenten.

Schele nahm den an ihn ergangenen Ruf als Professor der neuern Sprachen, sowie der vergleichenden Sprachenkunde an, und hat seitdem (Dezember 1844) ohne Unterbrechung in dieser Anstalt gelehrt. Während des Krieges hielt sich Schele meist an der Universität auf, obgleich alle Studirenden dieselbe verlassen und fast ohne Ausnahme in die Konföderirte Armee getreten waren. Doch auch er diente eine zeitlang als Offizier, bis er im Auftrage der Konföderirten Staaten nach Deutschland geschickt wurde. Die Zahl der Studirenden ist jetzt wieder bis nahe an vierhundert gestiegen und hofft man diese berühmte Gründung Jefferson's auf's Neue zu ihrem alten Glanze zu bringen.

Schele war auch literarisch sehr thätig. Er schrieb "Comparative Philology", "Studies in English", "Americanism's", "Leaves from the Book of Nature", "The Mythes of the Rhine", illustrated by Doré (edition de luxe, Scribner's Sons), "Leaves from the Book of Nature", re-published by Blackwood, London, "The Romance of American History", "Modern Magic", "Problematic Characters", "From Night to Light", "The Hohensteins", (die drei letztgenannten Uebersetzungen von Spielhagen), "Wonders of the Deep" "The great Empress", "Glimpses of Europe in 1848", u. a. m. Zu gleicher Zeit verfaßte er viele Aufsätze für den "Southern Literary Messenger", "Scribner's Magazine" und "Harper's Monthly", so wie er auch von Zeit zu Zeit in den größeren Städten, wie Baltimore und Washington, Vorträge gehalten hat, welche, namentlich wegen der äußerst korrekten Aussprache des Englischen von Seite des Vorlesers, großen Beifall gefunden haben.

Ein Gründer der „Amerikanischen Philologischen Association", ist er zugleich Mitglied zahlreicher Gelehrten=Gesellschaften Europa's und der Vereinigten Staaten. Von der Universität Greifswalde erhielt er die Würde eines Doktors der Philosophie, von Berlin eines Doktors beider Rechte. Mehrere Rufe an andere gelehrte Anstalten hat er ausgeschlagen, denn Virginien, in dem er seit 35 Jahren so erfolgreich wirkte und in welchem er seine Frau aus der berühmten Familie der Rives gefunden hat, ist ihm eine theure Heimath geworden.

Eine in mehr als einer Beziehung anziehende Erscheinung in diesem Staate ist Karl Minnigerode, Doktor der Theologie und Rektor der St. Paulus Kirche zu Richmond, Virginien. Geboren den 6. August 1814 zu Arensberg, in Westphalen, welches damals bei der napoleonischen Ländervertheilung einen Theil des Großherzogthums Hessen=Darmstadt bildete und wo sein Vater Regierungspräsident war, kam er schon im folgenden Jahre mit diesem nach Darmstadt, in welcher Stadt der Vater Präsident des Hofgerichts wurde. Hier erhielt Karl in einer Vorschule eine vortreffliche Erziehung, so daß er schon in seinem 14. Jahre in die oberste Klasse des dortigen Gymnasiums eintreten konnte. Vorher hatte er ganz besondere Neigung zur Mathematik gezeigt, doch da dieses Fach auf dem Gymnasium nur schlecht besetzt war, trat seine Vorliebe in den Hintergrund und die klassischen und andere Sprachen, sowie Literatur und Weltgeschichte wurden von nun an die Gegenstände seines ernsten Studiums. Er scheint indessen schon zu dieser Zeit für religiöse Eindrücke sehr empfänglich gewesen zu sein. Die übliche Konfirmation und das

Nehmen des Abendmahls, welches von den meisten Jünglingen mehr als eine Sache der Form betrachtet wurde, sollen einen sehr merklichen Einfluß auf sein späteres Leben ausgeübt haben.

Im Jahre 1832 bezog er, 18 Jahre alt, die Universität Gießen, um nach dem Wunsche des Vaters dort die Rechte zu studiren. Jene Zeit, wie wir wissen, war eine sehr aufgeregte. Auch Minnigerode wurde von ihrer Strömung erfaßt. Namentlich war in Gießen besonders durch den Durchzug der exilirten Polen unter den Studirenden der Enthusiasmus für Freiheit und ein einiges Vaterland auf's Höchste gestiegen. Er wurde bald ein Mitglied der deutschen Burschenschaft. Am Frankfurter Attentat vom 3. April 1833 nahm er zwar nicht Theil, obgleich einige der älteren Gießener Burschenschaftler dabei nicht fehlten. Der Mißerfolg des waghalsigen Unternehmens schlug aber die Hoffnungen der Liberalen nicht nieder. Man suchte einen andern Weg zu finden. Es bildeten sich geheime Gesellschaften von Männern, namentlich in Frankfurt und Oberhessen, um das Volk durch freisinnige Schriften aufzuklären, es vorzubereiten zu einem allgemeinen Aufstand. Man hatte gesehen, daß ohne die Massen, die größten Anstrengungen und Opfer von Seiten der gebildeten Klassen allein vergeblich seien. Aber auch Studirende, denen namentlich die Verbreitung revolutionärer Schriften anvertraut war, wurden in diese Verbindungen gezogen und Minnigerode nahm mit Leib und Seele an diesen Umtrieben Theil. Die Regierung gerieth bald auf deren Spur, und Minnigerode wurde verhaftet. Doch stellte er der Verfolgung, als in Nothwehr, absolutes Leugnen entgegnen, nicht seinetwegen, sondern, wie er dem Untersuchungsrichter erklärte, um Andere nicht in's Unglück zu stürzen. Sein Gefängniß war einsam und hart, aber er hatte einen menschlichen Untersuchungsrichter und wurde nach einem Jahre entlassen, doch bald darauf durch Geständnisse von Anderen kompromittirt, aufs Neue verhaftet.

Er hatte das Unglück, in die Hände des berüchtigten Inquirenten Georgi zu fallen, derselbe der Weidig's Tod verschuldete. In elendem Gefängnisse verbrachte er achtzehn Monate, ohne auch nur einmal verhört zu werden. Nach fast zweijähriger Einsperrung, nachdem er schon früher ein Jahr im Gefängnisse geschmachtet, befiel ihn eine Krankheit, welche auch seinen Geist angriff, und man mußte ihn zu den Seinigen bringen, wo er unter beständiger polizeilicher Aufsicht gehalten wurde. Gegen seine Mitschuldigen wurde 1838 das Urtheil gesprochen, gegen ihn aber, seines körperlichen und geistigen Zustandes wegen (1839) das peinliche Verfahren eingestellt, mit der Drohung, es wieder aufzunehmen, sollte er später in irgend einen Verdacht gefährlicher Umtriebe kommen. Das Exil schien ihm unter diesen Umständen geboten. Einige Monate der Freiheit brachte er noch im alten Vaterlande zu, um sich für die Reise zu stärken. Nach einer langen Seereise, die ihn indessen völlig geistig und körperlich frisch und gesund machte, landete er am 1. Dezember 1839 in den Vereinigten Staaten.

In späteren Jahren gab Minnigerode oft zu, daß die Regierung in ihrem Rechte gewesen sei, den Umsturz des Bestehenden zu verhindern und ihn zu verfolgen. Dennoch aber hätten er und seine Genossen, soweit ihre Einsicht gereicht, nur Edles und Gutes gewollt. Sie hätten wie Helden sich gefühlt und seien bereit gewesen, ihre Ueberzeugung mit ihrem Blut zu besiegeln. Er könne bei der Jugend eine solche Selbstlosigkeit und Opferlust nicht verdammen, sondern nur ehren.

Bei seiner Ankunft stand er allein, keine Seele kannte ihn. Aber er ging entschlossen an's Werk. Zuerst suchte er sich mit der Sprache des Landes auf's innigste vertraut zu machen. In Philadelphia, wo er sich zuerst hingewendet hatte, trat er als Lehrer, hauptsächlich der alten Sprachen auf, und hatte darin einen ebenso raschen wie von ihm unerwarteten Erfolg. Wir haben schon früher zu bemerken gehabt, daß Minnigerode bei mehreren öffentlichen Gelegenheiten auftrat und durch die Fülle seiner Ideen sowohl, als seine ausgezeichnete Rednergabe die allgemeine Aufmerksamkeit erregte. Mit gelehrten und gebildeten Amerikanern knüpfte er bald Verbindungen an, wie mit Professor Woolsey in „Yale College" und anderen wissenschaftlichen Größen zu Cambridge, Massachusetts.

Noch waren nicht ganz drei Jahre seit seiner Ankunft in Philadelphia verflossen, so erhielt er schon eine Anstellung an dem alten berühmten „William und Mary College" in Virginien als Lehrer der klassischen Literatur, eine Auszeichnung, welche er unter sehr vielen Mitbewerbern aus Süd und Nord hauptsächlich seinen eingeschickten Arbeiten und den Empfehlungen der ersten Gelehrten des Landes verdankte. Seinem unermüdlichen Streben gelang es, die dort seit einiger Zeit vernachlässigten klassischen Studien wieder auf eine hohe Stufe zu erheben, und er beschäftigte sich mit dem Verfassen einer lateinischen Grammatik nach neuer deutscher rationeller Methode.

Im Jahre 1844 schloß er sich der englischen Episkopal Kirche an, und faßte zugleich den Entschluß, ein Geistlicher dieser Gemeinde zu werden. Wir haben schon früher gesehen, wie bereits im ersten Jünglingsalter Minnigerode tiefreligiösen Sinn zeigte. In seiner langen Einzelhaft trieb es ihn natürlich zum Versinken in sich selbst, und zur Sammlung in sich. Eine zeitlang hatte man ihm die Bibel zur einzigen Lektüre gelassen. Er hatte sie, wie er sagt, als ein merkwürdiges Buch, doch wie ein anderes menschliches Machwerk in die Hand genommen und sie niedergelegt als Gotteswerk. Auch seine Verheirathung 1843 mit einer sehr religiös gesinnten Dame (Miß Mary Carter aus Williamsburg) blieb nicht ohne Einfluß auf seinen Entschluß, sich dem geistlichen Stande zu widmen.

Die lateinische Grammatik blieb unvollendet, die Professur wurde aufgegeben (1818), da er bereits im vorhergehenden Jahre zum Prediger ordinirt worden war.

Er verwaltete das Predigeramt zuerst mehrere Jahre in kleinen Städtchen, bis ihm, nachdem er wiederholt einen Ruf nach Philadelphia ausgeschlagen, 1853 zu Norfolk, welches damals die größte bischöfliche Gemeinde enthielt, eine Stelle als Nachfolger des verstorbenen Bischofs Cummins, eröffnet wurde. Nach mehrjährigem und erfolgreichem Wirken daselbst, wurde er als Rektor an die Paulus Kirche zu Richmond, der Hauptstadt Virginiens, berufen. Hier eröffnete sich ihm nun der weiteste Wirkungskreis an der größten Kirche der Gemeinde der Diözese und des ganzen Südens. Es kann hier nur gesagt werden, daß er denselben nach jeder Richtung glänzend ausfüllte. Er war kein „Sensationsprediger," jede blos künstliche Erregung war ihm verhaßt. Aber es fehlte seinen Predigten nicht an Ideen und Originalität, noch weniger an Feuer, ohne daß je die Grenzen ernster Würde überschritten wurden. Seine Beredtsamkeit wird als hinreißend geschildert.

Da Richmond der Sitz der konföderirten Regierung geworden war, und da die Häupter derselben, sowie die meisten Generäle der Sezessionisten wie Jefferson Davis, die Generäle Lee, Ewell, Longstreet, Cooper, entweder Mitglieder der bischöflichen Kirche waren, oder doch diese Kirche fast ausschließlich besuchten, so war es nur natürlich, daß Minnigerobe in den Vordergrund gedrängt wurde, und als „Rebellen-Pastor" vielfach benunziirt wurde. Wir dürfen als gewiß annehmen, daß Minnigerobe grundsätzlich kein Freund der Sklaverei war, und Emanzipation so sehr wünschte als einer. Es ist ja bekannt, daß die ersten Staatsmänner Virginiens die Sklaverei verdammten, und daß in keinem andern Sklavenstaate die Frage der Emanzipation innerhalb und außerhalb der Gesetzgebung mehr agitirt worden war, als gerade in Virginien. Ebenso wenig vertheidigte man dort im Anfang die Sezession von Süd Carolina; man suchte eine vermittelnde Stellung einzunehmen. Bekanntlich wurde auf bringendes Auffordern der Gesetzgebung von Virginien ein Friedens-Kongreß abgehalten, der von Delegaten selbst der meisten Nordstaaten besucht wurde (Februar 1861), aber ohne Resultat verlief. Zuletzt hatte man doch in Virginien sich dahin vereinigt, daß man der Bundesregierung das Recht absprach, ausgetretene Staaten mit Gewalt wieder zum Bunde zurückzubringen. Als daher die Regierung Anstalten traf, in Süd Carolina militärisch einzuschreiten und die Kanonade von Fort Sumpter stattgefunden hatte, erklärte sich auch Virginien für unabhängig, und schloß sich den aufrührerischen Staaten an. Minnigerobe, wie fast alle Virginier, hatte einen besonderen, ganz partikularen Patriotismus. Virginien hatte einst fast für ganz Englisch-Amerika gestanden, hatte 36

Jahre lang den Vereinigten Staaten die Präsidenten und in der That eine Reihe glänzender Staatsmänner und Richter gegeben. Wie General Lee, ein durchaus edler Charakter, von Freund und Feind geachtet, gab sich auch Minnigerode der Täuschung hin, als sei er mehr dem Staate verpflichtet, als den Vereinigten Staaten.

Den Vorwurf, den man ihm von mancher Seite gemacht hat, als habe er hier und da als politischer Rathgeber von Jefferson Davis gehandelt, hat Minnigerode stets energisch von sich gewiesen. Er stand zu diesem in sehr innigem aber nur pastoralem Verhältniß. Und auch dieses sollte sich rasch lösen. An einem schönen hellen Sonntagmorgen, am 2. April 1865, war die Paulus Kirche gedrängt voll. Präsident Davis und alle Spitzen der Regierung waren zugegen. Während des Gottesdienstes wurde Davis eine telegraphische Depesche gebracht. Er las sie, wartete aber bis die Gemeinde zum Gebet aufgefordert, auf den Knien lag und er sich mehr unbemerkt entfernen konnte. Es war die Nachricht von dem Fall von Petersburg und dem Durchbrechen der Linien, die Richmond deckten, welche Davis gelesen hatte. Die andern anwesenden Beamten bekamen jetzt ebenfalls telegraphische Nachrichten. Die Gemeinde wurde unruhig, ahnte nichts Gutes und man wollte sich zur Kirche hinausstürzen; doch gelang es Minnigerode, der seine Fassung nicht verloren hatte, einen großen Theil in der Kirche zu behalten und den Gottesdienst mit Ertheilung des Abendmahls zu beschließen.

Davis, die Regierung und die Besatzung, sowie viele, für ihr Leben fürchtende Bürger, verließen indessen Richmond zur selben Stunde.

Später wurde Minnigerode die Erlaubniß ertheilt, Jefferson Davis, während dessen Gefangennahme in der Festung Monroe mehrmals zu besuchen und ihm das Abendmahl zu ertheilen, in Gegenwart eines Offiziers und der wachthabenden Soldaten.

Es wäre zu wünschen, daß Dr. Minnigerode, der Jefferson Davis auf's Genaueste kannte, sich entschließen könnte, auf den Charakter dieses Mannes, der so verschiedenen, und wohl mit Recht, ungünstigen Beurtheilungen unterliegt, etwas mehr Licht zu werfen.

Wie nach großen Unglücksfällen eine innere Wandlung des Gemüthes eintritt, so ist das kirchliche Leben innerhalb der Gemeinde, in welcher Minnigerode so lange gewaltet hatte, gleichsam neu erwacht, und giebt ihm eine willkommene Gelegenheit, seinen Beruf, der ihm ein ernster und heiliger geworden ist, zum Besten seiner Mitbürger auszuüben.

Bei diesen Aufzeichnungen hat sich uns mit Gewalt die Aehnlichkeit aufgedrängt, die uns in dem Lebenslauf von Karl Minnigerode und dem von uns früher geschilderten Karl Follen herantritt. Beide im Großherzogthum Hessen geboren, hatten sie die Universität Gießen bezogen, dort die Rechte studirt. Beide waren Mitglieder der Burschenschaft, und beide verließen die Muttererde als Exilirte, weil sie, von glühender Vaterlandsliebe erfüllt, den Umsturz der bestehenden Regierung planten. In beiden hatte ein vorherrschender Drang nach einer inneren Einkehr und einer äußerlichen Bethätigung ihrer religiösen Gesinnungen stattgefunden. Beide, mit einer ausgezeichneten Rednergabe begnadigt, welche sie, wenn sie ihrer zuerst ergriffenen Wissenschaft treu geblieben wären, in die Hallen des Kongresses oder in die höchsten Gerichtshöfe geführt haben würde, weihten sich dem Dienste der Kirche. Doch hier trennen sich ihre Wege, vielleicht nur scheinbar. Karl Follen wird ein Bewohner von Massachusetts, dem nordischen Virginien, und Karl Minnigerode ein Bürger, wie er glaubt, von Virginien. Follen steht an der Spitze der Anti-Sklaverei-Bewegung und wird Prediger der freisinnigen Unitarier-Gemeinde, Minnigerode schließt sich der konservativen englischen Hochkirche an und es wird sein Verhängniß, Jahre lang den „Rebellen", welche die Sklaverei zum Eckstein ihrer Verfassung gemacht hatten, das Wort Gottes zu predigen. Daß sie beide ihrer innersten Ueberzeugung gefolgt sind, unterliegt wohl keinem Zweifel. Als hochbegabte Männer, von seltener Bildung, von reinster und edelster Gesinnung, kann das alte und das neue Vaterland mit Stolz auf sie blicken.

Am Sitze der Central-Regierung zu Washington finden wir schon in den früheren Dezennien dieses Jahrhunderts, namentlich in den technischen Fächern, wie im Patentbureau, der Küstenvermessung und dem Landamt, gebildete Deutsche als Beamte angestellt. Alle Reisende jener früheren Periode stimmen darin überein. Doch war die Zahl der Beamten zu diesen Zeiten unendlich viel kleiner als jetzt, nachdem die Bevölkerung und auch der Umfang des Landes selbst sich mehr als verdoppelt und der Bundesregierung so viele Pflichten aufgebürdet worden sind, die unter den früheren Verhältnissen nicht existirten. Indessen hatte sich schon in den dreißiger Jahren in Washington ein „deutscher geselliger und literarischer Verein" gebildet. Im Jahre 1841 hatte L. Rosenthal ein Zweiggeschäft der Wesselhöft'schen Buchhandlung eröffnet, und 1842 sich eine „Deutsche Wohlthätigkeits-Gesellschaft" organisirt.

Einer der ersten Deutschen, welcher lange Jahre in Washington eine hervorragende Stellung eingenommen hat, war **Ferdinand Rudolph Haßler**. Wir nennen ihn einen Deutschen, obgleich er zu Aarau in der Schweiz geboren war. Er war deutschen Blutes nicht nur, sondern auch ächt deutschen Charakters und seine ganze Erziehung beruhte auf völlig deutschen Anschauungen. Wenn wir vom deutschen Element in den Vereinigten Staaten reden, können wir die in der deutschen Schweiz Gebornen, deren Muttersprache die deutsche war, nicht ausschließen. Nach vorliegenden Familienbriefen war der 6. Oktober 1770, nicht der 7., wie es in mehreren biographischen Notizen heißt, der Tag seiner Geburt. Sein

Vater war Uhrmacher, hatte aber eine Anzahl städtischer Beamtungen bekleidet und war zu wiederholten Malen im Rathe der damals noch kleinen Stadt. Er war ein vermögender Mann, und ließ seinem einzigen Sohn, Ferdinand Rudolph, eine weit über das gewöhnliche Maaß hinaus gehende höhere Bildung zukommen. Nachdem dieser die lateinische Schule seines Heimathortes besucht hatte, wurde er noch im jugendlichen Alter auf die Akademie zu Bern geschickt, eine Art Hochschule, um dort Jurisprudenz zu studiren. Doch fühlte er sich weit mehr zum Studium der Mathematik geneigt, welche Wissenschaft von einem berühmten Mathematiker und Physiker, Joseph Georg Tralles von Hamburg, an dieser Schule vorzüglich vorgetragen wurde. Im Auftrage der Regierung führte Tralles topographische Vermessungen des Kantons Bern aus, an welcher Aufgabe sich Haßler, damals einundzwanzig Jahre alt, mit dem hingebendsten Eifer betheiligte. Hier wurde zuerst das System der Triangulär-Vermessungen angewendet. Während indessen zu diesem Zwecke in London vollständigere Instrumente bestellt worden waren, machte Haßler Reisen nach Paris und nach Deutschland. Er besuchte besonders Gotha und hielt sich lange Zeit dort auf, um von dem berühmten Geographen und Astronomen von Zach zu lernen. Ebenso hielt er sich zu Göttingen und Kassel zeitweilig auf, um sich mit den besten physikalischen Instrumenten und Karten bekannt zu machen, namentlich auch auf den Sternwarten daselbst Beobachtungen anzustellen. Den Sommer des Jahres 1796 brachte er wieder in Paris zu, mit ernstlichen Studien beschäftigt.

Erst im Jahre 1797 wurden die schon so lange bestellten Instrumente von London erhalten, und Tralles und Haßler nahmen nach langer Unterbrechung ihre Triangulär-Vermessungen im Kanton Bern auf. Der Einfall der Franzosen in die Schweiz (1798), der Umsturz der alten Regierungen, machten indessen diesen friedlichen Arbeiten ein unerwartetes Ende. Haßler zog sich nach seiner Vaterstadt Aarau zurück, nachdem er sich schon vorher verheirathet hatte. Dieser Ehe entsproßten theils in der Schweiz, theils später in Amerika, fünf Söhne und zwei Töchter. Als ein Zeichen von Haßler's Sonderbarkeiten mag angeführt werden, daß er den Söhnen die Namen seiner klassischen Lieblingshelden gab, wie Alexander, Scipio, Aeneas, Ulysses. Für sein eigentliches Fach als Civilingenieur gab es nun nichts zu thun, weil die französische Regierung faktisch in der freien helvetischen Republik regierte und dem höchsten Vollziehungsrath der Schweiz nicht erlaubte, andere als französische Ingenieure anzustellen. Unter diesen Umständen mußte Haßler an anderweitigen Erwerb denken. Er half seinem Vater in dessen Amtsführung und trat mitunter auch als Anwalt auf, da er doch in Bern juristische Vorlesungen gehört hatte.

Kein Wunder, daß Haßler ein anderes Feld für seine Thätigkeit suchte. Ein gewisser Marcel war in den ersten Jahren des Jahrhunderts in

Frankreich und der Schweiz erschienen mit einem Plan, eine großartige Kolonie in Louisiana anzulegen. Eine Aktiengesellschaft wurde gegründet, an welcher auch Haßler theilnahm. Das Kapital sollte hinreichend sein, um jeder Aktie von sechzig bis achtzig Morgen Land zu sichern. Haßler's Eltern widersetzten sich zwar dem Plan, doch Haßler hatte die Idee mit seinem Feuergeiste ergriffen, und im Jahre 1805 trat er die Auswanderung an und soll nach Familienberichten über hundert Personen allein für sich und zwar auf eigene Kosten mitgenommen haben. Selbstverständlich scheiterte das Unternehmen. Es wird von Einigen dem Betrug des Agenten in Philadelphia zugeschrieben, welcher das Kapital nicht zum Ankauf von Land verwendet haben soll; doch selbst wenn Land gekauft worden wäre, so würden auf dem unangebauten Lande, wenn nicht anders noch starkes Kapital vorhanden gewesen wäre, die Kolonisten doch zu Grunde gegangen sein. Genug Haßler gerieth gleich bei seiner Ankunft in Philadelphia in die größte Noth, und mußte seine höchst werthvolle Bibliothek verkaufen. Er erhielt zugleich noch von einem großgesinnten Amerikaner, wie es deren so viele giebt, vielleicht mehr als in einem andern Lande, ein beträchtliches Darlehen. Als Haßler in späteren Jahren seinem Gläubiger, John Baughan, die Schuld zurückbezahlte, konnte oder wollte sich dieser gar nicht mehr derselben erinnern und schien verwundert über Haßler's Ehrlichkeit.

Haßler war bald nach seiner Ankunft mit Albert Gallatin, dem berühmten amerikanischen Staatsmann, aus Genf, bekannt geworden und durch ihn in Berührung mit Präsident Jefferson getreten. Jefferson selbst interessirte sich höchst für physikalische und naturwissenschaftliche Studien und stand mit den ersten Gelehrten Europa's in Korrespondenz. Ein Mann wie Haßler war grade ein Charakter, wie ihn Jefferson liebte. Wissenschaftliche Gespräche führten auf die Vermessung der Küsten nach der neuen geodesischen Methode. Haßler machte auf die großen Vortheile einer solchen Vermessung für den Handel aufmerksam, und Jefferson, der sich leicht für alles Neue und Große begeisterte, nahm die Ausführung in die Hand. Auf seinen Antrag hin erließ (1807) der Kongreß ein Gesetz, wonach eine Vermessung aller Küsten der Vereinigten Staaten vorgenommen werden sollte. Gallatin, damals Schatzamts-Sekretär (Finanzminister) der Vereinigten Staaten, erließ eine Einladung für Pläne, und der von Haßler wurde gebilligt. Er selbst ward als Superintendent dieser Vermessung ernannt. Die hiesigen Instrumente entsprachen aber diesem Zwecke nicht hinreichend, und im Jahre 1810 wurde es für nöthig befunden, Haßler nach England zu schicken, um dort unter seiner Aufsicht die besten Instrumente verfertigen zu lassen. Während er zu London mit dieser sehr langsam vorwärtsgehenden Arbeit beschäftigt war, brach der Krieg zwischen England und den Vereinigten Staaten aus.

Haßler wurde nicht allein zurückgehalten, sondern sogar als Kriegsgefangener auf einem abgetakelten Schiffe eingesperrt. Es ist hier nachzuholen, daß ehe er nach England ging, er eine zeitlang (von 1807—1809) auf der Militärschule zu Westpoint die Professur der Mathematik und Physik bekleidete. Im Jahr 1816 zurückgekehrt, fand er natürlich viel Verwirrung, sowie auch eine Abneigung, bei der noch existirenden schweren Kriegsschuld ein so kostspieliges Unternehmen fortzusetzen. Der Kongreß verweigerte fernere Bewilligungen und im Jahr 1818 wurde das Gesetz, welches die Küstenvermessungen angeordnet hatte, insoweit widerrufen, daß allenfalsige Vermessungen der Art von den regelmäßigen topographischen Ingenieuren der Armee gemacht werden sollten.

Unter dem Friedensvertrag zu Gent waren indessen die Grenzen im Norden der Vereinigten Staaten näher zu bestimmen, und in Verbindung mit einem englischen Astronomen wurde Haßler von Seiten der Vereinigten Staaten zu diesem Zweck angestellt. Diese Arbeit hatte ihn in den nördlichen Theil von New York geführt, und er kaufte sich an den Ufern des St. Lorenz Stromes, unweit der Ausmündung des Ontario See's, eine Farm, die er allmälig durch Ankauf anliegender Ländereien vergrößerte, und auf welcher er sich ein stattliches Wohnhaus erbaute. In wiefern er als Landwirth erfolgreich war, ist uns unbekannt geblieben, und schweigen die Familien-Notizen darüber. Es lag in seinem Plan, ein landwirthschaftliches Institut zu errichten, und zu diesem Zwecke hatte er auch sein großes Haus eingerichtet. Allein die Mittel fehlten ihm für ein so bedeutendes Unternehmen. Die Zeit seines Aufenthalts auf dieser Farm, die mit einigen Unterbrechungen zehn Jahre dauerte, verwendete er wenigstens theilweise auf Fortsetzung seiner Studien, und mit schriftlichen Arbeiten.

Bei dem Widerruf des Gesetzes, welches die Küstenvermessung als eine Civil-Anstalt aufhob, waren in den Debatten viele Zweifel nicht nur über die Zweckmäßigkeit einer solchen Vermessung geäußert worden, sondern man hatte das besonders von ihm eingeschlagene Verfahren in Frage gestellt. Eine ausführliche Vertheidigungsschrift des Systems wurde von ihm verfaßt, gelangte in die Hände von Fachmännern in Europa und erregte dort die größte Aufmerksamkeit. Sie begründete seinen europäischen Ruf. Ferner erschien von ihm in New York, 1826, "Elements of Geometry of planes and solids," und in Philadelphia, 1824, "Arithmetical Astronomy". Ebenso eine Menge von wissenschaftlichen Aufsätzen über Trigonometrie, über Feststellung von Maaß und Gewicht, und über Geodesie, in den verschiedenen wissenschaftlichen Journalen Amerika's und Europa's. In den "Reports of the Coast Survey", die jährlich erschienen, legte er seine Ansichten in einer Reihe von Abhandlungen nieder. . Dabei führte er eine ausgedehnte Korrespondenz mit Gelehrten aller Länder, und blieb mit Präsident Jefferson bis zu dessen Tode in beständigem schriftlichem Verkehr. Daß er einer der ersten, wenn nicht der erste Mathematiker hier zu Lande war, gestanden ihm selbst seine Gegner zu. In dem Jahr 1830 erhielt er eine Anstellung in dem Zollhause in New York, und zu gleicher Zeit den Auftrag von der Regierung die Maaße und Gewichte zu fixiren, eine bekanntlich sehr schwierige Aufgabe, die er mit großem Erfolg löste und deren Resultate von europäischen Autoritäten auf's höchste belobt wurden.

Im Jahr 1832 gelang es jedoch den aufgeklärten Köpfen im Kongreß die Küstenvermessung wieder durch Gesetz aufzunehmen, und Präsident Andrew Jackson zauderte keinen Augenblick, Haßler wieder zum Superintendenten zu ernennen, worauf er das Amt bis zu seinem Tode, trotz vielfacher Anfechtungen, bekleidete. Er kann als Vater dieser großartigen und höchst nützlichen Unternehmung betrachtet werden. Bis zu seinem Tode war von ihm ein Flächenraum von 30,000 Quadrat-Meilen vermessen und auf's genaueste berechnet worden. Freilich bedurfte die Ausführung sehr bedeutende Summe und nahm viel Zeit in Anspruch — beides Ursachen der fast beständigen Nörgeleien des Kongresses.

Haßler, der sich bis in sein hohes Alter nie schonte, sondern mit Jugendfeuer selbst noch im Felde arbeitete, hatte sich bei einem Sturme, der die Zelte umriß und alles durchnäßte, eine bedeutende Erkältung zugezogen. Er mußte die Meß-Station in Delaware verlassen und reiste nach Philadelphia, um ärztliche Hülfe zu suchen, aber schon nach wenigen Tagen machte eine Brustentzündung diesem bis zum letzten Augenblicke unermüdlich thätigen Leben ein Ende. Er starb am 20. November 1843, dreiundsiebenzig Jahre alt. Seine sterblichen Reste wurden in Philadelphia unter großen Feierlichkeiten beigesetzt.

Haßler's Leben war ein beständiger Kampf. Seine Natur war eine vulkanische. Was er einmal für recht erkannt hatte, verfocht er mit sprudelndem Eifer und unglaublicher Hartnäckigkeit. Er hatte eine hohe Meinung von sich selbst und eine noch höhere von seiner Wissenschaft, und eine sehr geringe von Denen, welche anderer Ansichten waren. Auch hielt er mit seiner Meinung nicht hinter dem Berge. Wer ihm in die Quere kam, und wenn es die höchsten Beamten waren oder Mitglieder von Kongreß-Ausschüssen, welche ihm Fragen vorlegen wollten, wurde mit einer göttlichen Grobheit traktirt, ja er wies ihnen öfters die Thüre. Als ihn der Finanzminister Woodbury, der ein Jurist und Richter gewesen war, einst darauf aufmerksam machte, daß die Zeiten schlecht seien, daß die Opposition auf Einschränkungen dränge, und daß Haßler's Gehalt ($6,000) zu groß sei, namentlich da sein Sohn als Gehülfe auch noch $3,000 beziehe, da ja die Staatsminister nur $6,000 bezögen, fuhr ihn Haßler an: „Van Buren kann aus jedem Holz einen Minister machen, wie man es bei Ihnen sieht, aber keinen Haßler, der der Küstenvermessung vorstehen kann".

Das Gesetz gab Haßler große Gewalt in die Hände. Alle Anstellungen, und oft belief sich sein Personal an hundert Personen, wurden ihm überlassen, und ebenso hatte er deren Gehalte zu bestimmen. Und wehe dem Staatsminister oder dem Kongreß-Abgeordneten, der ihm einen Freund oder Verwandten aufdrängen wollte. Er stellte nur an, wen er brauchen konnte und nahm Personen aus aller Herren Länder. Er hatte vor Niemand Furcht, obgleich er durch seine Barschheit und sein aufbrausendes Wesen die ganze Existenz des Instituts öfters gefährdete. Man hat zuweilen gesagt, Haßler sei nur verfolgt worden, weil er ein Ausländer gewesen sei. Natürlich mochte dieser Umstand mitgewirkt haben. Allein wir glauben, daß Unwissenheit über die Bedeutung dieser großartigen Vermessung, Eifersucht des Südens und Westens gegen die östlichen Staaten, denen allein die Vortheile der Vermessung in damaliger Zeit zu gute zu kommen schienen, und dann auch gewiß das sehr exzentrische und autokratische Gebahren Haßler's die Hauptursachen der heftigen Opposition gegen das Vermessungs-Bureau waren. Wenn man bedenkt, wie sehr der Amerikaner die äußerliche Höflichkeit zu wahren sucht, wie namentlich die Beamten als allgemeine Regel zuvorkommend und höflich sind, so mußte Haßler bei Denen, die ihn nicht näher kannten, Anstoß genug erregen. Aber Alle, die mit dessen Charakter näher vertraut waren, liebten, achteten und bewunderten den Mann. Er war der liebevollste Gatte und Vater, und hatte überhaupt unter einer rauhen Hülle ein großes, gutes Herz. Unbestechlich, wahr bis zu Naivität „gegen Freund und Feind", jeden Humbug verachtend, zwang er selbst seinen Gegnern Achtung ab.

Sein Fleiß und seine Ausdauer waren bewundernswerth, und machten ihn im Verein mit einem ausgezeichneten Gedächtniß und einem scharfen, analytischen Verstande zu einer Größe in seiner Wissenschaft. Ein edler Ehrgeiz ließ ihn nur große, weitaussehende Pläne fassen. Vor uns liegt sein wohlgetroffenes Bild in Stahlstich. Auf einer hageren Gestalt ruht ein ungewöhnlich langer Kopf, mit einer hohen schön geformten Stirne, mit großen ausdrucksvollen Augen, einer energischen Nase und einem geschlossenen Munde, dem man es ansieht, daß er sarkastisch lächeln konnte. Der lange Hals ist kaum bekleidet, und ganz unten bedeckt ihn ein losgewundenes Tuch unter einem mächtigen umgestülpten Halskragen. Es ist ein ganz vortrefflicher Charakterkopf. Bei allen scharfen, festen Zügen, sieht man doch auf den ersten Blick des Mannes Herzensgüte auf dem Antlitz abgespiegelt. Zum Andenken des Mannes gab die Regierung der Vereinigten Staaten einem zum Zweck wissenschaftlicher Erforschung ausgerüsteten Schiff den Namen „Haßler".

Karl Ludwig Fleischmann, im Jahr 1806 zu Amberg, im Königreich Baiern, geboren, erhielt seine Schulbildung zuerst in Ingolstadt, besuchte dann das Gymnasium zu München, sowie die neuerrichtete land- und forstwissenschaftliche Schule zu Schleißheim. Nicht viel über neunzehn Jahre alt, übernahm er die Verwaltung der großen Güter des Grafen von Seinsheim, gab aber 1832 diese Stelle auf, und, nachdem er sich eine zeitlang in Frankreich aufgehalten hatte, namentlich um den Weinbau kennen zu lernen, schiffte er sich, im Besitz eines nicht unbedeutenden Vermögens, im Herbst desselben Jahres nach den Vereinigten Staaten ein. Nach einigem Aufenthalt in New York reiste er nach dem Westen, besuchte die Fälle des Niagara, einen Theil von Canada, und gelangte über Buffalo, Cleveland und Columbus nach Cincinnati, wo es ihm so wohl gefiel, daß er beschloß, diese damals schon sehr aufgeblühte Stadt zu seinem Wohnsitze zu machen.

In Verbindung mit einem Andern errichtete nun Fleischmann eine Brauerei, wo Bier auf bairische Art gebraut wurde. Verschiedene Umstände jedoch, namentlich eine eintretende Geldkrisis, ließen das Geschäft scheitern, wobei natürlich das mitgebrachte Vermögen zu Grunde ging. Da er sich bereits verheirathet hatte, so war seine Lage nicht die beste; doch gelang es ihm bald, Beschäftigung als Hülfsingenieur an einer neu zu erbauenden Eisenbahn zu erhalten, für welche Stelle ihn seine praktischen Kenntnisse im Zeichnen und seine mathematische Vorbildung hinreichend befähigten. Während er diesen Posten bekleidete, machte er zufällig die Bekanntschaft von Henry L. Elsworth, des damaligen Chefs des Patent-Amtes zu Washington. Elsworth sah seine Vermessungen und Pläne und lud ihn ein, nach Washington zu kommen, um dort im Patent-Amt einen Platz als Zeichner einzunehmen. Fleischmann folgte dem Rufe und begab sich 1836 nach der Bundeshauptstadt. Washington war in jener Zeit noch nicht die glänzende Stadt heutigen Tages. Das Kapitol stand noch unvollendet; außer der Pennsylvania Avenue, welche das Kapitol mit dem Wohnsitz des Präsidenten verbindet, waren nur wenige Straßen einigermaßen angebaut. Das Postgebäude, worin sich auch das Patent-Amt befunden hatte, war kurz vorher ein Raub der Flammen geworden. Die übrigen Regierungsgebäude waren kaum mehr als Baracken.

In seiner Stellung als Zeichner hatte er zuerst die eingereichten Zeichnungen, welche die Patent-Ansprüche begleiteten, zu kopiren; dann mußten nach Modellen wieder Zeichnungen hergestellt werden. Das Schwierigste war indessen, zu eingesandten Beschreibungen die Zeichnungen zu machen. Fleischmann bewies sich als einer der tüchtigsten Angestellten. Der Personenwechsel des Chefs des Patentamts brachte Fleischmann nach einigen

Jahren aus seiner Stellung, und er beschloß (1845) sich für kurze Zeit nach Europa zu begeben.

Mit Professor Morse befreundet, und mit dessen Versuchen, einen elektrischen Telegraphen herzustellen, genau bekannt, wurde er von Morse ersucht, sein Instrument in Europa der gelehrten Welt vorzulegen. Zuerst machte Fleischmann seine Versuche zu Paris vor Arago und einer Versammlung von Gelehrten, welche die große Einfachheit des Instruments und die Genauigkeit der auf die Papierstreifen gemachten Eindrücke bewunderten. In Brüssel, wohin sich Fleischmann von Paris begab, wurde ebenfalls die Erfindung von einer Anzahl bedeutender Gelehrten mit dem größten Beifall aufgenommen. Von dem österreichischen Gesandten in Brüssel aufgefordert, auch in Wien den telegraphischen Apparat vorzuzeigen, wurde er vom Fürsten Metternich, der sich bekanntlich sehr für Naturwissenschaften interessirte, auf das beste aufgenommen. Im Metternich'schen Palaste wurden die ersten Experimente gemacht, welche zur höchsten Zufriedenheit ausfielen. Sie wurden in Gegenwart des Kaisers und der ganzen kaiserlichen Familie in der Hofburg wiederholt, ebenso in der polytechnischen Schule vor dem gesammten Offizierkorps der Ingenieure.

Nach einem Besuch in seinem engeren Vaterlande, Baiern, und nachdem er die Bekanntschaft vieler der angesehensten Männer Deutschlands, namentlich derjenigen, welche die Landwirthschaft wissenschaftlich betrieben, gemacht hatte, bereiste er mit unserm damaligen Gesandten in Wien, Herrn Styles von Georgia, Ungarn, Mähren und Steiermark. Er sammelte besonders Notizen über die Schaafzucht, für welche er in Amerika eine Zukunft erblickte. Nachdem er die Schweiz und Frankreich besucht hatte, kehrte er über England im Jahre 1846 wieder nach den Vereinigten Staaten zurück.

Einen ausführlichen Bericht über Schaafzucht und Wolle reichte er dem Patent-Amte ein, sowie eine große Anzahl sorgfältig assortirter Wollenmuster. Dieser Bericht wurde sehr zufriedenstellend gefunden und vielfältig publizirt, und ihm, ohne daß er darum angehalten, die Summe von Tausend Dollars vom Kongreß dafür angewiesen. Für den Bericht des Patent-Kommissärs von 1848 arbeitete Fleischmann dann eine Abhandlung über das Zuckerrohr und die Zuckergewinnung in Louisiana aus. Im Jahre 1847 veröffentlichte er zu New York und Frankfurt am Main sein rühmlichst anerkanntes Buch „Der amerikanische Landwirth", welches in mehrere Sprachen übersetzt wurde. Es ist namentlich für solche Länder berechnet, wo viel Land, aber wenig Arbeitskräfte vorhanden sind.

Um ein Werk über Weinbau zu schreiben, beabsichtigte Fleischmann vorerst wieder Deutschland und Frankreich zu bereisen. Auf den Rath von Franz Joseph Grund bewarb er sich deshalb um das Kon-

sulat von Stuttgart, welches ihm auch alsbald zugetheilt wurde. Das
Amt trug zur Zeit wenig ein, gab ihm indessen eine bevorzugte Stellung
und viel zu thun, indem sich die Auswanderungslustigen aller Klassen bei
ihm beständig Raths erholten. Er wurde dadurch veranlaßt, seine Erfahrungen in Bezug auf Handel, Industrie und Gewerbe in den Vereinigten
Staaten in einem Buche niederzulegen, welches 1850 zu Stuttgart erschien.
Auch vollendete er sein Werk über den Weinbau. Es ist aber so umfangreich, da es den Weinbau aller Länder umfaßt, daß nur eine Regierung es
unternehmen könnte, es zu publiziren.

Als korrespondirendes Mitglied des königlich würtembergischen landwirthschaftlichen Vereins, verließ er Stuttgart 1852 und kehrte nach den
Vereinigten Staaten zurück, um in Washington seinen bleibenden Wohnsitz
aufzuschlagen. Doch riefen ihn Geschäfte wieder nach Europa hin, wo
er in Paris seinen Aufenthalt nahm und für die New Yorker Tribüne als
Korrespondent über industrielle Verhältnisse thätig war. 1857 war er
vom Staat New York als ein Kommissär für die Pariser Weltausstellung
angestellt worden, und arbeitete als Mitglied des Schiedsgerichts für Textil-
Fabrikate den Bericht über diesen Zweig aus. Er hielt sich dann längere
Zeit in Petersburg auf, verwaltete einige Zeit interimistisch das Konsulat
zu Moskau und bereiste die südlichen Steppenländer Rußlands. Um diese
Zeit erschien auch von ihm eine Brochüre zu Paris "Les Etats Unis et
la Russie considerées au point de vue de la grande culture and
du travail libre."

Ehe er nach den Vereinigten Staaten zurückkehrte, besuchte er Algier
und bereiste dieses Land längs der Küste bis an die tunesische Grenze. In
Washington vereinigte er sich wieder mit seiner Familie und hat dort seinen
bleibenden Aufenthalt genommen. Er besuchte indessen 1873 die Weltausstellung zu Wien, und wurde dort ebenfalls korrespondirendes Mitglied
des kaiserlich-königlichen österreichischen Landwirthschaftsvereins.

Man sieht, Fleischmann hat ein reges Leben hinter sich. Bekannt und
zum Theil vertraut mit den Staatsmännern und Gelehrten mehrerer
Generationen in Amerika, haben seine Reisen und seine öffentlichen Stellungen im Auslande ihn ebenfalls mit den bedeutendsten Männern
Europas in Verbindung gebracht. In seinen Unterredungen mit königlichen Häuptern, mit deren Ministern, mit Männern der Wissenschaft hatte
er Gelegenheit, sie über sein neues Vaterland zu belehren und aufzuklären;
und diese Gelegenheit hat er stets auf's Beste benutzt.

Die Thätigkeit, welche Fleischmann während eines langen Lebens mit
rastlosem Fleiße und großem Talent ausgeübt hat, ist keine in die Augen
springende. Männer seines Schlages bleiben der großen Menge oft unbekannt, während doch mittelbar das Volk von ihnen mehr Vortheil zieht als
von Andern, deren Namen im Munde der Leute und den Spalten der Zei-

tungen häufig wiederhallen. In den kleinen maßgebenden Kreisen hat man jedoch die Bedeutung Fleischmann's für sein Adoptiv-Vaterland nie verkannt, und namentlich steht er in Washington selbst bei der Beamtenwelt und in allen gesellschaftlichen Kreisen in der höchsten Achtung. Die Deutschen besonders blicken mit Stolz auf diesen deutschen Pionier, der so mannigfache und befruchtende Wirkungen in seinem Adoptiv-Vaterland ausgeübt hat.

Nachschrift.

Es drängt uns zum Schlusse noch auf einen Umstand aufmerksam zu machen, dessen Bedeutung man nicht unterschätzen darf, will man der älteren deutschen Bevölkerung gerecht werden. Ihr fehlte es an einem nationalen Rückhalt. Deutschland war in mehr als dreißig Staaten und Städtchen zersplittert, so lose durch den sogenannten deutschen Bund zusammengehalten, daß das Ausland von Deutschland und den Deutschen als Volk nur wenig wußte. Die Zeitungen brachten von Zeit zu Zeit Berichte aus Preußen, Baiern, Sachsen, Hannover, Hamburg, Bremen, u. s. w., aber keine aus Deutschland. Kein Gesandter vertrat Deutschland in Washington, keine deutsche Flagge schützte den deutschen Handel, keine Konsule für ein Gesammt-Deutschland wahrten die Interessen der Eingewanderten.

Schon das Jahr 1848 bewirkte, in seinen Anläufen nach einem „Einigen Deutschland", einen bedeutenden Umschlag in der öffentlichen Meinung der Amerikaner. Man hörte doch von einem deutschen Parlament, von einer deutschen Central-Regierung, selbst von einer deutschen Flagge und Flotte. Man schickte einen Gesandten an die deutsche Regierung zu Frankfurt. Man sah auf einmal, daß es doch ein großes deutsches Volk gebe, welches seine Redner, seine Staatsmänner, seine Journalisten, seine Volksversammlungen, sowie seine Parteien habe. Selbst der endliche Fehlschlag konnte den Eindruck von 1848 und 1849 nicht verwischen. Nach einer längeren Pause kam dann der Frankfurter Fürstentag von 1863, die Auflösung des Bundes, Königgrätz, die Bildung des „Norddeutschen Bundes", und endlich das deutsche Reich selbst, auf besiegtem französischem Boden gegründet! Während die Deutschen vor 1848 sich hier als Einzelne Achtung und Geltung zu verschaffen suchen mußten, erschien hier die neuere und neueste Einwanderung als ein Zweig eines mächtigen Volkes, welches im Rath der Nationen eine entscheidende Stimme führt, und dessen starke

Hand seine Bürger in den fernsten Ländern und Meeren gegen jeden ungerechten Angriff schirmt und deckt.

Mit größerem Selbstgefühle betritt jetzt der Deutsche dieses Land, und das Bewußtsein, einem großen Volke angehört zu haben, gibt ihm Vertrauen, und sichert ihm von vornherein eine Achtung, deren die früheren Geschlechter der Einwanderung entbehren mußten, und die sie sich durch schwere Kämpfe erst zu erringen hatten. Bedenkt man zugleich, daß die Einwanderung von Deutschen, Oesterreicher und deutsche Schweizer eingeschlossen, in den Jahren von 1820—1848 sich nur auf 528,000 Personen, dagegen die von 1848—1878 auf 2,718,000 belief (Anhang No. 12.), so liegt doch wohl der Schluß nahe, daß verhältnißmäßig diese frühere Einwanderung große Erfolge errungen hatte, und daß es wohl keine Ueberhebung ist, wenn man mit Freude und Stolz auf die Männer zurückblickt, welche, zumeist schon zu ihren Vätern heimgegangen, oder am späten Abend ihres Lebens stehend, zu diesen Erfolgen mächtig beigetragen haben. Ihr Andenken frisch und grün der Jetztzeit zu erhalten, war, wenn auch nicht der Zweck, doch das unwillkührliche Ergebniß dieser Blätter!

Anhang.

No. 1. — Zu Pennsylvanien.

„Geschichte der deutschen Gesellschaft u. s. w." von O. Seidensticker, Seite 18: „Auch über die Gesammtzahl der Deutschen in Pennsylvanien liegen außerordentlich abweichende Anschläge vor. Ebeling (Erdbeschreibung und Geschichte von Amerika, 4. Band, Seite 203) rechnet im Jahr 1752 unter 190,000 Einwohnern 90,000 Deutsche. Eine noch stärkere Proportion giebt ihnen eine Bemerkung von Gouverneur Georg Thomas, nämlich drei Fünftel der Gesammtbevölkerung. Mäßiger ist Franklin's Anschlag. Im Verhör vor dem Hause der Gemeinen (1764) nach der Volkszahl von Pennsylvanien gefragt, schätzte er diese auf 160,000 und die Deutschen etwa auf den dritten Theil. Er fügt indessen hinzu: Ich kann es nicht mit Gewißheit sagen. (Verhörung Dr. Benjamin Franklin's. Philadelphia 1776. Seite 6.) Die in Philadelphia nachgedruckte "Encyclopædia Brittanica" berichtet im Artikel "Pennsylvania", daß bis zum Jahre 1776 überhaupt 40,000 Deutsche eingeführt waren. Wir werden uns von der Wahrheit nicht entfernen, wenn wir die Anzahl der Deutschen in Pennsylvanien um die Mitte des letzten Jahrhunderts auf 70—80,000 schätzen."

No. 2. — Zur Pittsburger Konvention.

Die ursprüngliche Fassung des „Speyrer'schen Antrags" lautete folgendermaßen:

„Daß in allen Staaten, Counties und Townships, wo die deutschen Bürger die Mehrheit ausmachen, auf gerichtliches Verfahren in deutscher Sprache, Anstellung von Beamten, die beider Sprachen mächtig sind und Veröffentlichung aller noch zu erlassenden Gesetze in deutscher Sprache zu bringen sei, und daß daher diese Konvention alle ihr zu Gebote stehenden Mittel anwende, diese zu erreichen."

Herr Löhr, in seiner „Geschichte der Deutschen in Amerika" spricht sich sehr entrüstet darüber aus, daß dieser Beschluß in eine zahmere Form gestellt werden mußte. — Er scheint nicht bedacht zu haben, welche Verwirrung entstehen müßte, wenn z. B. in einem County alles gerichtliche Verfahren, also selbstverständlich auch alle Protokolle und Urkunden in einer Sprache geführt werden müßten, und in dem nächsten County in einer andern, während doch die höheren Gerichte und die gesetzgebenden Körper in der Sprache der Mehrzahl hätten verhandeln müssen. Da die Beamten schon damals fast in allen Staaten vom Volke gewählt wurden, so hätte man die Verfassungen vieler Staaten erst ändern und Wahlqualifikationen nach Sprachkenntnissen festsetzen müssen. — Beide Beschlüsse waren unausführbar. In der Praxis indessen machte sich die Sache von selbst. Vor den untern Gerichten, wo es in den westlichen Staaten häufig vorkommt, daß Friedensrichter, Parteien und Zeugen alle Deutsche sind, wird in der deutschen Sprache verhandelt, während doch schon der Apellation wegen, in allen Protokollen, Vorladungen und anderen gerichtlichen Befehlen die Landessprache gebraucht wird.

Ueberhaupt scheint Herr Löher die Wittsburger Versammlung nur nach mündlichen Traditionen beurtheilt zu haben. Von „ungeheuren Staatsplänen", wie er meint, war nicht die Rede, ebenso wenig zeigte sich dort „ein Geist der Hartnäckigkeit des Unfriedens und der Verhetzung", sondern das Gegentheil.

No. 3. — Zu Ernst Ludwig Koseritz.

Die Bänkelsängerpoesie bemächtigte sich der „Koseritz'schen Verschwörungsgeschichte". Nicht ohne Volkshumor sind folgende Strophen:

> Hier stehn sie an des Grabes Rand
> Des bittern Tod's gewärtig;
> Schon kommandirt der Lieutenant,
> „Ihr Schützen macht euch fertig!"
> Ach Lehr, Du armer Sünder,
> Denk an Dein Weib und Kinder.

> Da sprengt ein Adjutant herbei
> Und spricht: „Wilhelm giebt Gnade,
> Er giebt sie los, er giebt sie frei!"
> Das Publikum ruft: „Schade,
> Wie lange freuten wir uns schon
> Auf diese Exekution!"

> Der König Wilhelm nicht allein
> Schenkt ihnen Leib und Leben,
> Er will an Gnade reicher sein,
> Und ihnen auch noch geben
> Fünf Hundert Gulden Baria,
> Und spricht: „Geht nach Amerika."

No. 4. — Zu Dr. Konstantin Hering.

Seit fast fünfzig Jahren betheiligte sich Hering lebhaft an deutschen und amerikanischen Zeitschriften für Homöopathie mit wissenschaftlichen Beiträgen. Im Buchhandel erschienen von ihm:
"Rise and Progress of Homœopathy". Philadelphia 1843. „Homöopathischer Hausarzt", 1837, seitdem oft neu aufgelegt. Uebersetzungen davon erschienen in englischer, französischer, spanischer und lateinischer Sprache. „Ueber die Wirkungen des Schlangengiftes". Allentown und Leipzig. 1837. „Amerikanische Arzneiprüfungen". 2 Bände, Leipzig, 1832. "The Treatment of Typhoid Fevers". Philadelphia. "Materia Medica, with a Pathological Index",

vol. 1. Philadelphia, 1873. "Condensed Materia Medica". (870 pages.) Philadelphia, 1877. Von diesem Werke wird jetzt eine neue vermehrte Ausgabe gedruckt. "Analytical Therapeutics", vol. 1. Philadelphia, 1875. "The Guiding Symptoms of our Materia Medica". Philadelphia. Dies Werk wird, wenn vollendet, zehn bis zwölf Oktavbände umfassen. Der erste Band ist erschienen, der zweite in Arbeit.

No. 5. — Namensliste der Präsidenten der „Deutschen Gesellschaft von New York".

Oberst Heinrich Emanuel Lutterloh, vom 4. Oktober 1784 bis 3. Oktober 1785.
Baron Friedrich von Steuben, vom 3. Oktober 1785 bis 21. Januar 1795.
David Grimm, vom 21. Januar 1795 bis 25. Januar 1802.
Georg C. Anthon, vom 25. Januar 1802 bis 25. Oktober 1802.
Georg Gilfert, vom 25. Oktober 1802 bis 30. Januar 1804
Philipp D. Arcularius, vom 30. Januar 1804 bis 27. Januar 1806.
Johann P. Ritter, vom 27. Januar 1806 bis 26. Januar 1807.
Johann B. Dasch, vom 26. Januar 1807 bis 29. Januar 1810.
Georg Arcularius, vom 29. Januar 1810 bis 27. Januar 1812.
Johann Meyer, vom 27. Januar 1812 bis 29. Januar 1814.
Heinrich Heiser, vom 29. Januar 1814 bis 29. Januar 1816.
Wilhelm Wilmerding, vom 29. Januar 1816 bis 25. Januar 1819.
Jakob Lorillard, vom 25. Januar 1819 bis 29. Januar 1821.
Johann W. Schmidt, vom 29. Januar 1821 bis 11. März 1824.
Georg Arcularius, vom 11. März 1824 bis 5. März 1828.
Philipp Hone, vom 5. März 1828 bis 4. März 1835.
Jakob Lorillard, vom 4. März 1835 bis 1. März 1837.
Johann Jakob Astor, vom 1. März 1837 bis 22. Februar 1845.
C. W. Faber, vom 22. Februar 1841 bis 22. Februar 1845.
C. H. Sand, vom 22. Februar 1845 bis 22. Februar 1847.
Leopold Bierwirth, vom 22. Februar 1847 bis 24. Februar 1849.
Georg C. Kunhardt, vom 24. Februar 1849 bis 25. Februar 1850.
Adolf Robewald, vom 25. Februar 1850 bis 24. Februar 1851.
F. Karck, vom 24. Februar 1851 bis 2. März 1852.
J. C. Zimmermann, sen., vom 2. März 1852 bis 27. Februar 1854.
R. A. Witthaus, vom 27. Februar 1854 bis 24. Februar 1855.
Gustav Schwab, vom 24. Februar 1855 bis 18. April 1855.
Rudolph Garrigue, vom 18. April 1855 bis 25. Januar 1858.
Wilhelm Sellinghaus, vom 20. Januar 1858 bis 25. April 1862.
Eduard v. d. Heydt, vom 25. April 1862 bis 15. Juni 1864.
Gustav A. Schneewind, vom 15. Juni 1864 bis 22. Mai 1865.
Philipp Bissinger, vom 22. Mai 1865 bis 23. Mai 1870.
Friedrich Schack, vom 23. Mai 1870 bis 25. Juni 1872.
Sigismund Kaufmann, vom 26. Juni 1872 bis 28. Mai 1874.
Friedrich Schack, vom 28. Mai 1874 bis 12. Juli 1876
Sigismund Kaufmann, vom 12. Juli 1876 bis —— ——.

No. 6. — Zu August Belmont.

Während meines Aufenthalts in Madrid als Vertreter der Vereinigten Staaten (1862—1864), fand ich meine Aufgabe, die dortige Regierung von einer Anerkennung der konföderirten Regierung abzuhalten, eine sehr leichte. Die sogenannte Neutralität Spaniens und Anerkennung der Konföderirten als kriegführende Macht, welche auf Betreiben Englands und Frankreichs stattgefunden hatte, während die republikanische Regierung der Vereinigten Staaten noch keinen Gesandten dort hatte, wollte wenig bedeuten. Es war in der That eine "benevolent neutrality", wie sie Bismarck von England im deutsch-französischen Kriege vergeblich verlangt hatte. Unsere Kriegsschiffe landeten in spanischen Häfen nach wie vor und blieben dort, so lange sie wollten, während die konföderirten Schiffe ausgewiesen wurden. Vorzüglich Cubas wegen waren die spanischen Staatsmänner sehr ängstlich, uns keinen Anstoß zu geben und sprachen stets ihre entschiedene Abneigung gegen eine Anerkennung der Konföderirten aus. Aber die Versuche Frankreichs, Spanien zu bewegen mit Frankreich vereint die Rebellen anzuerkennen, waren ununterbrochen, selbst der Besuch der Kaiserin in Madrid (1863) stand damit in Verbindung und es war mein beständiges Bestreben, diesen Intriguen Napoleon's entgegen zu wirken. In diesem Bestreben unterstützte die Legation Niemand besser als der Herzog von Montpensier, wie denn überhaupt die Orleans schon aus Haß gegen Napoleon für die Union und deren Aufrechthaltung das größte Interesse zeigten.

No. 7. — Karl Nordhoff's Werke.

"Man-of-War Life". "Merchant Vessel". "Whaling and Fishing", Cincinnati. 1856. "Stories of the Island World", New York, 1858. "Secession is Rebellion, the Union Indissoluble", New York, 1860. "Freedmen of South Carolina", New York, 1863. "America for Free Workingmen", New York, 1863. "Cape Cod", New York, 1868. "California for Health, Pleasure and Residence", New York, 1872. "Northern California, Oregon and the Sandwich Islands", New York, 1874. "Politics for Young Americans", New York, 1875. "Communistic Societies in the United States", 1875. "The Cotton States", New York, 1876. — Von "Politics for Young Americans" erschien 1879 eine neue revidirte Ausgabe für Schulen und Gymnasien (Colleges) berechnet. New York. Harper und Brothers.

No. 8. — Zu Franz Lieber.

Außer unzähligen Beiträgen zu den periodischen Zeitschriften in den Vereinigten Staaten und dem Ausland, sind die folgenden Arbeiten Lieber's die bekanntesten. In deutscher Sprache: „Wein- und Wonnelieder"; „Tagebuch eines Aufenthalts in Griechenland im Jahre 1822"; „Bruchstücke über Gegenstände des Strafrechts"; „Ueber die Unabhängigkeit der Justiz und der Freiheit des Rechts".

In englischer Sprache: "Manual of Political Ethics", 2 volumes; "Laws of Property"; "Civil Liberty and Self-Government" (ins Deutsche übersetzt von Mittermaier); "Legal and Political Hermeneutics"; "Essays on

Labor and Property"; "Letter on Anglican and Gallican Liberty" (übersetzt von Mittermaier); "Paper on the Vocal Sounds of Laura Bridgman"; "On Caspar Hauser": "The Blind, Deaf and Mute"; "The Origin and Development of the first Constituents of Civilization"; "Penal Laws and the Penitentiary System"; "On Prison Discipline"; "Relation between Education and Crime"; "The Character of the Gentleman"; "The Study of Latin and Greek as Elements of Education"; "Post Office and Postal Reforms", "Independence of the Judiciary"; "Two Houses of Legislature"; "Letters of a Gentleman to a Friend in Germany"; "Also, a Translation of Beaumont and Tocqueville"; "The Penitentiary System of the United States, with Annotations"; "Laws and Usages of War".

In der November-Nummer der „Gegenwart" von Gottschall, 1879, hat Professor Bluntschli unter dem Titel: „Erinnerungen an Franz Lieber", auf die großen Vorzüge Lieber's als Publizist aufmerksam gemacht, und namentlich über die "Political Ethics" und "Civil Liberty and Self-Government" das günstigste Urtheil gefällt, auch seinem Charakter die wärmste Schätzung angedeihen lassen.

No. 9. — Zu Theodor E. Hilgard.

Ovid's Schlußworte zu den Metamorphosen.

(Hilgard's Uebersetzung.)

Vollendet ist mein Werk und wohl gerathen!
Nicht Jovis Zorn, nicht Flammen oder Schwerdt,
Und nicht der Zahn der Zeiten wird ihm schaden.
Der Tag, der nur des Leibes Bau versehrt,
Er komme jetzt! Ich seh' ihn ohne Trauer,
Denn er zerstört nicht meines Ruhmes Dauer.

Mein bess'rer Theil wird über Sternen wohnen,
Und wenn des Dichters Vorgefühl nicht lügt,
So wird des Volkes Beifall ihn belohnen,
So weit der Römer Arm die Welt besiegt,
Und seinem Namen für die fernsten Zeiten
Die Palme der Unsterblichkeit bereiten.

Schlußwort von Hilgard.

Es hat Dich nicht getäuscht, Dein kühnes Hoffen,
Unsterblicher! Ich aber lege heut'
Die Fülle Deiner Schätze Vielen offen,
Die sonst sich ihrer Schönheit nicht erfreut.
Drum sei ein leichter Strahl von Deinem Glanze
Auch mir gegönnt, — ein Blatt von Deinem Kranze!

No. 10. — Das Begräbniß Gustav Schleicher's.

San Antonio, 18. Januar 1879.

Seit acht Tagen ist die ganze Bürgerschaft von San Antonio mit den Vorbereitungen für den Empfang der Leiche Gustav Schleichers beschäftigt. Die Theilnahme ist allgemein, und Jeder wünscht etwas zu thun, um dem Verstorbenen seine Achtung zu bezeugen. Gleich am Anfang der Woche berief der Mayor eine Versammlung der Bürger zu dem Zwecke, die vorbereitenden Schritte zu einem feierlichen und großartigen Leichenbegängniß zu thun. Es wurde in dieser Versammlung ein Komittee von 15 prominenten Bürgern der Stadt erwählt, denen sämmtliche Arrangements für Empfang, Ausstellung und Beerdigung der Leiche, Empfang und Bewirthung der begleitenden Kongreßmänner und Mitglieder der Legislatur und der Familie des Verstorbenen übertragen wurden. In diesem Komittee ist das Militär durch General Ord, der Stadtrath, die Countybehörde und die Presse vertreten. Die erste Arbeit desselben war die Ernennung von Subkommittees, Auswahl einer Halle zur Ausstellung der Leiche und Bestimmung der Art und Weise der Beerdigung. Die ersten, von Cincinnati kommenden Depeschen kündigten die Ankunft der Leiche in San Antonio für Freitag, den 17. Januar, Abends 10 Uhr, an. Es wurde in Folge dessen beschlossen, daß Leichenbegängniß am Sonntag, den 19. Januar, Mittags um 1 Uhr, stattfinden zu lassen. Spätere Depeschen theilten indessen mit, daß der Zug von St. Louis keine Verbindung mit der südlichen Pacificbahn gehabt habe, und daß die Ankunft demgemäß 24 Stunden später stattfinden werde. Aber auch in Houston trat eine Verzögerung des Transportes der Leiche ein, so daß dieselbe nicht vor 10 Uhr Morgens erwartet werden konnte. In Anbetracht dieser Umstände wurde die Beerdigung bis auf Montag um 1 Uhr Nachmittags verschoben.

Als Ort der Ausstellung der Leiche wurde die geräumige, im Mittelpunkt der Stadt gelegene Halle der literarischen Gesellschaft von San Antonio gewählt. Die Ausschmückung derselben und die Aufstellung eines Sarkophags, wurden den Händen tüchtiger Dekorateure anvertraut, und das hiesige Hauptquartier stellte seinen ganzen Vorrath von Flaggen zur Verfügung. Das Innere der Halle ist vollständig in Schwarz drapirt und mit Guirlanden, Flaggen, Emblemen u. drgl. künstlerisch geschmückt. In der Mitte der Halle erhebt sich der prächtig ausgestattete Sarkophag. Das Ganze macht einen feierlichen, imponirenden Eindruck.

Der Stadtrath hat im Verein mit der Countybehörde die Summe von $400 als Beitrag zur Bestreitung der Begräbnißkosten beigesteuert, und ein Finanz-Kommittee nimmt die bereitwillig angebotenen Gaben der Bürger entgegen. Es wird an nichts fehlen, um die Leichenfeier zu einer großartigen und erhabenen zu machen.

Alle Vereine der Stadt, sowie das Militär und die Milizen, haben bereits ihre Betheiligung am Leichenzuge zugesagt. Die jetzt in Austin tagende Legislatur hat ein Kommittee von Senatoren und Repräsentanten ernannt, welches sofort abreiste und sich an der Grenze von Texas, in Dennison, dem Kongreß-Kommittee anschloß. Alle Bundes- und Staats-Beamten, sowie die Bürger von Texas im Allgemeinen sind eingeladen, sich dem Leichenzuge anzuschließen. Von mehreren benachbarten Städten, von Neu-Braunfels, Castorville, Seguin, Börne u. s. w. sind bereits Deputationen angekommen, welche beauftragt sind, dem verstorbenen Kongreßmanne die letzte Ehre zu erweisen. Ex-Gouverneur und Ex-Gesandter E. B. Washburne von Illinois, der sich seiner Gesundheit wegen hier aufhält, hat von dem Arrangements-Kommittee eine Einladung erhalten, an den Trauer-Feierlichkeiten theilzunehmen.

Anhang.

Den 10. Januar 1879.

Eine noch gestern Abend angekommene Depesche hat das ganze, gestern aufgestellte Programm umgeworfen. Diese Depesche kündigt an, daß das Kongreß-Kommittee unmöglich bis Montag warten könne, daß es schon Sonntag Abend mit einem Extrazuge abreisen und daß die Beerdigung demzufolge am Sonntag stattfinden müsse. Die neue Ordnung der Dinge mußte noch in später Nacht von Haus zu Haus getragen werden.

Der Zug mit dem Leichnam kam Freitag Morgen in Dennison, Texas, an. Hier stand ein Extrazug für die Aufnahme desselben bereit. Der Todtenwagen war auf das Geschmackvollste in Weiß und Schwarz dekorirt und mit Blumengewinden umhängt. An beiden Seiten war ein großer Kranz von Immergrün angebracht, der ein aus Blumen und Epheu gefertigtes lateinisches S umschloß. Auch die Personenwagen und die Lokomotive waren mit Flor und weißem Zeug und Blumengewinden geschmückt.

Prachtvoll war das Innere des Todtenwagens ausgestattet. Der Sarg stand in einem wahren Blumenmeer, an seinem Kopfende ein kolossales Kreuz aus weißen Rosen, Kamelien und Epheu, am Fußende eine gestutzte Säule in gleicher Weise hergestellt, zu beiden Seiten ein Paar Anker aus weißen Blumen, obenauf ein großer Kranz und ein großer Anker, und zwischen diesen Kunstankern der Gärtnerei unzählige Blumenbouquets und kleinere Kränze.

Der Wagen selbst war schwarz ausgeschlagen und zeltartig mit schwarz und weißen Zeugstreifen dekorirt, die sich in der Mitte der Decke über dem Sarge vereinigten. Von diesem Vereinigungspunkte hing ein großer fünfstrahliger Stern, der sogenannte Texasstern, aus weißen Rosen und Epheu zusammengesetzt, herab.

Der Sarg mußte schon in Dallas geöffnet werden, da Jedermann den deutschen Repräsentanten sehen wollte. Das veranlaßte eine Verzögerung von mehreren Stunden. In Houston aber war die ganze Stadt am Bahnhof versammelt, und obwohl eine Bahnverbindung zwischen dem Bahnhof der Centralbahn und der Galveston-San-Antonio-Bahn vorhanden ist, ließen es sich die Bürger, und namentlich die Deutschen, nicht nehmen, die Leiche in feierlicher Prozession von einer Station zur andern zu führen. Alle Vereine und die Bürger in Masse nahmen an dieser Prozession Theil. Die Häuser waren schwarz dekorirt, von den Flaggenstangen herab wehten die Flaggen Halbmast, alle Glocken läuteten, die Kanonen donnerten, und manches Auge weinte bittere Thränen. Am Bahnhofe der Galveston-San-Antonio-Bahn angekommen, wurde der Sarg geöffnet, und es passirten, wie mir der Sergeant-at-Arms des Repräsentantenhauses mittheilte, nicht weniger als 15,000 Menschen an demselben vorbei.

Es war spät Abends, als sich der Zug nach San Antonio hin in Bewegung setzte. Am Sonntag Morgen um 7 Uhr 30 Minuten langte er in San Antonio an. Hier wurde die Leiche von dem Empfangs-Kommittee und den „Alamo Rifles" in Empfang genommen und, von einer ungeheuren Menschenmenge begleitet, nach der Halle der literarischen Gesellschaft übergeführt und daselbst auf dem Sarkophag ausgestellt. Tausende von Menschen warfen hier zum letzten Mal einen Blick auf die todte Hülle des Mannes, der noch vor wenigen Wochen anscheinend in voller Manneskraft unter ihnen gewandelt.

Die Leiche war wohl erhalten. Der Verstorbene sah aus, als schliefe er einen ruhigen Schlaf.

Die Kongreßdelegation wurde im Stranger Hotel einquartiert, wo auch die Vorstellung der prominenten Bürger stattfand. Man suchte die Delegation in der kurzen Zeit, die ihr bis zum Begräbniß gegeben war, auf das Beste zu unterhalten.

Um ein Uhr Nachmittags versammelten sich die Leidtragenden, und dazu gehörte wohl die ganze Stadt, auf dem Alamoplatz. Sämmtliche Vereine waren in voller Zahl und mit umflorten Fahnen erschienen. Der Zug ging zuerst nach der bischöflichen Kirche, wo der Trauergottesdienst abgehalten wurde und bewegte sich dann durch die Hauptstraßen der Stadt nach dem National-Kirchhof hinaus, wo die Beerdigung stattfand.

Der Leichenzug war unstreitig der größte, den San Antonio je gesehen und vielleicht je wieder sehen wird. Die Kongreßdelegation war einig darüber, daß sie Aehnliches weder in Washington, noch in New York gesehen hätten. Ein Musikchor und zwei Kompagnien Vereinigte Staaten Truppen eröffneten denselben. Dann folgten die Kongreß- und Legislatur-Delegationen, die verschiedenen Kommittees und die Offiziere der Armee in Wagen, und dann der eigens aus Flor und Blumen aufgebaute, mit einem Baldachin versehene und von sechs schwarzen Rappen gezogene Leichenwagen, welcher von zwölf Bürgern und den Alamo Rifles als Ehrenwache begleitet wurde. Hinter ihm fuhren die Leidtragenden, die Familie und die nächsten Verwandten. Dann kamen die Vereine zu Fuß, dann eine unabsehbare Menge von Bürgern und Delegationen und endlich eine ebenso unabsehbare Menge von Carossen und Wagen aller Art, 74 an der Zahl. Drei Musikchöre waren im Zuge vertheilt und seine Länge betrug mindestens ein und eine halbe Meile. Eine Menschenmenge, die auf 15,000 Köpfe veranschlagt wurde, wogte zu beiden Seiten des Zuges.

Am Grabe angekommen, sprach der Pfarrer der Episkopalkirche noch einige Worte, dann sang der Beethoven-Männerchor den Grabgesang, und hinunter stieg die irdische Hülle des vielgeliebten und vielbeweinten Mannes in das ewige Bett, das kein Auferstehen kennt. — (A. Siemering, im „Anzeiger des Westens".)

No. 11. — Zu General J. A. Wagener.

Als Proben der Dichtung von General Wagener, geben wir die zwei folgenden Gedichte, die besten unserer Ansicht nach von denen, die wir Gelegenheit hatten zu lesen. Das erste ist ein feuriges Kriegslied, in der ersten Begeisterung beim Ausbruch der Rebellion geschrieben, ein Traum, wie es das zweite Lied andeutet, welches nach der Niederlage im wachen Zustande geschrieben wurde.

1.

Arise, arise, with main and might,
Sons of the sunny clime!
Gird on the sword, the sacred fight
The holy hour doth chime. —
Arise! the northern host draws nigh
In thundering array!
Arise, ye brave, let cowards fly:
The hero bides the fray!

2.

Strike hard, strike hard thou noble band,
Strike hard with arms of fire;
Strike hard for God and fatherland
For mother, wife and sire.
Let thunders roar, the lightening's flash,
Bold Southrons never fear
The bayonet's point, the sabre's clash!
March on we'll do, and dare!

3.

Bright flow'rs spring from the hero's grave,
The craven finds no rest.
Thrice curs'd the traitor and the knave,
The hero thrice be bless'd!
Then let each noble Southron stand
With bold and manly eye:
We'll do for God and fatherland,
We'll do, we'll do, or die!

Mein Traum ist aus, das war das Ende
Von meiner langen Schmerzensnacht!
Mein Traum ist aus, die schwarze Blende
Hat nun dem Lichte Platz gemacht;
Und neue Kraft giebt neues Leben
Zum männlich wahren Pflichtbestreben.
Fort mit den Klagen, weg mit Sorgen,
Die Sonne blinkt zum neuen Morgen!

Mein Traum ist aus, Gott hat die Seele
Mir wieder frei und rein gemacht.
Drum will ich sühnen jede Fehle
Seit ich vom langen Schlaf erwacht.
Ein Alp hat schwer auf mir gelegen,
Ein schwerer Fels auf meinen Stegen
Und hat mir schier das Herz erdrückt,
Den Markstein meines Sinn's verrückt.

Mein Traum ist aus, ich fühle wieder
Den hohen Zweck, dem ich bestimmt;
Es kommen wieder Geist und Lieder;
Die bieb're Kraft ist nicht verglimmt.
O, bitter, bitter das Erwachen!
Das Herz umkrallt von tausend Drachen! —
Doch fort mit Klagen, weg mit Sorgen!
Die Sonne blinkt zum neuen Morgen.

No. 12. — Deutsche Einwanderung von 1820 bis 1878.

Aus den veröffentlichten Angaben des Schatzamtes zusammengestellt für den Verfasser, von Theodor Pösche, Washington, D. C.

1820	999	1835	10,259	1849	63,148	1864	60,462
1821	476	1836	23,352	1850*)	83,921	1865	88,213
1822	458	1837	26,632	1851	82,909	1866	123,163
1823	430	1838	13,681	1852	152,106	1867	140,861
1824	633	1839	25,235	1853	150,094	1868	128,718
1825	916	1840	33,004	1854	229,562	1869	133,299
1826	1,056	1841	18,542	1855	79,351	1870	101,337
1827	1,520	1842	23,153	1856	76,408	1871	117,714
1828	4,843	1843†)	16,694	1857	95,001	1872	172,758
1829	1,211	1844	23,170	1858	47,966	1873	149,599
1830	2,658	1845	38,626	1859	43,917	1874	71,506
1831	3,476	1846	63,559	1860	57,404	1875	49,292
1832*)	14,323	1847	84,473	1861	33,867	1876	42,817
1833	10,622	1848	62,684	1862	29,866	1877	36,547
1834	20,575			1863	34,809	1878	41,822

Total........................ 528,187

Total von 1849—1878................................. 2,718,497

„   „   1820—1848.................................. 528,187

Total von 1820—1878.................................. 3,246,684

N. B. In dieser Tabelle ist aufgenommen: Alles was in den offiziellen Angaben unter Deutschland, Preußen, Oestreich, Schweiz aufgeführt ist. Von Frankreich ist die Hälfte genommen, da sicher mehr als die Hälfte der von Frankreich nach den Vereinigten Staaten Auswandernden, Elsässer und Lothringer sind. Die aus Rußland in den letzten Jahren zahlreich eingewanderten deutschen Mennoniten sind weggelassen, da die in unserer Tabelle mit aufgeführten Slaven aus Oestreich und Preußen nicht unterschieden werden können: wir rechnen die einen für die andern ein. Zuletzt noch die Bemerkung, daß bis 1870 alle Fremde aus den betreffenden Ländern eingeschlossen sind, seit 1870 aber nur die Einwanderer. Der aus dieser Quelle entspringende Unterschied ist jedoch nicht groß.

---

*) Fünfviertel Jahr. †) Dreiviertel Jahr.

Quellen.

Eine sehr ausgedehnte Korrespondenz, sowohl mit vielen der Männer, die in diesem Buche erwähnt werden, als auch mit Literaten und Redakteuren deutscher Zeitungen in den Vereinigten Staaten, hat uns die werthvollsten Mittheilungen gebracht und uns, nebst eigenen Ergänzungen, das größte Material geliefert. Die nachstehenden Schriften sind außerdem die vorzüglichsten, welche wir benutzt haben:

1. CHARLES FOLLEN'S WORKS, edited by his widow E. C. FOLLEN, 3 vol., Boston, 1846.
2. Life of CHARLES FOLLEN. By same.
3. Franz Löher. „Geschichte und Zustände der Deutschen in Amerika". Cincinnati, Eggers und Wulkop, 1847; Leipzig, bei K. F. Köhler.
4. Friedrich Kapp. „Geschichte der deutschen Einwanderung im Staate New York, bis zum Anfang des 19. Jahrhunderts". 3. Auflage. New York, E. Steiger.
5. Friedrich Münch. „Erinnerungen aus Deutschland's trübster Zeit". St. Louis und Neustadt a. d. Hardt, Konrad Witter.
6. Reise Sr. Hoheit des Herzogs Bernhard zu Sachsen-Weimar-Eisenach durch Nord Amerika in den Jahren 1825 und 1826. Herausgegeben von Heinrich Luden. 2 Theile. Weimar, Wilhelm Hoffmann, 1828.
7. W. O. von Horn. „Johann Jakob Astor". New York, E. Steiger, 1868.
8. Ferdinand Ernst. „Bemerkungen auf einer Reise durch das Innere der vereinigten Staaten von Nordamerika im Jahre 1819". Hildesheim bei Gerstenberg, 1820.
9. Reisebericht der Familien Köpfli und Suppiger aus Neu-Schweizerland, Illinois. Sursee, 1833.
10. Theodor E. Hilgard. „Erinnerungen". Als Manuskript gedruckt. Heidelberg.
11. „Anzeiger des Westens". St. Louis. Jahrgänge 1835—1850.
12. „Belleville Beobachter". Belleville, 1844.
13. „Belleviller Zeitung". Belleville, Jahrgang 1849.
14. „Alte und Neue Welt". Philadelphia, Jahrgänge 1834—1844.
15. „Cincinnati Volksblatt". Jahrgänge 1836—1850.
16. „Der Hochwächter". (Georg Walker.) Cincinnati, Jahrgänge 1845—49.
17. „Der Deutsche Pionier". Monatsschrift des deutschen Pionierlebens in Amerika. Cincinnati, Jahrgänge 1—11 (1869—1879).
18. Life and Letters of Washington Irving. 4 volumes. New York, Putnam and Co.

19. WASHINGTON IRVING. "Astoria". Philadelphia, Carey, Lee and Blanchard, 1820.
20. Gert Göbel. „Länger als ein Menschenleben in Missouri". St. Louis, Konrad Witter, 1877.
21. PIERCE. "Charles Sumner's Memoirs and Letters". Boston, 1877.
22. FRANCIS LIEBER. "Political Ethics".
23. FRANCIS LIEBER. "Letters to a Gentleman in Germany". Philadelphia, 1834.
24. Franz Lieber. „Tagebuch meines Aufenthalt's in Griechenland". Leipzig, bei Brockhaus, 1823.
25. Life, Character and Writings of Francis Lieber. A discourse delivered before the Historical Society of Pennsylvania, by M. Russel Thayer. Philadelphia, 1873.
26. Lieber's Writings and Pamphlets.
27. Dr. Oswald Seidensticker. „Geschichte der „Deutschen Gesellschaft" von Pennsylvanien von 1764—1876". Philadelphia, Ignatz Kohler und Schäfer und Korabi, 1876.
28. J. G. Wesselhöft. „Selbstbiographie". Manuskript.
29. FRANCIS S. DRAKE. "Dictionary of American Biography". Boston, Osgood and Co., 1872.
30. E. A. and GEO. L. DUYCKINCK. "Cyclopædia of American Literature". New York, Chas. Scribner, 1856.
31. Dr. J. G. Büttner. „Die Vereinigten Staaten von Nord Amerika". 2 Bände. Hamburg, 1844.
32. Dr. J. G. Büttner. „Briefe aus und über die Vereinigten Staaten". 2 Bände. Dresden, 1846.
33. Emil Klauprecht. „Deutsche Chronik in der Geschichte des Ohiothales". Cincinnati, Hof und Jakobi, 1864.
34. „Das Westland". Nordamerikanische Zeitschrift für Deutschland von Dr. G. Engelmann und Karl Neyfeld. Heidelberg, bei Engelmann, 1837—1838.
35. Alexander Schem. „Deutsch-amerikanisches Konversations-Lexicon". 11 Bände, New York, 1869—1874.
36. CHARLES NORDHOFF. "The Cotton States." New York, Scribner, 1876.
37. CHARLES NORDHOFF's Works, generally.
38. Rudolph A. Roß. „Milwaukee." Milwaukee, Verlag des „Herold", 1872.
39. Armin Tenner. „Cincinnati Sonst und Jetzt". Cincinnati, Mecklenborg und Rosenthal, 1878.
40. M. JOBLIN AND JAMES LANDY. "Cincinnati Past and Present". Cincinnati, 1872.
41. The Biographical Encyclopædia of Ohio of the 19. Century. Cincinnati and Philadelphia, Galaxy Publishing Company. 1876.
42. American Biographical Dictionary for Illinois. New York, 1873.
43. WM. H. EGLE. "History of the Commonwealth of Pennsylvania". Harrisburg, 1877.
44. WHITELAW REID. "Ohio in the War". 2. Vol., Cincinnati, 1868.
45. „Der deutsche Kirchenfreund". Redigirt von Dr. Ph. Schaff. Mercersburg, Pennsylvanien, 1848—1850.

46. Wm. B. Sprague. "Annals of the American Lutheran Pulpit". New-York, 1869.
47. L. Stierlin. „Der Staat Kentucky und die Stadt Louisville". 1873.
48. Ferdinand Römer. „Texas". Bonn, 1849.
49. Hermann Ehrenberg. „Texas und die Revolution." Leipzig, 1843.
50. Reports of the Santa Rita Silver Mining Company. Cincinnati, 1859—1860.
51. Reports of the Sonora Exploring and Mining Company. Cincinnati, 1856, 1858—1860.
52. Dr. Th. Logan. "Memoir of the Life and Services of Dr. C. A. Luetzenburg". New Orleans, 1848.
53. H. A. Rattermann. „General Johann Andreas Wagener. Eine biographische Skizze". Cincinnati, 1877.
54. Schriftliche Notizen über Ferd. Rud. Haßler, von seinen Töchtern.
55. Emil Zschokke. „Ingenieur F. R. Haßler." Aarau, Sauerländer 1877.

Inhalts-Verzeichniß.

Vorwort .... 5—12
Einleitung .... 13—18

Erstes Kapitel.

Die alten deutschen Pennsylvanier. — Deutsche Sprache und Zeitungen vor 1818. — Die deutsche Gesellschaft von Pennsylvanien. — Heinrich Bohlen. — Andere Mitglieder der Gesellschaft. — Gesellschaftliches Leben. — Deutsche Landbauern. — Johann Georg Rapp. — Deutsche Literatur und Zeitungen anfangs der dreißiger Jahre. — Johann Georg Wesselhöft. — Alte und Neue Welt. — Wilhelm L. J. Kiderlen. — Deutscher Buchhandel in den Vereinigten Staaten. — Friedrich Kapp's Bemerkungen darüber. — Spätere Zeitungsliteratur in Philadelphia und Pennsylvanien überhaupt .... 19—46

Zweites Kapitel.

Vorschlag zu einer deutschen Konvention zur Errichtung eines Lehrerseminars. — Zusammentritt derselben zu Pittsburg am 18. Oktober 1837. — Verhandlungen derselben. — Ankauf eines Platzes für dasselbe. — Adresse der Schulkommission. — Zweite Konvention am 18. Oktober 1838. — Extrasitzung derselben am 17. August 1839. — Freibrief für das Seminar 1840. — Gründung der Real- und Musterschule zu Philippsburg. — Mißerfolg des Seminars und Gründe desselben. — Allgemeine Wirkung dieser Agitation auf das Deutschthum. — Franz Joseph Grund .... 47—60

Drittes Kapitel.

Einführung der deutschen Sprache in den öffentlichen Verhandlungen. — Adresse an die Gesetzgebung von Pennsylvanien. — Druck der Botschaften der Gouverneure in deutscher Sprache in verschiedenen Staaten. — Die deutsche Sprache als Unterrichtsgegenstand in den Schulen. — Betheiligung der Deutschen an der Politik. — Deutsche Militär-Vereine. — Ernst Ludwig Koseritz. — Bildungs- und Gesang-Vereine. — Erstes deutsches Sängerfest. — Kunst und Wissenschaft. — Ferdinand Pettrich. — Reinhold Friedländer. — Homöopathie. — Dr. Konstantin Hering. — Gesellschaften für Errichtung deutscher Ansiedlungen. — Gründung von Herrmann, Mo. — Andere Gründungen und Vereine .... 61—73

Viertes Kapitel.

Wilhelm Schmöle. — Sympathie mit Deutschland. —Guttenbergsfest in 1840. — Dr. Georg Friedrich Seidensticker's Ankunft in den Vereinigten Staaten. — Sein Leben. — Theilnahme an den Ereignissen von 1848. — Hecker's Ankunft. — Emanuel Leutze. — Friedrich List. — Heinrich Ginal. — Dr. Philipp Schaff. — Friedrich August Rauch. — Isaak Leeser. — Katholische Bestrebungen. — Demetrius Augustin Gallitzin. — Bischof Johann Nepomuk Neumann. — Deutscher Handel und Industrie. — Wilhelm Horstmann. — Franz Martin Drexel. — Dr. Oswald Seidensticker...73—92

Fünftes Kapitel.

New Jersey. — Johann A. Röbling. — New York. — Gründung der deutschen Gesellschaft daselbst. — Johann Jakob Astor. — Charles Sealsfield. — Deutsche Presse. — Wilhelm von Eichthal. — Deutsche Schnellpost. — Deutsche Buchhandlung. — Politisches Leben der Deutschen. — Militärische und andere Vereine. — Kirchliche Bestrebungen. — Friedrich Wilhelm Geißenhainer. — Karl Friedrich Ehlert. — Opposition gegen die Nativ-Partei. — Jahresfeier der Deutschen Gesellschaft..93—111

Sechstes Kapitel.

August Belmont. — Deutsche Gelehrte und Schriftsteller. — Dr. Georg J. Adler. Die beiden Tellkampfs. — Karl Göpp. — Karl Nordhoff. — Herrmann E. Ludewig. — Herrmann Kriege. — Anton Eickhoff. — Magnus Groß. — Max Oertel. — Frau Therese Albertine Louise Robinson. — Albert Bierstadt. — Thomas Nast..112—138

Siebentes Kapitel.

Buffalo. — Deutsche Presse. — Philipp Dorscheimer. — Wilhelm Dorscheimer. — Militär- und andere Vereine. — Dr. Franz L. Brunk. — Gesang-Verein. — Theilnahme der Deutschen an Ereignissen in Deutschland. — Einfluß der Deutschen im westlichen New York. — Dr. Friedrich Heinrich Quitmann. — General Johann Anton Quitmann. — General Adolph von Steinwehr..........139—154

Achtes Kapitel.

New England. — Deutsche Einwanderung seit 1820. — Dr. Karl Beck. — Karl Follen. — Franz Lieber. — Andere Deutsche in Boston. — Wilhelm und Robert Wesselhöft. — Leopold Morse (Maaß)........................154—177

Neuntes Kapitel.

Ohio. — Joseph M. Bäumler's Gemeinde in Tuscarawas County. — Das frühe Deutschthum in Cincinnati. — Martin Baum. — Christian Burkhalter. — Albert Stein. — Kirchliche Bestrebungen. — Bischof Friedrich Reese. — Wahrheitsfreund. — Christliche Apologete. — Wilhelm Nast. — Politische Zeitungen. — Heinrich Röhter. — Charakter der deutschen Presse in den dreißiger und vierziger Jahren. — Die deutsche Gesellschaft. — Karl Gustav Rümelin. — Emil Klauprecht. — Deutsche Chronik des Ohiothales. — Heinrich von Martels. — Dr. Joseph H. Pulte. — Heinrich A. Rattermann ....177—196

Inhalts-Verzeichniß.

Zehntes Kapitel.

Die Schulfrage in Cincinnati. — Dr. Friedrich Rölker. — Der deutsche „Lese- und Bildungs-Verein". — Notar August Renz. — Joseph A. Hemann. — Stephan Molitor. — Georg Walker. — Ludwig Rehfuß. — Ohio im Kriege. — General August Moor. — General August Viktor Kautz. — General Gottfried Weitzel. — Betheiligung der Deutschen an der Politik. — Der deutsche demokratische Verein. — Kampf gegen den Nativismus, 1836 und 1844. — Die demokratische Partei und die Deutschen. — Volksfest und politische Demonstration am 1. Mai 1844. — Nikolaus Höffer. — Pastor August Kröll. — Kunst und Industrie. — Friedrich Eckstein, Gustav Frankenstein. — Friedrich Rammelsberg, Samuel N. Pike. — Antheil der Deutschen an den Ereignissen in Deutschland. — Franz Joseph Stallo. — Johann Bernhard Stallo .... 197—225

Elftes Kapitel.

Columbus. — Christian Heyl. — Deutsche Presse. — Jakob Reinhard. — Friedrich Fieser. — „Germania College." — Wilhelm Schmidt. — Deutsche Kirchen. — Dayton. — Canton. — Peter Kaufmann. — Seraphim Meyer. — Cleveland. — Die Familien Umbstädter und Wangelin. — Wilhelm Steinmeyer. — Eduard Hessenmüller. — Deutsche Zeitungen. — Prediger Allardt. — Deutsches Gesellschaftsleben. — Richter Wilhelm Lang. — Johann Weiler. — Johann Sayler. — Karl Bösel. — Die Deutschen in der Ohioer Politik. — Richter Georg Reg. — Gustav R. Tafel. — Joseph E. Egly. — Indiana. — Mangel eines deutschen Mittelpunktes. — Deutsche Zeitungen. — Albert Lange. — Johann B. Lutz, (Mansfield). — Wilhelm Heilmann. — Bischof J. H. Luers .... 225—244

Zwölftes Kapitel.

Illinois. — Kaskaskia. — Vandalia. — Niederlassung von Ferdinand Ernst. — St. Clair County. — Friedrich Theodor Engelmann und Söhne. — Johann Scheel. — Gustav Körner. — Karl Schreiber. — Dr. Gustav Bunsen. — Dr. Adolph Berchelman. — Georg Neuhoff. — Eduard Abend. — Dr. Adolph Reuß. — Dr. Anton Schott. — Georg Bunsen. — Theodor E. Hilgard und Familie. — Julius E. Hilgard. — Eugen Woldemar Hilgard — Dr. Albert Trapp. — „Lateinisches Settlement". — Bibliothek-Gesellschaft .... 244—267

Dreizehntes Kapitel.

Politisches Leben in Illinois. — Wahlkämpfe von 1836 und 1840. — Illinoiser Zeitungen. — Oberst Hugo Wangelin. — Julius Raith. — Madison County. — Julius A. Barnsback. — Dr. H. Ch. Gerke. — Neu-Schweizerland. — Highland. — Die Familien Köpfli und Suppiger. — Dr. Kaspar Köpfli, Salomon Köpfli, Joseph Suppiger. — Alton. — Dr. Friedrich Humbert. — J. H. Jäger. — Bischof Heinrich Damian Juncker. — Caß County. — Beardstown. — Dr. Georg Engelbach. — Joseph Kiefer. — Heinrich Gödeking. — Franz Arenz. — J. A. Arenz. — Quincy. — Dr. Stahl. — Chicago. — Deutsche Versammlungen 1843—'44. — Deutsche Zeitung 1844. — Franz A. Hoffmann .... 267—281

440   Das deutsche Element in den Ver. Staaten 1818—1848.

Vierzehntes Kapitel.

Wisconsin. — Gründung von Milwaukee. — Frühe Theilnahme der Deutschen an der Politik. — Anschluß an die demokratische Partei. — Dr. Franz Hübschmann. — Politische Vereine. — Militär-Kompagnien. — Deutsche Unterstützungs-Vereine. Gesang-Vereine. — Deutsche Presse. — Moritz Schöffler. — Friedrich W. Horn. — Katholische Bestrebungen. — Martin Kundig. — Erzbischof Johann Martin Henni. — Michigan. — Bischof Friedrich Baraga. — Jowa und Minnesota. — Erst seit 1848 hier das deutsche Element wichtig. — Californien. — General Johann August Sutter .... 281—298

Fünfzehntes Kapitel.

Missouri. — Duden's Ansiedlung. — Deutsche daselbst in 1832 und 1833. — Gießener Auswanderungs-Gesellschaft. — Friedrich Münch. — Paul Follenius. — Ernst Karl Angelrodt. — Heinrich Kayser. — Professor David Göbel. — Gert Göbel. — Gründung von Hermann. — Weinbau. — Michael Pöschel, Hermann Burkhardt, Georg Husmann. — Deutsche Vereine und Militär-Kompagnien. — Eduard Mühl. — St. Charles. — Protestantische Synode. — Arnold Krekel ... 299—315

Sechszehntes Kapitel.

St. Louis. — Christian Bimpage, B. J. von Festen. — Der „Anzeiger des Westens". — Wilhelm Weber. — Lynch-Gericht. — Stellung des „Anzeigers". — Friedrich Kretschmer. — Eduard Warrens. — Heinrich Koch (Antipfaff.) — Die deutsche Presse in den Sklavenstaaten. — Dr. Johann Gottfried Büttner. — Interesse für Begründung von deutschen Schulen. — Hauptmann Karl Neyfeld. — Deutsche Akademie. — „Das Westland." — Dr. Georg Engelmann. — Deutscher Buchhandel in St. Louis. — Gesang-Verein. — Singakademie. — Der Maler Johann Philipp Gerle .... 316—333

Siebenzehntes Kapitel.

Dr. Adolph Wislizenus. — Militär-Kompagnien. — Ausbruch des mexikanischen Krieges und Betheiligung der Deutschen an demselben. — Deutscher Handel und deutsche Industrie. — Adolph Meier. — Deutsche Vereine und politisches Leben. — Kämpfe gegen den Nativismus. — Politischer Einfluß der Deutschen. — Alexander Kayser. — Wilhelm Palm. — Christian Kribben. — Anhänglichkeit der Deutsch-Amerikaner an die alte Heimath. — Sympathie der St. Louiser Deutschen für die Erhebungen in 1848. — Massenversammlungen im April und December 1848 .... 333—350

Achtzehntes Kapitel.

Kentucky. — Louisville. — Deutsche Kirchengemeinden. — Johann H. Köpke. — G. W. Barth. — Johann Schmidt. — Philipp Tomppert. — Die deutsche Presse in Louisville. — Anschluß der Deutschen an die demokratische Partei. — Kampf gegen den Nativismus. — Blutige Scenen an der Wahlurne. — Deutsche Militär-Kompagnien. — Reger Antheil an den Ereignissen in Deutschland. — Gründung von Gesangvereinen. — Andere Städte Kentucky's. — Tennessee. — Nashville. — Deutsche daselbst. — Die deutsche Kolonie Wartburg in Ost Tenneſſee. — Dr. Gerhard Troost. — Natchez, Miſſiſſippi. — Leſeverein daſelbſt 1839. — Mobile „Freundſchaftsbund." — Rheinheſſiſche Geſellſchaft in Arkanſas. — Texas als unabhängiger Staat. — Baſtrop. — Caſtroville. — Auſtin. — Teutonia Orden. — Adelskolonie. — Wilhelm Langenheim. — Hermann Ehrenberg. — Dr. Ferdinand Jakob Lindheimer. — San Antonio. — Guſtav Schleicher .... 351—368

Neunzehntes Kapitel.

Louiſiana. — Vinzent Nolte. — Seine Abenteuer. — New Orleans und deſſen deutſche Einwanderung. — Deutſche Vereine und Militärkompagnien. — Johann Hahn's Buchhandlung in 1841. — Chriſtian Roſelius. — Seine Stellung als erſter Advokat in Louiſiana. — Als Profeſſor der juriſtiſchen Fakultät der „Univerſität von Louiſiana". — Oppoſition gegen die Sezeſſion. — Dr. Karl Aloys Lützenburg. — Stiftung der „Naturhiſtoriſchen Geſellſchaft". — Das „Lützenburg Spital". — Gouverneur Michael Hahn .... 369—379

Zwanzigſtes Kapitel.

Süd Carolina. — Erſte Einwanderung. — Charleſton. — Deutſche Füſilier-Kompagnie. — Michael Kalteiſen. — Deutſche Gemeinden und Schulen. — Lutheriſches Seminar in Lexington. — Dr. Johann Ernſt Bergmann. — Dr. Johann Georg Schwarz. — Profeſſor Ernſt Ludwig Hazelius. — Der „Freundſchaftsbund", 1832. — Deutſche Buchhandlung in Charleſton. — Heinrich Schulz aus Hamburg. — Dr. Philipp Tydemann. — Chriſtopher Guſtav Memminger. — General Johann Andreas Wagener. — Sezeſſionskrieg. — Wagener's Charakter. — Sein Tod. — Nord Carolina. — Georgia .... 380—393

Einundzwanzigſtes Kapitel.

Maryland. — Alte deutſche Anſiedlungen. — Baltimore. — Reges deutſches Leben daſelbſt. — Die deutſche Geſellſchaft von Maryland. — Albert Schumacher. — Deutſche Zeitungen. — Der „Deutſche Korreſpondent". — Friedrich Raine, Wilhelm Raine, ſen. — Die „Allgemeine deutſche Schulzeitung". — Heinrich Scheib. Die Zions-Gemeinde und Schule. — Philipp Mathias Wolſieffer. — Induſtrie. — Wilhelm Knabe. — Politiſche Parteinahme. — Virginien. — Früher ein von Deutſchen bevorzugter Staat. — Deutſche Geſellſchaften in Richmond und Wheeling. — Maximilian Schele de Vere. — Die Univerſität von Virginien. — Profeſſor Georg Blättermann, L. L. D. — Dr. Karl Minnigerode. — Waſhington City. — Deutſches Leben daſelbſt. — Deutſche Vereine. — Deutſche in Bundesämtern. — Ferdinand Rudolph Haßler, der Begründer des Küſtenvermeſſungs-Departements der Vereinigten Staaten. — Karl Ludwig Fleiſchmann. — Schlußbemerkungen .... 393—421

Anhang .... 423—432
Quellen .... 433—435

Sach- und Namens-Register.

Abend, Eduard. — Biographische Notizen über, 253. — Mitglied der Gesetzgebung von Illinois, ibid. — Mayor von Belleville, ibid. — Oeffentlicher Nachlaßverwalter von St. Clair County, Illinois, ibid.

Abend, Heinrich. — Siedelt sich bei Belleville, Illinois, an, 252.

Adams, Charles Francis, 325.

Adams, John Quincy, 160, 161.

Adelsverein, dessen Kolonie in Texas, 361.

Adler, Dr. Georg I. — Professor an der Universität von New York, 117. — Biographische Notizen über, ibid. — Schriften desselben, ibid.

Agassiz, Louis, 205, 328.

Aiken, William. — Gouverneur von Süd Carolina, 115.

Albers, Dr. Wilhelm. — Gibt in Louisville die „Lokomotive" heraus, 353. — Macht als Freiwilliger den mexikanischen Krieg mit, ibid. — Kehrt nach Cincinnati zurück, ibid.

Allardt. — Protestantischer Prediger in Cleveland Ohio, 232.

Allgemeine deutsche Schulzeitung, die, gegründet, 396.

Allgemeiner deutscher Unterstützungs-Verein von Milwaukee, 284.

Alvarado, Gouverneur von Alta-California, 296.

Amelung, Friedrich. — Präsident eines Musikvereins in Pittsburg, 45.

Amerikanischer Darlehen- und Bauverein, der, gegründet, 74.

Andrae. — Buchhändler in Frankfurt a. M., 33.

Angelrodt, Emil. — Wird genannt, 93. — Einer der Gründer der deutschen Akademie in St. Louis, 327.

Angelrodt, Ernst Karl. — Biographische Notizen über, 317. — Präsident der Thüringer Auswanderungs-Gesellschaft, ibid. — Läßt sich in St. Louis nieder, ibid. — Begründer der Firma Angelrodt und Barth, 318. — Wird Konsul der meisten deutschen Fürstentümer, ibid. — Sein Tod, ibid. — Sein Charakter, ibid. — Wird genannt, 311.

Annecke, Fritz, 284.

Antistaff, siehe Koch, Heinrich.

Arago, Dominique François, 418.

Arenz, Franz. — Biographische Notizen über, 278. — Siedelt sich in Beardstown, Illinois, an, ibid. — Gibt das Beardstown „Chronicle" heraus, ibid. — Begründet das Städtchen Arenzville, ibid. — Ruft eine deutsche Zeitung, „Adler des Westens", in Springfield in's Leben, ibid.

Arenz, J. I. — Bruder des Vorigen. — Der erste Mayor von Beardstown, 276. — Richter des Scott County Civil-Gerichts, 277.

Arcularius, Georg. — Wird genannt, 96.

Arcularius, Philipp. — Wird genannt, 96.

Astor, Johann Jakob. — Biographische Notizen über, 96. — Begründet den amerikanischen Pelzhandel, 98. — Astoria, 99. — Seine Schenkungen, 100. — Sein Verkehr mit geistreichen Männern, 101.

Astor, William C., 101.

Augsburger Allgemeine Zeitung, die, über die Deutschen in Amerika, 348.

Aulenbach, Karl. — Pfarrer in Zanesville, Ohio und deutsch-amerikanischer Dichter, 228. — Flüchtig wegen Betheiligung an der Befreiung des Dr. Wirth, ibid.

Autenrieth, Dr. — Präsident des „New Orleans deutschen Liederkranz", 371.

Averill, General William W., 206.

Bache, Professor Aleg. Dallas, 259, 260.

Bachmann, Dr. — Lutherischer Prediger in Charleston, 361.

Backhaus, Karl. — Mitbegründer des „Lese- und Bildungs-Vereins" in Cincinnati, 200.

Backofen, J. G., 46.

Bäumeler, Joseph Michael. — Gründer der Separatisten-Kolonie Zoar in Ohio, 177.

Bancroft, Georg. — Amerikanischer Historiker, wird erwähnt, 136, 161, 169, 171.

Bandelier, Adolph C., 272.

Banks, General Nath. P. — Mitglied des Vereinigten Staaten Kongresses, 207, 250, 367.

Baraga, Friedrich. — Bischof von Sault St. Marie. — Biographische Notizen über, 292. — Wandert als Missionär nach Amerika aus, 293. — Seine Sprachgewandheit, ibid. — Missionär in Ober Michigan, ibid. — Seine Schriften, ibid. — Grammatik und Wörterbuch der Otschirwa Sprache, 294. — Wird zum Bischof ernannt, ibid. — Seine Verdienste als Sprachforscher, ibid.

Barnsbach, Julius K. — Biographische Notizen über, 271. — Kommt im 1797 nach Amerika, ibid. — Siedelt sich 1803 in Kentucky an, ibid. — Macht den Krieg von 1812 mit, ibid. — Siedelt sich 1830 in Madison County, Illinois, an, ibid. — Mitglied der Gesetzgebung von Illinois, ibid. — Sein Tod im hohen Alter, ibid.

Barnsbach, Julius. — Neffe des Vorigen, 272.

Barth, Georg D. — Major des 28. Kentucky-Regiments, 351. — Dessen Tapferkeit, 352.

Bastrop, Baron von. — Gründet die Kolonie Bastrop in Texas, 359.

Baum, Martin. — Biographische Notizen über, 178. — Mayor von Cincinnati (1807–1812), ibid. — Unternehmender Geschäftsmann, ibid. — Interessirt sich für Förderung von Kunst und Wissenschaften, 179.

Baumann, die Familie, siedelt sich in St. Clair County, Illinois, an, 245.

Baumeister. — Hält Rede gegen die Nativisten in Chicago 1844, 276.

Baulfe, Johann H. — Sekretär des „Freundschaftsbund" in Charleston, Süd Carolina, 363.

Bayard, Thomas F. — Mitglied des Vereinigten Staaten Senats. — Seine Gedächtnißrede auf Gustav Schleicher, 367.

Bayer, 110.

(443)

Beard, James H. — Amerikanischer Genre-Maler, genannt, 214.
Beard, William H. — Amerikanischer Genre-Maler, genannt, 214.
Bed, Dr. Karl. — Bird genannt, 35. — Ankunft in New York, 117. — Biographische Notizen über, 155. — Professor der lateinischen Sprache und Literatur an der „Harvard Universität", ibid. — Wird erwähnt, 158, 162, 239.
Becker, Philipp. — Herausgeber des „Buffalo Telegraphen", 148. — Mayor der Stadt Buffalo, ibid. — Mitglied der Staats-Gesetzgebung, ibid.
Behrens, Dr. med. — Wird genannt, 300. — Läßt sich als Arzt in St. Charles, Missouri, nieder, 315.
Behr, Karl von, 107.
Behr, Ottomar von, 334.
Bell, John, 190.
Belmont, August. — Bankier in New York. — Biographische Notizen über, 112. — Wird zum Vereinigten Staaten Gesandten in Holland ernannt, 114. — Unterstützt die Wahl von Douglas in 1860, ibid. — Als Vorsitzer des demokratischen National-Kommittees erwählt, ibid. — Opponirt der Secession, 115. — Korrespondirt mit Männer des Südens, ibid.
Belser, Johann. — Mitbegründer der „Deutschen Gesellschaft" in Cincinnati, 183.
Belser, Karl, 185, 198.
Beltinger, Stephan, 143.
Benkendorf, Oto. — Gründet die „Tribüne", das erste deutsche Tageblatt in St. Louis, 323. — Wird genannt, 350.
Bennett, Gouverneur von Süd Carolina, 386.
Bennett, James Gordon. — Beauftragt Nordhoff „den Süden zu bereisen", 126.
Bentham, Jeremy, 159.
Benton, Thomas H. — Wird genannt, 251, 343.
Bengen. — Mitglied eines deutschen Schulvereins in St. Louis, 326.
Benziger, Mathias. — Gründet St. Marys in Pennsylvanien, 88.
Berchelmann, Dr. med. Adolph. — Arzt in Belleville, Illinois, 252. — Mitgründer der Bibliothek-Gesellschaft von Belleville, 265.
Bergmann, Dr. Johann Ernst. — Lutherischer Prediger in Savannah, Georgia, 381. — Biographische Notizen über, ibid.
Bernhard, Herzog von Sachsen-Weimar, siehe Sachsen-Weimar.
Bettelon, Johann. — Mitglied des Hauses der Repräsentanten von Ohio, 236.
Beutel, Heinrich. — Gibt in Louisville den „Beobachter am Ohio" heraus, 353.
Beyer, Georg, 143.
Bibble, Nicholas. — Präsident des Verwaltungsraths der Girard Stiftung, 170.
Biedernagel, Jakob, 107.
Bielefeld, R. H. — Mitgründer der „Freiboden Partei" in Milwaukee, 285.
Bierstadt, Albert. — Berühmter amerikanischer Maler. — Biographische Notizen über, 136. — Seine Werke, 137.
Bigelow, John, 199.
Bimpage, Christian. — Siedelt sich in St. Louis an, 317. — Gründet den „Anzeiger des Westens", ibid. — Läßt sich in Süd Missouri nieder, 340.
Binner, Horace, 170.
Birney, James G. — Redakteur des „Philantropist", 190.
Bistig, 110.
Blattermann, Georg, L. I. D. — Professor der modernen Sprachen an der „Universität von Virginien", 405. — Führte die deutsche und angelsächsische Sprachvergleichung in Amerika ein, ibid.
Blair, Francis P., jr., Kandidat für Vice-Präsident, 116.
Blenker, General Ludwig. — Divisionskommandant im Secessionskriege, 27.
Blod, R., 340.
Blücher, Feldmarschall Fürst, 179.
Bluntschli, Professor Johann Kaspar, 171, 172.
Bock, Baron von. — Läßt sich in Missouri nieder, 299. — Gründet das Südlichen Duzow, ibid.
Bodenieich, Wilhelm Christopher. — Prediger in New York, 109.
Böhmer, Joseph Heinrich. — Mitglied des Repräsentantenhauses der Ohioer Gesetzgebung, 236.
Bösel, Karl. — Biographische Notizen über, 235. — Bankier in Neu Bremen, Ohio, ibid. — Mitglied der Gesetzgebung von Ohio, ibid. — Präsident der öffentlichen Wohlthätigkeits-Institute von Ohio, ibid.
Böttischer, Prediger Friedrich. — Biographische Notizen über, 213. — Begründer des rationellen Protestantismus in Amerika, ibid.
Böttischer, Julius. — Gibt das „Indiana Volksblatt" heraus, 237.
Bossinger, Benjamin. — Gibt in Cincinnati den „Teutschen Franklin" heraus, 182.
Bohlen, Bohl, 26.
Bohlen, Heinrich. — Amerikanischer General. — Biographische Notizen über, 26. — Sein Tod, 27.
Bokum, Hermann. — Professor der deutschen Sprache an der „Universität Harvard", 176. — Gründet die "American Strangers' Friend Society", ibid. — Schriften desselben, ibid.
Bonaparte, Exkönig Joseph, 171.
Bonaparte, König Louis, 358.
Bonge, Karl von. — Gibt eine Zeitung in Cincinnati heraus, 182.
Bonnhorst, Karl von, 46.
Bopp, Franz, 136.
Borie, I. I. — Vereinigten Staaten Minister des Seewesens, 26.
Bornes, Julius von. — Preußischer Konsul in Louisville, 352.
Boud, William C. — Gouverneur von New York. — Dessen Urtheil über Dr. Laitmann, 150.
Boyer, Valentin M., 278.
Brachmann, Heinrich. — Gibt in Cincinnati eine deutsche Zeitung heraus, 182. — Mitglied der Gesetzgebung von Ohio, 236.
Franz, Lewis. — Verwalter der „Deutschen Gesellschaft von Maryland", 394.
Braun, R., 358.
Braun, Lorenz, 350.
Braunschweig, Johann N. — Mitglied der Gesetzgebung von Ohio, 236.
Braunschweig, Herzog von, 370.
Bredenbridge, John C., 190.
Brehl. — Hält Rede gegen die Nativisten in Chicago 1844, 278.
Brentano, Christian, 290.
Brentano, Lorenz. — Redigirt die „Illinois Staatszeitung", 278. — Wird erwähnt, 290. — Mitglied des Vereinigten Staaten Kongresses. Hält eine Gedenkrede auf Gustav Schleicher, 367.
Bright, John. — Gegner von Friedrich List, 84.
Brobbed, Dr. C., 76.
Brosius, Vater. — Kam als Begleiter Gallizins nach Amerika, 89.
Brown, Dr. — Vorsitzer der St. Louiser Bibliothek-Gesellschaft, 331.
Brühl, Dr. Gerlach, 213, 340.
Brühl, Dr. Gustav. — Redakteur des „Teutsche Pionier", 16. — Schrieb Lebensskizze von Bischof Karaga, 294.
Brunk, Dr. Franz L. — Biographische Notizen über, 144. — Kauft mit I. Tomerion den „Buffalo Weltbürger" an, ibid. — Politischer Redner, 145. — Schatzmeister von Buffalo, 1847.
Bruns, Dr. med. — Siedelt sich in Marys Creek in Missouri an, 313.

Bryant, William Cullen, 189.
Buchanan, James. — F. J. Grund befürwortet seine Kandidatur für die Präsidentschaft, 59. — Wird erwähnt, 343, 347.
Buchenberger. — Wird erwähnt, 108.
Buddide, die Familie, siedelt sich in Nashville an, 357.
Bühler, Tobias. — Wird erwähnt, 25, 72. — Präsident einer deutschen Volksversammlung in Philadelphia, 61. — Wird „Schwabenkönig" genannt, ibid.
Büttner, Dr. Johann Gottfried. — Versucht eine deutsche Schule in St. Louis zu begründen, 325. — Ist der Verfasser mehrerer Schriften über Amerika, 326. — Dieselben zitirt, 175.
Bunsen, Georg. — Biographische Notizen über, 254. — Mitglied der Verfassungs-Konvention von Illinois, 255. — Begrünbet eine Musterschule in Belleville, ibid. — Superintendent der Schulen von St. Clair County, Illinois, ibid. — Gründer der Staats Normal-Schule zu Bloomington, Illinois, ibid. — Seine hohen Verdienste, ibid. — Sein Tod, ibid. — Denkschrift über ihn, ibid. — Die „Bunsen"-Schule zu Belleville, ibid. — Mitgründer der Bibliothek-Gesellschaft von Belleville, Illinois, 265.
Bunsen, Dr. med. Gustav. — Biographische Notizen über, 252. — Fällt in dem Massacre bei San Patricio, 361.
Bunsen, Josias, 173, 254.
Bunsen, Robert Wilhelm, 254.
Burkhalter, Christian. — Biographische Notizen über, 179. — Ehemaliger Sekretär des Fürsten Blücher, ibid. — Publizirt mehrere Zeitungen in Cincinnati, ibd. — Betheiligt sich an der Redaktion der ersten Abolitionisten-Zeitung des Landes, ibid.
Burkhalter und Höfle. — Geben den „Deutschen im Westen" in Cincinnati heraus, 180.
Burkhardt, Hermann. — Erfolgreicher Rebenpflanzer bei Hermann, Missouri, 314.
Burkhardt, Leopold. — Mitglied der Gesetzgebung von Ohio, 246.
Burnside, General A. E., 206.
Bustamento, Anastasio de. — Präsident von Mexiko, genannt, 286.
Butler, General Benj. F. — Mitglied des Vereinigten Staaten Kongresses, 217, 367.
Butz, Kaspar. — Dessen „Deutsche Monatshefte", 124.
Cabell, Georg C. — Mitglied des Vereinigten Staaten Kongresses, 367.
Calhoun, John C., 172, 251.
Carter, Mary, Gattin von Karl Minnigerode, 408.
Caspari, Dr. Eduard, 355.
Castro, Henry. — Gründet Castroville in West-Texas, 359.
Channing, William Ellery, 159, 161, 166, 169.
Chafe, Salmon P., 186.
Cire, J. L., 275.
Clay, Henry, 102, 208, 251, 376.
Körner, Karl, 275.
Constant, Benjamin, 158.
Cooper, General, 409.
Cormany, N. R. — Gründet die „Tribüne", das erste deutsche Tageblatt in St. Louis, 323. — Mitglied des deutschen Schulvereins von St. Louis, 349.
Cotta. — Verlagsbuchdrucker in Stuttgart, 261.
Cog, S. S. — Kongreßabgeordneter, Theilhaber der Bank von Reinhard und Kompagnie in Columbus, Ohio, 226. — Hält eine Gedenkrede auf Gustav Schleicher, 367.
Crealo, Professor, 171.
Cumming, Alexander, 123.
Cumming, J. — Englischer Reisender, 31, 45.
Cumming, Bischof, 409.
Cunningham, Advokat in St. Louis, 346.

Cunningham, Mayor von Charleston, S. C., 391.
Curtmann, Georg. — Betheiligt sich am teranischen Freiheitskampf und fällt bei dem Blutbad von Goliad, 361.
Dachröben, Herr von, 93.
Dampfboot, die Ankunft des ersten deutschen in New York wird mit Jubel begrüßt, 117.
Darwin, Charles. — Von Richter Stallo zitirt, 223.
Davezac, Jurist in New Orleans, 372.
Davis, Jefferson. — Präsident der Konföderirten Staaten, 386, 409, 410.
Davis, Richter John, 160.
Dawidowitsch, 136.
Deder, Ernst, 252.
Deffenbach, Heinrich, 107.
Degener, Eduard. — Mitglied des Vereinigten Staaten Kongresses, 365.
Degenhardt, Lorenz. — Mitglied eines deutschen Schulvereins in St. Louis, 326. — Erwähnt, 349.
Delasfield, Edith. — Gattin von Christian Kribben, 347.
Delaype, 398.
Tellenbach, Dr. Friedrich. — Stadtrathsmitglied von Buffalo, 143.
Dengler, F. J. — Advokat in Cincinnati, 198.
Derby, Earl, 190.
Deutsch-Amerikanisches Konversations-Lexikon zitirt, 83, 292.
Deutsche Bibliotheken, 41, 100, 196, 200, 202, 221, 244, 253, 265, 331, 358.
Deutsche Buchhandlungen etablirt, 35, 40, 42, 43, 67, 106, 175, 331, 342, 371, 411.
Deutsche demokratische Affociation von Milwaukee, 283.
Deutsche Einwanderungs-Gesellschaft zu Philadelphia, 72.
Deutsche Feuer-Versicherungs-Anstalt in Charleston, Süd Carolina, 389.
Deutsche Feuerwehr-Kompagnie in Charleston, Süd Carolina, 387.
Deutsche Füsilier-Kompagnie in Charleston, Süd Carolina, 380.
Deutsche Gegenseitige Versicherungs-Gesellschaft von Cincinnati, 195.
Deutsche Gesang- und Musikvereine gegründet, 37, 45, 67, 73, 147, 175, 179, 195, 215, 228, 232, 284, 285, 310, 332, 355, 371.
Deutsche Gesellschaft von Cincinnati, 185.
Deutsche Gesellschaft von Maryland, 394.
Deutsche Gesellschaft von Nashville, 358.
Deutsche Gesellschaft von New York, 96.
Deutsche Gesellschaft von Pennsylvanien, 22.
Deutsche Gesellschaft von Süd Carolina, 390.
Deutsche Kirchen, Gemeinden rc. begründet, 21, 45, 69, 109, 143, 175, 180, 227, 228, 232, 243, 275, 279, 290, 291, 292, 293, 315, 351, 380, 387, 400.
Deutsche Kolonien und Ansiedlungs-Gesellschaften, 29, 71, 71, 73, 74, 84, 88, 90, 177, 178, 227, 265, 272, 279, 294, 299, 300, 357, 359, 361, 388, 402.
Deutsche Kolonien „Teutonia" und „Ginalsburg", 71.
Deutsche Künstler, 67, 81, 91, 136, 137, 175, 213, 214, 332.
Deutsche Militär-Kompagnien, 63, 66, 106, 143, 185, 186, 205, 206, 284, 315, 351, 355, 371, 390, 369.
„Deutsche Pionier", der. — Wird zitirt, 83, 92, 95, 136, 191, 194, 195, 212, 273, 287, 321, 358, 361, 385, 386, 387, 396.
Deutsche Schulen und Unterrichts-Anstalten begründet, 21, 47, 50, 55, 61, 69, 111, 180, 197, 194, 202, 227, 228, 237, 255, 267, 274, 279, 288, 291, 292, 293, 309, 312, 313, 326, 327, 333, 342, 380, 381, 382, 384, 400.
Deutsche Theater gegründet, 73, 217.
Deutsche Turngemeinde in Cincinnati gegründet, 217.

446 Das deutsche Element in den Ver. Staaten 1818—1848.

Deutsche Versammlungen und Konventionen, 47, 61, 75, 76, 80, 106, 107, 110, 147, 198, 209, 210, 229, 278, 281, 340, 341, 348, 349, 385, 404.
Deutsche Wohlthätigkeits-Gesellschaft von Boston, 176.
Deutsche Wohlthätigkeits-Gesellschaft in Washington City, 411.
Deutsche Zeitungen in den Vereinigten Staaten, 21, 31, 32, 35, 38, 39, 42, 43, 44, 45, 46, 58, 63, 73, 80, 105, 117, 128, 131, 133, 139, 113, 141, 146, 176, 181, 142, 183, 184, 196, 188, 191, 192, 201, 202, 204, 213, 220, 228, 231, 243, 237, 248, 264, 275, 277, 279, 280, 296, 297, 313, 317, 341, 315, 317, 322, 323, 327, 333, 334, 371, 382, 389, 396, 397, 399.
Deutscher demokratischer Verein von Hamilton County, in Cincinnati, 209.
Deutscher demokratischer Verein von St. Louis, 340.
Deutscher Einwanderungs-Verein in St. Louis, 310.
Deutscher katholischer Schul- und Lese-Verein in Cincinnati, 202.
Deutscher Lese- und Bildungs-Verein in Cincinnati, 200.
Deutscher Unterstützungs-Verein von St. Louis, 333.
Deutscher Verein in New Orleans, 371.
Deutsches theologisches Seminar in Gettysburg, 382.
De Bere, siehe Schele de Bere.
De Wette, Theologe in Basel, 155.
Dewinning, Dr. — Mitglied der New Yorker Gesetzgebung, 148.
Diesterweg, 394.
Dilg, August, 263.
Dithmar, Kapitän J. — Bildet eine Jäger-Kompagnie in Philadelphia, 66. — Wird genannt, 72.
Dobmeyer, Joseph Johann. — Mitglied der Gesetzgebung von Ohio, 136.
D'Dench, Wilhelm, 390.
Domibion, J. — Kauft mit Dr. Brunk den "Buffalo Weltbürger", 111. — Wird genannt, 146.
Doniphan, Oberst, 316.
Dorsheimer, Phillpp. — Biographische Notizen über, 140. — Kommt nach Buffalo, 139. — Nominirt J. C. Fremont für die Präsidentschaft, 141. — Politischer Einfluß desselben, 142, 143.
Dorsheimer, William. — Vice-Gouverneur von New York. 142.
Douglas, Stephen A. — F. J. Grund befürwortet seine Wahl als Präsidenten, 59. — Demokratischer Präsidentschafts-Kandidat in 1860, 114. — Wird genannt, 190, 317.
Drake, Dr. med. Daniel. — Rektor des "Ohio Medical College" in Cincinnati, 199.
Dregel, Franz Martin. — Bankier. — Biographische Notizen über, 91.
Drummond's Abhandlung über "Ossian", 135.
Duden, Gottfried. — Seine Ansiedlung in Missouri, 299. — Berichte Duden's loden Ansiedler hierher, ibid. — Dieselben erwählt, 303. — Seine Schriften genannt, 187, 213.
Dühring, A. — Ruft einen neuen Unterstützungs-Verein in St. Louis in's Leben, 333.
Dühring, Heinrich, 29, 78.
Dumfermline, Lord, 115.
Du Ponceau, Stephan, 159.
Dupuytren's Klinik in Paris, 375.
Dugdind, Evert A., 136.
Eberle, Dr. med. Johann. — Professor am "Ohio Medical College" in Cincinnati, 199.
Eckstein, Friedrich. — Deutsch-amerikanischer Bildhauer, 213. — Begründet die "Akademie der schönen Künste" in Cincinnati, ibid. — Seine Werke, 214.
Egly, Joseph C. — Biographische Notizen über, 235. — Mitglied der Gesetzgebung von Ohio, ibid. — Hält eine glänzende Rede gegen die Nativisten, ibid. — Sein Tod, 237.
Ehrenberg, Hermann (von). — Biographische Notizen über, 322. — Nach dem Freiheitskampf in Texas mit, ibid. — Schreibt dessen Geschichte, ibid. — Ingenieur im Ver. Staaten Grenzvermessungsdienste, 323. — Mineralogist der Senora Silber Mine - Gesellschaft, ibid. — Seine Schriften und Karten, ibid.
Eichelberger, Jesse. — Verwalter der "Deutschen Gesellschaft von Maryland", 394.
Eichthal, Wilhelm von. — Begründet die "Deutsche Schnellpost" in New York, 105. — Sein Tod, 117.
Eickhoff, Anton. — Biographische Notizen über, 130. — Professor an der "Universität von St. Louis", 131. — Seine journalistische Laufbahn, ibid. — Mitglied des Kongresses der Ver. Staaten, ibid. — Politischer Redner und Schriftsteller, ibid. — Wird genannt, 350. — Seine Rede bei Gustav Schleicher's Tod, 367.
Einstein, Edwin. — Mitglied des Kongresses der Ver. Staaten, 132.
Eisenmann, 334.
Elsler, Fanny. — Tänzerin, in New York, 110.
Elsworth, Henry L. — Chef des Ver. Staaten Patent-Amts, 417.
Emerson, Ralph Baldo, 161.
Emmert, Dr. F. L. — Mitbegründer des "Lese- und Bildungs-Vereins" in Cincinnati, 200.
Emory, Lieutenant, 329.
Engelmann, Adolph. — Biographische Notizen über, 248. — Offizier im mexikanischen Kriege, 219. — Oberjäger im Schleswig-Holsteinischen Kriege, ibid. — Oberstlieutenant im Secessionskriege, ibid. — Feldzug nach Arkansas und Texas, 250. — Gefecht bei Jenkins' Ferry, ibid. — Titular - Brigade - General, ibid.
Engelmann, Friedrich Theodor. — Biographische Notizen über, 245. — Läßt sich in St. Clair County, Illinois, nieder, ibid. — Betreibt Landwirthschaft, 217. — Sein Tod, ibid.
Engelmann, Dr. Georg. — Kommt nach Belleville, Illinois, 265. — Mitgründer der Bibliothek-Gesellschaft von Belleville, ibid. — Siedelt sich in Beardstown, Ill., an, 275. — Herausgeber des "Westland", 327. — Biographische Notiz über, 347. — Seine Jugendjahre, 328. — Kommt nach Amerika, ibid. — Macht botanische Reisen nach Mexiko und dem Südwesten, ibid. — Seine meteorologischen Studien, 329. — Naturwissenschaftliche und botanische Schriften desselben, 330. — Stiftet die "Western Academy of Science", ibid. — Die "Academy of Science of St. Louis", ibid. — Mitglied vieler wissenschaftlicher Gesellschaften, ibid. — Als Botaniker eine Autorität, 331. — Klassifizirt Büslijenus' Pflanzen-Sammlung, 336. — Präsident einer Anti-Nativisten-Versammlung in St. Louis, 261. — Präsidirt einer deutschen Massenversammlung im April 1848, 349. — Wird genannt, 350.
Engelmann, Theodor. — Biographische Notizen über, 217. — Begründet den "Belleviller Beobachter", 218. — Betreibt Weinbau, ibid. — Eröffnet eine Buchhandlung in St. Louis, 332. — Sekretär einer deutschen Schul-kommission in St. Louis, 204.
Engelmann, Theodor Erasmus, 246.
Ernst, Ferdinand. — Begründet Vandalia, Illinois, 245.
Erringer, Friedrich. — Präsident der "Deutschen Gesellschaft von Pennsylvanien," 25.
Eßlinger, Karl. — Stadtrathsmitglied in Buffalo, 148.
Espich, Dr. Christian. — Gibt mit Walter

Sach- und Namens-Register.   447

in Germantown, Ohio, die Zeitschrift „Der Protestant" heraus, 204.
Euler. — Ein seltsames Genie, 94.
Everett, Alexander, 159, 161.
Ewell, General, 409.
Eylert, F. R.—Gründet eine evangelische Gemeinde in New York, 109. — Biographische Notizen über, ibid.
Faber, R. G.—Deutscher Konsul in New York, 96. — Präsidirt einer Feier der Deutschen in 1844, 111.
Falkenbach, Joseph. — Bankier in Columbus, Ohio, 226.
Fallner, Justus. — Predigte in New York, 109.
Farmer, Ludwig.—Präsident der „Deutschen Gesellschaft von Pennsylvanien", 25.
Fasolt, G.—Beamter der „Deutschen demokratischen Association von Milwaukee", 243.
Fehrentheil, Major L. von. — Wird genannt, 34, 70, 239.
Fein, Georg.—Hält Vorlesungen vor dem „Lese- und Bildungs-Verein" in Cincinnati, 201.
Felsenbed, J. D.—Mitbegründer der „Deutschen Gesellschaft" in Cincinnati, 185.
Felton, Prof., Cornelius C., 109.
Fendrich, Eduard.—Sekretär des Korrespondenz-Kommittees der Pittsburger Konvention, 48. — Wird erwähnt, 49, 54.
Festen, B. J. von. — Mitgründer des „Anzeigers des Westens", 317.
Fichte, J. G., 254.
Fiefer, Friedrich.—Biographische Notizen über, 226. — Redakteur mehrerer Zeitschriften, ibid. — Der „Volksbühne" in Louisville, und des „Volksblatt" in Cincinnati, 227. — Begründet mit Jakob Reinhard den „Westbote" zu Columbus, Ohio, ibid. — Seine Autobiographie, ibid. — Sein Urtheil über die Zeitschrift „Volksbühne" in Louisville, 353.
Field, David Dudley, 119.
Fillmore, Millard. — Präsident der Vereinigten Staaten, 231.
Fischer, Major, Woldemar. — Führt den Zug der deutschen Kavallerie und Artillerie nach Neu Mexiko, 337. — Hält eine Rede im April 1848 vor einer großen Massenversammlung in St. Louis, 319.
Flach, Friedrich. — Sekretär einer Anti-Nativisten-Versammlung in Cap Girardeau, 340.
Flach, Richard.—Mitglied der New Yorker Gesetzgebung, 131.
Fleischmann, Karl Ludwig. — Biographische Notizen über, 417. — Begründet eine Brauerei in Cincinnati, ibid. — Erhält eine Anstellung im Ver. Staaten Patent - Amte, ibid. — Bereist Europa im Interesse von Professor Morse's Telegraphen-Apparat, 418. — Seine Schriften über Schaafzucht und Weinbau, ibid. — Wird Konsul in Stuttgart, ibid. Geht als Kommissär des Staates New York nach der Pariser Weltausstellung von 1857, 419. — Bereist Asien und Afrika, ibid. — Seine Charakteristik, ibid.
Försch.—Rationalistischer Prediger. Gibt in New York den „Vernunftgläubigen" heraus, 105.
Follen, Adolph. — Mitverfasser der „Freien Stimmen frischer Jugend", 156.
Follen, Elise Cabot. — Gattin von Karl Follen, 161.
Follen, Dr. Karl. — Biographische Notizen über, 155. — Seine Jugendgeschichte, 156. — Begründer der allgem. deutschen Burschenschaft, ibid. — Privatdocent in Jena, 157. — Der Theilnahme an Sand's Ermordung von Kotzebue verdächtigt, ibid. — Flucht nach der Schweiz, 158. — Wird Professor in Chur und Basel, ibid. — Anschläge zu seiner Verhaftung, ibid. — Flucht nach Amerika, ibid. — Professor der deutschen Sprache an der Harvard Universität, 159. — Seine Vorlesungen über Moral-Philosophie und Ethik, 160. — Sein Einfluß auf die

amerikanische Gelehrtenwelt, ibid. — Wird Prediger einer Unitarier-Gemeinde, 161. — Professor der deutschen Literatur, ibid. — Mitglied der Anti-Sklaverei-Gesellschaft, 162. — Verhängnißvolle Folgen deshalb, 163.—Seine Rede vor dem Ausschuß der gesetzgebenden Behörde von Massachusetts, 164. — Vertheidigung der Einwanderer gegen die Nativisten, ibid.— Seine Vorlesungen und Schriften, 165. — Sein Tod, ibid. — Follen's Werke, 166. — Follen wird erwähnt, 34, 117, 239, 315. — Sein Einfluß auf Fried. Münch, 302. — Vergleichungen mit Karl Rinnigerode, 410.
Follen, Paul. Siehe Follenius.
Follenius, Karl. Siehe Follen.
Follenius, Paul.—Erweitert Münch's Plan der Auswanderung zu dem einer Auswanderer-Gesellschaft, 303. — Vater der Gießener Auswanderungs-Gesellschaft, ibid.—Biographische Notizen über, 315. — Eifriges Mitglied des deutschen Preßvereins, 306. — Siedelt sich in Missouri an, ibid. — Geht nach St. Louis und begründet daselbst die Zeitschrift „Waage", 184, 317. — Sein früher Tod, ibid.—Wird erwähnt, 156.
Forsyth, John, 115.
Frankenstein, Emilie. — Lehrerin an der ersten deutschen Freischule in Cincinnati, 194.
Frankenstein, Gottfried N. — Maler in Cincinnati, 214. — Präsident der „Akademie der schönen Künste" in Cincinnati, 1838, ibid. — H. A. Rattermann über seine Werke, ibid.
Frankenstein, Johann Peter.—Maler in Cincinnati, 214.
Franklin, Benjamin. — Leben desselben von Hermann Krieg, 126. — Erwähnung Franklin's, 222, 260.
Frants, Friedrich. — Begründet eine „Gallerie der schönen Künste" in Cincinnati, 214.
Frantsen, Herr, 37.
Frantsen und Wesselhöft.—Errichten eine deutsche Buchhandlung in St. Louis, 312.
Fratney, Friedrich. — Redigirt den „Milwaukee Volksfreund", 285.
Freytag, Gottfried. — Wird genannt, 25, 28. — Abgeordneter bei der Pittsburger Konvention, 54.
Fremont, Gen. J. C.—Befehlshaber in Virginien, 77. — Als Präsidentschafts-Kandidat nominirt von Philipp Dorschheimer, 111. — Sein Name genannt, 121, 315, 317. — Dr. Geo. Engelmann's Verbindung zu, 328.
Freundschaftliche Gesellschaft, die, in Charleston, Süd-Carolina, 380.
Freundschaftsbund, der, in Charleston, S. C. 387.
Freundschaftsbund in Mobile, Alabama, 359.
Friedländer, Julius Reinhold.—Biographische Notizen über, 68. — Begründer des Blinden-Instituts zu Philadelphia, ibid.
Friedrich, Karl. — Kam nach Belleville, Illinois, 252. — Will nach Mexiko auswandern, 318.
Friedrich Wilhelm III. — Verspricht, Lieber nicht beleidigen zu wollen, 169.
Friedrich Wilhelm IV. — Bietet Lieber eine Professur an, 174.
Fries, 302.
Fromann und Wesselhöft. — Buchdrucker in Jena 32.
Gabler, Herr. — Biolinist in Pittsburg, 45.
Gärth, Karl Franz. — Führer des Frankfurter Aufstandes, 65.
Gail, Wilhelm. — Große Tabaksfabrik in Baltimore, 403.
Gaines, General. — Wirbt in St. Louis drei deutsche Kompagnien für den mexikanischen Krieg an, 337.
Gallatin, Albert. — Amerikanischer Staatsmann, wird genannt, 102, 113.
Gallitzin, Fürst Demetrius Augustin. — Biographische Notizen über, 89. —

Lebte als Pater Schmidt, ibid. — Begründet Loretto, Pennsylvanien, ibid. — Sein Leben von Lemke geschrieben, 90.
Gamp, Dr. — Einer der Gründer der deutschen Akademie in St. Louis, 327.
Garfield, James A. — Mitglied des Ver. Staaten Kongresses, 367.
Garner, Ignatius. — Agent der Kolonie St. Marys, 68.
Garrison, William Lloyd. — Zum Gefängniß verurtheilt in Massachusetts, 325.
Gaubenz von Salis, Johann, 179.
Gavelli, 171.
Gebhart, J. L. R., 70.
Geib, 183.
Geiger, Dr. — Führer der rheinbairischen Auswanderungs-Gesellschaft, 317.
Geltenhainer, Friedrich Wilhelm, D. D. — Lutherischer Prediger in New York. Biographische Notizen über, 109. - Wird erwähnt, 26, 349.
Gempp, Dr. 319.
Georg, F. R., 113.
Georgi. — Inquirent in Hessen, 407.
Gerding, F. W. — Betreibt eine Pianofabrik in Hartburg, Tennessee, 357.
Gerding, Georg F. — Gründet die Kolonie Hartburg in Ost Tennessee, 357. — Ehemaliger Kaufmann und Schifferbeder in New York, ibid.
Gerke, Dr. H. Ch. — Siedelt sich im "Marine Settlement" an, 222. — Sein Buch "Der Nordamerikanische Rathgeber", ibid.
Gerke, Johann Philipp. — Historienmaler in St. Louis, 332. — Schüler von Peter von Cornelius, ibid. — Seine Werke, ibid.
Germania, Gesellschaft gegründet, 108
Gerstäcker, Friedrich. — Macht sein Lehrerexamen in Cincinnati, 202.
Geyer, Johann. — Möbelfabrikant in Cincinnati, 215.
Gilman, C. A., und Theo. A. T. Ultampf. — Verfasser mehrerer Schriften, 121.
Ginal, Heinrich. — Begründer von Ginalsburg. Biographische Notizen über, 71. — Stifter einer freien Gemeinde. Begründer der Ansiedlung "Teutonia", 81. — Hält eine Rede bei der Guttenberg-Feier, 76. — Stiftet die "Freichristliche Gemeinde in Milwaukee", 281.
Göbel, David. — Biographische Notizen über, 311. — Professor der Mathematik in Koburg, ibid. — Wandert aus und läßt sich in Missouri nieder, ibid. — Professor an mehreren Schulen in St. Louis, 312.
Göbel, G. F. — Mitglied der Gesetzgebung von Ohio, 236.
Göbel, Gert. — Biographische Notizen über, 312. — Mitglied der Staats-Gesetzgebung und des Senats von Missouri, ibid. — Sein Buch über Missouri, 313.
Göbeking, Heinrich. — Sohn des Münzmeisters G. in Berlin. Siedelt sich in Bearbstown, Ill., an, 275.
Göpp, Karl. — Biographische Notizen über, 121. — Advokat in Philadelphia, 122. — Literarische Arbeiten desselben, ibid. — Theilnahme an der Politik, 123. — Geschäftstheilhaber von Fried. Kapp, ibid. — Richter der "Marine Court" von New York, 124.
Göpper, Michael L. — Mitglied der Gesetzgebung von Ohio, 276.
Göthe, J. W. von. — Wird erwähnt, 33. — Beantwortet Talvj's "Volkslieder der Serben", 134. — Dessen Geburtstag in Cincinnati gefeiert, 217.
Grabau, A. L. — Pastor einer altluth. Gemeinde in Buffalo, N. Y., 113.
Gräter, Dr. Franz. — Zeichenlehrer an der Harvard Universität, 52. — Professor der modernen Sprachen in Cambridge, 155.
Grant, Präsident U. S. — Northoff widmet ihm

sein Werk "The Cotton States", 126. — Wird genannt, 207, 249.
Greeley, Horace, 196.
Greenleaf, Simon. — Professor in Cambridge, 171. — Sein Urtheil über Lieber, 173.
Grey (Grau), Ernst, 130.
Grimm, Gallus. — Orgelbauer in Cincinnati, 215.
Grimm, Jakob. — Urtheil über Talvj's Buch, "Illst. view of the Slavic Languages", 134.
Grimm, Wilhelm, 136.
Großmann, Herr von. — Betheiligt sich an einer deutschen Kolonie in Arkansas, 339.
Grollmann, Professor in Gießen, 157.
Groschen, J. D., 90.
Groß, Dr. Hermann. — Size-Präsident der 2. deutschen Konvention in Pittsburg, 53.
Groß, Magnus. — Biographische Notizen über, 129. — Seine journalistische Laufbahn, ibid. — Theilnahme desselben an der Politik, 130.
Groß, Dr. med. S. D. — Professor am "Ohio Medical College" in Cincinnati, 199.
Grund, Franz Joseph. — Wird genannt, 35, 72, 118. — Vorsitzer der Pittsburger Konvention, 49. — Erläßt eine Adresse an die deutsche Presse, 51. — Biographische Notizen über, 57. — Sein Tod, 59. — Verzeichniß seiner Schriften, 60. — Hält eine Rede bei der Guttenberg-Feier, 76. — Hauptredner bei einer Anti-Nativisten-Versammlung, 107. — Hält eine Anti-Nativisten-Rede, 111. — Professor der Mathematik in Cambridge, 155.
Gülich, Jakob. — Deutscher Prediger in Cincinnati, 181. — Seine Theilnahme an der "Emigrants' Friend Society", 197.
Guttenberg, deutsche Stadt in Iowa, 294.
Hach, Theodor. — Direktor der Blinden-Anstalt, in Boston, 170.
Hänel's Buchdruckerei in Magdeburg, 33.
Häuffer, Prof. L. — Schrieb Fr. List's Biographie, 64.
Häußler, Dr. 350.
Hahn, Johann. — Gründet eine deutsche Buchhandlung in New Orleans, 371.
Hahn, Michael. — Gouverneur von Louisiana. Biographische Notizen über, 376. — Sein Antheil an der Politik, 377. — Bildet die "Union Association" in New Orleans, ibid. — Wird in den Ver. Staaten Kongreß gewählt, ibid. — Vom Volke zum Gouverneur von Louisiana erwählt, ibid. — Präsident Lincoln's Gratulationsschreiben, 378. — Begründet die Stadt Hahnville, ibid. — Sein Charakter, ibid. — Münzdirektor in New Orleans, 379.
Hallam, Henry, 171.
Halled, Fitz Green. — Amerikanischer Dichter, 102.
Halled, General Henry W. — Beauftragte Lieber, die Armee-Instruktionen auszuarbeiten, 172.
Hammer, Dr. Adam, 150.
Hansische und Neumann. — Geben die "Maryland Staatszeitung" heraus, 24.
Hardi, Familie. — Siedelt sich in St. Clair County, Illinois, an, 321.
Haren, Eduard. — Siedelt sich bei Belleville, Illinois, an, 252. — Einer der Gründer der deutschen Akademie in St. Louis, 327.
Harmes, J. R., 25.
Harper, Gebrüder, 125.
Harris, S. W. — Mitglied des Ver. Staaten Kongresses, 367.
Harrison, Gen. William Henry. — Lebensbeschreibung desselben von F. J. Grund, 58. — Wird genannt, 340.
Hartel, Hermann. — Redet eine deutsche Versammlung in Milwaukee an, 283.
Hartmann. — Gibt den "Weltbürger" in Cincinnati heraus, 182.
Hartwig, Johann Christopher. — Prediger, gründet die erste deutsche Lutherische Gemeinde in

Sach- und Namens-Register. 449

New York, 109. — Gründet das Hartwick Seminar, 382.
Harvard Universität. — Deutsche Professoren an derselben, 155
Harz, Dr. — Abgeordneter von Ohio in der 2. Pittsburger Konvention, 54.
Hassaurek, Friedrich, 304.
Hassel, August. 204.
Hasler, Ferdinand Rudolph. — Biographische Notizen über, 411. — Schließt sich der Marcel'schen Kolonie an, 412. — Seine Ankunft in Philadelphia, 413. — Organisirt das Küstenvermessungs-Bureau der Vereinigten Staaten, ibid. — Wird zum Grenzkommissär ernannt, 414. — Seine mathematischen Schriften, ibid. — Wiederaufnahme der Küstenvermessungen, 415. — Seine Wirksamkeit, ibid. — Charakteristik desselben, 416.
Haud, Bartholomäus. — Gründet den „Stern des Westens" in Quincy, Illinois, 277.
Hauenstein, Dr. Johann, 143.
Harthausen, Herrmann von, 265.
Harthausen, Heinrich von, 265.
Hauen, 329.
Hazelius, Erich, 381.
Hazelius, Dr. Ernst Ludwig. — Biographische Notizen über, 381. — Wird Professor am Herrnhuter-Seminar in Nazareth, Pennsylvanien, 382. — Prinzipal der klassischen Abtheilung des „Hartwig Seminars", New York, ibid. — Professor der biblischen und orientalischen Literatur am theologischen Seminar in Gettysburg, Pennsylvanien. ibid. — Rektor des Seminars in Lexington, Süd Carolina, ibid. — Seine Schriften, ibid.
Heder, Friedrich, 80, 217, 219, 349.
Heilmann, Wilhelm. — Biographische Notizen über, 241. — Begründet Maschinenbau-Fabriken in Evansville, Indiana, 242. — Mitglied des Vereinigten Staaten Kongresses, 243. — Sein Charakter, ibid.
Heimberger, Gustav. — Schrieb Reiseberichte, 246. — Starb in Illinois, ibid.
Heinefen, C. A. — Kaufmann in Baltimore, 395.
Heinzen, Karl. — Dessen Ankunft in New York, 116.
Heisterbagen. — Mitglied eines deutschen Schulvereins in St. Louis, 326.
Held, F. — Eigenthümer des „Buffalo Weltbürgers", 147.
Helgenberg. — Mitglied einer deutschen Schulkommission in St. Louis, 326.
Helmich, Julius. — Buchhändler in New York, 106.
Hemann, Joseph Anton. — Oberlehrer der ersten deutschen öffentlichen Schule in Cincinnati, 194. — Biographische Notizen über, 211. — Begründet den „Cincinnati Volksfreund", 212. — Regt das Inslebenrufen der historischen Zeitschrift „Der Deutsche Pionier", an, ibid.
Henderson, L. J. — Mitglied des Vereinigten Staaten Kongresses, 367.
Hendrich, Eduard, 46.
Henni, Johann Martin, D. D. — Erzbischof von Milwaukee, 290. — Biographische Notizen über, ibid. — Professor am „Athenäum" in Cincinnati, ibid. — Gründet katholische Gemeinden in Ohio, 241. — Ruft die erste deutsche katholische Schule in Cincinnati in's Leben, 194, 291. — General-Vikar der Diözese Cincinnati, 291. — Begründet die erste deutsche katholische Zeitschrift in Amerika, den „Wahrheitsfreund", 161, 291. — Wird zum Bischof von Milwaukee ernannt, 291. — Gründet das Seminar „Salesianum" in Milwaukee, 212. — Sein Sterben, ibid. — Wird zum Erzbischof erhoben, ibid.
Henry, Professor James, 306.
Herbert Lorenz. — Agent der „Hermann Ansiedlungs-Gesellschaft" in Missouri, 72.
Hering, Dr. Konstantin. — Begründer der Homöopathie in Amerika. — Biographische Notizen über, 69. — Ruft die homöopathische Lehranstalt in Allentown, Pennsylvanien, in's Leben, ibid. — Hält Festrede beim Bankett zu Ehren Friedrich von Raumer's, 70.
Hermann, deutsche Kolonie in Missouri, 36, 71, 313.
„Hermann-Verein" in Louisville, 356.
Herzing, Philipp B. — Mitglied der Staatsbehörde öffentlicher Bauten von Ohio, 225.
Herz, Ziegler und Bismerger. — Geben den „Philadelphia Telegraphen" heraus, 81.
Hessenmüller, Eduard. — Biographische Notizen über, 230. — Siedelt sich in der Nähe von Cleveland an, 231. — Theilnahme an der Politik, ibid. — Wird Polizeirichter von Cleveland, ibid. — Gründet die „Cleveland Germania", ibid.
Heyl, Christian. — Ein Bahnbrecher des Deutschthums in Columbus, Ohio, 226.
Hegie, K. B. L., 136.
Hillgärtner, Georg. — Gibt die „Illinois Staatszeitung" heraus, 278.
Hilgard, Eduard. — Genannt, 245. — Mitgründer der Bibliothek-Gesellschaft von Belleville, 265.
Hilgard, Dr. Eugen Woldemar. — Biographische Notizen über, 261. — Uebernimmt die Leitung des chemischen Laboratoriums am „Smithsonian Institut", 262. — Staats-Geologe von Mississippi, ibid. — Professor der Chemie an der Universität zu Oxford, Mississippi, 263. — Wissenschaftliche Arbeiten und Schriften desselben, ibid. — Professor der Chemie und Naturwissenschaften an der „Staats-Universität" zu Ann Arbor, Michigan, 263. — Professor der Agrikultur-Chemie an der Universität zu Berkeley, Californien, 264.
Hilgard, Fritz. — Mitgründer der Bibliothek-Gesellschaft von Belleville, 265.
Hilgard, Julius E. — Wird genannt, 256. — Biographische Notizen über, 259. — Tritt in das Küstenvermessungs-Departement der Vereinigten Staaten als Ingenieur ein, 260. — Seine Tüchtigkeit, ibid. — Seine wissenschaftlichen Arbeiten, ibid.
Hilgard, Otto. — Mitgründer der Bibliothek-Gesellschaft von Belleville, 265.
Hilgard, Theodor, jr. — Siedelt sich in Illinois an, 245. — Mitgründer der Bibliothek-Gesellschaft von Belleville, Illinois, 265.
Hilgard, Theodor E. — Biographische Notizen über, 255. — Gab die „Annalen der Rechtspflege in Rheinbaiern" heraus, 256. — Wandert nach Amerika aus, 257. — Betrieb Weinbau und Obstzucht bei Belleville, Illinois, ibid. — Seine literarische Thätigkeit, ibid. — Schöngeistige Literatur, 258. — Soziale Schriften, ibid. — Politische Theilnahme, ibid. — Sein Bedeutung, 259.
Hilbenbrand, J. L. — Mitgründer der Bibliothek-Gesellschaft von Belleville, Illinois, 265.
Höffer, Nikolaus. — Agitator der deutschen Schulfrage, 199. — Vice-Präsident des „Deutschen demokratischen Vereins von Hamilton County", 209. — Biographische Notizen über, 212. — Bedeutender Führer der Deutschen Cincinnati's, ibid. — Urtheil der Presse über ihn, ibid.
Höster. — Begründet 1845 den „Chicago Volksfreund", 278.
Höger, J. B. — Etablirt eine Buchbinderei und Buchhandlung in Milwaukee, 294.
Hoffendahl, Dr. — Homöopathischer Arzt in Boston, 69.
Hoffmann, Franz A. — Redigirt die „Illinois Staatszeitung", 278. — Biographische Notizen über, 279. — Kommt 1839 nach Chicago, ibid. — Wird Prediger in Du Page's Grove, ibid. — Betritt Du Page County in der "River and Harbor Convention", ibid. — Redigirt den „Missionsboten", ibid. — Wird zum Lieutenants Gouverneur von Illinois gewählt, 280. — Präsident der International-Bank von Chicago, ibid. — Sein Charakter, ibid.

29

Hoffmann, Martin, 96.
Hoffmann, Otto. — Herausgeber der deutsch-amerikanischen Riesenzeitung, „Der Deutsche in Amerika", 146.
Hoffmann, Theodor A., 275.
Holland, Dr., 354.
Holzendorf, Franz von, 173.
Homann, 271.
Hone, Philipp, 96.
Hoppe, Justus. — Präsident der „Deutschen Gesellschaft von Maryland", 395.
Horn, Friedrich Wilhelm. — Biographische Notizen über, 288. — Läßt sich in Mequoan, Wisconsin nieder, 289. — Urkunden-Registrator in Washington County, ibid. — Mitglied der Gesetzgebung von Wisconsin, ibid. — Sprecher des Hauses, ibid. — Einwanderungs-Kommissär von Wisconsin, ibid. — Seine Theilnahme an der Politik des Landes, ibid.
Horsmann, Dora. — Gattin von Dr. G. Engelmann, 330.
Horstmann, Wilhelm I. — Bortenwirkerei in Philadelphia, 28. — Wird genannt, 21.
Huber, Dr. Sebastian. — Mitbegründer der „Deutschen Gesellschaft" in Cincinnati, 195.
Hübschmann, Dr. Franz. — Biographische Notizen über, 282. — Läßt sich als Arzt in Milwaukee nieder, ibid. — Präsident einer deutschen Volksversammlung, 283. — Nimmt Theil an der Gründung des „Wisconsin Banner", ibid. — Präsident der „Deutschen demokratischen Association von Milwaukee", ibid. — Wird als Delegat in die Territorial-Konvention von Wisconsin gewählt, 284. — Hilft den ersten Gesangverein in Milwaukee gründen, ibid. — Korrespondirender Sekretär der demokratischen Association, 285. — Zum Präsidentschafts-Elector erwählt, ibid. — In 1852 abermals als solcher erwählt, ibid. — Zum Superintendenten der Indianer-Angelegenheiten für den nördlichen Distrikt ernannt, ibid. — Feld-Arzt des 26. Wisconsin-Regiments, 286. — Sein Charakter, ibid.
Humbert, Dr. Friedrich. — Arzt aus Frankfurt a. M. läßt sich in Alton, Illinois, nieder, 271.
Humboldt, Alex. von, 120, 134, 173.
Humboldt, Wilhelm von, 134, 247.
Hunter, General David, 206.
Huni, Wilson P., 110.
Husmann, Georg. — Trieb Weinbau und Weinhandel in Hermann, Missouri, im Großen, 314.
Hutawa, Eduard, 310, 341.
Huth, Karl, 350.
Ingersoll, Charles I., 170.
Irving, Washington. — Sein „Astoria", 101. — Bemerkungen über John Jakob Astor, 102. — Seine Bekanntschaft mit der „Talvj", 135.
Jackson, General Andrew. — Präsident der Vereinigten Staaten, 870, 115.
Jacobi, Karl. — Mitglied eines deutschen Schulvereins in St. Louis, 326.
Jacquemond, 171, 173.
Jäger, John H. — Advokat in Alton, Illinois, 274. — Sekretär der Gesetzgebung von Illinois, ibid. — Mitglied des Staatssenats, 275.
Jakob, Professor Ludwig Heinrich von. — Vater der deutsch-amerikanischen Schriftstellerin „Talvj", 134.
Janzen, Eduard. — Mitglied der Territorial-Konvention von Wisconsin, 284.
Jean, Paul. — Dessen Geburtstag in Cincinnati gefeiert, 217.
Jefferson, Thomas. — Präsident der Vereinigten Staaten. — Leben desselben von Hermann Kriege, 128. — Wird genannt, 222, 405, 413.
Jörg, Dr. Eduard, 265.
Johannsen, 110.
Johnson, Andrew. — Präsident der Vereinigten Staaten. — Hervorragendster Befürworter des Heimstätte-Gesetzes, 128.

Johnson, Herschel B. — Gouverneur von Georgia, 115.
Johnson, Richard M., 251.
Jordan, Professor. — Ein Verein für Unterstützung desselben in Cincinnati gegründet, 217. — Wird genannt, 117, 318.
Jos, Nikolaus. — Mitgründer des Städtchens Weinsberg, Ohio, 227.
Julius, Nikolaus H., 173.
Junder, Dr. Heinrich Damian. — Bischof von Alton, Illinois, 275.
Kämmerer, Pfarrer, 16.
Kalteisen, Michael. — Offizier im Unabhängigkeits-Kriege, 350.
Kalten. — Handelshaus in Bremen, 352.
Kane, Richter, 250.
Kant, Immanuel, 312.
Kapf, E. von. — Vice-Präsident der „Teutschen Gesellschaft von Maryland", 394.
Rapp, Friedrich. — Urtheil über Löher's Werk, 17. — Urtheil über den deutschen Buchhandel in Amerika, 40, 184. — Seine Geschichte der Teutschen in New York erwähnt, 97, 99. — Geschäftstheilhaber von Karl Göpp, 123.
Karstens, Kaufmann. — Mitglied einer deutschen Schulkommission in St. Louis, 326.
Karstens und Gagers, 307.
Karthaus, Karl B. — Präsident der „Deutschen Gesellschaft von Maryland", 395.
Kaschin, 136.
Katharina II, von Rußland, 381.
Kaufmann, Peter. — Abgeordneter in der Pittsburger Konvention, 49. — Präsident der 2. deutschen Konvention, 53. — Rundschreiben an die Deutschen in den Vereinigten Staaten, 54. — Biographische Notizen über, 228. — Publizirt Kalender in Canton, Ohio, ibid. — Schreibt ein philosophisches Werk, ibid. — Betheiligt sich an der Politik und wird Postmeister von Canton, 229.
Kaufmann, Theodor. — Zeichenschule in New York, 136.
Kautz, General August Victor. — Biographische Notizen über, 206. — Soldat im mexikanischen Kriege, 207. — Wird Offizier in der regulären Armee, ibid. — General-Major im Secessionskriege, ibid. — Seine kühnen Reiterzüge, ibid. — Autor mehrerer militärischer Schriften, ibid.
Kayser, Alexander. — Siedelt sich in Missouri an, 308. — Biographische Notizen über, 342. — Widmet sich der Rechtspraxis in St. Louis, ibid. — Seine politische Stellung, 343. — Zum Präsidentschafts-Wahlmann erwählt, 344. — Offizier im mexikanischen Kriege, 337, 344. — Sein Charakter, ibid. — Veranstaltet eine Sammlung für die Familie Jordan, 318.
Kayser, Heinrich. — Biographische Notizen über, 309. — Assistent-Ingenieur des Obersten (später General) Robert E. Lee, ibid. — Civil-Ingenieur der Stadt St. Louis, ibid. — Mitglied des Stadtraths von St. Louis, 310. — Seine politische und sociale Thätigkeit, ibid. — Charakteristik desselben, 311. — Baut die St. Clair County Chaussee, 344. — Vice-Präsident einer deutschen Massenversammlung, April 1848, 349.
Keemle, Samuel. — Präsident der „Deutschen Gesellschaft von Pennsylvanien", 25.
Kehl, Dr. F., 253.
Kem, Major Daniel M. — Hauptführer des Zuges bei der Gutenberg-Feier, 75. — Hält Rede, 76.
Kellogg, Miner K. — Amerikanischer Maler, genannt, 211.
Kelly, William D. — Mitglied des Vereinigten Staaten Kongresses, 367.
Kent, Kanzler. — Wird genannt, 171. — Sein Urtheil über Franz Lieber, 173.
Keppele, Johann Heinrich. — Präsident der „Teutschen Gesellschaft von Pennsylvanien", 24.

Sach- und Namens-Register. 451

Keppler, Joseph. — Zeichner des New York "Puck", 138.

Kern, Karl Julius. — Sekretär einer deutschen Versammlung in Milwaukee, 283. — Mitglied der Territorial-Konvention von Wisconsin, 284.

Kiderlen, Wilhelm L. J. — Biographische Notizen über, 42. — Abgeordneter in der Pittsburger Konvention, 49. — Betheiligung an der "Hermann Ansiedlungs-Gesellschaft", 70. — Sekretär des Vereins für Unterstützung politischer Flüchtlinge, 76. — Wird genannt, 80.

Kiderlen und Stollmeyer. — Geben das "Literarische Unterhaltungsblatt" heraus, 44.

Kienbusch, Otto W. — Gründet eine Tabaksfabrik in Wartburg, Tennessee, 357.

Kim, Theodor. — Sekretär eines deutschen Debattirvereins in St. Louis, 333. — Wird erwähnt, 311.

Kinkel, Gottfried. — Seine Revolutionsanleihe, 122. — Sein Name erwähnt, 205. — Empfang in Milwaukee, 283.

Kircher, Heinrich. — Hauptmann des 12. Missouri Regiments, wird bei Ringgold, Georgia, verwundet, 269.

Kircher, Joseph A. — Siedelt sich in Bardstown und später in Belleville, Illinois, an, 275.

Klauprecht, Emil. — "Deutsche Chronik" zitirt, 45, 217. — Biographische Notizen über, 192. — Gründet die erste deutsche illustrirte Zeitschrift in den Vereinigten Staaten, ibid. — Redakteur des "Deutschen Republikaners" in Cincinnati, ibid. — Sein Geschichtswerk "Deutsche Chronik in der Geschichte des Ohiothales", ibid. — Zum Konsul in Stuttgart ernannt, ibid. — Seine Charakteristik, ibid. — Agitator der deutschen Schulfrage, 199. — Mitbegründer des "Lese- und Bildungs-Vereins", 200. — Konflikt mit Dr. Albers erwähnt, 353.

Klein, Friedrich, 28.

Kleinschmidt, Ernst J. — Mitglied der Gesetzgebung von Ohio, 236.

Klimper, Ferdinand. — Mitglied der Gesetzgebung von Ohio, 236.

Klingenhöfer, Pfarrer. — Führer einer deutschen Niederlassung in Arkansas, 359.

Klinkhard, Dr. Eduard, 265.

Knabe, Wilhelm. — Gründet eine bedeutende Piano-Forte-Fabrik in Baltimore, 402.

Knapp, Professor in Halle, 119.

Knorz, Karl. — Urtheil über Hermann E. Ludwig, 128.

Koch, Heinrich (Antipfaff). — Gibt den "Vorwärts" in St. Louis heraus, 323. — Siedelt nach einer Kommunisten-Kolonie in Iowa über, ibid. — Offizier im mexikanischen Kriege, 337.

Köhnten, Johann H. — Orgelbauer in Cincinnati, 215.

Köpfli, Dr. Kaspar. — Der Begründer von Neu Schweizerland in Illinois, 273.

Köpfli, Salomon. — Mitbegründer von Highland, Illinois, 237. — Sein Charakter, ibid.

Körner, Gustav. — Biographische Notizen über, 231. — Richter des Staats-Obergerichts von Illinois, ibid. — Lieutenant-Gouverneur von Illinois, ibid. — Politische Laufbahn desselben, ibid. — Mitgründer der Bibliothek-Gesellschaft von Belleville, Illinois, 265. — Wird erwähnt, 304. — Hält eine Rede gegen den Nativismus in St. Louis, 341.

Konrad, Richter, 76.

Konradi, Dr. med. August. — Siedelt sich in St. Clair County, Illinois, an, 264.

Kopf, Pfarrer, 326.

Kopitar, B., 134.

Korte, Heinrich L. — Richter des Waisengerichts in Janesville, Ohio, 228.

Koserit, Ernst Ludwig. — Wird erwähnt, 26. — Kommandirt die "Washington Garde" in Philadelphia, 63. — Biographische Notizen über, 64. — Regt einen Militär-Aufstand in Würtemberg an, ibid. — Wird zum Tode verurtheilt und später begnadigt, 65. — Des Verraths beschuldigt, 66. — Hauptmann im Seminolenkrieg, ibid.

Kossuth, Ludwig, 123.

Koß, Rudolph A. — Verfasser der Geschichte von Milwaukee, 281.

Kothe, August. — Hauptmann einer Miliz-Kompagnie in Cincinnati in 1825, 186.

Kraft, August, 72.

Kraft, Friedrich. — Sheriff von Madison County, Illinois, 272.

Kraft, Theodor. — Siedelt sich bei Belleville, Illinois, an, 245.

Krause, Alexander. — Redigirt den "Freimüthigen" in Buffalo, 114.

Krekel, Arnold. — Wird erwähnt, 301. — Richter des Vereinigten Staaten Distrikt-Gerichts von westlichen Missouri-Bezirk. — Biographische Notizen über, 315. — Gründet den "St. Charles Demokrat", ibid. — Wird zum Mitglied der Gesetzgebung von Missouri erwählt, 316. — Abgeordneter in und Präsident der Verfassungs-Konvention von Missouri 1865, ibid. — Wird von Präsident Lincoln zum Bundesrichter ernannt, ibid. — Sein Charakter, ibid.

Kretschmer, Friedrich. — Gibt die "Tribüne" in St. Louis heraus, 322. — Der erste deutsche Friedensrichter in St. Louis, ibid. — Präsident eines Debattirvereins, 333. — Präsident einer Nativisten-Versammlung, 340. — Wird genannt, 350.

Kreuzer, Karl. — Professor an der "Universität von Virginien", 405.

Kribben, Bertram. — Siedelt sich in St. Charles, Missouri, an, 315.

Kribben, Christian. — Biographische Notizen über, 316. — Advokat in St. Louis, ibid. — Macht den Feldzug nach Mexiko mit, ibid. — Gibt eine Zeitung in Chihuahua heraus, 347. — Vorzüglicher politischer Redner, ibid. — Mitglied der Gesetzgebung von Missouri, ibid. — Sprecher des Repräsentantenhauses, ibid. — Biographische Notizen über, 348. — Hält eine Rede im April 1848 vor einer deutschen Massenversammlung, 349. — Hält beredte Ansprache bei einer deutschen Demonstration gelegentlich Hecker's Ankunft, 350.

Kriege, Hermann. — Biographische Notizen über, 128. — Seine Schriften, ibid. — Dessen Tod, 129. — Redigirt die "Illinois Staatszeitung", 278.

Kröll, Pastor August. — Hält Festrede beim Maifest in Cincinnati 1843, 210. — Biographische Notizen über, 213. — Prediger an der deutschen protestantischen Johannis-Kirche in Cincinnati, ibid. — Mitbegründer und Redakteur der "Protestantischen Zeitblätter", ibid.

Krug, Dr. med. A. — Siedelt sich in St. Charles, Missouri, an, 315. — Wird erwähnt, 341, 350.

Krumbhaar, Ludwig. — Präsident der "Deutschen Gesellschaft von Pennsylvanien", 25. — Wird erwähnt, 28.

Kuhlenkamp, R., 72.

Kundig, Martin. — General-Bikar der Diözese Milwaukee, 290. — Biographische Notizen über, ibid.

Kunze, Johann Christopher, D. D. — Lutherischer Prediger in New York, 102.

La Barre, Georg. — Lehrer an der ersten deutschen Freischule in Cincinnati, 198. — Bibliothekar des "Lese- und Bildungs-Vereins" in Cincinnati, 200.

Laboulaye, Edouard R. R., 171, 172, 173.

Lackmann, Johann B. — Präsident des deutschen Hospitals in Philadelphia, 92.

Lafayette, Gilbert Mortier, Marquis de, 158, 370.

Lage, Johann, 72.

Lang, Wilhelm. — Biographische Notizen über, 232. — Studirt Jura, 233. — Begründet den "Tiffin, Ohio, Adler", ibid. — Mayor von

Tiffin, ibid. — Richter des Waisengerichts von Seneca County, ibid. — Staatsenator von Ohio, ibid. — Kandidat für Vice-Gouverneur von Ohio, ibid.

Lange, Albert. — Gibt in Cincinnati eine Zeitung heraus, 182. — Biographische Notizen über, 231. — Seine Jugendgeschichte, ibid. — Gefangenschaft in Glogau, ibid. — Wandert nach Amerika aus, 232. — Läßt sich in Terre Haute, Indiana, nieder, ibid. — Seine Theilnahme am politischen Leben, ibid. — Staatsauditor von Indiana, ibid. — Mayor von Terre Haute, 240. — Sein Tod, ibid.

Langenbeck, Professor in Göttingen, 323.

Langenheim, Dr. Wilhelm. — Wird genannt, 261. — Biographische Notizen über, 361. — Entrinnt dem Blutbad bei San Patricio in Texas, ibid. — Macht den floridanischen Feldzug mit, 362. — Begründet in Philadelphia eine der ersten Daguerrotyp-Anstalten in Amerika, ibid.

Langner, Johann G., 149.

Lassad, Kapitän Friedrich W. — Kommandirt die erste deutsche Militär-Kompagnie in New York, 62. — Wird erwähnt, 107. — Hauptmann der "Jefferson Garde" von New York, 108. — Hält eine Rede, ibid. — Wird von Dr. Brunk in einer Debatte besiegt, 111.

Ledergerber, Fritz. — Major des 12. Missouri-Regiments, verwundet bei Ringgold, Georgia, 269.

Ledergerber, Joseph. — Mitgründer der Bibliothek-Gesellschaft von Belleville, Illinois, 265. — Lieutenant des 12. Missouri Infanterie-Regiments, fällt bei Ringgold, Georgia, 269.

Lee, Gideon. — Mayor von New York, gegen die Einwanderer, 106.

Lee, Robert C. — General-Ingenieur der Flußvermessungen im Westen, 319. — Wird genannt, 409.

Leeser, Isaak. — Gelehrter Rabbiner. — Biographische Notizen über, 87. — Seine Schriften, 89.

Legaree, Huad G., 172.

Lehmanowsky, Johann Joseph. — General-Agent der "Emigrants' Friend Society", 117.

Lehr, Feldwebel. — An dem Koserig'schen Komplott betheiligt, 64.

Lemke, Peter Heinrich. — Schrieb eine Lebensgeschichte Gallitzin's, 90.

Lenau, Niklas. — Sein Aufenthalt in Pittsburg, 45.

Lennig, Friedrich. — Chemikalien-Fabrik, 28.

Leon, Graf (Proli). — Religiöser Betrüger, 52.

Leupold, Julius. — Wird genannt, 29. — Präsident der "Hermann Ansiedlungs-Gesellschaft" in Philadelphia, 70.

Leupold, W., 70.

Leutze, Emanuel. — Berühmter Historienmaler. — Biographische Notizen über, 81. — Seine Werke, 82.

Levin, Rahel, 24.

Lewis und Clark. — Expedition derselben erwähnt, 99.

Libeau, Karl. — Mitgründer der "Deutschen Gesellschaft von Cincinnati", 185.

Lieber, Dr. Franz. — Wird genannt, 35. 118, 238, 301. — Biographische Notizen über, 166. — Seine Jugendjahre, 167. — Als Student in Jena, ibid. — Betheiligung am griechischen Unabhängigkeitskrieg, 168. — Als Erzieher in der Familie Riebuhr's in Rom, ibid. — Rückkehr nach Deutschland, 169. — Gefangenschaft auf der Festung Köpnik, ibid. — Seine "Wein und Wonnelieder", ibid. — Flucht nach London, ibid. — Uebersiedlung nach Amerika, ibid. — Seine "Encyclopædia Americana", ibid. — Seine Heirath, 170. — Ausarbeitung des Lehrplans für das "Girard College", ibid.

— Professor der Geschichte und National-Oekonomie am "Süd Carolina College", 171. — Professor am "Columbia College" in New York, 172. — Sein Tod, ibid. — Politische und nationalökonomische Schriften desselben, ibid. — Seine Gelehrsamkeit, 173. — Urtheile berühmter Männer über ihn, ibid. — Sein Einfluß auf die amerikanische Bildung, 174. — Seine deutsche Gesinnung, 175. — Verzeichniß seiner Schriften (Anhang).

Lieber, Hamilton. — Offizier im Sezessionskriege, 171.

Lieber, Oskar. — Offizier in der Konföderirten-Armee, 171.

Liebhaber, J. A. — Beamter der "Deutsch-demokratischen Association von Milwaukee", 283.

Lincoln, Abraham. — Präsident der Vereinigten Staaten. — Wird erwähnt, 190, 207, 312. — Ernennt A. Krekel zum Bundesrichter von Missouri, 316.

Lindheimer, Ferdinand Jakob. — Der Erforscher der texanischen Flora. — Biographische Notizen über, 343. — Begibt sich nach der Kolonie von Sartorius in Mexiko, ibid. — Macht den texanischen Freiheitskampf mit, 344. — Seine botanischen Forschungen, ibid. — Friedensrichter in Neu-Braunfels, ibid. — Begründet die "Neu Braunfelser Zeitung", ibid.

List, Friedrich. — Berühmter National-Oekonome. — Biographische Notizen über, 61.

Livingston, Edward. — Vereinigte Staaten Minister, 150.

Löher, Franz von. — Dessen "Geschichte und Zustände der Deutschen in Amerika" erwähnt, 16. 17. — Sein Urtheil über Rapp's "Oeconomy", 31. — Hält Vorlesungen vor dem "Lese- und Bildungs-Verein" in Cincinnati, 201.

Löhr, Professor in Gießen, 157.

Longfellow, Henry W., 130, 161, 169.

Longstreet, General, 302.

Lollsworth, Nicolaus, 311.

Lorillard, Jakob. — Präsident der Deutschen Gesellschaft von New York, 96.

Lottner, Obern, 82.

Lovejoy, G. P. — Bei einem Aufruhr ermordet, 325.

Lowler, J. L., 25.

Ludewig, Hermann Ernst. — Biographische Notizen über, 17. — Seine Schriften, ibid.

Ludwig, Samuel. — Redakteur der "Alten und Neuen Welt", 35, 40. — Begründet den "Wahrheitsucher", 113. — Gibt den "Wahrheitsverbreiter" in Baltimore heraus, 114. — Die "Fackel", ibid.

Lübering, Fr. — Sekretär des "Hermann Ansiedlungs-Vereins" in Missouri, 70.

Lüning, Dr. Franz N. — Redet eine deutsche Versammlung in Milwaukee an, 283. — Schließt sich der Freiboden Partei an, 285.

Luers, Dr. Johann Heinrich. — Bischof von Fort Wayne, Indiana, 233.

Lüby, Dr. — Mitglied einer deutschen Schulkommission in St. Louis, 320.

Lüsenburg, Dr. Karl Aloys. — Biographische Notizen über, 374. — Seine Niederlassung in New Orleans, ibid. — Wird Arzt an der Charité, ibid. — Gründet das "Lüsenburg Spital", 375. — Präsident der Naturhistorischen Gesellschaft, ibid. — Dispensirender Beamter der "Medizinisch Chirurgischen Gesellschaft von Louisiana", 376. — Sein Tod, ibid.

Lüsenburg Spital, das, in New Orleans, 375.

Lutherisches Prediger-Seminar in Lexington, Süd-Carolina, begründet, 381.

Lutterloh, Oberst Heinrich Emanuel. — Erster Präsident der Deutschen Gesellschaft von New York, 96.

Lutz, Johann B. (Mansfeld.) — Biogra-

Sach- und Namens-Register.

physische Notizen über, 240. — Professor an der "Transylvania Universität" in Lexington, ibid. — Nimmt den Namen Mansfeld an, 241. — Siedelt nach Madison, Indiana, über, ibid. — Sein Antheil an der Politik, ibid. — Wird zum General-Major und Befehlshaber der Miliz des Staates Indiana ernannt, ibid. — Legt das Städtchen Mansfeld in Illinois an, ibid.

Maas, siehe Leopold Morse.
McClellan, General G. B. — Ihm wird eine Ovation in Philadelphia gebracht, 50.
Mac Intosh, Sir James, 159.
Mackenzie, James A. — Mitglied des Vereinigten Staaten Kongresses, 357.
Maclea, Samuel. — Redigirt die "Deutsch-amerikanische Didaskalia", 397.
McMichael, Morton, 76.
Mac Pherson. — Autor der "Lieder des Ossian", 135.
Madison, James. — Präsident der Vereinigten Staaten, 105.
Mafarow, 136.
Maltiz, Rudolph von. — Redigirt den "Ohio Volksfreund", 180.
Mansfeld, siehe Luz.
Marcel. — Will eine Kolonie in Louisiana begründen, 412.
Marsh, Geo. P., 336.
Marshall, J. W. — Agent von Sutter, entdeckt das erste Gold in Californien, 217.
Martels, Baron von. — Läßt sich in Missouri nieder, 219.
Martels, Heinrich von. — Biographische Notizen über, 193. — Seine Schrift: "Der westliche Theil der Vereinigten Staaten", ibid. — Siedelt nach Amerika über, ibid. — Wird erwähnt, 209.
Martin, William. — Belmont's Brief an denselben, 115.
Martineau, Miß Harriet. — Urtheil über Karl Follen's Rede gegen die Sklaverei, 161.
Massow, Ewald von, 215.
Mathews, Stanley. — Mitglied des Vereinigten Staaten Senats, 357.
Mattern, Peter. — Betheiligt sich am Freiheitskampf in Texas und fällt beim Blutbad von Goliad, 361.
Meter, Adolph. — Kaufmann in St. Louis, 332. — Biographische Notizen über, ibid. — Unternehmender Förderer der Industrie, ibid. — Charakteristik desselben, 339.
Meier, Eduard D., 39.
Meier, H. H. und Kompagnie. — Handelshaus in Bremen, 395.
Meier, Karl, 341.
Meier W. K. — Gibt den "Buffalo Volksfreund" heraus, 143.
Mellis, John. — Schottischer Reisender 31.
Memminger, Christoph Gustav. — Biographische Notizen über, 396. — Hervorragender Jurist und Staatsmann, ibid. — Finanzminister der Konföderirten Staaten, 397.
Menken, Adah Jsaak. — Schauspielerin, 185.
Menken, Salomon. — Mitgründer der "Deutschen Gesellschaft" in Cincinnati, 185.
Meslod, Johann. — Mitglied der Gesetzgebung von Ohio, 736.
Metternich, Fürst, 418.
Meyer, Christian. — Präsident der "Deutschen Gesellschaft von Maryland", 341.
Meyer, Georg, 90.
Meyer, Johann. — Mitgründer der "Deutschen Gesellschaft" in Cincinnati, 185. — Vice-Präsident der "Emigrant' Friend Society", 187.
Meyer, Ludwig Heinrich. — Protestantischer Prediger in Cincinnati, 181.
Meyer, Seraphim. — Richter des Civilgerichts in Canton, Ohio, 229. — Oberst des 107. Ohioer Voluntär Infanterie Regiments, ibid.
Meyer, Theodor, 96.

Meyer, Dr. Wilhelm. — Arzt in Cleveland, 232.
Micheltorena, Manuel. — Gouverneur von Alta California, 216.
Miklosch, 136.
Minnigerode, Professor Karl. — Hält eine Festrede bei der Guttenberg-Feier in Philadelphia, 76. — Biographische Notizen über, 408. — Betheiligung an den Burschenschaften in Deutschland, 409. — Gefangennahme und Prozessirung desselben, ibid. — Kommt nach Amerika, 408. — Gibt Sprachunterricht in Philadelphia, ibid. — Professor am "William und Mary College" in Virginien, ibid. — Schließt sich der Episkopal-Kirche an ibid. — Wird zum Rektor der Pauls-Kirche in Richmond berufen, 408. — Sein Wirken daselbst, ibid. — Parallele Charaktervergleichung mit Karl Follen, 411.
Minor, Joseph, 122.
Mirus, 232.
Mitchell, Robert, 215.
Rittermaier, Professor Karl J. A., 171, 173.
Mohl, Robert von, 171.
Molitor, Stephan. — Redakteur des Buffalo "Weltbürger", 139. — Agitator der deutschen Schulfrage in Cincinnati, 192. — Mitbegründer des "Lese- und Bildungs-Vereins", 201. — Mitglied des Schulraths in Cincinnati, 211. — Biographische Notizen über, 402. — Redakteur der "New Yorker Staatszeitung", ibid. — Des Buffalo "Weltbürger", ibid. — Eigenthümer und Redakteur des "Cincinnati Volksblatt", ibid. — Sein Einfluß auf Staats- und Nationalpolitik 203. — Präsident des "Deutschen demokratischen Vereins von Hamilton County, Ohio", 209. — Wird erwähnt, 210, 227. — Verfasser der Adresse: "An das Volk von Ohio", 211.
Monroe, Victor. — Hält eine Rede gegen den Nativismus in St. Louis, 341.
Monsees, Johanna, 54.
Moor, General August. — Biographische Notizen über, 205. — Mitglied einer Militär-Kompagnie zu Philadelphia, ibid. — Offizier im Seminolen-Kriege, ibid. — Uebersiedlung nach Cincinnati, 206. — Oberst im mexikanischen Kriege, ibid. — General-Major der Ohioer Miliz, ibid. — Brigade- und Divisions-Kommandant im Sezessions-Kriege, ibid — Sein Charakter, ibid.
Moormann, J. B. — Advokat in Cincinnati, 198.
Morse (Maas), Leopold. — Mitglied des Vereinigten Staaten Kongresses, 177. — Biographische Notizen über, ibid.
Morse, Professor, 113.
Motley, John Lothrop, 136, 161.
Mügge, Karl, 350.
Mühlenberg, F. A. Sprecher des Repräsentantenhauses des Kongresses, 24. — Präsident der "Deutschen Gesellschaft von Pennsylvanien", 25.
Mühlenberg, Heinrich A. — Vereinigte Staaten Gesandter in Wien, 20.
Mühlenberg, Peter Gabriel. — Präsident der "Deutschen Gesellschaft von Pennsylvanien", 25.
Mühl, Eduard. — Sekretär der zweiten deutschen Konvention in Pittsburg, 53. — Hält eine Rede zu Gunsten der Erhaltung der deutschen Schulen in Cincinnati, 198. — Agitator der deutschen Schulfrage in Cincinnati, 199. — Dessen Zeitschrift "Lichtfreund"; Mühl wirkt als Mitarbeiter an derselben, 393. — Biographische Notizen über, 314. — Gibt den "Lichtfreund" heraus, ibid. — Begründet das "Hermanner Wochenblatt", ibid. — Sein Charakter, 315.
Müller, Dr. — Hält eine Gedenkrede am Grabe des Dr. Lügeburg, 376.
Müller, Nikolaus. — Mitglied des Vereinigten Kongresses, 357.
Münch, Friedrich. — Mitarbeiter des "Deutschen Pionier", 16. — "Erinnerungen

aus Deutschlands trübster Zeit, 158. — Wird genannt, 258. — Pfarrer in Niedergemünden, 312. — Hervorragender deutsch-amerikanischer Schriftsteller. Biographische Notizen über, 301. — Schließt sich der Gießener Auswanderungs-Gesellschaft an, 313. — läßt sich in Missouri nieder, ibid. — Seine literarischen Arbeiten, 313—304. — Auch auf dem politischen Felde thätig, 304. — Sein Charakter, 305. — Urtheil über Eduard Mühl, 314. — Mitarbeiter am „Westland", 327.
Münch, Georg. — Redner und Schriftsteller in Missouri, 305.
Mulanphy, Bryant. — Hält eine Rede vor einer deutschen patriotischen Massenversammlung, 319.
Napoleon, Bonaparte, 374.
Napoleon III., Louis. — Trotzt die sezedirten Staaten anzuerkennen, 116.
Nast, Thomas. — Berühmter amerikanischer Karrikaturist. Biographische Notizen über, 137.
Nast, Wilhelm, D.D. — Wird genannt, 125. — Biographische Notizen über, 181. — Gründet den „Christlichen Apologeten", Organ des Methodismus, ibid. — Professor an der Anstaltenschule zu Westpoint ibid. — Vater des deutschen Methodismus, ibid. — Wirkt lebhaft für die Erhaltung der deutschen Sprache, 182.
Nativisten, die. — Umtriebe derselben, 110.
Neibhardt, Karl, 143.
Netscher, Johann Bernhard. — Mayor von Mansfield, Ohio, 234.
Nette, Dr., 265.
Neuhoff, Georg. — Landwirth bei Belleville, Ill., 252.
Neukirch, Friedrich. — Beamter der „Deutschen demokratischen Association von Milwaukee", 281.
Neumann, G. N. — Redakteur der „New Yorker Staatszeitung". Abgeordneter in der Cluburger Konvention, 49, 105. — Wird genannt, 110, 396.
Neumann, Johann Nepomuk, D.D., Bischof von Philadelphia. — Biographische Notizen über, 90.
Neyfeld, Kapitän Karl. — Mitglied eines deutschen Schulvereins in St. Louis, 326. — Hält die Eröffnungsrede bei der Gründung der deutschen Schule in St. Louis, ibid. — Biographische Notizen über, ibid. — War Theilnehmer an der polnischen Revolution 1830, ibid. — Einer der Herausgeber des „Westland", 327.
Nicollet. — Französischer Geograph, 328.
Niebuhr, Markus C. A. — Preußischer Gesandter in Rom. Nimmt Franz Lieber auf, 168. — Wird genannt, 171.
Niemeyer. — Professor in Halle, 149.
Riesky, Bischof, 381.
Nolte, Vinzent. — Biographische Notizen über, 369. — Sein Buch, „Fünfzig Jahre in beiden Hemisphären", ibid. — Gründet ein Handelshaus in New Orleans, 370. — Seine abenteuerlichen Schicksale, ibid. — Sein Charakter, 371.
Nordheimer, Isaak. — Professor an der Universität von New York, 117. — Dessen Schriften, ibid.
Nordhoff, Karl. — Biographische Notizen über, 125. — Schriften desselben, ibid. — Sein Buch, "The Cotton States", macht großes Aufsehen, 126. — Vergleich mit Bayard Taylor, ibid. — Mitglied eines deutschen Schulvereins in St. Louis, 326.
Oertel, Maximilian. — Biographische Notizen über, 133. — Trefflicher Literat, ibid. — Ritter des Hl. Gregorius Ordens, ibid.
Oesten, Ernst. — Gibt den „Freimüthigen" in Buffalo heraus, 144.
Oesterlen, Karl. — Mitglied der Gesetzgebung von Ohio, 236.

Oglesby. — Gouverneur von Illinois, 252.
Oken, 334.
Olberg, K. von. — Uebersetzt „Taloj'e" "Slavic Languages" in's Deutsche, 134.
Olshausen, Arthur. — Wird Mittheilhaber des „Anzeiger des Westens", 330. — Uebernimmt eine deutsche Buchhandlung in St. Louis, 331. — Sekretär einer Massenversammlung der Deutschen im April 1848, 349. — Wird erwähnt, 350.
Olshausen, Theodor, 330.
O'Reilly's Kritik des „Pflanz", 135.
Orr, J. L. — Rekonstruktions-Gouverneur von Süd-Carolina, 394.
Osterhaus, General Peter Joseph, 262.
Ottendorfer, Oswald. — Herausgeber der „New Yorker Staatszeitung", 105.
Owen, Robert Dale, 30.
Palm, Wilhelm. — Mitredakteur an dem „Anzeiger des Westens", 330. — Biographische Notizen über, 344. — Sein Unternehmungsgeist, 345. — Charakteristik desselben, ibid. — Vice-Präsident eines deutschen Debattir-Vereins, 333. — Mitglied des „Deutsch demokratischen Vereins" von St. Louis, 340. — Adresse an Martin Van Buren, 341. — Hält eine Rede vor einer deutschen patriotischen Versammlung, 1848, 349. — War Präsident einer Demonstrations-Versammlung, 350. — War Präsident einer Demonstrations-Versammlung, 350. — Palm und Robertson. — Erbauen die ersten Lokomotiven im Westen, 345.
Palmerston, Lord, 115.
Pantin, Karl. — Eröffnet eine deutsche Buchhandlung in Charleston, Süd Carolina, 383.
Parker, Theodor, 161.
Parry, Dr., 329.
Passavant, Kaufmann. — Gründet Zelinopolis, Pa., 46.
Patterson, General, 123.
Batterson, Dr. Robert, 259.
Paul von Württemberg, 321.
Payne, Thomas. — Leben desselben von Hermann Kriege, 128. — Wird genannt, 222.
Peißner, Elias. — Lehrer der modernen Sprachen am "Union College", 117.
Perry, Kommodore. — Aug. Belmont heirathet dessen Tochter, 113.
Pestalozzi, 396.
Petigrü, James L. 172.
Pettrich, Ferdinand, Bildhauer. — Biographische Notizen über, 67.
Pfeiffer, Georg, 143.
Pfund, Johann, 278.
Pider, Friedrich. — Pfarrer in Cap Girardeau, Mo., 340.
Pidering, John. — Dessen "Uniform Orthography for the Indian Languages" von „Taloj" übersetzt, 134.
Pierantoni, 171.
Pierce, Benjamin. — Supervisor der Küstenvermessungen, 261.
Pierce, General Franklin. — Von F. J. Grund als Kandidat für Präsident vorgeschlagen, 50. — Präsident der Vereinigten Staaten. Ernennt August Belmont zum Gesandten in Holland, 111.
Pike, Samuel N. — Biographische Notizen über, 215. — Erbaut die Opernhäuser in Cincinnati und New York, 216.
Pionier, der deutsche. — Siehe Deutsche Pionier.
Pistorius, 183.
Plant, N., 106.
Platiner, 261.
Pöppelmann, Heinrich. — Lehrer an der ersten deutschen Freischule in Cincinnati, 196.
Pölsche, Theodor. — Dessen Schrift, „Das neue Rom", 121.
Pöschel, Michael. — Einer der ersten erfolgreichen Rebenpflanzer in Missouri, 314.
Polt, James K. — Präsident der Vereinigten Staaten, 343, 376.

Sach- und Namens-Register.

Postel, Karl. — Siehe Sealsfield.
Potter, Prof. Alonjo, 119.
Powell, William H. — Amerikanischer Historien-Maler, genannt, 214.
Powers, Hiram. — Berühmter amerikanischer Bildhauer, 213.
Prentice, Georg D., 334.
Prescott, William H. — Wird genannt, 161, 169, 171. — Sein Urtheil über Lieber, 173.
Preston, William C., 172, 251.
Proll (Graf Leon). — Religiöser Betrüger, 52.
Pugh, Achilles. — Herausgeber des „Philantropist", der ersten „Abolitionisten-Zeitung" des Landes. Dessen Druckerei wird durch einen Aufruhr zerstört, 180. — Seine Druckerei der Zeitschrift „Philautropist" durch einen Volksaufruhr abermals zerstört, 325.
Pulaski, General, 340.
Pulte, Dr. Joseph H. — Verbreitet die Homöopathie im Westen, 66. — Wird genannt, 125. — Biographische Notizen über, 194. — Seine Schriften, ibid.
Pulte, Dr. (Bruder des Vorigen). — Einer der Gründer der deutschen Akademie in St. Louis, 327.
Quincy, Josiah. — Präsident der Harvard Universität, 169.
Quitmann, Dr. Friedrich Heinrich. — Biographische Notizen über, 148. — Prediger in Curaçao, 119. — Lutherischer Prediger in Rhinebeck, New York, ibid. — Präsident des Hartwick Seminars, 151. — Senior des Ministeriums von New York, ibid. — Seine Gelehrsamkeit, ibid. — Seine Schriften, 151.
Quitmann, General Johann Anton. — Biographische Notizen über, 151. — General im mexikanischen Kriege, ibid. — Gouverneur des Staates Mississippi, ibid. — Mitglied des Kongresses, ibid. — Dessen Vorliebe für das Deutschthum, ibid.
Rabbe, Wilhelm. — Buchhändler in New York, 35, 41, 116.
Rademacher, k. L. — Buchhändler in Philadelphia, 43.
Raine, Friedrich. — Begründet den „Deutschen Correspondent" von Baltimore, 317.
Raine, Wilhelm. — Grundet den „Täglichen Maryland Demokrat", 317. — Die „Deutschamerikanische Thusnalda, ibid.
Raine, Wilhelm, sen. — Biographische Notizen über, 317. — Begründet eine Buchhandlung und Buchbinderei in Baltimore, ibid. — Gibt die Zeitung „Geschäftige Martha" heraus, ibid. — Sein sonstiges Wirken, ibid.
Raith, Julius. — Oberst des 43. Illinois Infanterie Regiments, 249. — Biographische Notizen über, 270. — Hauptmann im mexikanischen Kriege, ibid. — Oberst des 43. Illinois Regiments, ibid. — Fällt bei Shiloh, Tennessee, 271.
Ram, Joseph, 72.
Rammelsberg, Friedrich. — Begründer der „Mitchell und Rammelsberg Möbel-Fabrik" zu Cincinnati, 215.
Rapp, Friedrich. — Bekleidet hohe Staatsämter in Indiana, 30.
Rapp, Johann Georg. — Biographische Notizen über, 29. — Gründet Harmony in Pennsylvanien, 30. — New Harmony in Indiana, ibid. — Urtheil über denselben, 31.
Rasmus, 311.
Raster, Hermann. — Redigirt die „Illinois Staatszeitung", 278.
Rattermann, Heinrich A. — Redakteur des „Deutschen Pionier", 16, 195. — Seine Lebensschilderung Steinwehr's, 151. — Seine Kritik über Pulte's „Organon der Weltgeschichte", 194. — Biographische Notizen über, ibid. — Begründet die „Deutsche Gegenseitige Feuer-Versicherungs-Gesellschaft" in Cincinnati, 195. — Musikalische und schriftstellerische Thätigkeit desselben, ibid. — Bedeutender Historiker, ibid. — Theilnahme desselben an der Politik, 196. — Urtheil über Nikolaus Höffer, 212. — Sein Urtheil über die Gemälde von G. K. Frankenstein, 214. — Abhandlung über „Kunst und Künstler von Cincinnati", ibid. — Urtheil über Wagener, 388, 390. — Seine Biographie Wagener's zitirt, 391.
Rattermann, die Familie, siedelt sich in Nashville an, 357.
Rauch, Dr. Friedrich August. — Biographische Notizen über, 86. — Erster Rektor des „Marschall College", 87. — Seine Schriften, ibid.
Read, Thomas Buchanan. — Amerikanischer Maler und Dichter, genannt, 214.
Reese, Friedrich, D. D. — Bischof von Detroit. — Biographische Notizen über, 140. — Der erste deutsche Priester in Cincinnati, ibid. — Begründet das „Athenäum" in Cincinnati, ibid. — Regt die Gründung der „Leopoldinen-Stiftung" in Oesterreich an, 141. — Autor der Geschichte des Bisthum's Cincinnati, ibid. — Zerfällt mit dem Episkopat auf dem Provinzialkonzil in Baltimore 1841, 280. — Befürwortet die Autonomie der Gemeinden, ibid. — Wird erwähnt, 281.
Rehfuß, Ludwig. — Theilnahme an der Gründung des „Volksblatt" von Cincinnati, 182. — Mitbegründer der „Deutschen Gesellschaft" in Cincinnati, 185. — Agitator in der deutschen Schulfrage, 199. — Betheiligt sich an der Gründung des „Lese- und Bildungs-Vereins", 200. — Biographische Notizen über, 204. — Mitgründer der „Deutschen Gesellschaft von Cincinnati", 205. — Theilnehmer an der Gründung und Hauptmann der „Lafayette Garde", ibid. — Seine geistige und literarische Thätigkeit, ibid.
Reinhard, Jakob. — Biographische Notizen über, 226. — Begründet mit Fiefer den „Westbote" in Columbus, Ohio, ibid. — Demokratischer Kandidat für Staatssekretär von Ohio, ibid. — Errichtet eine Bank in Columbus, Ohio, ibid.
Remad, Gustav, 76.
Renz, August. — Dessen Theilnahme an der Gründung des Cincinnatier „Volksblatt", 182. — Agitator in der deutschen Schulfrage, 199. — Notar in Cincinnati, 211. — Biographische Notizen über, ibid. — Die erste Anregung zur Gründung der deutschen Freischulen von Cincinnati, ibid. — Herausgeber mehrerer deutschen Zeitungen, ibid.
Reus, Dr. med. Adolph. — Gründer der medizinischen Gesellschaft von St. Clair County, Illinois, 253. — Mitgründer der Bibliothek-Gesellschaft von Belleville, 265.
Reuter, Frih, 265.
Rex, Georg. — Richter des Staats-Obergerichts von Ohio, 236.
Rhyn, Johann Mathias van. — Hauptmann der deutschen Füsiliere in Charleston, Süd Carolina, 340.
Richter, M. A. Dr. Jur. — Redigirt die „Allgemeine Zeitung" in New York, 183.
Rider, Johann N., 108.
Ries, D. K. — Gründet die erste deutsche Buchhandlung zu Baltimore, 103.
Rilliet, Konstant, 272.
Rindisbacher. — Landschaftsmaler in St. Louis, 332.
Ripton, Joseph. — Begründer der "Patterson's Works", 28.
Ritter, Johann. — Gibt den „Deutschen Courier" in Philadelphia heraus, 31. — Wird genannt, 35.
Ritter, Dr. Karl. — Adjutant der Miliz in Cincinnati bei Lafayette's Empfang, 146.
Ritter, L. G., 70.
Rives. — Berühmte Virginische Familie, 406.

Roberts und Trautwein, 259.
Robertson, siehe Palm und Robertson.
Robinson, Frau Therese Albertine Louise (ps. Talvj). — Biographische Notizen über, 133. — Ausgezeichnete Schriftstellerin, 134. — Ihre „Volkslieder der Serben", ibid. — Sprachwissenschaftliche Schriften, ibid. — Vermischte Schriften, 135. — Ihr Ruf als Gelehrte, 136.
Robinson, Edward. — Amerikanischer Gelehrter. — Gemahl der Talvj, 134. — Verdienstvoller Forscher der deutschen Sprache und Literatur, 135.
Robyns, H. — Musikdirektor des ersten deutschen Singvereins in St. Louis, 37, 332.
Röbling, Johann August. — Abgeordneter in der Pittsburger Konvention, 49. — Bedeutender amerikanischer Ingenieur. — Biographische Notizen über, 93. — Baut die Hängebrücken über die Niagara und Ohio Flüssen, 94. — Sein Tod, 95. — Wird genannt, 307.
Röbber, Heinrich. — Biographische Notizen über, 182. — Begründet das „Cincinnati Volksblatt", ibid. — Redakteur desselben, ibid. — Verbessert den Ton der deutschen Presse, 183. — Mitgründer der „Deutschen Gesellschaft" in Cincinnati, 185. — Erster Präsident derselben, ibid. — Regt das Insleben treten der „Lafayette Garde" an, ibid. — Erster Hauptmann derselben, 186. — Gründet das „Demokratische Tageblatt", ibid. — Sein Tod, ibid. — Agitator in der deutschen Schulfrage, 199. — Mitbegründer des „Lese- und Bildungs-Vereins", 201. — Mitglied des Schulraths von Cincinnati, 201. — Wird genannt, 202. — Sekretär des „Deutschen Demokratischen Vereins von Hamilton County", 209. — Redigirt eine deutsche Zeitung in Columbus, Ohio, 220.
Rölker, Dr. Friedrich. — Lehrer an der Dreifaltigkeitsschule in Cincinnati, 198. — Biographische Notizen über, 199. — Als erster Deutscher in den Rath der Schulbehörde von Cincinnati gewählt, 200. — Seine Wirksamkeit als solcher, ibid. — Begründer und erster Präsident des „Deutschen Lese- und Bildungs-Vereins", ibid. — Examinator der Schulen, 201.
Röpke, Johann Heinrich. — Präsident der deutschen Versicherungs-Anstalt in Louisville, 351.
Röwekamp, Friedrich H. — Mitglied des Schulraths von Cincinnati, 201.
Rohr, J. Georg, 107.
Rohrer, Herr und Familie geben den „Louisviller Boten" heraus, 351.
Roseby, Lord, 115.
Rollin, Charles, 171.
Romilly, Sir Samuel, 159.
Rosecrans, General Wm. S., 206.
Roselius, Christian. — Biographische Notizen über, 371. — Druderlehrling in New Orleans, 372. — Studirt Jura, ibid. — Ist einer der erfolgreichsten Juristen Amerika's, ibid. — Lehrer des Civil-Rechts an der „Universität von Louisiana", 373. — General-Anwalt des Staates Louisiana, ibid. — Charakteristik desselben, ibid.
Rosengarten, Georg. — Chemikalien-Fabrik, 28.
Rosenthal, L. — Eröffnet eine Buchhandlung in Washington City, 411.
Ross, Georg M. von. — Redakteur der „Auswanderer Zeitung". — Opposition desselben gegen die Kolonie St. Marys, 59.
Rothschild, Baron Lionel, 115.
Rothschild, James. — Bankier in Paris, 115.
Ruffed, Karl von. — Trauerversammlungen bei dessen Tode, 76.
Rudolf, Wilhelm, 143.
Rümelin, Karl Gustav. — Redakteur des „Deutschen Pionier", 16. — Theilnahme an der Gründung der „Deutschen Gesellschaft" in Cincinnati, 185. — Biographische Notizen über, 166. — Dessen Jugendjahre, ibid. — Kommt nach Amerika, 187. — Ankunft in Cincinnati, ibid. — Betheiligt sich an der Gründung des „Volksblattes", 182, 188. — Literarische Thätigkeit desselben, ibid. — Zum Mitglied der Ohio Gesetzgebung gewählt, 189. — Im Staats-Senat, ibid. — Studirt Rechtswissenschaft, ibid. — Mitglied der Konstitutions-Konvention von Ohio, ibid. — Politische Parteinahme in 1856, 190. — Kommissär für Reformschulen in Ohio, ibid. — Bank-Kommissär, ibid. — Politische Parteinahme in 1860, ibid. — Kandidat für Staats-Auditor von Ohio, 191. — Seine Schriften, ibid. — Sein Urtheil über Stephan Molitar, 213. — Vom „Deutschen demokratischen Verein" zum Kandidaten für die Gesetzgebung von Ohio vorgeschlagen, 211.
Ruge, Dr. Karl. — Siedelt sich in Washington County, Missouri, an, 313. — Schrieb eine kurzgefaßte Weltgeschichte die in St. Louis erschien, ibid.
Ruppelius, Michael. — Prediger in Peoria, Illinois, 252.
Russel, Lord John, 115.
Ruth, Johann J. — Kaufmann in St. Louis, 338.
Sachs, Dr. Jos., 46.
Sachsen-Weimar, Herzog Bernhard von. — Urtheil über Rapp's Kolonie Neu-Harmonie, 29. — Wird erwähnt, 31, 102, 304.
Sage, L. — Gibt den „Beobachter am Delaware" heraus, 44.
Sala, Johann. — Gibt den „Canton deutsche Beobachter" heraus, 228.
Salis, Johann Gaudenz von, 171.
Salis, Julius Ferdinand von. — Naturforscher und Literat, starb in Cincinnati, 1819, 179.
Salaman, J. C. J. — Prinzipal der Emigranten-Schule in Cincinnati, 197.
Salaman, General Friedrich, 250.
Sand, George, 166.
Sand, Karl, 152.
Sandherr, Heinrich. — Siedelt sich bei Belleville, Illinois, an, 252.
Sandherr, Gebrüder. — Leiter einer Ansiedlung in Arkansas, 350.
Santa Anna, Antonio Lopez de. — Präsident von Mexiko, 286. — Seine Niederlage bei San Jacinta, 382.
Sausure, M. de, 172.
Sauter, Karl. — Präsident einer deutschen Versammlung in Chicago 1843, 278.
Savigny, Fried. Karl von, 134.
Savoye, 183.
Saylor, Johann. — Biographische Notizen über, 234. — Seine politische Laufbahn, ibid. — Begründet das Städtchen Ludwigsburg in Ohio, 235.
Saylor, Johann, jr. — Demokratischer Politiker von Ohio, 235.
Saylor, Milton. — Kongreßmitglied von Ohio, 235.
Schadow, Johann Gottfried. — Begründer der „Akademie der Künste in Berlin", genannt, 213.
Schäfer, Ernst. — Buchhändler in Philadelphia, 43.
Schäfer und Korabi. — Buchhändler in Philadelphia, 43.
Schäffer, Eduard. — Begründet die erste deutsche Zeitung in Ohio, 224.
Schäffer, Friedrich C., 96.
Schaff, Karl, 26.
Schaff, Dr. Philipp. — Biographische Notizen über, 85. — Professor am theologischen Seminar zu Mercersburg, ibid. — Seine bedeutendsten Schriften, 86. — Indignations-Beschlüsse gegen ihn angenommen in Milwaukee, 263.

Scheel, Johann. — Hülfsingenieur von Illinois, 250. — Mitglied der Gesetzgebung von Illinois, ibid. — Vereinigte Staaten Steuer-Assessor zu Belleville, 251.
Scheib, Heinrich. — Gibt die "Allgemeine deutsche Schulzeitung" heraus, 398. — Biographische Notizen über, ibid. — Seine Ankunft in Amerika, 189. — Wird Prediger an der deutschen "Zions-Gemeinde" in Baltimore, 395, 400. Sein Wirken, ibid. — Seine erfolgreiche Schul-Reform, ibid. — Charakteristik desselben, ibid.
Scheirer, Georg, 273.
Scheile de Vere, Maximilian. — Wird genannt, 72. — Biographische Notizen über, 404. — Redigirt die "Alte und Neue Welt" in Philadelphia, 35, 404. — Wird Professor an der "Universität von Virginien", 405. — Seine Schriften, 406. — Gründer der "Amerikanischen Philologischen Association", ibid.
Scherer, 261.
Scheu, Salomon. — Stadtrathsmitglied in Buffalo, 144.
Scheurer, Dr. — Mitbegründer des Städtchens Weinsberg, Ohio, 227.
Schiff, Johann. — Mitglied des Schulraths von Cincinnati, 201. — Mitglied der Gesetzgebung von Ohio, 236.
Schimmelpfennig, General Alexander. — Der Erste, der in Charleston einzog, 217.
Schimper, C., 324.
Schlagter, Adam, 143.
Schleicher, Gustav. — Anton Eickhoff hält eine Gedenkrede auf denselben, 132. — Biographische Notizen über, 365. — Theilhaber der "Vierziger" Kolonie in Texas, ibid. — Mitglied der Staatsgesetzgebung und des Senats von Texas, 366. — Zum Mitglied des Vereinigten Staaten Kongresses erwählt, ibid. — Seine hervorragende Stellung in demselben, 367. — Bayard's Trauerrede auf Schleicher, 367, 368.
Schleth, Heinrich, 261.
Schlüter, Wilhelm. — Begründet den "New Yorker Demokrat", 105.
Schmidt, A., 70.
Schmidt und Bochten. — Veröffentlichen den "Adler des Westens" in Pittsburg, 45.
Schmidt, Christian. — Mitgründer des Städtchens Weinsberg, Ohio, 227.
Schmidt, Dr. E. F. — Herausgeber und Redakteur des "Republikaner" in Cincinnati, 210.
Schmidt, Friedrich. — Mitgründer des Städtchens Weinsberg, Ohio, 227.
Schmidt, Heinrich J. — Pfarrer der evangelischen Gemeinde in Boston, 175.
Schmidt, Jakob. — Mitglied des "Deutschen demokratischen Vereins von St. Louis", 310. — Wird genannt, 311.
Schmidt, Jakob. — Lehrer an der Zions-Schule in Baltimore, 402.
Schmidt, Johann. — Biographische Notizen über, 352. — Legt den Grund zu dem großen Tabakshandel Louisville's, ibid. — Konsul der meisten deutschen Fürstenthümer daselbst, ibid. — Charakteristik desselben, ibid.
Schmidt, L. B. — Buchhändler in New York, 106.
Schmidt, E. B., 96.
Schmidt, Wilhelm. — Musiklehrer in Boston, 1838, 175.
Schmidt, Dr. Wilhelm. — Biographische Notizen über, 227. — Mitgründer von Weinsberg, Ohio, ibid. — Rektor des "Germania Seminars" in Columbus, Ohio, ibid. — Begründer der deutschen lutherischen Paulus Gemeinde in Columbus, ibid.
Schmöle, Dr. Wilhelm. — Gibt englische und deutsche Zeitungen heraus, 44. — Regt eine Versammlung deutscher Abgeordneten der Union an, 44, 46. — Sekretär der Pittsburger Konvention, 49. — Erläßt eine Adresse an die deutsche Presse, 51. — Sekretär einer deutschen Volksversammlung in Philadelphia, 61. — Sekretär des "Bildungs-Vereins" in Philadelphia, 67. — Präsidirt bei Gründung eines Kolonisations-Vereins, 71. — Biographische Notizen über, 74. — Erster Urheber der Bauvereine, 74. — Gründet Egg Harbor City, ibid. — Präsident der Guttenberg-Feier in Philadelphia, 75. — Hält eine Rede bei der Guttenberg-Feier, 76. — Hält eine Rede bei Seidenstider's Ankunft, 79.
Schnake, Friedrich. — Dessen "Geschichte der deutschen Bevölkerung und der deutschen Presse von St. Louis" zitirt, 321.
Schnauffer, Karl Heinrich. — Gründet den "Baltimore Weder", 398.
Schneider, Georg. — Redigirt die "Illinois Staatszeitung", 278.
Schneider, Dr. L., 275.
Schöffler, Moritz. — Sekretär einer deutschen Versammlung in Milwaukee, 283. — Sekretär der "Teutschen demokratischen Association von Milwaukee", ibid. — Wird als Abgeordneter in die zweite Territorial Konvention von Wisconsin erwählt, 285. — Biographische Notizen über, 286. — Läßt sich in Missouri nieder, ibid. — Gründet die "West Chronik" in Jefferson City, Mo., ibid. — Siedelt nach Milwaukee über, ibid. — Gründet das "Wisconsin Banner", 287. — Zum Schulcommissär erwählt, ibid. — Mitglied des Territorial Konvents von Wisconsin, ibid. — Seine politische Parteinahme, ibid. — Mitgründer der deutsch-englischen Akademie von Milwaukee, 288. — Sein Tod, ibid.
Schölltopf, J. F. — Biographische Notizen über, 144.
Schöninger, Heder's Begleiter, 80.
Schönlein, 264, 329, 334.
Schönthaler. — Major des St. Louis Bataillons im mexikanischen Kriege, 337.
Schopenhauer, Johanna, 33.
Schott, Dr. phil. Anton. — Biographische Notizen über, 253. — Professor der Geschichte am Gymnasium in Frankfurt a. M., ibid. — Schuldirektor von Belleville, 254. — Regt die Gründung der Bibliothek-Gesellschaft von Belleville an, 255. — Bibliothekar derselben, 256.
Schreiber, Karl. — Zieht als Jäger und Trapper in die Felsengebirge, 252.
Schrodt und Laval. — Handelshaus in Louisville, 351.
Schröder, Heinrich. — Vice-Präsident der "Deutschen Gesellschaft von Maryland", 394.
Schröder, J. H. — Kaufmann in Louisville, 351.
Schüler, 187.
Schütze, G. — Einer der Gründer der deutschen Akademie in St. Louis, 343.
Schulz, Heinrich. — Biographische Notizen über, 343. — Seine großartigen Unternehmungen in Georgia und Süd-Carolina, ibid. — Erbaut die Stadt Hamburg in Süd-Carolina, 344. — General Wagener's Urtheil über ihn, 345.
Schulze, Professor in Halle, 119.
Schumacher, Albert. — Biographische Notizen über, 395. — Präsident der "Teutschen Gesellschaft von Maryland", ibid. — Begründet die "Baltimore-Bremer" Dampferlinie, ibid. — Sein Unternehmungsgeist und seine Liberalität, 396.
Schurz, Karl, 304.
Schwab, Mathias. — Orgelbauer in Cincinnati, 215.
Schwarz, Dr. K. J. — Vice-Präsident der "Teutschen Gesellschaft von Maryland", 394.
Schwarz, Dr. Johann Georg. — Rektor des lutherischen Seminars in Lexington, Süd-Carolina, 344.
Schwarz, Julius. — Lehrer an der Emigranten-Schule in Cincinnati, 197.

458   Das deutsche Element in den Ver. Staaten 1818—1848.

Schwarz, Karl, 75.
Schwarz, Lorenz. — Gibt den „Freisinnigen Beobachter" und später den „Bürgerfreund" heraus, 76. — Veranstaltet einen Nachdruck von Schiller's Werken, ibid.
Schwarz, Theodor. — Begründet mit Schmidt das große Tabakshaus in Louisville, 352.
Schweizer, Heinrich. — Präsident der Kolonie „Ginalsburg", 72.
Schweppe, 271.
Scriba, Victor. — Gründet den Pittsburger „Freiheitsfreund", 15. — Wird genannt, 16. — Abgeordneter in der Pittsburger Konvention, 19.
Sealsfield, Charles (Karl Postel.) — Biographische Notizen über, 103. — Dessen Schriften, 104. — Charakteristik desselben, 105.
Seeger, David, 21.
Seib, Pastor Heinrich. — Agitator der deutschen Schulfrage in Cincinnati, 199.
Seidensticker, Dr. Georg Friedrich. — Biographische Notizen über, 76. — Kommt nach Amerika, ibid. — Sein Wirken, 77. — Dessen Tod, 80. — Wird genannt, 147. — Ein Verein zur Unterstützung desselben in Cincinnati gegründet, 217. — Versammlung zur Unterstützung desselben in Milwaukee, 244.
Seidensticker, Dr. Oswald. — Mitarbeiter des „Deutschen Pionier", 16. — Ueber die Anzahl der Deutschen in Pennsylvanien im vorigen Jahrhundert, 21. — Verfasser der „Geschichte der Deutschen Gesellschaft von Pennsylvanien", 22. — Wird erwähnt, 79. — Professor an der „Universität von Pennsylvanien", 42. — Biographische Notizen über, ibid. — Wichtigkeit seiner Schriften, ibid.
Sein, Johann. — Mitglied der Gesetzgebung von Ohio, 28.
Semler, Professor in Halle, 149.
Senkenberg'sche Naturhistorische Gesellschaft, 328.
Seward, William H. — Staatssekretär der Vereinigten Staaten, 115.
Seymour, Horatio. — Kandidat für Präsident, 116.
Shaw, Henry. — Begründer von Shaw's botanischem Garten in St. Louis, 331.
Schoolkraft, Henry R. — Urtheil über Rapp's Kolonie, 31.
Siebenpfeiffer, Philipp Jakob. — Theilnehmer am Hambacher Festaufstand, 182.
Siegling, Johann. — Präsident des „Freundschaftsbund" in Charleston, Süd Carolina, 383.
Siegel, General Franz. — Kommandant in Virginien, 27.
Smith, Adam. — Von Friedrich List bekämpft, 83. — Wird genannt, 159.
Sonntag, Wilhelm. — Deutsch-amerikanischer Landschafts-Maler, 214.
Sophia von Anhalt Zerbst (Katharina II. von Rußland), 31.
Sped, H. — Ruft einen deutschen Unterstützungsverein in St. Louis in's Leben, 333.
Speier, A. — Ein erfolgreicher Karavanenführer nach Nordmexiko, 335.
Spencer, J. C. — Staatssekretär von New York, 114.
Speyrer, Karl. — Abgeordneter in der Pittsburger Konvention, 19. — Beantragt den offiziellen Gebrauch der deutschen Sprache in den Staaten, 51. — Wird erwähnt, 245.
Sprague, William. — Gouverneur von Rhode Island, 115.
Stahl, Dr. — Arzt in Quincy, Illinois, 277. — Interessante an der Politik, ibid.
Stallo, Franz Joseph. — Biographische Notizen über, 219. — Ein seltsames Genie, ibid. — Begründer der Auswanderung aus dem Oldenburger Lande, ibid. — Legt Stallotown (jetzt Minster) in Ohio aus, 220.
Stallo, Johann Bernhard. — Theilhaber einer Advocaten-Firma mit Röbler, 186. — Hält

Vorlesungen vor dem „Lese- und Bildungs-Verein" in Cincinnati, 201. — Präsident desselben, ibid. — Hält eine Rede beim Empfang Friedrich Hecker's, 217. — Biographische Notizen über, 218. — Seine Jugendjahre, ibid. — Kommt nach Cincinnati, 220. — Professor der alten Sprachen und Mathematik im „St. Xavier's College", ibid. — Lehrer der Physik und Chemie am „St. John's College" in New York, ibid. — Verfasser von "General Principles of the Philosophy of Nature", 221. — Philosophische Schriften desselben, ibid. — Wird Jurist, ibid. — Richter des Civil-Gerichts in Cincinnati, ibid. — Seine große Rede in der Bibelfrage, 222. — Politische Parteinahme desselben, 223. — Präsidentschafts-Elektor, 224. — Seine politischen Briefe an die „New Yorker Staatszeitung", ibid. — Urtheil über Stallo, 225.
Steele, General 250.
Stein, Albert (von). — Bedeutender Ingenieur, 180.
Stein, Karl. — Sekretär einer deutschen Versammlung in Chicago, 1843, 278.
Steinbach, Anton, 96.
Steiner, die Familie, siedelt sich in St. Clair County, Illinois, an, 245.
Steines Friedrich. — Erster Lehrer an der deutschen Schule in St. Louis, 327.
Steinmeyer, Wilhelm. — Abgeordneter in der Pittsburger Konvention, 19. — Prediger in Cleveland, Ohio, 230. — Kehrt nach Deutschland zurück, ibid.
Steinway, die Piano-Forte-Fabrik von, in New York, 403.
Steinwehr, General Adolph von. — Biographische Notizen über, 152. — Offizier im mexikanischen Kriege, ibid. — Geometer im Grenz- und Küstendienst der Vereinigten Staaten, ibid. — General im Sezessionskriege, ibid. — Dessen Antheil an den Gefechten von Chancellorsville, Gettysburg und Chicamauga, 153. — Vorzüglicher Offizier, ibid. — Dessen geographische und statistische Schriften, ibid. — Sein Tod, 154.
Steitz, Mathias. — Mitglied einer deutschen Schulkommission in St. Louis, 326. — Mitglied des „Deutschen demokratischen Vereins" von St. Louis", 340. — Wird genannt, 330.
Stemmler, Johann A. — Advokat in New York, 102. — Hält eine Rede, 108.
Stephan, Bischof der Altlutheraner in Missouri, 323.
Stephanowitsch, Wuk, 134.
Steuben, Baron Friedrich von. — Präsident der „Deutschen Gesellschaft von New York", 96.
Etierlin, L. — Sein Buch, „Der Staat Kentucky und die Stadt Louisville", erwähnt, 352, 355.
St. Mary's Kolonie, gegründet, 88.
Stollmeyer, Konrad Friedrich. — Buchhändler in Philadelphia, 42. — Wird genannt, 43, 76.
Storer, Richter Bellamy, 197, 223.
Story, Richter Joseph. — Wird genannt, 160, 169, 171. — Sein Urtheil über Franz Lieber, 173.
Stowe, Harriet Beecher. — Autor von "Uncle Tom's Cabin", 123. — Prozeß gegen Thomas, ibid.
Straußel, Martin, 273.
Stricker, General Johann. — Vize-Präsident der „Deutschen Gesellschaft von Maryland", 94.
Strothmann, Adolph. — Uebersetzt "Uncle Tom's Cabin", 123.
Styles, Mr. — Gesandter in Wien, 118.
Sumner, Charles, 53, 169, 171, 173.
Suppiger, Joseph. — Mitgründer von Highland, Illinois, 273.
Sutter, Johann August. — Biographische Notizen über, 295. — Gründet „Nueva Helvetia" in Californien, 296. — Seine ausgedehnten Ländereien, ibid. — Wird zum mexikanischen General ernannt, ibid. — Legt die

Sach- und Namens-Register.   459

Stadt Sutterville an, 297. — Entdeckung des Goldes in Californien, ibid. — Verliert seine Ländereien, ibid. — Ehrenbezeugungen für Sutter, 294. — Seine Bedeutung, ibid.
Tafel, Gustav Rudolph. — Oberstlieutenant des 106. Ohio Regiments, 236. — Mitglied der gesetzgebenden Behörde von Ohio, ibid.
Talmadge, R. P. — Gouverneur von Wisconsin, 283.
Talvj. — Siehe Robinson, Frau T. A. L.
Taylor, Bayard, 126, 136.
Taylor, General Zachary. — Präsident der Vereinigten Staaten, 229, 249, 335, 337, 346.
Tellkampf, Dr. Johann L. — Biographische Notizen über, 118. — Professor am "Union College", ibid. — Am "Columbia College", ibid. — Schriften desselben, 119. — Seine Rückkehr nach Deutschland, ibid. — Sein Tod, ibid.
Tellkampf, Dr. med. Theodor A. — Biographische Notizen über, 119. — Aufenthalt in Cincinnati, 120. — Besucht Deutschland, ibid. — Betheiligt sich an der Gründung von Sanitäts-Anstalten, ibid. — General-Stabsarzt unter Fremont, ibid. — Autor mehrerer Schriften, 121. — Mitbegründer des "Lese- und Bildungs-Vereins" in Cincinnati, 200.
Tenner, Armin. — Urtheil über General A. Moor, 216.
Teutonia Orden in Texas, 359.
Thayer. — Richter, 170, 173, 174.
Thomas, Friedrich Wilhelm. — Buchhändler in Philadelphia, 43. — Gibt Jubiläums-Ausgabe von Humboldt's „Kosmos" heraus, ibid. — Gründet die „Philadelphia Freie Presse", 44. — Prozeß mit Harriett Beecher Stowe, 123.
Thomas, Theodor. — Direktor des Cincinnatier Konservatoriums der Musik, 215.
Thompson, R. W. — Marine-Minister der Vereinigten Staaten. Hält die Grabrede bei Albert Lange's Tode, 210.
Thomssen, J. — Beamter der „Deutschen demokratischen Association von Milwaukee", 283.
Thouvenel. — Französischer Minister, 115.
Ticknor, Georg. — Verfasser der Geschichte der spanischen Literatur. Wird genannt, 35, 136, 159, 161, 169.
Liebemann. — Hecker's Begleiter, 80.
Tilden, Samuel J. — Präsidentschafts-Kandidat, 196, 391.
Tilpe, Heinrich, 26.
Tittmann, Eduard, 264.
Tittmann, Karl, 264.
Tocqueville, Alexis de, 171, 173.
Tomlins, Daniel. — Gouverneur von New York, 150.
Tomppert, Philipp. — Nimmt starken Antheil an der Politik, 352. — Wird mehrmals zum Mayor von Louisville erwählt, 353. — Muß sich vor der Wuth der Nativisten flüchten, 354.
Tralles, Joseph Georg, 412.
Trapp, Dr. med. Albert. — Biographische Notizen über, 264. — Läßt sich in Belleville, Illinois, nieder, ibid.
Troost, Dr. Gerhard. — Biographische Notizen über, 357. — Uebersetzt Humboldt's „Ansichten der Natur" in's Holländische, 358. — Siedelt nach Amerika über, ibid. — Gründet die "Academy of Natural History" in Philadelphia, ibid. — Wird Professor der Physik an der "Cumberland Universität" in Nashville, ibid. — Bekleidet das Amt eines Staats-Geologen von Tennessee, ibid. — Seine Schriften und sein geistiges Wirken, ibid.
Trübner, Nicholas. — Besucht New York, 127.
Trumbull, John. — Historien-Maler, 81.
Tuder, John R. — Mitglied des Vereinigten Staaten Kongresses, 357.
Turner Dr. Samuel H. — Professor an der Universität von New York, 117.

Turner, Professor W. W. — Schreibt Zusätze zu Ludewig's "Literature of Aboriginal Languages", 127.
Lüdemann, Dr. Philipp. — Unterstützt das lutherische Prediger-Seminar in Lexington, Süd-Carolina, 381. — Biographische Notizen über, 385. — Delegat auf der Freibahn- Konvention in Philadelphia, ibid. — Seine Sympathiebezeugungen für Deutschlands Freiheitsbestrebungen, 385.
Tyler, John. — Präsident der Vereinigten Staaten, genannt, 36, 360.
Uhl, Jakob. — Herausgeber der „New Yorker Staatszeitung", 105.
Ulrici, A. C. — Einer der Gründer der deutschen Akademie in St. Louis, 327.
Umbstädter, Johann. — Läßt sich mit seiner Familie bei Cleveland, Ohio, nieder, 229.
Umbstädter, Theodor. — Advokat in Cleveland, 229.
Unzicker, Dr. S. — Mitglied des Schulraths von Cincinnati, 201.
Van Buren, Martin. — Präsident der Vereinigten Staaten. Wird genannt, 36, 150, 182, 251, 323, 325, 340, 343. — Lebensbeschreibung desselben von F. J. Grund, 57. — Seine Rede an die Deutschen in St. Louis, 311. — Urtheil über die Deutschen 342.
Van Hamm, Richter Washington, 189.
Vaughan, John, 113.
Verein zum Schutze deutscher Auswanderer in Texas, 360.
Vezin, Karl, 28.
Vered, (E. S., 70.
Vingens, Dr., 265.
Vögtly, Nikolaus. — Präsident des Korrespondenz-Kommittees der Pittsburger Konvention, 48.
Vogt, Karl, 156.
Volz, C., 45.
Voß, Georg. Betheiligt sich am texanischen Freiheitskampf und fällt in dem Blutbad von Goliad, 361.
Waderhagen, Dr. August. — Urtheil über Dr. Cullmann, 150.
Wagener, General Johann Andreas. — Mitarbeiter des „Deutschen Pionier", 16. — Seine Schriften zitirt, 341, 346, 347. — Biographische Notizen über, ibid. — Sein umfangreiches Wirken, ibid. — Redigirt die deutsche Zeitschrift „Teutone", 388. — Gründet eine deutsche Freimaurer Loge, ibid. — Ruft den Turnverein von Charleston in's Leben, 388. — Begründet die Stadt Walhalla, ibid. — Präsident der deutschen Feuerversicherungs-Gesellschaft von Charleston, ibid. — Seine militärische Laufbahn, 389. — Heroische Vertheidigung von Fort Walker, ibid. — Urtheil der Unions-Offiziere über, 390. — Derselbe wird Platz-Kommandant von Charleston, ibid. — General der vierten Brigade von Süd-Carolina, ibid. — Gründet die „Deutsche Gesellschaft von Süd-Carolina", ibid. — Wird zum Mayor von Charleston erwählt, 391. — Sein Tod, ibid. — Wagener's Charakteristik, 392, 393.
Wagner, S. — Gibt eine „Bibliothek deutscher Literatur" heraus, 41.
Walhalla, deutsche Stadt in Süd-Carolina, 388.
Walter, Georg. — Biographische Notizen über, 203. — Gibt den „Protestant" in Germantown und Cincinnati heraus, 181, 204. — Gründer mehrerer politischer und religiöser Zeitschriften, ibid. — Sein Tod, ibid. — Vorsteher eines politischen Ausschusses in Cincinnati, 210. — Gibt eine deutsche Zeitung in Dayton, Ohio, heraus, 228. — Gibt den „Hochwächter" eine Zeitung in Indianapolis heraus, 217. — Gibt in Louisville die „Volksbühne" heraus, 353. — Versucht sein Glück mit der Herausgabe des „Patrioten" in Louisville, ibid.

Baumann, die Familie. — Siedelt sich in Nash-
 ville an, 357.
Balter, Kasper, 278.
Balther, Dr. L. J. — Gründet den „Pro-
 testant" in St. Louis, 323.
Balz, C. L. — Redakteur der „Alten und Neuen
 Welt", 35.
Bampole, J. — Präsident der „Deutschen Gesell-
 schaft von Pennsylvanien, 25.
Bangelin, Frau von. — Familienge-
 schichte derselben, 230. — Läßt sich mit ihren
 Söhnen in Ohio nieder, ibid.
Bangelin, Hugo. — Wird genannt, 230. —
 Biographische Notizen über, 268. — Oberst des
 12. Missouri Regiments, 269. — Seine militä-
 rische Laufbahn, ibid. — Oberbefehlshaber der
 Truppen in Missouri in 1864, 270. — Postmei-
 ster von Belleville, ibid.
Bangelin, Ludwig von. — Mitbegründer der
 „Cleveland Germania", 231.
Barnking, Heinrich. — Mitglied der Gesetzgebung von Ohio, 236.
Barrens, Eduard. — Biographische Notizen
 über, 322. — Tritt als Dichter im „Anzeiger"
 auf, ibid. — Konsul in Triest, ibid. — Redigirt den „Oesterreichischen Lloyd", 323. — Mitglied des „Deutschen demokratischen Vereins
 in St. Louis", 310. — Hält eine Rede gegen
 den Aktivismus in St. Louis, 311.
Bartburg in Ost-Tennessee gegründet, 357.
Balbington, Georg. — Leben desselben von Hermann Kriege, 124.
Beber. — Lithographische Anstalt von, in Baltimore, 403.
Beber, Heinrich. — Errichtet eine Singakademie
 in St. Louis, 332.
Beber, Hofrath. — Siedelt sich in St. Charles,
 Missouri, an, 315.
Beber, Wilhelm. — Urtheil über „Die Alte
 und Neue Welt". 35. — Abgeordneter in der
 Pittsburger Konvention, 49, 26. — Dessen
 kritische Uebersicht über die deutsche Presse in
 den Vereinigten Staaten, 183. — Kommt in
 Belleville, Illinois, an, 252. — Biographische
 Notizen über, 317. — Versucht sich einer Expe-
 dition nach Polen anzuschließen, 318. — Ber-
 eitelung dieses Versuchs, ibid. — Kommt nach
 Amerika, ibid. — Wird Bibliothekar in St.
 Louis, ibid. — Tritt als Redakteur in den
 „Anzeiger des Westens" ein, ibid. — Kampf mit
 der englischen Presse, 319. — Das Lynch-Ge-
 richt in St. Louis getadelt, ibid. — Friedrich
 Schnake's Urtheil über Beber, 321. — Beber's
 Charakter und Tod, ibid. — Befürwortet Van
 Buren als Kandidat für die Präsidentschaft,
 323. — Mitglied eines deutschen Schulvereins
 in St. Louis, 329. — Hat deutsche Bücher in
 Kommission, 331. — Druckt das erste deutsche
 Buch in St. Louis, 332. — Präsident des
 „Deutschen demokratischen Vereins von St.
 Louis", 310. — Wird genannt, 341.
Webster, Daniel, 102, 251.
Weed, Thurlow, 115.
Weidig, Pfarrer. — Ein Verein für die Unter-
 stützung von dessen Familie in Cincinnati ge-
 gründet, 217. — Wird genannt, 407.
Beigler. — Mitglied der Gesetzgebung von Illi-
 nois, 274.
Weiler, Johann. — Einer der Hauptman-
 ner und Aktionäre der „Atlantic und Great
 Western Eisenbahn", 231.
Beisbach, 261.
Weiß, Ludwig. — Ansprache für Gründung der
 „Deutschen Gesellschaft in Pennsylvanien",
 27.
Beißenfels, Oberst Friedrich von. — Genannt,
 96.
Weizel, General Gottfried. — Bio-
 graphische Notizen über, 217. — Offizier im
 Ingenieurkorps der Vereinigten Staaten Ar-
 mee, ibid. — Feldzug gegen New Orleans,

ibid. — Divisions-Kommandant in der Potomac Armee, ibid. — General-Major, ibid. —
 Der Erste, der in Richmond einzog, ibid. —
 Mitglied des „Deutschen Pionier-Vereins",
 218.
Welter, Kapitän Friedrich. — Mitglied eines
 deutschen Schulvereins in St. Louis, 329. —
 Wird genannt, 341.
Welter. — Professor in Bonn, 159.
Werner, Albrecht Gottlob, 357.
Wesselhöft, Johann Georg. — Biographische Notizen über, 32. — Seine Autobiographie zitirt, 31, 35. — Seine Jugendgeschichte, 31. — Kommt nach Amerika, 34. — Begründet die „Alte und Neue Welt" in Phila-
 delphia, 35. — Beschäftigt sich mit dem Plan
 großer Ansiedlungen im Westen, 36. — Sein
 Tod, 36. — Wird erwähnt, 54, 78, 106, 175,
 171, 216, 111. — Präsident des „Bildungs-
 Vereins" von Philadelphia, 67. — Sekretär
 des „German Ansiedlungs-Vereins" von
 Philadelphia, 70. — Hält Rede bei der Guttenberg-Feier, 71. — Findet zahlreiche Deutsche in
 Mobile, 322.
Wesselhöft, Dr. Robert. — Wird ge-
 nannt, 33, 37. — Arzt in Cambridge, 176. —
 Gründet die Wasserheilanstalt in Brattleboro,
 Bermont, ibid.
Wesselhöft, Dr. Wilhelm. — Homöo-
 pathischer Arzt in Boston, 62. — Wird genannt,
 37-170.
West, Benjamin. — Maler, 81.
Westermann, B. und Kompagnie. — Buchhand-
 lung in New York, 106.
Westermann, Georg. — Gründet ein Zweig-
 geschäft in New York, 106.
Wehse, Julius. — Lehrer an der Emigran-
 ten-Schule in Cincinnati, 197. — Mitglied des
 „Deutschen demokratischen Vereins in St.
 Louis", 310. — Wird genannt, 341.
Wheeler, 329.
Wheelinger Kongreß (1852) erwähnt, 122.
White, John, 283.
Wickers, Dr., 265.
Wiegand, Otto. — Dessen Verlagswerke in Ame-
 rika, 106.
Wiener, Dr. — Gründet den Baltimore „Herald",
 398.
Wildi, die Familie, siedelt sich in St. Clair
 County, Illinois, an, 215.
Wilhelm, ehemaliger nassauischer Hauptmann. —
 Betheiligt sich an einer deutschen Kolonie in
 Arkansas, 149.
Winegas, Jacob. — Vice-Präsident des „Freund-
 schaftsbund" in Charleston, Süd Carolina, 363.
Winter, Hrr. — Lehrer an der Real- und Muster-
 schule in Philippsburg, 55.
Wirth, Dr. J. G. A. — Dessen Betheiligung
 am Hambacher Festaufstand, 182. — Ein Verein
 zur Unterstützung desselben in Cincinnati gegründet, 217. — Wird genannt, 228, 331.
Wislizenus, Dr. Adolph. — Kommt nach
 Belleville, Illinois, 265. — Wird genannt, 329,
 341, 351. — Biographische Notizen über, 335.
 — Gibt ein Buch, „Ausflug nach den Felsengebirgen", in St. Louis heraus, ibid. — Betheiligt sich an der Anti-Revolution, 1832, 334.
 — Veröffentlicht in New York 1834 die „Fragmente", ibid. — Schließt sich einer Expedition
 nach den Felsengebirgen an, ibid. — Unternimmt eine Tour nach dem nördlichen Mexico,
 335. — Seine Schrift "Memoirs of a Tour
 to Northern Mexico", 336. — Andere Werke
 desselben, ibid. — Sein Charakter, 337. —
 Sekretär des „Deutschen demokratischen Vereins von St. Louis", 340.
Witscher, Raymund. — Mitbegründer der „Deutschen Gesellschaft" in Cincinnati, 185.
Wittig, Dr., 71.
Wörner, Gabriel. — Redigirt die „Demokratische
 Tribüne" in St. Louis, 323.

Bohlien, Dr., 70.
Bollenweber, L. A. — Gründet den „Philadelphia Demokrat", 11. — Wird genannt, 72. — Präsident des Vereins für Unterstützung politischer Flüchtlinge, 76.
Boll, 254.
Bolz, Fritz. — Mitgründer der Bibliothek-Gesellschaft von Belleville, 205.
Bolz, Hermann. — Mitgründer der Bibliothek-Gesellschaft von Belleville, Illinois, 205.
Bolz, Jakob. — Mitglied der Gesetzgebung von Ohio, 278.
Bolff, Daniel. — Mitgründer der „Deutschen Gesellschaft" in Cincinnati, 185.
Bolff, Karl. — Mitbegründer der „Deutschen Gesellschaft" in Cincinnati, 185.
Bolsieffer, Philipp Mathias. — Dirigent des „Deutschen Männerchor's" von Philadelphia, 67. — Gründet die „Allgemeine deutsche Schulzeitung", 318. — Biographische Notizen über, 402. — Musiklehrer in Philadelphia, ibid. — Lehrer an der Zions-Schule in Baltimore, ibid. — Einer der Gründer von „Egg Harbor City", ibid.
Woodburg, Levy, 415.
Woolsey, Professor am „Yale College", 408.
Wunderly, Dr. — Mitgründer der „Freibodenpartei" von Wisconsin, 285.
Zach, von, Astronom, 112.
Zäslein, Joseph. — Erster protestantischer Prediger in Cincinnati, 181.
Zahm, Georg. — Gibt eine deutsche Zeitung in Buffalo heraus, 132. — Major eines Bataillons in Buffalo, 133. — Dessen Tod, 144.
Zerlaut. — Flüchtling aus Baden, 115.
Ziegler, David, aus Heidelberg. — Erster Bürgermeister von Cincinnati, 178.
Ziegler, Franz, 340.
Zoar, Separatistenkolonie in Ohio, 178.
Zschokke, C. — Sein Urtheil über Salomon Köpfli, 273.
Zschokke, Heinrich, 31, 38.
Zumstein, Johann. — Mitglied der Gesetzgebung von Ohio, 278.

Druckfehler-Verzeichniß.

Seite 32, Zeile 9 von oben, lies **Mayenburg**, statt Meyendorf.
„ 49, „ 3 von unten, lies **der Waffenübungen**, statt den.
„ 68, „ 3 von oben, lies **dessen Pfeil**, statt deren.
„ 138, „ 8 von oben, lies *Illustré*, statt Illustrée.
„ 150, Zeilen 7 und 8 von oben, lies **seinem einmaligen Termin**.
„ 150, Zeile 21 von oben, lies **Wackerhagen**, statt Wackernagel.
„ 161, „ 16 von oben, lies **Everett**, statt Everrett.
„ 186, „ 4 von unten (Note), lies 1825, statt 1829.
„ 206, „ 17 von oben, lies **Schenandoah**, statt Schenondoah.
„ 209, „ 13 von oben, lies „**indem er es betonte**", statt „indem es betonte".
„ 214, „ 9 von unten, lies **Stabium**, statt Stubium.
„ 214, „ 2 von unten, lies **wiederspiegelt**, statt niederspiegelt.
„ 218, „ 21 von oben, lies **benen**, statt beren.
„ 221, „ 4 von oben, lies **Disciplinen**, statt Disciplin.
„ 222, „ 18 von oben, lies **Ausspruch**, statt Anspruch.
„ 226, „ 12 von unten, lies **Staatssekretär**, statt Staatsschatzmeister.
„ 243, „ 2 von oben, lies **nahmen**, statt nahm.
„ 245, „ 10 von unten, lies Theodor Hilgard, jr., statt Hilgard, sen.
„ 274, „ 2 von unten, lies **Rilliet-Constant's**, statt Rilliet's, Constant's.
„ 293, „ 3 von unten, lies **einen**, statt ein.
„ 346, „ 6 von oben, lies Gleuel, statt Glevel.
„ 369, „ 12 von unten, lies 1779, statt 1799.
„ 371, „ 14 von oben, **Lafayette** nach Vorstadt einzuschalten.

Druck von Mecklenborg & Rosenthal, Cincinnati, O.

www.ingramcontent.com/pod-product-compliance
Lightning Source LLC
Chambersburg PA
CBHW031957300426
44117CB00008B/797